上城年鉴

（2016）

杭州市上城区地方志编纂委员会办公室 编

方志出版社

图书在版编目(CIP)数据

上城年鉴.2016/杭州市上城区地方志编纂委员会办公室编.
—北京:方志出版社,2016.11
ISBN 978-7-5144-2227-6

Ⅰ.①上… Ⅱ.①杭… Ⅲ.①区(城市)—杭州—2016—年鉴
Ⅳ.①Z525.51

中国版本图书馆CIP数据核字(2016)第299976号

上城年鉴(2016)

编　　者:杭州市上城区地方志编纂委员会办公室
责任编辑:宁　芳
出 版 人:冀祥德
出 版 者:方志出版社
地址 北京市朝阳区潘家园东里9号(国家方志馆4层)
邮编 100021
网址 http://www.fzph.org
发　　行:方志出版社发行中心
电话(010)67110500
经　　销:各地新华书店
印　　刷:杭州余杭人民印刷有限公司
开　　本:889X1194 1/16
印　　张:24.75
字　　数:681千
版　　次:2016年11月第1版　2016年11月第1次印刷
印　　数:001~500册

ISBN 978-7-5144-2227-6　　定价:198.00元

编辑说明

一、《上城年鉴》是中共上城区委、上城区人民政府主办，中共上城区委党史研究室（上城区地方志编纂委员会办公室）承编的年度资料性文献。本年鉴全面、系统地记载上城区政治、经济、文化、社会等方面的基本情况，为社会各界了解和研究上城区提供丰富、翔实的信息资料。

二、《上城年鉴》创刊于 2006 年，每年编辑出版一卷。《上城年鉴（2016）》为第 11 卷。本卷年鉴以中共十八大精神为指导，全面反映 2015 年上城区围绕建设“现代化美丽上城”的目标，努力提升发展、文化、生态、健康、平安五大品质，推动区域经济社会稳步健康发展的基本情况及重大事件。

三、本卷年鉴依据事物的发展变化，对以往的类目和分目设置进行适当调整。编排采用分类法，由类目、分目、条目 3 个层次构成。以条目作为记述的主要形式，条目标题统一用黑体加【】表示。全书基本内容分为综合情况、动态信息、辅助资料三大部分。综合情况部分设特载、总述、专记 3 个专栏。动态信息部分设上城区委、上城区人大、上城区政府、上城区政协、纪检监察、民主党派与工商联、法治、国防建设、经济综合管理、工业、城区建设与管理、环境保护、社会民生、街道等部类。辅助资料有大事记、统计资料和附录。本卷年鉴增设“人物”类目，全书设类目 33 个、分目 174 个，收入条目 1112 条、随文照片 105 幅、表格 33 张、图片 5 张、附属资料 48 篇。卷首刊有各级领导在上城视察、上城荣誉、上城风貌等照片。

四、本卷年鉴具有双重检索系统，卷首刊有详细目录，同时设英文要目；卷末有主题分析索引。

五、本卷年鉴机构名称第一次出现时用全称，加括注后用简称。省、市、区组织机构使用规范化简称。“缩略语”随文注释，有的在文中括注，有的在条目末尾注释。

六、本卷年鉴的统计资料均使用法定计量单位。数字用法、标点符号用法均执行国家新颁布的标准。

七、本卷年鉴中涉及上城区国民经济和社会发展的数据以区统计局的统计公报为准。区统计局未统计的数据由各业务部门提供。由于统计口径不同，一些单位提供的数据会与区统计部门提供的数据不尽相同，引用时请注意。

八、本卷年鉴载录的内容分别由上城区各有关部门和单位提供并署名，并经各供稿单位审核。未署名的内容由上城年鉴编辑部提供。借此卷年鉴出版之际，感谢广大编撰人员所付出的辛勤劳动。书中如有疏漏或不足之处，恳请广大读者批评指正。

杭州市上城区行政区划图

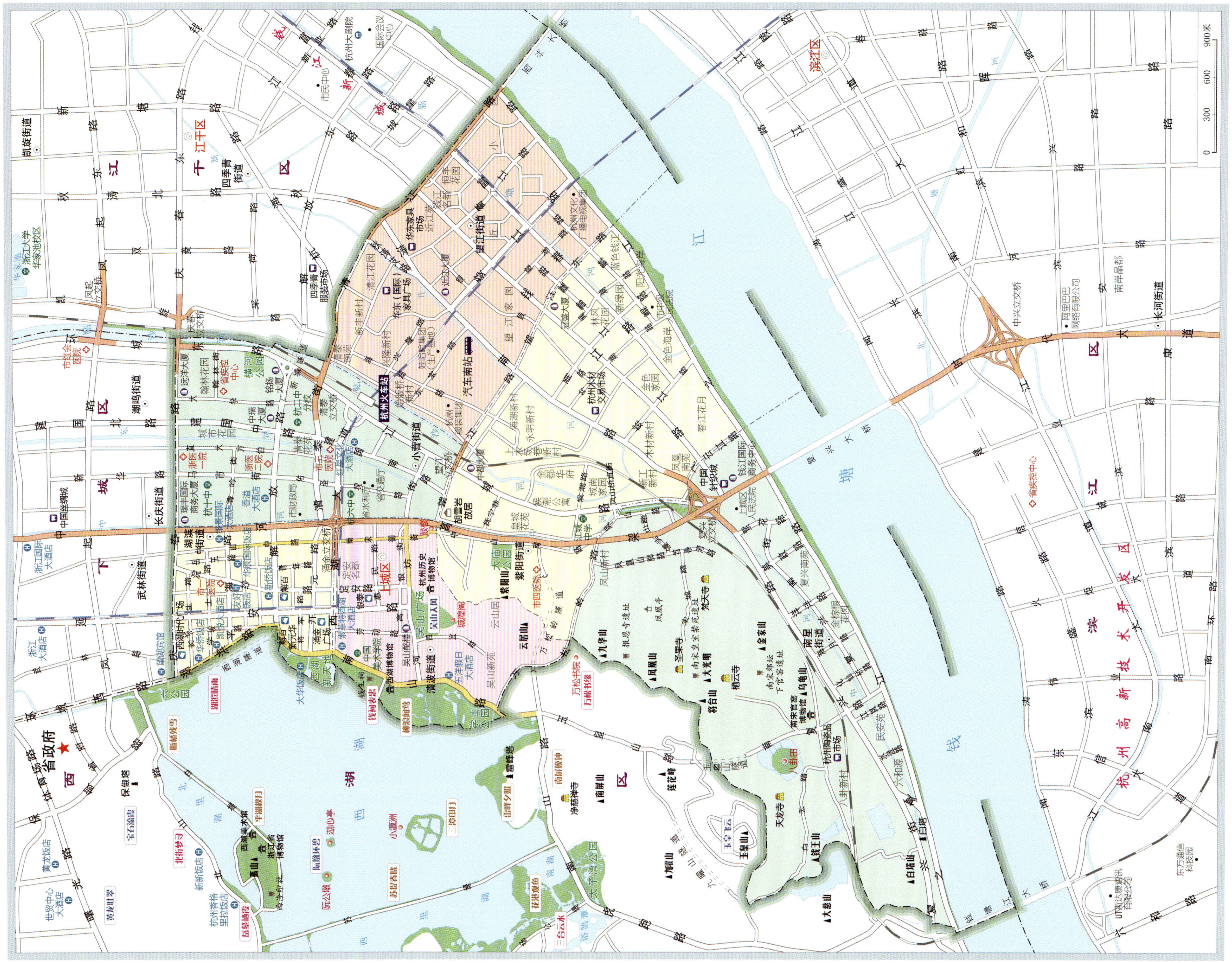

选自《杭州市领导工作图册(2010)》

玉皇山南基金小镇全景俯瞰图　　（玉皇山南指挥部　供稿）

玉皇山南基金小镇二期俯瞰图　　（玉皇山南指挥部　供稿）

西湖苹果旗舰店　　　　（湖滨指挥部　供稿）

近江时代大厦　　　　（望江街道　供稿）

上城区电子机械功能区俯瞰图　　(区电子机械功能区　供稿)

中山中路(南宋御街)步行街　　(区住房和城建局　供稿)

改造后的思鑫坊 （上城环保分局 供稿）

西湖大道绿化小品 （区城管局 供稿）

修缮一新的郁达夫故居——“风雨茅庐”　　（小营街道　供稿）

全国重点文物保护单位大运河凤山水门　　（区文化馆　供稿）

9月28日，司法部部长吴爱英(左二)调研清波街道司法工作，区长陈瑾(右二)陪同调研

(清波街道　供稿)

9月7日，中央财经领导小组办公室主任、国家发展和改革委员会副主任刘鹤(中)调研玉皇山南基金小镇，省长李强(右一)、区委书记缪承潮(左三)陪同调研

(玉皇山南指挥部　供稿)

9月8日，中央直属机关工委副书记段余应（右二）考察区直机关特色工作——党员义工进社区服务情况，区委常委、组织部部长陈狄芳（右一）陪同考察

（区直机关工委　供稿）

10月15日，人力资源和社会保障部副部长汤涛（右）到玉皇山南基金小镇调研。图为杨涛与杭州凯泰资本管理有限公司座谈

（区人力社保局　供稿）

3月11日，国务院法制办公室教科文卫司副巡视员金武卫(左四)一行考察上城区特殊教育工作

（区教育局　供稿）

3月26日，公安部部长助理刘跃进(左二)调研清波街道社区戒毒康复工作

（清波街道　供稿）

3 月 16 日，民政部副部长宫蒲光（右二）考察中国社区建设展示中心，副市长陈红英（左三）、区委书记缪承潮（左四）陪同考察　　（中国社区建设展示中心　供稿）

7 月 26 日，民进中央副主席、全国教育学会副会长、新教育创始人朱永新（左四）调研上城区教育工作　　（区教育局　供稿）

5月18日，省委书记夏宝龙（右一）调研玉皇山南基金小镇，省委常委、秘书长赵一德（右三），省委常委、杭州市委书记龚正（右四），区委书记缪承潮（左三）陪同调研

（玉皇山南指挥部　供稿）

7月14日，省委常委、宣传部部长葛慧君（左三）调研玉皇山南基金小镇文创园区，市委常委、宣传部部长翁卫军（左四）陪同调研　（区委宣传部　供稿）

11 月 19 日，省委常委、市委书记赵一德（左二）考察馒头山环境整治工作，区委书记缪承潮（左一）陪同考察　　（南星街道　供稿）

7 月 22 日，省人大常委会党组书记、副主任茅临生（左一），市人大常委会主任王金财（左三）调研玉皇山南基金小镇建设工作，区人大常委会主任丁晓芳（右一），区委副书记袁建祥（左二）陪同调研　　（区人大常委会办公室　供稿）

9月8日，省委组织部部务会议成员、省委两新工委副书记马小秋（左三）调研杭州市崇文实验学校社会组织党建工作，区委常委、组织部部长陈秋芳（左一）陪同调研

（区委组织部　供稿）

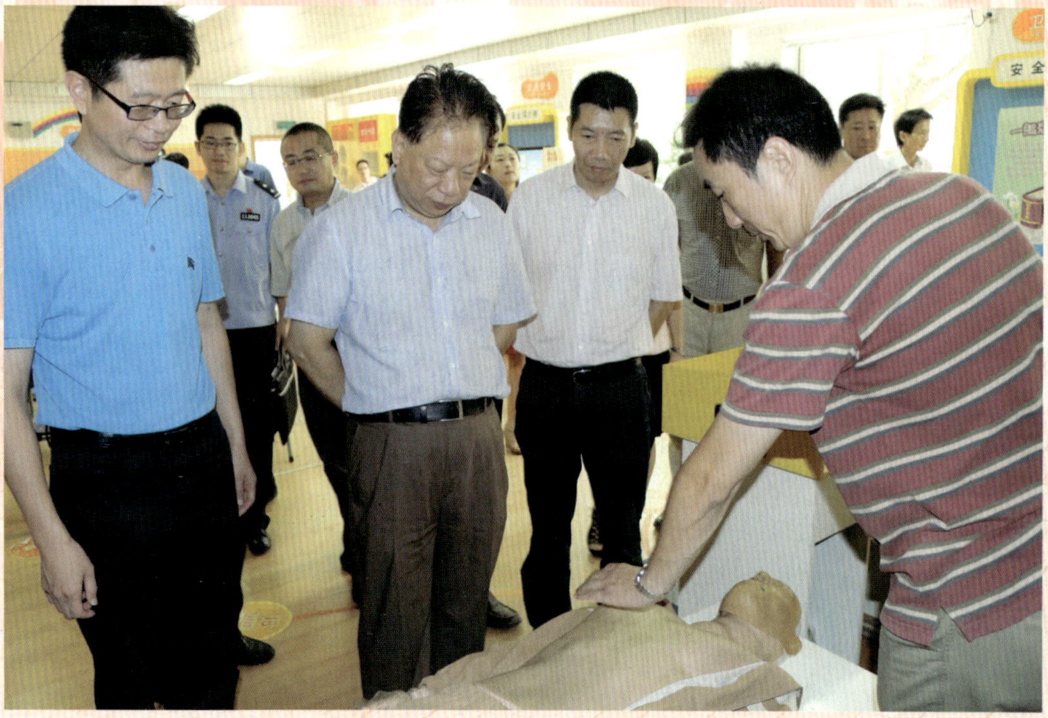

9月2日，市委副书记杨戌标（左二）到杭州娃哈哈小学考察，区委副书记袁建祥（左三）陪同考察

（清波街道　供稿）

9月29日，市委常委、宣传部部长翁卫军（右二）考察中国社区建设展示中心，区委书记缪承潮（右三）陪同考察　　（中国社区建设展示中心　供稿）

8月12日，市委常委、组织部部长张仲灿（左四）调研玉皇山南基金小镇金融人才工作，区委书记缪承潮（左三）陪同调研　　（区委组织部　供稿）

12月3日，市委常委佟桂莉(右一)考察小营街道仁爱家园

(区残联　供稿)

8月27日，市委常委、常务副市长马晓晖(左三)到杭州市杨绫子学校调研学校提升改造工作，区委书记缪承潮(左二)陪同调研

(区教育局　供稿)

上城区

上城区

上城区

上城区

上城区市场监管局、杭州娃哈哈集团有限公司

清波司法所

紫阳街道上羊市街社区

上城区法院

杭州市上城区教育学院附属小学

上城区青少年活动中心

上城区青少年活动中心

上城区青少年活动中心

上城区青少年活动中心

杭州市金都天长小学

杭州市上城区教育学院附属小学

上城区青少年活动中心

上城区青少年活动中心

清波街道、南星街道、紫阳街道

望江街道

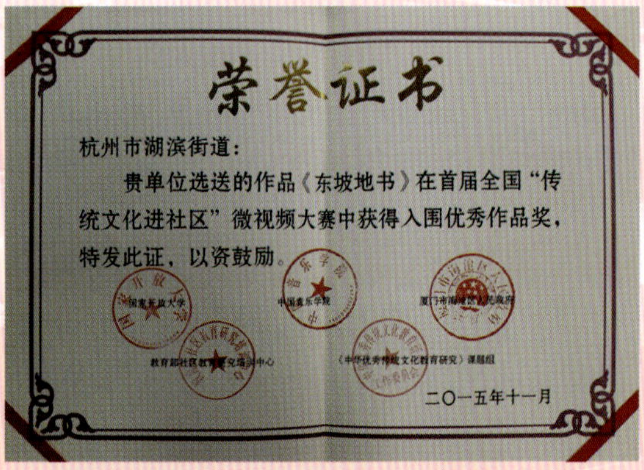

湖滨街道

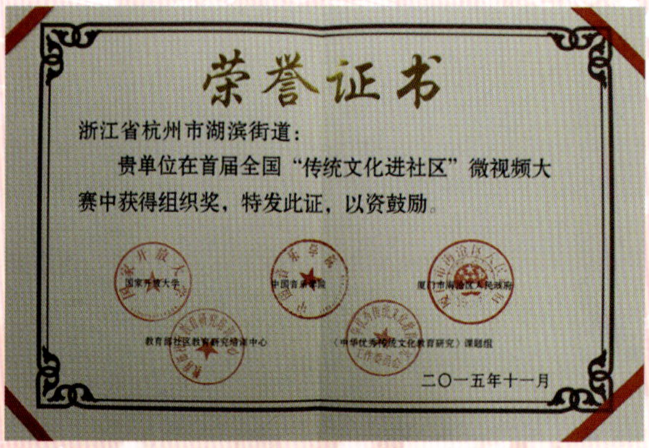

湖滨街道

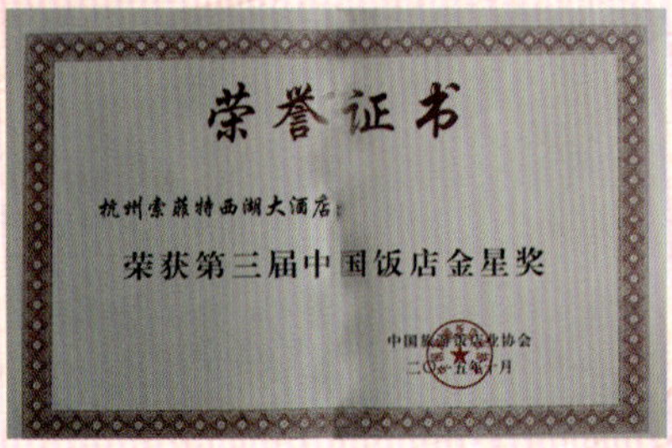

杭州索菲特西湖大酒店

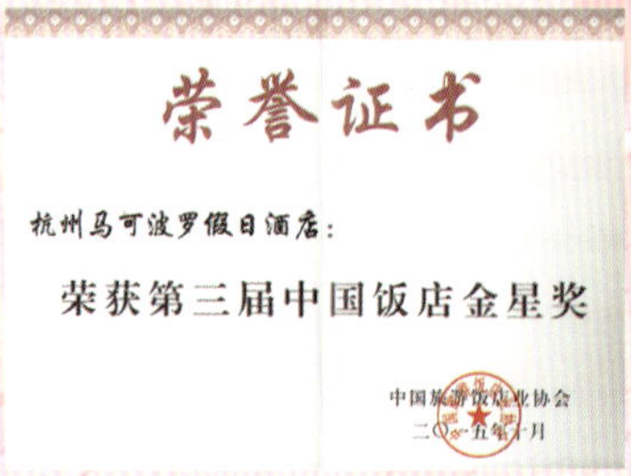

杭州马可波罗假日酒店

杭州交联电气工程有限公司工会

证　书

杭州娃哈哈集团有限公司：

荣获全国实施卓越绩效模式先进企业(2015年)称号，特此表彰。

中国质量协会

杭州娃哈哈集团有限公司

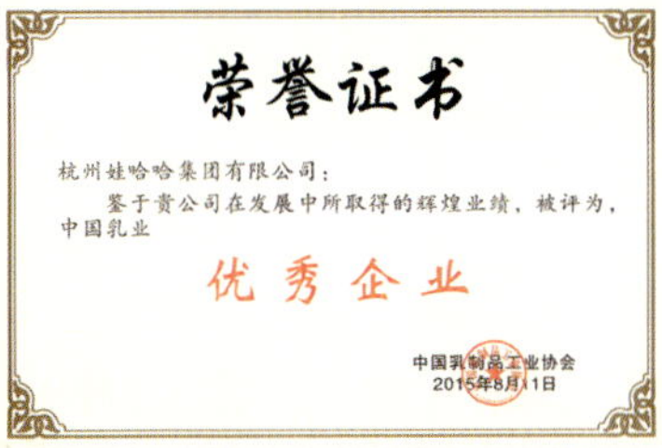
荣誉证书

杭州娃哈哈集团有限公司：

鉴于贵公司在发展中所取得的辉煌业绩，被评为中国乳业

优秀企业

中国乳制品工业协会

2015年8月11日

杭州娃哈哈集团有限公司

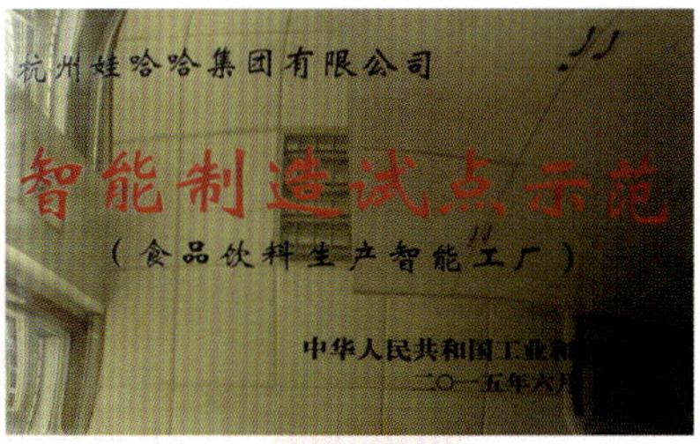
杭州娃哈哈集团有限公司

智能制造试点示范

（食品饮料生产智能工厂）

中华人民共和国工业和

二〇一五年六月

杭州娃哈哈集团有限公司

杭州娃哈哈集团有限公司

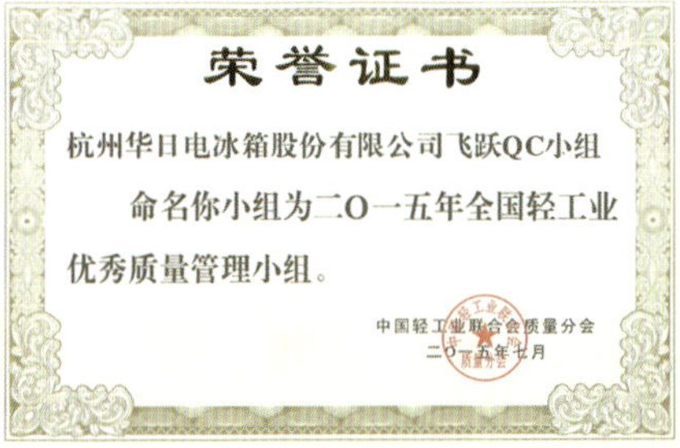
荣誉证书

杭州华日电冰箱股份有限公司飞跃QC小组

命名你小组为二O一五年全国轻工业优秀质量管理小组。

中国轻工业联合会质量分会

二O一五年七月

杭州华日电冰箱股份有限公司

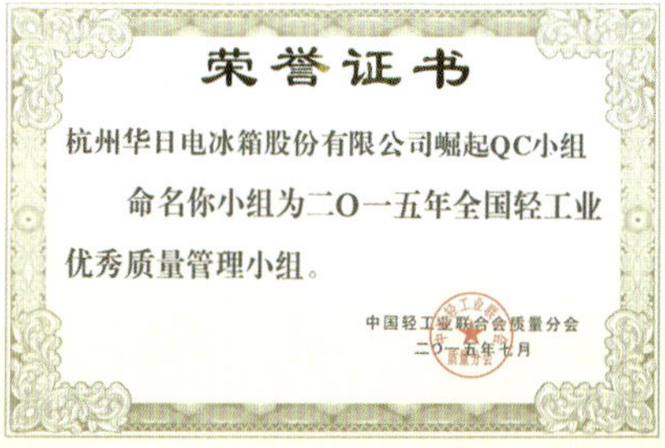
荣誉证书

杭州华日电冰箱股份有限公司崛起QC小组

命名你小组为二O一五年全国轻工业优秀质量管理小组。

中国轻工业联合会质量分会

二O一五年七月

杭州华日电冰箱股份有限公司

杭州华日电冰箱股份有限公司

证书

杭州华日电冰箱股份有限公司

全国质量和服务诚信优秀企业

2015年3月16日

杭州华日电冰箱股份有限公司

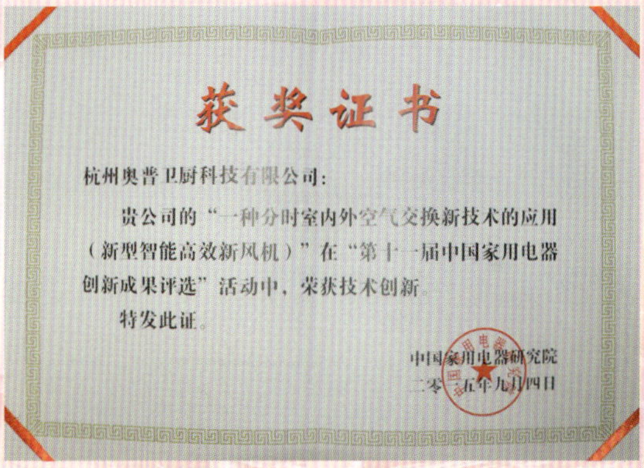
获奖证书

杭州奥普卫厨科技有限公司：

贵公司的"一种分时室内外空气交换新技术的应用（新型智能高效新风机）"在"第十一届中国家用电器创新成果评选"活动中，荣获技术创新。

特发此证。

中国家用电器研究院

二零一五年九月四日

杭州奥普卫厨科技有限公司

杭州奥普卫厨科技有限公司

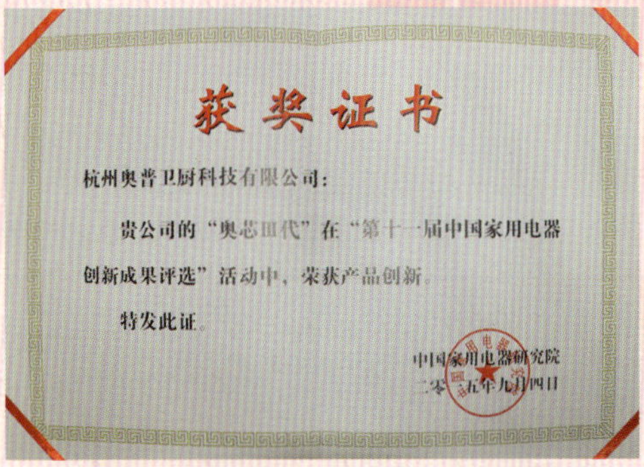
获奖证书

杭州奥普卫厨科技有限公司：

贵公司的"奥芯III代"在"第十一届中国家用电器创新成果评选"活动中，荣获产品创新。

特发此证。

中国家用电器研究院

二零一五年九月四日

杭州奥普卫厨科技有限公司

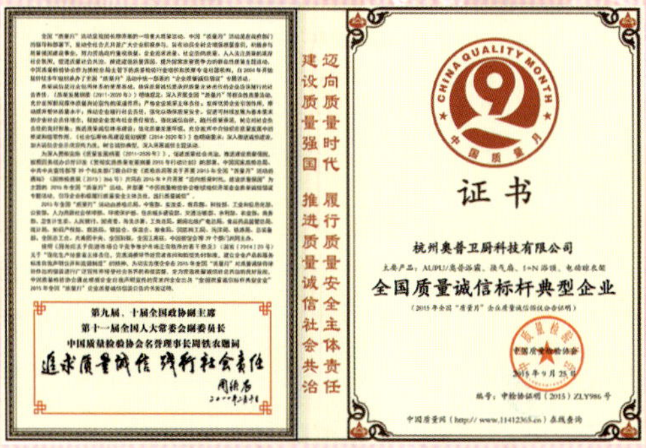
证书

杭州奥普卫厨科技有限公司

全国质量诚信标杆典型企业

2015年9月25日

杭州奥普卫厨科技有限公司

1 月 27~30 日，上城区第十四届人民代表大会第四次会议召开　　(陈建荣　摄)

1 月 26~29 日，中国人民政治协商会议第四届杭州市上城区委员会第四次会议召开　　(陈建荣　摄)

2月11日，上城区纪委九届五次全体(扩大)会议召开

（区纪委　供稿）

5月20日，上城区召开"三严三实"专题党课暨专题教育部署会

（区委组织部　供稿）

7月1日，上城区举办纪念中国共产党成立94周年大会暨第二届"草根民师讲堂"

（区委组织部　供稿）

5 月 16~17 日，上城区承办“2015 全球对冲基金西湖峰会”，玉皇山南基金小镇开园揭牌　　（玉皇山南指挥部　供稿）

6 月 19 日，上城区举办在职党员“最美先锋行动”义工服务日活动
（区委组织部　供稿）

11 月 17 日，上城区举行“扮靓杭州迎峰会、上城党员当先锋”主题行动启动仪式　　（区委组织部　供稿）

11 月 26 日，上城区举行吴山文化公园开园仪式。市委常委、宣传部部长翁卫军（左五）等市领导，区委书记缪承潮（左四）等区领导参加　　（区委宣传部　供稿）

12 月 16 日，上城区举行统一战线迎 G20 杭州峰会启动仪式暨绿色骑行宣传活动
（区委统战部　供稿）

4 月 22 日，区国土分局在清波幼儿园开展“地球妈妈我爱你”主题宣传暨第 46 个世界地球日活动　　（区国土分局　供稿）

4 月 27 日，上城区在紫阳小学举办“打造书香社区，共建美丽家园”全民阅读暨首届“紫阳书香节”活动

（紫阳街道　供稿）

12 月 25 日，全国首家智障青少年职业训练工作坊“智慧树”残疾人服务社开张　　（区教育局　供稿）

5 月 31 日，区国税局联合市国税局和中国财税博物馆举办第四届全市中小学生税法宣传漫画大赛　　（区国税局　供稿）

9 月 1 日，“护童爱心路” 全省儿童安全出行公益活动在杭州市崇文实验学校启动

（区教育局　供稿）

1月9日，上城区举办“警民携手 110，共筑平安 365”广场宣传活动
（上城消防大队　供稿）

2月23日，上城区举行“财神到”年俗活动　（清河坊管委会　供稿）

5月25日，上城区在北京举行区域教育综合改革成果新闻发布会
（区教育局　供稿）

5月21日，清波街道“民间井长”邀请环保部门检测郭婆井水质
（清波街道　供稿）

10月29日，第八届杭州国际体验日启动仪式在上城区太庙广场举行。图为市政协副主席张鸿建（右三）、区委书记缪承潮（左三）和爱尔兰、阿根廷、印度驻沪总领事出席启动仪式　（区风景旅游局　供稿）

10月28日至11月3日，杭州国际设计周在湖滨银泰 in77 举办
（区委宣传部　供稿）

6 月 25 日，杭州华日电冰箱股份有限公司举行华日冰箱“盛夏送凉，爱心帮困”捐赠仪式

（杭州华日电冰箱股份有限公司　供稿）

11 月 4 日，区侨联、区知联会、区留联会联合举办健身走比赛

（区委统战部　供稿）

12 月 18 日，在“银泰 inX 桃花源”的年度公益晚宴上，银泰公益基金会与桃花源生态保护基金会达成合作意向

（湖滨银泰商城　供稿）

9 月 17 日，杭州娃哈哈集团有限公司到雅安娃哈哈溪桥工程项目实地考察。图为当地小朋友与考察人员合影

（杭州娃哈哈集团有限公司　供稿）

8 月 7 日，杭州创客天堂暨创客嘉年华开幕。图为浙江省科技厅厅长周国辉（左）为众创企业授旗

（区科技局　供稿）

11 月 27 日，上城区推出“伊+梦享汇”女性创意创业平台

（区妇联　供稿）

8 月 28 日，上城区在红星剧院举办纪念中国人民抗日战争暨世界反法西斯战争胜利 70 周年歌咏大会 （区文广新局　供稿）

11 月 12 日，浙江好腔调“开唱了”传统戏剧传承人群专场活动在红星剧院举行 （区文广新局　供稿）

5月30日，湖滨街道在桐坞书院开展“六一”传承文化活动

（湖滨街道 供稿）

7月4日，清河坊缤纷夜游活动“御街丝绸秀”举行

（清河坊管委会 供稿）

9月7日，区教育局在北师大附属杭州中学举行2015年教师节庆祝会之学生微心愿活动

（区教育局 供稿）

12 月 12 日，上城区参与拍摄的主旋律电视剧《鸡毛飞上天》新闻发布会召开　　（区委宣传部　供稿）

4 月 28 日，上城区举行“助推‘五水共治’，建设美丽家园”暨“中国梦，劳动美”文艺专场演出

（区财政局　供稿）

11 月 2 日，“美丽杭州，水之韵诗歌吟诵会——‘五水共治’上城区政协委员在行动” 在吴山文化公园大舞台举行　　（区政协办公室　供稿）

10 月 10 日，上城区旅游品牌联盟体成立。图为西湖琴社古琴浙派传人徐君跃在成立仪式上弹奏《古琴与尺八洞箫》　　（南星街道　供稿）

特 载

乘势而上 开创新局
为基本建成“现代化美丽上城”而努力奋斗
——在区委九届十四次全体(扩大)会议上的报告 …… 缪承潮(1)
政府工作报告
——在上城区第十四届人民代表大会第五次会议上 …… 陈 瑾(10)
上城区“十三五”时期经济社会发展规划(摘要) …… (19)

专 记

领导调研(选录) …… (21)
杭州市委常委会议专题研究上城区工作 …… (23)
“三严三实”专题教育 …… (24)
概况
“三严三实”专题党课
专题研讨
认真查摆问题
广泛征求意见
完善制度机制
加强监督问责
严格立规执纪
纪念抗日战争胜利70周年 …… (26)
概况
纪念抗日战争胜利70周年文艺活动
《见证——上城区抗日战争遗址特辑》编纂完成
“三社联动”服务机制 …… (26)
概况
健全政社互动机制
公共复合空间打造
多元孵化载体设立
上城区“十二五”时期发展成就 …… (27)
概况
现代产业体系构建
创新型城区建设
体制机制完善
城区品质形象提高
民生保障优化

“123+2”平台建设

湖滨商圈 …… (29)
概况
龚正考察大湖滨商圈
西湖苹果旗舰店开业
湖滨 LV 旗舰店开业
参加浙江(江西)旅游交易会
“有眼市集”活动
西湖电影院和中华饭店地块出让
第二届西湖国际少儿文化创意周
“尚小创”文创市集开市
杭州第二届灯光秀开幕
“湖滨美食·舌尖艺术”活动
玉皇山南基金小镇 …… (31)

概况
全球对冲基金西湖峰会
基金小镇私募基金产业链形成
基金小镇空间拓展
基金小镇项目建设
基金小镇行政服务中心建设
推进教育国际化
政策环境保障
国际医疗中心揭牌
基金小镇接待参观单位300余批
基金小镇首个金融企业党支部成立
安正科技公司在“新三板”挂牌
财通证券资产管理公司获两项大奖
高端金融人才引进
小镇企业获2015年中国创投机构50强
思美传媒公司获阿里巴巴“最佳供应商”奖
望江智慧产业园 …………………………………… (34)
概况
园区产业布局
园区产业集聚
园区资源整合
园区品牌宣传
“云中之城”智慧城市体验中心打造
思科公司杭州客户体验中心入驻望江智慧产业园
幼发拉底(中国)总部入驻望江智慧产业园
创新型中小微企业与国际资本对话论坛
电子机械功能区 …………………………………… (35)
概况
生产基地建设
服务企业专项活动
吴山宋韵小镇 …………………………………… (37)
概况
宋韵小镇规划建设
宋韵小镇“旅游+文创+新经济”型特色产业推出
省旅游展示中心基本建成
五柳巷历史文化街区改造
五柳巷文创产业集聚区打造
五柳芳庭爱情主题文旅商业街区开街

大事记

2015年大事记 …………………………………… (40)

总　述

地情概貌 …………………………………… (48)
历史沿革
地理位置与面积
气候
行政区划
人口
少数民族
经济建设 …………………………………… (50)
概况
产业结构调整加快
产业发展平台打造
重点项目建设推进
改革开放深化
构建新型经济生态
政治建设 …………………………………… (52)
概况
学习贯彻习近平总书记系列重要讲话精神
推进重点领域改革
法治上城建设
构建“五个一”工作机制
加强思想文化建设
夯实共治共享基础
服务保障G20杭州峰会
基层党组织建设
省委第六巡视组巡视上城区工作
文化建设 …………………………………… (54)
概况
文化设施
文化活动
社会建设 …………………………………… (54)
概况
民生保障水平提高

公共服务体系建设
社会管理创新
社会综合治理
基层创新实践
生态文明建设 …………………………………… (56)
概况
环保规划编制
加大生态文明建设考核力度
国家级生态市创建
推进“四边三化”专项行动
精神文明建设 …………………………………… (57)
概况
社会主义核心价值观宣传教育
公民道德建设
群众性精神文明创建活动
群众文化活动
未成年人思想道德建设
2015 年区级主要机构及负责人名单 ………… (58)

中共上城区委员会

综述 ………………………………………………… (63)
区委全委会
区委常委会会议
经济社会发展“十三五”规划建议制定
组织工作 ………………………………………… (64)
概况
领导班子建设
干部初始提名机制建立
年轻干部培养
干部教育培训
干部监督管理
“链式”党建工作责任体系建立
“民情 E 点通“手机 APP 平台打造
推行“红芯”党员智能管理系统
健全三层级民主协商机制
基层党组织带头人队伍建设
基层党建工作保障
社会组织党建工作推进
集聚区“五型”党组织建设
高层次人才集聚试验区建设
人才队伍平台建设
宣传工作 ………………………………………… (68)
概况
加强理论学习
重大主题宣传
对外宣传
互联网管理
首个城市文化公园建成
2015 杭州美术节
邻里价值观实践活动
“最美”推进机制建立
统战工作 ………………………………………… (70)
概况
学习贯彻中央统战工作会议精神
党外人士座谈会
民主党派民主监督会
基层统战工作培训会
党外代表人士读书会
全区统一战线信息工作会议
上城旅港同乡会成立
“统一战线同心同行”活动
“民族风情、宗教文化”摄影展
老干部工作 ……………………………………… (72)
概况
离退休干部党支部管理创新
《光辉岁月——上城老战士的激情人生》出版
家风家训收集整理
老干部建言献策
老干部“红色”主题系列活动
离退休老干部服务
未成年人管理 …………………………………… (74)
概况
“学法践行·健康成长”主题教育活动
爱国主义教育活动
“假日学校”创办
“雏鹰奋飞”结对助学活动
“逆水行舟”关爱帮教工作

机构编制管理 …………………………………… (75)
概况
权力清单编制
行政执法体制改革
控编减编工作
事业机构设置调整
事业单位登记管理
机构编制实名制管理
机关党建工作 …………………………………… (76)
概况
“党员先锋365”义工服务活动
基层党组织规范化建设
综合考评完善
机关文体活动
机关群团组织工作
信访工作 ……………………………………… (78)
概况
“信访法治建设年”宣传活动
民情恳谈会
信访事项听证会
党史编研 ……………………………………… (79)
概况
“红色史料”征编
党史宣传教育
两大阵地作用发挥

上城区人民代表大会及其常务委员会

人大重要会议与活动 ………………………… (80)
上城区第十四届人民代表大会第四次会议
区人大常委会会议
区委人大工作会议
区人大常委会履职和自身建设 ………………… (82)
人事任免
财经工作监督
预算决算监督
民生实事监督
生态环境监督
法律监督
区人大常委会自身建设
人大代表工作和活动 ………………………… (83)
人大代表活动
履职平台拓展
建议办理工作深化
人大街道工委工作 …………………………… (84)
街道特色品牌打造
人大街道工委工作加强

上城区人民政府

区政府重要会议 ……………………………… (86)
区政府常务会议
区长办公会议
集中审批事项及政务服务 …………………… (89)
概况
“多证合一”营业执照颁发
区行政服务中心玉皇山南基金小镇分中心筹建
首次产权交易拍卖
“投资项目审批、公共资源交易操作实务”培训
电子政务 ……………………………………… (90)
电子政务项目管理机制规范
政府网站普查
区电子政务设备升级改造
浙江政务服务网上城平台建成
“智慧上城”规划方案设计
侨务 …………………………………………… (91)
概况
开展引智引资
侨界民生改善
“双向服务”工作
侨界人士获多项荣誉
台湾事务 ……………………………………… (91)
概况
台属联谊与服务
上城区与高雄市开展教育交流合作
地方志编纂 …………………………………… (92)
《杭州市上城区志》整理编纂
中国版协年鉴工委领导考察上城区地方志工作
《上城年鉴(2015)》出版

政协上城区委员会

综述 …………………………………………… (93)
概况
重点课题调研
加强团结合作
履职能力提升
政协提案与办理
政协重要会议及委员活动 ……………………… (94)
区政协四届四次会议
区政协四届十六次常委会议
区政协四届十七次常委会议
区政协四届十八次常委会议
区政协四届十九次常委会议
区政协四届二十次常委会议
政协委员暑期读书会

纪检监察

执纪监督 ………………………………………… (97)
规范权力运行
推进全面纪律审查
问题线索渠道拓宽
作风效能建设 …………………………………… (97)
中央八项规定精神落实情况专项督查
“不担当、不作为、不落实”行为整治
机关作风效能督查问责
党风廉政建设 …………………………………… (98)
落实“两个责任”
党风廉政建设责任制检查考核
区委、区政府领导班子成员履行“一岗双责”情况专题报告会
反腐倡廉宣传教育
推出廉政卡通人物
纪检监察组织建设 ……………………………… (99)
深化纪检监察体制改革
规范内部监督管理
纪检干部素质提升

民主党派与工商联

民主党派综述 ………………………………… (100)
概况
民革上城总支 ………………………………… (100)
概况
调查研究
社会服务
支部活动
民盟上城区基层委员会 ……………………… (101)
概况
专题调研
帮扶工作
民建上城区基层委员会 ……………………… (101)
概况
参政议政
服务社会
民进上城区基层委员会 ……………………… (102)
概况
提案建议
为民服务活动
农工党上城区基层委员会 …………………… (102)
概况
献计献策
服务市民
致公党上城总支 ……………………………… (102)
概况
关注民生热点难点问题
九三学社上城区基层委员会 ………………… (103)
概况
课题调研
上城区工商业联合会 ………………………… (103)
概况
教育实践活动
非公有制经济人士参政议政
服务会员优化
上城区新生代企业家联谊会成立
爱心公益活动

群众团体

上城区总工会 …………………………… (106)
概况
和谐劳动关系深化
工会帮扶救助
“职工之家”争星晋级活动
“六五”普法宣传教育
关爱“新杭州人”
弘扬“最美”精神
共青团上城区委员会 …………………………… (107)
概况
开展“暖冬行动”
“谏言十三五·我的梦”主题座谈会
“校地合作回头看”交流会
“最美上城·最青春”首届环保公益集市活动
推出居民健康促进计划
少年海事学校落户上城
青年创意大街开街
承办市青年讲解员大赛
社区和校外少先队工作现场交流会
上城区妇女联合会 …………………………… (109)
概况
“十三五”妇女儿童发展规划编制启动
“男女平等”基本国策宣传
女性素质提升工程
“女性心理关爱”工程
妇女参与环境美化工程
推出女性创业创意服务项目
“巾帼建新功”活动
“寻找最美家庭”系列活动
维护妇女儿童合法权益
基层走访调研活动
推进家庭教育工作
助力社会治理工作
服务型基层妇联组织建设
“妇女之家”建设
庆祝“六一”国际儿童节活动
上城区科学技术协会 …………………………… (112)
概况
协同创新示范基地打造
科普信息化工作
湖滨民俗文化科普馆开馆
社区科普大学专题科普班开班
上城区获杭州市青少年科技创新大赛优秀组织奖
全民科学素质提升工作
创建市级学会科技服务站
科普主题宣传活动
美政桥社区成为全国科普示范社区
暑期青少年公益科普系列活动
服务科技工作者
全国科普日暨上城区第二十九届科普宣传周活动
承办杭州市第八届学术年会上城分会
两个市级院士专家工作站通过认定
上城区残疾人联合会 …………………………… (114)
概况
康复救治工作
托(安)养服务质量提升
爱心助残活动
残疾人就业
残疾车非法营运整治成果巩固
残疾人信访办理
残疾人文体生活
志愿助残活动
上城区残疾人“阳光艺术”中心启用
“隐形的翅膀”残疾人爱心义卖站成立
残疾人艺术团文化下基层活动
新增残疾人专用停车位5处
上城区红十字会 …………………………… (116)
概况
红十字青少年教育工作
“博爱送温暖”活动
无偿献血66.77万毫升
红十字志愿服务活动

法　治

综述 …………………………… (118)
概况

经济社会发展保障
维护社会和谐稳定
平安区创建满意度提升
深化基层社会治理
强化治安管控
司法体制改革
上城区法学会成立
依法治区 …………………………………… (120)
概况
“六五”普法任务全面完成
法治文化建设
法治宣传“进家庭”活动
南宋御街法治示范街区入围市“六五”普法十大亮点项目
“彩霞飞扬·爱尚法”法治文化阵地建设
公共安全 …………………………………… (121)
概况
宦军获“全国禁毒先进个人”称号
社会治安维护
反恐防暴
命案侦破 100%
黄赌毒案件查处
四级巡防架构体系建立
群租样板房打造
“平安 365”社会服务管理平台建设
公安部督办毒品目标案件破获
特大诈骗团伙案破获
职务侵占案件告破
食品药品犯罪案件查获
“黑心钉”案件破获
交通管理
路面交通秩序管控
健全交通安全防控体系
堵点综合治理
消防管理
消防联防大队成立
出租房专项整治
火灾隐患整治
消防监督
“119”消防宣传月活动
检察 …………………………………… (126)
概况
腐败犯罪惩治
职务犯罪预防
坚持司法公正
助推民生保障
未成年人保护和犯罪预防
“规范司法行为专项整治”活动
推进“阳光检察”
检察官履职评议
查办国家发改委官员职务犯罪案件
杭州皇基投资咨询有限公司非法经营案
法院 …………………………………… (128)
概况
犯罪惩治
民事纠纷化解
新行政诉讼法实施
案件执行难破解
金融案件审理
民生利益保障
参与社会综合治理
立案登记制度改革
推进“阳光司法”
“智慧法院”建设
司法行政 …………………………………… (130)
概况
法治宣传教育
社区矫正人员管理
安置帮教
人民调解工作
法律援助
清波司法所被评为全国先进司法所
律师进社区活动
律师事务所监管

国防建设

人民武装 …………………………………… (133)
概况
加强党管武装工作

基层武装工作考核
“条令学习月”活动
民兵组织整顿
民兵连红旗党支部建设
军警民治安联防机制常态运行
上城区连续35年无责任退兵
全民国防教育活动
后勤保障管理
人民防空 …………………………………… (135)
概况
人防工程审批
人防工程专项检查
指挥通信建设
防空防灾疏散演练
人(民)防宣传活动
避暑纳凉点开放
双拥共建 …………………………………… (137)
双拥工作全面深化
“双拥在基层”活动
优待抚恤工作
慰问驻区部队
退役士兵安置
残疾军人接收管理
烈士纪念活动

特色产业与重点园区

现代商贸业 …………………………………… (139)
概况
夏宝龙视察华东物美望江店
上城区新春年货节
承办浙江金秋购物节
全区商贸系统安全生产和消防工作会议
文化创意产业 …………………………………… (140)
概况
自创品牌“橙舍”亮相国际舞台
杭州吴山古玩城全国珠友会
杭州国家数字出版基地上城园区挂牌
3部作品入选“首届重点影视创作资助项目”
杭州第三届文玩交易会
凤凰文创小镇市集活动
上城展馆获第九届市文博会“最佳展示奖”
杭州国际设计周
首届杭州花蜜节
金融服务业 …………………………………… (142)
概况
玉皇山南基金小镇快速发展
8个企业“新三板”挂牌
新增互联网金融业企业13个
高新技术产业 …………………………………… (142)
概况
新增国家重点扶持领域高新技术企业12个
电子机械功能区被认定为市创新发展(示范)园区
休闲旅游业 …………………………………… (143)
概况
旅游行业管理
旅游人才培育
旅游景区(点)建设
旅游目的地管理
旅游宣传推广活动
紫薇原点“杭州愿望”活动
第三届夜休闲主题嘉年华活动
杭州国际体验日开幕
上城区旅游产业品牌联盟成立
特色街区 …………………………………… (145)
清河坊街区接待游客1510万人次
清河坊缤纷夜游活动
第六届中国民间艺人节
清河坊年俗活动
第十届清河坊民间茶会
吴山庙会暨市首届南宋文化艺术节

综合经济管理

发展规划管理 …………………………………… (147)
概况
上城区获中国智慧城市创新奖
推进“1+2+3”项目建设
工商行政管理 …………………………………… (147)

概况
内资企业登记
内资企业发展特点
个体工商户稳中有升
商事登记制度改革
服务基金小镇
商标品牌培育
规范市场管理
市场经营秩序整治
消费者权益保护
质量技术监管 ………………………………… (151)
概况
“政府管理与公共服务”标准化建设
开展“质量月”特色系列活动
承办第一期国家服务标准化培训班
计量器具监管
特种设备安全监管
食品药品监管 ………………………………… (153)
概况
食品安全网格化管理
食品安全整治
药品医疗器械市场专项整治
生产流通环节食品安全监管
动物检验检疫及活禽交易监管
农产品安全快速检测
全市首个食品药品宣传培训中心成立
物价管理 ………………………………………… (155)
概况
市场价格监管
价格政策宣传
价格诚信单位“回头看”活动
330 起价格鉴定案件完成
清费减负
权力事项清理
第二家农副产品平价商店开业
安全生产监管 ………………………………… (156)
概况
安全生产“一岗双责”
安全生产专项整治
安全生产执法检查
安全应急体系建设
事故隐患排查
高温作业监管
职业卫生监管
推行安全生产社会化服务
安全生产标准化推进
安全生产宣传教育
社区安全文化阵地建设
全员培训工程
世界互联网大会安全保障
监管服务水平提升
审计 ……………………………………………… (159)
概况
预算执行审计
经济责任审计
政府投资审计
民生项目审计
内审指导服务
统计 ……………………………………………… (160)
完成地区生产总值 861.02 亿元
完成固定资产投资 88.55 亿元
完成工业总产值 738.03 亿元
工业综合能耗下降
完成建筑业总产值 271.44 亿元
国内贸易增长 11.6%
信息经济强势发展
园区企业统计业务培训
统计法制建设
投资统计改革试点
统计数据质量检查
统计服务能力提升
完成科技年报
1%人口抽样调查

人力资源和社会保障

就业创业 ……………………………………… (164)
概况
加强劳动保障监察
规范劳动争议仲裁

企业规范用工工作培训
推进大学生就业创业
专项就业服务活动
行政许可审批
行政执法案卷查评
社会保险 …………………………………… (165)
概况
社会保险权益互查互认
医疗保险基金审计
退休人员管理
社会救助 …………………………………… (166)
概况
综合防灾减灾能力提高
推进“救急难”工作
最低生活保障
流浪乞讨救助管理
社会福利事业 ……………………………… (167)
福利彩票发行
第十五次“春风行动”
拓展慈善救助范围
人力资源管理 ……………………………… (167)
概况
人才培养与服务
中高端人才政策完善
人才公共服务网作用发挥
流动人员党组织建设

经济合作交流

综述 …………………………………………… (169)
概况
上城区与中国铁塔股份有限公司浙江省分公司合作
上城区与中国水利水电第五工程局有限公司合作
上城区与浙江省商业集团签署战略合作协议
上城区与德国包纳市签订友好城区协议
引进盛景百亿创新母基金
招商引资 …………………………………… (170)
概况
浙江华聚鑫成投资有限公司落户上城
杭州(北京)投资环境推介会
对口帮扶 …………………………………… (170)
概况
接待雷山县考察团
到雷山县考察帮扶
开展跟岗学习
杭州千岛湖枇杷节暨上城·淳安千岛湖生态农产品推介会
杭州茶旅推介会
贵州雷山旅游营销杭州推介会
《缘·藏那曲》面世

工业

综述 …………………………………………… (172)
概况
经济运行监测加强
科技产业发展加快
助力企业转型升级
推进能源“双控”
工业企业选介 ……………………………… (173)
杭州娃哈哈集团有限公司
杭州华日电冰箱股份有限公司
杭州海兴电力科技股份有限公司
杭州奥普电器有限公司
杭州捷尔思阻燃化工有限公司
杭州璟江瑞华科技有限公司
浙江威星智能仪表股份有限公司
思创医惠科技股份有限公司

财政·税务

财政 …………………………………………… (176)
概况
组织财政收入
扶持新兴产业发展
财政体制改革深化
财政支出结构优化
财政资金使用规范
国家税务 …………………………………… (177)
概况

税收优惠
税务审批改革
税收征管质量提升
纳税服务优化
地方税务 …………………………………… (178)
概况
夯实税收征管基础
依法征收税收
纳税服务品质提升
税源监控

城区建设与管理

城区规划 …………………………………… (180)
概况
规划审批管理
《上城区沿山空间发展概念规划》编制完成
"百名规划师服务百家社区"活动
广福里北侧建筑历史遗留问题解决
服务"三改一拆"
城区建设 …………………………………… (181)
概况
南星小区危改房重建项目主体结构通过验收
上城区建设工程安全质量物联网管理平台建成
外脚手架喷淋系统应用
建筑业监管
区管公房清查
房屋货币化征收
公共租赁住房货币补贴试点
群租房和屋顶违建整治
城区管理 …………………………………… (183)
概况
"四化"水平全市领先
城管执法重心下移
实施环境综合治理项目领导挂包制度
垃圾减量分类
违法建筑专项整治
望江立交桥旧家具市场整治
湖滨四期夜景照明工程竣工
应对台风"灿鸿"
清洁直运实时监管
上城区率先实现污水"零直排"
9名优秀环卫工人到新加坡考察
截污纳管工程实施
亮灯工程实施
城区绿化 …………………………………… (186)
概况
城站广场"美化家园"工程
美政花苑改造提升
环保主题公园复建
国土资源管理 ……………………………… (187)
概况
征迁安置"清零"行动
土地集约利用
地质灾害防治
土地执法监察
国土行政审批
房地产业 …………………………………… (188)
概况
广宇集团实现销售额35亿元
广宇大健康事业部成立
广宇万科·公园里项目开发
"书香余杭·创意客厅"项目落户广宇鼎悦府悦街区
"三改一拆"与历史街区改造 ………………… (189)
概况
望江地区改造建设工作会议
望江单元控规优化调整获批复
区行政中心及科技文化馆主体工程结顶
完成近江单元望江片二期农户安置
望江新城消防网改造完成
全年房屋征收"两证"办理率100%
望江指挥部停车场库建设工作获表彰
望江指挥部与浙大建筑设计研究院签署战略合作框架协议
重点项目集中开工
清河坊历史街区停车场经营权拍卖
吴山地区G20杭州峰会建设项目启动
广场综合管理 ……………………………… (191)

城站广场概况
春运客运保障
暑期运送旅客 590 万人次
国庆节城站广场安保
城站广场滞留露宿闲散人员处置
城站广场防控
城站广场管理
城站广场地下室提升改造
文明洁净城市窗口争创

环境保护

环境综合整治 ………………………………… (196)
合格规范饮用水源保护区创建
大气环境整治
环境监督与管理 ……………………………… (196)
环境质量分析
环境执法专项检查
建设项目审批管理
环保宣传与教育 ……………………………… (197)
世界环境日活动
环保宣传
“绿色”系列创建
“五水共治” ………………………………… (197)
概况
防洪排涝
城区污水治理
节约用水
饮用水源保护
新增区“五水共治”工作领导小组成员单位
“五水共治”技术难题征集
“五水共治”实效提升
推进合力治水

科学技术

综述 ………………………………………… (200)
科技综合实力提升
科技计划与管理 ……………………………… (200)
概况
涉企科技经费使用监督检查
科技项目经费管理
科技创新券推广
3 个项目被列入国家火炬计划
国家孵化器统计工作完成
科技创新 ……………………………………… (201)
概况
10 个企业获国家中小企业发展专项补助
新增省博士后工作站设站资格单位 3 个
新增省级高新技术企业研发中心 3 个
新增省级企业研究院 2 个
新增省科技型企业 32 个
中瑞思创公司被认定为省级创新型试点企业
海兴电力科技公司入选省技术创新能力百强企业
新增市级创新型试点企业 3 个
上城区获市重大科技创新专项 3 项
新增市“雏鹰计划”“青蓝计划”企业 7 个
5 个单位跻身市级“众创空间”
首次认定区示范“众创空间”7 个
“杭州创客天堂”开幕仪式暨创客嘉年华活动
科技服务与交流 ……………………………… (203)
概况
组织省级高新技术企业申报和复审
区科技局与上城技术转移中心开展科技服务项目对接
专利知识讲座进医院活动
“1211 人才”项目专家评审会
最新科技项目经费改革政策培训
创建国家可持续发展实验区经验交流
科技奖励与成果转化 ………………………… (204)
概况
上城区获省科技进步奖 2 项
4 个项目获省重大科技专项资金
区科创中心享受国家级孵化器税收优惠政策
专利创造工作奖励

教育

综述 ………………………………………… (206)
概况

区域教育质量提升项目结题
中国杭州名师名校长论坛
教育督导与评价
首创“上城学区电子地图”客户端
学前教育 …………………………………… (207)
概况
幼儿园特色课程建设
“幼儿园一日活动”研究
“宝宝成长我助力”保育员技能比武活动
上城区民园联盟成立
承办杭州市“教育国际化背景下的民办幼儿园品牌建设”会议
星星幼儿园分流幼儿安置
中小学教育 …………………………………… (208)
概况
“美丽学校”创建
小学科技、体育、艺术特长生认定
上城区首届“汉语言文化节”
上城区中考取得好成绩
上城区少年军校天长武警分校参加“中国下一代国防教育成果展”
上城区第五十四届中小学生田径运动会
上城区少先队鼓乐队风采展示暨现场考级活动
社区少先队工作成效明显
首届国学斗艺大赛
中等职业教育 …………………………………… (210)
概况
毕业作品展示
社会教育 …………………………………… (210)
概况
第十二届市民终身教育节
创意馆儿童培训
“快乐少年,七彩追梦”青少年校外教育项目获评全国示范项目
社工素质提升工程启动
职业技能培训
学历教育培训
数字化教育推进
移动学习平台打造
特殊教育 …………………………………… (212)
概况
“爱绽放,梦飞扬”30周年校庆
浙江—台湾特殊教育学校校长论坛
“来自星星的话语”杭州市第一届自闭症学生公益画展
上城区第三届新申报随班就读学生认定安置会议
杨绫子学校特奥运动员参加十省(区)特奥联谊活动
“智慧树”残疾人服务社开张
教育国际化 …………………………………… (213)
概况
千校结好特色学校与国际化示范学校创建
到芬兰考察基础教育改革
国际理解教育特色品牌项目申报
杭州娃哈哈外籍人员子女学校成立
教育研究 …………………………………… (214)
市教科所到上城区调研
上城区教育科研重大课题立项
上城区教科研取得新成果
新世纪外国语学校研究成果获奖
承办市新课程初中英语学科优质课展评活动
参加全市中小学音乐教师基本功比赛
承办杭州市九年级英语阅读教学研讨活动
上城区与萧山区河庄初中互助联谊活动
上城区深化义务教育课程改革专题研讨会
承办省深化义务教育课程改革研讨会
承办市小班化教育研讨会
承担省农村中小学小班化教育骨干教师培训班授课任务
承担省“百人千场”送教下乡专场活动
师资管理 …………………………………… (216)
校长教师交流
荣誉班主任和星级班主任评选
参加三级教坛新秀评比

文化

综述 …………………………………… (218)
概况

群众文化活动 …………………………………… (218)
"五水共治"书画摄影图片展
协办"爱心拉拉勾,文化志愿者在行动"活动
举办文体免费培训班
举办"抗战烽火,荣耀千秋"歌咏大会
历史文物保护 …………………………………… (219)
概况
中山中路入选首批中国历史文化街区
卜合提亚尔及二从者墓晋级为市级文物保护点
市委党校图书馆旧址晋级为市级文物保护点
郁达夫故居维修工程完工
西湖大道238号历史建筑修缮完成
九芝斋旧址修缮竣工
中山中路337号历史建筑修缮通过验收
非物质文化遗产保护和利用 ………………… (221)
概况
"振兴祥"中式服装进驻杭州大厦国艺专馆
"非遗"系列活动展
人大代表视察"非遗"保护工作
第二批浙江省传统戏剧之乡授牌仪式在上城区举行
"非遗"技艺杭州牙雕获3项金奖
"诗与铜——朱炳仁艺术展"举行
文化市场管理 …………………………………… (222)
概况
省文化厅领导检查文化经营场所消防安全工作
中高考期间文化市场监管
档案工作 ………………………………………… (222)
概况
档案业务培训
档案接收保管
"国际档案日"活动
杭州方言传承
省级巾帼文明岗创建
档案年检

卫　生

综述 ……………………………………………… (225)
卫生事业发展
医政管理 ………………………………………… (226)
概况
扶持社会力量办医
医疗质量和医疗安全提升
分级诊疗体系构建
医疗服务能力提升
疾病防治与卫生应急 ………………………… (227)
概况
结核病防治
性病、艾滋病防治
地方病防治
慢性非传染性疾病防治
健康危害因素监测
食物中毒事件管理及食品风险监测
区疾控中心实验室通过扩项评审
检验能力提升
人感染H7N9禽流感防控
卫生监督 ………………………………………… (228)
概况
生活饮用水卫生监管
公共场所控烟
校园卫生安全健康行动
公共场所卫生监督监测
医疗市场监管
打击非法行医行动
职业病健康防护和放射卫生监督
传染病防治及消毒产品管理
卫生科研 ………………………………………… (230)
概况
上城区"12345"血脂综合管理模式建立
继续教育与培训
上城区与浙二医院第二轮战略合作
妇幼卫生 ………………………………………… (231)
概况
妇幼保健服务
精神心理卫生 …………………………………… (231)
重性精神疾病随访管理
精神心理健康教育
精神疾病"五专"管理
精神疾病防治康复工作网络完善
爱国卫生 ………………………………………… (232)

概况
爱国卫生月活动
春秋季灭鼠活动
除“四害”工作
国家卫生城市复评上城区获好评
中医中药 …………………………………… (233)
概况
中医药适宜技术推广
开展中医特色服务
中医特色街区打造
制作拍摄中医文化宣传片
健康城区建设 ……………………………… (234)
概况
健康教育宣传
健康教育和健康促进工作
“合理用药、科学就医”系列宣传活动
参加全市市民健康知识大赛
居民保健 …………………………………… (234)
概况
医养护一体化服务软件开发
慢性病自我管理

体　育

综述 ………………………………………… (236)
概况
区政协考察学校体育场地开放工作
上城区体育中心开工建设
群众体育 …………………………………… (236)
上城区第二届智力运动会落幕
上城区国民体质监测合格率提升
上城区获市第八届老运会太极拳(剑)赛团体冠军
上城区第三届职工篮球赛落幕
上城区代表队参与省全民健身“种文化”活动
举办二级社会体育指导员技术等级培训班
400余名爱心人士参加公益跑
上城区长跑协会参加杭州毅行大会
竞技体育 …………………………………… (238)
上城区校园足球活动获六大类奖项
承办市第九届“乐健正星”杯健美健身锦标赛
上城代表队参加省健美健身锦标赛

社会·生活

社区与社会组织管理 ……………………… (239)
上城区申报成为社区治理和服务创新实验区
社区服务机制改革深化
《2015年度和谐(满意)社区评价办法》出台
专职社工规范化管理
社会工作协会换届
首届社区工作领军人才培训计划启动
政社需求对接平台搭建
承办公益嘉年华暨第六届社工节
“互联网+社区公益”服务平台推出
规范社会组织公益创投
社会组织登记管理
民政专项事务管理 ………………………… (241)
婚姻登记
婚姻家庭辅导
殡葬管理
第二次地名普查
行政区域界线联合检查
中国社区建设展示中心 …………………… (242)
概况
中国社区建设展示中心新馆开馆
接待服务水平提升
史料展陈功能增强
举办全国社区人才培训班28期
承办全国城乡社区建设专家委员会第二次全体会议
展示中心管委会第四次会议
民族和宗教工作 …………………………… (244)
概况
民族文化传播
民族宗教公益活动
民族村校结对
市道教协会入驻大资福庙
人口和计划生育管理 ……………………… (245)

概况
计划生育政策推进
计划生育行政执法
性别比综合治理
失独家庭社会关怀
计划生育基层群众自治
推出生育关怀公益组织扶助项目
青春健康教育活动
计划生育办证制度创新
居民生活 …………………………………… (246)
概况
老龄工作 …………………………………… (246)
概况
完善“智慧养老”服务
养老机构社会化运行
“敬老月”系列活动
老龄工作“三项创建”活动
居家医疗服务助力“智慧养老”
流动人口管理 ………………………………… (248)
流动人口协管员绩效考核
完成全国流动人口动态监测抽样调查
流动人口社会融合示范社区打造
基本公共服务向流动人口延伸
志愿服务 …………………………………… (248)
概况
“环保快闪”行动
青少年暑期校外活动
地铁文明引导志愿服务

街 道

湖滨街道 …………………………………… (250)
概况
“湖滨晴雨”工作室成为中宣部舆情信息直报点
标准化国家试点项目通过中期验收
杭州市首个校外少先队组织成立
杭州市湖滨中介服务业发展中心挂牌成立
羊血弄小区成为浙江省节水型居民小区
周杰人当选杭州汉语方言发音人
“点亮微心愿”活动
湖滨商圈城市综合管理成效明显
建立“网格党支部”
“圈子”文化打造
推出“学习银行”
征集公益创投项目37个
劝业里地块房屋征收基本完成
“五个一”走访活动
社区居务监督
湖滨街道妇联获评杭州市服务型基层妇女工作先进集体
国内首个婚尚产业综合体打造
湖滨国际邻居节开幕
湖滨街道社区居民满意度位列全区第一
苹果西湖旗舰店销售额创出新高
上城区首个防骗工作室成立
“蓝领驿站”成立
湛青学习工作室成立
“1+X”基层管理与服务体系完善
“狮子型”团队建设
社区公约制定
社工绩效考核系统上线试运行
推出“银龄互助”养老模式
清波街道 …………………………………… (255)
概况
清波街道社区服务活动中心成立
清波街道获评全国社区服务型党组织建设示范街道
“金管家”为老服务项目被评为社区治理“十佳金点子”
唯康清波关爱公社入选杭州市敬老文明号“双十佳”
基层社区治理改革启动
环境秩序专项整治
街道党员代表会议
仁和智本集团被评为浙江金融投资明星企业
浙江建融投资发展有限公司落户清波街道
名家书画联展
“诗词歌赋迎新春”吟诵活动
首届清波文化节

文化品牌志愿服务体系打造
“三位一体”社区安全文化建设
清波市民音乐厅和世纪文化志愿者艺术团挂牌
准物业信息化管理系统建成
引进联合国计划开发署环保项目
联合国专家调研清波街道垃圾分类工作
杭州首个失独老人公益性生态葬项目推出
公安部和联合国禁毒署调研社区戒毒(康复)工作
推出“大城管”模式
央视报道清波街道军地“母子结对”活动
第四届全民健身运动会暨第二届职工运动会
“清波话坊”成立
古井保护
同济·上城智慧论坛暨自主创新示范区研讨会
首届品牌消费企业家高峰论坛
全市双拥共建工作现场会在清波街道召开
全市首个盲人电影院建成
“非遗”文化传播活动
“非遗”保护与传承论坛
清波地区抗战老兵宣讲团成立
小营街道 ……………………………………… (261)
概况
深化“最美小营人”系列品牌
朱强荣等获“浙江好人”称号
“红巷梦工场”区域化党建机制完善
党建为企服务 B2B 平台推出
“红巷义集”党建服务模式创新
城区版蓝领驿站“红巷微 e 站”建立
“协商 365”民主促民生机制推出
在职党员义工服务
小营巷社区团支部被授予全国五四红旗团支部称号
茅廊巷社区被评为全国人口计划生育基层群众自治示范社区
小营街道总工会被授予全国示范街道工会称号
外来务工人员“网上直接入会”微信平台推出
地铁江城路站房屋征收
“无违建街道”创建成果巩固
第二届红巷梦工场“资本相亲会”
红巷文化家园打造
建国南路中医一条街建成
“小营好声音”歌手大赛
深化健康服务业集聚区建设
大学路区域交通综合治理
无证餐饮整治
城市“牛皮癣”清理
“四个加法”构建养老服务新格局
民生服务五“乐”品牌打造
老年食堂建设
“彩色梦想·多彩人生”残疾人服务项目推出
“心灵花园”徐霞工作室成立
妇联组织活动
望江街道 ……………………………………… (267)
概况
首创“民生实事项目认领”机制
推进招商引资
杭州市首条青年创业大街开街
创业创新平台搭建
“异乡人梦想跑道”打造
“民情 E 点通”服务平台效能升级
首届“网上邻居节”开幕
国有土地上房屋征收
垃圾分类智能回收系统安装
莫邪塘社区天然气管道改造完成
违章建筑整治
特种设备检查
望江街道消防工作站成立
区域性市场联合工会成立
助力外来务工人员维权
“开卷有益,读出经典”职工知识竞赛
无油烟老年食堂开放
“1+衣”冬衣募捐爱心活动
南星街道 ……………………………………… (270)
概况
南星街道获全国法治社区建设示范街道称号
美政桥社区获浙江省民族团结进步模范集体称号

小区环境专项整治
拍摄《微爱二维码》公益微电影
开展“百日治霾”行动
全区首个“凤凰文创产业联盟”成立
“三重一大”事项规范运作
“星星守护妇女之家”成为市“妇女之家”示范点
服务民生高速通道打造
《预应力中空锚杆》成为国家级行业标准
社区矫正工作
首届非公募基金会发展(杭州)论坛
山南青年财富论坛
“百亿产业转型升级基金”启动
首届文创集市启动
推出社区服务智慧化模式
企业和谐劳动关系构建
首届趣味楼宇运动会
“清风南星”党风廉政知识竞赛
“红歌快闪”活动
全区首个消防安全宣教实践中心成立
馒头山出租房消防安全整治
全市首个民间巡回调解室成立
环境卫生百日整治大行动
“指尖化”平安校园打造
社区工作者案例获市一等奖
品牌企业参加第四届杭商论坛
参与地铁4号线工地路面塌陷事件抢险救援
思美传媒公司被评为杭州市企业社会责任建设A级企业
馒头山地区综合整治项目启动
紫阳街道 …… (275)
概况
拆除违法建筑4.22万平方米
实施阳光征迁
社区治理创新
推进社会救助
小区综合治理
推进助残工作
加强就业培训
优化为企业服务
组织文体活动
发挥街道人大政协作用
首届“社会组织公益助残服务月”启动

人物

上城区老战士名录 …… (278)
上城区道德模范 …… (280)
汪　坚
许美群
刘同礼
楼春莲
俞淡珍
鲁立清
楼九斤
傅水炎
何阿奎
于再秒
文创人物 …… (281)
朱明虬
陆镜清
毛戈平
夏　阳
周立钢
国家级非物质文化遗产代表性传承人 …… (282)
朱炳仁
冯根生
包文其

统计资料

统计表 …… (283)
2015年上城区国民经济主要指标
2011~2015年上城区生产总值及发展指数
2015年上城区规模以上工业企业主要经济指标
2015年上城区工业企业主要产品产量
2015年上城区外商直接投资情况

2015 年上城区环境保护情况
2015 年上城区固定资产投资
2015 年上城区社会保障情况
2015 年上城区主要经济指标占杭州市的比重

附 录

先进名录 …………………………………… (286)
2014 年度上城区流动人口服务管理工作先进个人
2013~2014 年度上城区文明单位
2014 年度上城区记三等功公务员
2014 年度综合考评优秀单位
2014 年度非综合考评优秀单位
2014 年度夏秋季征兵工作先进单位和先进个人
上城区第四批“无违建社区”
先进集体 …………………………………… (287)
先进个人 …………………………………… (295)
文件辑录 …………………………………… (302)
关于开展“三严三实”专题教育的实施方案
上城区人民政府职能转变和机构改革方案
上城区消防安全主体责任和监管责任追究实施办法
上城区餐桌安全治理行动三年计划(2015~2017 年)
关于加强电梯安全工作的实施意见
上城区中小学校体育场地设施向社会开放工作实施细则
关于建设金融人才管理改革试验区的若干政策意见(试行)
上城区小微企业三年成长计划(2015~2017)实施办法

索 引

主题索引 …………………………………… (319)
表 …………………………………… (337)
图 …………………………………… (338)
资料 …………………………………… (338)

Contents

Features

Taking all Advantages And Making Every Efforts to Initiate New Phase for a Modern and Beautiful Shang Cheng District …… (1)
Report on the Work of the Government …… (10)
The "13th Five-Year Plan" for Economic and Social Development of Shangcheng District (Abstract) …… (19)

Special Records

The Leaders' Inspection Tour(Selects) …… (21)
Monographic Study on Shangcheng District Work by the Members of Standing Committee of Hangzhou Municipal Party Committee …… (23)
Special Education on the"Three Stricts And Three Honests" …… (24)
70th Commemoration of The Victory of the War of Resistance Against Japan …… (26)
Interconnection Service Mechanism Between Community Construction, Social Organizations And Modern Social Work System …… (26)
The Development Achievements of Shangcheng District During the "12th Five-Year Plan" …… (27)

"123+2"Platform Construction

Hubin Business Circle …… (29)
Yuhuangshan South Fund Town …… (31)
Wangjiang Smart Industrial Park …… (34)
Electronic and Mechanical Function Area …… (35)
Wushan Song Dynasty Characterized Town …… (37)

Chronicles of Events

Important Events in 2015 …… (40)

General Survey

Geographic Overview …… (48)
Economic Construction …… (50)
Political Construction …… (52)
Cultural Construction …… (54)
Social Construction …… (54)
Ecological Civilization Construction …… (56)
Moral Civilization Construction …… (57)
District Main Institutions and List of Officers in 2015 …… (58)

Shangcheng District Committee of Hangzhou Committee of the CPC

Overview …… (63)
Organization Work …… (64)

Publicity Work ………………………………… (68)
The United Front Work ……………………… (70)
Retired Cadres Work ………………………… (72)
Underage Supervision ……………………… (74)
Administration of Organization Structure ……… (75)
CCP(Chinese Communist Party)Construction of Administration Organizations Work ………… (76)
Petition Work ……………………………… (78)
Compilation and Research of CCP History ……………………………………………… (79)

Shangchegn District People's Congress Standing Committee

Important Meetings and Activities of National People's Congress ……………………………………… (80)
Performance and Self-construction of the Standing Committee of People's Congress in Shangcheng District ……………………………………… (82)
Work and Activities of The Representatives' of the People's Congress in Shangcheng District ……………………………………………… (83)
Work of The Working Committee of the People's Congress at Town Level …………………… (84)

People's Government of Shangcheng District

Important Meeting of The District Government ……………………………………………… (86)
Centered Approval Proceeding and Government Administration ……………………………… (89)
E-government ……………………………… (90)
Overseas Chinese Affairs …………………… (91)
Taiwan Affairs ……………………………… (91)
Compilation of Local Chronicles …………… (92)

Shangcheng District Committee of the CPPCC

Overview ……………………………………… (93)
Important Meetings and Members' Activities of CPPCC ……………………………………………… (94)

Disciplinary Inspection & Supervision

Discipline Enforcement and Supervision ……… (97)
Construction of the Working Style and Efficiency ……………………………………………… (97)
Construction of the Party Conduct and an Honest and Clean Government ………………………… (98)
Construction of Discipline Inspection and Supervision ……………………………………………… (99)

Democratic Parties & Association of Industry Commerce

Overview of Democratic Parties ……………… (100)
Revolutionary Committee of the Chinese Kuomintang Shangcheng District General Branch ……… (100)
China Democratic League Shangcheng District Grass-roots Committee ………………………… (101)
China Democratic National Construction Association Shangcheng District Grass-roots Committee ……………………………………………… (101)
China Association For Promoting Democracy Shangcheng District Grass-roots Committee … (102)
Chinese Peasants and Workers Democratic Party Shangcheng District Grass-roots Committee … (102)
China Zhigong Party Shangcheng District General Branch …………………………………… (102)
Jiusan Society Shangcheng District Grass-roots Committee ………………………………… (103)
Confederation of Trade Unions in Shangcheng District ……………………………………………… (103)

Mass Organizations

Shangcheng District Federation of Trade Unions ……………………………………………… (106)
Shangcheng District Committee of the Communist Youth League of China …………………… (107)
Shangcheng District Women's Federation …… (109)

Shangcheng District Association of the Science and Technology …… (112)
Shangcheng District Federation of Handicapped People …… (114)
Shangcheng District Red Cross …… (116)

Rule of Law

Overview …… (118)
Construction of the District by Rule of Law …… (120)
Public Security …… (121)
Procuratorial Work …… (126)
The District Court …… (128)
Judicial Administration …… (130)

Construction of National Defense

People's Armed Forces …… (133)
Civil Air Defense …… (135)
Reciprocal Assistance Between Military Units and Local Governments And Joint Development …… (137)

Characteristic Industry and Focus on Campus

Modern Commerce and Industry …… (139)
Cultural and Creative Industry …… (140)
Financial Services …… (142)
Hi-tech Industry …… (142)
Leisure And Tourist Industry …… (143)
Characterized Urban Blocks …… (145)

Integrated Economic Management

Development Planning Management …… (147)
Industrial and Commercial Administration …… (147)
Quality and Technical Supervision and Management …… (151)
Food and Drug Supervision and Management …… (153)
Commodity Price Control …… (155)
Supervision and Management of Safety in Production …… (156)
Audit …… (159)
Statistics …… (160)

Human Resources and Social Security

Employment And Startup of Business …… (164)
Social Insurance …… (165)
Social Relief and Aid …… (166)
Social and Welfare Services …… (167)
Human Resources Management …… (167)

Economic Cooperation and Exchange

Overview …… (169)
Invitation and Promotion of Investment …… (170)
Counterpart Assistance and Support …… (170)

Industry

Overviews …… (172)
Industrial Enterprises Selects …… (173)

Finance and Tax Administration

Finance …… (176)
National Tax Administration …… (177)
Local Tax Administration …… (178)

Urban Construction and Administration

Urban Planning …… (180)
Urban construction …… (181)
Urban Administration …… (183)

Urban Afforestation …… (186)
Land Resources Administration …… (187)
The Real Estate Industry …… (188)
"Three Renovations and One Demolition" and Renovation of Historic Streets …… (189)
Square Comprehensive Management …… (191)

Environmental Protection

The Comprehensive Improvement of Environment …… (196)
Environment Supervision and Management …… (196)
Environment Publicity and Education …… (197)
"Five Water Treatments" …… (197)

Science and Technology

Overview …… (200)
Plan of Science and Technology and Management …… (200)
Scientific and Technological Innovation …… (201)
Science and Technology Service and Exchange …… (203)
Science and Technology Awards and Achievement Transformation …… (204)

Education

Overview …… (206)
Preschool Education …… (207)
Primary and Secondary School Education …… (208)
Secondary Vocational Education …… (210)
Social Education …… (210)
Special Education …… (212)
Education Internationalization …… (213)
Educational Research …… (214)
Management of Teacher Resource …… (216)

Culture

Overview …… (218)
Mass Cultural Activities …… (218)
Historical Heritage Protection …… (219)
Intangible Cultural Heritage Protection and Utilization …… (221)
Cultural Market Management …… (222)
Archives Work …… (222)

Public Health

Overview …… (225)
Medical Administration …… (226)
Prevention and Cure of Diseases and Public Health Emergency …… (227)
Health Supervision …… (228)
Scientific Research of Public Health …… (230)
Maternity and Child Health …… (231)
Mental and Psychological Health …… (231)
Patriotic Public Health …… (232)
Traditional Chinese medicine …… (233)
Construction of Healthy District …… (234)
Health and Care of Residents …… (234)

Sports

Overview …… (236)
Recreational Sports …… (236)
Competitive Sports …… (238)

Society and Livelihood

Community and Social Organizations Management …… (239)
Special Civil Affairs Management …… (241)

Show Center of China Community Construction .... (242)
Ethnics and Religions .... (244)
Population & Family Planning .... (245)
Lives of Residents .... (246)
Senior Citizen Administration .... (246)
Floating Population Administration .... (248)
Volunteer Service .... (248)

Streets

Hubin Street .... (250)
Qingbo Street .... (255)
Xiaoying Street .... (261)
Wangjiang Street .... (267)
Nanxing Street .... (270)
Ziyang Street .... (275)

Figures

Directories of Veterans in Shangcheng District .... (278)
Moral Models in Shangcheng District .... (280)
Cultural and Creative Figures .... (281)
Unique Inheritors of National Level Intangible Cultural Heritages .... (282)

Statistical Data

Statistical Tables .... (283)

Appendix

Directories of Advanced Units and Individuals .... (286)
Advanced Groups .... (287)
Advanced Individuals .... (295)
Files Collection .... (302)

Index

Subject Index .... (319)
Tables .... (337)
Pictures .... (338)
Related Data .... (338)

《上城年鉴》部分组织机构全称简称对照

全　称	简　称
中共上城区纪律检查委员会	区纪委
中共上城区委办公室	区委办公室
上城区人民代表大会常务委员会办公室	区人大常委会办公室
上城区人民政府办公室	区政府办公室
政协上城区委员会办公室	区政协办公室
中共上城区委组织部	区委组织部
中共上城区委老干部局	区委老干部局
中共上城区委宣传部	区委宣传部
中共上城区委统一战线工作部	区委统战部
中共上城区委政法委员会	区委政法委
上城区机构编制委员会办公室	区编委办
中共上城区直属机关工作委员会	区直机关工委
中共上城区委、上城区人民政府信访局	区信访局
上城区档案局	区档案局
上城区发展改革和经济信息化局	区发改经信局
上城区教育局	区教育局
上城区科学技术局	区科技局
上城区民族宗教事务局	区民族宗教局
上城区人民政府侨务办公室	区侨办
上城区监察局	区监察局
上城区民政局	区民政局
上城区司法局	区司法局
上城区财政局	区财政局
上城区人力资源和社会保障局	区人力社保局
上城区住房和城市建设局	区住房和城建局
上城区商务局	区商务局
上城区风景旅游局	区风景旅游局
上城区文化广电新闻出版局	区文广新局
上城区卫生和计划生育局	区卫计局
上城区审计局	区审计局
上城区统计局	区统计局

全　　称	简　　称
上城区市场监督管理局	区市场监管局
上城区城市管理局(城区城市管理行政执法局)	区城管局(区城管执法局)
上城区安全生产监督管理局	区安全监管局
上城区人民政府法制办公室	区法制办
杭州市公安局上城区分局	区公安分局
上城区电子机械功能区管理委员会	区电子机械功能区管委会
上城区行政审批服务管理办公室	区行政审批办
杭州市城站广场管理委员会	城站广场管委会
上城区总工会	区总工会
中国共产主义青年团上城区委员会	团区委
上城区妇女联合会	区妇联
上城区科学技术协会	区科协
上城区残疾人联合会	区残联
上城区工商业联合会	区工商联
上城区红十字会	区红十字会
中国人民解放军杭州市上城区人民武装部	区人武部
上城区人民法院	区法院
上城区人民检察院	区检察院
杭州市国土资源局上城分局	区国土分局
杭州市望江地区改造建设指挥部	望江指挥部
杭州市吴山地区开发建设指挥部	吴山指挥部
杭州市玉皇山南综合整治工程指挥部	玉皇山南指挥部
杭州市湖滨地区商贸旅游特色街居建设整治指挥部	湖滨指挥部
杭州市上城区国家税务局	区国税局
杭州市地方税务局上城税务分局	上城地税分局
杭州市公安局交通警察支队上城大队	上城交警大队
杭州市规划局上城规划分局	上城规划分局
杭州市环境保护局上城环保分局	上城环保分局
杭州市公安消防支队上城区大队	上城消防大队
湖滨街道办事处	湖滨街道
清波街道办事处	清波街道
小营街道办事处	小营街道
望江街道办事处	望江街道
南星街道办事处	南星街道
紫阳街道办事处	紫阳街道

乘势而上 开创新局
为基本建成“现代化美丽上城”而努力奋斗

——在区委九届十四次全体(扩大)会议上的报告

(2016 年 1 月 6 日)

中共上城区委书记　缪承潮

同志们：

这次区委全会的主题是：认真贯彻党的十八届五中全会、中央经济工作会议、中央城市工作会议和省委十三届八次、市委十一届十次全会精神，回顾总结 2015 年工作，研究讨论区委“十三五”规划建议，为迎接 G20 峰会召开、开创“十三五”新局、基本建成“现代化美丽上城”而努力奋斗。

下面，我代表区委常委会向全会作工作报告。

2015 年工作回顾

2015 年是“十二五”规划收官之年，是承上启下、继往开来的重要一年。在这一年里，区委常委会团结带领全区广大党员、干部、群众，认真学习贯彻党的十八大、十八届三中、四中、五中全会和习近平总书记系列重要讲话特别是在浙江考察时的重要讲话精神，紧紧围绕落实“四个全面”战略布局，按照中央和省市的决策部署，坚定目标、砥砺前行，主动作为、厚积薄发，站高望远、谋划未来，经济社会发展实现了新的突破，较好完成了全年主要目标任务。

在这一年里，区委把学习贯彻习近平总书记重要讲话精神作为首要政治任务，组织精心周密、传达原原本本、要求上下一致、宣传广泛深入，坚决把思想和行动统一到总书记重要讲话精神上来，先后开展 10 余次集中学习和 8 次主题宣讲。特别是 7 月底召开的区委九届十三次全会上，我们专门深入学习贯彻习近平总书记在浙江考察时的重要讲话精神，并结合提升上城发展品质，全面部署下一步工作，推动学习成果转化为各项事业发展的新动力。通过学习实践，我们更加认清了形势责任，理清了思路方向,坚定了创新、协调、绿色、开放、共享的发展理念,增强了加快转型升级、顺应人民过上美好生活向往的发展自觉。

在这一年里,区委认真开展“三严三实”专题教育,按照上级统一要求,下发了实施方案,明确教育活动的组织领导、目标任务和方法步骤。区委常委会以上率下,带头完成讲党课、专题研讨等“规定动作”,认真梳理出班子和个人存在的“不严不实”问题,列出清单,积极抓好整改落实,着力营造对党忠诚、个人干净、敢于担当的良好政治生态。同时,将专题教育与深化“四风”整治、拓展群众路线教育实践活动成果紧密结合,与遵党章守纪律讲规矩、落实省委巡视组巡视意见整改紧密结合,与真抓实干、推动中心工作紧密结合,切实增强教育的连续性和实效性,各级班子和领导干部的思想和作风进一步改进,干事创业的精气神有了新提升。

在这一年里,区委立足当前,着眼长远,扎实收官“十二五”,谋篇布局“十三五”。紧紧围绕年度目标和“十二五”预期任务,加强定期分析研判,有针对性地采取措施,在全球经济错综复杂、国内经济下行压力加大的情况下,千方百计保持了经济社会平稳健康发展的良好势头,“十二五”规划确定的主要目标任务可望圆满完成。预计实现地区生产总值860亿元,位列主城区第一;财政总收入突破百亿元大关,实现107亿元,增长高于预期,殊为不易,令人鼓舞。同时,尽早启动“十三五”规划编制各项工作,区委常委分工领衔,广泛开展调查研究,集思广益、深入讨论,认真回顾“十二五”发展成效经验,分析新常态下全区经济社会的发展特征,进一步对标先进、找准差距、精准谋划,形成了有质量的思想成果,更加坚定了继续走在省市发展前列、早日建成“现代化美丽上城”的信心。

在这一年里,区委着力强化大抓落实的制度机制,大力弘扬锐意进取、奋发有为的风气。区委常委会和区四套班子领导率先垂范,真抓实干,实行一个项目、一位领导、一套班子、一个方案、一抓到底“五个一”工作机制,指导、督促、推动重大项目、重点工作有序开展。成立区委大督查工作小组,试行区管干部实绩记录研判制度,建立作风效能评价和问责体系,切实加强重大决策部署的贯彻落实。突出让队伍在急难险重岗位经受锻炼、干出实绩,按需选调素质好、年纪轻、能力强的后备干部到重点工程、征迁整治等一线挂职,定期专题组织全区社区书记工作交流,积极打造敢担当、重实干、有作为的干部队伍,形成了众志成城、团结拼搏的良好氛围。

在这一年里,区委自觉肩负“干在实处永无止境、走在前列要谋新篇”的新使命,牢牢把握“更进一步、更快一步,继续发挥先行和示范作用”的总要求,紧紧围绕习近平总书记对浙江提出的发展任务,集中力量抓好落实,主要做了以下工作。

(一)构建新的经济生态

区委紧紧围绕“在适应和引领新常态中做出新作为”的要求,坚持平台带动产业集聚和产城融合的转型路径,积极构建产业生态圈,努力提高发展质量效益。

打造“引凤金巢”。牢固树立做产业必须做平台、做平台就是做环境做服务的理念,下大功夫、花大力气做优大湖滨商圈、玉皇山南基金小镇、望江智慧产业园和科技工业基地“123+1”主平台。大湖滨商圈“十年磨一剑”,原西湖电影院地块和中华饭店地块顺利挂牌出让,苹果旗舰店和LV旗舰店相继开业,已成为杭城新的时尚消费集聚地,社会消费品零售额占全区的1/3。基金小镇抢抓全省特色小镇建设战略机遇,成功举办“2015全球对冲基金西湖峰会”,国际化医疗、教育等一站式配套服务快速推进,2015年底资金管理规模达1900亿元,是年初的2.7倍,全年税收突破4亿元,发展进入快车道,受到产业界和各级领导极大关注,成为全市、全省经济发展的金名片之一。望江智慧产业园以打造千亿元产值的龙头型园区为目标,积极引进安正科技、盛景网联等一批重点企业,“科技+金融”为特色的智慧产业集群规模不断壮大。科技工业基地突出规划引领,“二次创业”步伐日益加快,10万平方米标准厂房整体竣工,新增2个上市企业,税收实现两位数增长。

加快产城融合。坚持错位发展,优化产业布局,“123+1”为核心、6个街道各具特色的全域化现代服务业集聚区加快形成。围绕构建产业生态圈,坚持产业、环境、人文、生活深度融合、一体化发展的思路,加快望江地区征迁建设,开展馒头山、思鑫坊等区块综合整治,启动基金小镇国家AAAA级景区创建,实施吴山宋韵小镇打造,中山中路被列为杭州唯一的首批中国历史文化街区;深化国家品牌消费集聚区和智慧城市先导区建设，推动城区功能与产业品质共同提升。积极开展环境招商、文化招商，吸引了一批大企业入驻，新增6幢税收亿元楼宇，以产带城、以城促产，在产城融合中实现产业发展和城市形态现代化的路径已经清晰呈现。

激发创新活力。主动融入杭州国家自主创新示范区和跨境电子商务综合试验区建设，大力引进具有“互联网+”“金融+”“科技+”特色的新技术新产业新业态，深入推进产业融合与创新，着力培育支撑上城未来发展的现代产业体系。依托思科(中国)总部等龙头企业带动，加快产业智慧化和智慧产业化。发挥互联网拓展市场的平台和渠道作用，积极培育智慧应用和智慧消费，推动生产方式和营销方式的变革。围绕打开资本对接创新创业通道，出台关于推动大众创业万众创新的政策，整合改造6万余平方米的散落资源，打造了“幼发拉底杭州中心”“123茶楼”“江南1535”等一批众创空间，相关做法得到了市委书记赵一德的批示肯定。注重科技进步和科技创新能力提升，加大技术创新经费投入，新增一批创新项目和高新技术企业，科技进步对经济发展的贡献率达58.5%。

(二)深化重点领域改革

区委紧紧围绕“发挥全面深化改革牵引作用”的要求，坚持问题导向，聚焦重点领域和关键环节，加强组织领导、项目化推进和责任制分工，以年初确定的17个重点改革项目为着力点，精准推进、持续深化。

积极从破题向解题转变。深化国资国企改革，进一步理清政府与市场关系，加快国有资产清理、确权和资本化运作，开展国有企业分类改革。深化建设体制改革，进一步明确征迁、建设、投资主体，理顺街道、指挥部和国有投资公司之间的关系，完善征迁机制，有力推动了全区的征迁和项目建设工作。深化政府职能转变和机构改革，健全“四张清单一张网”，建立“清单”动态调整机制，继续做好行政审批事项的清理、取消和承接，完成“五证合一、一照一码”“证照合一”工商注册登记，全面推行城市管理重心下移和联合执法，统筹推进简政放权、放管结合。

积极在探索中积累经验。以创建全国社区治理和服务创新实验区为契机，开展社区运行体制机制改革试点，强化社区自治，加快构建各尽其责、协同治理新格局。按照省市要求，研究制定综合行政执法改革方案，申请设立区综合行政执法局，确定分批纳入综合执法的职权事项，推进跨部门、跨行业综合执法。在全市率先开展金融人才管理改革试验区建设，出台具体政策意见，争取人才工作新突破。

积极让群众来感受成果。回应居民需求，持续优化“平安365”联动工作机制，推广“民情E点通”系统，更加高效、便捷处置群众反映的问题。以“最后一公里”的意识和标准抓好教育评价、医养护一体化、养老服务体系建设等方面的改革落实，把关系到群众切身利益的改革成果传导到基层一线，让群众来体验、来评价。体系化推动社会组织发展，加大基金扶持、功能拓展、环境营造的力度，撬动各方资源更广泛参与协商和社会治理。

(三)加强思想文化建设

区委紧紧围绕“培育和践行社会主义核心价值观”的要求，全面加强意识形态工作，坚持把文化和文明的力量作为社会进步的最根本精神引领，强化文化发展的统筹规划和重点推进，大力推动思想道德建设和文化繁荣，为上城发展凝聚正能量。

完善责任体系。分别成立思想宣传文化和网络安全与信息化工作领导小组，积极落实基层宣传文化工作“四张清单”的要求和任务。健全网络舆情分析、研判、预警和应对的联动共治机制，完善“上城发布”两级网络平台，重点加强互联网宣传指导中心和网络发言人队伍建设，切实提高突发公共事件网络发声、网络舆情应对处置能力。以文明城市复评、文明单位创建等为抓手，强化创建主体责任，着力解决突出问题，不断提升城区整体文明水平。

完善顶层设计。从传承优秀历史文化角度，深入开展文化发展战略研究，提出了重塑文化空间格局、构筑东方文化高地的发展愿景和对策。从留住珍贵文化遗产角度，制定加强非物质文化遗产保护与扶持工作的意见，主张加大政府投入与发挥市场作用并重，多方支持帮助老字号“非遗”项目经营发展。从提供优质文化服务角度，制定关于加强公共文化服务的实施方案，提出了3个方面10项措施，确保具体工作落到实处。

完善品牌建设。持续推进“最美”的常态化和长效化机制建设，培育形成“最美”风尚。继续深化“邻里价值观”主题教育实践，在全市率先推出“网上邻居节”活动，不断创新实践载体，在落细落小落实上下功夫。广泛开展纪念抗战胜利70周年主题系列活动，推广小营“红巷”红色文化，完成郁达夫杭州故居“风雨茅庐”的修缮开放，做好红色人文的传承弘扬。大力拓展文化阵地，谋划“现代化美丽上城”文化展示中心和“非遗”展示中心建设，建成全省第一家城市文化公园——吴山文化公园。深入开展2015杭州国际设计周、杭州美术节、第六届中国民间艺人节、“百团百场”等经典品牌文化活动，坚持实施“七送”文体惠民工程，促进文化产业和文化事业齐头并进。

(四)夯实共治共享基础

区委紧紧围绕“不断提高社会建设水平”的要求，把维护群众利益和社会和谐稳定作为首要责任，切实解决百姓最期盼最直接最现实的问题，千方百计把平安建设抓得更实，把公共服务抓得更好，让人民群众更有安全感和幸福感。

全力维护社会和谐稳定。大力开展省平安区、全国“无邪教创建”示范区、全国“六五”普法先进城区创建，依法推进社会治安综合治理。健全立体、联动的治安防控体系，扎实开展“百城禁毒会战”“打违除患”等一系列专项行动，深化社会治安重点区域和突出问题治理，有力应对和妥善处置了一批可能影响社会稳定的事件。认真开展“百日维稳攻坚大会战”，做好各类社会风险排查化解管控工作，加大违法信访依法处置力度，首次实现全年进京“零非访”，圆满完成了“9·3”阅兵和各级重要会议等敏感节点的信访维稳工作任务。开展危化品、特种设备、建筑工地、出租房等安全隐患大排查，实施无证餐饮、网络订餐等方面专项整治，加大依法打击力度，安全生产和公共安全形势总体平稳。

努力创新基层社会治理。制定实施关于加强基层基础建设的“二十四条”意见，着力强化基层党建、基层政权组织建设和基层治理。以完善社区服务为出发点和落脚点，创新社区、社会组织和社会工作“三社联动”发展模式，获第三届“中国社会创新奖”优胜奖。深化基层自治，不断健全民情反映、民主决策、民主监督和矛盾协调四大机制。以依法治理为核心，健全司法调解、行政调解、人民调解相统筹和“早发现”“早研究”“早调解”相衔接的多元化矛盾纠纷化解体系，99%的矛盾纠纷在基层得到有效解决。

大力保障和改善民生。坚持公共财力重点保障民生事业发展，抓好十个方面民生实事。鼓励社会力量参与民生事业，支持民营资本开办养老、康复、医疗、教育等机构，引导社会资金投入公益项目，“资本众筹·公益相亲”的经验做法入围第三届“中国社会创新奖”25强。继续深化社会保障和帮扶救助工作，在兜底保障、覆盖全面的基础上，强化精准保障救助，提高工作实效。重视提优补差，推动社会事业和养老、就业服务优质均衡多元化发展，成功创建浙江省首批基本实现教育现代化区，顺利通过国家卫生城市复评，劳动关系和谐指数位列全市第二名。

(五)打造“美丽杭州”样板

区委紧紧围绕“全面提高生态文明建设水平”的要求，抢抓杭州承办2016年G20峰会的历史机遇，坚持综合治理、标本兼治，以更大的决心、更有力的措施、更加高效的工作方式，努力开辟绿色发展的新境界。

全力以赴服务保障G20峰会。坚决贯彻中央和省市要求，以成功举办具有杭州独特韵味的G20峰会为目标，区四套班子全体领导领衔挂包重点任务，深入一线、走上前线，各责任单位通力配合、密切协作，全面打响峰会保障的攻坚战。把馒头山地区作为全区峰会项目的标杆，按照“彻底整治、全面改善、打造杭城一道亮丽风景线”的定位，坚持环境整治与生态保护、民生改善紧密结合，整体规划，多措并举，综合整治取得阶段性成效，得到市领导的高度肯定。大力开展以“四边三化”“两路两侧”为重点的环境整治，高标准、高强度、出重拳治理环境和秩序乱象，列入市峰会项目67个，区主动整治项目16个，目前已完成7个，其余正在加快实施。切实加强安全监管和治安维稳，积极做好宣传发动、市民素质提升和志愿服务等工作，各项任务均有序推进。

坚持不懈抓好生态环境保护。开展新一轮生态文明建设三年行动计划，实施生态文明建设示范工程。深入开展“五水共治”，加快截污纳管、防汛排涝、雨污管网建设，丰富智慧治水手段，创新节水工作，成为全省“清三河”达标区。持续深化“三改一拆”，积极创建“无违建区”。深入开展环境问题源头治理，鼓励发展绿色产业，加强空气质量监测和应急处置，超额完成节能减排指标任务。持续深化交通治堵、垃圾分类等工作，打造执法、市政、环卫、绿化“四位一体”大城管智慧平台，提高城市管理智能化、精细化水平。

循序渐进培育生态文化。积极举办“六五环境日”等主题系列活动，营造浓厚宣传氛围，引导环保意识深植人心。深入普及节能、节水、垃圾分类等环保知识，大力倡导绿色低碳、文明健康的生活方式和消费模式，使绿色生态理念内化为居民的行动自觉。立足于生态文明建设服务群众、依靠群众导向，继续开展“联街结社”共建，完善群众参与、监督、管理机制，积极构建全社会共建共享生态文明的工作格局。

(六)提高依法治理能力

区委紧紧围绕“认真落实全面依法治国”的要求，把深化“法治上城”建设作为执政治区的重要途径，切实发挥在法治建设中的领导核心作用，认真抓好区委九届十二次全会确定的“法治上城”建设各方面重点任务的落实。

注重以上率下。健全法治建设的责任分解和项目推进机制，排出 87 个年度重点项目，纳入大督查和目标管理考核体系跟踪抓落实。建立区委常委会季度学法和法律顾问制度，做好党内规范性文件备案审查，落实依法决策程序和机制。坚持开展领导干部法制讲座活动，加强对领导干部这个“关键少数”的法治教育和法治熏陶。

保障行使职权。召开区委人大工作会议，出台并落实加强人大工作的意见，支持人大依法行使各项职权，积极贯彻中央 18 号文件和省、市委相关文件精神，落实人大街道工委主任专职化要求，切实推进街道人大工作和建设。落实“推动协商民主广泛多层制度化发展”要求，支持政协开展多种形式的协商议政，制定实施年度政治协商和民主监督计划，重视吸纳政协提出的意见建议，不断提升协商和监督实效。鼓励政法部门创新工作思路和方式，支持依法行使职权，坚决遏制权力干扰司法活动。

凝聚各方力量。学习贯彻中央、省市统战工作会议和《中国共产党统一战线工作条例(试行)》精神，深入落实区领导、部门与民主党派、无党派人士结对联系制度，加强党派协商和监督。认真做好民族宗教工作，加强民族宗教意识形态领域的管理。积极贯彻中央和省市党的群团工作会议精神，强化党建带群建，推动群团组织紧贴中心、深入群众、创新方法，把所联系的群众最大限度地团结在党的周围。坚持党管武装，加强军地共建，推动军民融合深度发展。

深化依法治理。全面推进法治政府建设，推行政府及部门定期学法和法律顾问制度，完善重大决策合法性审查和重大事项社会稳定风险评估机制，落实把政治协商纳入决策程序和重大行政决策出台前向人大报告制度，提高决策合法性。建立预防和化解行政争议联席会议、行政首长出庭应诉、法制联络员等多项制度，强化执法监督。广泛开展法治宣传教育活动，积极谋划“七五”普法规划；成功打造南宋御街、上羊市街法治示范点，推广法治实践成果。

(七)强化党的自身建设

区委紧紧围绕“坚持伟大工程和伟大事业协同推进”的要求，进一步强化政治意识、政权意识、阵地意识，把抓好党建作为最大政绩，全面深化党要管党、从严治党，努力夯实执政基础。

力抓基层党建。以落实党建责任制为抓手，认真学习贯彻《中国共产党党组工作条例》、杭州“双基十条”等文件精神，通过建立清单管理、积分管理和互联网党建、青春党建等机制，全面规范、提升基层党组织和党员工作，全年共整顿软弱落后基层党组织 57 个，发展党员 163 人，处置不合格党员 19 人。加强基层党组织带头人队伍建设，组织开展集中轮训、定向交流、交叉检查等活动，着力打造党员群众喜爱的“好支书”群体。加大基层党建保障力度，社区党员活动经费大幅提高。拓展两新组织阵地，新组建 15 个党支部，开展“百家蓝领驿站”“尚小创”等公益服务平台建设，扩大党的组织和工作覆盖。

力抓干部队伍。围绕“优化结构、提升合力”目标，完善领导班子成长分析体系，科学调整区管领导班子。突出基层导向，加大从街道选拔干部力度，精简街道副书记职数，单独配备街道纪工委书记和宣传委员，街道班子结构更趋合理。实施“墩苗计划”，深化高素质干部培养工程，促进干部能力水平提升。完善干部初始提名机制，细化初始提名库分类管理。开展领导干部个人有关事项抽查和考察对象个人有关事项核查，基本完成区管干部档案专项审核。进一步开展超职数配备清理、因私出国(境)证件专项治理、规范领导干部社团兼职、选人用人工作专项巡查等工作，探索干部监督进社区机制，着力解决干部管理中的突出问题。

力抓党风廉政。认真履行党风廉政建设主体责任，严格落实责任清单、季度会商、专项督查、履责报告及年度考核等制度,开展"一案双查",推动主体责任落实到位。健全"五不直接分管""三重一大"重要事项集体决策机制,开展党风廉政巡查,强化对权力运行的监督制约。认真组织新修订的《中国共产党廉洁自律准则》和《中国共产党纪律处分条例》学习,全面开展区管干部党章党规党纪集中轮训, 加强党风廉政宣传教育。出台在推进重大项目重点工程中进一步规范党员干部行为的意见,强化"不担当、不作为、不落实"行为的整治。加大纪律审查惩处力度,全年共立案 20 件,党纪处分 20 人,政纪处分 7 人,有力形成了震慑效应。

一年来, 区委常委会带头严守党的政治纪律和政治规矩,坚持民主集中制,注重廉洁自律,发扬团队精神,带领区四套班子齐心协力谋发展,取得了新的成绩。这些成绩来之不易,离不开上级党委的正确领导,离不开全区人民的共同努力,离不开各级党组织、广大党员、干部和民主党派、无党派人士等各方面的拼搏进取。在此,我代表区委,向在座的同志们、向全区各级党组织和广大干部群众表示衷心的感谢和崇高的敬意!

同时,我们也清醒地认识到,当前我区的改革发展仍面临不少困难,工作中仍存在一些薄弱环节。主要体现在:新一轮结构调整尚未完成,转型升级需要进一步强化定力;一些改革举措见效不够明显,理顺体制机制需要进一步向深处着力; 公共服务与群众期望还有一定差距, 保障和改善民生需要进一步精准发力;意识形态、公共安全、社会治安等领域形势依然严峻,维护社会和谐稳定需要进一步增强合力;少数党员、干部作风、效能和纪律问题依然存在,从严治党需要进一步努力。这些问题,我们将在"十三五"发展阶段重点加以解决。

"十三五"时期是我区转型升级的关键期,是提升国际化水平的机遇期,是破解难题、全面推进现代化建设的攻坚期,任务非常艰巨。我们必须切实增强机遇意识、忧患意识、责任意识和担当意识,清醒认识、科学判断、主动作为,坚持稳中求进、难中求进、好中求快,不断增强发展动力、厚植发展优势,努力开创上城发展新局面。

关于制定"十三五"规划建议(审议稿)的说明

(一)建议稿起草过程

"十三五"是实现第一个"一百年"目标的最后冲刺阶段,也是我区建设"现代化美丽上城"的关键阶段。设计好"十三五"蓝图,事关上城长远发展,意义十分重大。区委高度重视"十三五"规划建议起草工作,精心部署,周密安排,确定了 11 项"十三五"发展重点课题,由区领导牵头,组织相关职能部门分头开展调研,形成调研报告,召开"十三五"规划建议务虚会,邀请专业机构参与谋划,集思广益,为制定建议打下了良好基础。起草组联合"四办"开展专题调研,在深入学习党的十八届五中全会、省委十三届八次全会和市委十一届十次全会精神的基础上, 结合上城实际,认真开展建议稿起草工作。12 月 14 日,建议稿下发全区征求意见。其间,区委领导分别主持召开了部门和街道、党代表、社区代表和老干部、人大代表、各民主党派、工商联负责人及无党派人士等层面的座谈会,与区政协进行了专题政治协商,广泛听取各方意见。

从反馈情况看, 各方面对建议稿给予了充分肯定。大家一致认为,建议稿符合中央精神,立足上城实际,思路明确,重点突出,具有较强的前瞻性、指导性和可操作性。建议稿以"四个全面"战略布局和五大发展理念为引领, 体现了以建设现代化美丽上城为目标、一张蓝图绘到底的定力,明确了转型升级的方向和路径,回应了群众的诉求和期盼,是指导我区"十三五"发展的纲领性文件。

同时,大家也提出了许多很好的意见和建议,主要有以下几个方面。一是要注重已有发展战略的延续性,体现上城特色。二是积极争取区层面的发展战略升级为省市战略的组成部分, 借势借力推动我区发展。三是进一步明确国际化发展思路和工作举措。四是坚持创新发展,大力推进科技、文化等方面的创新。五是增加刚性要求,自加压力,增强发展紧迫感。六是充实民生改善方面的愿景描述, 使群众有更多获得感。起草组全面汇总、梳理、分析各方面意见建议,积极予以采纳吸收。

(二)建议稿的起草原则和基本框架

在建议稿起草过程中,我们把握好以下原则:

一是坚持上级精神与上城实际相结合。党的十八届五中全会提出的创新、协调、绿色、开放、共享五大发展理念, 以及习总书记去年 5 月在浙江考察时赋予浙江的新使命新任务, 为我们未来发展提供了战略指引。必须把这些最新思想加以融会贯通和运用，不断深化对新常态的认识，努力把握上城发展的内在规律和特色优势，结合实际找准方向。

二是坚持一以贯之与推陈出新相结合。近年来，区委始终坚持以提升品质为核心，提出并实施了打造产业平台、推动产城融合、建设智慧城区等一系列重大决策。实践证明，这些决策部署是利当前、管长远、行之有效的，"十三五"时期必须再接再厉，继续抓好落实。同时，要根据新形势、新情况、新要求，与时俱进谋划新的思路举措，不断丰富和充实原有的战略战术体系，力求方向更加精准、方法更加有效。

三是坚持引领方向与适应变化相结合。注重从宏观高度和发展大局来把握、来设计，重点明确发展目标、总体思路、重点任务、重大举措，引导全区统一思想、形成共识。同时充分考虑到形势变化和现实可能性，避免目标过满、计划过细，一些具体的指标和工作部署，留给纲要去规定，留给年度计划去细化落实，切实增强规划执行的主动性和稳定性。

四是坚持统筹兼顾与突出重点相结合。注重系统谋划、兼顾全面，完整阐明区委战略意图，为各方面工作提供正确方向和基本遵循。同时，突出重点领域和薄弱环节，集中力量办好大事、实事，努力补齐短板，确保发展的整体性和协调性。

五是坚持目标导向与问题导向、需求导向相结合。紧扣中央和省委、市委"十三五"规划建议，设定我区的奋斗目标，理清必须完成的任务。深入分析完成目标任务必须解决的困难问题以及满足居民诉求和期盼必须做好的工作，明确路径和方法，努力实现更高质量、更有效率、更加公平、更可持续发展。

在框架结构上，建议稿分三个部分。第一部分主要是总结"十二五"发展成就，分析当前形势，明确"十三五"发展的指导思想、基本要求和发展目标。第二部分主要是谋划推进五大发展理念在我区的实践，围绕发展、文化、生态、健康、平安五大品质提升进行阐述和部署。第三部分主要讲通过加强和改善党的领导，完善工作机制、动员全社会参与、抓好规划落实，为实施"十三五"规划提供保障支撑。

（三）需要重点说明的几个问题

建议稿对我区"十三五"发展作了全面部署，提出了一系列新的发展要求和重大举措。这里，我就几个重点问题介绍一下区委常委会的主要考虑。

1.关于基本建成"现代化美丽上城"。"十三五"时期，国家要全面建成小康社会，省委提出高水平全面建成小康社会的目标，市委明确要在全省发挥龙头领跑示范带动作用。我区是省会城市中心城区，更应该拉高标杆，在"十三五"的冲刺中"更快一步、更进一步"，贯彻好、落实好习总书记提出的"干在实处永无止境，走在前列要谋新篇"总要求。从上城当前发展看，2015年地区生产总值预计可以实现860亿元，依然保持6个主城区第一位，人均生产总值在25000美元左右（剔除烟厂、电力因素），已经远远超过建成小康社会的指标（人均地区生产总值3000美元），也远高于基本实现现代化的指标（人均生产总值4000美元~6000美元）；城市化水平、居民人均可支配收入、恩格尔系数以及住房、教育、医疗等指标方面也均高于国家制定的小康社会标准和国际上一些现代化评价标准。但也要看到，我们在科技创新、能源节约、环境保护、社会保障等方面仍相对滞后，现代化发展存在一定程度的不平衡、不协调问题。因此，建议稿在充分考虑中央和省市"十三五"发展要求的基础上，结合上城的历史地位、现实条件和发展现状，提出"基本建成'现代化美丽上城'"，作为我们今后五年发展的总目标。

基本建成"现代化美丽上城"，主要体现在"五个更"，也就是发展质效更高、功能布局更优、治理水平更强、生态环境更美、人民生活更好。特别是一些基础较好的指标要继续走在全市、全省前列，一些相对滞后的工作要迎头赶上、力争进位。

2. 提前实现地区生产总值、人均生产总值比2010年翻一番。"翻一番"是省市明确提出的"十三五"目标，"提前实现"是我们自加压力需要完成的一项硬任务。随着经济总量不断扩大和结构调整，增长速度会相应慢下来，这是一个基本规律。我区生产总值"十五"期间年均增长16.3%，"十一五"期间年均增长10.6%，"十二五"预计年均增长8.1%。有关研究预测，"十三五"全省经济增长将处于6.5%到8.5%的运行区间。按照7%的增长，我区地区生产总值将在2018年实现"翻一番"、人均生产总值有望在2019年"翻一番"；如果增长达到8%，则目标可望更早实现。因此，保持经济增长与省市同步，是我们基本建成"现代化美丽上城"、为实现第一个"一百年"目标做出应有贡献的发展底线。

3.关于产业功能布局。产业布局对于规划推进产业发展非常重要。“十一五”我区提出了“双城三圈”的构想,“十二五”提出构建沿湖、沿河、沿江和沿山四大主体功能区的思路,对于推动转型升级、加快现代服务业集聚起到了很好的引领作用。近年来,以信息技术为代表的新技术新产业飞速兴起,国家、省市新的发展战略相继出台,我区产业发展和布局不断面临新的形势和变化,基金小镇、望江智慧产业园就是我们顺应形势变化调整产业方向而打造的。因此,建议稿中我们进一步明确了“十三五”时期全域化打造具有上城特色的高端现代服务业生态圈的目标,系统协调优化产业与环境,并结合当前产业生态基础,提出构建沿湖、沿江、沿山“三带”和全覆盖的健康服务业与“创客”集聚区“两区”的整体布局。同时,在目前“123+1”主平台基础上,新增吴山宋韵小镇,合称“123+2”平台,作为产业核心区块重点打造,引领“三带两区”布局的不断完善。此外,随着地铁建设和地下空间开发,吴山和城站区域“十三五”期间将面临新一轮发展机遇,必须引起高度关注,结合布局深入谋划提升方向,加快推动业态升级。

4.关于主导产业体系。“十一五”和“十二五”期间,区委围绕构建“五主多副”现代产业体系,大力推动结构调整和产业集聚,成效明显。建议稿中,我们根据当前省市重点产业发展导向,对“十三五”时期我区的主导产业做了进一步调整,把“休闲旅游业”和“现代商贸业”合并,新增“健康服务业”,明确了金融服务、文化创意、信息技术、商贸旅游、健康服务新五大主导产业,并提出了“十三五”末现代产业体系基本形成的目标。鉴于世界新一轮科技革命和产业变革正在孕育,未来五年的产业形态有可能发生新的变化,我们会在坚持高端化、特色化、集约化导向不变的前提下,及时再作调整,保证主导产业始终能够引领未来产业发展。

5.关于产城融合与产业融合发展。产城融合是区委立足“有限空间、无限发展”,在建设望江新城过程中提出的一项重要发展战略,核心是注重产业和城市功能的协同协调发展。实践证明,这是引领新常态、加快转型升级和城市发展的一个重要方向。去年7月,国家发改委专门下发了关于开展产城融合示范区建设有关工作的通知。年前,中央专门召开城市工作会议,提出要把握城市发展规律,推动以人为核心的新型城镇化,提高城市发展的宜居性、持续性。下一步,我们要结合中央会议精神的贯彻落实,全域化构建具有上城特色的高端现代服务业生态圈,以打造“创客”集聚区、智慧城市先导区、品牌消费集聚区、“美丽杭州”样板区、教育现代化区、健康上城等为载体,推进产业和城市深度融合,力争“十三五”末城区布局更加合理,商业环境基本与国际接轨,主要服务功能接近国际一流城市中心城区水平。同时,产业融合正在成为全球经济增长和现代产业发展的大趋势,是产业转型升级的深刻反映。我们必须紧跟这一趋势,加快金融与实体经济、信息化与服务业、文化创意与商贸旅游产业、先进技术与传统产业的深度融合,推动产业围绕价值增值纵向延伸、横向嫁接、跨界融合,创造更加高端高质高效的新业态、新模式。

6.关于补齐短板。尽管我们“十三五”将迈向基本建成现代化城区的新阶段,但从目前发展的整体性、系统性、协调性来看,仍存在一些滞后因素和薄弱环节。

一是科技创新集聚效应还未全面体现。目前推动科技创新的体制机制还不够完善,企业科技研发投入比重偏低,科技创新对经济发展的支撑还不够充分。下一个五年,我们要着重在增强自主创新能力、科技竞争力和科技综合实力上下功夫,力争众创空间打造走在全市前列,在某些关键技术、核心领域和战略性新兴产业发展上达到国内领先水平,科技进步对经济发展的贡献率明显提高。

二是楼宇提升还不够快。楼宇亩产效益不高,税收“亿元楼”“千万元楼”还不多,增长也不快,与“北上广深”等城市相比,还有很大的提升空间。下一阶段,要重点研究、统筹谋划楼宇提升,力争五年内每年每个街道新增1幢“亿元楼”。

三是专业市场的转型提升问题。目前我区仍有28家各种类型的专业市场,且不少存在于楼宇中,产业层次和发展质效不高,与中心城区的定位不相适应,需要在今后结合楼宇提升研究具体方案,逐步实现转型。

四是民生保障不均衡的问题。“十三五”期间,中央提出贫困人口全面脱贫、省市提出不把脏乱差环境带入全面小康的目标,这是落实协调发展的重大举措。近年来,我区虽然通过低保特困救助、“零贫困”工程等措施,实现了困难人群应保尽保,教育、医疗、住房、养老等保障也实现了全覆盖,但在保障的精准和力度、质量和水平上都还有较大的提升空间。还有居民住在危房和没有厨卫设施的房子里，还有老年人独居生了病也没人知道，还有父母为了孩子进不去幼儿园而焦急奔走，还有因祸因病致贫或返贫的家庭，处在杭州的最中心，我们仍然有像馒头山、始版桥这样环境较差的地区，大湖滨商圈的苹果店与思鑫坊也仅仅一路之隔。因此，“十三五”我们要集中财力物力解决这些问题，力争3年内完成区内“城中村”改造，5年内基本完成危旧房治理，全面消除脏乱差环境，生活配套设施更加健全，养老、教育、卫生、文体设施的标准化建设基本完成，切实提高保障的精准性、精细度和公共服务的均等化，缩小居民生活差距，让群众的获得感和幸福感进一步增强。

7.关于提高文化竞争力与国际化。丰富深厚的历史文化积淀，是上城独特的优势，也是推进国际化的重要基础。去年以来，我们专门开展了文化发展战略研究，从历史层面深入解剖上城，特别分析了在南宋鼎盛时期作为世界名城核心的城市文明特征，提取了开放、互联互通、多元、共享、天人合一等文化基因，这些文化基因实际上蕴含或部分蕴含着五大发展理念的内涵。下一步，我们要紧紧抓住杭州承办G20峰会和亚运会的难得机遇，认真分析如何将这些优秀文化基因植入经济社会发展各方面，加快打造国际化的产业平台、旅游产品、居住环境、配套设施和教育、医疗等生活服务，全面展现上城历史文化与创新活力交相辉映的独特品质，讲好上城的故事，吸引更多的人来旅游、体验、居住、投资、创业，在提高杭州的国际知名度和影响力方面发挥主战场作用。

8.关于生态文明建设。绿色发展是党的十八大以来提出的新的发展理念，也是我们基本建成“现代化美丽上城”的重要内容。“十二五”以来，我区高度重视生态环境改善，深入落实省市相关决策部署，出台了推进美丽上城建设的决定，制定实施两轮生态文明建设三年行动计划，取得了较好成效。但在生态保护、环境污染治理、节约集约利用资源、强化环保意识等方面工作还不够深入全面。“十三五”是推进绿色发展的关键时期，我区必须按照省市的部署要求，认真开展资源能源消耗控制，确保完成省市下达的目标任务，巩固“五水共治”、“三改一拆”、垃圾分类等工作成果，深化“治水、治气、治堵、治废”，有效化解各种“城市病”，确保城市管理继续居于省市领先地位，人居环境达到国内领先水平，真正成为“美丽浙江”“美丽杭州”建设的样板区。

9.关于社会治理。近年来，我区坚持一手抓“经济报表”，一手抓“平安报表”，以深化“平安上城”“法治上城”建设为抓手，积极探索构建具有上城特色的社会治理体系，形成许多鲜明的品牌亮点，为维护社会和谐稳定提供了有力保障，群众安全感、满意率均在95%以上。“十三五”时期，世界经济政治格局深刻变化，传统安全威胁和非传统安全威胁交织；国内经济体制深刻变革、社会结构深刻变动、利益格局深刻调整、思想观念深刻变化，矛盾纠纷易发多发，社会治安、安全生产、意识形态等领域风险隐患增多；我区正处于转型升级关键期、提升国际化水平机遇期和破解难题、全面推进现代化建设攻坚期，加强和创新社会治理面临复杂挑战。特别是明年G20峰会将在杭州召开，全面做好峰会保障服务工作对我区社会治理提出了更高要求。为此，建议稿提出要进一步完善党委领导、政府负责、社会协同、公众参与、技术支撑、法治保障的社会治理体系，基本建成法治政府，实现三个“确保”，即确保安全生产形势持续平稳、确保治安形势持续平稳、确保社会大局和谐稳定，加快推进社会治理体系和治理能力现代化。

同志们，这次全会的主要任务，就是讨论、修改、审议通过区委“十三五”规划建议。建议稿经此次全会审议通过后，区政府将据此编制完善上城区“十三五”规划纲要(草案)，提请区十四届人大五次会议审议批准后，颁布实施。希望大家以高度的政治责任感和历史使命感，认真思考，深入讨论，提出意见，使之真正成为指导我们下一个五年发展的行动纲领。

雄关漫道真如铁，而今迈步从头越。新的发展蓝图已经展现在我们面前，让我们更加紧密地团结在以习近平同志为总书记的党中央周围，在省市委的坚强领导下，团结一心、振奋精神、攻坚克难，共同开启全区“十三五”期间经济社会发展新篇章，为基本建成“现代化美丽上城”而努力奋斗！

政府工作报告

——在上城区第十四届人民代表大会第五次会议上

(2016年2月24日)

上城区人民政府区长　陈　瑾

各位代表:

现在,我代表上城区人民政府,向大会作政府工作报告,请予审议,并请区政协委员和其他列席人员提出意见。

2015年工作回顾

2015年,在市委、市政府和区委的正确领导下,在区人大、区政协的监督支持下,区政府全面落实党的十八大和十八届三中、四中、五中全会精神,深入贯彻习近平总书记系列重要讲话特别是在浙江杭州考察时的重要讲话精神,团结和带领全区人民,深化改革,克难攻坚,求真务实,锐意进取,全区实现地区生产总值861亿元,同比增长9.2%,其中服务业增加值495.5亿元,同比增长12.2%;社会消费品零售总额341.8亿元,同比增长11.6%;固定资产投资88.6亿元,同比增长14.1%;财政总收入107.15亿元,首次突破百亿大关,同比增长14.5%;一般公共预算收入66.46亿元,同比增长14.5%;新增就业岗位32920个;计划生育符合率达97.7%;电力消费总量和单位GDP能耗控制在市政府下达目标内,圆满完成了区十四届人大四次会议确定的各项目标任务。

一年来,我们重点抓了以下五方面工作:

(一)围绕转型升级,经济质效取得新提升

主动适应经济发展新常态,积极推进经济结构调整和产业平台提升,区域经济发展质量效益进一步提高。

主导产业加快发展。金融、文创、信息技术、商贸、旅游等主导产业实现税收62.1亿元,同比增长12.3%。成功举办首届全球对冲基金西湖峰会,引进财通资管、永安期货等一批高端项目,实现金融服务业增加值142.6亿元,同比增长16%。引进中传视界、《大圣归来》制作团队等一批优质项目,建成"长城178""凤凰1138"等文创园4个,实现文化创意产业增加值113.5亿元,同比增长16.2%。稳步实施"一号工程"项目44个,引进安正科技、盛景网联等一批重点企业和项目,基本完成无线上城建设,实现信息经济增加值44.1亿元,同比增长11.7%。文商旅深度融合,荣获全球旅游业最高荣誉艾里缇斯奖,三大特色街区接待游客2800余万人次,实现营业收入90.9亿元。河坊街、五柳巷中医药产业蓬勃发展,穆拉德生育力评估中心正式成立,彩虹鱼、全景医学等第三方服务企业成功落户,健康服务相关产业营业收入突破100亿元。

发展平台加快提升。成功创建全国首批品牌消费集聚区,苹果、LV、特斯拉等世界知名品牌相继亮相,解百新元华成功转型,大湖滨商圈实现商贸销售额39亿元。玉皇山南基金小镇成功入选第一批省级特色小镇,集聚各类现代金融企业402家,管理资产规模超过2000亿元,税收突破4亿元,同比增长66.7%。望江智慧产业园加快打造以思科(中国)总部

为核心的智慧产业链，大力推进工业无人机基地、大数据底层操作系统等新兴产业项目落地，实现税收4.1亿元。科技工业基地加快“二次创业”，10万平方米标准厂房竣工，实现税收4.3亿元，同比增长33.4%。吴山宋韵小镇入围第二批省级特色小镇培育名单，税收同比增长11.5%。

高端资源加快集聚。加大招商选资力度，着力招引重点企业和行业龙头，引进浙银资本、浙能燃气等区域性总部企业6家，与浙商银行、省商业集团等10余家单位达成战略合作协议。引进市外资金500万以上项目97个，实际到位市外资金108.1亿元；引进浙商回归项目59个，到位资金69.8亿元；实际利用外资2.5亿美元，同比增长28%。土地招商成效明显，西湖电影院、中华饭店等3个地块顺利挂牌出让。大力招引和培育高层次人才，新建院士专家工作站2家，申报“国千”计划3人，入选“省千”计划2人。楼宇提升改造持续深化，楼宇经济实现税收48.4亿元，新增亿元楼6幢。

（二）围绕改革创新，区域发展释放新活力

贯彻落实“上改六条”，深化重点领域、关键环节改革，推进大众创业、万众创新，经济发展动力、活力进一步增强。

重点改革深入推进。实施新一轮经济体制综合改革，建立健全产业引导基金和金融、科技、人才“1+3”扶持政策体系。加快推进行政审批制度改革，承接省市下放审批服务85项，清理非行政许可审批13项，222项行政许可事项在浙江政务服务网（上城平台）运行。深化国资管理改革，健全国有企业考核和重大事项决策程序。清河坊公司资产重组、债务清理等工作取得突破性进展，中山中路综保工程308套房产权证进入办理流程。上投集团加快市场化经营和产业化投资步伐，全年投资6个项目共计5800万元，年利润增长64%。继续深化建设体制改革，做大做强望海潮公司，不断提升街道和建设指挥部征迁工作合力。积极与国开行、市城投集团开展合作，拓宽建设资金投融资渠道。

创新活力显著增强。加快国家可持续发展实验区建设，培育创业创新主体，激发区域创新活力，科技进步对全区经济发展的贡献率达58.5%。制定出台众创空间和创新券政策，全省率先启动创新创业新天堂行动，扶持培育幼发拉底杭州中心、江南1535等市级众创空间5个，孵化项目超过150个，累计获得融资超过2亿元。新增国家级高新技术企业12家、省级高新技术企业研发中心3家、省级企业研究院2家，获得国家创新基金项目5项、火炬计划3项。柯林电力、捷尔思阻燃分别获得省科技进步二等奖和三等奖。全区专利申请量同比增长36.7%，发明专利授权量同比增长33%。

发展环境持续优化。完善为企服务工作机制，深入开展区领导联系走访重点企业活动，走访企业102家，解决问题与困难83个。大力实施“三名”工程，成立上城区产业品牌联盟，成功培育佐卡伊、界内等一批创新能力强、行业影响大的品牌型企业。实施小微企业三年成长计划，充分发挥风险池基金作用，帮助小微企业获得贷款2100万元。积极落实各项财政扶持资金，资助企业项目70个，拨付2800余万元。搭建资本与项目对接平台，帮助企业获得社会投资9.4亿元。支持企业上市发展，慧景科技、大承医疗等8家公司实现“新三板”挂牌。出台社会信用体系建设实施意见，加快公共信用信息系统建设，营造公平有序的市场环境。

（三）围绕优化环境，城市面貌展现新魅力

以迎接G20峰会为契机，加大征迁安置力度，统筹推进城市建设和管理，全力打造“美丽杭州”上城样板，城区环境面貌进一步提升。

征迁建设依法推进。全面打响征迁攻坚战，全市率先出台货币化安置政策，多渠道解决安置房源，完成征迁1833户、企业44个，完成安置588户，征迁清零项目15个、做地8宗，征迁安置任务完成数为历年之最。深入实施“三改一拆”，完成旧住宅、旧厂区、城中村改造44.5万平方米，拆除违法建筑11.5万平方米。稳步推进重点项目建设，开工47.7万平方米，竣工61.7万平方米。加快湖滨、吴山两大商圈建设，勾山里B地块、省旅游展示中心竣工，“尚城1157”土建完工。完善玉皇山南基金小镇空间拓展规划，甘水巷、安家塘、樱桃山等组团竣工交付，小镇展示中心投入使用。加快望江地区建设，婺江路、凯旋路、甬江路等项目稳步推进，开工续建徐家埠、印铁地块等3个安置房项目共16.7万平方米，交付婺江家园安置房项目14万平方米。加大危旧房改善力

度，完成整治249处，修缮44处。

峰会筹备加快推进。建立区领导领衔挂包G20峰会项目制度，全面启动道路提升、街容美化、入城口整治等专项行动，实施重点整治项目83个。加快重点区域提升改造，馒头山、思鑫坊、贴沙河沿线、城站广场等区域综合整治取得阶段性成效，陶瓷品市场、南落马营周边环境得到明显提升。深入开展户外广告、违规设摊等十大环境秩序治理行动。着力缓解交通“两难”，完成支小路整治3条，建设停车场(库)7处，泊位1630个，全市率先实施公共泊位智慧停车。积极拓展地下空间，累计开工建设19.6万平方米。扎实推进沿湖、沿江、高架沿线等重点区域亮化工程，消除老旧小区照明“暗点”40个。创新清洁直运“互联网+”模式，成为全市首个清洁直运体制创新城区。推进城管执法重心下移，“四化”管理水平继续保持全市领先。

生态建设统筹推进。全面深化沿山、沿江建设规划，大力推进“两路两侧”“四边三化”等专项行动，编制实施新一轮生态文明建设三年行动计划。深化“五水共治”，严格落实“河长制”，全市率先实现河道“污水零直排”，成为主城区唯一的省“清三河”达标区。积极推进望北区块积水治理等12个防汛排涝工程，完成凤凰山脚路等截污纳管项目33个。加强钱塘江、贴沙河等饮用水源的监测保护，交界断面水质达标率同比提高1个百分点。深化“五气共治”，实施“百日治霾”大气污染专项整治，推进工地扬尘、油气回收治理，淘汰黄标车1239辆，淘汰率全市领先。

(四)围绕优质均衡，民生事业实现新发展

以增进民生福祉为出发点和落脚点，扎实推进社会保障、社会救助、社会福利体系建设，顺利完成十大为民办实事工程，民生保障水平进一步提高。

社会保障更广覆盖。继续加大民生领域投入，全区民生保障支出21.1亿元，占一般公共预算支出的81%。深化充分就业城区和创业型城区建设，安置就业困难人员3815人，失业人员再就业1.7万人，发放社保及各类就业安置补贴1.1亿元。以创业带动就业，积极打造凤凰公社等创业平台，新增大学生创业企业49家。扎实推进社保扩面，养老保险净增5686人，工伤保险净增6920人，生育保险净增5356人。支持社会力量参与养老服务，实现社区居家养老服务照料中心全覆盖，新增养老床位510张，居家养老政府购买服务5.3万人次。加强对失能、失独等特殊群体的帮扶救助，全区残疾人小康实现程度达91.7%，发放低保金、残保金等各类救助金2600余万元，募集春风行动资金590万元，受益人数达8.5万人次。

社会事业更优发展。深化区域教育综合改革，成功创建首批省教育基本现代化区，“管办助评”经验被教育部评为优秀案例在全国交流和推广。积极推进教育国际化，建成基金小镇配套国际学校。加强与省市医院合作，不断完善分级诊疗、双向转诊体系，成立邵逸夫医院玉皇山南国际医疗中心。加快推进基层卫生服务站点提档升级，完成望江社区卫生服务中心扩面。加强公共卫生体系建设，顺利通过国卫复评。不断完善现代公共文化服务体系，“两馆两中心”加快建设。吴山文化公园、郁达夫故居对外开放，中山中路被列为杭州唯一的首批中国历史文化街区。完善非遗扶持政策，公布第五批非遗代表性项目名录。继续推进“七送”文体惠民工程，惠及群众12万余人次。顺利通过省体育强区复评。

社会环境更趋和谐。以创建全国社区治理和服务创新实验区为契机，深化“三社联动”服务机制，建成“左邻右舍”社区治理创新园。加快培育和发展社会组织，累计投入公益创投专项资金428万元。完善矛盾纠纷多元调解机制，加大社区矫正和法律援助工作力度，推动律师进社区与“平安365”平台联动。加强食品安全监管，建成“五可阳光厨房”110个，整治无证无照餐饮场所469家，思鑫坊区块无证无照餐饮店全部关停。加大物价监督检查力度，查处价格违法案件52件。完善社会治安防控体系，深入开展出租房屋和重点商圈(企业)安全整治，严厉打击各类违法犯罪行为。有效应对台风、寒潮等自然灾害和地下管煤泄露、路面塌陷等突发事件，及时化解不稳定因素。全区未发生重大安全事故，安全生产形势保持平稳，实现浙江省平安区十连创。

(五)围绕职能转变，治理能力得到新加强

坚持运用法治思维和法治方式推进工作，规范行政行为，优化政府职能，改进工作作风，政府治理能力和服务效能进一步提升。

依法行政全面推进。扎实推进法治政府建设，全

面推行政府及部门法律顾问制度，认真落实区政府常务会议学法和行政首长出庭应诉制度，严格执行行政规范性文件合法性审查。全面完成“六五”普法工作，有效提升政府部门的依法行政意识。自觉接受人大依法监督和政协民主监督，严格执行区人大及其常委会决议，认真听取区政协对政府工作的意见，定期向人大报告、向政协通报工作，主动接受人大专项工作报告审议、专项视察和执法检查等监督，积极就玉皇山南基金小镇建设等重点工作与政协开展政治协商。办理区十四届人大四次会议代表建议135件，区政协四届四次会议提案108件，代表、委员满意率100%。

政府职能不断优化。全面推进“四张清单一张网”建设，制定政府部门职责管理办法，开展街道权力清单编制工作，着力构建权界清晰、分工合理、权责一致、运转高效的政府职能体系。大力推进跨部门、跨领域综合行政执法改革。优化建设项目审批流程，提高G20峰会等重点项目审批效率。深化商事登记制度改革，主城区率先推行“五证合一、一照一码”登记制度。持续推进政府管理与公共服务标准化，街道综合标准化试点项目顺利通过中期验收。

正风肃纪得到加强。严格落实中央八项规定精神，结合省委巡视组的反馈意见，深入开展“三严三实”专题教育。全面推进党风廉政建设和反腐败斗争，严肃查处一批违纪违规问题。加大财政预算公开和监督检查力度，全区部门预决算信息公开率达100%。严控行政运行支出，“三公”经费在前两年大幅压缩基础上减少8.5%。制定出台行政事业单位公款竞争性存放管理办法，规范财政资金使用管理。加大效能督查，组织政风行风监督员开展明查暗访24次。加强审计监督，实施国家审计项目19个，完成审价结算项目151个，净核减9813万元。

此外，我们深化城乡统筹，加强与淳安、临安在经贸、教育等方面的合作，加大对贵州雷山、四川若尔盖的区域协作力度。积极发展民族宗教、对台、侨务、老龄、妇女儿童、志愿服务、红十字、慈善等事业，大力加强统计、保密、档案、地方志、人防、国防动员、人民武装、双拥共建等工作。2015年，获第三届中国社会创新优胜奖、中国智慧城市创新奖等国家和省级荣誉35项。

各位代表，过去一年，全区上下团结协作、奋力拼搏，取得了来之不易的成绩。在此，我谨代表区政府，向在各个领域和岗位上无私奉献的建设者们，向给予政府工作支持和监督的人大代表、政协委员，向各民主党派、工商联、各人民团体和社会各界人士，向积极参加上城建设发展的中央和省市属单位，向驻军部队、武警官兵和民兵预备役人员，表示崇高的敬意和衷心的感谢！

在肯定成绩的同时，我们也清醒地看到，当前我区经济社会发展仍然存在不少问题和挑战，主要是：经济新常态下，新旧动能转换尚未完成，主导产业引领作用有待进一步凸显；城市建设发展不尽平衡，部分区域功能布局有待进一步完善；城市国际化水平不高，环境品质有待进一步提升；民生保障任务依然繁重，基本公共服务均等化水平有待进一步提高；一些政府工作人员的法治意识、服务意识、担当意识不强，工作作风、行政效率有待进一步改进。对此，我们将高度重视，直面困难和问题，采取更加有力措施，认真加以解决。

2016年重点工作

2016年是“十三五”发展开局之年，是G20峰会在杭州举办之年，也是建设“现代化美丽上城”的深化之年。做好今年工作，意义重大。

2016年政府工作的总体要求是：高举中国特色社会主义伟大旗帜，以马克思列宁主义、毛泽东思想、邓小平理论、“三个代表”重要思想、科学发展观为指导，全面贯彻党的十八大和十八届三中、四中、五中全会以及习近平总书记系列重要讲话精神，以“四个全面”战略布局为统领，坚持创新、协调、绿色、开放、共享五大发展理念，认真落实市委、市政府和区委的决策部署，紧紧围绕服务保障G20峰会这个圆心，振奋精神，凝聚力量，锐意改革，大胆创新，统筹推进经济社会各项事业协调发展，着力提升发展、文化、生态、健康、平安五大品质，努力实现“十三五”发展良好开局。

综合各方面因素，建议2016年全区经济社会发展的预期目标为：地区生产总值增长7.5%；服务业增加值增长9.5%；社会消费品零售总额增长10%；固定资产投资90亿元；一般公共预算收入增长6%；新增就业岗位23400个；主要减排指标和能耗总量控制指标完成上级下达任务。重点抓好以下五方面的工作：

(一)以G20峰会为圆心，全力做好服务保障工作

按照“最高标准、最快速度、最实作风、最佳效果”要求，以高度的政治责任感和使命感，加快改造城市基础设施，提升城市管理水平，举全区之力服务保障G20峰会。

高品质抓好环境改善。加快馒头山、思鑫坊、始版桥直街等重点区块综合整治，完成城站广场入城口改造提升。推进“三改一拆”“两路两侧”“四边三化”和交通治堵等专项行动，全面提升西湖大道、解放路等重点道路品质，完成高架两侧、宾馆周边立面整治和绿化美化，实施国际化标识、标牌改造工程。继续开展“五水共治”，河道清淤1.16万立方米，推进东河、新塘河等沿线小区的截污纳管工程，强化区域排涝系统治理，加强饮用水源保护和监管，加快海绵城市建设。深入推进“五气共治”，开展大气污染防治行动，严格控制扬尘污染，着力打造生态型城区。

高水平提升城市管理。加快行政执法体制改革，推进综合行政执法，深化智慧城管平台建设。着力抓好湖滨商圈、吴山广场、医院周边等重点区域环境综合治理，加强汽车南站等窗口地区管理。深化“五废共治”，稳步推进垃圾智慧分类，不断提升垃圾分类处置能力。继续加强户外广告、渣土偷倒等十大环境秩序治理，全面净化美化城区空间。深化“无违建区”创建，加强社会力量监管，完善违建防控体系。加快停车场(库)建设，提升停车智能化水平。深化“两非”车辆整治，着力缓解交通“两难”。加大旅游环境整治力度，提升旅游目的地形象。

高标准维护社会稳定。深化“平安上城”建设，以反恐防暴为重点，强化风险控制和动态管理，切实提升公共安全保障和突发事件处置能力。深化社会治安综合治理，完善流动人口管理服务，推进“智慧安防”建设。扎实开展信访突出问题化解行动，从源头上有效化解信访积案。完善“平安365”平台运行机制，进一步畅通民情民意渠道。启动实施“七五”普法规划，积极构建公共法律服务体系，完善矛盾纠纷多元调解机制。加大食品、药品、物价等监管执法力度，强化危化品、电梯、建筑工地等领域安全监管，坚决杜绝重特大事故，切实维护人民生命财产安全。着力提升全民安全意识和城市文明形象，努力营造人人参与峰会、人人保障峰会的浓厚氛围。

(二)以创新发展为引擎，强力推进经济转型升级

坚持把创新摆在发展全局的核心位置，抢抓杭州市“两区”建设机遇，加快推进产业创新、科技创新、机制创新，以创新引领结构调整，以创新促进转型升级。

大力推进产业创新。以高端化、特色化、集约化为导向，重点发展金融服务、文化创意、信息技术、商贸旅游、健康服务五大主导产业。主动融入钱塘江金融港湾，做优做强山南基金小镇，加快建设以现代金融、财富管理为特色的金融创新中心。大力实施“互联网+”战略，积极发展现代传媒、数字出版等创意经济。深入推进“一号工程”，切实发挥思科(中国)总部的引领作用，加快云计算、智能装备、节能环保等高新技术产业发展，打造智慧城区。深化国家品牌消费集聚区建设，制定实施旅游国际化新一轮行动计划，进一步打造南山路艺术休闲特色街，加快推进湖滨、吴山商圈繁荣发展。依托省市医疗资源，积极拓展健康服务产业链，做大做强河坊街、五柳巷中医药产业，争创省级健康产业示范基地。大力培育引进国际著名的会计、法律、咨询、评估等中介服务机构，努力形成具有上城特色的现代产业生态圈。

大力推进科技创新。深入实施创新驱动战略，加大科技经费投入，综合运用产业引导基金、风险池、创新券等手段，加速科技成果转化。加快建设“创业苗圃”等新型众创空间，打造全省“双创”高地。突出企业创新主体作用，鼓励优势企业兴建研究院，组织实施科技发展计划80项，新增市级以上研发中心5家，培育孵化成果10个。积极引进国内外创新资源共建创新载体，争取国家和省市重大科技项目落户。依托基金小镇，搭建资本对接科技平台，提高金融服务实体经济效率。支持海兴电力、威星仪表等科技型企业挂牌上市、并购重组，实现资源优化配置。

大力推进机制创新。深入实施“上改六条”，着力加强供给侧结构性改革，提高供给体系质量和效益。深化国资管理改革，切实提升上投集团、清河坊等国有企业的运营效益。加快投融资体制改革，积极推进政府债券、PPP等新型融资模式。鼓励社会资本参与清河坊等商业街区以及基础设施建设。大力实施人才强区战略，全面落实“1211”人才计划、“金融人才”等相关政策，积极探索市场化人才引进培育机制。坚持以扩大开放促进改革，鼓励中瑞思创等企业开拓海外市场，推动企业“走出去”。抢抓跨境电商综合试验区建设机遇，打造工联海淘O2O体验中心。继续扩展与淳安、临安的区县协作，加大对贵州雷山、四川若尔盖对口支援力度。

（三）以产城融合为抓手，致力拓展无限发展内涵

坚持“有限空间、无限发展”理念，统筹空间、人口、产业协调发展，切实增强中心城区对高端要素的集聚功能，不断提升在杭州主城区的引领作用。

加快城市有机更新。坚持城市发展与人口环境相协调，促进城市功能布局优化。全年实施重点项目135个，开工建设50万平方米，竣工40万平方米。继续深化建设体制改革，加大阳光征收和货币化安置力度，进一步提升街道、部门和建设指挥部协同攻坚能力。加快推进贴沙河沿岸、木场巷、棉毛针织厂等地块以及地铁站点征迁，确保完成征迁2000户，完成市级征迁清零项目10个。深化与国开行、市城投集团合作，加快项目融资和做地建设。开工建设望南安置房、婺江路等项目，继续推进区行政中心、徐家埠及印铁地块安置房等项目。

加快发展平台建设。坚持产业体系与发展空间相统一，积极拓展“123+2”产业平台。以商贸旅游为特色，开工建设工联二期、中华饭店等项目，继续推进湖滨三期、湖滨派出所地块建设，提升大湖滨商圈品质。以现代金融为特色，启动三角地块项目，继续推进啤酒厂仓库、大畈鱼塘北、施家山等项目，加快玉皇山南基金小镇扩容。以信息技术为特色，继续抓好横店联合、昆润国际等商业楼宇建设，积极打造望江智慧产业园。以文化旅游为特色，完成“尚城1157”、安荣坊等项目，统筹推进吴山宋韵小镇建设。主动对接城西科创走廊，制定科技工业基地二次创业空间发展规划，推进001地块腾笼换鸟，实现低效用地再开发。

加快重点项目落地。坚持落地项目与功能定位相匹配，着力引进成长性好、带动力强的优质项目。借助浙商回归招大引强，重点吸引信息技术、现代金融等高端产业项目，引进投资额亿元以上项目至少10个，力争在引进世界500强、大型央企（国企）上有新突破。加大土地储备和供应力度，完成西湖电子、味精厂等4个地块出让。强化招商统筹服务，推进勾山商务中心、省旅游展示中心等项目招商运营。以地铁建设为契机，加大吴山广场、复兴商务广场等地下空间开发利用力度。充分发挥街道在招商引资中的主力军作用，深化“一街一品牌”建设，提升改造商务楼宇6幢，力争每个街道新增亿元楼1幢。

（四）以改善民生为根本，大力提升人民生活品质

坚持以人为本，突出文化发展、民生保障和社会事业提升，加大投入、完善功能、优化服务，全面兑现为民办实事承诺。

实施文化兴区战略。紧抓G20峰会的历史机遇，制定实施上城区文化发展战略，提升全球基金西湖峰会等重大会议活动的国际化水平，着力打造世界名城的文化高地。加快“非遗”数据库和“非遗”宣传平台建设，推进浙派古琴等重点“非遗”项目落地，促进非遗项目与旅游、教育、商业融合发展。完善现代公共文化服务体系，促进辖区内图书馆、美术馆、博物馆等公共设施的共建共享，加快推进美丽上城文化展示中心、“非遗”展示馆和体育中心建设。加大南瓦子巷、泗水新村等历史建筑保护力度。继续实施“七送”文体惠民工程，举办国际设计周、吴山庙会等文化活动，积极开展足球联赛等群众性体育活动，巩固体育强区创建成果。

提升民生保障水平。继续加大民生事业投入，确保新增财力2/3用于民生领域。不断完善社会救助体系，积极开展民政部“救急难”试点工作，继续加强对失能、失独等特殊群体的帮扶救助。进一步推进社保提质扩面。完善公益性服务岗位、灵活就业等政策，提高公共就业服务的针对性和主动性。鼓励创业带动就业，大力扶持大学生、失业人员创业发展。深化社区养老服务改革，加快社区居家养老服务照料中心社会化运作，引导社会力量参与机构养老建设。继续开展政社分开改革，完善社会组织培育发展政策，深化全国社区治理和服务创新实验区创建。

促进社会事业繁荣。深化教育基本现代化区建设，完善“管办助评”教育治理体系。丰富教育国际化、信息化、小班化内涵，实现义务教育均衡、优质、多样发展。深化医药卫生体制改革，推进医养护一体化签约服务和“智慧医疗”项目建设，完善分级诊疗体系。优化医疗资源功能布局,完成第二批社区卫生服务站点扩面提升。落实全面两孩政策,着力提高出生人口素质。深入开展群众性科普宣传教育活动。继续支持工会、共青团、妇联等群团组织开展工作,加强民族宗教、对台、侨务、双拥共建、残疾人、老龄、慈善、红十字等工作,努力建设安居乐业、幸福和谐社会。

继续办好为民办实事工程。经过广泛征求群众意见,确定我区 2016 年十件实事为:

1.加快推进保障房建设,开工 14 万平方米,续建 11 万平方米,竣工 5 万平方米。

2. 改善城市基础设施, 完成危旧房治理 100 幢(处),面积 1 万平方米。建设停车场(库)5 处、泊位 1000 个。完成防洪排涝项目 3 个,截污纳管项目 3 个。

3.提升区域环境品质,整治道路 59 条,整治清洗建筑 100 幢, 提升环卫设施 11 处, 增设果壳箱 800 只、垃圾桶 2000 只。实施中河高架及两侧建筑、东望天际线、钱塘江北岸(一桥至三桥)、湖滨区域、城站广场等五大区域亮灯工程。改建扩绿 3 万平方米。

4.帮助 3800 名就业困难人员实现再就业。

5.开工建设望江单元行知幼儿园,改造新世纪外国语学校,提升改造杨绫子学校。

6.完成望江街道社区卫生服务中心扩面工程,改造完成东坡路、金钱巷、徐家埠、近江西园、大通桥等 5 家社区卫生服务站。

7. 改善社区服务设施, 打造小营葵巷 "益汇空间"。完成清波门社区居民服务中心提升改造工程。新建望江街道徐家埠社区便民服务中心。打造南星街道社区文化中心、美政桥社区居民服务中心。建成紫阳"邻里之家",提升紫阳街道生活安全科普馆。

8.关心关爱特殊人群,提升湖滨敬老院,新建湖滨街道"仁爱家园"工疗站和失能失智、独居空巢老人照料中心。打造上城区好地方颐养中心(敬老院)。完成望江街道优质优惠老年食堂建设, 新建望江街道近江东园社区、婺江社区 2 家无油烟老年食堂。

9.实施食品安全智慧监管,完成 240 个大中型餐饮企业智慧监管平台安装。推进"五可阳光餐饮"工程,全区大型以上餐饮企业"透明厨房"建成率 70%;拥有食堂的学校全部达到"五可阳光餐饮"标准。8 个食品生产企业建立电子追溯系统。食品定量检测 5.5 批次/千人,其中监督检测 4 批次/千人以上,不合格食品核查处置率 100%。

10.完善消防安全管理体系,设立区级和 6 个街道消防安全教育培训基地, 建设 300 家重点企业的消防安全远程 24 小时监控服务平台。

(五)以效能提升为导向,着力加强政府自身建设

坚持为民执政、依法行政,加快政府职能转变,切实改进工作作风, 推进政府治理体系和治理能力现代化,打造人民满意的服务型法治政府。

更加注重依法行政。严格落实"三重一大",进一步健全行政决策机制和程序。积极发挥法律顾问和专家团队作用,为依法行政提供专业服务保障。全面推进政务公开,促进行政权力运行透明化和规范化。进一步规范行政复议、应诉案件办理,落实行政首长出庭应诉制度。严格执行行政规范性文件合法性审查,推进行政处罚决定书网上公开。完善学法用法制度,提高党员干部法治思维和依法办事能力。自觉接受人大法律监督、政协民主监督和社会舆论监督,认真办理人大代表意见、建议和政协委员提案。

更加注重服务提升。深化政府自身改革, 推进"四张清单一张网"建设,加大简政放权力度,加快行政权力运行流程再造。完善政务服务网上、网下联动机制,开展街道、社区延伸试点,提供全方位、全时制的"店小二"式服务。深化行政审批制度改革,进一步压缩审批时限,优化审批服务流程,继续做好下放审批服务事项承接工作。深化与高等院校战略合作,不断推进政府管理与公共服务标准化。深入开展"找短板、迎峰会"主题活动,着力补齐经济社会发展中存在的短板。

更加注重廉政建设。巩固"三严三实"专题教育成果,持之以恒落实中央八项规定精神,推进作风建设常态化、长效化。严格执行《中国共产党廉洁自律准则》和《中国共产党纪律处分条例》,落实党风廉政建设责任制,进一步建立健全教育、制度、监督并重的惩治和预防腐败体系。加强政府工作人员队伍建设,强化"三不"行为整治,坚决克服懒政怠政,树立为民务实清廉的良好形象。加大对重点领域、重点项目和重点岗位的审计监察力度,规范招投标、国资转让、政府采购等行为。厉行节约、反对浪费,强化专项资金监管,严控"三公"经费支出。

“十三五”规划纲要(草案)说明

根据区委关于“十三五”规划的建议，区政府编制了《上城区国民经济和社会发展第十三个五年规划纲要(草案)》，提请大会审议。

(一)“十二五”经济社会发展回顾

“十二五”以来，全区认真践行科学发展观，大力提升发展、文化、生态、健康、平安五大品质，稳步推进“现代化美丽上城”建设，较好地完成了主要目标任务，为“十三五”发展打下了坚实基础。综合实力全面提升。地区生产总值从2010年的527.3亿元增加到2015年的861亿元，年均增长10.3%；财政总收入从80.16亿元增加到107.15亿元，年均增长6%；社会消费品零售总额从162亿元增加到341.8亿元，年均增长16.1%；固定资产投资累计完成345亿元，超过“十二五”预期目标45亿元。人均GDP和亩产税收保持全省第一。转型升级成效显著。金融、文创、信息技术、商贸、旅游等主导产业实现地方财政收入29亿元，占全区总量的43.6%，较2010年提高7.3个百分点。大湖滨商圈、玉皇山南基金小镇、望江智慧产业园、科技工业基地等平台加快发展，支撑引领作用进一步增强。重点改革稳步推进。深入落实“上改六条”，扎实开展国有资产管理、建设体制调整等各项改革，累计清减权力事项3305项，行政审批更加高效，政府管理更加规范。创新驱动步伐加快。五年累计引进各类人才3万余名，拥有高新技术企业59家，新增发明专利授权量541件，科技进步对经济发展贡献率达58.5%。鼓励和支持企业发展壮大，10家企业实现挂牌上市。城区环境明显优化。大力推进征迁建设，五年累计完成征迁7115户，开工297万平方米，竣工294万平方米。深入开展“三改一拆”“五水共治”“五气共治”等专项行动，城市管理水平持续保持全市领先。加强低碳型城区建设，万元工业增加值能耗累计下降32%。民生保障持续改善。累计向民生领域投入81.6亿元，教育、卫生、文化、体育等事业统筹推进，社会保障进一步提质扩面。不断深化“平安365”“三社联动”等机制，基层治理和民主自治取得新突破，社会安定有序，人民安居乐业，连续十年成功创建浙江省平安区。

“十二五”期间，上城经济社会发展取得了巨大成绩，但是地方财政收入、保障性住房开工面积两项指标离目标任务仍有一定差距。对此，我们将进一步加大工作力度，拉长长板、补齐短板，全力推进“十三五”新发展。

(二)“十三五”指导思想、主要目标和主要任务

“十三五”时期，政府工作的指导思想是：高举中国特色社会主义伟大旗帜，以马克思列宁主义、毛泽东思想、邓小平理论、“三个代表”重要思想、科学发展观为指导，深入贯彻落实习近平总书记系列重要讲话精神，围绕“两个一百年”奋斗目标和“四个全面”战略布局，坚持创新、协调、绿色、开放、共享五大发展理念，自觉实践“干在实处永无止境，走在前列要谋新篇”的新使命，把改革创新贯穿于经济社会发展全过程，着力提升发展、文化、生态、健康、平安五大品质，基本建成“现代化美丽上城”，确保继续走在省市发展前列。

未来五年，政府工作的主要目标是通过全区上下不懈努力，使上城：

——发展质效更高。经济保持稳健、可持续增长，地区生产总值年均增长7.5%左右，服务业增加值年均增长8.5%，社会消费品零售总额年均增长8%，财政总收入年均增长5%，一般公共预算收入年均增长5%，经济结构明显优化，现代产业体系基本形成。

——功能布局更优。大平台优势更加凸显，主导产业实现差异化集聚、均衡化发展。全社会固定资产投资五年累计达到300亿元。城市有机更新更加深入，现代化基础设施更加完善，精细化、智能化管理能力不断提高，城市国际化水平全面提升。

——治理水平更强。重点领域和关键环节的改革实现重大突破，政府服务更加规范、透明、高效、便民，发展环境显著改善。“平安上城”和“法治上城”建设取得新成效，“法治政府”基本建成。

——生态环境更美。生态文明建设体制机制逐步健全，人与自然协调发展。水环境功能区水质达标率达到90%，区域污水截污纳管率达到99%，城区绿地面积每年新增1万平方米。

——人民生活更好。民生投入进一步加大，社会保障更加精准完善，居民的富裕水平、舒适程度和幸福感明显提升。新增就业岗位10万个，力争保障性住房开工92万平方米，竣工46万平方米。

根据以上指导思想和主要目标，“十三五”时期，

政府工作的主要任务是:

完善高端引领的产业体系。紧紧抓住省市打造钱塘江金融港湾契机，大力推动金融服务业集聚发展。着力打造全国文化创意产业中心核心区,促进文化创意与现代高端产业融合发展。大力实施“一号工程”,积极推进智慧产业和信息经济发展。优化旅游产品结构,推动旅游产业国际化、全域化、品质化发展。运用“互联网+”思维,推进传统商业街区、专业市场转型发展。依托现有医疗资源优势，构建内涵丰富、结构合理的健康服务产业链。以科技工业基地和科创中心为平台,推动信息化和工业化深度融合。积极发展新兴服务业,做强做精楼宇(总部)经济,力争五年内每年每个街道新增1幢亿元楼。

构筑产城融合的空间格局。围绕打造具有上城特色的现代服务业生态圈，加快建设沿湖商贸旅游产业带、沿山“创意+金融”产业带、沿江“信息技术+金融+文创”产业带,积极打造健康服务业集聚区和“创客”集聚区。聚焦五大平台,着力构建时尚与经典完美结合的大湖滨商圈;大力发展基金小镇,力争管理资产规模超过1万亿元;加快望南、望北地块征迁建设,打造千亿级产值的望江智慧产业园;提升科技工业基地综合环境，打造杭州市工业4.0实践示范区;突出文化旅游特色,打造吴山宋韵小镇。

建设充满活力的创新型城区。全面深化国家可持续发展实验区和省级创新型城区建设，着力打造智慧上城。加快构建以企业为主体、市场为主导、产学研结合的技术创新体系，不断提高科技进步对经济发展的贡献率。贯彻落实杭州“人才新政”27条,深入实施人才计划和人才提升工程，着力建设金融人才管理改革试验区。建立完善国有资产运营管理平台,推动政企分开、政资分开。大力推进政府和社会资本合作,加快城市基础设施建设。

形成全方位开放格局。围绕2016年G20峰会和2022年杭州亚运会,全力做好环境综合整治、安保维稳等各项保障任务，全面展现上城历史文化与创新活力交相辉映的独特品质。加快打造国际化的生产生活环境,全面提高城区现代化、国际化水平。积极参与跨境电商综合试验区建设,提升贸易发展层次。主动对接“一带一路”和“长江经济带”战略,加大对外开放和区域合作力度。

打造韵味浓郁的人文古都。发挥历史文化名城核心区品牌影响力,提高文化领域国际化水平。加强资源整合和共建共享，提高公共文化设施的综合利用水平,健全现代公共文化服务体系。深入推进文物遗址、历史街区、历史建筑、工商业遗存等保护利用,着力引导非物质文化遗产与文化展示、休闲体验、创意产业的深度融合。不断完善政府购买基本公共文化服务机制，广泛吸引社会力量参与文化事业和文化产业。

建设绿色低碳的美丽城区。统筹生态环境建设,实施新一轮生态文明建设三年行动计划。深化“五水共治”,提高城区防洪排涝减灾能力,强化水环境综合治理,巩固“清三河”和“污水零直排”成果。深化“五气共治”,持续提升城区大气环境质量。深化“五废共治”，推进固废集约管理和再生资源回收利用。以节能减排为核心，严格落实污染物排放总量控制计划,完成省市下达的“十三五”减排目标。

共建幸福美好的品质城区。继续加大民生投入,推进社会保障提质扩面,促进公共服务均等化。深化“充分就业城区”和“创业型城区”建设,着力培育新的就业增长点,加大对就业困难人员的帮扶力度,动态消除“零就业家庭”。加快发展居家养老服务,调整优化机构养老,鼓励社会力量兴办各类养老机构。加快推进教育现代化,促进各类教育优质均衡发展。继续深化医药卫生体制改革,大力发展各类医疗机构。

建立和谐有序的治理体系。实施“七五”普法规划,健全普法教育机制,完善公共法律服务体系。完善行政决策程序，落实重大决策合法性审查和集体讨论决定制度。深化“四张清单一张网”建设,加快构建全区集中统一的网上政务服务大平台。完成全国社区治理和服务创新实验区创建。强化安全生产责任落实,提升安全生产监管能力,全面推进“平安上城”建设。

各位代表,蓝图已经绘就,目标催人奋进。让我们在市委、市政府和区委的坚强领导下,在区人大、区政协的监督支持下,凝聚全区人民的智慧和力量,抢抓机遇、只争朝夕,勇于担当、迎难奋进,全力保障G20峰会,为加快建设“现代化美丽上城”而努力奋斗!

上城区“十三五”时期经济社会发展规划(摘要)

指导思想

高举中国特色社会主义伟大旗帜，以马克思列宁主义、毛泽东思想、邓小平理论、“三个代表”重要思想、科学发展观为指导，深入贯彻落实习近平总书记系列重要讲话精神，围绕“两个一百年”奋斗目标和“四个全面”战略布局，坚持创新、协调、绿色、开放、共享五大发展理念，自觉实践“干在实处永无止境，走在前列要谋新篇”的新使命，把改革创新贯穿于经济社会发展全过程，着力提升发展、文化、生态、健康、平安五大品质，基本建成“现代化美丽上城”，确保继续走在省市发展前列。

发展原则

“十三五”时期，面对经济发展新常态，立足“有限空间、无限发展”理念，突出五大品质导向，以国际国内一流城市中心城区为标杆，在牢牢把握指导思想基础上，按照产城融合、优势集聚、借势借力、智慧引领、补齐短板、共治共享的基本要求，上城经济社会发展必须坚持“六大”发展原则，即坚持创新驱动，强化发展支撑；坚持深化改革，释放发展活力；坚持品质导向，推进产城融合；坚持包容和谐，增进民生福祉；坚持绿色发展，提升生态品质；坚持开放发展，促进合作共赢。

主要目标

1.发展质效更高。经济保持稳健、可持续增长，经济结构明显优化，地区生产总值年均增长7.5%左右、服务业增加值年均增长8.5%、社会消费品零售总额年均增长8%、财政总收入年均增长5%、一般公共预算收入年均增长5%。产业迈上中高端水平，信息化和服务业融合发展水平显著提高，现代产业体系基本形成。创业创新体制机制进一步完善，智慧城区和品牌消费集聚区建设走在全国前列。

2.功能布局更优。大平台优势更加凸显，主导产业实现差异化集聚、均衡化发展。固定资产投资五年累计达到300亿元。城市有机更新更加深入，现代化基础设施更加完善，精细化、智能化管理能力不断提高，综合承载能力明显增强。商业环境基本与国际接轨，主要服务功能接近国际一流城市中心城区水平，文化实力和国际化水平全面提升。

3.治理水平更强。重点领域和关键环节的改革实现重大突破，政府服务更加规范、透明、高效、便民，营商环境显著改善。“平安上城”和“法治上城”建设取得新成效，群众安全感继续保持全市前列，“法治政府”基本建成。民主自治进一步深化，基层社会治理体系更加完善，治理能力显著提升。

4.生态环境更美。生态文明理念深入人心，生态文明建设体制机制逐步健全。资源节约利用和循环利用体系初步建立，万元GDP综合电耗下降完成省市下达指标，水环境功能区水质达标率达到90%，区域污水截污纳管率达到99%，城区绿地面积每年新增1万平方米，资源节约型、环境友好型社会建设取得重大进展，人居环境达到国内领先水平。

5.人民生活更好。民生投入进一步加大、保障更加精准完善，生活配套设施特别是网络基础设施更加健全，养老、教育、卫生、文体设施标准化建设基本完成。就业质量稳步提升，公共服务均衡优质水平显著提高，居民的富裕水平、舒适程度和幸福感明显提升。“十三五”期间，新增就业岗位10万个，保障性住房开工92万平方米，竣工46万平方米。

具体措施

1.优先发展五大主导产业：集聚发展金融服务业，融合发展文化创意产业，大力发展信息技术产业，积极发展商贸旅游产业，加快发展健康服务产业。

2.积极发展两大新兴领域：大力发展智能装备制造，加快发展新兴服务业。

3.做强做精两大特色领域：提升发展楼宇(总部)经济，优化发展特色街区经济。

4.构建精致城市空间：优化上城空间结构，增强核心功能区服务能级,提高土地资源利用效率。

5.推进特色载体建设:聚焦大湖滨商圈、玉皇山南基金小镇、望江智慧产业园、科技工业基地、吴山宋韵小镇等5个重大平台,拓展各类产业园区。

6.深化城市有机更新:深化"三改一拆"专项行动,完善智慧化基础设施网络,实施一批重点项目。

7.建设充满活力的创新型城区:完善科技创新体系,加快推进"两区"建设,突出企业创新主体地位,推动产学研深度合作,大力发展众创空间;优化创新创业环境,加大人才培育和引进力度,深化科技金融创新,实施知识产权保护战略,深入推进依法行政,加快政府职能转变,提升政府治理水平。充分激发市场活力,深化国资国企改革,推进建设管理体制改革,激发社会资本活力,推进资源要素市场化改革。

8.形成全方位开放格局:优化城区国际发展环境,借力峰会提升国际化水平,营造宜居宜商环境;提升开放经济水平,提升招商引资质量,积极创新对外贸易方式,进一步实施"走出去"战略;推进区域合作与交流,深化区域合作范围和领域,加大对口协作和支援工作力度。

9.打造韵味浓郁的人文古都:着力打造浓郁特色文化品牌,践行社会主义核心价值观,打造具有上城特色的文化品牌;构建现代公共文化服务体系,完善公共文化设施体系,实施文体服务提质工程,创新公共文化服务方式,推进档案事业发展。加强历史文化遗产保护和利用:加大历史文化遗产保护力度,构建非物质文化遗产传承保护体系,推动文化遗产合理开发利用;深化文化领域体制改革,完善多元化公共文化服务供给机制,健全现代文化市场体系,鼓励促进文化体育消费。

10.建设绿色低碳的美丽城区:积极创建生态文明城区,提升城区绿化水平,加强生态环境保护;全力推进环境综合整治,抓好水环境和大气环境治理,抓好噪声治理和垃圾处置;着力构建低碳、循环产业体系,全面实行节能低碳减排行动,倡导绿色健康生活方式。

11.共建幸福美好的品质城区:完善就业服务体系,健全促进就业创业体制机制,强化就业公共服务工作,完善重点群体就业援助机制;完善社会保障体系,增强社会救助能力,构建新型社会福利体系;建设现代化教育强区,优化教育资源均衡分布,促进各类教育优质均衡发展,加快推进教育现代化建设;打造"健康上城",深化医疗卫生体制改革,完善公共卫生服务体系,健全社区卫生服务体系,深化智慧医疗体系建设,加强卫生人才建设。

12.建立和谐有序的治理体系:完善和创新社会治理体系,激发社会组织活力,积极推进"法治上城"建设,全面推进"平安上城"建设,深化"质量强区"建设;营造社区治理新生态,深化社区治理体制机制改革,推进"智慧社区"建设。

专 记

Special Records

领导调研（选录）

1 月 23 日，国家安监局党组成员、总工程师王浩水率国务院安委会第十六综合督察组对清波街道安全生产情况进行督查。督察组查看了银西百货商场监控室和燃气报警器，抽查了员工对消防设备的熟悉程度，询问了安全事故应急预案制定及演练情况，督查后肯定了清波街道的安全生产工作。

3 月 16 日，民政部副部长宫蒲光，民政部规划财务司司长徐立、副司长王敏等到上城区调研社区建设工作。省民政厅厅长尚清、副厅长俞志壮，副市长陈红英，市民政局局长邵胜、副局长杨建华，区委书记缪承潮、副区长宣寅等陪同调研。宫蒲光一行参观了钱学森航天科普馆、健身中心、图书阅览室、书画社等场馆，看望了仁爱家园的残障人员，仔细了解敬老院的运作模式，以及医护人员配备情况，并与老人们亲切握手交谈。随后，宫蒲光一行来到中国社区建设展示中心，听取基层社区治理和服务创新情况的介绍。宫蒲光对上羊市街社区创新社区管理的做法给予充分肯定，希望上城区再接再厉，继续探索社区建设新模式。

3 月 26 日，由科技部副部长曹健林带队，国家发改委、工信部、科技部、教育部、国家知识产权局、中科院等 12 个单位组成的杭州国家级高新区建设国家自主创新示范区联合调研组，对玉皇山南基金小镇建设工作进行调研。市长张鸿铭，省政府副秘书长孟刚、省科技厅厅长周国辉，副市长张耕，区委书记缪承潮、区长陈瑾等陪同调研。曹健林充分肯定上城区在促进杭州建设国家自主创新示范区方面所做的工作，强调要拉高标杆，明确战略定位，发挥“互联网+”等产业优势，努力在培育创新主体、推进开放式创新、加快生态体系建设等方面取得新突破，不断为全国打造可借鉴、可复制、可推广的经验。

同日，公安部党委委员、部长助理、国家禁毒办常务副主任刘跃进一行到清波街道调研指导社区戒毒（康复）工作。刘跃进一行听取街道采取“五位一体”管理模式和“四心工作法”开展戒毒（康复）工作的介绍，参观街道禁毒宣教室，了解社区戒毒（康复）上墙制度和禁毒社工工作情况，并翻阅禁毒工作台账，对该街道禁毒工作和社区戒毒（康复）管理工作表示赞赏。

4 月 11 日，中国科协第六届党组副书记、副主席，现任全国政协教科文卫体委员会副主任、中国自然博物馆协会理事长、清华大学博士生导师徐善衍，山西省科协副主席王德贵，清华大学科普研究中心负责人王永伟一行 3 人，到上城区调研基层科普公共服务建设工作。徐善衍听取区科协主席金燮彪有关科普公共服务能力提升情况的介绍，参观了钱学森航天科普馆。考察组充分肯定上城区推进基层科普公共服务能力建设所做的工作。

4 月 14 日，民政部社会工作司司长王金华一行调研上城区社区工作。省民政厅有关部门负责人、市民政局局长邵胜等陪同调研。调研组先后考察小营街道红巷生活广场和中国社区建设展示中心，并召开座谈会听取工作汇报。王金华充分肯定上城区社区工作取得的成绩，同时提出要健全社区工作者招考制度，提升社区工作者的专业化、职业化水平，引领全国社区工作。

5月4日，第十、十一届全国人大常委会副委员长路甬祥在上城区市级非物质文化遗产（简称“非遗”）代表性名录浣花斋古画(籍)修复及墨拓技艺传承人赵军陪同下，观看浣花斋墨拓(全形拓)技艺展示全过程。路甬祥一边观看，一边听取赵军关于浣花斋古画（籍）修复及墨拓技艺保护和利用工作的汇报，并在演示台前体验墨拓技艺。路甬祥强调杭州浣花斋墨拓技艺历史悠久，具有一定的民族文化代表性，要抱着尊重历史、尊重文化的态度，保护和传承好这项非物质文化遗产。

5月9~10日，中国艺术研究院院长、中国非物质文化遗产保护中心主任王文章，文化部非物质文化遗产司司长马文辉一行到河坊街朱家江南铜屋博物馆考察，中国工艺美术大师、国家级非物质文化遗产代表性传承人朱炳仁陪同考察。王文章高度评价朱炳仁的铜文化传承创新之路，以及为国家非物质文化遗产传承和保护工作所做的努力，并认为上城区传承和发展国家“非遗”的经验值得学习和借鉴。

5月26日，中组部老干部局副局长赵庆一行调研上城区老干部工作。调研组一行参观湖滨街道青年路社区常青藤圆梦园“湛青学习工作室”，随后召开座谈会，听取老干部代表湛青、宗景盛发言。调研组对该街道依托社区服务平台和社会力量服务老干部和辖区居民的做法表示肯定，指出上城区老干部工作体现了中共十八届四中全会提出的社会治理现代化的要求，值得学习和借鉴。

6月25日，环境保护部部长陈吉宁、副省长熊建平、市长张鸿铭，到南星街道水澄桥社区考察低碳生活馆。区委书记缪承潮、区长陈瑾等陪同。陈吉宁一行听取低碳生活馆场馆运行、社会组织建设等情况的汇报，并观看垃圾分类小游戏、青少年利用废旧可乐瓶和旧袜子等材料制作笔筒的过程，了解社区青少年参与环保事业的情况。在水质监测实验室，与民间环保公益组织“艾绿活动发展中心”的工作人员进行交流，询问志愿者人数、资金补助等情况，对场馆引进社会组织及环保工作走群众路线的做法表示认可。陈吉宁强调，建设生态文明关系人民福祉，关乎民族未来，要继续做好基层环保工作，整合社会各方资源，积极引导居民生活行为和消费模式的低碳化。

7月2日，全国双拥工作领导小组副组长、民政部副部长窦玉沛率领双拥工作督导组对清波街道双拥工作进行督查指导。督导组参观了清波街道两个双拥示范点，观看了清波街道双拥工作纪实片。随后召开座谈会，听取区长陈瑾关于上城区开展双拥工作情况汇报。窦玉沛肯定上城区和清波街道为部队建设所做的贡献，希望上城区拓展和完善基层双拥工作，将成熟经验制度化、创新化，为全国其他城区的双拥工作提供样板。

7月6日，中国科协调研组到上城区调研社区科普大学信息化工作。调研组对上城区创新机制、提升科普公共服务能力给予肯定，认为上城区科普信息化工作很有特色，对中国科协制定科普“十三五”规划有借鉴意义。

7月26日，民进中央副主席、全国教育学会副会长、新教育创始人朱永新在区教育局局长项海刚陪同下调研杭州市时代小学，就学校深化课程改革等问题进行指导。朱永新听取学校课程规划方案及基于核心素养深化课程改革的说明，结合新教育的课程设计理念，介绍了从“真善美”的角度来架构课程和新教育的十大行动（营造书香校园、师生共写随笔、聆听窗外声音、培养卓越口才、构建理想课堂、建设数码社区、推进每月一事、缔造完美教室、研发卓越课程、家校合作共建），强调全社会都要重视阅读的力量和家庭教育的作用。

9月7日，中央财经领导小组办公室主任刘鹤、副主任舒国增到玉皇山南基金小镇调研。刘鹤一行先后走访基金小镇内的杭州凯泰投资管理有限公司与浙江敦和资产管理有限公司，了解私募股权管理与私募基金经营，以及基金小镇金融企业集聚、金融创新等情况。随后召开座谈会，刘鹤对基金小镇取得的成绩予以充分肯定，并表示浙江特色小镇建设是在经济发展新常态下进行的有益探索，是浙江“敢为人先、特别能创业”精神的又一次体现。特色小镇建设刚起步，需要不断总结经验，以更好地推进小镇建设。

9月8日，中央国家机关工委常务副书记李智勇、副书记段余应到上城区调研文化建设和组织建设工作。李智勇一行到中国社区建设展示中心察看了居民委员会发展厅、社区建设发展厅、社区建设史料藏馆、全国社区社会组织成果展示厅、“左邻右舍”社区治理创新园、“三社生态园”6个展馆的布展情况。随后到“小营·江南红巷”考察中共杭州小组纪念馆、钱学森故居和毛主席视察小营巷纪念馆，并到小营巷社区考察。小营巷社区首创“三行动三共享”区域化大党建工作模式、注重党员自身建设、实行党建工作考核的做法得到调研组肯定。

9月9日，中央巡视工作领导小组成员黎晓宏、副省长朱从玖到上城区调研玉皇山南基金小镇建设情况，区委书记缪承潮等陪同调研。黎晓宏一行走访入驻基金小镇的杭州凯泰投资管理有限公司、浙江敦和资产管理有限公司，了解企业办公条件、运作管理、未来发展等情况，并与企业负责人交流私募股权投资管理等问题。随后召开座谈会，听取各方面意见。黎晓宏对玉皇山南基金小镇取得的成绩给予肯定，强调基金小镇建设不能急于求成，建设起点要高，政府要做好协调对接工作和配套服务，精准发力，全力打造市场化的运作机制。

9月28日，司法部党组书记、部长吴爱英到清波司法所调研并指导工作。省司法厅党委书记、厅长赵光君，市司法局党委书记、局长吴声华，区委副书记、区长陈瑾等陪同调研。吴爱英一行实地察看清波司法所按照“五星级”标准打造的各功能区域的布局和设置，详细询问律师进社区、社区矫正、人民调解、法律援助、安置帮教、普法宣传等工作的开展情况，并召开座谈会。吴爱英指出，上城区委、区政府重视司法行政工作，在人、财、物等方面提供保障，各项工作全面开展，在全国范围内达到一流标准，要不断总结好的经验做法，继续推陈出新、争先创优。

10月30日，由国家质检总局特种设备安全监察局牵头，国家安监总局、国家工商总局等部门参加的国务院安委办督查调研组对上城区电梯安全工作进行督查调研。调研组听取上城区关于电梯安全工作情况的汇报，查阅相关资料，走访建国南苑19楼，在肯定成绩的同时，提出加大老旧小区电梯改造维修更新力度，全面完成电梯监管大会战工作的要求。

11月8日，团中央少年部部长徐鹭、中国少先队事业发展中心副主任赵继新一行7人，在团省委副书记朱斌、团市委副书记马利阳等陪同下，到小营巷社区青少年俱乐部调研上城校外少先队建设工作。区校外少先队总辅导员吴丹娜向团中央调研组介绍上城区社区少先队的组织建制、特色活动、特色文化等情况。徐鹭对上城区校外少先队的软硬件建设工作给予肯定。

11月19日，全国精神卫生综合管理试点工作小组专家王向群一行在副区长马彦等陪同下，到上城区指导精神卫生试点工作。专家对上城区精神卫生工作的服务管理体系、财政保障体系、“五专”管理制度给予肯定。

12月11日，民政部基层政权和社区建设司副司长刘勇到上羊市街社区“左邻右舍”社区治理创新园进行考察调研。刘勇参观了中国社区建设展示中心，听取该中心关于社区建设和社会组织建设的情况介绍。在“左邻右舍”社区治理创新园，刘勇察看了“邻里和合服务”“邻里和合舞台”“邻里和合天地”“邻里和合学苑”“邻里和合食堂”五大功能区块，详细了解功能区块的作用及活动开展情况。刘勇充分肯定上城区的社会组织公益服务活动。

12月28日，全国老龄办副主任朱耀垠一行实地考察小营街道红巷生活广场，省老龄工办副主任周世平、市老龄工办副主任杨影、副区长叶榕等陪同考察。朱耀垠一行走访红巷生活广场内的智慧养老服务信息中心、红巷长青颐养园、小乐胃老年食堂等场所，听取上城区在创建老年友好城市、老年宜居社区、敬老文明号和养老服务体系建设等方面的情况介绍，对上城区老龄工作给予积极评价。

（年鉴编辑部）

杭州市委常委会议专题研究上城区工作

2015年8月3日，杭州市委常委（扩大）会议专题研究上城区工作，省委常委、市委书记龚正主持会议并讲话。市委副书记、市长张鸿铭，市委副书记杨戌标及其他市委常委出席会议。市人大常委会主任王金财、市政协主席叶明等领导列席会议。会议强调，上城区是杭州最“小”和最“老”的城区，是杭州的“客厅”和“窗口”，地位特殊、作用重要。要围绕如何发挥优势和补齐"短板",坚持改革和创新"两轮"驱动,贯彻从严从实要求,着力推动小城区大发展、老城区创新业,努力走出一条具有自身特色的科学发展之路,为杭州实现"两个确保"、成为"美丽中国建设的样本"做出新的独特贡献。

会前,与会人员实地考察五柳巷历史文化街区、望江智慧产业园、玉皇山南基金小镇、湖滨国际名品街和近江印铁制罐厂安置房项目。会上,听取上城区发展情况汇报,对上城区工作进行研究。会议认为,近年来,上城区贯彻落实中央和省、市决策部署,既坚持一张蓝图干到底,又注重与时俱进抓创新,思路清、特色明、作风实、成效好,许多工作走在全市乃至全省全国前列。今后一个时期,上城区要以学习贯彻习近平总书记在浙江考察时的重要讲话精神为动力,自觉肩负起"干在实处永无止境,走在前列要谋新篇"的新使命,坚定目标不动摇、改革创新不停步,努力实现更大发展、做出更大贡献。

会议强调,当前上城区要落实好"六个一"举措,全面完成全年目标任务,为全市年内加入"万亿元GDP俱乐部"作出应有贡献。从长远看,要结合"十三五"规划编制,进一步处理好保护与发展、传承与创新、精致和谐与大气开放的关系,做好小中见大、老中出新、快中提质文章,率先走出一条"绿水青山就是金山银山""保护文物和发展生产两不误"的新路子,实现"有限空间、无限发展",加快建设国际水准的高品质中心城区。要以"一号工程"为突破口,进一步做好智慧应用文章,加快构建具有上城特色的现代产业体系。进一步以改革的思路和办法做好文化遗产保护、社会治理、民生改善等工作,破解发展中的瓶颈和难点问题,打开发展新通道、开辟发展新天地。要坚持高标准、严要求,深入开展"三严三实"专题教育和"三不"专项整治,认真落实市委"双基十条",从严抓好党风廉政和干部队伍建设,推动各级党员干部敢担当、能担当、善担当,为经济社会发展提供坚强有力的保障。市委、市政府将一如既往地关心支持上城区发展,市级部门要把帮助上城区发展作为义不容辞的责任,共同把上城区建设好、发展好。

(年鉴编辑部)

"三严三实"专题教育

【概况】 2015年,根据市委统一部署,上城区在全区区管及以上干部中开展"三严三实"专题教育。5月20日,印发《"三严三实"专题教育实施方案》,明确教育活动的组织领导、目标任务和方法步骤。专题教育实行区、街道、社区三级联动。区委常委会以上率下,带头做好上党课、专题研讨等"规定动作"。围绕学习贯彻习近平总书记系列重要讲话精神,运用个人自学、集体共学、案例活学、基层走学等方式,提升党员干部的学习力、服务力、引领力。强化问题导向、效果导向,把正风肃纪、边学边改、严格整改、立规执纪贯穿专题教育始终,梳理问题清单、整改清单、制度清单、底线清单4张清单,以钉钉子精神即查即改。把加快"现代化美丽上城"建设作为"三严三实"专题教育的出发点和落脚点,为提升发展、文化、生态、健康、平安五大品质提供坚强组织保证。

【"三严三实"专题党课】 5月20日,区委书记缪承潮带头以"践行'三严三实',建设'现代化美丽上城'"为题,给全区363名区管干部上党课,作出示范引领。缪承潮强调开展"三严三实"专题教育的重要性,列举7种不严不实的具体表现和严重危害,提出落实"三严三实"要求的具体举措。专题党课拉开全区"三严三实"专题教育的序幕。区直各单位党(工)委、党组书记也相继以上党课的形式启动本单位的"三严三实"专题教育,紧密联系本单位党员干部思想、工作、生活和作风实际,提出专题教育的具体要求。其他区管以上党员干部则在分管联系的单位、挂包结对社区和其他联系服务单位上党课。

【专题研讨】 上城区各单位结合各级理论中心组学习和党组织"三会一课",深入学习习近平总书记系列重要讲话精神,学习党章和党的纪律规定。学习内容包括《习近平谈治国理政》《习近平关于党风廉政建设和反腐败斗争论述摘编》《之江新语》等。组织全区300余名区管干部参加党章党规党纪集中轮训,并进行党章党规党纪知识百题测试。结合专题学习,举办“吴山大讲堂”“湖滨论坛”专题辅导12次。组织区管干部观看《领导干部违纪违法典型案例警示录》,参观浙江省法纪教育基地。以“光辉岁月”为主题,把寻访到的48名老革命、老干部、老党员事迹汇编成《“三严三实”百案百法》。重点分3个阶段开展“当好思想上的领路人、政治上的明白人、创业上的带头人”的“三种人”专题研讨。

资料 **“三会一课”**:指支部党员大会、支部委员会、党小组会和党课。

【认真查摆问题】 上城区“三严三实”专题教育坚持问题导向,认真查找差距和不足。区四套班子查摆问题60条,个人梳理问题252条。各单位对照“严以修身、严以用权、严以律己、谋事要实、创业要实、做人要实”的要求,梳理本单位存在的“不严不实”具体问题522条。区管干部按照修身、用权、律己、谋事、创业、做人6个方面梳理“不严不实”问题2157条。各级党员干部在梳理分析问题的基础上,提出1533条整改措施并明确整改时限。深入开展以区领导“领衔破难”、区管干部“领办项目”、普通党员“引领岗位”为主题的“三领”活动,推动专题教育活动查摆问题的解决。至年末,问题整改完成率95%。坚持思想建党与制度建党相结合,探索建立践行“三严三实”的制度机制,区委常委会针对查摆问题制定15项长效措施,确保专题教育不虚不空,不走过场。

【广泛征求意见】 专题教育期间,各单位采取发放征求意见表、召开座谈会、上门走访等形式,广泛征求党组织、党员群众和党代表等各方面的意见,共征集意见建议1211条,其中区四套班子征求到意见建议67条。区级党员领导干部普遍进行2轮以上谈心交心,每人每次时间不少于半小时,将听取的意见建议充分吸收到个人对照检查材料中,并提出切实可行的整改措施;各单位按照“三必谈+约谈”要求,开展主要领导与班子每个成员及区管干部必谈,班子成员与区管干部之间必谈,班子成员及区管干部与分管单位负责人之间必谈,充分交换意见。全区上下认真开展批评与自我批评,指出具体问题,提出改进建议,达到相互教育、相互警醒的目的。全区各级领导班子和党员领导干部提出批评意见1001条,自我批评1811条,其中12名区委常委互相提出批评意见32条。

【完善制度机制】 上城区推进“四单一网”改革,制定政府部门职责管理办法,开展街道权力清单编制。先后承接省市下放审批服务事项85项,清理非行政许可审批事项13项,222项行政许可事项在浙江政务服务网(上城平台)运行,着力构建权界清晰、分工合理、权责一致、运转高效的政府职能体系。推进跨部门、跨领域综合行政执法改革,区综合行政执法局挂牌。优化建设项目审批流程,提高G20杭州峰会重点项目审批效率。深化商事登记制度改革,在主城区率先推行“五证合一”联办,实行“一照一码”制度。持续推进政府管理与公共服务标准化工作,街道行政管理与公共服务综合标准化试点项目通过中期验收。

资料 **“四单一网”**:政府权力清单、部门责任清单、企业投资项目负面清单、财政专项资金管理清单,建设并开通集行政审批、政务公开和便民服务于一体的浙江政务服务网。

“五证合一、一照一码”:由工商、质监、税务、人力社保、统计5个部门分别核发的证照,改为由工商行政管理部门核发加载法人和其他组织统一社会信用代码的营业执照,组织机构代码证、税务登记证、社会保险登记证、统计登记证不再发放。

【加强监督问责】 上城区健全完善区管干部个人实绩记录研判系统,通过下达“任务书、项目表、路线图、进程线、绩效单”,对全区重点工作逐层细化分解、每月跟踪,再运用“月评、季析、年判”模式对工作进行分析研判,切实考准考实领导干部实绩。该系统全年记录研判各类任务书180类,其中重点工作项目756项、各单位自身工作项目368项。坚持“凭实绩论英雄、以德才用干部”,对敢于担当、实绩突出的干部大胆提拔使用,对“为官不为”、慵懒拖沓的干部实施问责,进行诫勉谈话和采取“下”的措施。全年调整区管领导班子33个,新提拔区管领导干部24人、交流32人,批评教育10人、诫勉5人、暂缓提拔1人。

【严格立规执纪】 上城区紧盯重点问题和重点时节，强化立规执纪，持续释放越往后执纪越严的强烈信号。开展落实中央八项规定精神情况专项督查，发现问题25个，发放督查建议书25份。制定《关于在推进重大项目重点工程中进一步规范党员干部行为的意见》，建立信息互通、问题抄报等机制，加强对"不担当、不作为、不落实"问题整治的督查。通过分级监督、靠前督查、约谈问责等措施，加强对G20杭州峰会项目的督查保障，确保峰会项目廉洁、高效推进。开展以"五水共治"为主题的"公述民评"现场问政活动，收到问题建议30余条，发放反馈函10份。加大作风效能督查问责力度，全年开展明察暗访176次，发放作风效能督查通知单17份，问责38人次，其中告诫10人次，通报24次。 （毛静波）

纪念抗日战争胜利70周年

【概况】 2015年是抗日战争胜利70周年，上城区组织开展一系列纪念活动，旨在让抗战精神薪火相传。组织全区党员干部和各界群众实地参观反映抗日战争主题的爱国主义教育基地、纪念馆和遗址设施等，观看抗日战争图片，聆听抗日战争故事。全年毛主席视察小营巷纪念馆接待群众1.5万人次。完成郁达夫故居修缮布展，将其作为爱国主义教育基地及中小学生第二课堂重新对外开放。组织干部群众特别是青少年到革命烈士陵园、抗日战争纪念地瞻仰革命先烈遗物。开展"9·30"烈士纪念日系列活动，缅怀革命先烈，弘扬爱国主义精神。《上城报》、上城网、上城视频、"上城发布" 等媒体平台集中刊发纪念抗日战争胜利70周年报道、文章，其中《上城报》围绕"抗战胜利与民族精神"主题，刊出专版2期、专栏1个，刊登文章5篇。上城网刊登纪念抗日战争胜利文章32篇。

【纪念抗日战争胜利70周年文艺活动】 8月，上城区组织开展红色影片进机关、进社区、进企业、进学校活动，巡回放映以抗日战争为主题的优秀影片。组织全区中小学生开展以"铭记历史，圆梦中华"为主题的爱国主义教育活动和以"勿忘国耻，圆梦中华"为主题的班队会活动，引导学生进行爱国主义和革命传统教育。8月28日，举办纪念中国人民抗日战争暨世界反法西斯战争胜利70周年歌咏活动暨第三届群众合唱节，以合唱、舞蹈、诗朗诵等形式，再现中华民族抵抗外来侵略并取得全面胜利的历史。 （沈伟霞）

【《见证——上城区抗日战争遗址特辑》编纂完成】 为铭记历史、缅怀先烈、珍视和平、警示未来，上城区委党史研究室、上城区地方志编纂委员会办公室于8月初着手编纂《见证——上城区抗日战争遗址特辑》。在社会各界人士协助下，于9月编纂完成该书。该书通过考证、挖掘、收录大韩民国临时政府杭州旧址纪念馆、淞沪战役国军第八十八师阵亡将士纪念碑等16处抗日战争遗址，用文字和图片真实再现日军侵略杭州的罪恶历史。该书附载的"抗日烽火中的湖滨"资料，通过老照片，重现湖滨地区在日军铁蹄下遭受的沉重战乱灾难。上城区有关领导表示，有效保护好、忠实传承好、合理利用好抗日战争遗址，可以让历史历历在目，让抗日战争精神代代相传。

（高明明）

"三社联动"服务机制

【概况】 上城区大力培育和发展社区社会组织，通过建设枢纽型社会组织网络培养人才队伍等途径，构建社区治理"三社联动"(社区、社会组织和社会工作联动)模式，即以社会需求为导向服务社会组织成长，以社会力量整合促进社会组织发展，以社会组织发展支持基层社区治理创新，实现社区社会组织与优质公益服务项目共同发展、示范工程引领社区社会组织可持续发展、社区社会组织服务社区的效能提升、居民参与为社区社会组织发展注入活力等目标。通过创新社区社会组织成长的路径和社区公众参与的机制，催生社区多元复合的治理机制。1月23日，在第三届中国社会创新奖选拔暨颁奖大会上，上城区"服务社区社会组织成长的'三社联动'模式"项目入选中国社会创新奖"优胜奖"(中国社会创新奖的前十名为"优胜奖")，上城区成为全省唯一一个进入10强的单位。4月16日，上城区"社区需求发现助推社区社会组织成长"项目入选民政部"2014年度中国社区治理十大创新成果"，其做法被中央电视台、《新华每日电讯》、人民网、光明网、《浙江省委党校校报》等报道和刊登。

【健全政社互动机制】 上城区创新财政投入方式，合理配置“三社”发展经费，开展政府购买服务和公益创投，明确政府向社会力量购买服务目录，加快政府职能转变。提升智慧服务手段，整合“平安365”“民情E点通”等平台提供的信息化资源，实现政社信息兼容和共享。实施政府与“三社”之间的双向评价机制，将政府工作绩效与居民满意度、社会组织服务质量和社会工作发展等挂钩，建立良性的政社合作关系。

【公共复合空间打造】 上城区投入4000多万元，建成红巷生活广场、“左邻右舍” 社区治理创新园、“湖滨家园”等功能设置多元、场馆布局合理、出行环境便利的社区公共服务空间。“左邻右舍”社区治理创新园集聚邻里值班室、一站式公共服务站、“邻里天地”、公益创客空间等创新实体，实现“三社”的互联互通。

【多元孵化载体设立】 上城区成立社会组织发展基金会，由财政拨付500万元专项资金，建立常态化的资助机制。以居民需求为导向，设立We创客计划、好邻居基金、社区伙伴计划、社会工作发展计划等孵化载体，定向培育社区社会组织和专业社工人才，实现品牌引领、品质服务的目标。 （沈　洁）

上城区“十二五”时期发展成就

【概况】 “十二五”期间（指2011~2015年，下同），上城区以科学发展观为统领，深入实施“五五战略”，坚定不移地提升“发展、文化、生态、健康、平安”五大品质，经济社会协调发展，综合实力显著增强，重点领域改革全面推进，发展环境进一步改善，居民生活品质显著提高，“现代化美丽上城”建设迈上新台阶。2015年，全区实现地区生产总值861.02亿元，“十二五”时期年均增长10.3%；服务业增加值495.46亿元，年均增长11.2%；社会消费品零售总额341.81亿元，年均增长16.1%；固定资产投资88.58亿元，5年累计投资345亿元；实际利用外资2.5亿美元，累计利用外资9.9亿美元；财政总收入107.15亿元，地方财政收入66.46亿元，年均分别增长6%和5.8%；保障性住房开、竣工分别为89万平方米、130.3万平方米。

【现代产业体系构建】 2015年，上城区以信息化和信息产业为导向，加快构建现代产业体系，转型升级取得明显成效。全年五大主导产业实现地方财政收入29亿元，占地方财政总收入的43.6%，五大主导产业财政收入比“十一五”期末增长7.3%。坚持产城融合、产业融合，大力提升服务功能，着力打造“123+1”具有国际水准的产业发展大平台。湖滨二期、四期和工联精品城相继亮相。浙江敦和资产管理有限公司、浙江赛伯乐投资管理有限公司等企业相继落户上城，全年玉皇山南基金小镇管理资产规模超过2000亿元。以思科（中国）总部落户上城为契机，望江智慧产业园加快“一核两区三街”建设，努力构建总产值超1千亿元的智慧产业集群。科技工业基地加快“二次创业”，实现税收4.3亿元。

【创新型城区建设】 上城区统筹推进海内外领军型人才创新创业计划、人才提升工程等重点人才工作。加快高端人才引进，5年累计引进各类人才3万余人，其中诺贝尔奖得主1人。坚持创新引领，推进创新型城区建设。市物联网科技创新服务平台等科技平台建设进展顺利，“十二五” 期间新增发明专利授权量541件。“十二五”期末，全区拥有国家级高新技术企业59个、省级创新型试点企业4个、市级创新型试点企业15个、区级创新型试点企业23个，科技进步对经济发展的贡献率58.5%。上城区成为全国科技进步考核先进区，被列为国家可持续发展实验区、浙江省首批创新型试点城区。

【体制机制完善】 上城区深入贯彻落实 “上改六条”，加强国有资产管理，推进建设体制调整。组建上投集团、清河坊公司、望海潮公司3个国有企业，健全国有企业监管机制，开展区属国有房产确权。规范指挥部人员管理，完善房屋征收实施机制。推进“信用上城”建设，初步形成社会法人守信激励失信惩戒管理机制。深化“四张清单一张网”改革，开展街道权力清单编制工作，实现权力清单、责任清单“两单”制度全覆盖。“十二五”期间,全区减少权力事项3305项,行政审批更加高效、政府管理更加规范。

资料 **“上改六条”**:上城区推出六条改革措施,指经济、文化、生态、民生、社会领域体制机制改革,以及党委、政府自身体制机制改革。

【城区品质形象提高】 上城区持续推动城区有机更新,优化提升湖滨、玉皇山南等重要区域形象品质。大力推进征地拆迁,5年累计完成征迁7115户,重点项目建设开工297万平方米,竣工294万平方米,望江新城初具规模。发布全国第一个“智能城管”系统,“智慧城管”获中国城市管理进步奖。创新打造清洁直运“互联网+”模式,上城区成为全市首个清洁直运体制创新挂牌城区。推进生活垃圾分类工作和“无违建区”创建。实施生态文明建设和“现代化美丽上城”建设三年行动计划,“清水治污”“四边三化”和“无燃煤区”创建等专项行动深入开展,垃圾分类、低碳生活、“绿色社区”创建等环保主题活动继续深化,在全市率先实现河道污水“零直排”,成功创建省“清三河”达标区。

资料 **“四边三化”**:指在公路边、铁路边、山边、河边区域开展洁化、绿化、美化行动。

【民生保障优化】 上城区创新推出“一化四网”社会管理服务模式、“平安365”社会服务管理平台,推进社会组织参与社会治理和公共服务,“三社联动”模式获中国社会创新奖优胜奖、社区发展奖。推广“湖滨晴雨”工作室经验,开展“民情半月谈”活动。深入推进“平安上城”建设,实现省平安区十连创。推进“智慧政务”建设,政府管理与公共服务标准化项目获第七届中国地方政府创新奖。加大对民生事业投入,“十二五”期间,民生事业投入81.6亿元,构建覆盖常住人口的公共服务体系。全区新增就业岗位14万个,全面完成社会保险扩面任务。推进基础教育均衡发展,成功创建首批省教育基本现代化区,“管办助评”经验被教育部评为义务教育均衡优秀案例在全国交流和推广。打造“15分钟社区养老服务步行生活圈”,实现社区居家养老服务照料中心全覆盖。

(魏建军)

玉皇山南基金小镇

“123+2”平台建设

“123+2”Platform Construction

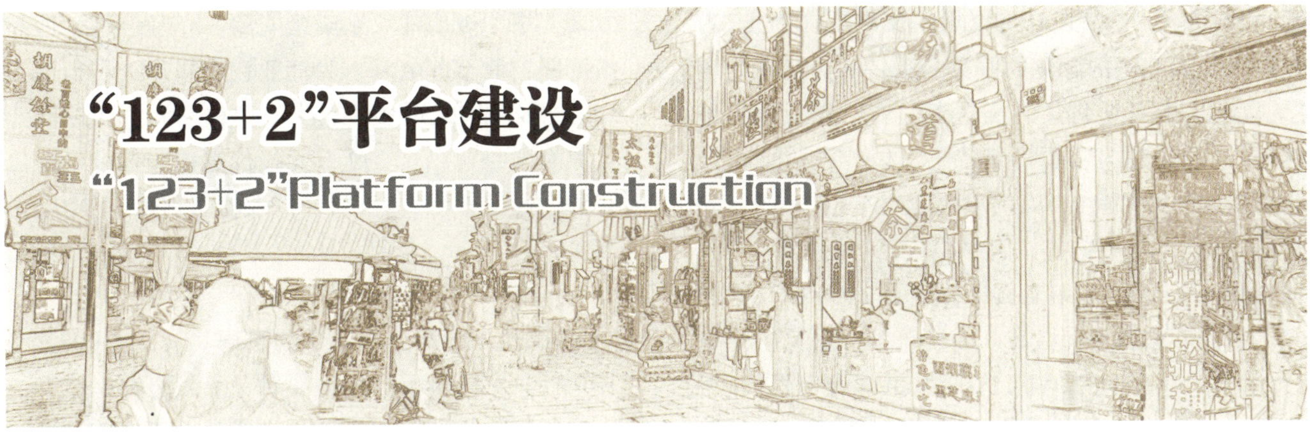

湖滨商圈

【概况】 上城区把湖滨作为西湖的“门厅”、杭州的“会客厅”，作为打造“现代化美丽上城”的样本，推进湖滨商圈周边环境整治，对湖滨商圈遗留的危旧房逐个整治改造，对修缮难度大的项目“一对一”跟踪妥善处理。对老宅、历史建筑采取修旧如旧、有机更新，重视挖掘历史文脉。先后引进西湖苹果旗舰店、湖滨 LV 旗舰店等高品质商贸企业和国际一线品牌，提升特色商圈人气。湖滨商圈产业融合发展步伐加快。湖滨龙翔里移交回迁商铺 38 套，建筑面积 5467.7 平方米。街区强化管理服务工作，助力商家做大特色休闲、餐饮娱乐、时尚文化业态，举办“我们聚合湖滨欢乐 go、购、购”等主题活动。与辖区 221 个单位签订安全生产目标责任书，开展安全检查，发现隐患 183 处，督促限期完成整改。推进招商引资，2015 年引进内资 1.5 亿元、外资 100 万美元。湖滨、南山路两大街区实现税收 2.9 亿元，吸引游客 1035.98 万人次。其中湖滨旅游商贸街区税收 1.93 亿元，接待游客 663.27 万人次。

【龚正考察大湖滨商圈】 8 月 3 日，省委常委、市委书记龚正考察湖滨国际名品街，听取大湖滨商圈建设情况汇报。区委书记缪承潮、区长陈瑾陪同考察。大湖滨商圈经过多年打造，逐步成为交通发达、设施齐全、产业丰富、百货林立的商业服务业聚合地，成为上城区乃至杭州市打造 RBD（休闲商务区）的中心区域。

【西湖苹果旗舰店开业】 1 月 24 日，西湖苹果旗舰店开张试营业。苹果旗舰店位于延安路商圈黄金地段，靠近地铁 1 号线龙翔桥站出站口，是杭州首家苹果旗舰店、中国第 14 家苹果直营店，开业当日客流量超过 7000 人次。西湖苹果旗舰店入驻湖滨商圈，进一步丰富商圈业态布局，有效带动商圈转型升级。

【湖滨 LV 旗舰店开业】 7 月 31 日，湖滨国际名品街 LV 旗舰店开业。湖滨 LV 旗舰店占地约 800 平方

7 月 31 日，湖滨国际名品街 LV 旗舰店开业　　（湖滨指挥部　供稿）

米，是杭州第四家旗舰店，以展销皮具配饰为主，为杭州消费者提供国际化的服务和独特的商品。湖滨LV旗舰店的开业将加快推进湖滨地区成为以旅游休闲、高档购物为主要消费特色，体现高端化、国际化发展方向的时尚经典消费集中地。

【参加浙江(江西)旅游交易会】 4月10~12日，浙江省（江西）旅游交易会在江西南昌国际展览中心举行，旅游交易会以“共享高铁机遇，共谋合作发展”为主题。湖滨管委会组团参加，其间围绕“吃、住、行、游、购、乐”六要素，开展多种形式的旅游推介。

【“有眼市集”活动】 7月25~26日，上城区湖滨银泰in77B区举行“有眼市集”活动。该活动是省内最具影响力、国内最早涉足O2O线上线下联动模式的复古创意市集，为独立设计师、青年艺术家等提供开放多元的展示交流和创作平台。活动吸引众多艺术爱好者到现场体验。

【西湖电影院和中华饭店地块出让】 7月30日，湖滨地区西湖电影院地块和中华饭店地块一起成功出让。西湖电影院地块位于东坡路和平海路交叉口，占地面积4082平方米。经过37轮竞价，由杭州新龙翔商业有限公司以64693万元价格竞得，折合楼面价48024元/平方米，地块配建商业安置保障房2250平方米。中华饭店地块东至延安路，南至解放路，西至湖滨路，北至邮电路，为商业设施用地，占地面积5007平方米，经过48轮竞价，由杭州湖滨环球商业发展有限公司以57239万元报价竞得，折合楼面价40538元/平方米，地块配建商业安置保障房3100平方米。

【第二届西湖国际少儿文化创意周】 7月31日至8月9日，由杭州丽智公关策划有限公司发起的第二届西湖国际少儿文化创意周在湖滨银泰in77举行。创意周活动包括以“公益环保、文化创意”为主题的各种艺术展览、少儿文艺表演、创意互动、国际文化交流、慈善义卖等线上现场互动项目，通过奇思妙想的创意活动，让少儿朋友增长学识，感受多元文化，发掘创意潜能。

【“尚小创”文创市集开市】 8月14日，上城区在湖滨商圈凯悦酒店艺术长廊举行“尚小创”文创市集开市仪式。“尚小创”文创市集由区委组织部、团区委、区文创办联合打造，以青年创意市集为主要载体，融空间、资本、人才为一体，旨在为青年提供就业创业的新平台。“尚小创”文创市集开市后，实行一系列品牌化举措；参加杭州国际设计周、杭州电子博览会等活动，主动接轨国家、省、市的展会平台；开辟上城区青年创意大街，大街以“定期+流动”的市集模式，为文创青年提供低成本、“零风险”、全要素、开放式的市场空间。

8月14日，“尚小创”文创市集开市　　（湖滨指挥部　供稿）

【杭州第二届灯光秀开幕】 10月16~25日，以“城市剪影”为主题的杭州第二届灯光秀在湖滨路举行。灯光秀邀请中央美术学院建筑学院副教授、《照明设计》主编何崴及照明艺术家、纯粹照明设计创始人王小冬联合策划。作品结合灯光和工业设计，以富有创意的形式和材料、强烈的视觉冲击力和艺术感，反映城市发展面貌，表现现代城市文化。

【“湖滨美食·舌尖艺术”活动】 11月18日，由区商务局、区风景旅游局、湖滨街道主办的第四届"湖滨美食·舌尖艺术"活动在仁和饭店户外花园举行。活动通过厨艺表演、现场互动、美食展示，让美食更加亲民，助推杭州建设"购物天堂、美食之都"。参与活动的餐饮店有知味观、杭州酒家、山葵家等16个，均来自湖滨商圈。厨艺表演现场展示的各种绝活，体现饮食文化与时尚潮流的完美融合，为消费者呈现舌尖盛宴。经现场观众品尝和投票，知味观美食获第一名。（洪斯斯）

2015年湖滨银泰in77主要活动

表1

序号	主题活动	活动时间
1	love in 2015	2月14日
2	红秀GRAZIA·in77 2015星座揭密	4月18~25日
3	in77xGQ男士衣橱	5月22~24日
4	啤酒音乐节	6月12日至7月5日
5	2015第二届西湖国际少儿文化创意周	7月31至8月6日
6	IDW城市设计周	10月28日至11月28日
7	"舞动的水滴"——2015西湖蓝	10月30日至11月15日
8	"银泰X桃花源"年度公益晚宴	12月18日

（王　蕾）

玉皇山南基金小镇

【概况】 2015年，上城区以打造"最美园区"为目标，不断完善玉皇山南基金小镇发展政策和配套设施，着力提升小镇品质和服务，加快拓展小镇发展空间，基金小镇建设进入快车道。至年末，园区入驻企业500个，其中金融类企业402个、文创类企业98个，管理资产规模突破2000亿元，税收突破4亿元。基金小镇入选浙江省首批特色小镇，并被评为省级现代服务业集聚示范区20强。玉皇山南指挥部被市政府评为2015年度投资及重点项目建设先进集体。

资料　特色小镇：不是行政区划概念，是一个以产业为核心、以项目为载体、生产生活生态相融合的特定区域。重点围绕未来发展的大产业或历史经典产业，促进要素集聚和产业融合发展。规划空间范围一般在3平方千米，建设面积1平方千米左右。

【全球对冲基金西湖峰会】 5月16~17日，2015年全球对冲基金西湖峰会在上城区举行，玉皇山南基金小镇正式亮相。峰会汇聚国内外第一流私募证券及对冲基金管理人，100余名海外对冲基金业界领袖、200余名国内私募行业精英、全球400余个专业机构1000余名嘉宾参加，包括美国白宫总统学者委员会专员、复瑞渤交易投资公司副董事长庞晓东，美国桥水基金中国区总裁王沿，景林资产管理有限公司董事长蒋锦志，美国全国期货业协会（NFA）主席、HTG创始人ChristopherK.Hehmeyer，朴盛资本创始人、高盛集团前董事、总经理王铁飞，金融分析师协会（CFA）全球CEO Paul Smith等行业领袖、业界巨头。峰会就如何用国际视野看待世界变化和中国机会，如何在全球化背景下谋划中国资本市场和对冲基金的发展，中国对冲基金如何面对未来的新机遇和新挑战，如何打造中国对冲基金的产业链和配套环境等话题进行交流和互动。会后发布《浙江打造财富管理中心倡议书》，即《杭州宣言》。副省长朱从玖、

5月16~17日，2015年全球对冲基金峰会在上城区玉皇山南基金小镇举行

（玉皇山南指挥部　供稿）

市长张鸿铭出席峰会主论坛并共同为玉皇山南基金小镇揭牌。峰会还宣布“全球对冲基金西湖峰会”将永久落户玉皇山南基金小镇。

【基金小镇私募基金产业链形成】 玉皇山南基金小镇以优惠的政策、完善的配套、良好的服务吸引浙江赛伯乐创业投资管理公司、杭州联创投资管理有限公司、杭州凯泰资本投资基金、浙江敦和资产管理有限公司等私募机构和资产管理公司落户小镇；吸引省、市政府及部分民间产业母基金，以及浙商银行等为企业融资服务的商业银行、清科集团等股权投资行业的权威数据分析机构和中介机构入驻小镇。小镇与交通银行杭州分行合作成立玉皇山南对冲基金支行，专门服务小镇内各类基金机构。与中信证券股份有限公司签订战略合作协议，进行深度合作，包括证券公司派出专业团队、服务小镇内私募基金公司及推进“千里马计划”整体落地等。银行与券商的引入为私募基金加快发展创造有利条件。年内，小镇私募基金产业生态链初步形成并产生集群效应。

【基金小镇空间拓展】 5月，根据省委书记夏宝龙考察基金小镇时提出的进一步拓展基金小镇发展空间、完善玉皇山南基金小镇规划的意见，玉皇山南指挥部腾出水澄路六和源南、三角地仓库、景区将台山公园、四季青储存站及田园畜产品厂、景区白塔公园、塘北公交首末站、轿子巷、陶瓷品市场、八卦山庄等11个地块，调整其用地性质，作为基金小镇的规划用地，总建筑面积60万平方米。12月，市城市规划设计研究院完成《玉皇山南基金小镇空间拓展规划》初稿并进行方案深化。方案注重基金小镇发展规划与沿江、沿山规划的对接，以及环凤凰山、玉皇山，环西湖区域既有资源的整合。

【基金小镇项目建设】 2015年，基金小镇投资10亿元，启动小镇塘南组团、塘北组团、八卦山庄、啤酒仓库等组团项目建设，新开工面积4万平方米，竣工4000平方米，完成绿化景观提升2万平方米。实施目术塘组团小企业孵化器、行政服务中心、国际医疗中心、基金小镇展示中心等项目装修，其中展示中心于12月完成装修并投入使用。完成安家塘、甘水巷、樱桃山、汽修厂等组团项目扫尾。

【基金小镇行政服务中心建设】 基金小镇行政服务中心位于大资福庙前87号，办公面积1500平方米，年内完成装修并投入使用，实现企业和人员不出小镇即可办理国税、地税、工商、保险、出入境等各类行政服务。开展“五证合一、一照一码”试点。5月28日，玉皇山南基金小镇工商事务服务室正式进驻小镇。6月17日，该工商事务服务室为杭州伸轩投资管理有限公司办出第一张“五证合一”的营业执照。9月28日，首张“五证合一、一照一码”营业执照发到该公司法人代表手中。新执照在“五证合一”的基础上，将以往代表5个部门的5个号码改为“统一社会信用代码”，实现“一表申请、一网互联、信息共享、一照通用”的功能，为进驻小镇的企业提供很大便利。深化“店小二”式服务，根据股权投资类企业投资人分散、变更频繁、时效要求高等实际情况，进一步简化私募基金的核名、股东变更等手续，采取“本人签名传真存底，基金小镇管委会出具证明担保、股东本人延期补签”的方式，为企业办理股权变更登记。

【推进教育国际化】 2015年，基金小镇中小学及幼儿园国际化建设取得初步成效。9月，杭州娃哈哈双语学校取得开办国际学校资质并按照国际化学校的标准完成改建，外籍教师招聘到位，学校正式开设国际化小学和初中班，并招收40余名外籍员工子女入学。国际化幼儿园完成初步选址，拟在南星街道复兴单元SC0609-14地块建设一所高标准的国际化幼儿园，总用地面积8400平方米。

【政策环境保障】 2015年，玉皇山南基金小镇成为省、市、区三级互动和政策叠加的中心。省、市政府先后发布有关加快特色小镇规划建设的实施意见，市政府制定关于加快杭州市私募金融服务业发展的实施意见及《关于杭州市高层次人才、创新创业人才及团队引进培养工作的若干意见》，上城区出台《关于打造玉皇山南基金小镇的若干政策意见》《关于吸引海内外领军型人才来上城区创新创业“1211”计划的实施意见》等规定。

6月17日，邵逸夫医院杭州玉皇山南基金小镇国际医疗中心揭牌成立

（区卫计局 供稿）

【国际医疗中心揭牌】 6月17日，邵逸夫医院与上城区政府签订战略合作协议，正式成立邵逸夫医院杭州玉皇山南基金小镇国际医疗中心。医疗中心采用“会员制”和“一般诊疗制”相结合的形式，为不同需求的园区员工提供全科的医疗服务（含中医），并接受中心附近的水澄桥社区、玉皇山社区等1万余名市民就诊。

【基金小镇接待参观单位300余批】 2015年，玉皇山南基金小镇发展建设得到中央财政领导小组办公室主任刘鹤、省委书记夏宝龙、省长李强等领导的关心和支持。全年基金小镇接待住房城乡建设部、人力资源和社会保障部、环境保护部、国家统计局、中国保监会、中国证监会、中央巡视办等国家部委办局和全国各地参观、考察、调研的领导、嘉宾300余批、6000余人次，以及新加坡政商代表团等海外团队。

【基金小镇首个金融企业党支部成立】 11月20日，玉皇山南基金小镇首个金融企业党支部——杭州凯泰投资管理有限公司党支部挂牌成立。该公司成立于2009年，至2015年，旗下管理的创新投资基金总归规模40亿元，联合参与管理的产业投资基金总规模260亿元。公司坚持“党建促发展、发展强党建”的思路，于6月申请成立党支部。在党支部成立仪式上，公司特设凯泰慈善助学基金，用于帮扶困难家庭和品学兼优的困难学生。

【安正科技公司在“新三板”挂牌】 7月13日，浙江安正科技股份有限公司股票获准在全国中小企业股份转让系统（“新三板”）挂牌，成为玉皇山南基金小镇第二个成功上市的企业。浙江安正科技股份有限公司成立于2008年，前身是浙江安正科技有限公司，是一个专注于行业融合通信和多媒体调度产品研发、生产，并提供指挥调度系统解决方案的高新技术企业。企业先后被评为浙江省优秀创新型企业、国家高新技术企业、杭州市企业高新技术研究开发中心、浙江省科技型企业、杭州市雏鹰企业、杭州市科技创新十佳科技型初创企业，并通过信息安全管理体系认证和质量管理体系认证。

【财通证券资产管理公司获两项大奖】 1月，财通证券资产管理有限公司落户玉皇山南基金小镇，成为小镇内第一个落户的券商类独立资产管理公司。该公司以资金业务收入、牌照业务收入为主要盈利模式，积极构建以玉皇山南基金小镇为核心的杭州私募机构服务生态圈。6月26日，2015年中国最佳财富管理机构评选结果于深圳揭晓，财通证券资产管理有限公司获中国最佳资产管理券商、中国最佳固定收益类投资团队两项大奖。

【高端金融人才引进】 玉皇山南基金小镇在前期引进一大批国际高端金融人士（索罗斯基金前经理戴霁昕，芝加哥衍生品交易对冲基金经理、芝加哥华人交易俱乐部副主席毛煜春，美国量化对冲基金Citadel基金经理、纽约证券分析师协会会员、特许金融分析师王锋等）的基础上，主动出击，多渠道引进海内外高端金融人才。通过与高盛集团有限公司合作，利用其在华尔街的金融人脉资源，吸引华尔街金融人才归国发展。与美国CFA旗下对冲基金人才协会进行战略合作，通过协会搭建与小镇企业之间人才输送桥梁。与浙江玉皇山南对冲基金投资管理有限公司合作,开展海内外招商,引进美国、英国、新加坡、中国香港等国家和地区高端金融团队及人才入驻发展。定向招引国内公募基金管理人,帮助其团队创建公司落户小镇或加入小镇私募机构担任明星基金管理人。区政府出台配套政策,参照全市引进高端人才的政策机制,以国家"千人计划"、省"千人计划"人才为引领,除给予物质奖励外,在玉皇山南周边建设金融人才公寓,满足小镇引进人才的居住需求,并解决机构引进高端人才的过渡性居住安排。筹建两个国际学校,解决海归金融人才的子女入学问题。

【小镇企业入围中国创投机构50强】 12月5日,清科集团发布"2015年中国股权投资年度排名",玉皇山南基金小镇企业杭州联创投资管理有限公司、浙江赛伯乐投资管理公司入围2015年中国创业投资机构50强,跻身中国创投机构第一梯队。

【思美传媒公司获阿里巴巴"最佳供应商奖"】 3月31日,阿里巴巴集团第二届供应商大会在杭州召开。思美传媒股份有限公司作为唯一一家线下媒体采购(电视、电台、户外、平面)合作伙伴,获"最佳供应商奖"。"最佳供应商奖"是阿里巴巴集团第一次从为超过5000个采购合作伙伴中挑选出7个合作关系良好的合作伙伴颁发的奖项。 (周　颖)

望江智慧产业园

【概况】 望江智慧产业园位于上城区东南部,地处钱塘江北岸,与高新区(滨江)隔江相望,与钱江新城CBD和玉皇山南基金小镇毗邻,以望江东路为中轴,由钱江三桥、钱江四桥和贴沙河、清江路合围而成,占地面积7.5平方千米。该区域是杭州市从西湖时代走向钱塘江时代的主轴性区域,是上城区建设"智慧城市先导区"的示范窗口。产业园以发展信息产业为主线,以招商工作为载体,举全区之力加快推进软硬件建设。2015年,园区引进各类企业560个,其中信息经济类企业188个、金融类企业372个,注册资金184.87亿元,到位资金42.81亿元。实现税收4.07亿元。

【园区产业布局】 2015年,望江智慧产业园以"建设杭州市国家自主创新示范区的创新中心"为发展方向,以"三化三美"为发展目标,重点发展物联网、云计算大数据产业、智慧文创产业、智慧商务产业(电子商务)、智慧金融产业、能源、海洋投资七大产业,并与高新区(滨江)、玉皇山南基金小镇联动发展,共同打造建设国家自主创新示范区。园区布局为"一核两区三带众空间"。"一核"即以望江路—钱江路—婺江路—富春路为园区核心,依托辖区龙头企业,重点打造智慧产业。该区域拥有中豪望江国际、近江时代大厦、蕙沣大厦等楼宇空间,同时聚集"四合一"地块、C-16地块,以及在建的稠州商业银行总部、昆仑集团总部等资源空间。"两区"即文创区和电子商务区,产业园借助国家数字出版基地及杭州市文广集团,以二十三坊巷街区文化产业园及新媒体产业街区为平台,重点打造智慧文创产业;以清江路四季青服装市场为基础,以清江路电子商务产业园为平台,重点打造线上线下相结合的电商市场。"三带"即沿钱江路建成近期核心空间带、沿秋涛路构筑中期拓展空间带和沿之江路打造集旅游、观光、商业、娱乐、休闲于一体的远期提升空间带。"众空间"即通过空间换地,整合园区零星空间资源,引入上城区国家科创中心,打造园区科技孵化平台,培育智慧型、中小型微企业成长,着力打造园区的"灌木丛"。通过实施"众空间"策略,集聚培育幼发拉底孵化中心、盛景网联科技股份有限公司、青年创业大街等孵化器及为孵化器服务的企业。

资料 "三化三美":产业发展现代化、城市形态现代化、管理服务现代化和生产美、生态美、生活美。

【园区产业集聚】 2015年,望江智慧产业园推行"网格化"招商模式,采取"走出去、请进来"等方式吸引大型企业入驻园区。至年末,核心园区入驻企业有思科(中国)有限公司、中国铁塔股份有限公司浙江省分公司、通卡联城网络科技有限公司、浙江通信产业服务有限公司网络科技分公司、浙江安正科技有限公司、杭州海绵数据有限公司、杭州评级宝有限公司等,大部分企业为大数据、"智慧文创"、"智慧应用"、

“智慧金融”企业。文创区集聚杭州正晏控股有限公司、杭州钦哲文化艺术有限公司、杭州娃哈哈蒙齐千里企业管理咨询有限公司等文创、数字产业类企业。电子商务区集聚杭州伟诚服饰有限公司、杭州力优服饰有限公司、杭州制美服饰有限公司等电子商务企业。

【园区资源整合】 2015年，望江智慧产业园全面整合资源，对园区旧厂房、旧仓库、旧营房、旧住宅等进行改建，为青年创业者提供舒适的“创业空间”。园区先后利用场地12处，建筑面积5.5万平方米，引进幼发拉底孵化中心、盛景百亿创新母基金等为园区提供有发展前景的创新项目和创业人才。制定人才扶持政策20条，积极打造人才链条，推进科技人才互动。

【园区品牌宣传】 2015年，望江智慧产业园运用互联网思维，推出以“政策菜单、服务标准、优秀团队”为内容的“店小二”服务，着力塑造园区软实力。积极搭建园区宣传平台，扩大园区影响力，建成园区门户网站、微信公众号、园区宣传手册、宣传视频、QQ群、微信群、“360云盘”等平台，采用3D投影、视频演示、屏幕互动、沙盘模拟等方式，扩大对外宣传。建立园区产业发展展示中心，全方位展示园区未来发展蓝图、产业布局、楼宇分布、地块资源、地域优势；以智能终端为依托，建立具有信息宣传、政策辅导、生活指南、企业互动等功能的园区APP，并在园区品质较好的楼盘大厅实现wifi全覆盖。组织园区企业参加杭州西湖国际博览会、杭州国际电子商务博览会等展会，提高企业知名度。积极与盛景网联科技股份有限公司、清科集团等机构合作，举办“中国有限合伙人峰会”“中国私募股权峰会”“2015创新望江论坛暨盛景百亿创新母基金落户上城新闻发布会”等活动，吸引更多资金和项目落户园区。

【“云中之城”智慧城市体验中心打造】 2015年，望江智慧产业园打造总面积1200平方米的“云中之城”智慧城市体验中心，通过运用高科技展示技术、立体式内容互动体验，实现以“云平台”与“云服务”为核心的技术在“智慧城市”中的融合应用。体验中心设置应用体验区、IOC监控中心、DC展示区、智慧城市展示区和未来城市影院五大区域，并在大楼一层设有临展区。体验中心将云计算、大数据、物联网、移动互联网等信息技术渗透到各个层面和领域，借助多媒体互动展示、多种软终端操作及逼真的模拟场景，可亲身体验到“云社区”“云家庭”“云办公”及“云”与各个企业相结合带来的便捷生活与工作，为人们多方位展现未来“智慧城市”的蓝图。（王 铮）

【思科公司杭州客户体验中心入驻望江智慧产业园】 4月14日，思科公司大中华区独立软件开发商(ISV)合作策略研讨会在望江智慧产业园举办，思科公司杭州客户体验中心正式入驻产业园区。体验中心全面展示思科公司的网络互联解决方案，吸引上下游企业在园区落户，助推园区“智慧经济”发展。

【幼发拉底(中国)总部入驻望江智慧产业园】 6月26日，美国硅谷跨国孵化器公司——幼发拉底（中国)总部暨杭州孵化中心正式入驻望江智慧产业园。该总部将重点培育移动互联网、物联网、O2O平台等新兴产业，助推本土优秀创业团队实现全球化资源对接。

【创新型中小微企业与国际资本对话论坛】 7月28日，望江街道在望江智慧产业园举办上城区首届创新型中小微企业与国际资本对话论坛，有18个移动互联网创新型中小微企业与国内外30余个风投、基金、券商公司以圆桌论坛的形式进行资本对话，有9个创新项目达成资本对接意向，涉及资金1000余万元。望江街道以此为平台，建立长期性的双向企业信息库，帮助投资商和中小微企业自由对接。

（周廷波）

电子机械功能区

【概况】 2015年，上城区电子机械功能区工业经济平稳增长，产业结构进一步优化，各项经济指标创出新高，经济运行呈现较好发展态势。园区拥有企业

200个,其中规模以上工业企业24个,规模以下在孵工业企业87个,限额以上商贸、服务业企业10个,限额以下商贸、服务业在孵企业79个。全年实现技工贸总收入51.33亿元,比上年(指2014年,下同)增长2.7%;税收收入4.33亿元,增长32.6%;地方财政收入1.68亿元,增长21.2%。

2月、8月,杭州慧景科技股份有限公司、浙江亿邦通信科技股份有限公司先后在全国中小企业股份转让系统("新三板")挂牌。9月,浙江博世华环保科技股份有限公司完成首次股票公开发行并在深圳证券交易所上市。杭州海兴电力科技股份有限公司、浙江威星智能仪表股份有限公司分别向中国证监会递交上市申请,有10个拟上市企业处于上市辅导期内。

区电子机械功能区重视科技创新。浙江博世华环保科技有限公司、杭州海兴电力科技股份有限公司、杭州捷尔思阻燃化工有限公司成为2015年第一批浙江省博士后工作站设站资格单位。浙江求是科教设备有限公司的求是教仪科教设备研究开发中心、浙江亿邦通信科技股份有限公司的智能光通信研究开发中心被认定为省级高新技术企业研发中心。浙江省中瑞思创射频识别技术研究院、海兴电力云省级重点企业研究院入选省科技厅公布的2015年省级企业研究院建设名单。杭州柯林电力设备有限公司申报的"电力设备故障诊断技术研究与智能监控系统开发"项目获省科技进步二等奖,杭州捷尔思阻燃化工有限公司申报的"电动汽车动力锂电池高性能环保型阻燃高分子材料"项目获省科技进步三等奖。

【生产基地建设】 8月14日,区电子机械功能区建筑面积10万平方米的标准厂房及辅助用房项目及室外市政配套设施竣工,并通过消防部门验收。功能区地下公共停车库建成。推进功能区FABLAB(开放创新实验室)、工业创新创业空间(简称"工创空间")筹建,完成FABLAB设备政府采购报批和"工创空间"施工、监理招投标。联合城管、交警部门对莫干山路入园口进行硬质隔离,并设置道闸及减速带,禁止大型车辆通行,实行人车分流。完成智慧园区视频监控综合管理平台改造,公共区域增设高清监控摄像机38台,实时掌握功能区动静态信息。对功能区道路两侧景观绿化进行提升改造,并把泵房区块改造成中心景观花园。完成余杭一期新建道路照明工程,安装8兆柱灯86座及相应的地下管线、电源等配套设施。协调解决浙江亚通冶金科技有限公司、杭州奥普电器有限公司、杭州三高光电科技有限公司等企业在项目建设中遇到的困难和问题,加快功能区企业项目落地和实施进度。

【服务企业专项活动】 2015年,区电子机械功能区以"促融合、聚人才、拓市场、解难题"为主题,开展服务园区企业专项活动。帮助企业引进的浙江谷丰科技有限公司博士奚衍罡,入选省引进海外高层次人才"千人计划",成为上城区继博士后钱大宏后第二名入选"千人计划"的创业人才。推进功能区与地方政府有关政策的接轨。浙江威星智能仪表股份有限公司通过土地公开出让,摘得余杭区良渚街道吴家厍地块9033平方米工业用地,为年产150万台智能燃气表项目及技术研发中心建设提供用地保障;浙江博世华环保科技有限公司通过土地招拍挂摘得余杭良渚街道吴家厍地块8495平方米工业用

电子机械功能区建筑面积10万平方米标准厂房 (区电子机械功能区 供稿)

地，较好地满足年产 1100 套环保专用设备(垃圾渗滤液模块化设备、土壤修复移动设备、小型厨余垃圾处理设备)项目及技术研发中心建设的用地需求。功能区"工创空间"对接初创团队和上市企业，促成杭州绿仰科技有限公司与思创医惠科技股份有限公司的医院物联网智慧护理管理系统项目、杭州创辉医疗电子设备有限公司与思创医惠科技股份有限公司的电子智能皮肤项目、杭州千砺科技有限公司与杭州慧景科技股份有限公司的铁路道岔缺陷智能监测项目合作开发，总合作金额超过 5000 万元。投入 359 万元，引进专业化物业管理服务团队，在功能区空间范围内实施"六保一应"(保洁、保绿、保亮、保安、保序、保修、应急处置)，确保对功能区环境的有效管理。依托功能区蓝领驿站平台，联合功能区总工会、团工委、科协、妇联等组织，在企业员工中开展拔河比赛、乒乓球比赛、女性心理讲座、急救培训等活动。建立蓝领驿站流动书屋、暑期流动青少年宫，丰富功能区企业各年龄层次员工的业余文化生活。

(贾　靖)

吴山宋韵小镇

【概况】 吴山宋韵小镇整合清波街道、小营街道、紫阳街道辖区的特色资源，总规划面积 3.1 平方千米。小镇北起西湖大道，南至万松岭路，西接南山路，东抵建国南路。核心区以吴山为心，中山路为轴，河坊街、五柳巷等坊巷为基的"甲"字形空间格局，总面积 1.13 平方千米。吴山宋韵小镇以"古都文化+特色商业"为主题特色，推出一条"南宋 150"文化体验旅游线路，将南宋文化与"商、养、学、闲、情、奇"旅游六要素有机嫁接，形成"宋俗风情、宋都商业、宋韵美食、宋学经典、宋式养生"五大特色旅游板块。同时保留御街二十三坊、五柳巷、馒头山区块等原生态市井生活场景，依托南宋御街精品购物区、浙江旅游展示中心、小镇国际康复理疗服务产业等平台，引入具有宋韵特色的民宿客栈、婚恋摄影、餐饮美食、康复理疗等商业、文化、医疗、生活配套资源，带动规划范围区域的有机更新与发展，提升清河坊区块的品质，将小镇打造成宋韵浓郁，山水、人文相融，旅游、商业繁荣的景区，成为古今互动、中外融合、主客共享的国家 AAAAA 级旅游景区。

(蒋成杰　郑凌华)

【宋韵小镇规划建设】 2015 年，宋韵小镇投资 16.46 亿元，实施建设项目 14 个。其中，五柳巷康疗养生基地、"尚城 1157"休闲街、浙江旅游展示中心、勾山里国际商务中心、国际康复诊疗中心等 7 个项目完成进度计划，吴山广场地下旅游商业中心、劳动路国学文化体验街区 2 个项目完成前期报批。馒头山区块整治提升正式启动。德寿宫皇家园林、河坊街"非遗"文化走廊等 5 个项目建设前期准备有序推进。年内，南宋御街精品购物区业态进一步提升。与全球第三大商业运营公司莱坊集团洽谈合作取得新进江旅游江旅游展示中心竣工，并与第一太平戴维斯公司等专业招商机构就打造西湖边最独特的商务花园事宜进行洽谈。鼓楼南宋文化体验点完成方案设计。五柳巷中医街初具规模，拥有省级老字号国医馆 4 个、名医个人诊所 4 个、名医工作室 3 个，日均接待门诊 2000 人次以上，全年营业额 1.2 亿元。投资 5000 万元建成杭州全景医学影像诊断中心，诊疗场所面积超过 1 万平方米。

【宋韵小镇"旅游+文创+新经济"型特色产业推出】 吴山宋韵小镇规划基本覆盖南宋皇城遗址保护区，历史标识明显。小镇通过串联古建古迹点，打造"南宋 150"文化体验旅游线路。在小镇鼓楼设置 1800 平方米的城市客厅，运用"智慧旅游"和 3D 技术，集中展示小镇的南宋历史文化。以"全域旅游"为目标，构建可承载每年 3500 万人次旅居的服务硬件设施，形成五大特色旅游板块，使宋韵小镇成为"承南宋古韵、揽市井风情"的南宋文化旅游中心。通过对南宋文化的挖掘、历史遗存的整合，以"文化高度"抬升"价值高度"。创新"非遗"产品，传承朱炳仁铜雕、小热昏等 100 余个"非遗"项目，推动"非遗"产品研发营销和项目孵化。激活百年老字号，利用胡庆余堂、张小泉、王星记等 100 余个老字号，深化文化体验，拓展旅游业态，将"宋韵"文化植入商业运营中。打造创客空间,依托中国美术学院等高校,利用老民宅、旧厂房、商业设施和“互联网+”的思维,在馒头山、五柳巷、“尚城1157”等区块发展文化创意产业,建成具有市井风情的创客空间,吸引国际机构、创客入驻,培育民族特色文创品牌。利用小镇地理优势,依托勾山里国际商务中心、浙江旅游展示中心、吴山广场地下旅游商业中心等资源,聚集一批新兴型、总部型的现代服务业企业,以旅游、文化的相互融合促进现代服务业转型升级。引导胡庆余堂等老字号品牌进行资本化运作,通过独立上市及重组、并购等方式与资本联姻,让老字号品牌焕发新的生机和活力,促进区域传统产业的转型升级。结合小镇的历史人文、自然景观、生态和环境资源,通过改造老旧居民住宅,发展特色民宿经济。

(蒋成杰)

【省旅游展示中心基本建成】 浙江省旅游展示中心位于吴山及城隍阁西侧山脚,南侧紧靠通往吴山景区的四宜亭路,北侧为杭州市财政博物馆,西侧为四宜路,总用地面积3万平方米,总建筑面积2.19万平方米(不含保护建筑面积270平方米)。中心分7个建筑单体,通过连廊将单体建筑连接成整体。整个建筑为绿色建筑工程,主要由地源热泵系统、光伏发电系统、雨水收集系统、智能化管理系统四大系统组成。工程获得绿色建筑设计标识。2010年1月27日开工建设,后停工重新招标。2014年3月26日,广泰建设集团有限公司中标,与建设方签订《浙江省旅游展示中心工程施工合同协议》后于6月20日开工,12月工程主体结顶,2015年12月,省旅游展示中心基本建成。

(孙仲杰)

【五柳巷历史文化街区改造】 五柳巷南起斗富三桥,北至西湖大道,位于建国南路与城头巷之间,属于杭州南宋皇城遗址。街区内有50年以上老建筑235幢、百年以上历史建筑7处。五柳巷历史文化街区综保工程采用深度挖掘和赋予新概念的模式,最大限度地保持晚清民国的民居风貌。先后投入资金8亿元,对历史建筑进行修缮和复建,包括拆除违章搭建、增设基础设施等,改造工程总面积9.84万平方米。改造后,五柳巷的民居建筑得到翻新,厨、卫设施齐全,道路、绿化等生态环境得到提升。经过招商、改造,除建国南路中医药一条街外,五柳巷其余4个区块分别呈现不同业态。2015年,该街区“变身”为中医一条街、文化创意产业聚集区、爱情主题文旅商业街区。

【五柳巷文创产业集聚区打造】 上城区把旅游开发与商业开发相结合,推进街水同行、商旅共融,将五柳巷历史文化街区打造成“市井文化生活河、南宋主题休闲河”,重现“清明上河图”繁华胜景,实现历史与时代、游客与市民、白天与黑夜互动。A4地块以玫瑰为主题进行景观提质,创建“盒子公社”文创产业孵化器,为年轻人的文化创意提供“发芽”土壤。“盒子公社”在拉长文化、旅游产业链方面取得阶段性成果。东河东侧区域利用“上住下店”(楼上楼下)和“前店后坊”的民居建筑格局,建设集客居、创作、作品展示与交易为一体的艺坊。全年引进陶艺工坊、丞香府沉香、咸亨设计等手工艺坊9家。

五柳芳庭爱情主题文旅商业街区　　(区委宣传部　供稿)

【五柳芳庭爱情主题文旅商业街区开街】 8月20日,杭州五柳芳庭爱情主题文旅商业街区开街发布会在杭州歌德大酒店举行。区委常委来剑波、浙江大学管理学院党委副书记阮俊华等与商家代表共同参加街区开街仪式。100余名嘉宾见证象征杭州爱情新纪元的盛宴。五柳芳庭在打造历史文化街区的基础上，以“爱”为景观线索串联创意文化街巷、活力步行商区、城市漫游地标三大空间，以玫瑰为主题进行景观提质，打造时光回旋的玫瑰花巷，以互动活动组织为设计引导，增加艺术、创意装置点缀街区，让青年男女在浪漫爱情街区体验幸福时光。五柳芳庭街区设有“爱之誓言”“转角遇到爱”“爱情永固”“情定花海”“心有千千结”“玫瑰芳庭”六大主题场景，主题场景中设置的月老墙、表白墙和许愿墙，成为交友、相亲、表白、恋爱、求婚的“爱情目的地”。该街区由都市文旅O2O平台——杭州七彩小镇品牌管理有限公司创意打造，除推出一条主题清晰的中轴游览路线和滨河休闲路线外，其余街巷空间全部纳入商业私享庭院。

（章　舒）

玉皇秋色

大事记

Chronicles of Events

2015 年大事记

1 月

4 日 召开全区安全生产工作紧急会议。

同日 民建上城区基层委员会成立。

6 日 上城区参加全国首批品牌消费集聚区创建工作座谈会。

7 日 召开区委常委(扩大)会议,传达学习市委副书记、市长张鸿铭调研上城时的讲话精神。

8 日 举行上城区“春风行动”捐款仪式。

同日 省教育厅副厅长于永明一行到上城区社区学院清波分院督查社区教育工作。

9 日 第二届“最美杭州人”光荣墙揭幕暨《最美杭州人》微漫画作品首发仪式在吴山广场举行。

同日 杭州市公安局指挥中心、上城区公安分局在吴山广场联合举办“警民携手 110,共筑‘平安365’”公益宣传活动。

14 日 国家食品药品监督管理总局新闻司、食品安全监管二司会同中央电视台媒体采访组一行,到上城区实地考察万泰城“阳光厨房”建设工作。

16 日 市委副书记、市长张鸿铭检查城站广场环境综合整治提升工作。

同日 上城区十四届人大常委会举行第二十二次会议。

20 日 城站火车站 15 年来首次大修主体工程完成。

23 日 国家安监局党组成员、总工程师王浩水率国务院安委会第十六综合督察组对清波街道安全生产情况进行督查。

同日 上城区与中国铁塔股份有限公司浙江省分公司签署战略合作协议。

24 日 苹果杭州西湖店开业。

26 日 中国人民政治协商会议第四届杭州市上城区委员会第四次会议开幕(29 日闭幕)。

同日 省委副书记、省长李强,省委常委、市委书记龚正,市委副书记、市长张鸿铭,市委常委、市委秘书长许勤华一行调研玉皇山南基金小镇建设工作。

同日 新华社《浙江领导参考》刊登区委书记缪承潮专访。

27 日 上城区第十四届人民代表大会第四次会议开幕(30 日闭幕)。

同日 副市长戚哮虎一行到上城区调研社区建设工作。

同日 北京市禁毒总队到清波街道参观交流社区戒毒(康复)工作。

同日 省人大常委会副主任、省总工会主席厉志海一行,看望全国五一劳动奖章获得者、浙江省劳动模范唐水林。

30 日 上城区诞生首家网上艺术品交易市场——杭州艺多多网上交易平台。

同日 上城区与中国水利水电第五工程局有限公司签署战略合作协议。

2 月

2 日 市委副书记、市长张鸿铭到上城区检查地铁 4 号线首通段试运营情况。

9 日 中组部组织二局处长耿延葆一行到杭州市崇文实验学校调研新社会组织党建工作。

11 日 上城区纪委召开九届五次全体(扩大)会议。

12 日 省委书记夏宝龙慰问上城区社区困难

群众。

13日 召开区委常委(扩大)会议,传达学习习近平总书记在十八届中央纪委五次全会上的重要讲话精神。

16日 省委书记夏宝龙检查上城区春节前市场准备和安全生产工作。

3月

3日 省委常委、组织部部长胡和平调研上城区"平安365"工作。

同日 联合国教科文组织全球学习型城市大会国际专家组一行参观清河坊历史街区和南宋御街。

同日 上城区召开纪念"三八"妇女节105周年暨寻找"最美家庭"推进会。

5日 杭州市"学雷锋、倡文明,共建美丽杭州"志愿服务活动启动仪式在吴山广场举行。

同日 上城区政府全体(扩大)会议召开。

7日 上城区旅港同乡会成立。成立仪式在香港举行。

10日 市人大常委会副主任徐苏宾调研上城区公共文化服务体系建设情况。

12日 市委常委、宣传部部长翁卫军调研上城区文创产业发展工作。

16日 民政部副部长宫蒲光,民政部规划财务司司长徐立、副司长王敏一行到上城区调研社区建设工作。

20日 由《人民日报》副总编辑谢国民率领的《人民日报》采访组一行,到上城区采访玉皇山南基金小镇。

同日 以诺贝尔奖得主、"伟哥之父"弗里德·穆拉德博士命名的"穆拉德生育力评估中心"成立,并在上城区杭州不孕不育专科医院挂牌。

23日 由区委宣传部与浙大传媒与国际文化学院合作创建的特色教育实践平台——"社会主义核心价值观暨马克思主义新闻观" 教育实践基地第一期项目启动。

25日 由市委组织部副部长、市委两新工委书记戴文昌带队的市委调研组调研上城区 "党建带群建"工作情况。

26日 举行杭州国家数字出版产业基地上城园区授牌仪式,该园区挂牌越界锦绣工坊创意园区内。

同日 由科技部副部长曹健林带队,国家发改委、工信部、科技部、教育部、国家知识产权局、中科院等12个单位组成的杭州国家级高新区建设国家自主创新示范区联合调研组到上城区,就玉皇山南基金小镇建设及企业入驻等情况开展调研。

同日 公安部党委委员、部长助理、国家禁毒办常务副主任刘跃进一行到清波街道,调研指导社区戒毒(康复)工作。

30日 西昌至杭州航线开通暨旅游推介会在上城区举行。会上,西昌市与上城区缔结为友好城市。

31日 上城区获省平安区"十连创"。

同日 上城区十四届人大常委会举行第二十三次会议。

4月

1日 区领导和全区机关党员干部在云居山浙江省革命烈士陵园举行悼念活动,缅怀革命先烈。

2日 上城区食品安全监督协会成立。前身为2013年12月16日成立的上城区民间食安办协会。

3日 区委召开常委(扩大)会议,专题研究湖滨街道工作。

同日 省政协副主席王建满一行到上城区调研"五水共治""三改一拆"等工作。

7日 省委常委、宣传部部长葛慧君调研上城区文创产业。

同日 市人大常委会主任王金财、副主任郑荣胜一行调研上城区代表联络站建设等工作。

8日 上城区召开推进社区治理和服务创新大会暨2014年度和谐社区表彰大会。

同日 市委副书记、市长张鸿铭调研上城区重点交通项目推进工作。

同日 上城文明网开通运行。

10日 贵州省雷山县委书记黄清发率雷山县党政代表团到上城区考察交流。

11日 全国政协教科文卫体委员会副主任、中国自然博物馆协会理事长、清华大学博士生导师徐善衍,山西省科协副主席王德贵,清华大学科普研究中心博士王永伟一行3人,到上城区调研基层科普公共服务建设工作。

14日 民政部社会工作司司长王金华一行调研上城区社区工作。

同日 海南省委组织部、海南省质监局调研组到上城区学习“政府管理与公共服务”标准化建设工作。

同日 思科公司(中国)总部在望江智慧产业园举办大中华区独立软件开发商(ISV)合作策略研讨会,并宣布启用杭州客户体验中心。

16 日 上城区获“中国智慧城市创新奖”。

同日 第九届“清河坊民间茶会”在鼓楼小广场举行。

17 日 “张望工作室”入驻凤凰御元艺术基地。张望是中国摄影最高成就奖“金像奖”获得者,作品曾入选联合国教科文组织编写的教材。

20 日 第三届紫薇原点“杭州愿望”活动举行,主题为“绿色传递·抗击雾霾”。

21 日 中山中路入选首批中国历史文化街区。

22 日 市政协主席叶明到上城区调研望江智慧产业园发展情况,就园区进一步提质增效提出意见建议。

同日 上城区与浙江省商业集团签署战略合作协议。

23 日 中国版协年鉴工委主任许家康一行考察指导上城区地方志工作。

同日 上城区举办第二十九期吴山大讲堂,邀请新华社浙江分社副社长、总编辑何玲玲做“媒体时代下的舆论应对”的讲座。

同日 世界知名投资集团美国华平基金国内首个投资性平台——浙江华聚鑫成投资有限公司落户上城区,注册资金 9900 万美元。

28 日 上城区建立区委常委会学法制度。

同日 上城区残疾人阳光艺术中心启用。

30 日 省委副秘书长、政研室主任李火林一行到上城区调研玉皇山南基金小镇建设工作。

5 月

4 日 第十、十一届全国人大常委会副委员长路甬祥到上城区参观浣花斋墨拓(全形拓)技艺展示。

6~12 日 由省委宣传部副巡视员陈海良任组长的省委“五水共治”“三改一拆”督查组,到上城区督查,并召开专题会议,对上城区“五水共治”“三改一拆”工作提出要求。

7 日 省委常委、市委书记龚正调研上羊市街社区居委会。

9~10 日 中国艺术研究院院长、中国非物质文化遗产保护中心主任王文章,文化部非物质文化遗产司司长马文辉一行到河坊街江南铜屋博物馆考察。

13 日 省国税局党组书记、局长周广仁一行调研玉皇山南基金小镇建设工作。

同日 市委常委、常务副市长马晓辉到上城区调研并考察“小营·江南红巷”景区。

同日 市人大常委会副主任徐苏宾一行,到上城区调研精神卫生事业发展情况。

同日 市委常委佟桂莉到上城区调研跨境电子商务工作。

同日 上海市虹口区委书记吴清率虹口区党政代表团到上城区交流学习。

14 日 上城区第十五届歌手大赛暨杭州市第二十三届“三江”歌手上城选拔赛启动(6 月 13 日结束)。

15 日 上城区承办的“外国友人走进街坊”活动开幕。

16~17 日 上城区承办首届全球对冲基金西湖峰会。玉皇山南基金小镇于 16 日揭牌。

18 日 省委书记夏宝龙到玉皇山南基金小镇调研。

同日 上城区“智慧助残进家庭”信息化平台试运行。

同日 市政协主席叶明与作家黄亚洲到凤凰御元文创园区视察。

19 日 国家级“非遗”传承人朱炳仁大型熔铜壁画《百花齐放》被文化部收藏。

20 日 由望江智慧产业园孵化成功的全球首个具有中国自主知识产权的大数据操作系统 Sponge 在北京发布上市。

21 日 天津市西青区委书记周家彪率领考察团到上城区考察建立党风廉政建设主体责任制工作。

22 日 区委宣传部、玉皇山南基金小镇管委会等共同承办的“2015 快拍浙江——外国人看浙江摄影比赛”启动。

23 日 “2015 同济·上城智慧论坛”暨自主创新示范区研讨会在上城举行,来自江浙沪三省市的高校、科研机构、企业及相关部门代表近 200 人参加。

同日 上城区与财通证券股份有限公司签署战略合作协议。

25 日 省工商局局长冯水华调研玉皇山南基金小镇建设工作。

同日 市委常委、组织部部长张仲灿调研秋石高架重点工程。

同日 上城区举行第三十期吴山大讲堂，邀请中国传统文化促进会名誉会长、中国书画家研究会副会长、浙江传媒学院客座教授李士生做题为“中国传统文化中的人生智慧”的讲座。

25~26 日 上城区申报的“社区需求发现助推社区社会组织成长”的“三社”模式项目入选民政部2014 年度中国社区治理十大创新成果。

26 日 中组部老干部局副局长赵庆一行到上城区调研老干部工作。

28 日 上城区《杭州市科学技术普及条例》宣传、《科学与人》栏目进社区、科技活动周活动在吴山广场启动。

同日 上城区新生代企业家联谊会成立。

同日 上城区首届“社区之歌”原创歌曲大赛落幕。

29 日 省科技厅厅长周国辉到上城区调研科技创新工作。

同日 上城区十四届人大常委会举行第二十四次会议。

30 日 “来凤凰·趣小镇”凤凰文创小镇市集活动在丰平凤凰御元艺术基地举行，上城区凤凰文创小镇正式亮相。

31 日 第十届公民爱心日活动在吴山广场举行。

6 月

1 日至 10 月 31 日 “美丽上城”——第六届上城区文学作品“金桂奖”评选活动举行。

1~7 日 区委书记缪承潮率区重点增资洽谈及签订友好城区合作项目招商团一行到德国、美国开展经贸洽谈、友好交流合作、旅游推广活动。

3 日 上城区“安全生产月”宣传咨询日活动在吴山广场启动。

5 日 上城区举办以“推进污染减量，践行绿色生活”为主题的环境日活动。

8 日 省教育厅教研室副主任张丰、教学资源部主任韩颖、初中部主任李冬梅等 4 人专题调研上城区深化义务教育课程改革等情况。

10 日 上城区法学会成立。

同日 省地方调查局副局长沈毅和市统计局局长杜国忠考察玉皇山南基金小镇入驻企业经营情况。

11 日 合肥市包河区考察团调研望江智慧产业园。

12 日 “中国梦·‘非遗’梦”上城区 2015 年“文化遗产日”暨“非遗”保护工作 10 周年专题演出在太庙广场举行。

16 日 市委常委、副市长范辉调研玉皇山南基金小镇。

17 日 杭州网、杭州快线、腾讯大浙网、杭州发布、浙江在线等省、市网络主流媒体及新媒体记者参观玉皇山南基金小镇，并对小镇未来发展前景及配套设施建设等情况进行采访。

同日 市旅委、区政府联合主办的 2015 年杭州“缤纷夜·乐无眠”活动在吴山广场举行。

同日 上城区第十届现代服务业技能大赛举行。

17~18 日 由清科集团等单位主办的第九届中国有限合伙人峰会暨财富管理峰会在上城区召开。

18 日 市委副书记杨戌标调研上城区“民盟之家”建设。

24 日 盛景上城创新中心、盛景百亿投资创新母基金落户望江智慧产业园。

25 日 环境保护部部长陈吉宁、副省长熊建平、市长张鸿铭一行，到南星街道水澄桥社区低碳生活馆考察。

26 日 第五届上城区文艺团队联合会艺术节启动(12 月 11 日闭幕)。

同日 上城区召开社会工作者协会第四届换届大会暨第一次理事会议。

同日 美国媒体代表团一行访问玉皇山南基金小镇。

同日 上城区召开区文明委全体(扩大)会议，深入学习贯彻习近平总书记系列重要讲话精神。

同日 幼发拉底杭州孵化中心在杭州成立，标志着幼发拉底(中国)总部正式启用。这是继思科公司(中国)总部之后，落户望江智慧产业园的又一标杆性企业。

29 日 省委第六巡视组巡视上城工作动员会召开。

30 日 湖滨商圈“学习银行”开张。

同日 中国香港(地区)商会会长欧镇江一行到上城区凤凰文创小镇、玉皇山南基金小镇考察。

7月

1日 上城区举办纪念中国共产党成立94周年大会暨第二届草根民师讲堂。

2日 全国双拥工作领导小组副组长、民政部副部长窦玉沛率领双拥工作督导组对清波街道双拥工作进行督查指导。

3日 杭州华磊商务秘书有限公司成立。该公司为上城区首家商务秘书企业。

6日 中国科协调研组到上城区调研社区科普大学信息化工作。

7日 区教育局联合杭州海事局共建的杭州首个少年海事学校落户大学路小学。

8日 上城区建立由省工商局、市市场监管局、区市场监管局、玉皇山南基金小镇管委会组成的多方会商协调机制。

10日 由《浙江人大》杂志社主办、区人大常委会协办的“街道人大工作的挑战与突破”论坛在上城区举行。

14日 省委常委、宣传部部长葛慧君调研玉皇山南基金小镇文创园区建设工作。

15日 吉林省延边朝鲜族自治州和龙市政务服务中心(公共资源交易中心)副主任么文鹏一行到上城区考察学习。

17日 “美丽浙江·画述乡情”——2015年浙江省“五水共治”美术作品展在浙江赛丽美术馆举行。

22日 省人大常委会党组书记、副主任茅临生调研玉皇山南基金小镇建设工作，市人大常委会主任王金财参加调研。

24日 上城区举办以“助推‘五水共治’,建设‘美丽上城’”为主题的书画图片展。

同日 全国品牌消费集聚区建设现场交流会在上城区召开。上城区成为全国首批品牌消费集聚区。

同日 上城区与杭州市城投集团有限公司签订战略合作框架协议。

同日 杭州娃哈哈外籍人员子女学校获浙江省教育厅办学许可。

26日 民进中央副主席、全国教育学会副会长、新教育创始人朱永新调研杭州市时代小学,就学校深化课程改革工作进行调研。

28日 省保监会有关负责人考察玉皇山南基金小镇。

29日 上城区委召开九届十三次全体(扩大)会议。会议审议通过《关于强化党建统领巩固政权基础创新基层社会治理的意见》。

8月

3日 省委常委、市委书记龚正考察上城区“123+1”(湖滨商圈、玉皇山南基金小镇、望江新城、区电子机械功能区)平台建设工作。

6日 省委书记夏宝龙慰问上城区高温一线执勤民警。

7日 市委常委、宣传部部长翁卫军考察郁达夫杭州故居“风雨茅庐”修缮和对外开放工作,以及南宋御街艺术品超市筹建工作。

同日 “山河独秀——纪念抗日战争暨世界反法西斯战争胜利70周年书画摄影展”在浙江赛丽美术馆开幕。

10日 《玉皇山南新小镇》出版发行。

11~12日 上城区政协举行2015年度政协委员暑期读书会。

12日 市委常委、组织部部长张仲灿到上城区调研金融人才工作。

14日 上城区举办“尚小创”文创市集。

17日 省司法厅副厅长、省普法办主任金登尚率省“六五”普法考核组到上城区检查普法工作。

19日 浙江省中医院与小营街道社区卫生服务中心在红巷生活广场内举行分级诊疗签约仪式。

同日 省委组织部常务副部长于跃敏调研玉皇山南基金小镇。

20日 副市长项永丹到上城区调研环境提升与交通保障工作。

同日 上城区人大常委会举行区人大代表“第119个代表活动日”活动暨2015年上半年政情通报会、代表学习会。

21日 星腾科美国加州亚太裔事务委员会委员马振翼一行考察上城区国际化学校建设情况。

24日 杭城首批自助式智能废旧物品回收箱在南星街道水澄桥社区投入试运行。

26日 以杭州市委常委佟桂莉牵头的创新驱动与产业升级专题班及以宁波市委常委、组织部部长杨立平牵头的公共政策与社会治理专题班一行,到上城区调研玉皇山南基金小镇。

同日 上城区召开“上城区文化发展战略研究”课题开题会。

27 日 市委常委、常务副市长马晓晖调研玉皇山南基金小镇。

28 日 “抗战烽火，光耀千秋”上城区纪念中国人民抗日战争胜利 70 周年暨第三届群众合唱节在红星剧院举行。

9 月

1 日 郁达夫故居“风雨茅庐”对外开放。

同日 省委常委、省军区政委王新海调研上城区经济建设和人民武装工作。

2 日 上城区举行重点项目集中开工月启动仪式，对全区重点项目推进工作进行再动员、再落实。市委副书记、市长张鸿铭出席集中开工仪式并宣布重点项目开工。

同日 市委副书记、政法委书记杨戌标到杭州娃哈哈小学、望江街道大通桥社区、长途客运汽车南站、南星水厂等单位检查安全工作。

3 日 上城区与上海复星高科技集团有限公司签署关于清河坊历史文化街区项目战略合作框架协议。

7 日 中央财经领导小组办公室主任刘鹤、副主任舒国增一行调研玉皇山南基金小镇。

同日 上城区教育发展基金会 10 周年庆典暨第 31 个教师节活动举行。

8 日 中央国家机关工委常务副书记李智勇、副书记段余应到上城区调研文化建设和组织建设工作。

9 日 中央巡视工作领导小组成员黎晓宏，副省长朱从玖，市委常委、副市长范辉一行，到上城区调研玉皇山南基金小镇建设情况。

同日 省委两新工委副书记马小秋到上城区调研社会组织党建工作，并参观崇文实验学校“南星益家”社会组织服务中心。

10 日 省证监局局长吕逸君，市委常委、副市长范辉调研上城区金融工作。

11 日 上城区举办纪念中国人民抗日战争胜利 70 周年暨建设“现代化美丽上城”书画摄影展。

17 日 市委常委、市纪委书记陈擎苍，市纪委副书记陈建华，市纪委常委、秘书长温洪亮一行到上城区调研，实地走访小营·江南红巷，考察中共杭州小组纪念馆和毛主席视察小营巷纪念馆。

同日 中央媒体驻浙机构负责人 12 人到上城区采访经济社会发展情况和民生工作。

19 日 “2015 浙江金秋购物节”启动仪式在吴山广场举行。

24 日 “文牵两江·情绕一水”2015 年建德、江干、上城三地文学走亲活动在上城区举行。

25 日 上城区第五届文艺团队联合会艺术节综合专场活动在八卦田山庄举行。

28 日 杭州市政府主办的“听南宋，读杭州”2015 年首届中国南宋文化节开幕式活动在太庙广场举行。

同日 司法部部长吴爱英到清波司法所调研指导工作。

29 日 市委副书记、市长张鸿铭到上城区检查农贸市场农副产品供应和钱塘江观潮点安全措施落实情况。

同日 市委常委、宣传部部长翁卫军到上城区调研精神文明建设工作。

是月 《光辉岁月——上城老战士的激情人生》一书出版。

10 月

9 日 省金融办主任丁敏哲调研玉皇山南基金小镇。

10 日 上城区在玉皇山南基金小镇小广场举行上城区产业品牌联盟（旅游产业品牌联盟体）成立暨玉皇山南基金小镇 AAAA 级景区创建启动仪式。

同日 上城区举办 2015 年“公述民评”现场问政活动。

11 日 第二届中华茶奥会仿宋斗茶大赛选拔赛暨第三届南宋斗茶会在玉皇山南基金小镇举行。

12 日 中央电视台《新闻联播》栏目以“典型宣传接地气，践行核心价值观”为题，报道上城区最美志愿者朱强荣的先进事迹以及小营街道持续评选“最美小营人”、推广邻里价值观等活动。

13 日 省政协副主席陈加元、省发改委副主任翁建荣到上城区专题调研特色小镇建设工作。先后考察玉皇山南基金小镇二期、“尚城 1157” 和五柳巷历史文化街区，就进一步打造特色小镇，推进产业集聚、创新和升级提出要求。

同日 《中国纪检监察报》报道玉皇山南基金小镇按照廉政建设要求做好接待工作情况。

14~16日 中组部党建研究所调研组对上城区落实党建责任制工作进行调研。

15日 杭州光达美术馆开馆，上城区新添1个高端艺术场馆。

16日 2015年湖滨购物节开幕。

同日 上城区终身学习活动周暨第十二届终身教育节开幕。

同日 杭州市节水工作现场经验交流会在上城区召开。

20日 区人大常委会全体常委参加上城区第120个代表小组活动日活动。

22~23日 区委书记缪承潮、区长陈瑾等领导到北京参加上城投资环境推介会。

23日 上城区"左邻右舍"社区治理创新园开园。

24日 上城区举行中国社区建设展示中心新馆开馆仪式暨新中国第一个居民委员会成立66周年庆祝活动。

23~29日 第六届中国民间艺人节在吴山广场举行。

28日 2015年杭州国际设计周在上城区开幕。

29日 第八届杭州国际体验日启动仪式暨上城区首届南宋酒文化节开幕。

同日 省委宣传部常务副部长胡坚一行调研玉皇山南基金小镇。

29~30日 厦门市集美区委书记李辉跃率领党政代表团到上城区学习考察。

30日 国务院安委办督查调研组对上城区电梯安全使用情况进行督查。

11月

2日 "西湖蓝·水之韵"诗歌吟诵会在吴山文化公园大舞台举行。

同日 省"清三河"达标现场复核组检查上城区工作。

5日 市委副书记、政法委书记杨戌标检查上城区重点场所安保工作。

6日 市人大常委会副主任徐祖萼以人大代表身份到劳动路社区人大代表联络站，听取基层群众意见建议。

7日 朱炳仁作品《春和清妍》在新加坡中国文化中心展出。

8日 以"推进教育治理现代化的理论与实践"为主题的2015年中国名师名校长论坛在上城区开幕。

同日 团中央少年部部长徐鹭、中国少先队事业发展中心副主任赵继新一行到小营巷社区青少年俱乐部调研校外少先队建设工作。

9日 中共中央政治局委员、国务院副总理刘延东视察浙江省医改分级诊疗工作，并召开基层工作座谈会。南星街道玉皇山社区卫生服务站医生许美群作为杭州市唯一的全科医生代表受到刘延东接见。

同日 杭州市区公共租赁住房货币补贴保障在上城区先行试点。

同日 "美丽上城，秀水淳安"2015年淳安·上城"文化走亲"文艺演出在吴山广场举行。

11日 新加坡文化、社区及青年部部长傅海燕带领的政商代表团到玉皇山南基金小镇考察。

12日 省委第六巡视组组长杜林德向上城区委反馈巡视情况，省委巡视工作领导小组办公室副主任邱志明传达省委书记夏宝龙关于巡视工作讲话精神，邱志明和市委常委、秘书长许勤华分别对落实巡视反馈意见提出要求，区委书记缪承潮主持会议并做表态发言。

同日 山东省枣庄市党政考察团考察玉皇山南基金小镇。

同日 第二批浙江省传统戏剧之乡授牌仪式在红星剧院举行。

13日 由黄山市委书记任泽锋，市委副书记、市长孔晓宏率领的黄山市党政代表团考察玉皇山南基金小镇。

16日 由区政府、市发展研究中心（市品牌办）、市经合办、市工商联、市科委等联合组织的第四届杭商论坛在上城区举行。

17日 上城区在吴山广场举行"扮靓杭州迎峰会，上城党员当先锋"——上城区在职党员迎接G20杭州峰会主题行动启动仪式，正式拉开迎接G20杭州峰会序幕。

18日 上城区首届“网上邻居节”开幕。

同日 沪江网蚂蚁筑巢浙江总部落户上城区。

19日 全国精神卫生综合管理试点工作小组专家王向群一行到上城区指导精神卫生试点工作。

同日 省委常委、市委书记赵一德到上城区调研环境提升工作。

25日 《浙江日报》第八版以《突出平台打造、深化产业集聚,杭州上城区走出“产城融合”创新发展之路》为题,用整版篇幅介绍上城区“123+1”产业平台建设工作。

26日 2015年杭州美术节开幕,系列活动于南宋御街—凤凰山脚路沿线展开。美术节主题为“诗画吴山,风雅宋韵”,活动持续到12月4日。

同日 上城区吴山文化公园开园。该园为杭州首个城市文化公园。

29日 区委宣传部、区文明办联合中国邮政集团杭州分公司举办的“我们的价值观”主题宣传活动暨《图说我们的价值观》特种邮票首发式在吴山广场举行。

30日 “尚小创”青年创意大街在吴山广场开街。

同日 上城区十四届人大常委会举行第二十七次会议。

12月

1日 市人大常委会主任王金财带队到上城区调研,并就市委“十三五”规划建议征求意见建议。

4日 上城区举行第九届法治文化暨“爱尚法·彩霞飞扬法治文化园”国家宪法日主题宣传活动。

7日 由浙江广电集团与上城区委、区政府合作推出的大型历史人文纪录片《南宋》首播。

同日 区委书记缪承潮接受杭州电视台“区县(市)委书记访谈录——围绕‘四最’办峰会”节目采访。

8日 上城区举办第三十一期吴山大讲堂——浙江“十三五”发展有关问题专题讲座,邀请省政府副秘书长、研究室主任沈建明做中共十八届五中全会精神学习的专题辅导报告。

10日 中央电视台新闻频道《新闻直播间》栏目以“智能手机老人培训班受青睐”为题,报道社会公益组织——上城区亲民社会工作服务中心在上羊市街社区邻里学院开展免费教授老人智能手机使用的公益服务活动。

11日 民政部基层政权和社区建设司副司长刘勇一行到上城区“左邻右舍”社区治理创新园考察调研。

同日 区委书记缪承潮接受由《杭州日报》、《都市快报》、《每日商报》、杭州网组成的“三报一网”联合采访小组的专访。

12日 由省委宣传部,市委宣传部,区委、区政府,杭州佳平影业有限公司等联合摄制的电视连续剧《鸡毛飞上天》在义乌举行开机新闻发布会。

14日 省委常委、市委书记赵一德,市委常委、秘书长许勤华,副市长项永丹等到上城区调研环境整治工作。

同日 上城区举行2015年贵州·雷山旅游营销杭州推介会。

15日 市人大常委会主任王金财督查上城区峰会环境整治提升项目进展情况。

16日 市委常委佟桂莉走访中瑞思创科技股份有限公司,对上城区助力创新驱动工作进行调研。

同日 上城区加入国家可持续发展实验区协同创新战略联盟,副区长叶榕当选联盟理事会常任主席。

时间 上城区启动“万张红榜送好人”活动。

24日 省委副秘书长、省直机关工委书记施利民调研玉皇山南基金小镇党建工作。

25日 第三届“最美杭州人”光荣墙在上城区揭幕。

时间 上城区首台智能垃圾分类机亮相。

28日 全国老龄办副主任朱耀垠一行实地考察上城区小营街道小营红巷生活广场。

同日 省人大常委会副主任王永昌调研上城区人大工作。

30日 上城区十四届人大常委会召开第二十九次常委会。

31日 上城区文明旅游志愿者服务队在紫薇原点成立。

同日 “2016年喜迎峰会·紫薇放飞跨年祈福”活动举行。

同日 望江路过江隧道开工建设。

(年鉴编辑部)

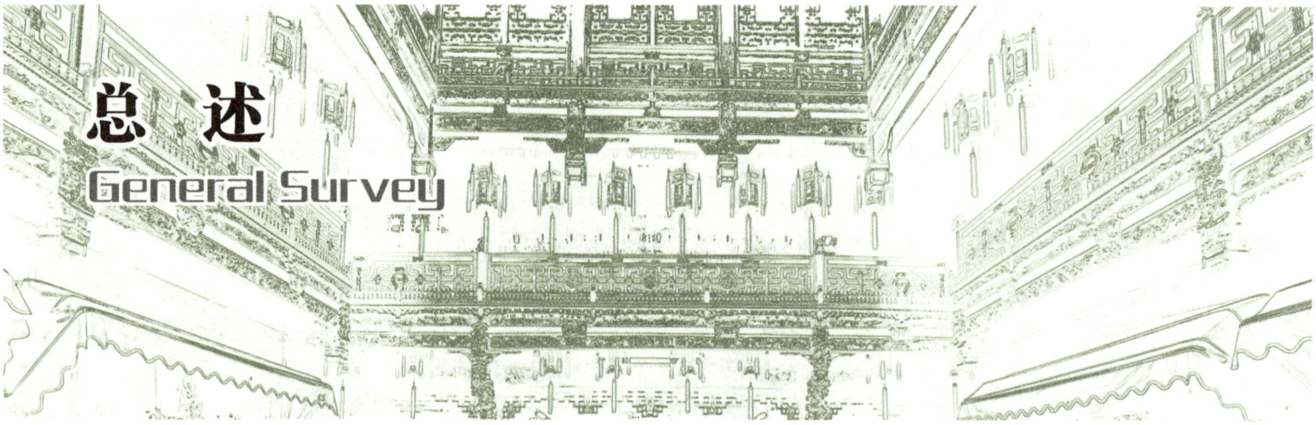

总述
General Survey

地情概貌

【历史沿革】 上城区东南临钱塘江,西北连接西湖,西南沿凤凰山脊毗连玉皇山,东北与下城区、江干区为邻,是杭州市的老城区。南宋时建皇城于杭城南部,习惯称南边为上,区名由此而得。

上城区境域远古系湖海相连之海湾。东汉光武年间,会稽郡议曹华信筑堤挡海潮,堤西成湖,堤东泥沙淤积,遂成陆地。隋文帝开皇九年(公元589年),置杭州;隋开皇十一年(公元591年),移州治于柳浦西凤凰山麓,依凤凰山筑城。唐建中年间,杭州刺史李泌在涌金门至钱塘门之间,开井6口,均在上城区境内,导西湖水入城,原负山而居、依山泉为生的居民逐渐北展,“生齿日繁,民居日众”。后梁龙德三年(公元923年),封钱镠为吴越国王,建都杭州,钱镠两次扩展都城范围,今上城区境域皆是都城中心。自北宋至清末,今上城区境域分属钱塘县和仁和县。民国3年(公元1914年)属钱塘道之杭县;民国16年(公元1927年)5月,始建杭州市,属杭州市之城区。民国19年(公元1930年),杭州编为13个区,一至四区为今上城区范围;民国23年(公元1934年),合并为8个区;民国26年(公元1937年),日军侵占杭州后,改为7个区;民国34年(公元1945年),抗战胜利,恢复为8个区,今上城区境域为一、二区。1949年5月,杭州解放,当月建8个区,一区更名为上城区,二区更名为中城区。1957年5月30日,杭州市人民委员会决定,撤销中城区建制,其大部分区域划归上城区。

自隋唐以来,辖区内一直是商贾辐辏、官衙毗邻、名贤辈出的繁华地区。境内的凤凰山东麓是隋唐时期州治及五代吴越国王宫和南宋皇宫所在地,留有众多的古迹遗址和人文景观,具有较高的历史价值,通过遗址考古发掘,累计有5项考古发现被评为年度全国十大考古新发现。宋时的三省六部,德寿宫,龙翔宫,安抚司;元时的江浙行省;明清时期的织造署,南巡行宫;清代的旗营将军署;宋至清的杭州府署;元至清的仁和、钱塘县署;民国时期的浙江省政府等省、市官衙、名宅、重要机关;新中国成立至1995年12月,中共杭州市委、市人大常委会、市人民政府、政协杭州市委员会等市级主要领导机构均设在上城区域内。

上城区道路纵横,交通发达。省、市、区的大批商业、旅游业、服务行业,省市各大银行,省市著名医院和文化设施皆云集于此,是杭州市的黄金地段。上城区在保留和开发历史街区、加快旧城改造、打造精品街区等方面取得明显成效,城区面貌日新月异,全区旅游、购物、休闲环境日益优化。

杭州悠久的历史为上城区留下极其丰富的文化遗产,上城区拥有秀丽的自然风光,国家、省、市有关部门公布的上城区辖区内的重点文物保护单位92处,其中全国重点文物保护单位12处、省级文物保护单位13处、市级文物保护单位52处,市级文保点15处。

【地理位置与面积】 上城区地处杭州城区中部偏南,东以贴沙河、清江路至西兴大桥与江干区为界;西自钱塘江大桥经虎跑路、铁路涵洞桥、玉皇山脚、万松岭路、西湖东岸、庆春路西延伸段与西湖区接壤;南以钱塘江主航道为界与滨江区相望;北以庆春路与下城区毗连。区域面积18.3平方千米,2006年,杭州市国土资源局上城分局组织专家对上城区区域面积重新测定(含山体、水域面积)为25.4平方千米。地形以平原、丘陵为主,地势西南高、东北低。

【气候】 上城区地处亚热带季风气候区，冬季受蒙古高压控制,盛行西北风,以晴冷、干燥天气为主,是低温少雨的季节。夏季受太平洋副热带高压控制,以东南风为主,海洋带来充沛的水气,空气湿润,是高温、强光照的季节。春秋两季为过渡期,气旋流动频繁,锋面雨甚多。全区年平均气温16摄氏度左右,无霜期达230~270天，年平均降水量在1480毫米左右。夏季多台风,有些年份曾出现旱、涝等灾害性气候。暖热的气温,充沛的降水,为亚热带植被提供良好的生长条件。山区林木覆盖、郁郁葱葱,平地以柳浪闻莺为代表的各大公园分布辖区。全区绿地面积562.57万平方米,覆盖率35.04%,人均公园绿地面积7.68平方米,人均绿地面积17.2平方米。

(年鉴编辑部)

【行政区划】 1997年1月,杭州行政区划调整,将江干区的望江、南星、紫阳、闸口4个街道和四季青镇的近江村、望江村、玉皇村3个村划入上城区,上城区区域面积增至18.3平方千米(不含山体、水域面积)。1999年4月撤村建居,撤销3个行政村,全区整合成湖滨、小营、城站、清波、近江、望江、南星、紫阳、闸口9个街道,设67个社区。2003年7月,全区调整为湖滨、清波、小营、望江、南星、紫阳6个街道,设51个社区。2008年9月后,又先后增设春江、甬江、婺江3个社区。2015年,全区有6个街道、54个社区。上城区人民政府驻地惠民路3号。

(沈　洁)

【人口】 2015年末，上城区有户籍家庭114124户，总人口327924人,比上年(指2014年,下同)减少274户、1729人，平均每户2.87人。其中，男性164109人,占总人口的50.04%;女性163815人,占总人口的49.96%;男女性别比100:100。总人口按年龄段分,18岁以下35759人,18~34岁75060人,35~59岁121871人,60岁以上95234人,分别占总人口的10.9%、22.89%、37.16%、29.04%。出生人口1294人，出生率3.94‰，下降6.83个千分点；死亡人口1622人,死亡率4.95‰,下降1.81个千分点;人口自然增长率1.01‰,下降3个千分点。非农业人口迁入13982人,迁出16550人。根据暂住人口年报统计,全区暂住人口117670人,上升24.03%。

【少数民族】 2015年末，上城区有少数民族人口3096人,分属35个少数民族。其中,回族1192人、满族741人、畲族263人、蒙古族185人、土家族185人、壮族126人、苗族98人、朝鲜族70人、瑶族41人、侗族36人、布依族20人、彝族19人、藏族18人、白族16人、黎族16人、锡伯族13人、达斡尔族11人,其他少数民族46人。

(缪兆丰)

表2

2015年上城区行政区划情况

街道名称	区域面积(平方千米)	所　辖　社　区
湖滨	1.6	涌金门、青年路、东平巷、吴山路、岳王路、东坡路
清波	2.2	清波门、劳动路、定安路、清河坊、柳翠井巷
小营	2.7	紫金、马市街、小营巷、葵巷、老浙大、大学路、茅廊巷、金钱巷、长明寺巷、梅花碑、姚园寺巷、西牌楼
望江	4.1	大通桥、兴隆、始版桥、莫邪塘、清泰门、徐家埠、耀华、近江东园、近江西园、在水一方、婺江
南星	4.31	馒头山、紫花埠、美政桥、复兴街、海月桥、水澄桥、玉皇山、白塔岭
紫阳	3.49	十五奎巷、太庙、木场巷、彩霞岭、上羊市街、新工、凤凰、海潮、候潮门、北落马营、春江、甬江

经济建设

【概况】 2015年,上城区按照“四个全面”的战略布局,围绕建设“现代化美丽上城”目标,主动适应经济发展新常态,经济发展提质增效,社会民生有效改善,改革创新步伐加快。全年实现地区生产总值861.02亿元,比上年增长9.2%,其中服务业增加值495.46亿元,增长12.2%;社会消费品零售总额341.81亿元,增长11.6%;固定资产投资88.58亿元,增长14.1%;财政总收入107.15亿元,首次突破100亿元大关,增长14.5%,其中一般公共预算收入66.46亿元,增长14.5%;新增就业岗位32920个;计划生育符合率97.7%;电力消费总量和单位GDP能耗控制在市政府下达的目标内。全区实现自营出口11.72亿美元,完成年度目标任务的72.2%。完成服务外包执行额2.96亿美元,完成年度计划的105%,其中完成离岸服务外包执行额1.95亿美元,完成年度计划的115%。全区赴境外设立项目20个,中方累计投资1.41亿美元,完成目标任务的352%。全年经济社会发展目标任务圆满完成。 (魏建军 洪莲莲)

【产业结构调整加快】 2015年,上城区以提高经济发展质量和效益为中心,加快经济结构调整和转型升级。出台《关于建设金融人才管理改革试验区的若干政策意见》,审批设立杭州思考互联网金融有限公司等9个互联网金融企业。杭州国家数字产业出版基地上城园区在越界·锦绣工坊挂牌,五柳芳庭·七彩小镇亮相,引进浙江维港传媒有限公司、杭州艺星投资合伙企业等文创企业。金融与文创实现一般公共预算收入14.43亿元,占一般公共预算收入的21.7%。引进杭州通卡联城网络科技有限公司等企业,幼发拉底(中国)总部暨杭州孵化中心正式入驻上城区,全球首个具有中国自主知识产权的大数据操作系统Sponge发布上市,基本完成云计算中心和“无线上城”建设。信息经济实现增加值44.08亿元,比上年增长11.7%。健康产业优化发展,上城区入围杭州市健康服务业发展试点区。以诺贝尔奖得主弗里德·穆拉德命名的“穆拉德生育力评估中心”正式成立;彩虹鱼项目康复护理院基本完成装修,护理院引进全景医学影像诊断中心。宜康(杭州)生物技术有限公司完成搬迁。制定《发展众创空间推动大众创业、万众创新政策的实施意见》,“杭州创客天堂”行动启动,打造“江南1535”等一批各具特色的“创客空间”。高新技术企业逐步壮大,杭州顺治科技股份有限公司等8个高新技术企业在“新三板”挂牌,新华移动传媒有限公司等12个企业新认定为国家重点扶持高新技术企业,杭州慧景科技股份有限公司等3个企业通过国家高新技术企业复审,杭州海兴电力科技股份有限公司等7个企业通过国家高新技术企业重新认定,新增浙江亿邦通信科技有限公司等3个省级研究开发中心和浙江赞宇科技股份有限公司等2个省级企业研究院。杭州华日电冰箱股份有限公司与浙江熵道传热技术有限公司签署战略合作协议,浙江宇天科技股份有限公司等4个企业项目被列入省重大科技专项。出台《上城区关于推广应用创新券推动“大众创业、万众创新”的试行办法》,发挥风险池基金促进企业发展的作用。加强人才招引与培养,3人参加国家“千人计划”计划答辩,2人入选省“千人计划”,1人入选市全球引才计划。

【产业发展平台打造】 上城区坚持平台带动产业集聚,通过打造“123+1”产业发展大平台,实现主导产业优化升级。玉皇山南基金小镇快速发展,并完成基金小镇展示中心建设,杭州凯泰资本管理有限公司、安丰创业投资有限公司等企业落户基金小镇,基金小镇集聚企业547个,其中私募金融企业402个,管理资本规模超过2000亿元。加强与浙江省国际对冲基金人才协会、高盛集团有限公司等战略合作,着力吸引美国、英国、新加坡等国家和地区的高端金融人才和团队。成功承办2015全球对冲基金西湖峰会,西湖峰会永久落户基金小镇。创建邵逸夫医院基金小镇国际医疗中心,建成基金小镇配套国际学校,为企业提供全方位服务。全年基金小镇税收突破4亿元。吴山宋韵小镇稳步发展,被列入杭州市第一批特色小镇创建名单。大湖滨商圈稳步推进,苹果旗舰店、LV旗舰店相继亮相,解百新元华商城实现转型升级。举办第三届湖滨购物节,加快推进工联大厦筹建“跨境电商·工联海淘O2O体验中心”进程。大湖滨商圈成功入选全国首批品牌消费集聚区,社会消费品零售额占全区的1/3。望江智慧产业园建设加快推进，浙江浙能燃气有限公司、浙江票牛通信息科技有限公司、杭州好望角投资管理有限公司投资等项目先后落户产业园。思科公司(中国)总部入驻产业园，幼发拉底杭州中心、伊创荟等创新企业入驻青年创业大街。全年引进信息、金融类企业650个，实现税收4.07亿元。区电子机械功能区加快“二次创业”，制定《上城区电子机械功能区工创空间发展规划》，10万平方米的标准厂房及配套用房完工。中瑞思创科技股份有限公司通过资本市场拓展应用领域，成功收购医惠科技有限公司，实现重大资产重组；“海兴智能工厂全流程信息化智能供应链运行平台”入围省“两化”深度融合智能制造专项计划；浙江谷丰科技有限公司“基于新型金属氮化物的下一代高效薄膜发光二极管”项目列入2015年国家工业技术改造重点项目储备；浙江中杭电子有限公司与浙江大学光电中心签约共建中杭—浙大光电产业化基地。区电子机械功能区实现一般公共预算收入1.7亿元，比上年增长21.2%。

【重点项目建设推进】 2015年，上城区重点建设项目新开工面积47.7万平方米，竣工61.65万平方米，完成征迁1833户、企业搬迁44个，完成拆迁户安置588户。完成旧住宅区、旧厂区、城中村改造44.5万平方米，拆除违法建筑11.5万平方米，分别完成全年任务的1.06倍和1.92倍。推进重点项目“三定三保”工作，中华饭店、西湖电影院地块完成出让，工联二期、南星单元C2-02地块挂牌出让；赞成中心、勾山里B地块、佑圣大厦等项目竣工，近江单元印铁制罐厂、华东家具市场地块安置房、塘南地块旅游等项目稳步推进；徐家埠地块安置房、塘北地块旅游公建工程、复兴广场地下空间基坑工程、海兴电力科技公司智能化电网设备及系统产业化基地、威星智能仪表公司智能燃气表产业化基地等项目开工建设。成立浙江省首个旅游品牌联盟。主办首届“花蜜节”，承办第八届杭州国际日、“缤纷夜，乐无眠”广场夜休闲主题嘉年华活动，制作完成《上城浮光掠影》《舌尖上的上城》微视频，不断提升上城旅游品牌知名度。启动玉皇山南基金小镇国家AAAA级景区创建，推荐申报建国南路中医街评选省中医药文化养生旅游示范基地。三大特色街区接待游客2800余万人次，实现营业收入90.86亿元，增长9.5%；实现税收4.22亿元，增长7.9%。成功承办全国品牌消费集聚区建设现场交流会。涌金广场转型婚尚产业综合体，为新婚夫妇提供一站式服务。加快推进“尚城1157·利星”招强引优，打造以文化创意为主题，集休闲、娱乐、购物、人文为一体的城市商业综合体。推进跨境电商出口服务体系建设，为跨境电商企业提供高效、快捷、经济的一站式海外仓储物流服务，区属企业在美国加利福尼亚州、澳大利亚悉尼、法国里昂三地设立海外仓库面积1.6万平方米。

【改革开放深化】 2015年，上城区完成政务服务网省、市、县三级行政权力清单基本目录比对规范工作，保障行政权力事项按时上线运行，全面取消区非行政许可审批事项，实现权力清单“瘦身”。制定政府部门职责管理办法，加快构建权界清晰、分工合理、权责一致、运转高效的政府职能体系。推进综合行政执法改革，加快筹建上城区综合行政执法局，研究确定首批实施及2017年底前分批实施到位的综合执法职权事项。推行“五证合一”，实现“一照一码”登记制度，全年有2332个企业办理“一照一码”。“信用上城”建设迈上新台阶，制定《上城区关于进一步加快社会信用体系建设实施意见》《上城区信用红黑名单发布机制》《上城区社会法人守信激励和失信惩戒管理办法》。开通“企业信用记录”现场查询窗口，培育信用示范企业。国有资产改革继续推进，制定南宋御街业态提升方案和资产盘活方案，进一步明晰杭州望海潮建设有限公司职责，加快杭州市上城区投资控股集团有限公司市场化经营和产业化投资步伐。健全国有企业考核和重大事项决策程序，国有资产管理更加规范。开展外贸公共服务平台的宣传和推广应用，组织企业申报国家、省、市各级外贸扶持政策项目，拨付外贸扶持资金1840万元。组织150个企业参加境内外展会，拓展市场份额。到北京召开投资环境推介会，与北京华软金宏资产管理有限公司等企业签订投资项目9个，总投资额超过100亿元。招商引资加快推进，浙江华聚鑫成投资管理有限公司等企业落户上城，全年引进市外500万元以上内资项目96个，实际到位资金108.1亿元；新批外资项目36个,实际利用外资2.49亿美元,引进浙商回归项目59个,累计到位资金69.81亿元。

(魏建军)

【构建新型经济生态】 2015年,上城区坚持平台带动产业集聚和产城融合的转型路径,积极构建产业生态圈。打造“引凤筑巢”,做优大湖滨商圈、玉皇山南基金小镇、望江智慧产业园和电子机械功能区“123+1”主平台。大湖滨商圈苹果旗舰店和LV旗舰店相继开业,基金小镇抢抓全省特色小镇建设战略机遇,承办2015年全球对冲基金西湖峰会,全年税收突破4亿元。望江智慧产业园以打造杭州千亿级信息消费产业的龙头园区为目标,“科技+金融”为特色的智慧产业集群规模不断壮大。加快产城融合,以“123+1”为核心、6个街道各具特色的全域化现代服务业集聚区初具雏形。加快望江地区征迁建设,开展馒头山、思鑫坊等区块综合整治,启动基金小镇国家AAAA级景区创建,实施吴山宋韵小镇打造,新增税收过1亿元楼宇6幢。激发创新活力,出台关于推动“大众创业、万众创新”的政策,整合改造零散土地6万余平方米,馒头山、五柳巷等昔日破旧的区域成为“大众创业、万众创新”的新天地。推动众创空间全域化,注重科技进步和科技创新能力提升,全年科技进步对经济发展的贡献率58.5%。 (沈 琪)

政治建设

【概况】 2015年,上城区深入学习贯彻习近平总书记系列重要讲话精神,以“四个全面”战略布局和五大发展理念为引领,主动适应经济发展新常态,精心谋划“十三五”发展规划,着力提升上城区发展、文化、生态、健康、平安五大品质。出台加强人大工作的意见,充分发挥人大的监督作用。支持政协开展资政建言、协商监督。深化法治政府建设,推进行政权力公开透明运行。深化干部人事制度改革,从严监督管理干部,不断提升基层党建工作科学化水平。

【学习贯彻习近平总书记系列重要讲话精神】 2015年,上城区着力把党员干部的思想和行动统一到习近平总书记系列重要讲话精神上,运用中心组学习会、专题研讨会、宣讲报告会等形式,组织党员干部学习。全年区委开展集中学习13次、主题宣讲8次。在区委九届十三次全会上,专题学习习近平总书记在浙江考察时关于“干在实处永无止境,走在前列要谋新篇”的重要讲话精神,结合提升上城区五大品质,研究贯彻落实意见,全面部署下一步工作,推动学习成果转化为各项事业发展的新动力。

【推进重点领域改革】 2015年,上城区坚持问题导向,聚焦重点领域和关键环节改革,全年确定重点改革项目17个。深化国有资产改革,加快国有资产清理、确权和资本化运作工作。深化建设体制改革,理顺街道、指挥部与国有投资公司之间的关系,优化征迁机制。深化政府职能转变和机构改革,健全“四张清单一张网”,建立“清单”动态调整机制,完成“五证合一、一照一码”“证照合一”等商事制度改革。以创建全国社区治理和服务创新实验区为契机,开展社区运行体制机制改革试点,强化社区自治。设立区综合行政执法局,确定分批纳入综合执法的职权事项,推进跨部门、跨行业综合执法,实现城市管理重心下移。在全市率先启动金融人才管理改革试验区建设,出台具体政策意见,并加强人才引进机制改革研究。持续优化“平安365”社会服务管理联动工作机制,推进“民情E点通”平台建设,更加高效、便捷地处理群众反映的问题。

【法治上城建设】 2015年,上城区健全法治建设的责任分解和项目推进机制,排出87个年度重点项目,纳入大督查和目标管理考核体系。建立区委常委会学法和法律顾问制度,做好党内规范性文件备案审查,健全依法决策程序和机制。举办领导干部法制讲座活动,加强领导干部任前法律知识培训。出台并落实《加强人大工作的意见》,人大街道工委主任实现专职化。落实“推动协商民主广泛多层制度化发展”要求,支持政协开展多种形式的协商议政。学习贯彻《中国共产党统一战线工作条例(试行)》精神,健全区领导、职能部门与民主党派、无党派人士结对联系制度。贯彻中央和省市委群团工作会议精神,强化党建带群团工作。推进法治政府建设,坚持重大行政决策法治化,完善重大决策合法性审查和重大事项社会稳定风险评估机制，把政治协商纳入决策程序，并认真落实重大行政决策出台前向人大报告制度。

【构建“五个一”工作机制】 2015年，上城区四套班子领导实行一个项目、一名领导、一套班子、一个方案、一抓到底的“五个一”工作机制，指导、督促、推动重大项目和重点工作有序开展。成立区委大督查工作小组，试行区管干部实绩记录研判制度，建立作风效能评价和问责体系，推进重大决策部署的贯彻落实。强化鲜明的基础导向，让党员干部队伍在急难险重岗位经受锻炼、干出实绩，选调素质好、年纪轻、能力强的后备干部到重点建设工程、征迁整治工程等一线挂职，定期组织全区社区党委书记工作交流，坚持“每周四问”，打造敢担当、重实干、有作为的干部队伍。采取“现场办公、混合编组、共同商定、联动指挥”工作法，推进G20杭州峰会项目责任的落实。至年末，完成峰会项目7个。

资料 四问：一问区四套班子领导对分管负责的峰会项目有没有尽到领导责任；二问一线建设单位和指挥部在工作推进等方面有没有尽到主体责任；三问街道社区有没有尽到属地责任；四问监督协调部门有没有尽到配合责任。

【加强思想文化建设】 2015年，上城区全面加强意识形态工作，深化思想道德建设和文化建设工作。完善责任体系，分别成立思想宣传文化和网络安全与信息化工作领导小组。健全网络舆情分析、研判、预警和应对的联动共治机制，完善“上城发布”两级网络平台，提高突发公共事件网络舆情应对处置能力。深入开展文化发展战略研究，制定加强非物质文化遗产保护与扶持工作意见，支持帮助老字号“非遗”项目传承发展。建立“最美”常态化和长效化机制，大力弘扬“最美”风尚。深化“邻里价值观”实践活动，在全市率先推出“网上邻居节”。开展纪念抗日战争胜利70周年主题系列活动，推广小营“红巷”红色文化，郁达夫杭州故居“风雨茅庐”修缮开放。谋划“现代化美丽上城”文化展示中心和“非遗”展示中心建设，建成全省第一个城市文化公园——吴山文化公园。

【夯实共治共享基础】 2015年，上城区大力开展省平安区和全国“六五”普法先进城区创建，依法推进社会治安综合治理。健全立体、联动的治安防控体系，组织开展“百城禁毒会战”“打违除患”“百日维稳攻坚大会战”等专项行动。完成“9·3”阅兵等敏感节点的维稳任务。创新社区、社会组织和社会工作“三社联动”治理模式，“三社联动”工作获第三届中国社会创新奖优胜奖。深化基层自治，健全民情反映、民主决策、民主监督和矛盾协调四大机制。引导社会资金投入公益项目，“资本众筹·公益相亲”做法入围第三届中国社会创新奖25强。推动社会事业和养老、就业服务优质均衡多元化发展。上城区成为浙江省首批基本实现教育现代化区，劳动关系和谐指数位列全市第二。

【服务保障G20杭州峰会】 2015年，上城区四套班子领导领衔挂包重点任务和服务保障G20杭州峰会工作。馒头山地区按照“彻底整治、全面改善、打造杭城一道亮丽风景线”的定位，实施综合整治并取得阶段性成效，成为峰会标杆项目。开展以“四边三化”“两路两侧”为重点的环境整治，列入市峰会项目67个，区主动整治项目16个。开展新一轮生态文明建设三年行动计划，实施生态文明建设示范工程。深入开展“五水共治”，上城区成为全省“清三河”达标区。深化“三改一拆”、交通治堵、垃圾分类等工作，打造执法、市政、环卫、绿化“四位一体”的大城管智慧平台，提高城市管理智能化、精细化水平。继续开展“联街结社”共建，完善群众参与、监督、管理机制，大力构建全社会共建共享生态文明的工作格局。

【基层党组织建设】 8月12日，上城区委出台《中共杭州市上城区委关于强化党建统领巩固政权基础创新基层社会治理的意见》，就加强基层组织建设、巩固基层政权提出具体的工作要求。针对上城区老龄化程度高、基层党组织动力不足的实际，该意见强调要进一步加强基层党组织对各类基层组织的领导，不断完善基层党组织管理制度。进一步发挥基层政权组织的优势，深化街道管理体制改革。进一步推进基层社会治理，深化社区依法自治，完善基层协商民主机制。进一步推进基层服务创新，提高基层公共服务质量,努力解决好服务群众"最后一公里"问题。进一步打造高素质的基层骨干队伍,从严规范管理基层党员干部队伍,着力解决群众身边的"四风"和腐败问题。进一步加强基层工作的领导与保障,健全领导机制,加强督查考核。

【省委第六巡视组巡视上城区工作】 6月29日至7月24日,省委第六巡视组对上城区进行巡视。11月12日,省委巡视组向上城区委反馈巡视情况。为切实抓好省委巡视组反馈意见的整改,区委召开专题会议研究整改,成立由区委书记为组长、区长为副组长的整改工作领导小组,针对存在问题,制定针对性的整改方案。专门印发巡视整改方案,明确任务,落实责任,分别由7名区委常委牵头,22个相关责任单位承办。区委常委会定期听取整改工作汇报,根据整改情况,及时召开全区性督查推进会。区委办、区府办定期发布整改情况通报。至年末,针对"四个着力"方面存在的12类问题,完成50余项整改任务。全年依法依规查办案件3起,追究领导责任6人次、监督责任2人次,整改工作取得初步成效。按照党务公开原则和巡视工作有关要求,巡视整改落实情况在全社会公开。

(沈　琪)

文化建设

【概况】 2015年,上城区深化思想道德建设和文化大繁荣工作,进一步提升公共文化服务水平。全年举办上城区"欢度新春"休闲文化系列活动、第六届杭州美术节、第二届上城区合唱节、第十四届上城歌手大赛、上城区纪念抗日战争胜利70周年歌咏大会等大型文化活动。首个城市文化公园——吴山文化公园和郁达夫故居对外开放,中山中路被列为杭州唯一的首批中国历史文化街区。加强非物质文化遗产保护和利用,大力发展文化产业,不断提升上城文化的软实力,努力为"现代化美丽上城"建设提供强有力的文化支持。

【文化设施】 2015年,区文广新局下属单位有区文化馆(含龚自珍纪念馆)、区"非遗"保护中心、6个街道文化站、54个社区文化室。全区拥有全国示范文化社区1个,省级"东海文化明珠"工程建设街道3个,市级"东海文化明珠"工程建设和示范文化街道在全市城区中率先全覆盖;创建一级文化站4个、二级文化站2个、省级示范文化社区5个;创建"全国文化信息资源共享工程"基层点26个、服务点14个,市级综合示范文化站4个、市级示范文化街道6个、市级示范文化社区38个及示范文化户125户。累计创作和获奖节目932个,其中获国家级42个、省级187个、市级502个。全区有群众文化系列专业技术职称21人,其中中级以上职称12人。群众文化业余团队438支,队员1.29万人。

【文化活动】 3月4~6日,上城区举办"欢度新春"休闲文化系列活动。该活动由区政府主办,区文广新局、清河坊历史街区管委会、五柳巷历史街区管委会和6个街道办事处共同承办。以小型、多样性活动为主,围绕"欢度新春·休闲""欢度新春·娱乐"两大主题展开。"欢度新春·休闲"主题活动包括吴山广场悬挂的"欢度新春"大红灯笼、五柳巷举办的"五柳·小巷"休闲文化活动和河坊街小吃购物一条街开展的"百姓·闹春"休闲活动。"欢度新春·娱乐"主题活动由各街道根据自己特点,因地制宜地组织开展百姓送花灯、百姓上舞台、百姓游步道、百姓猜灯谜、百姓秀家宝、百姓闹童趣等群众性文体娱乐活动。其间,区文广新局在小营街道梦剧场举行"欢度新春"专场文艺演出,观看市民15万人次。

(张雪梅)

社会建设

【概况】 2015年,上城区以保障和改善民生为重点,加快推进社会创新管理。贯彻落实区委《关于强化党建统领巩固政权基础创新基层社会治理的意见》,构建和深化社区治理"三社联动"模式,社会领域党建覆盖面不断扩大,社会公共服务体系不断完善,社区综合服务功能进一步提升。年内区政府确定的十件为民实事全面兑现,全区签约医养护一体化服务居民8.4万人,新增养老保险、工伤保险、生育保险参保职工和居民17962人。

【民生保障水平提高】 2015年，上城区以增进民生福祉为出发点和落脚点，扎实推进社会保障、社会救助、社会福利体系建设，民生保障水平进一步提高。加大民生领域投入力度，全年民生保障支出21.1亿元，占一般公共预算支出的81%。深化充分就业城区和创业型城区建设，全年安置就业困难人员3815人，失业人员实现再就业1.7万人，发放社保及各类就业安置补贴1.1亿元，严格控制失业率。以创业带动就业，积极打造凤凰公社等创业平台，新增大学生创业企业49个。社会保障覆盖面扩大，全区参加养老保险净增5686人，工伤保险净增6920人，生育保险净增5356人。支持社会力量参与养老服务，社区居家养老服务照料中心覆盖全区所有社区，新增养老床位510张，享受居家养老政府购买服务5.3万人次。加强对失能、失独等特殊群体的帮扶救助，全区残疾人小康实现率91.7%，发放低保金、残保金等救助金2600余万元，募集“春风行动”资金590万元，受益人数8.5万人次。

【公共服务体系建设】 2015年，上城区从教育、卫生、文化、养老等方面，加快推进社会基本公共服务均等化。深化区域教育综合改革，成功创建首批省教育基本现代化区。“基于学生发展的区域教育质量提升”项目结题，“管办助评”经验被教育部评为优秀工作案例在全国交流推广。推进教育国际化，建成包括杭州娃哈哈外籍子女学校在内的5所国际学校。加强与浙江大学医学院附属第一、第二医院和杭州市第一人民医院等省、市医院的合作，完善分级诊疗、双向转诊体系，提升优质医疗资源利用和慢性病防治水平。深化居家医疗服务，全区有8.4万名签约居民享受医养护一体化服务，签约对象累计就诊52万余人次。上城区通过国家卫生城区复评。吴山文化公园、郁达夫故居对外开放，中山中路被列为杭州唯一的首批中国历史文化街区。继续实施文体惠民工程，举办家庭趣味运动会、辖区楼宇运动会、第五十四届中小学生田径运动会、第三届职工蓝球赛、第八届老年人太极拳(剑)邀请赛等赛事。上城区体育中心开工建设，学校体育场地进一步向社会开放。省体育强区建设通过省体育局组织的复评。

【社会管理创新】 2015年，上城区以创建全国社区治理和服务创新实验区为契机，积极构建社区治理新格局。针对基层社区承接行政性事务过多、服务人员有限等问题，完善社区服务中心机构和职能，由社区服务中心承担居家养老、社区教育、医疗卫生等政府公共服务事务，社区居委会重点抓好基层自治。落实社区减负工作，重新核定社区考核标准，提升群众满意度考评的比重，制定对社区组织架构、干部队伍建设、工作经费保障、服务阵地建设、转变工作作风等新规定。深化社区、社会组织、社会工作专业人才“三社联动”服务机制，建成“左邻右舍”社区治理创新园，推进社区协同发展。大力培育社会组织，累计投入公益创投专项资金428万元，全区有登记注册的社会组织406个、社区社会组织1021个，辖区居民对社会组织服务能力的满意度91.6%。完善矛盾纠纷多元调解机制，加大社区矫正和法律援助工作力度，推动律师进社区与“平安365”平台联动。加强食品安全监管，全年抽检食品1219批次，合格率96%。建成“五可阳光厨房”110个，整治无证无照餐饮场所469个，思鑫坊区块无证无照餐饮店全部关停。加大物价监督检查力度，查处价格违法案件52起。

【社会综合治理】 2015年，上城区发挥社会管理综合治理体制优势，提高群众对“平安上城”建设和综合治理工作参与率、满意率、认同感。实施打防并举，健全社会治安防控体系。开展重点命案攻坚行动，加大对严重刑事犯罪活动打击力度。以重点人员、流动人口落脚点、涉危涉爆单位、娱乐服务场所管控为工作重点，集中警力、时间开展排查治理。严密组织治安巡防，见警率、管事率进一步提高。全年全区破获各类刑事案件736起，破案率比上年提高25.2%；创建“零案发小区”60个、“控案先进小区”28个。区检察院批准逮捕刑事犯罪、经济犯罪犯罪嫌疑人322件、380人，批捕人数下降13.4%。区法院受理各类案件8711件，审结8204件，办案质量、效率居全市法院第一位。上城区实现浙江省平安区“十连创”。

【基层创新实践】 2015年，上城区实行基于“平安365”理念的区、街道、社区“三级网格化管理”模式，全面推进以“网格化管理、组团式服务”为基础的基层社会治理。湖滨街道以公共服务标准化试点为契机，梳理相关法律法规268个，制定7个科室标准化工作手册，明确103个工作岗位286项工作任务和流程，进一步提升社会管理水平。清波街道通过整合“网格流动服务”、社会组织公益创投等服务项目，创新党员发展“五色进程集卡”、干部社区挂职锻炼等制度，推进“居民满意度”和“网格责任社工满意度”双测评工作，实现为民服务“一条龙”。小营街道茅廊巷社区开设“温馨港湾”计生服务室，开展人口计生基层群众自治示范活动，被中国计划生育协会评为全国人口和计划生育基层群众自治示范村。望江街道首创“民生实事项目认领”机制，推出“政府搭台、项目相亲、资本联姻”的社会治理模式，通过“资本相亲会”被认领民生实事项目125个，募集社会资金358万元。南星街道坚持“教育为先，教育为本”理念，充分运用各类资源，形成常态化谈话教育、引导式集中教育、科学化心理疏导等较完善的社区矫正人员工作方式，被评为杭州市社区矫正工作先进集体。紫阳街道社区推行“集约式”办公，方便社区居民办事。成立“小区睦邻自治会”，作为老小区居民自治管理的新模式。 （年鉴编辑部）

生态文明建设

【概况】 2015年，上城区积极转变发展方式，优化产业发展平台，全年五大主导产业实现地方财政收入28.1亿元，占地方财政总收入的43.6%。现代服务业加快发展，二、三产业占比更趋合理，规模以上文化创意产业实现主营业务收入201.16亿元，比上年增长17.8%。金融业增加值142.63亿元，增长16%。节能降耗取得新的进展，单位GDP(地区生产总值)能耗为0.0245吨标准煤/万元，下降4.1%。大气、水环境持续改善，空气优良天数249天，增加13天；优良率72.6%，上升7.9%。上城区在全市率先实现河道污水“零直排”，成功创建省“清三河”达标区。推进城区花景、绿道和绿地建设，全区新增绿化面积1.51万平方米。

【环保规划编制】 2015年，上城环保分局根据“现代化美丽上城”建设的总体要求，牵头编制《上城区生态文明建设三年行动计划(2015~2017年)》，由区府办联合发文实施。进一步完善生态文明建设考核的指标体系，健全治水、治气、治废、治堵工作机制。完成“上城区生态城区建设研究”课题调研。完成《杭州市上城区环境保护“十三五”规划》编制，并通过专家评审。

【加大生态文明建设考核力度】 年初，上城区召开建设“两美浙江”打造“美丽杭州”工作动员大会，部署生态文明建设的工作任务、工作举措，向各部门及街道印发《上城区推进“美丽杭州”建设打造“两美浙江”示范区工作任务书》。区生态办切实抓好生态文明建设目标责任制的落实，开展2014年度生态文明建设工作目标责任书验收考核及2015年目标责任书制定分解工作。与20个部门、6个街道签订2015年生态文明建设目标责任书，将相关指标及任务完成情况纳入对各单位的综合考评，重点工作任务列入“上城区领导干部实绩记录研判系统”，全区生态文明建设工作的考核力度进一步加大。

【国家级生态市创建】 2015年，上城环保分局根据市生态办要求，完成5项基本条件和19项建设指标各类台账资料的收集、整理，并报送河道治理、大气治理、城市环境基础设施、生态文化培育等8个方面的典型宣传图片。10月，环保部对杭州市创建国家级生态市进行技术评估。上城环保分局根据技术评估现场核查的要求，配合做好五柳巷、水澄桥低碳生活馆、玉皇山南基金小镇、八卦田4个点位的迎检及吴山广场的民意调查。

【推进“四边三化”专项行动】 8月11日，上城环保分局制定并印发《上城区深化“四边三化”行动方案(2015~2020年)》，方案对2015年“四边三化”工作任务进行具体分解，并制定季度行动计划，要求每月填报实施进度。针对省政协在全省开展“两路两侧”“四边三化”专项集体民主监督中发现的问题，会同南星街道、杭州铁路部门对铁路沿线“三化”情况进行核查，掌握第一手真实情况，组织开展整治工作。

（陈 曦）

精神文明建设

【概况】 2015年，上城区精神文明建设工作围绕培育和践行社会主义核心价值观这一根本，深入推进中国特色社会主义和中国梦宣传教育，策划开展公民道德宣传实践活动，不断深化群众性精神文明创建工作，切实加强青少年思想道德教育，为建设“现代化美丽上城”提供强大精神动力和有力舆论支持。

【社会主义核心价值观宣传教育】 2015年，上城区大力推进社会主义核心价值观体系建设。组织以“中国故事·上城魅力”为主题的社会主义核心价值观系列公益广告创作，广泛征集、展播具有上城特色的地名故事、厂规店训、“非遗”项目等优秀传统文化，更接地气地做好核心价值观宣传。开展“最美”相关标准制定工作，加大对身边好人好事的挖掘宣传力度。与浙江省标准化研究院合作，申报制定《道德模范培育宣传管理工作规范》市级标准。年内，该项目获立项并完成初稿。举行邻里价值观年度总结暨“最美邻里”(道德模范)颁奖大会，颁奖活动在杭州电视台综合频道黄金时段全程播出。成立“最美人物”(道德模范)巡回宣讲团，在全区各系统、各单位开展巡回宣讲近100场，听众1万余人次。以“智慧云”“民情E点通”平台为依托，创办全市首个“网上邻居节”，使邻里之间也玩起“互联网+”，居民动动手指，就能在手机客户端“民情E点通”上找到邻居帮助，包括为社区建设提出意见建议。10月，区委宣传部与浙江大学传媒与国际文化学院合作创建的特色教育实践平台——“社会主义核心价值观暨马克思主义新闻观”教育实践基地第一期项目顺利结题，形成书籍《山南水北皇城根》、微视频《品质湖滨和谐家园》等成果。

【公民道德建设】 2015年，上城区以雷锋广场为主阵地，以“学习雷锋好榜样，争做最美上城人”为主题，常态化开展学雷锋志愿服务活动。依托“在职党员进社区”志愿服务平台，在全区层面开展“微心愿”活动。组织开展首个“烈士纪念日”系列活动，举办烈士英雄事迹图片展，开设《网上纪念》栏目，走访慰问烈士家属。举办第十二届上城区邻居节，评选表彰于再秒等30户上城“最美邻里”，其中3户“最美邻里”获杭州市“好邻居”称号。举办道德模范巡讲活动，制作发布上城“凉茶地图”及节俭养德倡议书，发放各种宣传资料1.6万份。

【群众性精神文明创建活动】 2015年，上城区以迎接全国文明城市复评和省、市文明办对上城区文明指数测评为契机，深化文明城区创建工作。对照测评体系标准，开展自查自纠，及时查漏补缺；对照上级反馈的测评结果，召开通报分析会，督促整改提高。充分利用工地围挡、广告牌、宣传橱窗、江堤墙面等载体，开展公益广告宣传，营造创建文明城区浓厚氛围。年内全区成功创建全国文明单位2个、省级文明单位(社区)2个、市级文明单位(街道、社区)6个，“国内最清洁城市”示范点1个。

【群众文化活动】 2015年，上城区举办元宵灯会、第二届上城区合唱节、第十四届上城区歌手大赛、第四届文艺团队联合会艺术节暨第十一届 “城市一家人”

11月18日，上城区第十三届邻居节暨首届网上邻居节启动

(区委宣传部　供稿)

艺术节等群众文化活动。利用春节、元宵节、清明节、端午节、中秋节等传统节日,开展主题鲜明、艺术性强、群众参与度高的系列文化活动。推进以居家文化服务、“百团百场”公益演出、送戏送电影进社区、公共文化免费培训、向文体团队赠送器材、发放文体惠民消费券、开展国民体质免费监测为主要内容的“七送”文体惠民工程。全年举办各类文体免费培训班247期,受益群众3.51万人次。

【未成年人思想道德建设】 2015年,上城区完善校外阵地建设,新增社区青少年俱乐部等校外青少年思想教育阵地54个,实现社区青少年俱乐部全覆盖。通过打造“都DO”城、开办“四点半课堂”、创建图书漂流站等形式,丰富青少年课余生活和社会实践。结合党政中心工作,组织开展“五水共治”主题宣传、“扫洒应对”等活动,吸引未成年人共同参与。举办暑期“温暖向日葵”公益夏令营活动,为外来务工人员子女提供学业辅导、暑期安全教育、社会实践教育等志愿服务。推出“公民爱心日”活动,为特殊青少年群体筹集善款26万余元、图书4971册。

(沈伟霞)

2015年区级主要机构及负责人名单

中国共产党杭州市上城区第九届委员会

书　记:缪承潮
副书记:陈　瑾(女)
　　　　袁建祥
常　委:缪承潮
　　　　陈　瑾(女)
　　　　袁建祥
　　　　王越剑(援藏)
　　　　黄爱芳(女)
　　　　金承涛
　　　　金晓东
　　　　陈秋芳(女)
　　　　陈益伟(挂职,2015年1月止)
　　　　管光尧
　　　　秦　文(女)
　　　　张淦华
　　　　斯　力(挂职,2015年8月止)
　　　　来剑波
　　　　童玉玲(女)(2015年6月起)
委　员:(按姓氏笔画为序)
　　　　丁晓芳(女)
　　　　王越剑(援藏)
　　　　毛素云(女)
　　　　叶　榕
　　　　朱黎明
　　　　任　平
　　　　李一青(女)
　　　　李森红(女)
　　　　来剑波
　　　　余　勇
　　　　张淦华
　　　　陈　勇
　　　　陈　瑾(女)
　　　　陈秋芳(女)
　　　　陈益伟(挂职,2015年1月止)
　　　　周　莹(女)
　　　　周忠诚
　　　　金承涛
　　　　金晓东
　　　　施金良
　　　　宣　寅(女)
　　　　秦　文
　　　　袁巧玲(女)
　　　　袁建祥
　　　　陶晓亮
　　　　黄爱芳(女)
　　　　章　琪(女)
　　　　斯　力(挂职,2015年8月止)
　　　　蒋　莉(女)
　　　　韩丽华(女)
　　　　鲁　军
　　　　童玉玲(女)(挂职,2015年6月起)
　　　　管光尧
　　　　缪承潮

候补委员：林国平
季黄辉
方本成
卢　江
傅莉萍(女)
黄涌泉

区委工作部门

中国共产党上城区纪律检查委员会

书　　记：金晓东
副 书 记：吴电荣
毛明秀(2015年4月起)
常　　委：金晓东
吴电荣
毛明秀(2015年4月起)
孙丽敏(女)
胡建宏(女)
沙莉萍(女)
何　靖

区委办公室

主　　任：周忠诚(2015年3月止)
陈　勇(2015年3月起)

组织部

部　　长：陈秋芳(女)

老干部局

局　　长：杨　敏(女)

宣传部

部　　长：金承涛

统战部

部　　长：袁巧玲(女)

政法委

书　　记：袁建祥

编委办

主　　任：林文杰

区直机关工委

书　　记：黄涌泉(2015年3月止)
姚　杰(2015年6月起)

信访局

局　　长：陈　钢

党史研究室

主　　任：周朝星

上城区第十四届人民代表大会常务委员会

主　　任：丁晓芳(女)
副 主 任：顾文友
李　静(女)
王国民(2015年1月止)
韦　云(女)
沈　民(2015年1月起)
顾敏达
朱荷芳(女)
党组书记：丁晓芳(女)

区人大常委会工作部门

人大办公室

主　　任：邬晓华

法制和内务司法工作委员会

主　　任：谢根福

财政经济工作委员会

主　　任：许　强

城乡建设环境保护工作委员会

主　　任：陈　伟

教育科学文化卫生和民族宗教华侨工作委员会

主　　任：戈海光

代表工作委员会

主　　任：李光勋

上城区人民政府

区　　长：陈　瑾(女)
常务副区长：黄爱芳(女)
副 区 长：王越剑(援藏)
陈益伟(挂职，2015年1月止)
管光尧
童玉玲(女)(挂职，2015年8月起)
宣　寅(女)
马　彦
叶　榕
李增武(挂职，2015年5月起)

斯　力(挂职,2015年9月止)
周国如
党组书记:陈　瑾(女)

区政府工作部门

政府办公室

主　　任:柴闻乐

发改经信局

局　　长:陶晓亮
党委书记:陶晓亮

教育局

局　　长:蒋　莉(女)(2015年1月止)
项海刚(2015年1月起)
党委书记:蒋　莉(女)(2015年1月止)
项海刚(2015年1月起)

科技局

局　　长:卢　江(2015年5月止)
杨　东(2015年5月起)
党委书记:卢　江(2015年5月止)
杨　东(2015年5月起)

民族宗教局

局　　长:薛迓冰(女)(2015年5月止)
林系州(2015年7月起)

监察局

局　　长:谢　宁(2015年5月止)
吴电荣(2015年5月起)

民政局

局　　长:金水根
党组书记:金水根

司法局

局　　长:郑　平
党组书记:郑　平

财政局

局　　长:季黄辉
党委书记:季黄辉

人力社保局

局　　长:方本成(2015年5月止)
孙　锦(2015年5月起)
党委书记:方本成(2015年5月止)
孙　锦(2015年5月起)

住房和城建局

局　　长:沈武洪
党委书记:沈武洪

商务局

局　　长:孙　锦(2015年5月止)
钟　黎(女)(2015年5月起)
党委书记:孙　锦(2015年5月止)
钟　黎(女)(2015年5月起)

风景旅游局

局　　长:钟　黎(女)(2015年5月止)
薛迓冰(女)(2015年5月起)
党组书记:钟　黎(女)(2015年5月止)
薛迓冰(女)(2015年5月起)

文广新局

局　　长:丁建华
党组书记:丁建华

卫生和计划生育局

局　　长:杜秀芬(女)
党委书记:杜秀芬(女)

审计局

局　　长:胡建宏(女)(2015年5月止)
石荣祥(2015年5月起)
党组书记:胡建宏(女)(2015年5月止)
石荣祥(2015年5月起)

统计局

局　　长:周建康(2015年5月止)
薛鸿翔(2015年5月起)
党组书记:周建康(2015年5月止)
胡建宏(女)(2015年5月起)

市场监督管理局

局　　长:毛学庆
党组书记:毛学庆

城管局

局　　长:林国平(2015年3月止)
黄涌泉(2015年3月起)
党委书记:林国平(2015年3月止)
黄涌泉(2015年3月起)

安全监管局

局　　长:楼复进

党组书记：楼复进

区法制办

主　　任：惠海涛（2015 年 12 月止）

　　　　　徐志忠（2015 年 12 月起）

党组书记：惠海涛（2015 年 12 月止）

公安分局

局　　长：秦　文（女）

党委书记：秦　文（女）

行政审批服务管理办公室

主　　任：徐俊明（2015 年 12 月止）

　　　　　周常生（2015 年 12 月起）

党组书记：徐俊明

政协上城区第四届委员会

主　　席：余　勇

副 主 席：刘志安

　　　　　陈小玲（女）（2015 年 1 月止）

　　　　　方　莉（女）（2015 年 1 月止）

　　　　　何明俊（2015 年 1 月起）

　　　　　袁巧玲（女）

　　　　　陈少华

　　　　　俞　朔（2015 年 1 月起）

秘 书 长：吴诗兵

党组书记：余　勇

区政协机关

政协办公室

主　　任：吴诗兵

提案委员会

主　　任：胡　勇

经济科技委员会

主　　任：伍天舒（2015 年 6 月止）

　　　　　吴　坚（2015 年 6 月起）

城建和人口资源环境委员会

主　　任：徐志忠

社会法制和港澳台侨委员会

主　　任：吴　坚（2015 年 6 月止）

　　　　　严　莺（女）（2015 年 6 月起）

文史和教文卫体委员会

主　　任：瞿旭平（女）

委员工作委员会

主　　任：张　璐（女）

民主党派和工商联

民革上城总支

主　委：林巾巾（女）

副主委：郑永宁

　　　　朱葆琳（女）

民盟上城区基层委员会

主　委：周常生

副主委：周芸佳（女）

　　　　牟晓军

　　　　钟荣川

　　　　王双林

民建上城区基层委员会

主　委：吴美萍（女）

副主委：李国平

　　　　梅建群（2015 年 1 月止）

　　　　张　敏（2015 年 1 月起）

　　　　潘志超（2015 年 1 月止）

民进上城区基层委员会

主　委：薛鸿翔

副主委：吴　坚（女）

　　　　俞富根

　　　　徐　敏

农工党上城区基层委员会

主　委：韦　云（女）

副主委：宋　燕（女）

　　　　吴桂萍（女）

　　　　赖晓刚

致公党上城总支

主　委：杨　帆（女）

副主委：陶　群

　　　　王容峰

　　　　严　明（女）

　　　　丘永宁

九三学社上城区基层委员会

主　委:徐志忠

副主委:杨占友

工商联

主　　席:薛鸿翔(2015 年 7 月止)

　　　　　杨　帆(女)(2015 年 7 月起)

党组书记:陈砚菁(女)

法院

院　　长:施金良

党组书记:施金良

检察院

检 察 长:李森红(女)

党组书记:李森红(女)

人武部

部　　长:张淦华

政　　委:吕朝阳

群团机关

总工会

主　　席:韩丽华(女)

党组书记:韩丽华(女)

团区委

书　　记:洪梦君(女)

妇　联

主　　席:周　莹(女)(2015 年 7 月止)

　　　　　赵　楠(女)(2015 年 7 月起)

党组书记:周　莹(女)(2015 年 6 月止)

　　　　　赵　楠(女)(2015 年 6 月起)

科　协

主　　席:金燮彪

党组书记:金燮彪

残　联

理 事 长:林　森

党组书记:林　森

红十字会

会　　长:马　彦

街　道

湖滨街道

党 工 委 书 记:毛素云(女)

人大工委主任:毛素云(女)(2015 年 12 月止)

　　　　　　　严民强(2015 年 12 月起)

办 事 处 主 任:杨盛强

清波街道

党 工 委 书 记:陈　勇(2015 年 3 月止)

　　　　　　　周忠诚(2015 年 3 月起)

人大工委主任:陈　勇(2015 年 3 月止)

　　　　　　　陈兴义(2015 年 12 月起)

办 事 处 主 任:倪受南

小营街道

党 工 委 书 记:任　平(2015 年 12 月止)

　　　　　　　丛培龙(2015 年 12 月起)

人大工委主任:任　平(2015 年 12 月止)

　　　　　　　陆建华(2015 年 12 月起)

办 事 处 主 任:章　琪(女)(2015 年 12 月止)

　　　　　　　惠海涛(2015 年 12 月起)

望江街道

党 工 委 书 记:朱黎明

人大工委主任:朱黎明(2015 年 12 月止)

　　　　　　　胡筱飞(2015 年 12 月起)

办 事 处 主 任:裘华君

南星街道

党 工 委 书 记:鲁　军

人大工委主任:鲁　军(2015 年 5 月止)

　　　　　　　卢　江(2015 年 5 月起)

办 事 处 主 任:杨　东(2015 年 5 月止)

　　　　　　　周　莹(女)(2015 年 5 月起)

紫阳街道

党 工 委 书 记:谢　宁

人大工委主任:李一青(女)(2015 年 3 月止)

　　　　　　　林国平(2015 年 3 月起)

办 事 处 主 任:王斌达

(毛静波)

中共上城区委员会

Shangcheng District Committee of Hangzhou Committee of the CPC

综 述

【区委全委会】 2015 年，中共杭州市上城区委共计召开 1 次全委会，为 7 月 29 日召开的九届十三次全体(扩大)会议。会议学习贯彻习近平总书记在浙江考察时的重要讲话精神和省委十三届七次全会、市委十一届九次全会精神，部署加快提升发展品质重点工作，审议通过《关于强化党建统领巩固政权基础创新基层社会治理的意见》。区委书记缪承潮代表区委常委会做题为“贯彻落实习近平总书记重要讲话精神，更进一步、更快一步推动‘四个全面’战略布局的上城实践”的报告。

【区委常委会会议】 2015 年，区委召开常委会会议 23 次。常委会内容包括传达学习十八届五中全会和省委十三届七次全会、市委十一届九次全会精神，全国“两会”精神，中央和省、市经济工作会议精神等，围绕建设“现代化美丽上城”目标和落实“四个全面”战略布局，就如何贯彻会议精神和解决上城经济社会发展的重大问题进行研究。

【经济社会发展“十三五”规划建议制定】 12 月 25 日，上城区委召开常委会，学习贯彻中共十八届五中全会精神，结合上城实际，研究“十三五”时期上城经济社会发展的一系列重大问题，制定上城区经济社

2015 年中共上城区委重要文件题录

表 3

发文字号	发文日期	标　　　题
上委〔2015〕1 号	2015-01-19	中共杭州市上城区委印发《关于推行区直党(工)委、党组书记基层党建“第一责任”清单底线管理的实施意见》的通知
上委〔2015〕11 号	2015-01-30	中共杭州市上城区委关于 2014 年落实党风廉政建设责任制主体责任情况的报告
上委〔2015〕12 号	2015-03-10	中共杭州市上城区委关于印发《中共杭州市上城区委常委会 2015 年工作要点》的通知
上委〔2015〕14 号	2015-04-15	中共杭州市上城区委、上城区人民政府关于报送第三批全国社区治理和服务创新实验区的请示
上委〔2015〕16 号	2015-04-08	中共杭州市上城区委关于进一步加强人大工作充分发挥人大作用的意见
上委〔2015〕17 号	2015-04-09	中共杭州市上城区委、上城区人民政府关于表彰 2013~2014 年度上城区文明单位的决定
上委〔2015〕19 号	2015-04-23	关于调整中共杭州市上城区委新经济与社会组织工作委员会的通知
上委〔2015〕21 号	2015-04-24	批转《2015 年普法依法治区工作意见》的通知
上委〔2015〕24 号	2015-04-29	中共杭州市上城区委关于党风廉政巡查工作的实施意见(试行)
上委〔2015〕25 号	2015-05-04	中共杭州市上城区委关于印发《落实 2015 年度党风廉政建设责任书问题整改措施》的通知
上委〔2015〕26 号	2015-05-04	中共杭州市上城区委关于同意成立上城区法学会的批复

续表 3

发文字号	发文日期	标　　　题
上委〔2015〕28 号	2015-05-07	中共杭州市上城区委恳请市委常委会专题研究上城工作的请示
上委〔2015〕29 号	2015-05-11	关于同意上城区青年联合会换届工作的批复
上委〔2015〕31 号	2015-05-25	中共杭州市上城区委关于印发《上城区党风廉政建设党委主体责任和纪委监督责任工作清单(试行)》的通知
上委〔2015〕33 号	2015-06-02	中共杭州市上城区委关于认真贯彻习近平总书记在浙江考察时重要讲话精神的通知
上委〔2015〕35 号	2015-07-03	中共杭州市上城区委、上城区人民政府关于 2014 年度综合考评结果的通报
上委〔2015〕37 号	2015-07-14	中共杭州市上城区委关于印发《区管领导干部实绩记录研判制度(试行)》的通知
上委〔2015〕39 号	2015-08-12	中共杭州市上城区委关于强化党建统领巩固政权基础创新基层社会治理的意见
上委〔2015〕41 号	2015-09-09	中共杭州市上城区委关于对湖滨指挥部等 7 家单位试行属地监督管理的通知
上委〔2015〕44 号	2015-11-12	中共杭州市上城区委关于认真学习宣传贯彻党的十八届五中全会精神的通知
上委〔2015〕45 号	2015-11-23	中共杭州市上城区委关于巡视反馈意见整改方案的报告
上委〔2015〕46 号	2015-11-24	中共杭州市上城区委关于加强和改进区纪委派驻机构统一管理工作的意见
上委〔2015〕47 号	2015-11-24	中共杭州市上城区委关于同意召开区第十四届人民代表大会第五次会议的批复
上委〔2015〕48 号	2015-11-24	中共杭州市上城区委关于同意召开政协第四届杭州市上城区委员会第五次会议的批复
上委〔2015〕52 号	2015-12-22	中共杭州市上城区委、上城区人民政府关于建设金融人才管理改革实验区的若干政策意见
上委〔2015〕53 号	2015-12-25	中共杭州市上城区委、上城区人民政府关于加快推进红十字事业发展的意见
上委〔2015〕54 号	2015-12-31	中共杭州市上城区委关于印发《落实省委巡视组反馈意见整改方案》的通知

(沈　琪)

会发展“十三五”规划建议。“建议”提出要以五大理念为统领，把创新作为发展的第一动力，坚定走“绿水青山就是金山银山”的路子，全面提高对外开放和国际化水平，推动“有限空间、无限发展”，提前实现地区生产总值、人均生产总值比 2010 年翻一番。“建议”对“十三五”时期的功能布局、城区布局、社会治理、生态环境建设、民生保障、公共服务等工作提出具体意见。

组织工作

【概况】 2015 年，上城区有中国共产党党组 18 个、基层组织 1430 个(党委 87 个、党总支 44 个、党支部 1299 个)，有中共党员 26784 人。上城区围绕“优化结构、提升合力”的目标，选优配强区管领导班子。全年对 33 个区管领导班子进行调整，新提拔区管领导干部 24 人、交流 32 人。通过述职述德述廉述法、民主测评、干部选拔任用“一报告两评议”、干部约谈等途径，了解全区领导班子的履职情况，以及干部队伍建设中的突出问题，摸清干部思想动态，为调整配强领导班子掌握第一手资料。着眼防止干部“带病提拔”，探索建立区管干部初始提名库。坚持实绩导向，运用大数据思维、信息化手段，建立升级领导班子成长分析体系和区管领导干部个人实绩记录研判系统。开展机关干部下基层工作，实施“上城青干线”年轻干部“墩苗计划”。深化高素质干部培养工程，大力开展干部教育培训。贯彻落实“从严治吏”要求，切实加强对干部的管理监督。从“制度+技术”入手，构建以区委党建工作领导小组为核心的“1+5”大党建工作运行体系。围绕贯彻落实“双基十条”，实施“网格+网络”“引领+引导”的“双网双引”强基固本行动，该做法得到副市长戚哮虎批示肯定。深化“民情 E 点通”

大党建平台，实现平台功能从单一服务到多元运用、内部自转到开放联动的转变。创新品牌服务机制，全力构筑两新(新经济组织和新社会组织)工作新业态。加强组织工作宣传，区委组织部上报信息被中央信息刊物录用5篇、省级信息刊物录用12篇、市级信息刊物录用24篇。上城区组织工作被新华社等国家级媒体报道6次。新华社国内动态清样刊登《唤醒"瞌睡的"党务资源，实现"数据化"党员管理》一文介绍上城区在职党员开展社区服务工作，得到中共中央政治局委员、书记处书记、中组部部长赵乐际批示肯定。

【领导班子建设】 2015年，上城区对全区54个区管领导班子、350余名区管干部进行回访考核，全面征求意见建议，并对区直班子五年任期目标完成情况进行考核。全年对33个区管领导班子进行调整。加强街道领导班子建设，精简街道党工委副书记职数，单独配备街道纪工委书记、宣传委员。交流调整部分区直部门领导干部，从街道提拔到部门担任领导7人，从部门提拔到街道担任领导4人。配合省委巡视组完成对上城区选人用人工作专项检查。

【干部初始提名机制建立】 2015年，上城区根据《干部任用条例》和省委"五个办法"精神，规范干部选拔任用工作。制定动议提名工作程序，严把干部选任"第一道关口"。完善区管正、副职领导干部选拔任用初始提名库，根据干部的不同类型和特长，对初始提名库人员按照党务、经济、城建、管理、综合等类型进行分类管理，并设立干部实绩台账和问题台账。明确区委"一把手"和组织部门作为干部任用动议的建议主体，其初始提名人选原则上要求在初始提名库中产生，规范干部提名权，克服提名随意性。6月，在选拔4名区管正职领导干部动议启动前，通过单位党组织推荐、全区领导干部大会署名推荐等方式广泛征求意见建议，分析得票票数、来源、原因，充分发挥党组织的把关作用。

【年轻干部培养】 2015年，上城区根据后备干部队伍建设规划，调整市管、区管后备干部队伍名单。利用年度考核的机会，了解掌握1988年后出生的干部苗子培养情况，打造年轻干部"蓄水池"。推进年轻干部锻炼培养平台建设，开展机关干部下基层活动。推出"上城青干线"年轻干部"墩苗计划"，选定望南望北拆迁指挥部、玉皇山南基金小镇、望江智慧产业园等作为年轻干部"墩苗"基地，选派50余名年轻干部到重点工程等一线锻炼。通过走访座谈、"墩苗"干部撰写工作小结、接收单位出具鉴定意见、组织民主评议等形式，加强对"墩苗"干部跟踪了解和实绩考核。全年选拔任用35岁以下区管年轻干部5人。

【干部教育培训】 2015年，上城区实施高素质干部培养工程。通过举办进修班、中青班、科级干部示范班等分类实施干部教育培训。全年选派80余名处级、科级干部参加各类培训学习。7月6~12日，上城区在市委党校开办"上城—雷山领导干部专题研讨班"，上城区和雷山县40余名领导干部围绕经济转型升级、城市和农村建设、社区服务和社会组织发展等热点、难点问题开展研讨。

【干部监督管理】 2015年，上城区针对干部管理失之于宽、失之于软问题，加强干部日常监督管理。配合省委巡视工作，开展干部超职数配备清理、领导干部社团兼职规范等工作，按照要求查摆问题，落实整改。开展区城管局等单位选人用人工作专项巡查，及时发现和解决选人用人中的问题。建立干部监督联席会议制度，确定成员单位为区纪检、信访、人力社保、审计、计生、公检法等单位，明确成员单位工作职责，形成干部管理监督合力。开展领导干部因私出国境专项治理，全面核查394名登记备案人员因私出国境证件。基本完成区管干部"三龄两历一身份"审核。开展区管干部个人有关事项抽查和考察对象个人有关事项核查，全年抽查35人、核查32人，其中批评教育10人、诫勉5人、暂缓提拔1人。探索干部监督进社区工作，把对领导干部的要求纳入社区公约，通过定期了解、实时报送和重点时段考察等方式，了解监督干部的"生活圈""社交圈"。干部考察实行家访、楼道访、社区访"三访"，对"三访"中发现的问题在查实之前一律缓议。对干部苗头性问题做到早发现、早提醒、早纠正，全年对8名干部进行诫勉谈话。

10月14日，中组部党建研究所调研组调研南星街道党建责任制落实情况
（区委组织部　供稿）

【“链式”党建工作责任体系建立】 上城区从健全各岗位党建工作责任清单入手，制定区党政领导班子、区直各党(工)委和党组、社区党委“三级N岗”党建共性和个性责任清单，通过每月对单纪实、每季实地督查、年底述职评议的“月报、季查、年评”方式，形成一整套全链条、闭环式的党建责任体系，实现基层党建责任刚性化、内容规范化、运行制度化。试点推行党建工作责任APP系统，使党建工作责任具体可查、履职记录留痕可看、考核结果直观可比。该做法被中组部党建研究所向各地推荐，《浙江领导参考》还专门介绍上城区推行区直各党(工)委、党组书记落实党建工作“第一责任”底线管理清单的做法。

【“民情E点通”手机APP平台打造】 2015年，上城区积极探索“互联网+”服务模式，全力用好“民情E点通”和党群服务微平台。在推出“爱心接力”“我来爆料”等板块的基础上，开发完善“圈子”功能板块，以党组织属地划分党建圈，以用户共同兴趣爱好为纽带建立兴趣圈，在圈内开展创意组织生活。年内，上城区在微信平台上组建各类圈子88个，吸纳圈友4066人，开展国学体验游、重游玉皇山南等活动272次，该做法被浙江电视台《党建好声音》栏目和《浙江日报》《杭州日报》介绍推广。同时，上城区率先在全市推出在职党员“最美先锋行动”义工服务活动，依托“民情E点通”平台组建12个功能型服务圈，实时在线发布招募和服务信息，组织发动在职党员在线报名并参与线下义工服务活动。

【推行“红芯”党员智能管理系统】 4月13日，区委组织部出台《上城区党员积分管理办法》，依托“红芯”智能管理系统，规范党员日常管理。通过设置党员日常管理、民主评议、正向激励、反向警示四大积分系统和基层党组织凝聚力、战斗力和服务力三大指数，把党员参与固定活动日活动、缴纳党费等信息，以及基层党组织开展“三会一课”、主题服务活动情况和党员参与率等信息全程留痕记录。全年根据积分结果，进行分类认定、分色预警、分级处置、分员帮扶，有效保持基层党员队伍的先进性和纯洁性。全年处置不合格党员12人，发展党员163人，整顿软弱落后基层党组织57个。

【健全三层级民主协商机制】 2015年，上城区深化“湖滨晴雨”民主协商议事机制，科学架构区—街道—社区三级基层民主协商机制。区层面依托区委民主协商互动机制，建立专家智库和民间智囊团，不断开启民智、汇聚民意、凝聚民力，共同协商公共事务。街道层面深化城市型街道党员代表会议制度，全面推行年会制，建立议事目录和日常事务协商联动机制，增强议事协商的参与度和透明度。社区层面大力推广“湖滨晴雨”工作法，引导社会组织参与基层协商民主，涌现杨章耀、夏一中等有影响力的党员“意见领袖”。“湖滨晴雨”工作室的相关经验做法在中组部《组工信息》上做详细介绍。

【基层党组织带头人队伍建设】 上城区建立社区党委书记定期工作交流机制，通过晒成绩、比做法，形成争先进位、比学赶超的浓厚氛围，涌现出“千名好支书”邹紫娟、“双百优秀乡村干部”傅义强等基层党员干部模范。围绕学习习近平总书记系列重要讲话精神、党章和有关“双基”(基层组织和基层政权)建设要求等内容，组织社区、两新组织党务工作者和软弱落后基层党组织负责人集中轮训，提高运用发展思维和法治方式深化改革、推动发展、化解矛盾、维护稳定和加强党的自身建设的能力和水平。

4月12日，上城区成立两新工委“和合共同体”基金　（区委组织部　供稿）

【基层党建工作保障】 2015年，上城区把社区党员活动经费由原来的每人每年50元增加到120元，确保党员固定活动日活动有充足的经费。不断充实基层党务工作者力量，配齐配强各街道组织委员、组织员、组织干事和各社区党务工作者。及时调整区、街道两级两新工委人员组成，建立项目领办、挂包走访、定期例会等制度。健全完善传递一句组织祝福、重温一遍入党誓词、认领完成一件微心愿、参与一次义工服务、发放一本“党在我心中”入党周年纪念册和入党50周年纪念章“五个一”党员“政治生日”制度，进一步强化党员身份意识和使命意识。南星街道深化基金小镇党建工作的经验做法，在全省乡镇街道两新组织党建现场推进会上做交流发言。积极探索组建新生代企业家协会党支部，引导带动区域企业党建工作。

【社会组织党建工作推进】 上城区创新运用“双孵化、项目化、信息化、规范化”的“四化”工作法，大力推进社会组织党建，先后建成“上城区社会组织展示馆”“红巷梦工场”“望江睦邻驿站”等党组织和社会组织“双孵化”阵地集群。探索区委两新工委搭台、企业出资、社会组织出力的“资本众筹·公益相亲”服务模式，通过公益相亲方式配对“公益伙伴”。全年筹集“和合共同体”基金450余万元，培育出杭州市崇文实验学校、上城区“在水一方”互助会等在省、市具有影响力的社会组织党建示范点。该做法在全省“两新”组织创建“和合共同体”深化青春党建推进会上进行交流。

【集聚区“五型”党组织建设】 上城区针对非公有制企业和社会组织大量向各类园区、商务楼宇、特色街区集聚的趋势，运用区域型、智慧型、青春型、

7月1日，上城区委为党龄分别为10年、20年、30年、40年、50年的党员代表发放入党周年纪念册和纪念章
（区委组织部　供稿）

公益型、示范型的“五型”党建创建方法推动集聚区“两新”组织“和合共同体”建设,把湖滨商圈、基金小镇、望江智慧产业园、电子机械功能区“123+1”经济发展主平台建成集聚区党建示范点,推动党建工作与经济发展良性互动、同频共振。湖滨商圈的“红色驿站”、玉皇山南基金小镇的“红色联盟”、望江智慧产业园的互联网企业联合党支部、电子机械功能区的“蓝领驿站”积极发挥作用成为全区发展强、党建强的“双品牌”示范点。湖滨商圈党建经验在全市集聚区党建工作推进会上做经验交流。

【高层次人才集聚试验区建设】 11月20日,上城区出台《关于建设金融人才管理改革试验区的若干政策意见(试行)》,就金融人才团队项目和个人的资助奖励、安家补助、引才奖励、子女入学、能力提升等做出政策规定。针对高层次金融人才认定难的问题,探索建立金融人才分类分层认定机制,根据其从业经历、专业技能、管理规模、工作业绩、地方贡献等情况,制定国内外金融顶尖人才(A类)、国内金融领军人才(B类)、区域金融领军人才(C类)、区域金融紧缺人才(D类)和金融高级人才(E类)五大类金融人才分层认定目录,根据认定结果,各类金融人才享受相应的政策待遇。组织引进“海外高层次人才”摸底和人才项目申报,推荐2人参加国家“千人计划”答辩,全年全区入选省“千人计划”专家2人、市全球引才计划专家1人。组织参加浙江·杭州国际人才交流与项目合作大会,达成人才合作意向20个,签订人才引进项目5个。全年受理高层次人才分类认定申请79人,受理购房补贴申请5人、租赁补贴申请8人。实施引才计划,开展海内外高端创新创业人才项目的征集、初审,12个项目入围评审答辩,评出A类项目5个、B类项目2个、C类项目2个,资助项目经费1500万元。

【人才队伍平台建设】 2015年,上城区加快建设高层次人才创业创新平台。借助重点打造玉皇山南基金小镇、望江智慧产业园、科技工业园“一镇两园”契机,广泛吸纳海内外高端人才到上城区创业创新。基金小镇入选第一批浙江省特色小镇。望江智慧产业园引进思科(中国)有限公司、国家数字出版杭州基地、中国铁塔股份有限公司浙江省分公司等具有重要影响力的行业、企业,园区产业和人才集聚效应初步显现。浙江博世华环保科技有限公司、杭州海兴电力科技股份有限公司、杭州捷尔思阻燃化工有限公司3个公司均在科技工业园设立省级博士后工作站。区科技创业中心通过科技部国家级孵化器审核并享受税收优惠政策,传媒梦工场新媒体孵化基地被认定为市级科技企业孵化器。 (毛静波)

宣传工作

【概况】 2015年,上城区宣传思想文化工作在理论武装、新闻宣传、舆论引导、精神文明建设和文化事业发展等方面创新进取、主动作为,取得明显成效。全市首个城市文化公园——吴山文化公园建成,受到省、市领导批示肯定,并获年度市级宣传文化工作创新奖;“现代化美丽上城”形象日益凸显;“湖滨晴雨”工作室被列为中央宣传部舆情信息直报点;在全市率先出台道德模范培育宣传管理工作规范,“最美”长效化机制不断完善;“上城发布”微博微信平台拥有粉丝10万余人,新媒体建设工作在全市100个市直单位考核中位列前10名;文化创意产业实现增加值113.52亿元,比上年(指2014年,下同)增长16.2%,占全区生产总值的13.2%,呈现强劲发展态势。

【加强理论学习】 2015年,上城区抓实两级中心组理论学习。制定《上城区委理论学习中心组2015年学习计划》,明确年度学习重点及课时安排。区委中心组围绕习近平总书记系列重要讲话精神、“中国梦”主题、学法用法和廉政建设等内容集中学习26课时,全区各层面开展形势政策宣讲活动200余场,覆盖10万人次。发挥吴山大讲堂的理论阵地作用,邀请多名专家学者做专题讲座,内容涉及政治、经济、宗教、科技、文化等方面。拓展理论学习平台,在短信平台及“上城发布”微博微信平台开通“理论速递”板块,每周定时发送理论学习内容;在《上城报》开设理论专版,根据热点时事刊载重要权威理论文章;依托小微平台倡导“微学习”系列方法,推进学习型党组织建设和理论研究。

【重大主题宣传】 2015年,上城区加强舆论宣传阵地建设,深入开展重大主题宣传活动。《上城报》、上

8月14日，上城区召开社会舆情工作现场会暨宣传工作例会　（区委宣传部　供稿）

城网、上城视频等媒体开辟“聚焦‘美丽上城’，打造‘两美浙江’示范区”、“三严三实”专题教育、“123+1”产业平台、“征地拆迁第一线”、“五水共治”、“三改一拆”等专栏，推出多角度、全方位系列报道，全面反映上城区经济社会发展的新成效。《上城报》全年出版94期，其中专版72个，并设立《曝光台》栏目，加强新闻舆论监督。

【对外宣传】 上城区制定《新闻宣传和网络舆论工作意见》和《月度宣传工作要点提示》，加强与各级媒体沟通协作。召开中央媒体驻浙机构负责人媒体交流会和专题媒体沟通会，联合进行立体式、大纵深的对外宣传，充分展示上城区的工作特色和改革创新亮点。全年在中央、省、市媒体发稿1800余篇，其中重点稿件300余篇，在有关报刊头版刊发60余篇，中央电视台《新闻联播》栏目对上城区“最美邻里”建设和小营街道“最美志愿者”活动的报道产生积极影响。

【互联网管理】 2015年，上城区出台《新闻监督应对办法》，修订舆情信息工作考核办法，建立网络舆情和媒体监督应对机制，加强网络信息安全管理。加强与专业网络监测平台合作，全方位、全时段开展网络舆情搜索，收集各单位上报舆情信息，编发《网络舆情专报》和《网络舆情综报》，并发放《舆情抄告单》，配合有关部门妥善处置涉稳事件10余起。推进新媒体和政务发布建设，完善“上城发布”网络平台，制定《2015“上城发布”网络平台工作考核办法》和《“上城发布”网络平台宣传推广计划》，“上城发布”微博发布信息2000余条、微信发布信息500余次。

【首个城市文化公园建成】 11月26日，由上城区打造的杭州市首个城市文化公园——吴山文化公园建成开放。该公园位于吴山广场西南侧的文化广场区块，占地面积1.5万平方米，围绕“活动公园、文化乐园、精神家园”的定位，设雷锋广场、读书广场、文艺广场三大区块，具有学习阅读、文艺演出、运动健身等综合功能。吴山文化公园严格按照“六个一”(一个文化标识、一个文化广场、一个文化长廊、一条文化小道、一处道德墙或善行义举榜、一批主题公益广告)的要求进行建设，充分彰显上城文化底蕴和个性特色，成为上城区践行社会主义核心价值观的主阵地和新平台。

【2015杭州美术节】 11月16~30日，由市委宣传部和区委、区政府及市文创办主办的2015杭州美术节在环球雅葵艺术中心举行。美术节以南宋历史文化

11月26日，市委常委、宣传部部长翁卫军(左三)参加杭州美术节开幕式，区委书记缪承潮(左二)陪同　（区委宣传部　供稿）

为核心,以活动、市集、体验为主要形式,举办“开幕式暨美丽中国·艺术之家（第二届)”“皇城根下艺术之旅”“全城精品联展”“街道系列活动”四大板块70余项活动,吸引20余万人次参加。推送美术节各类活动项目微信、微博300余条,阅读量2.5万人次。“2015杭州美术节皇城根下艺术之旅”微画报被微信朋友圈转发1万人次,美术节官网浏览量2万人次。

【邻里价值观实践活动】 2015年,上城区以选树先进典型、打造平台阵地、创新活动载体为抓手,培育践行社会主义核心价值观,打造邻里文化品牌。以区—街道—社区“三级联评”的方式选树典型,有300余名“最美人物”被发掘、宣传,其中有17名“最美人物”被列为全国和省、市层面的先进典型。平台建设及运行不断推进,睦邻驿站、红色生活广场、湖滨家园、“左邻右舍”社区治理创新园等相继建成,成为邻里价值观践行及成果展示的阵地。“湖滨晴雨”工作室继续发挥效应,“资本相亲会”等与民生实事项目相结合的活动载体趋于成熟,同时积极探索邻里活动线上线下互动模式,在全市首创“网上邻居节”。

【“最美”推进机制建立】 2015年,上城区以建立“最美”培育选树机制、宣传宣讲机制、活动践行机制和关爱帮扶机制为主抓手,不断推进“最美”机制的常态化建设。结合邻里价值观教育实践活动,持续做好区—街道—社区三级“最美”的推选工作,健全“最美”的发现挖掘推送渠道。“最美上城人”培育选树机制积极对接“中国好人榜”的好人推荐和省、市“最美”人物的评选表彰,做到每月向省市推荐“身边好人”。全年上城区入选“浙江好人榜”4人、“杭州好人榜”10人,入选全国“最美家庭”提名奖1户、省“最美家庭”3户。完成“道德模范培育宣传管理工作规范”的市级标准制定,该标准具有开创性。 (李安坤)

统战工作

【概况】 2015年,上城区委统战部把贯彻落实中共十八届三中、四中、五中全会精神,学习贯彻中央统战工作会议精神和习近平总书记系列重要讲话精神,以及《中国共产党统一战线工作条例(试行)》作为重大政治任务,围绕区委、区政府中心工作,以“民生统战推进年”为主题,深入挖掘文化统战理念,全力助推同心服务发展行动,充分发挥统一战线人才聚集、智力密集、联系广泛的优势,为加快建设“现代化美丽上城”提供力量支持。召开全区民主党派工作会议,引领民主党派深入开展中国特色社会主义学习实践活动,进一步凝聚力量。年内,各民主党派、工商联和知联会(知识分子联谊会)结合各自特色开展学习、调研等活动,增强民主党派成员归属感、荣誉感和使命感,进一步提升自身建设水平。

【学习贯彻中央统战工作会议精神】 6月12日,区委召开全区领导干部会议,学习贯彻中央统战工作会议精神,区委书记缪承潮主持会议并传达习近平总书记在中央统战工作会议上的重要讲话。11月5日,区委常委会学习贯彻省委统战工作会议精神。年内,区委统战部举办学习贯彻两个会议精神和《中国共产党统一战线工作条例(试行)》读书会、研讨会、知识竞赛等活动,增强各级党组织、党员领导干部统战意识,推进民主政治建设,完善包括区委领导与党外代表人士结对联系等制度。以学习贯彻中央统战工作会议精神和《中国共产党统一战线工作条例(试行)》为主题,举办党外代表人士、无党派人士读书会。围绕“三个为什么”(加入民主党派为什么、历史责任是什么、我为上城做什么),深入开展坚持和发展中国特色社会主义学习实践活动。在民族宗教界开展爱国主义教育实践活动,维护全区民族宗教领域稳定。

【党外人士座谈会】 12月18日,区委副书记袁建祥主持召开党外人士座谈会,就区委九届十四次全会报告、“十三五”规划建议和区委常委会“三严三实”专题教育情况等向党外人士征求意见建议。参会的民主党派、工商联负责人和无党派人士代表就上城国际化发展、城市建设与规划、培育和支持中小企业发展、教育改革、市场监督管理等工作建言献策。

【民主党派民主监督会】 2015年,上城区完善政府有关部门与民主党派、无党派对口联系制度,组织召开民革上城总支对区卫计局、民盟上城区基层委员会对区住房和城建局、民建上城总支对区民政局、民进上城区基层委员会对区人力社保局、农工党上城区基层委员会对区市场监管局、致公党上城总支对区财政局、九三学社上城区基层委员会对区教育局7次民主监督会，由民主党派邀请结对联系的区四套班子主要领导、区委常委参加民主监督会，推动全年重点工作、重大项目的落实。通过召开民主监督会，充分发挥民主党派、无党派人士参政议政、建言献策的积极性，提升多党合作的工作水平。

【基层统战工作培训会】 6月26日，区委统战部在区青少年活动中心举办全区基层统战工作培训会。各街道党工委分管副书记、统战委员、统战干部和各社区分管书记、统战工作人员110余人参加培训。区政协副主席、区委统战部部长袁巧玲，市侨联副主席苏挺，省民宗委有关部门负责人为统战干部授课。会上，望江街道党工委做“矛盾自我调解，协商自主创新”的交流发言，介绍基层开展民主协商的经验做法。

【党外代表人士读书会】 7月30~31日，区委统战部举办全区党外代表人士读书会。各民主党派正副主委、区工商联负责人，无党派人士代表和区侨联、区知识分子联谊会、区少数民族联谊会、区留学人员和家属联谊会（简称区留联会）、区新生代企业家联谊会代表，全区党外干部80余人参加。读书会邀请省委统战部、省社会主义学院负责人和省委党校教授做中央统战工作会议精神解读，就党外代表人士履职能力提升、“互联网+”与管理新思维等课题授课，各民主党派、社会团体围绕加强组织建设问题开展研讨。12月1~2日，区委统战部举办首期无党派人士读书会，70余名无党派人士、党外知识分子代表参加。读书会邀请省委统战部有关部门负责人做专题讲座，组织学员开展“无党派人士（知识分子）是什么、做什么、为什么”的讨论，并组织理论研究成果展示、统一战线知识竞赛等活动。

【全区统一战线信息工作会议】 9月10日，区委统战部召开全区统一战线信息工作会议，各民主党派、工商联、侨联和知联会信息工作负责人、骨干信息员40余人参加。会议要求各民主党派和群众团体加强对信息工作组织领导和队伍建设，完善信息采集和调研机制，提高信息报送及时性、准确性、有效性。会议邀请市委统战部调信处负责人到会指导，民盟上城区基层委员会副主委牟晓军，区知联会副会长、民建上城区基层委员会委员何奇在会上分别介绍信息工作经验。

【上城旅港同乡会成立】 3月7日，上城旅港同乡会在香港举行成立庆典，90余名同乡会会员和香港各界嘉宾齐聚一堂，共同庆贺同乡会成立。市委副书记杨戍标到会并致贺词。市政协副主席、市委统战部部长董建平，区委副书记袁建祥，区委常委来剑波，区政协副主席、区委统战部部长袁巧玲等领导和杭州市海外联谊会、兄弟城区（县、市）同乡会会长等出席。当选会长、香港好德利集团总裁马仁德代表首届同乡会和理事会表示，将积极参与香港和上城的经济、文化交流，努力把同乡会打造成上城区在香港展示、宣传的窗口，服务旅港同乡的港湾，促进上城与香港的经济互动与合作。当日，香港《文汇报》对上城区经济、历史、文化、旅游等区情做详细介绍。

【“统一战线同心同行”活动】 12月16日，区委统战部在吴山广场举行“喜迎G20·统一战线同心同行”活动启动仪式暨绿色环湖骑行宣传活动，正式拉开全区统一战线服务保障G20杭州峰会序幕。区委副

3月7日，上城旅港同乡会在香港举行成立庆典　　（区委统战部　供稿）

书记袁建祥，区政协副主席、区委统战部部长袁巧玲和全区各民主党派、工商联负责人，无党派人士代表，民族宗教界、侨界代表100余人参加启动仪式。民盟上城区基层委员会副主委周芸佳、凤凰清真寺教职人员杜永波代表统一战线成员分别发出倡议，动员广大统一战线成员积极投入G20杭州峰会各项服务保障工作，立足岗位建功立业，争当保障峰会的“宣传员、监督员、实践员、劝导员、安全员”。现场成立11支服务保障峰会志愿者队伍，袁建祥、袁巧玲为志愿者队伍授旗。启动仪式后，在场人员进行公共自行车环湖骑行宣传活动。

【“民族风情、宗教文化”摄影展】 10月14~22日，由区民宗局主办、区知联会承办的“民族风情、宗教文化”摄影展第12站即最后一站，在杭州钱塘书画研究社展出。此前，摄影展在上城区各街道、社区巡回展出。摄影展以多视角展现上城区特有的民族、宗教、风土人情和文化内涵。巡展活动历时一年。

（吕火良）

老干部工作

【概况】 2015年，全区有离休干部156人，离休干部党支部10个，离休干部平均年龄87.6岁；有副区级以上离退休老领导32人。11个部门、6个街道有涉老工作。区委老干部局把为党的事业增添正能量作为老干部工作的价值取向，充分发挥老干部队伍智慧优势、经验优势、威望优势，组织引导老干部为建设“现代化美丽上城”贡献余热。加强老干部管理服务机制建设，总结推广老干部工作经验，分析老干部工作新情况、新问题，协调有关部门和社会各方面关心、支持老干部工作。找准老干部工作与中心工作的结合点，引导老干部在“五水共治”、G20杭州峰会服务保障等中心工作中发挥引领作用。明确年度工作重点，组织老干部参加理论学习、有关会议和重大活动。推进区老干部活动中心和老年大学“两个阵地”建设，组织老干部开展各种有益身心健康的文体活动。贯彻落实老干部易地安置政策，协调有关部门做好老干部的医疗保健、生活服务等工作。全区老干部工作实现从具体服务到汇聚老干部正能量的转型，凸现老干部工作在新的历史时期的新作用。

【离退休干部党支部管理创新】 6月，区委老干部局在离退休干部党支部中开展“最美风采”离退休干部党支部评比工作，29个离退休干部党支部参与评比，望江街道离退休干部党支部等8个党支部被评为区级“最美风采”离退休干部党支部，在微信平台上播出各党支部“最美风采”。在老年大学成立老年大学临时党支部，在老干部活动中心成立钱潮夕阳临时党支部。根据老干部居住点分散的实际，分片分区块建立党组织，推进离退休干部就近参加学习、参加活动、接受服务、发挥作用。把离退休干部党支部建设纳入上城区“红芯系统”进行管理，与区直机关党建工作同部署、同考核、同表彰。建立健全离退休干部党支部“三会一课”、党员固定日活动、党支部家访等制度，党支部工作做到组织覆盖、班子健全、制度完善、活动经常性开展。

【《光辉岁月——上城老战士的激情人生》出版】 3月，区委组织部(区委党史研究室)、区委老干部局、区档案局联合启动“红色典藏”抢救性采访活动，把此项工作作为完善党史、补充档案的一项重大举措。通过老干部口述、执笔人员记录的方法，把老干部一生中不同时期的不寻常经历记录下来。先后采集48名离休干部的革命经历和红色岁月，于9月出版《光辉岁月——上城老战士的激情人生》(内部出版)一书。该书由区委书记缪承潮作序，区委常委、组织部部长陈秋芳担任编委会主任，区委组织部常务副部长周朝星担任主编。“红色典藏”抢救性采访活动期间，区委老干部局把抗日战争时期参加革命工作老干部的荣誉照、军装照、战斗场景照等统一收集扫描，于8月7~11日，在浙江赛丽美术馆举办“翰墨飘香歌盛世·老骥伏枥志犹存”——上城区老干部大型图片和书画展，后移至上城区会议中心继续展出。

【家风家训收集整理】 2015年，区委老干部局结合实施“红色典藏”采访活动，收集老干部好的家风、家训，以此引领社会风尚。通过广泛收集、系统整理，把老干部的好家风归纳为“革命世家好家风篇”“艰苦奋斗好家风篇”“书香门第好家风篇”“勤俭持家好家风篇”“助人为乐好家风篇”五大类。其中,“革命世家好家风篇”介绍孙存智、陈觉民等离休干部的爷爷辈、父辈为真理而投身革命,他们的子孙为延续革命传统,又加入解放军、武警部队、公安干警等行列保卫祖国、服务人民的事迹;“助人为乐好家风篇”介绍离休干部曲鸿秀出资20万元支援家乡建设、以及离休干部朱劲直一家结对帮扶贫困山区孩子等助人为乐事迹。区委老干部局把老干部的好家风在《上城报》设专栏予以广泛宣传,并把曲鸿秀的事迹编成剧本在全区巡演。《浙江老年报》对上城区老干部的好家风连续进行报道。

8月28日,缪承潮、陈瑾等区领导为参加抗日战争老兵颁发抗日战争纪念章
(区委老干部局　供稿)

【老干部建言献策】 2015年,区委老干部局组织老干部开展建言献策工作,搭建老干部发挥余热的平台。先后组织离休干部、区四套班子老领导参加区“两会”、区委九届十三次全体(扩大)会议、区领导干部大会、区第九届纪律检查委员会第五次全体(扩大)会议、区人大工作会议等重要会议16次。老干部对参加重要会议表现出很高热情,认真听取报告,逐字逐句阅读材料,积极提出意见建议。其中在区委九届十四次全会和“十三五”规划建议征求意见座谈会上,区人大常委会原副主任唐世兴等3名老领导针对教育、就业、医疗等方面提出意见建议10余条。全年区委老干部局组织150余名老干部,以“展示阳光心态、体验美好生活、畅谈发展变化”为主题,开展“走基层、看变化、促发展”活动。每到一处,老干部详细了解基层的发展变化及存在的困难问题,在座谈会上热烈发言,提出真知灼见,许多建议被有关部门采纳。全年组织老干部区情通报会4次,分别由区委常委、常务副区长黄爱芳,区委常委、区纪委书记金晓东,副区长叶榕、周国如通报分管工作情况。

【老干部“红色”主题系列活动】 9月,区委老干部局为纪念中国人民抗日战争暨世界反法西斯战争胜利70周年,组织老干部开展“我的从军路”演讲、重温入党宣誓、为抗战老兵颁发纪念章、观看影视《百团大战》和《保卫钱塘江大桥》、观看大阅兵等系列活动16场。组织老干部开展“红色之旅”活动10次,包括参观中共杭州小组纪念馆、杭州市党史馆,坐落在桐庐县境内的浙东人民解放军金萧支队纪念馆,以及淞沪会战纪念馆、台儿庄纪念馆等。组织离休干部参加省、市举办的“最美老干部先进事迹”报告会,以及组织离退休党支部书记开展“三严三实”专题学习等活动10次。

【离退休老干部服务】 2015年,区委老干部局创新老干部管理服务机制,做好老干部管理服务工作。全年走访慰问离休干部120人,走访住院老干部36人。配合区四套班子领导走访离退休老领导29人,走访老红军、老干部遗属15人。结合庆祝中国共产党成立94周年和纪念抗日战争胜利70周年,集中走访慰问抗日战争时期参加革命工作的老干部35人;暑期高温期间走访老干部68人。区委老干部局、区卫计局、区中医院联合打造“责任医生”组团为老干部提供保健服务。全年组织36名老干部参加五云山疗养院体检疗养,组织9名抗日战争时期参加革命工作的老干部进行为期一个月的避暑休养。组织75名离休干部全面体检。为老干部办理各类诉求247件,帮助易地安置的老干部落实体检疗养费、公用经费、特需经费。政策范围内的诉求做到“零拖欠”,政策范围外的诉求耐心做好说服解释,为老干部提供多方面的个性化、亲情化服务。 (周雨涵)

未成年人管理

【概况】 2015年，上城区有关工委组织148个。其中，一级关工委组织1个(区关工委)，二级关工委组织7个(6个街道和区教育局)，三级关工委组织140个(社区关工委54个，中小学、幼儿园关工委69个，区教育局直属部门关工委4个，民营企业关工委13个)，关心下一代工作人员6865人。健全“五老四团一组一员”队伍，积极组织“五老”参加关工委工作。离退休人员中参加区级顾问团32人、讲师团10人、关爱团11人、科技服务团10人、网吧义务监督员104人。区关工委用社会主义核心价值观引领青少年，以改革创新精神推进关心下一代工作，着力提高青少年思想道德素质、科学文化素质和健康素质，全区关心下一代工作呈现良好氛围。

资料 **“五老四团一组一员”**:“五老”指老干部、老战士、老专家、老教师、老模范;“四团”指讲师团、关爱团、科技团、顾问团;“一组”指18人关爱维权小组;“一员”指网吧监督员。

【“学法践行·健康成长” 主题教育活动】 2015年，区关工委围绕“三爱”(爱学习、爱劳动、爱祖国)宣传教育，以纪念中国人民抗日战争暨世界反法西斯战争胜利70周年为契机，坚持培育，重在实践，在青少年中开展 “学法践行·健康成长” 主题教育活动。区关工委会同杭州清泰实验学校关工委举行主题教育启动仪式，根据主题教育内容，设置法治宣传、温暖教育等项目。各级关工委将主题教育与思想道德教育、学习英雄模范人物先进事迹和身边典型、开展社会实践和公益活动相结合。全年各级关工委开展社会实践活动1048次，参与活动青少年5.16万人次。

【爱国主义教育活动】 2015年，上城区各级关工委利用新兴媒体进行形式多样的爱国主义教育，引导青少年树立社会主义理论自信、道路自信、制度自信。4月1日，区关工委与清波街道党工委、省军区警卫连、吴山商圈党委、杭州娃哈哈小学一年级新生200余人，在云居山浙江省革命烈士纪念碑前参加“缅怀革命先烈事迹，共建幸福人文清波”清明扫墓活动。暑期，区关工委安排“奋飞奖”获得者参加奋飞夏令营活动，组织参观余杭共青团历史纪念馆和新四军被服厂旧址。“八一”建军节，清波街道关工委与省军区某部举行庆祝建军88周年活动，省军区原司令员黎青为辖区干休所5名抗战老兵授予绣有 “清波地区抗战老兵宣讲团” 字样的红色旗帜和荣誉证书，并宣布“清波地区抗战老兵宣讲团”正式成立。8月，区关工委会同市关工委组织电影放映队进校园，为中小学生播放有关抗战题材的电影，引导青少年铭记历史，弘扬爱国主义精神。10月27日，区关工委在区青少年活动中心举行“践行核心价值观，携手共筑中国梦”主题演讲比赛，35人参加。

【“假日学校”创办】 2015年，区关工委本着“拓宽视野、促进交流、丰富生活、提高质量”的办学宗旨，积极推进“假日学校”创办工作。“假日学校”以“五老”和党员、教师、民警、法官、医生为师资力量，并吸收大学生志愿者担任“假日学校”辅导员。各级关工委以“假日学校”为依托，开办课业辅导、常识培训、兴趣培养等课程，教学活动采用孩子们喜爱的形式，注重趣味性、互动性。市关心下一代基金会和区关工委加大对青少年教育基地建设投入，社会各界同时给予大力支持。其中湖滨街道东坡路社区向日葵爱心课堂等9个重点青少年教育基地得到13万元资助。至年末，上城区有“假日学校”38所，总面积7363平方米，接纳学生2.9万人。

【“雏鹰奋飞”结对助学活动】 2015年，区关工委发动成员单位及社会力量结对资助，多渠道做好“雏鹰奋飞”结对帮困助学品牌工作。扩大对贫困生资助的范围，将特困生建档入册，对符合要求的贫困大学生、高中生通过张榜公示进行资助。全年受到资助的贫困学生133人，资助款23.38万元。并设立“奋飞奖”，激励特困生奋发向上，树立信心。7月22日，组织辖区内市、区“奋飞奖”获得者参加“余杭山沟沟红色之旅”奋飞夏令营，就近就地走进第二课堂，学习杭州文化，参与社会实践，感受品质生活。

【“逆水行舟”关爱帮教工作】 2015年，区关工委以“关爱明天，普法先行”为主题，开展“逆水行舟”关爱帮教，对教育对象突出社会主义核心价值观教育和法治教育。通过调整、充实，全区82所中小学均配齐分管法治教育的副校长。学校利用暑假前休业式，由法治副校长给学生上安全普法教育课。暑假开始后，社区关工委组织辖区青少年到社区报到，针对青少年身心特点、成长规律，开展各种主题教育活动。区关工委“五老”网吧监督员与区文广新局执法人员一起，对学校周边营业性网吧、书报亭进行执法检查，营造有利于青少年健康成长的文化环境。18人关爱维权小组对帮教对象开展励志、传统文化、优良品质、英模事迹教育。全年未成年人犯罪率明显下降。 （林若涵）

7月22日，区关工委组织青少年到余杭开展“红色之旅奋飞夏令营”活动

（区关工委 供稿）

机构编制管理

【概况】 2015年，上城区机构编制委员会办公室（简称区编委办）积极推进政府职能转变和机构改革，加强机构编制管理。制定区政府职能转变任务分工方案，提出2015~2017年区政府职能转变总体安排和工作规划，明确任务分工、时间节点和工作要求。开展2014年度机构编制评估，健全领导干部经济责任审计和机构编制责任评估协作机制。完成对区安全监管局、区人力社保局、区统计局、望江街道、区法院、玉皇山南指挥部6个单位机构编制联审评估，印发机构编制责任评估报告，跟踪落实整改情况。制定深化作风建设工作实施方案，推进作风建设常态化、长效化。区编委办编印《工作制度汇编》，用制度规范办文、办会和办事。试点推行公务员平时考核制度，完善和规范公务员考核工作。结合工作实际开展调查研究，区编委办在中央编委办举办的机构编制部门创新做法征集活动及杭州市机构编制系统优秀调研成果评选中均获佳绩。

【权力清单编制】 2015年，区编委办牵头推进“四单一网”改革。牵头完成区各部门政务服务网省、市、县三级行政权力清单基本目录比对规范工作，保障行政权力事项按时上线运行。配合完成区原保留的13项非行政许可审批事项清理工作，进一步实现权力清单“瘦身”。开展街道权力清单制定工作，推进“两单”（权力清单、责任清单）全覆盖。制定政府部门职责管理办法，规范政府部门职责管理，加快构建权界清晰、分工合理、权责一致、运转高效的政府职责体系。

【行政执法体制改革】 2015年，区编委办根据《浙江省人民政府关于深化行政执法体制改革全面推进综合行政执法的意见》和《省编委办、省法制办、省人力社保厅、省财政厅关于印发〈关于推进综合行政执法改革工作的实施意见〉的通知》精神，结合上城区实际，制定《杭州市上城区推进综合行政执法工作的实施方案》，报请省、市政府审核批复。同时研究确定首批实施及2017年底前分批实施到位的纳入综合执法的职权事项，有序推进综合行政执法体制改革工作。

【控编减编工作】 2015年，区编委办通过制定区机关事业单位控编减编工作方案、召开专题会议、开展联合检查，在全区范围内推进控编、减编工作。重新拟定《上城区机关事业单位编外用工管理暂行办法》，加强全区编外用工管理，按照“只减不增”的要求进行控制。根据各单位编内人员补充到位情况,核减相应的编外用工计划,编外用工计划使用采取预申报制度。明确人员选调、转任等原则,报区编委会审议,严格把好进人关。推行“两项预报”制度,规范编制职数的使用,杜绝超编进人、超职数配备干部的问题发生。

资料 **“两项预报”制度**:是杭州市编委办为构建机构编制全过程管理而推行的制度,即对机关事业单位实行“机构编制管理事项预报审核”和“配备领导干部职数使用预报备案”。

【事业机构设置调整】 10月15日,为推进望江智慧产业园区发展,设立事业性质的上城区望江智慧产业园发展中心。根据辖区生源及学校学生、班级数量的变化,及时调整各中小学校、幼儿园编制职数,同时落实杭州市清河中学、杭州市始版桥小学等学校办学体制调整事项。为保障卫生计生工作需要,对区卫计系统下属事业单位名称、编制、职数等进行调整。

【事业单位登记管理】 2015年,区编委办根据《事业单位登记管理暂行条例》《事业单位登记管理暂行条例实施细则》的规定,全面实施事业单位登记的在线申请、协商、受理、审核、核准和反馈。严格按照程序把关,对材料齐全、符合条件的事业单位,提供受理、审核、核准一站式服务,实现登记管理机关与事业单位的网上双向互动。全年办理事业单位法人变更登记60个、设立登记1个、注销登记7个。全区177个事业机构全部完成年度报告报送及法人证书更换,年度报告审核通过率、法人证书换证率均100%。

【机构编制实名制管理】 2015年,区编委办结合实名制管理要求及各指挥部人员规模总量控制规定,将指挥部和有关国有企业的劳动合同制人员纳入实名制数据库统一管理,并参照机关事业单位规定,执行有关机构编制管理制度。加大机构编制实名制管理推行力度,将全区机关事业单位编外用工人员全部纳入实名制管理。对领导干部职数使用审批等业务实行网上办理。明确信息管理职责与权限,抓好实名制数据库信息动态更新,对区机关事业单位机构设置、人员编制和领导职数等进行动态监管。全年办理进编审批643人次,科级职数使用申报248人次。依托实名制系统平台,完成公务用车改革后每月车改单位车贴数据的审核和报送。 (沈 滟)

机关党建工作

【概况】 2015年,区直机关工委以“三严三实”专题教育活动为载体,以服务型党组织建设为重点,扎实推进机关党组织建设,提升机关党建工作科学化水平,为加快建设“现代化美丽上城”提供组织保障。制定机关干部理论教育、集中培训计划,推进各级党组织把学习中共十八届四中、五中全会精神与学习贯彻习近平总书记系列重要讲话精神结合起来。组织开展“双十佳”(“最佳党员活动日”实例和“最佳亲情党课”教案)评选活动。深化在职党员进社区志愿服务工作,推动党员志愿服务社区化、项目化、多样化、常态化。组织区直机关基层党组织书记培训、纪检监察干部政治理论培训、党务干部培训、发展党员工作培训、区直机关党团员义工讲解员培训、退休党支部书记培训等专题培训8次,对机关党组织书记、纪检委员、党务工作骨干、入党积极分子、党员发展对象和离退休党员进行轮训,通过专家讲课、现场教学、实地考察等形式提升党员干部素质。开展“扮靓杭州迎峰会、上城党员当先锋”主题活动、“人人都是志愿者,天天都是先锋日”的“在职党员先锋365行动”、地铁文明劝导、党群组织参与馒头山地块整治等活动,发挥党组织和广大党员的战斗堡垒作用和先锋模范作用。11月20日,区直机关工委打造的双网双服务特色品牌“指尖感触民心网络服务群众”和“党员义工进社区‘最美先锋’在行动”的党建案例,受到中央直属机关工委肯定,案例刊登在中直党建网。12月14日,《中直党建》杂志刊登区直机关工委撰写的《以“双报到双服务双管理”为抓手,扎实推进在职党员进社区服务群众》文章。区直机关工委宣传报道工作获2015年度全省机关党建信息工作一等奖。

【“党员先锋365”义工服务活动】 11月17日,上城区率先在全市推出“党员先锋365”义工服务活动,并将“三承诺、六行动、五大员”作为在职党员服务基层、服务群众的途径和平台，有效地推动机关服务型党建工作的开展。该活动规定全区机关企事业单位在职党员参加义工服务，每人每年不少于4次，每次时间为半天。活动分为每季度的主题活动和日常活动两种类型，在职党员可结合职业特点，发挥个人特长，灵活地参加。6月19日，清波地区200余名在职党员在全区首次开展义工服务。服务内容包括户籍咨询、中医问诊、防诈骗知识宣传、现场义卖等。义工服务活动得到市委组织部、市直机关工委肯定。

资料　“三承诺、六行动、五大员”：每名在职党员要主动向党组织做出3个承诺，即承诺每年认领并完成2个以上的微心愿、参加党员义工服务不少于24个小时、走访社区居民群众不少于2次。成立项目攻坚、平安巡防、环境美化、文明劝导、法规宣传、旅游服务6支在职党员队伍，深入到项目攻坚行动、环境美化行动、平安巡防行动、旅游服务行动、法规宣传行动、文明劝导行动中去。当好党的政策宣传员、攻坚克难先锋员、平安和谐巡防员、“美丽环境”保洁员和上城品牌推广员。

【基层党组织规范化建设】　2015年，上城区完成33个党组织的调整和换届，新建党组织9个，换届13个，撤销5个，调整改选7个。举办6期党建培训班，其中完成54个社区党组织书记、委员的党校轮训，参训350余人。发展党员12人，转正8人，吸收入党积极分子13人。开展“最佳党员活动日”实例和“最佳亲情党课”教案评选活动，评出“双最佳”单位25个。全区党员认领微心愿2216个，人均认领微心愿2个。走访困难群众1000余户，帮助解决实际问题86个。

【综合考评完善】　2015年，区考评办完善区直单位综合考评办法。考评选票分9个层面，除区四套班子领导和市民代表层面外，其他层面通过第三方邮寄形式送达并上门回收，确保综合考评工作的公平、公正。对街道增设专项考核内容，将“三改一拆”、“五水共治”、节能减排、经济发展、城市管理和民生工作等内容纳入综合考评。加强对行政诉讼败诉情况的考核。健全五项保障机制（公示制、督查制、月报制、通报制、考核制），将整改意见建议落实情况与年度对部门和一把手的目标考核挂钩。全年完成市级层面48条意见建议和区级层面174条意见建议的整改，有关整改方案及整改结果通过《上城报》向社会公布，接受群众评议与监督。推进特色创新工作。11月6日，区考评办牵头召开“三社联动”专家咨询会，听取专家对“三社联动”工作的意见建议。12月，该创新项目完成上级核查、验收、评估的准备工作。上城区申报的“由管理走向治理，构筑基层社会建设新格局——上城区‘三社联动’推进基层社会治理和服务创新”特色项目，获2015年度市对区特色创新项目综合考评第一名，此次是上城区连续第4年获该名次，连续5年获杭州市创新奖。在2015年度全市综合考评中，上城区获第二名，其中，工作目标考核、社会评价工作、特色创新项目、党风廉政建设、领导班子建设、为民办实事工作、意见建议整改工作和重大项目投资效能监测等指标均获全市第一名。

【机关文体活动】　2015年，区直机关工委组织开展一系列文体活动。利用业余时间在吴山举办户外定向登山比赛，在全区率先使用高科技产品——定向越野指环，区领导和部门负责人带头参加，工会会员积极投入。在美政桥社区举办“茶与健康——安化黑

7月13日，2015年上城区综合考评总结大会召开　（区直机关工委　供稿）

茶体验活动”,以茶文化进社区为开篇,开展茶文化进机关活动,为机关干部普及茶文化。成立机关足球、羽毛球、乒乓球、健身操等俱乐部,举办球类、健身操等赛事,丰富机关干部职工文体生活,促进干部职工之间相互交流。

【机关群团组织工作】 2015年,上城区贯彻中央、省、市有关加强群团组织建设工作会议精神,加强机关群团组织建设,充分发挥群团组织作用,增强机关工作凝聚力。区直机关工会进一步理顺组织管理体系,健全各项工作制度,积极落实会员基本福利、重要节假日和职工生日慰问等工作,关心新退休干部职工生活。牵头组织开展机关党员干部结对困难家庭和“1+X”社会结对帮扶活动。区直机关团工委围绕服务大局和服务青年,开展各种主题活动,促进团员青年之间交流与合作。区直机关妇工委组织开展创建“巾帼文明示范岗”和“姐妹帮扶”等活动,引领机关妇女参与“现代化美丽上城”建设,弘扬中华民族传统美德。

(徐春英)

信访工作

【概况】 2015年,上城区信访部门受理来信、来访、来电总量10206件次,比上年下降4.1%。其中,来信562件、1037人次,件次下降15.8%,人次上升8.5%;来访555批、1248人次,批次上升20.4%,人次下降6.9%;来电9089件,上升10.8%,办结率100%,满意率92.1%,重复交办率3.9%。

6月5日,市长、区长公开电话受理中心在小营街道召开民情恳谈会

(区信访局 供稿)

【“信访法治建设年”宣传活动】 5月29日,在国务院《信访条例》颁布10周年之际,区信访局组织区教育局、区人力社保局、区司法局、区住房和城建局、区城管局和6个街道联合在吴山广场开展“信访法治建设年”宣传活动。通过悬挂横幅、摆放宣传展板、发放宣传折页及开展现场咨询等形式,向过往群众宣传《信访条例》。市委副秘书长、市信访局局长周伟新到宣传活动现场指导。

【民情恳谈会】 6月5日,市长、区长公开电话受理中心会同市城管委、市城投集团、市医保局、区住房和城建局、区城管局等单位,在小营街道召开恳谈会,对社区提出的老房子低洼积水、电信通信杆移除、物业水费纠纷等民生问题进行专家问诊,提出相关问题的处置意见和时间节点。市信访局副局长郑蓉等参加会议。会后,市城投集团所属公交、燃气、水业等市政公用企业在梅花碑社区信余里8号为社区居民提供“一站式”便民服务。

【信访事项听证会】 信访人鲍某某因庆春路拓宽工程拆迁后指挥部一直未安排营业场地而多次上访,责任单位湖滨指挥部虽多次沟通提出解决方案,但他仍未接受。12月3日,为维护信访人合法权益,规范行政机关信访事项办理程序和信访人信访行为,根据《浙江省信访事项听证办法》,区信访局召开鲍某某庆春路房屋拆迁安置信访事项听证会。上城区人大代表、政协委员、律师、专家、群众代表等9人作为听证员参加,市建委、江干区凯旋街道、拱墅区信访局等单位工作人员10余人旁听。后经省、市两级信访部门审核,同意该信访事项程序终结。

(叶 敏)

党史编研

【概况】 2015年，区委党史研究室把握“党史姓党”的导向和“以史鉴今、资政育人”的根本任务，围绕中心、服务大局、主动作为，积极探索新形势下党史工作的特点规律，努力构筑“大党史”工作格局。根据上城区红色资源优势明显、开展党史宣传教育较为便利的情况，区委党史研究室建立党史资源库，并面向社会公开招聘2名事业编制的党史研究工作人员，面向全区招募党史宣传志愿者，形成稳定的党史工作队伍。以“三严三实”专题教育、纪念“七一”主题活动、纪念抗日战争胜利70周年等为契机，突出“红色史料”征编、“红色基因”植入、“红色品牌”展示3项工作，发挥存史、资政、育人作用。

【“红色史料”征编】 2015年，区委党史研究室开展“中央领导人在上城”“上城名人旧居”“红色记忆”“抗战遗址”4个方面的史料收集，通过单位提供资料、亲历者口述和区委党史研究室撰写、整理、修改，形成《习近平在上城》《上城区名人旧居》《见证——上城区抗日战争遗址特辑》《光辉岁月——上城老战士的激情人生》等党史资料，为党史宣传教育本土化提供基础。其中，《见证——上城区抗日战争遗址特辑》收集上城区16处抗日战争遗址，结合上城区郁达夫故居开馆面向全区赠阅，成为全区纪念抗日战争胜利70周年活动的一大宣传教育亮点，《杭州日报》对此进行报道；在编辑《光辉岁月——上城老战士的激情人生》时，区委党史研究室会同区委组织部、区委老干部局、区档案馆等10余个部门，开展全区老干部光辉革命历程口述史料收集工作，对全区48名老干部在不同时期参加革命和建设工作的光辉革命历程进行记录，并把该书作为全区开展“三严三实”专题教育和入党积极分子党性教育的“必读书目”，在全体区管干部和新发展党员中引起较大反响。

【党史宣传教育】 2015年，区委党史研究室以“三严三实”专题教育为主线，把握“七一”主题教育和纪念抗日战争胜利70周年两大主题，利用《上城报》、“上城发布”公众微信号、上城“红橱窗”三大宣传阵地，常态化开展党史宣传教育进机关、进社区、进学校、进企业“四进”活动，把党史、党建知识植入到党员干部和普通群众中。开展“学党章、守党纪”“学先进、树榜样”等宣传教育活动。结合纪念中国共产党成立94周年，组织开展“红星在党旗下熠熠生辉”草根民师讲堂活动，通过人物访谈、视频展示、诗歌朗诵、人物情景剧等方式，让全区党员干部感受共产党的光荣伟大，并组织召开老干部与年轻党员座谈会，激励年轻党员铭记历史，继承先烈先辈精神。通过一系列党史主题宣传教育活动，推动党史宣传教育融入各单位的日常教育、管理和服务中。各街道、社区结合自身实际创新设立“重温入党誓词、共度政治生日”“当一天讲解员”“抗日烽火下的湖滨”等活动，推进新时期党史宣传教育的不断深入。

【两大阵地作用发挥】 2015年，上城区积极发挥“江南红巷”和中国社区建设展示中心两大阵地作用。“江南红巷”作为杭州首个AAA级红色旅游景区，拥有毛主席视察小营巷纪念馆、中共杭州小组纪念馆、钱学森航天科普(图书)馆等资源。为提升其“红色品牌”，将郁达夫杭州故居“风雨茅庐”纳入“江南红巷”红色旅游纪念教育基地进行统一管理运营。中国社区建设展示中心在10月24日开设“左邻右舍”社区治理创新园，互动性、参与性、体验性更强。依托两大阵地开展党史宣传教育，通过“江南红巷”“杭州中国社区建设展示中心”公众微信号宣传党史、推送信息，参与筹拍党建专题片，多渠道提升“江南红巷”“新中国第一个居民委员会”的影响力。全年两大阵地举办各类活动50余场，接待全国各地参观游客和杭州市民2.5万人次。

（章　莉）

上城区人民代表大会及其常务委员会

Shangcheng District People's Congress Standing Committee

人大重要会议与活动

【上城区第十四届人民代表大会第四次会议】 2015年1月27~30日，上城区召开第十四届人民代表大会第四次会议。应出席会议代表200人，实际出席183人，部分市人大代表、区政府各部门和机关团体负责人、离退休老干部80人列席会议，18名公民应邀旁听会议。

会议听取和审查区政府、区人大常委会、区法院和区检察院的工作报告，并通过相关决议。审查和批准区政府2014年国民经济和社会发展计划执行情况的报告及2015年国民经济和社会发展计划、2014年财政预算执行情况的报告和2015年财政预算，审议区政府贯彻执行《关于实施上城区第六个法制宣传和依法治区五年(2011~2015年)规划的决议》情况的报告(书面)。依法选举沈民为区十四届人大常委会副主任，任平、李光勋、陈伟3人为区十四届人大常委会委员。

会议收到代表提交的建议、批评和意见145件，其中属于上城区职权范围的137件，代表10人以上联名提出的议事原案2件，经大会主席团研究决定，2件议事原案作为代表建议。所有意见由区人大常委会办事机构依法交由有关机关和组织研究处理，负责答复代表，并报告区人大常委会。

【区人大常委会会议】 2015年，上城区第十四届人民代表大会常务委员会(简称区十四届人大常委会)召开常委会会议7次、主任会议29次，听取和审议“一府两院”专项工作报告37项，做出决议决定15项，开展执法检查、视察、询问、约见28次，依法任免国家机关工作人员61人。

区十四届人大常委会第二十二次会议于1月16日召开。会议听取和审议区政府关于2014年国民经济和社会发展计划执行情况和2015年初步安排的汇报、关于2014年财政预算执行情况和2015年初步安排的汇报；审议区人大常委会工作报告(征求意见稿)；审议通过区人大常委会2015年工作要点；审议通过关于补选代表的代表资格审查报告和区十四届人大四次会议代表资格审查报告；审议通过区十四届人大四次会议列席人员名单、各项建议名单草案及其他有关提请事项；听取区十四届人大四次会议筹备工作情况报告；会议做出关于接受王国民请求辞去区十四届人大常委会副主任职务的决定。会议根据区长陈瑾的提请，无记名投票表决决定免去陈益伟的上城区人民政府副区长职务及其他有关人事任免事项；根据主任会议的提请，无记名投票表决决定有关人事任免事项；根据区检察院检察长李森红的提请，举手表决决定有关法律职务任免事项。区人大常委会组成人员19人出席会议。区政府、区法院和区检察院领导，区人大常委会办事机构和工作机构、区政府办公室、区发改经信局、区财政局负责人以及区十四届人大四次会议筹备处各组负责人列席会议。区政协领导应邀参加会议。

区十四届人大常委会第二十三次会议于3月31日召开。会议专题学习《中华人民共和国预算法》；听取和审议2014年政府重大投资项目计划执行情况和2015年新增项目计划(草案)的报告，并做出决定批准2015年新增重大投资项目计划；听取和审议区政府关于2015年新增建设项目征收任务安排情况的报告,并做出决定同意增加2015年建设项目征收工作任务；审议通过区人大常委会关于调整区十四届人大常委会代表资格审查委员会组成人员的决定。会议根据主任会议的提请,无记名投票表决补选杨勇为杭州市第十二届人民代表大会代表；根据区长陈瑾的提请，无记名投票表决决定有关人事任免事项;根据主任会议的提请,无记名投票表决决定有关人事任免事项;根据区法院院长施金良的提请,举手表决决定有关法律职务任免事项。区人大常委会组成人员24人出席会议。区政府、区法院和区检察院领导,区人大常委会办事机构和工作机构、区政府办公室、区发改经信局、区住房和城建局负责人列席会议。区政协领导应邀参加会议。

区十四届人大常委会第二十四次会议于5月29日召开。会议听取和审议区政府关于国家可持续发展实验区建设规划(2012~2016年)实施情况的报告、围绕“上改六条”推进经济转型升级情况的报告;根据区长陈瑾的提请，无记名投票表决决定任命李增武为上城区人民政府副区长及其他有关人事任免事项;根据主任会议的提请,无记名投票表决决定有关人事任免事项；根据区法院院长施金良的提请,以按电子表决器的方式决定有关法律职务任免事项。区人大常委会组成人员24人出席会议。区政府、区法院和区检察院领导,区人大常委会办事机构和工作机构、区政府办公室、区发改经信局、区财政局、区科技局和区商务局等部门负责人,部分财经工委和教科文卫工委委员列席会议。区政协领导应邀参加会议。

区十四届人大常委会第二十五次会议于7月31日召开。会议听取和审议区政府关于2014年财政决算(草案)和2015年上半年财政预算执行情况的报告、关于2015年国民经济计划上半年执行情况的报告、关于2014年度财政预算执行情况和其他财政收支情况的审计工作报告，听取和审议区国土分局2014年度部门决算报告(草案),审议并通过区司法局、区风景旅游局、区安全监管局2014年度部门决算(草案)的书面报告;对区检察院谢岚、李佳吟、俞頠3名检察官开展履职评议；会议做出关于接受邵竹宏辞去区十四届人大代表职务的决定；根据区长陈瑾的提请，无记名投票表决决定任命童玉玲为上城区人民政府副区长及其他有关人事任免事项;根据主任会议的提请，无记名投票表决决定有关人事任免事项;根据区检察院检察长李森红的提请,以按电子表决器的方式决定有关法律职务任免事项。区人大常委会组成人员22人出席会议。区政府、区法院和区检察院领导，区人大常委会办事机构和工作机构负责人,区政府办公室、区发改经信局、区财政局、区审计局、区司法局、区风景旅游局、区安全监管局、区国土分局等部门负责人，区法院领导班子成员,区检察院中层以上干部列席会议。区政协领导应邀参加会议。

区十四届人大常委会第二十六次会议于9月28日召开。会议专题学习安全生产法;分别听取和审议区政府、区人大常委会代表工委关于区十四届人大四次会议代表意见建议办理、处理情况的报告;听取和审议区人大常委会执法检查组关于区贯彻执行安全生产法检查情况的报告，并对区政府贯彻执行安全生产法情况进行专题询问;根据区长陈瑾的提请，无记名投票表决决定免去斯力的上城区人民政府副区长职务。区人大常委会组成人员20人出席会议。区政府、区法院和区检察院领导,区人大常委会办事机构和工作机构负责人,区政府办公室、区安全监管局、各街道、各指挥部、上城交警大队、上城消防大队等部门(单位)负责人和部分区人大代表列席会议。区政协领导应邀参加会议。

区十四届人大常委会第二十七次会议于11月30日召开。会议分别对区商务局和区风景旅游局进行工作评议;听取和审议区政府关于2015年为民办实事项目实施情况的报告、关于2015年新增建设项目征收任务安排的报告、关于提请调整2015年区本级支出预算的报告,做出关于同意增加2015年建设项目征收工作任务的决定,关于调整2015年度财政预算的决定；通过关于召开上城区第十四届人民代表大会第五次会议的决定；会议做出关于接受周莹辞去区第十四届人民代表大会常务委员会委员和区十四届人大代表职务的决定；听取代表资格审查委员会关于林宗发代表职务自然终止的报告。根据区法院院长施金良的提请，以按电子表决器的方式决定有关法律职务任免事项。区人大常委会组成人员20人出席会议。区政府、区法院和区检察院领导,区人大常委会办事机构和工作机构、区住房和城建局、区商务局、区风景旅游局、区民政局、区卫计局、区城管局和望江指挥部等部门(单位)负责人列席会议。区政协领导和区妇联负责人应邀参加会议。

区十四届人大常委会第二十八次会议于12月30日召开。会议做出关于接受任平辞去区第十四届人民代表大会常务委员会委员的决定、关于接受方仁然等人辞去区人大代表职务的决定；审议通过关于补选区十四届人大代表的决定。根据区长陈瑾的提请,无记名投票表决决定有关人事任免事项;根据主任会议的提请，无记名投票表决决定有关人事任免事项；根据区法院院长施金良和区检察院检察长李森红的提请，以按电子表决器的方式决定有关法律职务任免事项。区人大常委会组成人员23人出席会议。区政府、区法院和区检察院领导,区人大常委会办事机构和工作机构负责人列席会议。区政协领导和区妇联负责人应邀参加会议。

【区委人大工作会议】 3月4日,区委人大工作会议召开。会议回顾总结2009年以来区人大工作的成绩和经验,强调新常态下要深入贯彻落实中共十八大、十八届三中、四中全会和习近平总书记系列重要讲话精神,按照省、市委人大工作会议部署,加强和改善党对人大工作的领导，发挥好区人大及其常委会的职能作用,为建设“现代化美丽上城”提供根本制度保障。区委书记缪承潮和区人大常委会主任丁晓芳出席会议并讲话。会议由区委副书记、区长陈瑾主持。区领导余勇、黄爱芳、金承涛、金晓东、陈秋芳、管光尧、秦文、张淦华出席会议。区人大、区政府、区政协负责人,区法院、区检察院负责人,区人大常委会组成人员及各工委、各街道工委负责人,区直各部门主要负责人，市政府垂直管理部门负责人，人大代表、人大离退休老干部等参加会议。会议印发《中共杭州市上城区委关于进一步加强人大工作充分发挥人大作用的意见(讨论稿)》。

区人大常委会履职和自身建设

【人事任免】 2015年，区人大常委会坚持党管干部和人大依法任免的有机统一，严格执行拟任人员的任职资格审查、法律考试、任前表态和审议表决等程序。全年依法任免国家机关工作人员61人,任命区法院人民陪审员47人。依法开展代表辞补工作,补选出缺区人大代表8人、市人大代表1人。

【财经工作监督】 2015年，区人大常委会专题听取区政府关于城乡统筹和扶贫资金使用情况汇报,视察淳安建兰中学等建设项目。听取和审议区政府围绕“上改六条”推进经济转型升级的专项报告,分别就国资改革、科技创新、人才招引、产业集聚区建设、楼宇提升改造等工作提出要求。关注“123+1”产业平台建设,多次视察湖滨商圈、玉皇山南基金小镇、望江智慧产业园和电子机械功能区，调研清江路电子商务产业园、“众创空间”、南宋御街业态调整与市场化运作等情况。关注区政府“十三五”规划编制工作,提前参与规划编制的调研论证。跟踪监督国家可持续发展实验区建设规划实施情况,及时查漏补缺。依法规范政府负债,审议批准上城区2015年地方政府债务限额,督促做好风险防控。

【预算决算监督】 2015年，区人大常委会深化部门参与式预算监督工作,审查监督2014年区司法局、区国土分局、区风景旅游局、区安全监管局4个参与式预算部门决算报告和2015年区城管局、区文广新局、区统计局、小营街道、区妇联5个参与式预算部门预算执行情况,对2015年度部门预算中公共服务性强、社会关注度高、有一定支出规模的资金项目开展绩效评价。对区2015年度财政支出预算调整做出决定。

【民生实事监督】 2015年,区人大常委会加强对“三改一拆”等民生实事工程监督,实地视察新工新村等拆违现场及南落马营脏乱差曝光点整治情况，助推“无违建区”创建。关注望江新城改造建设工程,实地调研望江地区征迁工作，促进区政府加快出台相关意见,两次就增加建设项目征收任务做出决定。强化督查为民办实事项目落地情况,首次以问进度、问困难、问措施的“代表问情”方式开展中期督查,现场督办历年滞后建设项目实施进度。关注教育、医疗、食品安全、“两非”(非法营运、非法上路)车辆整治、非物质文化遗产保护和民族宗教等工作，听取区政府关于《中华人民共和国食品安全法》实施情况汇报，视察思鑫坊、劝业里等地无证照餐饮专项整治工作，主任会议专题听取市运管局上城管理处工作汇报，视察检查民族宗教场所的建设及活动情况。

【生态环境监督】 2015 年，区人大常委会积极参与G20 杭州峰会服务保障工作，建立常委会领导挂包环境整治项目监督制度，成立 7 个督查组，组织市、区代表共同参与，跟踪督查 49 个峰会项目和十大环境秩序整治内容。开展“监督已治理的河”等活动，常委会领导包干监督，人大代表分组分片巡查，促进始版桥、馒头山等地治水治污工程加快进度，上城区率先实现河道污水“零排放”，成功创建省“清三河”达标区。关注区生态文明建设新一轮三年行动计划编制，听取区政府关于大气污染综合整治工作汇报并提出意见建议。

资料 “清三河”：治理黑河、臭河、垃圾河。

【法律监督】 2015 年，区人大常委会抓住实施新修正的《中华人民共和国行政诉讼法》契机，首次听取区政府有关规范性文件管理和行政复议工作汇报并提出建议。针对区权力清单、责任清单的制定实施和行政审批改革，督促政府继续深化“两单一改”工作。全年依法审查报备的规范性文件 11 件。开展“查找基层群众办事审批难事项”专题监督活动，查找并上报办事审批难事项 49 项。支持促进城市管理执法体制改革，持续跟踪城市管理行政执法重心下移工作，主任会议听取汇报，要求政府完善机制、转变职能，确保改革落实落地。严格执法检查，认真检查全区贯彻执行《中华人民共和国残疾人保障法》《浙江省残疾人保障条例》和《中华人民共和国档案法》情况，对贯彻实施《中华人民共和国安全生产法》情况进行执法检查，要求 20 个职能部门、街道和指挥部提交自查报告，实地抽查工地、酒店、加油站等安全生产情况，11 名常委会组成人员和人大代表分别就全区安全生产、消防安全等方面 21 个问题开展询问。参加全省深化司法监督工作主题活动，督促区法院、区检察院认真查纠，并首次在半年度政情通报会上向全体代表汇报自查情况，接受代表现场评议和询问。首次开展检察官履职评议工作，评议 3 名检察官的履职情况，1 人评为优秀，2 人评为合格。规范严格执法，专题听取区公安分局执法规范化管理工作汇报。注重信访工作，全年处理群众来信来访 42 件。

【区人大常委会自身建设】 2015 年，区人大常委会注重作风建设，开展“三严三实”专题教育活动，层层签订党风廉政建设责任书，落实党风廉政建设主体责任。13 名常委会专职委员分别联系 78 名区人大代表，直接听取代表意见建议。增强法制意识，制定加强法制学习意见，围绕监督议题学习《中华人民共和国预算法》《中华人民共和国安全生产法》等法律。提升审议质量，加强调查研究，围绕重大事项决定权等课题形成 11 篇调研报告。扩大人大宣传影响力，积极配合浙江人大杂志社，承办省人大首次街道人大工作论坛。办好《上城人大信息》、上城人大网等自主刊网。全年在全国和省、市人大系统各类媒体上发表信息、报道 280 余篇，被评为省、市信息工作先进单位。

人大代表工作和活动

【人大代表活动】 2015 年，区人大常委会依托 21 个代表联络站、33 个联络点和网上代表接待站，按照省、市人大常委会要求开展“监督已治理的河”“贫困

4 月 7 日，市人大常委会主任王金财（前排左五）视察上城区代表联络站建设工作

（区人大常委会办公室 供稿）

人口脱贫情况督查”“转型升级十大组合拳落实情况督查”“找短板、迎峰会,代表在行动”等主题监督活动,组织代表定时进站、定题合议、定向联系、定位参与、定点督查,9名代表专门就峰会环境整治情况约见区政府领导,提出问题建议30条。开展线上线下代表进社区、进网格活动,组织代表接待群众活动156批次,参加接待的市、区代表511人次,听取和反映群众意见建议409条,落实解决339条;组织“主任接待代表”活动7次,督促处理代表反映的意见21件;组织39名代表向所在选区选民述职并接受评议。围绕养老、治水等主题,组织省、市人大代表小组开展调研视察活动11次。摄制《上城区人大代表进社区工作》纪实专题片,扩大活动宣传面和影响力。

【履职平台拓展】 2015年,区人大常委会创新设立首个市级代表联络站,依托“学习角、会客厅、议事厅、回音壁”等平台,密切市人大代表与选举单位联系,无缝对接市、区人大代表履职通道。市人大代表上城联络站全年定期开展活动4次,12名市人大代表接待21名区人大代表,梳理反映电力、土地管理等问题28件,其中向市人大常委会提交建议6件。拓展政情通报内容,首次将区法院、区检察院工作纳入“代表问政”环节。拓展学习平台,发挥人大代表专长,特邀区人大代表就中小企业投融资、望江智慧产业园打造等课题在学习会上做辅导讲解;开通短信讲座,进行新《中华人民共和国预算法》掌上学习。

7月9~10日,由浙江人大杂志社主办、区人大常委会协办的“街道人大工作的挑战与突破”论坛在上城区召开 (区人大常委会办公室 供稿)

【建议办理工作深化】 2015年,区人大常委会注重议案建议的撰写与办理,开通手机“微电波”,分期发送撰写方法,从源头上提升议案建议质量。在坚持采取“主任重点督办”“例会督办”“合议评估督办”等方法的基础上,开展南星街道人大代表小组“集体评议”区城管局建议办理情况。启用新的网上督办系统,实行建议办理的公开透明和全过程跟踪督查,提高办理效率和质量。区十四届人大四次会议收到区属职权范围的代表建议139件,办理的面商率、办结率、满意率均100%,解决率59.3%。

人大街道工委工作

【街道特色品牌打造】 2015年,区人大常委会指导各街道工委继续深耕“一街一品牌”特色工作。湖滨街道工委建立“协商民主新机制”,有效对接代表联络站和“湖滨晴雨”工作室。清波街道工委坚持“一线工作法”,促使代表深入选区联系选民、服务群众。小营街道工委围绕民生诉求,打好“阳光基金”帮扶牌、“充分就业”工作牌、“白色医疗”健康牌。望江街道工委拓展“资本相亲”活动,代表踊跃认领“公益及时帮”等项目。南星街道工委完善“四式监督法”,对街道工作开展项目式督查、通报式监督、跟踪式督办、参与式督政,促进街道工委工作上新台阶。紫阳街道工委办好“动迁圆桌会”,16名代表先后6次牵头与居民恳谈,助推望江新城改造征迁中的难题解决。

【人大街道工委工作加强】 2015年,区人大常委会根据市委文件精神,实行人大街道工委主任专职化,加强对人大街道工委的领导和工作指导。人大各街道工委探索实践“授权监督工作”新机制,小营街道工委立足参与式预算监督,组织代表初审街道办事处财政预算;湖滨街道工委围绕辖区重点项目、难点问题,在思鑫坊整治现场设立人大代表现场监督点,“干着监督”成效明显,《浙江日报》专门报道该做法。

2015年上城区人大常委会重要文件题录

表4

文件号	发文日期	标题
上人大〔2015〕第1号	2015-01-12	关于出席杭州市上城区第十四届人民代表大会第四次会议的通知
上人大〔2015〕第2号	2015-01-16	关于列席杭州市上城区第十四届人民代表大会第四次会议的通知
上人大〔2015〕第3号	2015-01-16	关于旁听杭州市上城区第十四届人民代表大会第四次会议的通知
上人大〔2015〕第4号	2015-01-16	关于决定免去陈益伟同志职务的通知
上人大〔2015〕第5号	2015-01-16	关于决定任免项海刚等同志职务的通知
上人大〔2015〕第6号	2015-01-16	关于免去李一青同志职务的通知
上人大〔2015〕第7号	2015-01-16	关于任免李惠建等同志职务的通知
上人大〔2015〕第8号	2015-01-16	关于接受王国民同志辞去区十四届人大常委会副主任职务的决定
上人大〔2015〕第9号	2015-01-19	杭州市上城区第十四届人民代表大会常务委员会2015年工作要点
上人大〔2015〕第10号	2015-03-31	关于批准2015年政府新增重大投资项目计划的决定
上人大〔2015〕第11号	2015-03-31	关于同意增加2015年建设项目征收工作任务的决定
上人大〔2015〕第12号	2015-04-03	关于补选杨勇同志为杭州市第十二届人民代表大会代表的报告
上人大〔2015〕第13号	2015-04-03	关于调整杭州市上城区第十四届人民代表大会常务委员会代表资格审查委员会组成人员的决定
上人大〔2015〕第14号	2015-04-03	关于决定任免黄涌泉等同志职务的通知
上人大〔2015〕第15号	2015-04-03	关于林国平等同志职务任免的通知
上人大〔2015〕第16号	2015-04-03	关于免去马丽萍等法官职务的通知
上人大〔2015〕第17号	2015-04-03	关于任免张纯等人民陪审员职务的通知
上人大〔2015〕第18号	2015-06-01	关于决定任命李增武同志职务的通知
上人大〔2015〕第19号	2015-06-01	关于决定任免杨东等同志职务的通知
上人大〔2015〕第20号	2015-06-01	关于卢江等同志职务任免的通知
上人大〔2015〕第21号	2015-06-01	关于任命赵建伟同志职务的通知
上人大〔2015〕第22号	2015-06-01	关于任免李军等同志上城区人民法院法官职务的通知
上人大〔2015〕第23号	2015-06-01	关于任命曹小英等同志人民陪审员职务的通知
上人大〔2015〕第24号	2015-08-03	杭州市上城区人民代表大会常务委员会关于批准上城区2014年财政决算的决议
上人大〔2015〕第25号	2015-08-03	关于接受邵竹宏同志辞去区人大代表职务的决定
上人大〔2015〕第26号	2015-08-03	关于决定任命童玉玲同志职务的通知
上人大〔2015〕第27号	2015-08-03	关于决定任命林系州同志职务的通知
上人大〔2015〕第28号	2015-08-03	关于免去倪顺金同志职务的通知
上人大〔2015〕第29号	2015-08-03	关于任免陈月影等同志职务的通知
上人大〔2015〕第30号	2015-09-29	关于决定免去斯力同志职务的通知
上人大〔2015〕第31号	2015-12-01	关于同意增加2015年建设项目征收工作任务的决定
上人大〔2015〕第32号	2015-12-01	关于调整我区2015年度财政预算支出预算的决定
上人大〔2015〕第33号	2015-12-01	关于接受周莹同志辞去上城区第十四届人民代表大会常务委员会委员职务的决定
上人大〔2015〕第34号	2015-12-01	关于接受周莹同志辞去区人大代表职务的决定
上人大〔2015〕第35号	2015-12-01	关于召开上城区第十四届人民代表大会第五次会议的决定
上人大〔2015〕第36号	2015-12-01	关于免去葛贤同志人民陪审员职务的通知
上人大〔2015〕第37号	2015-12-30	关于接受任平同志辞去上城区第十四届人民代表大会常务委员会委员职务的决定
上人大〔2015〕第38号	2015-12-30	关于接受方仁然等同志辞去区人大代表职务的决定
上人大〔2015〕第39号	2015-12-30	关于补选出缺区十四届人大代表的决定
上人大〔2015〕第40号	2015-12-30	关于任免严民强等同志职务的通知
上人大〔2015〕第41号	2015-12-30	关于决定任免徐志忠等同志职务的通知
上人大〔2015〕第42号	2015-12-30	关于任免姚炜强等法官职务的通知
上人大〔2015〕第43号	2015-12-30	关于免去洪晓达同志检察官职务的通知

（吴艳艳）

上城区人民政府

People's Government of Shangcheng District

区政府重要会议

【区政府常务会议】 2015年，上城区政府召开常务会议9次。

1月22日,区政府召开十四届第二十四次常务会议。会议研究《上城区卫生和计划生育局主要职责内设机构和人员编制规定》《上城区政府职能转变和机构改革方案》《上城区政府部门责任清单》《中小学体育设施向社会开放实施细则》《进一步加强老年体育工作的通知》和2014年行政复议应诉工作等事宜。

3月12日，区政府召开十四届第二十五次常务会议。会议研究上城区第三批“1211”人才计划评审工作、《上城区食品安全基层责任网络建设实施办法》和《推进城市管理行政执法工作重心下移的实施意见》等事宜。

4月27日，区政府召开十四届第二十六次常务会议。会议研究上城区行政规范性文件清理结果、《建立上城区法律顾问制度的实施意见》、特色小镇建设、《进一步加快征收安置的实施意见》、2014年度公务员嘉奖和立三等功人员名单、2015年建设项目收支计划和政府性债务计划编制等事宜。

6月5日,区政府召开十四届第二十七次常务会议。会议传达学习习近平总书记视察浙江时的重要讲话精神,并研究安全生产、消防安全、公共文化服务与“非遗”保护工作、《上城区公共资源交易管理办法》和《2015年度上城区公共资源交易目录》等事宜。

7月13日，区政府召开十四届第二十八次常务会议。会议研究杭州地铁5号线一期工程江城路站二期项目等5个征收项目、《2015年上半年重点工程推进情况》、《上城区2015年国民经济计划上半年执行情况》、国有企业改革、《上城区2014年财政决算(草案)和2015年上半年财政预算执行情况》、财政资金借调给湖滨指挥部和望江指挥部相关事宜、《2014年上投集团负责人经营业绩考核结果》和《2014年预算执行与其他财政收支审计情况的报告》等事宜。

8月25日，区政府召开十四届第二十九次常务会议。会议研究1~7月主要经济指标及重点工作完成情况、近期安全生产工作、全区社区卫生用房布局规划、《上城区政府投资建设项目审批服务流程》和《推广应用创新券推动“大众创业、万众创新”试行办法》等事宜。

9月30日，区政府召开十四届第三十次常务会议。会议研究1~8月主要经济指标及重点工作完成情况、《公款竞争性存放办法》和《上城区产业基金管理办法》、2015年度“1211”人才评审工作和《上城区工业与信息化发展专项资金使用管理暂行办法》等事宜。

11月13日,区政府召开十四届第三十一次常务会议。会议研究1~9月主要经济指标及重点工作完成情况、《认真贯彻落实公共文化服务体系建设实施意见的办法》、《加强非物质文化遗产保护与扶持工作的意见》、《发展众创空间推动大众创业、万众创新的若干政策意见》、金融人才政策、《上城区生态文明建设三年行动计划（2015~2017)》、《上城区1~8月份环境质量状况》和《政府职能转变任务分工方案》等事宜。

12月18日，区政府召开十四届第三十二次常务会议。会议研究1~11月主要经济指标及重点工作完成情况、《上城区2016年为民办实事项目》、《机关事业单位编外用工管理办法》、《政府部门职责管理办法》、《综合行政执法工作方案》、《小微企业三年成长计划实施意见》、《2016年固定资产投资和重点项目情况》、《规范“三重一大”重要事项集体决策机制建设的若干规定》和《杭州市上城区政府向社会力量购买服务管理办法》等事宜。

【区长办公会议】 2015年，区政府召开区长办公会议10次。主要议题有：关于《实施上城区第六个法制宣传教育和依法治区五年规划（2011~2015年）的决议》情况，关于陆家圩创业基地推进事宜的相关情况，关于与铁塔公司签约事宜，关于聘请玉皇山南基金小镇促进单位的相关情况，关于调整部分副区长分工的相关情况，关于《上城区房屋征收补偿工作经费管理办法》的相关情况，关于上投集团投资事项的相关情况，关于《南宋御街业态资产盘活合作方案》的相关情况，关于财政资金的相关情况，关于“新三板”挂牌企业政策兑现的相关情况，关于《清理和完善区级财政专项资金管理的实施意见》的情况汇报，关于杭州新世纪外国语学校整体改扩建工程的相关事宜，关于区残疾人综合服务中心搬迁的相关事宜，关于为企服务有关工作的情况，关于流动人口群租样板房的相关情况，关于变更小营房地产开发公司股东的相关情况，关于老字号“非遗”商户合同续签的相关情况，关于杭州清河坊资产有限公司资产出让的相关事宜，关于调整住房公积金缴存基数的相关情况，关于2015年度区本级财政预算调整的相关情况，关于《杭州威星智能仪表股份有限公司用地事宜》的相关情况，关于《上城区房屋征收补偿考核办法》的相关情况，关于《2015年度建设指挥部考核办法》的相关情况，关于《区属三家国有企业负责人经营业绩考核方案》的相关情况，关于《2015年度政府债务限额事项》和《2015年预算执行情况和2016年预算草案》的相关情况，关于中国华融资产浙江分公司的相关情况等。

2015年上城区十项实事工程及落实情况

表5

序号	实事项目内容	完成情况
1	建设保障性住房22万平方米，竣工2.9万平方米	南星小区2.8万平方米危旧房重建项目主体结构验收完成。徐家埠地块2.3万平方米安置房项目桩基完成30%。华东家具地块6.6万平方米安置房项目主体结构施工至12层。印铁厂地块7.8万平方米安置房项目完成主体施工。平安里2.9万平方米危旧房重建项目取得项目工程施工许可证。大小塔儿巷2.9万平方米安置房竣工
2	完成铺设排水管道3000米，治理积水面积3万平方米，更新雨污管网2万米，实施4600米河道水生态治理	完成铺设排水管道3000米，治理积水面积3万平方米，更新雨污管网2万米，实施5700米河道水生态治理
3	实施3000户居家养老水电设施统筹保修，建设完成湖滨街道崔家巷日间照料中心、清波街道劳动路社区老年食堂、小营街道陈娟英敬老院、望江街道阳光老人天地、南星街道乾宁敬老院	签约3692户居家养老水电设施统筹保修，为服务对象提供上门服务，上门服务2072次，服务家庭1829户。建成湖滨街道崔家巷日间照料中心、清波街道劳动路社区老年食堂、望江街道阳光老人天地、南星街道乾宁敬老院。小营街道陈娟英敬老院调整为西牌楼社区日间照料中心，完工并交付使用
4	建设停车场(库)4处、泊位800个，竣工2处、泊位500个，整治支小路5条	建设停车场(库)5处、泊位833个，分别是杭州市全民健身中心地下公共停车库、小营紫阳单元SC0205-19地块地下公共停车库、复兴商务广场地下停车场、杭州水务大厦公共立体停车库、清泰立交桥下停车场。竣工2处，泊位797个，分别是烟厂地块公共停车楼、上城工业园区地下公共停车库。完成永胜路、雷霆路、近江路3条道路整治，开工及续建东坡路、闻潮路及银鼓路3条道路
5	实施望江地区60幢高层建筑消防管道改建工程	完成并移交

续表 5

序号	实事项目内容	完成情况
6	推进医养护一体化智慧医疗服务,7 万人享受医养护一体化签约服务	累计就诊 424863 人次,累计转诊 54662 人次,为有需要的签约居民建立家庭病床 131 张
7	完成城站广场提升改造	提升改造工程完成并投入使用
8	完成改扩绿地 3 万平方米	完成改扩绿地 4.23 万平方米
9	完成社区治理创新园建设。建成望江街道清泰门社区便民服务中心、南星街道“红色墙门”便民服务中心、紫阳街道甬江社区居民活动中心。创办清波街道老年大学,打造小营街道“温馨家园”	建成社区治理创新园、望江街道清泰门社区便民服务中心、南星街道“红色墙门”便民服务中心、紫阳街道甬江社区居民活动中心。清波街道老年大学、小营街道“温馨家园”建成并投入使用
10	加强困难人群就业服务,帮助 3800 名就业困难人员实现再就业	全区 3815 名就业困难人员实现再就业

2015 年上城区人民政府重要文件题录

表 6

文号	日期	标题
上政函〔2015〕1 号	2015-01-05	杭州市上城区人民政府关于印发《杭州市上城区国民经济和社会发展“十三五”规划编制工作方案》的通知
上政函〔2015〕6 号	2015-01-22	杭州市上城区人民政府关于聘请浙江玉皇山南对冲基金投资管理公司和浙江省金融业发展促进会为玉皇山南基金小镇促进单位的通知
上政函〔2015〕8 号	2015-01-28	杭州市上城区人民政府关于开展清理规范税收等优惠政策工作的通知
上政函〔2015〕9 号	2015-02-02	杭州市上城区人民政府关于对区安监局《2015 年度安全生产监管执法工作计划》的批复
上政函〔2015〕10 号	2015-02-10	杭州市上城区人民政府关于废止税收等优惠政策的通知
上政函〔2015〕13 号	2015-03-05	杭州市上城区人民政府关于要求增补望江单元 C2-04 地块等 3 地块列入 2015 年国民经济和社会发展年度计划的函
上政发〔2015〕10 号	2015-04-16	杭州市上城区人民政府关于要求创建“老年友好城市”的请示
上政函〔2015〕36 号	2015-06-30	杭州市上城区人民政府关于要求申报浙江省第二批流通业综合改革试点区的函
上政函〔2015〕46 号	2015-07-27	杭州市上城区人民政府、杭州市上城区人民武装部关于表彰 2014 年度夏秋季征兵工作先进单位和先进个人的通报
上政函〔2015〕61 号	2015-10-15	杭州市上城区人民政府关于命名望江街道婺江社区等 4 个单位为上城区第四批“无违建社区”的通知
上政发〔2015〕49 号	2015-12-08	杭州市上城区人民政府关于要求批复《杭州市上城区经济体制综合改革总体方案》的请示
上政函〔2015〕78 号	2015-12-14	杭州市上城区人民政府关于进一步加快社会信用体系建设的实施意见

(朱　岷)

集中审批事项及政务服务

6月19日，上城区行政服务中心市场监管局“五证合一”窗口发出该窗口首张“多证合一”营业执照　（区行政审批服务管理办公室　供稿）

【概况】 2015年，上城区行政审批服务管理办公室（简称区审管办）围绕打造“办事最快、服务最优、效率最高”的服务平台要求，主动服务上城经济社会发展大局。区行政服务中心（区公共资源交易中心）设置办事窗口101个，24个区属部门进驻中心开设窗口，授权事项涉及7个社会服务类行业、273项行政许可事项、15项服务类事项。全年受理审批事项85.33万件，办结率100%。受理各类小型建设项目224项，投资总额126.12亿元。吉林省延吉市政务服务中心、成都市武侯区机关事务管理局等10个考察团近1000人到上城区行政服务中心参观学习窗口规范化服务工作。

【“多证合一”营业执照颁发】 6月19日，区行政服务中心市场监管局“五证合一”窗口将该窗口的首张“多证合一”营业执照发给杭州创银投资管理有限公司法定代表人，标志着全区企业商事制度改革取得实质性进展。市政府《关于进一步深化商事制度改革的若干意见》发布后，区审管办借鉴滨江区商事制度改革试点经验，结合上城区实际，在“五证一章”联办的基础上，将原先由5个部门核发的工商营业执照、组织机构代码证、税务登记证、社保登记证、统计登记证，变革为仅核发一张营业执照，并在营业执照上同时标明营业执照号、组织机构代码、税务登记证号、人力社保证号、统计证号。实行“多证合一”，使企业得到更多实惠和方便。

【区行政服务中心玉皇山南基金小镇分中心筹建】 9月1日，区审管办负责人带队到玉皇山南基金小镇，与玉皇山南综合整治工程指挥部（山南创意产业园管委会）负责人进行工作交流，协商建立区行政服务中心玉皇山南基金小镇分中心事宜。区审管办与玉皇山南整治工程指挥部就服务中心窗口设置、进驻事项、人员管理、内部装修等事项达成一致意见。12月1日，服务分中心开始进行规划设计。

【首次产权交易拍卖】 10月23日，区公共资源交易服务中心进行首次产权交易拍卖。此次拍卖的标的为上城区集体土地上的一处房屋租赁权。为确保产权交易顺利进行，区公共资源交易服务中心与区属有关部门研究制定《上城区行政事业单位房产公开招租交易实施细则》，使产权交易有章可循。拍卖前通过政府购买社会服务方式进行公开招标，选定有经验的拍卖中介机构主持拍卖；招募人员并组织现场观摩，学习拍卖流程及现场管控方法。加强与业主单位沟通，做好资料审核及相关环节衔接；拍卖会备有两台摄影机进行全程监控，并邀请区纪委监察室工作人员现场监督，拍卖活动公开、公平、公正。

【“投资项目审批、公共资源交易操作实务”培训】 9月17日，区审管办印发《关于优化投资建设项目审批流程的通知》，以及经区政府常务会议审议通过的《上城区政府投资项目审批流程图（正常流程）》《上城区政府投资项目审批流程图（提速流程）》《上城区政府投资项目审批流程图（“两美浙江”项目流程）》三类审批流程图。11月18日，举办为期两天的投资项目审批、公共资源交易操作实务培训班，区属20余个职能部门、街道、指挥部和杭州清河坊资产管理有限公司、城站广场管委会等单位领导60余人参加培训。培训内容包括建设工程规划审批业务介绍、“国际峰会”项目审批流程解读、政府采购和工程招投标问题解答等。培训班上还对各部门实施的环境整治项目提出操作意见。 (钱一江)

电子政务

【电子政务项目管理机制规范】 2015年，区电子政务办公室联合区发改经信局、区财政局和区科技局对各单位申报的电子政务项目进行联合评审，通过统筹安排财政资金，健全科学民主的决策和实施程序，进一步完善和规范区政府投资的电子政务项目管理机制，提高电子政务项目建设质量和应用水平。年末，区电子政务办公室对区级政府部门的电子政务工作进行考核，考核结果报送至区考评办。

【政府网站普查】 5月15日，副区长叶榕主持召开全区网站信息安全专题会议，并对网站普查工作进行布置。会后，上城区上报的18个网站中有13个申请关停，原有的服务和互动功能整合至区政府门户网站和浙江政务服务网，2个非参照公务员管理的事业单位网站申请移出普查列表。

区电子政务办公室结合上城区实际，对政府各部门的网站基本资料和网站栏目资料进行确认，并逐一审核各部门报送的普查材料，按时完成网站基本情况的汇总。针对填报工作中可能出现的瞒报漏报情况，区电子政务办公室再次对全区40余个单位建有网站情况，以及对各部门网站填报情况、关闭情况进行复核确认，确保各项数据真实有效，并按时完成18个网站的《政府网站基本信息表》《政府网站栏目(系统)基本信息表》填报。区电子政务办公室根据普查情况，制定自查整改措施，组织网站自查评分。经普查审核，全区保留上城区政府门户网站、上城人才网、上城教育信息港3个网站，其余13个政府网站正式关停，3个事业单位网站不纳入普查范围，保留的政府网站通过国家相关部门审查。

【区电子政务设备升级改造】 7月，区电子政务办公室分别对区电子政务设备和重要会议场所音控扩音设备进行升级改造。电子政务设备改造主要对服务器与存储资源共享平台实施扩容，对平台的存储空间、安全防护、运行维护管理等方面进行优化。通过整合区内资源，增补必要设备，建成一套经济适用的区级高清视频会议系统。该系统覆盖区政府办公室、区城管局、区教育局、区住房和城建局及6个街道办事处。会议场所音控扩音设备改造采用主流的数字音频设备和可靠的系统架构，对数字会议系统、音频扩声系统进行升级和线路铺设。两大改造项目完成后，系统运行稳定。

【浙江政务服务网上城平台建成】 按照《浙江省人民政府办公厅关于印发2015年浙江政务服务网建设工作要点的通知》《2015年浙江政务服务网杭州平台建设工作任务分解表》的要求，上城区有序推进浙江政务服务网上城平台建设工作。6月，上城区实现行政审批事项一站式网上运行、区行政处罚及监督检查类事项的信息在省政务服务网《行政执法》板块上公开。7月，省政务服务网电子监察系统上城平台投入运行，实现行政审批事项全流程监督。11月，完成除行政处罚外其他7类权力事项梳理、入库、系统流程配置及人员培训，上城平台正式投入运行，并按标准完成电子证照库的梳理、入库和修改。12月16日，区电子政务办公室印发《上城区政务数据资源共享管理暂行办法》。12月31日，政务服务网延伸至街道社区系统上线运行。年内，浙江政务服务网上城平台全面建成。

【“智慧上城”规划方案设计】 上城区为国家首批智慧城市(县、区)试点单位。2015年，上城区围绕改善民生、提升城市生活品质的目标，开展“智慧上城”总体框架顶层设计。设计以云计算、信息服务、物联网等新技术为支撑，致力于建立统一开放的“智慧城区”公共平台和信息资源共享服务体系，构建面向政府、企业和公众的“智慧城区”各项业务应用系统，把上城区打造成为全国最有竞争力的“智慧城区”之一。区电子政务办公室作为技术支持方，参与“智慧上城”规划方案的设计。

(郑　磊)

侨务

【概况】 2015年,上城区侨办、侨联深入学习贯彻中央统战工作会议精神,贯彻落实区委重大决策部署,围绕中心工作,扩大与海外侨胞联系,健全海外联络网,鼓励海外人才到上城区投资创业。加强侨联基层服务、考察、调研工作,充分发挥侨联委员才智优势,组织参加对区财政局民主监督等活动,引导委员在政协侨联界别为各项工作建言献策。依法维护侨权,完善侨务政策法规,进一步凝聚侨界力量,加快“现代化美丽上城”建设。

【开展引智引资】 2015年,区侨办开展“回家看看”活动,组织多批50余人次海外侨领侨商和旅港企业家到上城参观考察投资环境,与辖区内企业洽谈对接合作项目。邀请省、市统战部门和台办、侨办、工商联有关领导到上城区调研考察,扩大上城区“123+1”产业平台影响。

【侨界民生改善】 2015年,区侨办、侨联着力改善侨界民生,积极构建温暖和谐侨界,努力为侨胞办好事、解难事。依法维护侨权,对侨界反映的问题,主动联系相关部门协助解决。全年受理归侨侨眷到访35批次,来电75件,回复率100%;为10名华侨办理回国定居申报手续,解决华侨定居落户问题;帮助20户侨界家庭办成实事25件。全年区侨办、侨联慰问侨界家庭50余户,组织各街道、社区慰问175户,共送上慰问金3万余元。

【“双向服务”工作】 2015年,区侨办、侨联打造“活力侨联”,促进基层侨联组织建设,加强社区基层侨联分会建设,引导基层侨界群众为街道、社区建设出谋划策,参与社会服务。5月7日,市侨联副主席苏挺到上城区调研“活力侨联”建设工作,清波街道侨联和该街道3个社区侨联分会介绍侨联组织建设、特色创新工作。8月,区侨联、望江街道婺江社区侨联分会、小营街道老浙大社区侨联分会“活力侨联”建设经验在市侨联进行交流。

【侨界人士获多项荣誉】 2015年,区侨联副主席、区留联会会长林东在第三届浙商大会上获“杰出浙商”称号;区侨联主席、清波街道劳动路社区党委书记俞利娟,区侨联副主席、浙江泰乐通信技术有限公司董事长王容峰被评为市第四届侨界十大杰出人物;香港杭州上城旅港同乡会会长、德利服饰实业(杭州)有限公司总裁马仁德被评为市侨界优秀人物。

台湾事务

【概况】 2015年,区台办深入贯彻中央对台工作决策部署和省、市委对台工作会议精神,以“两岸一家亲,共圆中国梦”为主线,不断推进上城与台湾的交流合作。全年接待国民党南投县党部参访团、台湾新同盟会中南部分会参访团、台湾新同盟会彰化分会基层及农会干部浙江参访团、南投县草屯镇蔬果产业工会及台湾醒义宫宫主陈汝羡等团体和个人5批、104人。

【台属联谊与服务】 2015年,区台办积极做好台属联谊工作,加强与台胞、台属的互动与交流。春节前,组织迎新春联谊会。中秋节组织51名台胞台属参加,并邀请6名台属代表参加区委组织的统一战线各界人士“迎中秋、庆国庆”联谊活动。全年区和街道走访慰问台属176户,为生活困难的台属送去慰问金、慰问品价值合计4.8万元。接待台胞、台属咨询31件次,区台办对台胞、台属和台企反映的困难和问题,及时帮助协调,先后协助解决纠纷和难题14件。区领导、区台办负责人开展调研,分别走访台资企业22个次。

【上城区与高雄市开展教育交流合作】 1月26~27日,由高雄市14所中小学校长组成的高雄市教育局参访团一行17人,到上城区参观杭州天地实验小学,并与上城区部分中小学校长进行座谈交流。其间,上城区9所学校与台湾9所学校签署校际结对意向书。5月,上城区胜利小学师生一行13人访问台北市松山国民小学,与宜兰壮围国民小学进行交流。6日,胜利小学接待到访的台北市松山国民小学25

名师生,双方进行友好交流,进一步增进两校之间的了解和友谊。

(吕火良)

地方志编纂

【《杭州市上城区志》整理编纂】 2015年,上城区地方志编纂委员会办公室(简称区志办)弘扬精益求精、品质至上的“工匠精神”,以整理出版首轮区志、精编二轮区志为重点,努力推动上城区地方志工作取得新成效。首轮区志上限不定,下限到1992年末,全书50余万字,于2005年3月内部出版。2015年1月,区志办准备公开出版事宜。由于电子稿缺失,区志办先将纸质稿转换成电子稿后进行校稿。至12月,首轮区志完成3次校稿,计划于2016年上半年出版。二轮志书编纂工作同步推进。区志办邀请专家对篇目进行反复论证,基本定稿,并对各单位的承编任务做了分解。区志办通过编写《〈杭州市上城区志〉编纂工作手册》,建立区志分工联系表,并邀请省、市方志专家对各单位撰稿人进行业务培训,帮助撰稿人按照规范要求撰稿。确定试点单位先行编写,提前交稿,总结经验,为其他单位的编写提供范本。

(楚克静)

【中国版协年鉴工委领导考察上城区地方志工作】 4月21~23日,第十六次全国地州县年鉴研讨会暨第五届年鉴编纂出版质量评比颁奖大会在杭州萧山区召开。《上城年鉴(2013)》获第五届年鉴编纂出版质量评比综合二等奖。23日,中国版协年鉴工委主任许家康、中国版协年鉴工委常务副主任王守亚、中国版协年鉴工委副主任贾大清等专家到上城区考察指导地方志工作。专家们参加《杭州市上城区志》篇目、《上城年鉴(2015)》框架论证分析会。许家康和王守亚对《上城年鉴(2015)》框架中类目、分目设置的合理性予以肯定,对框架的不足之处提出修改意见,并与《上城年鉴》编辑人员面对面交流。贾大清和其他省、市专家论证《杭州市上城区志》篇目,认为区志篇目经过上城区部门和区级专家的两轮论证已相对成熟,稍作修改后即可按照该篇目启动编纂工作,专家对篇目存在的问题和个别细节提出修改意见,并与区志编纂人员进行交流。

【《上城年鉴(2015)》出版】 2015年,上城年鉴编辑部在中国版协年鉴工委指导下对《上城年鉴》框架进行调整,并对各部门(单位)撰稿人进行2次年鉴编纂业务培训,促进各撰稿人业务素质的提高。年内,《上城年鉴(2015)》由方志出版社公开出版。《上城年鉴(2015)》为上城区第10卷年鉴,全书66万字,设类目32个、分目162个,收入条目1065条、随文照片112幅、表格36张、图片5张、附属资料40篇。卷首刊有各级领导在上城视察、上城荣誉、上城活动、上城文艺、上城新貌等照片。

(许红霞)

玉皇山南基金小镇

政协上城区委员会

Shangcheng District Committee of the CPPCC

综 述

【概况】 2015年，上城区政协坚持把加强思想政治建设放在政协工作首位，认真学习贯彻中共十八届四中、五中全会精神和习近平总书记在浙江考察时的重要讲话精神，学习贯彻中共中央《关于加强社会主义协商民主建设的意见》《中国共产党统一战线工作条例（试行）》，学习贯彻中共上城区委九届十二次、十三次全会精神，深刻理解习近平总书记关于政协工作的新思想、新观点、新要求，自觉把思想和行动统一到中央和省、市、区委的决策部署上来，把智慧和力量凝聚到建设“现代化美丽上城”的目标任务上来。会同区委、区政府制定实施协商年度工作计划，建立双月协商制度，全年组织专题协商6次，协商主题12个，协商后均向区委、区政府提交协商成果。推进协商关口前移，将区“十三五”规划编制协商作为全年工作重点，围绕推进协商民主制度化建设进行调查研究，形成《从委员的首创实践看新常态下基层政协履职能力建设》等2篇理论文章，获省政协理论研讨会论文优秀奖。完善民主监督制度与程序，首次与区委、区政府协商确定民主监督工作计划，其中6项被列入区年度重点工作和重点督查项目。开展“五水共治”等重点工作民主监督，主动服务区委、区政府科学决策。

【重点课题调研】 2015年，区政协围绕重点课题开展调研。《历史文化街区视角下关于南宋御街发展的一些思考》《区“平安365”社会服务管理平台的实践与思考》等调研报告获区党政系统优秀调研成果奖。持续关注玉皇山南基金小镇建设，《提速增质、注重绩效、扎实推进——玉皇山南基金小镇建设专题协商意见》调研文章得到区委书记缪承潮批示。《科学稳妥推进上城区社区治理和服务创新》调研报告得到区委、区政府的重视和采纳。持续关注区电子机械功能区发展，多次到园区走访调研，形成《区电子机械功能区发展现状与“二次创业”对策建议》，部分意见建议被吸收到《区电子机械功能区产业发展规划》。围绕“智慧城区”打造，加强理论层面研究，形成《智慧治理模式的理论研究和实践探索》，为相关工作开展提供理论依据。

【加强团结合作】 2015年，区政协坚持团结和民主两大主题，引导和推动各民主党派、工商联、人民团体和无党派人士进一步增进共识，凝聚人心。邀请各界人士参加政协全体会议、暑期读书会、专题调研、专项视察，营造真诚交流、扩大共识的政协环境。加强市、区政协委员联动，市政协委员参与区政协重要活动58人次。协助开展市政协组织的“外国友人走进杭州街坊”等活动。完成上城区和淳安县城乡统筹等联动调研。组织企业家联谊会活动。按照《区政协走访约谈委员制度》，定期走访约谈政协委员，沟通信息，交换意见，帮助解决其履职遇到的困难。参与全国政协秘书局在上城区的“社会结构与政协界别设置”专题考察调研。加强信息报送，《中国政协》《杭州日报》《联谊报》《杭州政协》和各类网络媒体刊登上城政协工作动态40余篇。依托《上城政协》刊物和网站,对8名委员的先进事迹进行宣传报道;依托华语之声网络媒体,邀请16名委员录播有关履职建言、献计出力的节目13期;配合市政协和杭州电视台《我们圆桌会·政协视点》栏目,组织10名委员参加《美丽中国·杭州样本》节目录播。举办纪念中国人民抗日战争暨世界反法西斯战争胜利70周年主题书画摄影展。编撰出版《玉皇山南新小镇》,与2008年出版的《玉皇山南话沧桑》合成姐妹篇。

【履职能力提升】 2015年,区政协结合“三严三实”专题教育,推进自身建设,提升履职能力。以习近平总书记系列重要讲话为指引,做实专题党课、专题学习研讨、专题民主生活会、整改落实和立规执纪等工作。把遵守《中国共产党党章》《中国共产党廉洁自律准则》和《中国共产党纪律处分条例》,落实中共中央八项规定精神和省、市、区委关于作风建设各项规定体现在政协履职的各个方面。加强制度建设,出台政协杭州市上城区委员会《视察工作办法(试行)》,制定《关于政协专门委员会等政协工作机构协同参与提案工作的意见》,巩固和创新“菜单式服务、项目化活动、跨界式参与、自主式互动、网络化履职”的工作机制,按制度履职、按规定办事成为新常态。全年15个界别参与区政协组织的活动17项,委员跨界别、跨小组、跨专委会参与活动13项、200余人次。委派21名委员担任各类民主监督员,监督员参与被聘用单位监督活动27次。

8月10日,区政协举行《玉皇山南新小镇》新书发布会 (区政协办公室 供稿)

【政协提案与办理】 2015年,区政协四届四次会议期间,政协委员以提案形式提交意见建议164件,经审查立案144件,立案率87.8%,其余20件作为意见建议办理。立案的提案经并案处理后为125件,所立案件中,交区委有关部门承办16件、区政府有关部门承办108件、区政协机关承办1件。至年末,全部立案提案办理答复完毕。政协委员对提案办理工作评价非常满意的61件,占立案提案总数的48.8%;满意的57件,占45.6%;基本满意的7件,占5.6%。提案所涉及的问题解决或基本解决的74件,占59.2%;正在解决的33件,占26.4%;留作研究参考的17件,占13.6%;还有1件因条件限制无法解决。

政协重要会议及委员活动

【区政协四届四次会议】 上城区政协四届第四次会议于1月26~29日召开。会议审议通过区政协主席余勇做的区政协四届常委会工作报告、副主席陈少华做的区政协四届三次会议以来提案工作情况报告;与会人员列席区十四届人大四次会议,听取和讨论政府工作报告及其他报告;各界别委员进行大会发言;选举何明俊、俞朔为政协第四届杭州市上城区委员会副主席;同意陈小玲、方莉辞去副主席职务;审议通过区政协四届四次会议提案审查情况报告和区政协四届四次会议决议。会议期间,收到委员以提案形式提交的意见建议164件,经审查立案144件;有12名委员做大会发言或书面发言。

【区政协四届十六次常委会议】 1月27日,区政协四届十六次常委会议第一次会议召开。会议审议通过《杭州市上城区政协四届四次会议关于同意陈小玲、方莉同志辞去副主席职务的决定》,协商通过《政协第四届杭州市上城区委员会第四次会议选举办法》,协商增补政协第四届杭州市上城区委员会副主席候选人建议名单,协商政协第四届杭州市上城区委员会第四次会议总监票人、副总监票人建议名单(草案)。1月28日,召开第二次会议。会议听取对各工作报告讨论情况的汇报,听取选举事项讨论的情况汇报,讨论并提出会议决议(草案)。1月29日,召开第三次会议。会议表决通过区政协四届四次选举办法(草案),表决通过总监票人、副总监票人名单(草案),通过监票人名单,确定正式候选人名单;听取对会议决议(草案)讨论情况的汇报;听取并审议提案委员会关于大会提案审查情况的报告(草案)。

【区政协四届十七次常委会议】 3月25日,区政协四届十七次常委会议召开。会议协商审议区政协2015年工作要点(草案),协商通报区政协四届四次会议重点提案,协商确定各委员小组、各界别2015年工作计划。

【区政协四届十八次常委会议】 6月25日,区政协四届十八次常委会议召开。会议协商审议有关人事事项,任命吴坚为政协杭州市上城区委员会经济科技委员会主任,免去其政协杭州市上城区委员会社会法制和港澳台侨委员会主任职务;任命严莺为政协杭州市上城区委员会社会法制和港澳台侨委员会主任;免去伍天舒的政协杭州市上城区委员会经济科技委员会主任职务;通报委员暑期读书会方案;审议通过《关于政协专门委员会等政协工作机构协同参与提案工作的意见》;协商审议《从委员的首创实践看新常态下基层政协履职能力建设》的提案。

【区政协四届十九次常委会议】 9月28日,区政协四届十九次常委会议召开。会议听取区政府办通报区政协四届四次会议提案办理情况、区政协提案委员会关于四届四次会议以来提案办理情况的报告,审议通过《政协杭州市上城区委员会视察工作办法(试行)》和《科学稳妥推进上城区社区治理和服务创新》的提案。

【区政协四届二十次常委会议】 12月25日,区政协四届二十次常委会议召开。会议表决通过《政协第四届杭州市上城区委员会常务委员会关于增补委员的决定》,决定增补占仁义、周骆斌、金志惠、陈学军、谢需、丁洪波、李克良、黎洁、叶晓京为区政协四届委员会委员;表决通过《关于同意谢宁等同志辞去政协第四届杭州市上城区委员会委员职务的决定》,同意谢宁、姚杰、金伟军、周海文、许别、许茂盛、卢勇、张敬宜、傅潇妍辞去区政协四届委员会委员职务;审议通过关于召开政协第四届杭州市上城区委员会第五次会议的决定;审议通过政协第四届杭州市上城区委员会第五次会议议程和日程;审议通过政协第四届杭州市上城区委员会第五次会议副秘书长名单;协商审议有关人事事项,会议审议表决通过免去瞿旭平的政协杭州市上城区委员会文史和教文卫体委员会主任职务、徐志忠的政协杭州市上城区委员会城建和人口资源环境委员会主任职务;审议通过提交政协第四届杭州市上城区委员会第五次会议审议的常委会工作报告和政协四届四次会议以来的提案工作报告;审议通过杭州市上城区政协各专门委员会2015年度工作总结(书面)。

【政协委员暑期读书会】 8月11~12日,区政协委员暑期读书会举行。区委副书记、区长陈瑾做上城区政情通报,区政协主席余勇主持读书会。区委常委、常务副区长黄爱芳,区委常委、副区长管光尧、童玉玲,副区长宣寅、马彦、叶榕、周国如,以及区政协副主席刘志安、何明俊、袁巧玲、陈少华、俞朔出席读书会。区政协全体委员、各专委会特聘委员、联谊会成员、各街道委员活动小组召集人和联络员等近200人参加读书会。政协委员分"经济发展""法治建设""民生改善"3个交流小组与区领导及相关部门负责人进行问政互动。杭州市社科院经济研究所副所长、研究员周旭霞做"'互联网+'经济发展新思维"的专题讲座。各委员小组进行"展望互联网""艺术品收藏与投资""聚焦风险防范——从案例审视合同订立中的若干问题"等5个专题的学习交流。

表 7

2015 年上城区政协收到的重点建议

序号	作　者	题　目
1	民革上城总支	《关于构建新形势下大普法体系的思路与措施》
2	民建上城区基层委员会、区政协无党派界别	《借力自主创新示范区契机，提升上城经济发展水平》
3	民进上城区基层委员会	《关于群策群力建设“平安上城”迎接国际峰会的建议》
4	致公党上城总支、区政协侨联界别	《关于各类政务数据信息调查及开展大数据分析的建议》
5	九三学社上城区基层委员会	《建设体制改革阶段性成效及问题分析》
6	九三学社上城区基层委员会	《关于抓住机遇，推进我区分级诊疗制度建设的建议》
7	区政协望江委员小组、区政协科协和科技界别	《加快望江智慧产业园建设的建议》
8	区政协工商联界别	《关于低税收楼宇运营现状及提升对策》
9	区政协经济界别	《建立线上线下一站式扶持小微企业综合服务平台的建议》
10	区政协经济界别	《关于加快建设和发展我区创业园区的建议》
11	区政协教育界别	《关于推进教育国际化工作的思考》
12	区政协医卫界别	《关于进一步推进我区医养护一体化签约服务工作的若干建议》
13	区政协委员胡成敏	《关于打造吴山宋韵小镇的几点建议》

表 8

2015 年上城区政协重要文件题录

文件号	文件日期	标　题
上政协〔2015〕1 号	2015-01-27	关于陈金朝等同志职务任免的通知
上政协〔2015〕2 号	2015-02-03	关于政协第四届杭州市上城区委员会第四次会议选举结果的报告
上政协〔2015〕3 号	2015-02-03	关于印发中国人民政治协商会议第四届杭州市上城区委员会第四次会议审议通过的有关人事事项的通知
上政协〔2015〕4 号	2015-02-09	关于调整区政协主席、副主席分工的通知
上政协〔2015〕5 号	2015-03-25	上城区政协 2015 年工作要点
上政协〔2015〕6 号	2015-04-09	政协杭州市上城区委员会关于开展“‘五水共治’长效机制建设”民主监督的实施方案
上政协〔2015〕7 号	2015-06-26	关于吴坚等同志职务任免的通知
上政协〔2015〕8 号	2015-12-28	政协第四届杭州市上城区委员会常务委员会关于增补委员的决定
上政协〔2015〕9 号	2015-12-28	关于同意谢宁等同志辞去政协第四届杭州市上城区委员会委员职务的决定
上政协〔2015〕10 号	2015-12-28	关于免去瞿旭平同志职务的通知
上政协〔2015〕11 号	2015-12-28	关于免去徐志忠同志职务的通知

（区政协办公室）

纪检监察

Disciplinary Inspection & Supervision

执纪监督

【规范权力运行】 5月11日，上城区委出台《关于全面推行部门和单位主要负责同志“五不直接分管”制度的实施细则(试行)》。12月30日，区委出台《关于规范“三重一大”重要事项集体决策机制建设的若干规定(试行)》。年内对区城管局、区科协、杭州市胜利实验学校3个单位组织常规巡查，对全区公共资源交易管理、安置房分配两项工作开展专项巡查，两次巡查发现问题255个，提出整改措施81条，向有关领导和部门发送建议意见书8份。

【推进全面纪律审查】 2015年，上城区建立健全领导接访及阅批信访件、信访举报转送件办理、信访举报工作绩效评价等制度，建立健全问题信息收集比对及财务结算、招投标项目、审计项目等重要事项和信息定期备案等机制，进一步拓宽问题线索来源。全年各级纪检监察机关受理信访举报94件，通过立案审查、纪律处分、组织处理、谈话提醒、纪律诫勉等手段，对问题线索早处置。全区立案20起，案件涉及贪污贿赂、违反财经纪律和组织人事纪律、生活作风等问题。党纪处分20人，其中开除党籍7人。谈话提醒600余人次。建立完善信访谈话室使用管理、突发状况应急处置、涉案款物管理等制度，规范纪律审查各环节工作程序，推进依纪依规、安全文明纪律审查。

【问题线索渠道拓宽】 2015年，上城区建立“三项机制”，拓宽问题线索渠道。即建立健全每月线索上报机制。出台问题线索集中管理规定，明确由区纪委各室、基层纪检监察组织及公检法、财政、审计等司法行政部门每月上报问题线索，由区纪委案管室集中管理。建立健全重要信息收集机制。与区法院建立涉及民事诉讼、刑事诉讼及司法调解的信息收集比对机制，与公安机关建立违纪人员信息比对、信息查询协作、敏感信息收集等机制，探索建立审计、大信访、政府采购、工程招投标、公务消费等重要信息定期收集机制。建立健全党风廉政巡查排摸机制。出台区党风廉政巡查实施意见，抽调纪检、审计、财政、住建等部门人员组成巡查组，通过常规巡查、专项巡查、定点巡查等形式对区直单位存在的党风廉政建设问题进行排摸。

作风效能建设

【中央八项规定精神落实情况专项督查】 9月，区纪委牵头成立3个督查组，对9个单位开展第一轮中央八项规定精神执行情况专项督查，发现问题25个，发放督查建议意见书25份。加强跟踪督查，督促相关部门完成市委督查组对上城区贯彻执行中央八项规定精神情况专项督查中发现问题的整改。会同区机关事务管理中心、区发改经信局、区财政局、区民政局、区人力社保局等部门对区直机关办公用房、公务用车、公务接待、公务考察、“三公”经费使用、津补贴发放、社会团体经费使用、编外用工录用等情况进行监督检查，严肃处理并通报曝光违规人员，督促相关单位及时整改。

【"不担当、不作为、不落实"行为整治】 4月29日，区委制定《关于在推进重大项目重点工程中进一步规范党员干部行为的意见》，明确追责情形。区纪委印发《关于建立"不担当、不作为"信息互通机制的通知》，建立信息互通、每月问题抄报等机制，并会同相关职能部门，对"五水共治"、"三改一拆"、"百千万"信访大督查、国家卫生城市复评、城区征迁、"无违建城区"创建等重点工作进行跟踪督查，参与督查20余次。围绕"五水共治"主题，开展"公述民评"现场面对面问政活动，收到问题建议30余条，发放"公述民评"反馈函10份。

【机关作风效能督查问责】 2015年，区纪委在元旦、春节、中秋、国庆等重要时间节点，均印发加强正风肃纪工作通知，并在上城区政府门户网站设立网络监督举报专区。加大明察暗访工作力度，全年出动检查人员779人次，开展明察暗访176次，检查单位412个次，印发检查情况通报24份，发放作风效能督查通知单17份，接受作风效能问责38人次。加强对作风效能投诉的处理和反馈，全年处理"96666"投诉件325件、群众来信来访来电25件、民情热线18件。

党风廉政建设

【落实"两个责任"】 2015年，区纪委通过项目化分解任务、常态化督查、节点式管理、倒查式追责、制度化保障等措施，形成落实责任的完整链条。协助区委制定党风廉政建设和反腐败工作责任分工、"两个责任"工作清单，把重点任务分解到区委、区政府领导班子成员和职能部门，同时督促各级党组织制定年度党风廉政建设工作计划，细化项目清单，层层签订党风廉政建设责任书和承诺书。通过年初检查考核、每月工作报告、年中专项督查、集体约谈、发放意见建议书等方式，确保"两个责任"落实到位。全年开展党风廉政责任制落实情况专项督查4次，检查考核实现区直单位全覆盖。对落实党风廉政建设主体责任不力的，实行"一案双查"。全年对3个单位开展"一案双查"，追究领导责任6人次、监督责任2人次。落实区直单位党委(党组)主体责任报告制度，区纪委听取6个街道和15个区直单位主要负责人履责情况汇报，出具建议书21份。建立健全区委常委会党风廉政建设工作季度会商制度，专题研究全区党风廉政建设和反腐败工作。修订实施2015年度责任制考核标准，突出从严履责和责任追究导向。

【党风廉政建设责任制检查考核】 12月，上城区成立21个党风廉政建设责任制落实情况检查组，由区委、区政府领导带队，对全区53个区直单位部门进行党风廉政建设责任制落实情况检查考核。检查中，与区直各单位领导班子成员及中层干部谈话233人次，发现问题123条。对责任制落实不达标的24个单位予以扣分，考核结果全部量化为分数并排名。对各单位检查中发现的问题分别抄送区委、区政府分管领导，考核结果纳入区直单位年度目标考核和综合考评。区纪委对10个考核成绩排名靠后单位的主要负责人进行集体约谈。

1月16日，上城区召开区委、区政府领导班子成员履行"一岗双责"和廉洁自律情况专题报告会
(区纪委　供稿)

【区委、区政府领导班子成员履行"一岗双责"情况专题报告会】 1月16日，上城区召开区委、区政府领导班子成员履行"一岗双责"和廉洁自律情况专题报告会。区纪委报告2014年度区直单位党风廉政建设责任制检查考核情况，重点汇报存在问题和

下一步打算。会上，区委副书记袁建祥和副区长宣寅分别做履行“一岗双责”和廉洁自律情况的汇报，其他 13 名区委、区政府领导班子成员做书面报告。区委书记缪承潮强调，区委、区政府领导班子成员要带头做廉洁自律表率，切实履行好职责范围内的党风廉政建设领导责任，把加强干部监督管理的责任扛在肩上、抓在手里，贯穿于各项工作的始终，进一步推进“现代化美丽上城”建设。

4 月，区纪委以于谦儿子于冕、女儿于欣为原型，推出小于、阿莲两个廉政卡通人物 （区纪委 供稿）

【反腐倡廉宣传教育】 2015 年，区纪委通过开通“上城清风”官方微博微信、在《上城报》设置“正风反腐”每月专版、在区政府门户网站设立《清风资讯》栏目、每周发送廉政短信、案件通报警示、培训讲座等方式开展党风廉政教育。会同区委组织部开展区管党员干部党章党规党纪集中轮训，推进全区深入学习《中国共产党廉洁自律准则》和《中国共产党纪律处分条例》。全年区纪委在《中国纪检监察报》、中央纪委网站、《浙江日报》、《杭州日报》等媒体发表文章 20 篇，通过其他平台发布信息 200 余篇。通报曝光违纪违规问题 8 次、17 起。

【推出廉政卡通人物】 4 月，区纪委以于谦儿子于冕、女儿于欣为原型，推出小于、阿莲两个廉政卡通人物。在《上城报》开设《小于阿莲上城廉史文化游》栏目，介绍区域内于谦故居、周新祠等廉政景点，以景传廉。收集于谦的廉政诗词，通过“上城清风”官方微信上的《小于阿莲话廉政》板块进行刊登，以诗颂廉。全年通过卡通人物发布廉政宣传信息 18 篇。

纪检监察组织建设

【深化纪检监察体制改革】 2015 年，区纪委根据省纪委《关于进一步加强乡镇（街道）纪检组织履职的指导意见》要求，6 个街道全部配齐专职纪工委书记和副书记。制定《关于加强和改进区纪委派驻（出）机构统一管理工作的意见》《上城区纪委派驻纪检组长、副组长提名考察办法（试行）》，加强与区委组织部、区编委办等部门的协调沟通，推进派驻机构改革，实现区直机关单位派驻监督全覆盖。探索试行区建设指挥部党风廉政建设属地监督体制改革，将清河坊管委会等 7 个派驻归口监督单位划归街道试行属地监督。

【规范内部监督管理】 2015 年，区纪委各派驻机构及街道纪工委建立“两表一梳理”工作机制，即编制每月工作报表和年度重点任务计划表，梳理重要工作事项和工作流程。建立健全区纪委（监察局）干部考勤及请假销假、外出报告、因私出国（境）备案、科级干部个人事项报告等制度，规范队伍管理，打造“阳光纪检”。

【纪检干部素质提升】 2015 年，区纪委重视纪检干部素质提升工作。开展“三严三实”专题教育，组织专题研讨活动 10 余次。组织委局机关纪检监察干部和派驻机构干部业务培训 5 次。开展“加大纪律审查力度、遏制腐败蔓延势头”5 篇系列重要文章等学习研讨，参与培训研讨 300 余人次。组织年轻纪检监察干部上挂下派、双向挂职交流 11 人次。通过挂职交流，全面提升纪检监察干部的综合素质。 （唐宏韬）

民主党派与工商联

Democratic Parties & Association of Industry Commerce

民主党派综述

【概况】 2015 年，上城区有 7 个民主党派基层组织，分别隶属各民主党派杭州市委会。民主党派有总支 2 个、基层委员会 5 个、支部 41 个，成员 818 人，其中新发展 37 人。上城区各民主党派学习贯彻中央统战工作会议精神，深入开展坚持和发展中国特色社会主义学习实践活动，履职尽责，开拓创新，在参政议政、民主监督和社会服务等方面积极努力，为巩固和发展上城区多党合作，促进经济和社会各项事业发展贡献智慧和力量。全年各民主党派成员提交政协提案、人大议案 200 件，上报社情民意 300 余篇。积极领办区委重点调研课题，参与政府部门政务、街道公共事务、基层社会事务等民主协商，撰写建言献策的调研文章 13 篇，涌现一批参政议政、建言献策突出的基层组织和先进个人。全年获省委会、市委会集体表彰 32 项、个人荣誉 31 项。

民革上城总支

【概况】 中国国民党革命委员会（简称民革），于 1948 年 1 月 1 日在香港创建。1979 年，民革上城独立建立支部，1992 年，上城有 2 个民革支部。2000 年，民革企业支部划归民革杭州市委会管理，民革上城支部划分为第一、第二支部，第一支部主要由在职各领域成员组成，第二支部主要由原黄埔上城同学会成员组成。2010 年 11 月，民革上城总支成立，下设一、二支部。2015 年，一、二支部进行换届，并新组建成立三支部。总支有正式党员 52 人。

【调查研究】 2015 年，民革上城总支围绕中心工作和群众关心的热点难点问题，开展实地考察，认真收集资料，组织研讨，提出意见建议并形成调研报告或提案在上城区政协四届四次会议上，向大会提交集体提案 3 件，党派政协委员个人提案 13 件，内容涉及教育、城区建设、经济发展、民生工程等，其中《关于全方位推进城区“五水共治”的建议》在区“两会”上做大会发言，并被列为重点提案。全年完成调研课题 2 个。主动对接区卫计局开展民主监督，对卫生计生工作提出有针对性的意见建议，并将征集到的社情民意通过区“两会”、区委统战部、民革杭州市委会等渠道上报，进一步履行民主党派参政议政的职能。

【社会服务】 2015 年，民革上城总支立足自身特色，努力服务社会。深化民革杭州市委会“同心·博爱”品牌，进一步打造社会服务联系点，将公益支教作为民革上城总支践行中国特色社会主义学习实践活动的重要内容之一。党员谢炳松等人积极参与社会公益事业，向社会捐款捐物，资助教育事业。民革上城总支从党派成员特点出发，开展医疗卫生保健、文化教育、法律咨询、捐资助学、业务培训等活动，社会服务影响力不断扩大。

【支部活动】 2015 年，民革上城总支注重工作实效，开展各项活动。建立“支部论坛”，让每一名有专长的党员结合时事发表自己的观点，激发每名党员关注社会的积极性。举办法律讲座，加深党派成员对法律的认识，增进守法意识。党员毛玉河举办美术名师工作坊师生画展，与民革市委会书画支部联合在上城区社区开展“爱心社区行”活动，为居民书写、赠送书画和对联。

民盟上城区基层委员会

【概况】 2015年，民盟上城区基层委员会有支部12个，盟员213人，其中新发展盟员9人。民盟上城区基层委员会分别被民盟浙江省委会、民盟杭州市委会评为先进单位。科技支部、上城一支部被民盟杭州市委会评为五星级支部，服装职高支部被评为四星级支部，杭六中、杭十中、清河中学、惠兴中学、建兰中学等支部被评为三星级支部。8名盟员被评为市优秀盟务工作者。

【专题调研】 2015年，民盟上城区基层委员会重视参政议政和社情民意征集上报工作，组织盟员围绕中心工作和社会热点难点问题，开展专题调研，形成《上城区屋顶绿化建设情况调查报告》《关于杭州市上城区保育员队伍建设现状的调研报告》《关于杭州社区工作者队伍建设的调研》《对杭州市青少年校园足球活动开展五年情况的调查分析》《“美丽乡村”建设中公共服务设施配置的问题与对策》《关于我市学生营养午餐供应的问题调查和建议》等调研报告。其中5项调研成果获民盟杭州市委会立项。全年上报社情民意96篇，其中《建议大学毕业生多去民非企业(社会组织)实习、实践、创业》《对非法改装车加强监管机制的建议》《关于改变出租车、专车管理模式的建议》等28篇社情民意直报件得到区领导批示，被有关部门采纳。

【帮扶工作】 2015年，民盟上城区基层委员会积极发挥优势，组织盟员参与各项社会服务活动。深化与桐庐县新合乡支教帮扶活动，组织盟员教师送教下乡，邀请新合乡学校教师到上城区挂职跟班学习，出资帮助6名困难学生改善学习、生活条件。科技支部为富阳区新登镇新农村保障房建设工程提供技术服务，组织盟员中的专家到建设工地进行勘察指导，举办建设工程专业知识讲座，帮助建设单位解决技术难题，推动新登镇双联村保障房建设。

民建上城区基层委员会

【概况】 2015年，民建上城区基层委员会有支部6个，会员163人，其中新发展会员9人。1月4日，民建上城总支换届暨基层委员会成立，第一届基层委员会由8名委员组成，吴美萍当选基层委员会主委，李国平、张敏当选副主委。民建上城区基层委员会被民建杭州市委员会评为2014年度参政议政先进集体，三支部被评为市委会先进基层组织、信息工作先进集体。民建会员、区知联会新联分会副会长周立钢被省委统战部评为浙江省知联之星。

【参政议政】 民建上城区基层委员会有1名市人大代表、4名区人大代表、14名区政协委员，在区人大十四届四次会议上提交建议、议案8件，在区政协四届四次会议上提交集体提案1件、个人提案21件。基层委员会和各支部上报社情民意65篇次，被有关部门采纳40篇。会员李国平撰写的《关于加大关注、投入力度，加强社区医疗服务建设，进一步解决“看病难”的建议》，纪中久撰写的《关于为诉讼离婚者提供婚姻状况证明的若干建议》，闵涛、陈洁、胡鼎撰写的《杭州市危旧房改善后遗留问题对策研究》，闵涛撰写的《关于加快建设中心城区应急疏散避难场所的建议》获民建杭州市委会参政议政奖。

【服务社会】 2015年，民建上城区基层委员会深入打造民建“思源工程”品牌，连续第12年开展法律服务进防空洞纳凉点活动。一支部发挥贴近基层社区的优势，组织社会组织、清波慈善分会、弱势群体帮扶分队等参与社会扶助和献爱心活动，与社区携手打造“春草连心手工织家坊示范基地”。三支部社会服务点多面广，在杭州岳王艺术城举办“诤友牵手、书画义卖”活动，并长期和贫困山区学子结对，帮助解决学生的生活及学习困难。

民进上城区基层委员会

【概况】 2015年,民进上城区基层委员会有支部10个,会员195人,其中新发展会员4人。会员中有省人大代表1人、省政协委员1人、市政协委员2人、区人大代表3人、区政协委员15人。民进上城区基层委员会被民进浙江省委会评为先进基层组织。

【提案建议】 2015年,民进上城区基层委员会对政府职能转变、社会治理改革与创新、“五水共治”等重点工作开展深入调研,立项并完成《关于加快推进特殊教育的建议》《科学稳妥推进上城区社区治理和服务创新》《关于“最美”园区、“最美”街区和“最美”社区打造的思考与建议》等调研课题。其中,《关于加强社区公共服务市场化建设的建议》被区委政研室《上城调研》选编刊登,《关于加快培育我市具有承接政府公共职能转移能力的社会组织的建议》被民进市委会提交市政协十届四次会议做大会发言,该建议是民进市委会首次采用基层委员会撰写的政协提案。会员徐敏撰写的《关于在浙江省博物馆文澜阁展厅增加展览内容的建议》《关于在西湖博物馆展厅增加展览内容的建议》《关于尽快规范杭州市公共场所英文标识的建议》等提案得到省、市领导批示。基层委员会会员撰写的《视障人群互联网应用权益受阻的困境亟待重视》《关于开办大众浴室为老年人、残疾人提供助浴服务的建议》《关于集中群智群力保障G20峰会召开的建议》等社情民意和《对治理“三公”经费管理需加强落实三个机制建设》的调研文章被多个部门采纳。

【为民服务活动】 2015年,民进上城区基层委员会发扬“服务进社区”的优良传统,开展“我为学校献份力”等各种为民服务活动。小营支部与穆兴小学党支部结对,联手共建和谐校园,江城中学支部到山区传递爱心,为遂昌实验小学、遂昌三中的老师和家长举办专题讲座。建兰中学支部向区政协等部门反映学校发展中面临的困难。杭十中支部、天长小学支部根据自身优势开展支教等社会实践与服务活动。基层委员会与紫阳街道创新合作模式,在春江社区设立民进上城区基层委员会社会服务点,收集社情民意,并定期组织会员到社区为群众服务。会员陈敏向“湖滨·利星孝亲园”捐赠爱心专款100万元,为社区老年群众送去关心和温暖。

农工党上城区基层委员会

【概况】 2015年,农工党上城区基层委员会有支部4个,党员84人(在职46人、退休38人),其中新发展党员7人。上城区基层委员会紧贴大局,建言献策,积极履行参政议政职责。一支部、三支部被农工党杭州市委会评为四星级支部,二支部、口腔医院支部被评为三星级支部。上城区基层委员会被评为农工党杭州市先进基层委员会,4个支部均被评为先进支部。

【献计献策】 2015年,农工党上城区基层委员会组织人大代表、政协委员和党员深入开展调查研究,为推动上城区经济社会发展和社会治理献计出力,先后撰写《关于分步骤解决社区卫生服务用房的建议》《关于加大小区夜间车辆乱停乱放情况的监管,引导有序停车的建议》等提案和建议8件。农工党上城区基层委员会立项完成《关于鼓励规范社会力量办医的建议》的调研报告,赖小刚撰写《关于进一步推进我区医养护一体化签约服务工作的若干建议》,代表医卫界别在区政协四届四次会议上做交流发言。

【服务市民】 2015年,农工党上城区基层委员会开展形式多样的社会服务工作。一支部与望江卫生服务站建立长期定点服务点,组织资深医生每月一次为社区居民免费提供健康咨询、医疗服务,全年800余人次受益。三支部与小营街道上城区敬老院结对,半年一次为老人提供健康医疗、法律服务。

致公党上城总支

【概况】 2015年,致公党上城总支有支部3个,党员55人,其中新发展党员3人。党员中有市人大代表1人、市政协委员3人、区人大代表3人、区政协委员5人。褚伟清被评为2014年度市人大代表履职积极分子。

【关注民生热点难点问题】 2015年，致公党上城总支开展坚持和发展中国特色社会主义学习实践活动，组织党员学习贯彻中央统战工作会议精神和致公党党章党史。在市、区"两会"期间，围绕中心工作和群众关心的热点难点问题，提出《关注工业废水处理，加大工业排污监管力度的建议》《关于抓住难得机遇促进我市燃气供应可持续健康发展的建议》《关于突破旧思维框框，加快我市旅游创新的建议》《关于老城区公交站点合理化布局和调整的建议》《关于杭州市雾霾成分检测建立大数据并共享的建议》《关于在小区楼道放置简易凳子的建议》《关于改善移动呼叫器通话质量的建议》《关于南宋御街天桥恢复地面通行的建议》《广场舞扰民急待管理措施》《关于打造智慧园区，推进二次创业的建议》等提案、议案。《关于完善我区社区医疗卫生服务运行机制的建议》《关于加快解决上城区社区卫生服务用房的建议》等建议被列入区政协四届四次会议发言材料。上报《医保卡余额用于健身消费的建议》《应重视互联网时代的消费金融风险控制》《关于加强开展全民阅读活动的建议》《加强出租车管理的建议》《关于加强G20峰会筹备相关项目安全监管工作的建议》等社情民意8篇，其中《加强出租车管理的建议》得到副市长项永丹批示。党员张虹、吴韵被聘为市人民检察院人民监督员。

九三学社上城区基层委员会

【概况】 2015年，九三学社上城区基层委员会有支社3个，社员56人，其中新发展社员5人。社员中有政协委员9人、人大代表3人。九三学社上城区基层委员会社务工作受到市委会通报表彰，3个支社分别被评为四星、三星支社，三支社被九三学社市委会评为社务工作先进集体。社员葛向攀被九三学社中央委员会评为2014~2015年度参政议政工作先进个人，并被聘为九三学社省委特邀信息员；社员俞宙被九三学社省委会评为优秀社员；徐志忠、葛向攀获九三学社市委会参政议政、信息工作先进个人称号。为纪念九三学社建社70周年、九三学社在杭州建立组织60周年，九三学社上城区基层委员会制作的《九三情》微视频被九三学社市委会评为最佳微视频奖。

【课题调研】 2015年，九三学社上城区基层委员会政治协商、民主监督工作取得明显成效。社员徐志忠撰写的《基层政协履职能力建设的实践探索与思考——以上城区"协商365"为例》调研文章被省政协评为优秀政协理论文章；社员葛向攀撰写的《规范财政资金监管，确保资金运行和使用安全高效》论文被浙江省财政厅评为优秀调研论文，并被收入经济科学出版社出版的《财政改革热点问题探索》。立项并完成《建设体制改革阶段性成效及问题分析》和《进一步推动政府职能转变的思考与建议》两篇调研文章，为上城区改革和发展提出建设性意见。徐志忠撰写的《关于望江味精厂地块复合体建设的调研报告》《加强理论实践研究，打造上城智慧治理》等调研文章得到区委、区政府主要领导批示。于淑娟立项完成《完善"智慧医疗"，推动医养护一体化建设》的课题调研。葛向攀撰写的《关于尽快并轨大中城市"住房公积金还贷提取按月转账"业务的建议》《再生育政策调整应兼顾社会公平》等社情民意报送到九三学社浙江省社委会，为全省公积金制度和再生育政策改革提供新思路。《关于修改财政预算年度的建议》被九三杭州市社委会列为范文收录、传阅。三支社信息工作在杭州市城区所有支社中排名第一。 （吕火良）

上城区工商业联合会

【概况】 2015年，上城区工商业联合会(简称区工商联)有会员1233人、团体会员13个、基层商会9个。区工商联学习贯彻中共十八大、十八届三中、四中、五中全会精神和习近平总书记系列重要讲话精神，以中央统战工作会议精神为引领，围绕区委、区政府中心工作，深入开展"三严三实"专题教育和非公有制经济人士理想信念教育实践活动，在参政议政助力非公有制经济健康发展和非公有制经济人士健康成长、推进区域经济社会发展等方面积极贡献智慧和力量。

【教育实践活动】 区工商联组织开展非公有制经济人士理想信念教育实践活动，结合上城实际，推出多个学习品牌项目。4月15日，主办"经济形势与投资方向解读会"，邀请南华期货研究所所长朱斌做2015

年经济形势分析与投资方向解读,120余人参加。6月6日,举办经济形势专题报告会,邀请国家信息中心经济预测部宏观经济研究室主任牛犁介绍国内外经济形势及政策热点,110余人参加。11月11日,主办杭商大讲堂,邀请中国人民大学国际关系学院副院长金灿荣主讲《国际政治经济形势与十八大以来的中国外交》,市、区两级机关工作人员,非公人士等300余人参加,为非公人士把握发展大局、抓住发展机遇提供信息服务。全年区工商联组织会员参加世界浙商大会、杭商论坛、吴山大讲堂等系列主题活动10余场,参与活动会员1350人次。

【非公有制经济人士参政议政】 2015年,区工商联围绕区委、区政府重点工作开展调查研究。6月,组织界别会员对全区40余幢重点监测楼宇的产权归属、配套设施、公共管理等情况深入调研,撰写《关于低税收楼宇运营现状及提升对策》的调研报告。8月,走访清河坊资产管理公司和公司国有物业出让所涉及的会员单位,形成《清河坊历史街区管委会关于街区中华老字号(文化产业类)商户合同到期续签问题的情况汇报》专报,得到区主要领导批示。完成"关于如何有效发挥行业协会作用承接政府职能"的课题调研,以及上城区入围全国民营企业500强企业的调研,其中《历史文化街区视角下关于南宋御街发展的一些建议》在区政协大会上发言,得到区领导肯定。全年担任省、市、区人大代表、政协委员的会员提出提案议案100余件。其中,市人大代表、区政协委员、杭州德裕拉链有限公司董事长李国平提交的《尽快修改〈杭州城市房屋使用安全管理条例〉的议案》被市人大常委会列入1号大会议案。《杭州市城市房屋使用安全管理条例》于当年组织修订,修订草案于6月获市政府常务会议审议通过,并经市人大常委会议审议后出台。

【服务会员优化】 2015年,区工商联优化服务会员举措,提高服务效能。推荐金星铜集团有限公司董事长朱军岷、姗娜娜古文化休闲娱乐连锁有限公司董事长蒋国荣、杭州特美刻日用品有限公司董事长徐荣培等6名企业家入选《杭商故事》,推荐浙江泰乐通信技术有限公司董事长王容峰等3名企业家入选"18创富青年创业指导名师团"。在《上城报》开设《守法诚信》专栏,组织杭州知味观、杭州利星名品百货广场有限公司等5个企业定期发表文章,介绍非公企业诚信守法经营情况。邀请上城地税分局局长李军为会员解读税法政策与区域经济发展情况及未来前景,邀请杭州商会仲裁站和法律支援服务总队的专家律师为会员讲解相关案例。在"上城商会"微信服务号中开设"法律"板块,为非公人士普及法律知识、提供风险案例警示等服务。积极发挥上城区中小企业信用担保中心作用,在"上城商会"微信服务号中开设"融资担保"板块,为会员企业提供最新融资政策等内容。全年为6个会员企业担保贷款1020万元,并与杭州银行、杭州联合银行、泰隆银行建立长期友好合作关系,邀请专家定期为会员企业做针对性业务推荐,建立"一对一"服务模式。根据非公经济人士需求,提供健康体检、国学培训等服务,全年有1000余人参加国学培训。

5月26日,上城区新生代企业家联谊会成立 (区工商联 供稿)

【上城区新生代企业家联谊会成立】 5月26日,上城区新生代企业家联谊会成立。区委书记缪承潮,区委副书记、区长陈瑾等区四套班子领导到会祝贺。联谊会于2014年开始筹备，专门成立工作小组对全区新生代企业家情况进行摸底。区工商联党组书记陈砚菁带队到宁波市、杭州市江干区考察新生代企业家工作情况，主动与区相关职能部门、街道办事处、园区管委会联系沟通，并走访100余名新生代企业家，听取对联谊会领导班子人选的意见。第一届新生代企业家联谊会由67名企业家会员组成，选举杭州利星名品百货广场有限公司董事长陈敏为会长。

【爱心公益活动】 区工商联组织会员、商会积极参与爱心公益活动。5月，区工商联组织部分副主席、副会长单位参与帮困助学结对活动，杭州特美刻日用品有限公司、杭州中香科技有限公司等28个企业为96名贫困家庭学子捐款4.8万元。浙江近江集团公司、浙江天宣实业发展有限公司、杭州杭派清江服饰市场有限公司等企业积极参与"公益望江，众筹希望"活动，出资75.3万元，以公益众筹的形式认领"公益椅""好乐得"等社会公益项目11个。8月，上城区新生代企业家联谊会会长、杭州利星名品百货广场有限公司董事长陈敏向在水一方湖滨敬老院捐款100万元，用于敬老院的硬件改造和服务质量提升。全年区工商联(商会)系统参加春风行动、结对帮扶、抗震救灾、公益助学等公益事业，捐赠物资价值353万元，结对帮扶对象1750人次。

(汪　琳)

上城区总工会

【概况】 2015年，上城区有基层工会组织1042个，基层工会覆盖单位4780个，工会会员19.99万人，分别比上年(指2014年，下同)增长7.0%、5.1%、5.3%。各级工会根据“干在实处永无止境，走在前列要谋新篇”的要求，围绕区委、区政府中心工作，切实做好提升职工队伍素质、维护职工合法权益、多层次为职工服务等工作。以现代服务业技能大赛举办10周年为契机，推动技能竞赛向所有企业覆盖、向所有行业拓展。全年有361个单位开展劳动竞赛，参与人数3.69万人次。实施高技能人才学习培训项目，225名职工参加高技能培训。对特定工种的高级工以上人才实行奖励，全年发放高级工以上人才奖励30万元。探索实施蓝领技能人才晋升津贴机制，惠及蓝领员工100余人。推动小发明、小创造、小革新、小攻关、小建议创新成果转化，围绕转型升级、改革创新，职工提出合理化建议2972件，实施1773件；技术改革190件，发明创造61件。开展集中建会行动，全年新建基层工会79个，覆盖单位170个，吸纳工会会员1万多人，企业建会率和职工入会率保持在90%左右。

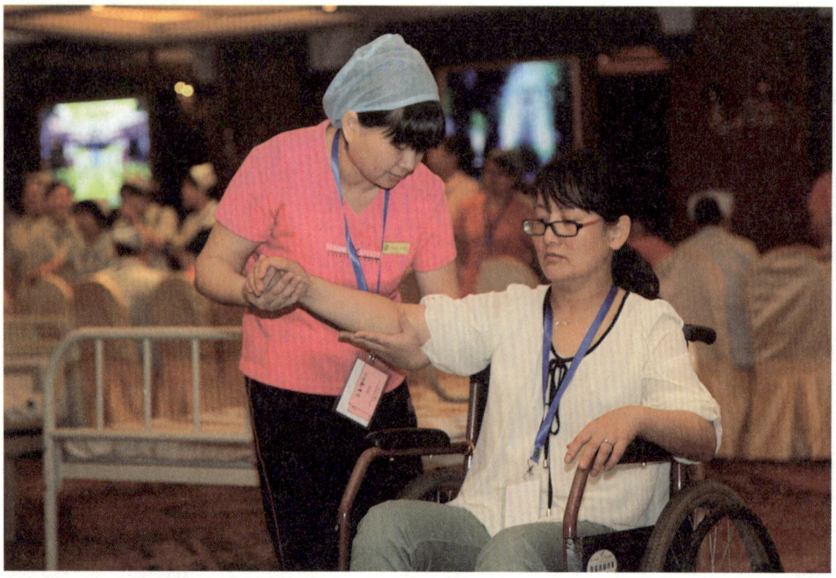
上城区组织养老护理技能竞赛 （区总工会 供稿）

【和谐劳动关系深化】 8月11日，上城区企业社会责任建设暨发展和谐劳动关系工作领导小组办公室被省委、省政府评为浙江省创建和谐劳动关系先进组织，杭州海兴电力科技股份有限公司被评为浙江省创建和谐劳动关系先进企业，上城区劳动和谐关系指数位列全市第二名。上城区充分发挥集体协商制度在促进收入分配改革、维护职工合法权益、构建和谐劳动关系等方面的作用，在全区范围开展工资集体协商“集中要约行动”，向企业发出工资集体协商要约书123份，发出区域性工资集体协商要约书20份。开展第二批“上城区工资集体协商百家示范单位”创建活动，杭州海兴电力科技股份有限公司、杭州新湖滨商业发展有限公司等51个单位获第二批“百家示范单位”称号，职工满意率98%以上。

【工会帮扶救助】 2015年，上城区开展送温暖、“金秋助学”、“春风助医”等帮扶活动。为128名生活困难职工发放救助金35.2万元，为167名外来务工者免费提供返乡火车票、汽车票，帮助他们平安回乡团聚。组织462名“新杭州人”新春联谊、同吃年夜饭和新春观影。开展职工医疗互助活动，参与单位565个、职工3.53万人，参与职工比上年增长2.36倍。区总工会和各级工会开展“送清凉”活动，发放慰问品折合金额231万元，慰问品发放覆盖近500个单位、3.8万名重点建设工程一线职工，以及留守儿童。“春风助学”“金秋助学”活动向64户贫困家庭大学生发放助学金41.46万元。开展职工因病因意外伤害特别救助活动，向16名职工发放救助款14万余元。6个基层工会被评为浙江省“妈咪暖心小屋”。组织7批次、643名一线职工参加免费疗休养和体检，其中区总工会出资53万余元，为400余名职工提供疗休养机会。

【“职工之家”争星晋级活动】 2015年，上城区工会以“服务争星、建家晋级”活动为平台，推进工会组织建设“提标”、工会维权机制“提质”、职工干部队伍“提能”和“五有”“职工之家”创建。发布《上城区工会五年建家规划》，修订建家验收标准，首次引入第三方测评公司，对全区33个申报先进、示范“职工之家”的单位，22个复评单位，70个达标抽检单位进行测评和星级评定，测评包括开展问卷调查、查看台账、满意度测评等。至年末，全区10个单位获全国、省、市模范“职工之家”称号，13个单位获全国、省、市模范“职工小家”称号。开展基层工会组织普查工作，普查基层工会6537个，走访查证单位4391个，核实建会单位2235个，并完成市总工会对职工民主管理工作的互查任务。

资料 **“五有”**：有独立健全的组织机构、有服务职工的活动载体、有健全完善的制度机制、有自主管理的工会经费、有会员满意的工作绩效。

【“六五”普法宣传教育】 2015年是“六五”普法的收官之年。区总工会围绕中心，服务大局，组织开展《中华人民共和国工会法》《中华人民共和国劳动法》学习宣传月活动。通过张贴宣传画、举办现场法律咨询、发放宣传资料等形式进行宣传教育。印制《劳动争议法律法规汇编》300余册，还定制各类法律宣传用品。组织3000余名工会干部参加“两法”考试，合格率100%。望江街道总工会被评为浙江省“安康杯”竞赛优胜单位，坚持我的服饰（杭州）股份有限公司总经办和杭派清江服饰市场有限公司行政组被授予浙江省“安康杯”竞赛优胜班组称号。

【关爱“新杭州人”】 2015年，区总工会借助市总工会举办的《新杭州人心梦想》电台节目，组织50名上城区“新杭州人”走进杭州广播电台畅谈梦想。资助51名外来务工人员免费上大学，其中38人通过浙江大学远程教育学院的入学考试。更新杭州市“会缘网”交友资料库，为260余名外来务工人员举办相亲交友会和集体婚礼。为生活困难的“新杭州人”家庭举办海洋公园亲子活动，开展“六一”儿童节走访慰问等。推荐2个单位申请浙江省工会“职工书屋”示范点，继续抓好“新杭州人”文化家园摸底和巩固建设工作。

【弘扬“最美”精神】 2015年，区总工会深入开展弘扬“最美”现象活动，引导职工形成健康向上文化生活方式，举办上城区“庆五一”摄影、诗歌征文比赛暨“世界读书日”活动、职工趣味运动会。全区各级工会举办区域性的职工文化节、茶文化普及、书画惠企等活动100余场。区城管局工会组织9名优秀环卫工人到新加坡学习考察。小营街道连续举办三届“最美娘家”“最美娘家人”“最美劳动者”评选。基层工会开展“赞美劳动，颂扬‘最美’”优秀工会积极分子评选等活动。通过在《上城报》开辟专栏、播放公益片，大力宣传“最美”精神。全区形成工会干部争当“五心”（爱心、热心、诚心、乞心、尽心）干部和职工争做“五爱”（爱杭州、爱学习、爱岗位、爱创新、爱生活）职工的浓厚氛围，引领广大职工自觉践行“最美”精神。

（金　晨）

共青团上城区委员会

【概况】 2015年，上城区有14~28周岁青年4.67万人；团员5462人，基层团委41个、基层团工委9个、基层团总支23个、基层团支部465个。团区委积极履行组织青年、引导青年、服务青年和维护青少年合法权益的基本职能，围绕服务保障G20杭州峰会，着力抓好宣传社会主义核心价值观、引导青年创新创业、加强基层团的建设、开展志愿服务等工作,共青团的吸引力和凝聚力进一步增强。

【开展“暖冬行动”】 1月1~2日,团区委联合杭州利星名品广场百货有限公司团支部、“益优公益”青年社会组织等单位开展“暖冬行动”。活动以“支持爱心义卖,助力暖冬行动”为主题,通过旧衣回收、新衣捐赠、爱心义卖等形式为外来务工人员送上新年的第一份爱心。两天义卖活动筹集善款5790元,帮助外来务工人员29人。

【“谏言十三五·我的梦”主题座谈会】 1月14日,团区委召开“谏言十三五·我的梦”主题座谈会,到会的30名各行业团员青年,就共青团在“十三五”时期的工作思路进行讨论,提出要通过自身的转型,增强团组织在吸纳、团结、整合、认同方面的“软实力”,把广大青年“再组织”起来,推动青年有序参与社会建设。

【“校地合作回头看”交流会】 2月3日,团区委和浙江工商大学团委在上城区政府会议室举行校地合作工作总结回顾交流会,共同回顾2014年度合作开展人才培养、志愿服务、校地共建、“五水共治”等工作,研究确定2015年在深化校地共建、学生社团进社区、人才培养、扶持青年创业等方面的合作项目。

11月30日,由团区委牵头打造的“尚小创”青年创意大街开街(团区委　供稿)

【“最美上城·最青春”首届环保公益集市活动】 3月5日,团区委会同区文明办在利星爱心广场举行“最美上城·最青春”首届环保公益集市活动。此次活动的主题为“弘扬雷锋精神,传递正能量”。活动现场设立“闲置物品换购区”“绿植换购区”“环保公益产品义卖区”“爱心便民服务区”等区域,通过变卖环保公益产品以及旧物兑换环保植物等活动,宣传环保理念。近1000名市民参与活动,回收闲置物品300余件,换购绿色植物200余盆,发放环保酵素100余份,筹集义卖款2000余元,善款全部用于困难青少年实现“微心愿”。

【推出居民健康促进计划】 5月11日,团区委联合区卫计局、杭州市第三人民医院、浙江在线、在水一方养老服务集团、望江街道大通桥社区等单位,启动“金晖”健康嘉年华暨“医养护一体化”居民健康促进计划。在启动仪式上,杭州市第三人民医院负责人介绍居民健康促进计划的主要目标和实施步骤。该促进计划包括为全区54个社区提供“健康菜单”,为养老机构护理人员、辖区居民开展养老护理技能培训等。启动仪式后,团区委与杭州市第三人民医院签署合作协议,实施居民健康促进计划。

【少年海事学校落户上城】 7月7日,团区委、区教育局联合杭州海事局共建的少年海事学校落户大学路小学。少年海事学校以广大中小学生为主要对象,以普及水上交通安全知识为主要任务,以形式多样的水上交通安全教育活动为主要载体,推进水上交通安全知识融入学生日常生活。该学校是杭州市第一所少年海事共建学校。

【青年创意大街开街】 11月30日,由团区委牵头打造的“尚小创”青年创意大街开街。创意大街以“定期+流动”的青年创意市集为载体,搭建集空间、资本、人才于一体的服务青年就业创业平台,为文化创意青年提供低成本、“零风险”、全要素、开放式的创业空间,助力创意青年成功对接市场。团区委组建“尚小创”文创导师团队和“文创天使”志愿服务团队，以导师带学徒形式引领文创青年发展方向，以“文创天使”志愿服务助推文创青年致力于公益事业。

【承办市青年讲解员大赛】 8月26日，团区委承办的2015年杭州市青年讲解员大赛暨上城区金牌导游员选拔赛在上城区青少年活动中心举行。选拔活动以提高讲解员和导游人员综合素质、提升青年业务技能为宗旨，吸引50名精英讲解员和导游员参加大赛。通过评比，1名选手被评为杭州市“杰出青年岗位能手”，5名选手被评为杭州市“优秀青年岗位能手”。

【社区和校外少先队工作现场交流会】 11月22日，团区委在小营巷社区举行社区和校外少先队工作现场交流会。会上，来自团中央及全国各地的200余名少先队工作者近距离感受小营巷社区“小小讲解员”的工作及紫阳街道北落马营社区职业体验一条街的校外少先队活动。上城区54个社区均有青少年俱乐部，校外少先队工作各有有色，较好地促进学校教育。 （李佳杰）

上城区妇女联合会

【概况】 2015年，上城区妇联坚持“发展是关键、维权是重点、服务是根本”的工作理念，以“三严三实”教育为动力，推进女性素质提升、巾帼创业、“最美”家庭创建、姐妹帮扶、维权保障等工作创出特色，切实发挥实施中国妇女儿童发展纲要国家级示范区作用，团结动员广大妇女为全面推进经济社会发展建功立业，在构建和谐社会、建设“现代化美丽上城”中彰显妇联组织的作为。

【“十三五”妇女儿童发展规划编制启动】 2015年，上城区政府妇女儿童工作委员会办公室组织开展“十二五”妇女儿童发展规划统计和终期监测评估工作，召开妇女儿童工作委员会全体扩大会议，检查各成员单位落实规划任务和实事项目情况。认真做好“十二五”妇女儿童发展规划统计指标系统与终期监测评估两个报告的撰写。同时启动“十三五”妇女儿童发展规划编制，并举办专题培训班，对“十三五”妇女儿童规划编制提出详细要求。“十三五”发展规划坚持“四个全面”的战略布局，把握经济社会发展新常态，结合上城实际，在调查研究、全面分析妇女儿童工作现状的基础上进行编制。

【“男女平等”基本国策宣传】 2015年，区妇联以“男女平等”基本国策实施20周年为契机，开展基本国策宣传活动，推动先进性别文化宣传进社区、进学校、进企业、进家庭。在《上城报》开辟专版，宣传各类妇女及家庭典型。组织基本国策及相关法律法规知识竞赛，参与联合国妇女署性别平等和社会共同责任大会暨“He For She”（杭州）行动，努力营造关注妇女发展、推动两性平等、促进社会公平和谐的良好氛围。

【女性素质提升工程】 2015年，区妇联深入实施“女性素质提升工程”。举办“爱健康，爱生活”系列讲座，开展“我心中的好女儿”大讨论、家训家规征集、家庭风采展示、家庭梦想秀等“最美家庭”系列活动。以寻

3月5日，区妇联举办第三届“女人的艺术展”之女红老物件展

（区妇联　供稿）

找“最美家庭”为载体,深入推进践行社会主义核心价值观,促进女性正确价值观的构建与深化。举办第三届“女人的艺术展”之女红老物件展和陶艺、版画等展览活动,吸引女性关注传统艺术,传承传统文化。依托街道、社区和特色商圈“妇女之家”开展家政厨艺、手工工艺等技能培训,提升职业女性的动手能力。

【女性心理关爱工程】 2015年,区妇联会同浙江省联合应用心理科学研究院,推出“提高妇女心理健康水平”实事项目,探索行之有效的妇女心理健康工作新模式。为外来务工女性、机关事业单位女性、企业中高层女性管理者三类群体,举办“心理资本提升”讲座、“亲密关系”大型心理测询、“情绪压力管理”小班工作坊等13场团队辅导,以及“一对一”咨询服务,服务女性6000余人次,有效缓解女性在工作和生活中的压力,提升女性生活幸福感。完成“异乡姐妹心灵港湾”驿站改造提升,心灵驿站成为集心理测评、“一对一”心理疏导、小型互动沙龙和团队素质提升课堂等多功能于一体的一站式心理疏导服务阵地,服务对象和范围进一步拓展,在促进家庭和谐、社区稳定上发挥积极作用。

【妇女参与环境美化工程】 2015年,区妇联围绕建设“现代化美丽上城”目标,深化“你我共护母亲河”巾帼志愿系列行动。组织妇女干部指导队伍、结对联岗服务队伍、妇女护河志愿队伍参与家庭生活垃圾分类推广、家庭节水宣传、护河劝导等活动。全年开展家庭生活垃圾分类督导2万余次,发放宣传折页1万份、海报及各类宣传用品2000份。制作生活垃圾分类垃圾桶600余个,全区有5万余名妇女参与环境美化工程。

【推出女性创业创意服务项目】 2015年,区妇联携手多个单位、社会组织,打造女性创业前端服务平台——“伊+梦享汇”女性创业创意服务平台。该平台邀请12名行业先锋人物为智囊团,选择18个培训体验基地、30名创业创意导师,在“非遗”传承、文化创意、休闲产业、手工制作等方面提供指导,服务项目获“民情E点通”、“伊+创意体验圈”、阿里巴巴·旺信·行家(阿里旗下的创业平台品牌)推广支持。该女性创业创意服务项目是区妇联组织打造社会化协作平台的实践,旨在助推女性实现创业创新之梦。11月13日,外国驻上海领事馆夫人团和上海市妇联副主席黎荣一行16人到上城区考察女性就业创业情况,参观了吴越人家、一新坊,对其创业成果表示肯定,并现场体验了非物质文化遗产体验项目。

【“巾帼建新功”活动】 2015年,上城区利用“阿里巴巴”等互联网资源,通过提供小额资金扶持、推出微公益项目等活动,扶持、培育“阳光心晴工作社”“姐妹手工坊”“春草连心工作坊”等妇女创业就业组织。推进“巾帼建功”活动深入女性集中的新经济、新社会组织领域,发挥示范和联动效应。举办“女性创业创新成果展”、“巾帼文明岗”负责人培训班等活动,进行典型激励、价值引领、经验交流。实地走访省级“巾帼文明岗”——杭州市崇文实验学校艺术学科组,实地感受创建“巾帼文明岗”工作浓厚氛围。全年全区创建区市场监管局、区行政审批中心等省级“巾帼文明岗”5个,小营街道社区卫生服务中心西药房等市级“巾帼文明岗”7个。

11月13日,外国驻上海领事馆夫人团考察上城区妇女就业创业工作

(区妇联　供稿)

【“寻找最美家庭”系列活动】 2015年,区妇联联合有关部门启动“寻找最

美家庭”系列主题活动，包括举办“我心中的好女儿”大讨论、家庭趣味运动会，开展“好家风、好家貌、好家训”征集和展演等。全区涌现“最美家庭”8户、“十佳好女儿”7人。其中鲁立清家庭获全国“最美家庭”提名奖，楼九斤家庭、于再秒家庭和鲁立清家庭被评为浙江省“最美家庭”。楼九斤、胡康康分别获杭州市“十佳好女儿”称号和“十佳好女儿”提名奖。11月，区妇联以“创平安、促廉洁、扬家风、展最美”为主题，将先进人物典型事迹及家风建设成果编成14块精美展板，在全区范围进行巡展，并将详细事迹编成《上城区家风建设先进人物和优秀作品集锦》，刊印500册发到各街道、社区和辖区企事业单位。

【维护妇女儿童合法权益】 2015年，区妇联健全“社会化网络、多元化阵地、专业化队伍、个性化形式”的“四化”维权模式，推出“巾帼在行动”普法课堂，开展“三八维权周法治宣传系列”微信微博宣传，组织社区律师、法律工作志愿者进行新《中华人民共和国婚姻法》和《中华人民共和国反家庭暴力法》等法规解读。征集基层调解案例，邀请资深律师、心理咨询师、资深和事佬点评分析经典妇女维权案例，编成《妇女维权工作指导》发放给社区妇女工作者，作为日常处理家庭矛盾、邻里纠纷的指导与参考。建立预防和制止家庭暴力工作部门联动机制，发挥区婚姻家庭纠纷调解委员会职能，增强矛盾调处实效。全年各级妇联组织接待妇女来信来访80余件，通过区社会服务管理平台解决妇女权益保护案件38起，结案率100%。

【基层走访调研活动】 2015年，区妇联主要领导带队深入基层联系点，开展“进万家门、访万家情、结万家亲”走访调研活动，先后走访杭州丰平文化有限公司等10余个“妇”字号企业及湖滨商圈妇联所辖企业，了解企业发展及女职工需求，面对面征求意见建议，收集意见建议30余条，为企业解决实际问题10余个。各级妇联组织深入居民家庭“访妇情，办实事”，累计访问居民家庭2.9万户，办成实事200余件。

【推进家庭教育工作】 2015年，区妇联组织开展“解放父母，让孩子自己飞”家庭教育论坛系列主题活动，为上城区6.14万名家长提供科学育人指导。举办“爸爸与我”照片故事征集活动，引导家长注重对孩子“言传身教”的影响。通过开展家规家训征集展示，举办好家风故事会、好爸好妈故事会，深化中小学生“洒扫应对”实践活动，推进孝老爱亲、感恩助人等良好道德习惯的养成。加强家庭教育阵地建设，通过学习培训、专题交流、示范引领等途径，提高家长学校的办学质量，进一步发挥家庭教育在促进未成年人健康成长中的基础作用。

【助力社会治理工作】 2015年，区妇联积极参与构建大调解大维稳体系，充分发挥基层妇联组织直接联系妇女的优势，从提升妇女法律素养、强化妇女心理干预、关爱困难妇女群体、维护妇女合法权益等方面助力全区社会治理工作。尝试把心理辅导引入对特殊家庭和重点人群的困难帮扶、矛盾化解，约请心理咨询师上门对困难家庭妇女进行心理疏导，化解郁积痛苦，激发生活的勇气和信心。通过与女性重点信访户结对等形式，开展舆情监测、急情应对、救济帮扶、心理疏导。清波街道妇联发挥辖区社会组织——上城区“1728”家庭服务中心的作用，利用“专家+社工”组合服务的方式，化解突出信访问题。积极开展网络舆情、妇情收集和上报，全年上报各类信息75条。

【服务型基层妇联组织建设】 2015年，上城区进一步完善妇联组织网络，突破行政架构局限，探索形式更灵活、覆盖面更广的基层妇联组织建设路径，促进妇联组织“扁平化”发展。推进服务型基层妇女组织建设，指导湖滨商圈妇联、“星星守护”妇女之家、四季星座妇代会等基层组织，开辟爱心广场、巾帼志愿服务岗、商场女性心灵驿站等活动阵地。深入开展爱心广场主题活动、企业家与困难家庭结对、爱心义卖、法律维权咨询、“线上认办、线下服务”、两新组织党员领办志愿服务实事项目等活动，增进妇女群众对妇女组织的情感。湖滨街道妇联、南星街道妇联被命名为杭州市“服务型基层妇女工作先进集体”。

【“妇女之家”建设】 2015年，区妇联按照“无形之家有形化、有形之家标准化、标准之家功能化”的原则，积极扶持基层“妇女之家”建设。以湖滨商圈“妇女之家”、工业园区“妇女之家”、最美一条街“妇女之家”、凤凰御元“妇女之家”等“妇女之家”建设为抓手，提升基层社区、两新组织等领域“妇女之家”建设水平。全区新建“妇女之家”17个，覆盖服务妇女2500余人。“妇女之家”在增强辖区妇女群众归属感、增进妇联组织凝聚力、加强企业文化建设等方面发挥积极作用。

【庆祝“六一”国际儿童节活动】 “六一”期间，上城区四套班子主要领导和妇女儿童工作委员会成员单位领导走访慰问中小学、幼儿园，捐赠助学金3万余元。区妇联会同区关工委等部门，开展上城区第十四届“奋飞奖”评选，表彰表现优异的受助学生，激励更多困难学生奋发图强，立志成才。各中小学幼儿园开展“美德少年”主题实践、“呵护成长”环境优化、“快乐时光”文体娱乐、“守护童年”慰问服务等活动，丰富、关爱青少年生活。 (朱俊丽)

上城区科学技术协会

【概况】 2015年，上城区科学技术协会（简称区科协）以“三服务一加强”为宗旨，搭建平台，服务创新主旋律；借梯登高，体现科协存在感；手段创新，提高科普辐射力，积极推进助力创新驱动、院士专家工作站建设、科普信息化以及全民科学素质提升等重点工作，致力于服务区域经济发展和科技创新；注重科普时间的经常性、维度的广泛性、手段的现代性。上城区获“全省科协工作先进区”称号，区科协被省科协评为全国科普日活动优秀组织单位，南星街道美政桥社区成为全国科普示范社区。

【协同创新示范基地打造】 2015年，根据中国科协、省市科协助力创新驱动三年行动方案要求，区科协促成市电子学会、市仪器仪表学会与上城区电子机械功能区的杭州中瑞思创科技股份有限公司、浙江中源电气有限公司等20余个企业进行11次对接，重点围绕物联网新技术应用、无线电子射频识别技术、铁路系统移动视频信息终端技术等问题开展合作，促进成果转化，建立协同创新示范基地。12月16日，市委常委佟桂莉实地考察杭州中瑞思创科技股份有限公司，肯定区科协助力创新驱动的工作成效。

【科普信息化工作】 2015年，区科协与上城区数字化学习社区“e学网”合作开辟《科学百花园》专栏，创设科普讲座微视频、科普短片、科普展览、在线答疑等形式于一体的多元化线上线下学习园地。9月，区科协联合区卫计局、区红十字会拍摄完成《生活科学家——家庭应急医疗救护微课堂》，并参加上城区微课堂大赛。利用“双微”平台和区政府门户网站宣传科普知识，全年发布科普文章1700余篇。7月和11月，中国科学技术协会科普部有关领导两次到上城区考察科普信息化工作，对上城区创新体制机制、提升科普公共服务能力工作给予肯定。

【湖滨民俗文化科普馆开馆】 2月13日，上城区首个以民俗文化为主题的科普馆——湖滨民俗文化科普馆建成开馆。科普馆位于上城区羊血弄8号，由主次2个场馆组成，占地面积120平方米，主场馆设有科技文明、语言文化、茶道与食、民俗旅游4个模块，展示湖滨地区的地域特色、民风民俗和人文情怀。年内，望江街道在水一方社区“舌尖安全实验室”开工建设，清波街道清河坊社区青少年科技制作站完成前期建设准备，全区科普馆增至6个。

【社区科普大学专题科普班开班】 3月，区科协完成市科普讲师团点课120场，比上年增长33%。4月23日，社区科普大学专题科普班开班，面向社区居民开设中医养生、食品安全、网络知识、低碳生活、家庭应急救护5个专题，招收学员100余人。社区科普大学依托“美丽上城科普大讲堂”平台，开展“五水共治”、环境安全、垃圾分类等热点专题讲座183场，5500余人次参加。

【上城区获杭州市青少年科技创新大赛优秀组织奖】 3月20日，区科协、区教育局等部门联合举办上城区青少年科技创新大赛，征集参赛作品163

件，推选36件作品参加杭州市第三十届青少年科技创新大赛。上城区获科技创新项目奖12个、科学实践活动奖1个和优秀少儿科幻画奖7个，其中一等奖1个、二等奖9个。区科协获科技创新大赛优秀组织奖。

【全民科学素质提升工作】 4月22日，上城区召开全民科学素质工作领导小组和科普工作领导小组联席会议，交流2014年工作情况，提出2015年工作意见，讨论通过《关于加强社会重大事件、公众关注热点专题科普工作的意见》。7月，区科协组建上城区55人的科普专家库，建立504人的科普志愿者队伍。8月，区科协开展公民科学素质抽样调查，完成4个抽样社区100名公民的入户问卷调查。全年区科协认定“3D打印创意设计课堂”等区级科普立项项目28个。全区有科普画廊121处、1685米，其中10米以上科普画廊83处，有LED科普宣传屏35处，全区15家大型农贸市场均设有科普展板。

【创建市级学会科技服务站】 区科协促成市土木建筑学会与区建筑节能协会合作对接，于5月建成轨道交通工程监测技术服务站，充分发挥专家技术人才优势，针对杭州地铁项目的特殊性开展监测技术咨询、培训、交流与研讨，为杭州地铁施工的安全保驾护航。

【科普主题宣传活动】 5月28日，区科协联合区科技局等7个单位在吴山广场开展科普主题宣传活动，宣传《杭州市科学技术普及条例》、科技活动周等。通过沙画表演、语言歌舞类节目、现场问答、微信互动等方式普及科学知识。有18个学会协会、3000余名群众参与，为项目最多、影响最广的一次广场宣传活动。

【美政桥社区成为全国科普示范社区】 6月9日，财政部、中国科学技术协会公布2015年“基层科普行动计划”建议奖补单位名单，南星街道美政桥社区作为全国科普示范社区获20万元专项资金。美政桥社区是上城区继小营巷社区、在水一方社区后第3个成为全国科普示范社区的社区。

【暑期青少年公益科普系列活动】 暑假期间，区科协组织社区青少年、单位职工子女、少数民族和外来务工人员子女等青少年群体，通过整合辖区单位科普资源、购买社会组织服务等形式，开展Apple科技体验、科技夏令营和食品安全系列科普讲座等27项公益科普活动，800余人参与。

【服务科技工作者】 8月16日，区科协组织市、区青年科技奖获得者参加在杭州海勤疗养院的健康体检活动。12月15日为第8个“中国科协会员日”，区科协组织企业和街道科技、科普相关人员参观上海国际科普产品博览会。12月20~30日，区科协走访图强工程材料有限公司、浙江中源电气有限公司、浙江省新思维教育科学研究院、杭州亿恒科技有限公司、浙江博世华环保科技有限公司5个单位院士工作站，了解院士工作站运作情况、企业科技创新工作及成效、工作站存在的问题等，听取企业科技人员的意见和建议。

【全国科普日暨上城区第二十九届科普宣传周活动】 9月20~26日，区科协以“万众创新，智慧生活”为主题，组织开展全国科普日暨上城区第二十九届科普宣传周活动。部分科普活动提前启动，主题宣传贯穿全年。通过挂图、展板、知识竞赛等形式集中宣传《杭州市科学技术普及条例》；区、街道、社区和相关学会协会围绕“智慧生活”、食品安全等热点问题开展科普活动135项，发放科普资料7500份，218个单位参加，直接参与活动1.4万人次；组织全区2000名领导干部参与第五届杭州市领导干部与公务员科普知识网络竞赛；动员全区群众参加“万众创新，智慧生活”科普知识竞赛。区科协获全省2015年全国科普日活动优秀组织单位奖。

【承办杭州市第八届学术年会上城分会】 9月23日，区科协联合同济大学杭州校友会等单位承办杭州市第八届学术年会上城分会暨2015年绿色建筑及智慧社区发展论坛。论坛邀请中国科学院院士、同

9月23日，区科协联合同济大学杭州校友会等单位承办杭州市第八届学术年会上城分会暨2015年绿色建筑及智慧社区发展论坛 （区科协 供稿）

济大学原副校长郑时龄等国内专家学者和企业家，围绕“绿色建筑及智慧社区发展”等学科领域的前沿交叉技术和跨界应用，结合杭州经济社会发展重点领域的学科问题进行交流和研讨。

【两个市级院士专家工作站通过认定】 2015年，区科协积极促成浙江省水利水电勘测设计院（简称省水利水电勘测院）与河海大学王超院士团队、浙江博世华环保科技有限公司（简称博世华环保公司）与南京环境科研所蔡道基院士团队开展项目合作。12月，省水利水电勘测院和博世华环保公司被认定为市级院士专家工作站。至年末，上城区累计创建市级院士工作站4个、省级院士工作站1个。 （郦仁峰）

上城区残疾人联合会

【概况】 2015年，上城区有持证残疾人8405人，比上年净增340人。全年办证703人，注销363人，迁出69人，发放残疾人津贴501.78万元。区残联坚持“以残疾人需求为导向、以残疾人满意为目标”，推进残疾人社会保障和服务体系建设，完成残疾人事业发展“十二五”规划收官之年各项目标任务和重点工作，组织开展残疾人事业发展“十三五”规划制定的专项调研，着力解决残疾人最关心、最直接、最现实的利益问题。以落实残疾人各项服务保障政策为刚性要求，推进全区残疾人事业建设整体水平进一步提升。全年上城区残疾人综合服务中心窗口受理各类咨询和服务事项6647件。完成上门鉴定132件、康复服务397件、扶贫帮困118件、就业服务390件、保障金核定1642件。除未到期承诺件外，办结率均100%。区残疾人综合服务中心完成选址，并开展设计装修工作。

【康复救治工作】 2015年，区残联推进“助听、助明、助行”工程建设，对有助听器、助视器需求的患者及假肢安装者、白内障患者进行建档列册，做到需求一例，筛查一例，符合康复适应指征一例，服务补助一例。全年免费验配助听器80台，实施白内障复明手术153人，免费安装假肢手术5例，配发助视器50台。向27名符合条件的0~15岁残疾儿童发放抢救性康复训练补助38.83万元；发放残疾儿童抢救性康复人工耳蜗补助2例，补助金额22万余元；残疾儿童矫形器适配补助1人，金额5000元。对521名残疾人发放辅助器具608件，价值14万元；投入经费4万余元为13户残疾人家庭实施无障碍设施改造。全年新起点残疾人康复中心提供康复咨询30余人次，进行康复训练学员40余人，其中8名学员进入全日制学校就读，30名学员达到半日学校半日机构学习程度。年内，南星街道社区卫生服务中心康复站被省卫生计生委、省民政厅、省残联联合命名为“省级残疾人社区康复示范站”。

资料　半日学校半日机构：即实现可以“半天在康复机构进行康复训练、半天去学校上课”的状态。很多在康复机构训练的残疾人学员因无法自理或患病程度重等原因无法去学校就读。

【托（安）养服务质量提升】 2015年，上城区发放重度残疾人托（安）养补助资金427.59万元，惠及669名重度残疾人。其中，入住医院及各托养机构的残疾人578人，享受补助327.91万元；入住上城区残疾人托管中心的22人，享受补助26.55万元；入住杭州市残疾人托管中心的69人，享受补助73.13万元。提升居家安养上门服务水平，全年居家安养服务包含维修、陪护等项目的服务时间12.26万小时，总费用306.61万元，服务人群3.92万人次。有83名特殊困难残疾人领取特别护理费50.1万元。

【爱心助残活动】 2015年，区残联对困难残疾人实行重残补助。向5449人次发放补助金167.82万元；对54名生活不能自理、卧床不起的困难残疾人发放全年补助金12.96万元；对3户残疾人家庭发放省爱心助残特殊救助资金2.08万元。发放区属残疾人特殊困难补助4.15万元。春节、高温、中秋节期间，全区走访慰问困难残疾人3354户，发放慰问金118.5万元。“六一”儿童节期间，为101名残疾儿童发放价值2.02万元的购书券。

【残疾人就业】 2015年，区残联组织70余名残疾人参加各类职业培训；举办、承办残疾人人力资源交流会3次，参加交流会残疾人180余人次，达成就业意向18人，全年残疾人新增就业60人。落实残疾人各项教育就业扶助政策，发放无业残疾人基本社保补助342.98万元、残疾人扶残创业资金2.2万元，对1327名残疾人给予社保补助183.84万元；为563名残疾人学生及残疾人家庭子女发放教育补助134万元。依法足额征收残疾人就业保障金，全年实际征收6500余万元。按规定做好小微企业保障金减免核定工作，对3418个小微企业7201名残疾人职工减免保障金429.47万元。

【残疾车非法营运整治成果巩固】 2015年，上城区把“加大宣传、落实就业”作为巩固整治残疾人机动车“非法营运”成果的重要抓手，通过各种途径安置残疾人机动车车主就业。加强残疾人机动车车主教育疏导，按月发放残疾车车主燃油、维修、保险费补贴，全年为379名残疾车车主发放燃油、维修、保险费补贴35.62万元，重度残疾人改购轻残车车主家属陪护交通补贴3.04万元。至年末，上城区基本无非法营运残疾车情况。

【残疾人信访办理】 2015年，上城区举办残疾人信访及法制培训班2期，参加残疾人400余人。全年接待残疾人信访57人，要求法律援助6人，办结率、来信来访群众满意率均100%，无重复信访和新的信访积案发生，较好地维护残疾人的合法权益。

【残疾人文体生活】 2015年，区残联举办第十六次全国爱耳日宣传教育活动、“关怀、尊重、接纳”自闭症关爱蓝色行动、以“有爱不孤单，公益七彩行”为主题的第25次全国助残日系列活动、全国爱眼日眼科义诊活动、“百场万人康复知识进社区”活动、国际残疾人日系列活动，承办“西湖情·姑苏梦”杭苏两地残疾人“阳光艺术”文创作品联展，与杭州“西湖之声”共同开展“六一”儿童节“为爱奔跑”主题活动，组织参加杭州市第六届特殊教育学校文艺会演、首届“融合·国际残疾人艺术展”等文化艺术活动。上羊市街残疾人民间艺术制作中心创建为第三批省级残疾人文化艺术示范基地。选送《甜蜜的智慧树》《追逐梦想》《快乐咚咚咚》3个节目参加全国和省、市分别举行的第六届特殊教育学校学生艺术会演，获各种奖项11个。组织杭州市杨绫子学校4名学生代表国家队出征2015年世界夏季特殊奥林匹克运动会，实现区残疾人运动员参加国际奥林匹克赛事“零”的突破。组织参加全国第九届残疾人运动会，获金牌6枚、银牌1枚，破残运会纪录2项。在第八届亚太听障运动会上，上城区残疾人运动员获金牌8枚。

【志愿助残活动】 2015年，区残联通过广泛宣传、积极动员，助残志愿者队伍进一步壮大。全区有在册助残志愿者387人，比上年增长72%。根据省、市残联志愿助残“阳光行动”的要求，WABC无障碍艺途社会组织、区残疾人志愿者喊潮队申报成为助残志愿服务阵地。区残疾人志愿者喊潮队、残疾老人顾忠根获第三届“最美杭州人”提名奖。

【上城区残疾人“阳光艺术”中心启用】 4月28日，上城区残疾人“阳光艺术”中心正式启用。“阳光艺术”中心由上羊市街残疾人民间艺术制作中心负责运作，集残疾人文化艺术作品创作、展示、交流、销售

4 月 28 日，上城区残疾人“阳光艺术”中心揭牌　　（区残联　供稿）

为一体，为残疾人提供就业、创业和展示自我的平台。该中心主打江南特色釉上彩瓷器作品，让残疾人的文化艺术创作特长成为其谋生和创业的手段。推出爱心售卖活动，通过“爱心角”爱心商品“无底价”售卖，呼吁社会关注关心残疾人。全年为 38 名残疾人提供就业，其中长期就业 8 人、辅助性就业 30 人。

【“隐形的翅膀”残疾人爱心义卖站成立】 7 月，梅花碑社区“隐形的翅膀”残疾人爱心义卖站成立。义卖站的成立弥补以往残疾人手工及书画作品只能在助残日或重大活动中才能得到义卖的不足。义卖站设立交易点，通过每周的“蓝领驿站”微公益活动，将残疾人作品带入商务大楼，让它们面对更多的公益爱心人士。义卖站还在区“民情 E 点通”APP 平台上进行网络发布，以“微心愿”认领的方式，实现线上、线下的互动，通过“两点一线”的运作方式，推进残疾人帮扶活动常态化、长效化。

【残疾人艺术团文化下基层活动】 2015 年，上城区海芰残疾人艺术团开展文化下基层系列活动。艺术团先后到杭州市清泰实验学校进行中国手语教学，与浙江中医药大学心声手语社共同举办“细雨润物花开无声”第四届心手相连晚会，与浙江理工大学共同举办“残健同行，共展舞台”爱心会演等，展现残疾人自强不息的精神。

【新增残疾人专用停车位 5 处】 2015 年，上城区在光复路（平海路—解放路）、惠民路后市街路口、长生路湖滨路口、庆春路杭州口腔医院分院门口、中河路西湖大道南段 5 处路段分别设置残疾人专用机动车停车位，每处残疾人专用机动车停车位可停放残疾人专用机动车 1 辆。该举措为上城区残疾人专用机动车停车位建设起到良好的示范带头作用，助推全区无障碍设施建设水平的进一步提升。

（林丽丽）

上城区红十字会

【概况】 2015 年，上城区红十字会依据《中华人民共和国红十字会法》赋予的各项职能，发挥人道救助领域的政府助手作用，将做好 G20 杭州峰会应急救护培训作为工作重点，对保障峰会的宣传员、监督员、实践员、劝导员、安全员等志愿者进行应急救护培训，提高其处理应急突发事件的能力。全年培训峰会救护员 1374 人，1 万余名市民参加区红十字会组织的应急救护知识普及培训。

区委、区政府出台《关于加快推进红十字事业发展的意见》，优化红十字事业发展的新环境。区红十字会制定和修订《上城区红十字帮扶救助资金管理办法》《上城区红十字志愿服务管理办法》《上城区红十字会关于推进关爱生命工作的实施意见》，推进红十字工作制度化、规范化、程序化建设。建立募捐公示、财务年度审计制度。6 月，联合区安全监管局、上城消防大队、南星街道在南星水厂开展危险化学品泄漏事故应急救援演练。11 月，组织区红十字医疗救护队在杭州民兵训练基地进行集中训练和应急演练。利用省、市、区新闻媒体，党委政府信息、微信、微博、门户网站，街道宣传橱窗，社区多媒体等载体和形式，向群众宣传红十字应急救护、人道救助、无偿献血、造血干细胞捐献和人体器官捐献等工作。

【红十字青少年教育工作】 2015 年，区红十字会建立教育工作专项委员会，开展红十字青少年教育工作。在辖区中、小学中开展“捐出一元钱，帮助身边小伙伴”公益募捐活动，募得善款4.73万元。组织此项活动旨在培养学生的仁爱之心，弘扬“人道、博爱、奉献”的红十字精神。

7月16日，区红十字会组织区机关干部参加“我为七一献热血”活动

（区红十字会　供稿）

【“博爱送温暖”活动】 春节期间，区红十字会开展“博爱送温暖”活动，走访慰问辖区内因灾、因病、因伤、失独的困难家庭218户。2月和6月，两次组织爱心人士到富阳新登镇，看望慰问结对困难家庭46户。8月，开展夏季送清凉慰问老人活动，走访慰问辖区90岁以上老人2430人。11月，会同区卫计局开展“关爱计生特殊家庭”活动，看望慰问计划生育特殊家庭30户。救助辖区特殊困难群众25人。全年区红十字会发放救助款37.54万元，惠及困难群众2740余人次。

【无偿献血66.77万毫升】 2015年，区红十字会利用“5·8”世界红十字日、“6·14”世界献血者日、“我为七一献热血”等节点开展献血宣传活动，发动全区各部门、街道及辖区单位职工参与无偿献血。创新宣传模式，营造造血干细胞捐献的良好氛围，动员志愿者加入“中国造血干细胞捐献者资料库”。推动遗体（器官）捐献登记进街道、入社区工作，指导志愿者办理捐献登记手续。全年全区参加无偿献血2939人，总献血量66.77万毫升；82名志愿者自愿加入“中国造血干细胞捐献者资料库”，7名志愿者表示捐献眼角膜与遗体。

【红十字志愿服务活动】 2015年，区红十字会先后建立志愿服务队7支。其中，“中医进社区”红十字志愿服务队每月定期开展义诊活动，关爱辖区中老年人及弱势群体；“湖滨吴山”红十字志愿服务队作为上城区社区志愿服务队，具有服务项目丰富、服务时间与场地固定、社会影响面大等特点，经常深入基层开展面对面的服务与宣传；“残疾人喊潮”红十字志愿服务队在规劝市民文明观潮、安全观潮的同时，担负“五水共治”宣传员、实践员、监督员的职责，对钱塘江及中河沿线排水口的出水情况进行巡查监督，劝导和制止偷排污水、抛洒垃圾、破坏环保设施、非法捕捞、洗涤垂钓等行为的发生，维护好饮用水源的清洁。

（孙　洁）

法治

Rule of Law

综述

【概况】 2015年,上城区政法部门立足新起点,主动适应发展新常态,不断提升驾驭新时期复杂局面的能力,在维护社会大局稳定、创新社会治理、深化法治上城建设等方面取得可喜成绩。成功创建全国“六五”普法先进区,实现全省平安区“十连创”、全省法治先进县(市、区)“三连创”。全年获第六批“全国民主法治示范村(社区)”、全国先进司法所、全省政法系统先进集体等市级以上荣誉42项。全区未发生重大政治性事件、非法聚集事件、大规模群体性事件、暴力恐怖事件和影响重大的涉稳舆情事件,完成区“两会”、第二届世界互联网大会、纪念中国人民抗日战争暨世界反法西斯战争胜利70周年等会议和活动期间的各项维稳安保任务。区公安分局立集体二等功1次,获“命案全破县(区)公安局”“全市公安机关‘拼搏1号’行动先进集体”等荣誉,有226名民警立功和受表彰。区检察院1名干警获全省“优秀公诉人”称号,3名干警获全市“检察办案能手”称号,2名干警在全市业务竞赛中获佳绩。政法部门严格落实党风廉政建设主体责任和监督责任,逐级签订《党风廉政建设责任书》,重视纪检监察信访举报工作,强化对效能建设和纪律执行情况的检查。全年政法机关办理投诉21件,其中办理“96666”热线投诉15件。

【经济社会发展保障】 2015年,上城区政法部门围绕“三改一拆”、“五水共治”、玉皇山南基金小镇打造、望江智慧产业园建设、大湖滨商圈建设、G20杭州峰会环境整治等工作,找准结合点和切入点,主动融入,积极作为,全力保障经济社会健康发展。全年政法部门破获经济类案件66起,其中涉众型经济犯罪案件13起;破获非法吸收公众存款案件14起,网络经济犯罪案件14起,为群众挽回经济损失7583万元。处理破坏市场经济公平竞争秩序、危害企业创新发展、妨害经济转型升级的贪污渎职犯罪人员12人。审结金融借款合同、民间借贷、担保追偿等涉及金融案件1625起,涉案标的27.4亿元。办结银行申请实现担保物权案件55起,结案标的4.4亿元,为当事人挽回直接经济损失6600余万元。

【维护社会和谐稳定】 2015年,上城区主动将风险防范关口前移,进一步规范社会稳定风险评估程序,全面提升评估工作水平,全年引入第三方评估组织参与评估81次。落实“三色预警”机制,对不稳定因素开展日常和专项排查,对排查出来的重大涉稳问题按照分级管理原则,分别立项监管,强化过程监督,指导督促责任主体落实化解处理措施。年内落实项目化监管涉稳问题18个,15个挂牌督办涉稳问题得到妥善处理。加强源头化解,加大对群体违法行为依法处理力度,非正常上访治理工作成效明显。

资料 **“三色预警”机制**:按照事件发生的紧急程度、发展态势和可能造成的危害程度分为一级、二级和三级预警,分别用红色、橙色和黄色标示,一级预警为最高级别。

【平安区创建满意度提升】 2015年，上城区政法部门坚持平安统揽，突出知晓率、参与率、安全率、满意率“四率”重点，健全责任体系，层层签订目标管理责任书，细化区直机关、街道平安综合治理工作考核内容，将平安创建责任传递落实到各部门、街道，形成全区上下“一盘棋”创建格局。坚持严打方针不动摇，有效遏制刑事犯罪高发态势，全力净化社会治安环境。全年刑事案件立案5181起，比上年(指2014年，下同)下降1.0%；侵财案件发案9524起，下降1%，其中“两抢”(抢夺、抢劫)发案34起，下降27%。破获各类刑事案件736起，破案率14.2%，上升25.2%；命案发4破4，破案率100%。审结刑事案件736起，上升25.2%；打击处理各类违法犯罪人员3483人，其中判决罪犯875人，治安处罚2608人。开展多种载体平安创建宣传200余场次，发放宣传资料200余万份(册)，发送宣传短信100余万条次，辖区居民对平安区创建满意度跃升至93.3%，位居全市第四。

【深化基层社会治理】 2015年，上城区实行基于“平安365”平台的区、街道、社区“三级网格化管理”模式，全面推进以“网格化管理、组团式服务”为基础的基层社会治理“一张网”建设工程。159个基础网格运作正常，网格社情民意采集机制、综合绩效评价机制和社会民生服务机制逐步健全，信息员平均每天采集民情信息700余条、社会信息100余条。建成各类基础网格服务队伍264支，将全区登记注册的410个区社会组织和1006个社区社会组织纳入网格化服务团队，不断壮大组团式服务力量。全年全区各类社会组织承接政府购买服务项目107个，投入资金2461.41万元；落实区级创投项目60个，年内开展23个。辖区居民对社会组织服务能力的满意度提高至91.6%。

【强化治安管控】 2015年，上城区进一步整合、盘活社会治安资源，积极搭建四级巡防架构体系，组建850人的社会专业巡防队、108人的社区平安巡防中队和2.5万人的平安志愿者队伍，组织开展“万人巡防，守护平安”的平安大巡防活动，在全区形成动态型、联动型、高效型的治安防控模式。组织实施2个市级、4个区级、6个街道级的社会治安重点区域挂牌整治，如期实现摘牌任务并转为长效管理地区。全年创建“零发案小区”60个、“控案先进小区”28个。

【司法体制改革】 2015年，上城区以司法体制改革和队伍建设为契机，进一步推进依法治区进程，不断完善“663”区委重大决策工作机制，发挥“17654”“民情半月谈”等民主民生互动平台作用，依法执政能力进一步增强。在全省率先出台《上城区行政机关合同管理办法》，实施法律顾问机制，全年审查行政机关合同63件，比上年增长61.5%，权力运行更加规范。完善审判质效管理体系，推进涉法涉诉信访改革，健全案件监督评查机制，加强对刑事诉讼、民事诉讼、行政诉讼和刑罚执行活动的法律监督，司法公信力不断提高。全年督促立案22人，纠正漏捕、漏诉3人，办理减刑8件(人)，提出建议收监2人、特赦1人。受理民事行政申诉59件，办结54件，发出检察建议5件。接待民事、行政案件监督当事人来电、来访71次，办理案件评查8件、涉及法律诉讼的信访案件10件。加强法律援助和服务，努力做到应援尽援，全年办理法律援助案件327起，挽回经济损失200余万元。加大对弱势群体司法保护和救助力度，落实司法救助案件7起，发放救助金47万元；为956名经济困难当事人依法缓、减、免诉讼费43.9万元。推进法律进企业、法律进学校等“法律六进”活动，提升重点对象法治思维和法治观念。顺应“互联网+”发展趋势，构建专业、高效、亲民的移动互联网时代在线普法平台，陆续推出群众喜闻乐见的普法“产品”。

资料 **“663”区委重大决策运行机制：**即严格坚持意见征求、充分酝酿、平等议事、依法决策、集体决策、会议决定“六原则”，执行根据工作实际确定议题、围绕决策事项开展调研、多种形式开展重大事项决策咨询、重大事项决策前个别酝酿、会议集体讨论决定形成决策、视决策事项内容落实公开“六程序”，抓好事后任务分解、过程监控、决策问责“三督促”。

“17654”民主民生互动平台：上城区将碎片化的民主协商载体整合在一起，发挥党组织引领、党员带头参与的作用，在全区打造“17654”民主民生互动平台。在区级层面建立1个民情信息

6月10日,上城区法学会成立大会暨第一届会员大会召开　(区委政法委　供稿)

中心和7个民情信息处置平台,下辖6个街道分别成立"最美小营""紫阳邻里""南星e家"等6个民主沟通工作室,54个社区设立"民情气象站"。

【上城区法学会成立】 6月10日,上城区法学会成立大会暨第一届会员大会召开。市委副秘书长、政法委副书记、市法学会常务副会长徐小林出席并致贺词。区委副书记、政法委书记袁建祥,区委常委、常务副区长黄爱芳,区委常委、公安分局局长秦文,市相关部门负责人及第一届法学会全体会员出席会议。袁建祥就法学会工作提出要求。会议审议通过区法学会章程、理事选举办法、常务理事选举办法,选举产生理事、常务理事、会长、副会长、秘书长。袁建祥当选为区法学会会长。　(罗　清)

依法治区

【概况】 2015年,上城区依法治区工作以推动依法行政工作为核心要务,围绕"加强法治宣传教育,提升公民法律素养"主题,将领导干部学法纳入各级党委(党组)理论中心组学习计划,启动"法治宣传进家庭"活动,多渠道开展法治宣传教育,培育全民法治信仰。推进法治文化阵地建设,成功打造"南宋御街法治示范街区","彩霞飞扬·爱尚法" 法治文化阵地不断丰富法治文化内涵,上城区普法工作形成多个品牌亮点。

【"六五" 普法任务全面完成】 2015年,上城区坚持以法治助发展、以法治惠民生、以法治促和谐,通过齐抓共管、突出重点、分类指导、普治并举、注重实效,完成"六五"普法规划的各项任务。全区普法工作浓缩在"六个一"(一部普法宣传片、一首普法之歌、一幅普法沙画、一个电子相册、一本图片册、一份汇报)的集中展示形式中,形成领导干部学法用法机制、"平安365"社会服务管理平台、政府管理与公共服务标准化体系、新媒体"微普法"品牌、全方位立体化普法体系、南宋御街法治示范街区、"智慧上城"特色法治文化七大品牌亮点。全年"上城普法"微信订阅号发送法治热点资讯和实用法律知识242条,开展全民互动学法58次,微信订阅号累计阅读量1.4万人次,有"粉丝"1620人;区司法行政法律服务中心微博发送司法行政信息2420条,转发司法行政信息、上城发布信息、杭州发布信息1524条。

【法治文化建设】 2015年,上城区各街道依法治区普法教育领导小组办公室(简称依普办)将特色法治文化与"智慧上城"建设相结合,开展多种形式的寓教于乐活动。结合各节假日、宣传周、纪念日,将居民关注的社会焦点、热点问题与法治文化相融合,把法律知识普及到群众中。面向外来务工人员、未成年人推出法律故事访谈、案例分析互动等活动。以上羊市街社区等法治氛围浓厚的普法基地为基础,以点带面,推进全区法治宣传阵地建设水平的提升。南星街道利用八卦田公园,小营街道利用红巷广场,湖滨街道利用湖滨商圈等资源,将普法活动设置在人流量大的区域,推进法治理念和法治文化传播。

【法治宣传"进家庭"活动】 5~7月,为提高居民群众的民主法治意识和法律素质,上城区依普办本着贴近实际、贴近生活、贴近群众的原则,开展法治宣传"进家庭"活动,全区6个街道、54个社区精心组织此次宣传教育活动。活动期间,发放普法宣传资料和"三改一拆"、"五水共治"法治护航宣传海报、公益广告视频光盘、普法扑克等法治宣传品1.4万份，提供法律咨询1279次、法律援助43件。

7月19日，上城区在南宋御街法治示范街区进行萌娃探“法”宝活动
（区司法局 供稿）

【南宋御街法治示范街区入围市“六五”普法十大亮点项目】 南宋御街法治示范街区采用“虚实结合”的方式，构建“一中心二平台三景观四站点”（上城区法治文化活动中心，线上线下实体和网站2个法治宣传平台，南宋御街、于谦故居和鼓楼3个名胜古迹，3个律师法律服务工作站和1个法治宣传志愿者服务站）。整合辖区律师资源与街区商家开展“百城万店无假货”等诚信企业创建活动，为商家的经营活动提供法律支持；依托社区法治文艺队伍开展多种形式的文艺宣传，借助南宋御街清河坊历史街区官方网站开展线上普法宣传和法律咨询。通过观光游览车将沿街各个法治主题串连起来，构建一条宣传与服务并举的南宋御街法治文化带。9月30日，南宋御街法治示范街区从全市近100个参评项目中胜出，入围杭州市“六五”普法十大亮点项目。

【“彩霞飞扬·爱尚法”法治文化阵地建设】 2015年，为进一步提升公民法律素质，营造良好法治氛围，区依普办、紫阳街道联合打造“彩霞飞扬·爱尚法”法治文化阵地。成立社区党委书记、居委会主任、治保主任、社区民警和居民代表组成的法治文化阵地建设工作领导小组和法治文化教育中心，并设立法治文化主题公园、法治图书漂流亭，开展普法宣传。领导小组成员根据条线包片、就近划块、组织包干的原则，分区域负责各自片区的普法宣传。借助社区律师及法律志愿者，利用QQ、微信等平台推出网上咨询服务，为居民群众释疑解惑。 （陶轶鹏）

公共安全

【概况】 2015年，上城区公安分局围绕建设“现代化美丽上城”的目标，以重要节点、节日安保为圆心，着力构建“品质治安、法治公安、满意民安”。全区社会政治稳定，公共安全实现“两降两升一平稳”：全年有效警情比上年下降5%，治安警情下降14.1%，打击效能上升26%，群众满意度、安全感有所上升。上城

2015年上城区公安分局和派出所基本信息

表9

区公安分局和派出所	地　　址	邮　　编	电　　话
区公安分局	中河中路88号	310009	87281110
清波派出所	四宜路61号	310002	87780213
湖滨派出所	邮电路22号	310006	87065709
望江派出所	海潮路53号	310016	86063837
紫阳派出所	南瓦坊3幢	310008	86061709
南星派出所	洋泮路85号	310008	86081143
小营派出所	翰林街107号	310009	87800209
站前派出所	邮驿路12-1号	310009	87810680

4月23日,第九期香港纪律部队国情研修班到区公安分局考察交流
(区公安分局　供稿)

区实现全省平安区"十连创"。区公安分局立集体二等功1次,获全省"命案全破县区公安局""2014年度维护稳定工作先进单位""全市公安机关'拼搏1号'行动先进集体"等荣誉,有226名民警立功和受表彰。

【宦军获"全国禁毒先进个人"称号】 6月25日,全国禁毒工作先进集体和先进个人表彰大会在北京召开,全国100个禁毒工作先进集体和100名先进个人受到表彰。上城区公安分局禁毒大队大队长宦军获"全国禁毒先进个人"称号,并受到习近平总书记的接见。宦军是此次杭州市仅有的一名获奖者。

【社会治安维护】 2015年,区公安分局加强情报收集和巡查管控,防范非法组织成员的渗透破坏,全区无危害国家安全和社会稳定的重大事件发生。全年完成重要活动警卫任务103批次,其中一级警卫5批次,内宾有中共中央总书记习近平,外宾有巴基斯坦总统侯赛因、加拿大总理哈珀等。完成"9·3"阅兵、中共十八届五中全会、第二届世界互联网大会等重大活动、重要会议期间的安保维稳工作80余项。妥善处置突发事件2起,积极化解疑难信访案件和不稳定因素。参与"四边三化""三改一拆""五水共治"等专项行动,配合有关部门和街道做好馒头山、始板桥、徐家埠北路、望江门外直街、思鑫坊、中山南路等区域拆违工作,全年参加拆违行动60余次。

【反恐防暴】 为加强反恐防暴工作,上城区配置反恐防暴装甲车、大型运兵车、数字集群通信对讲机等装备,并于8月6日成立区公安分局反恐大队。区公安分局为基层民警配置警务通、微警务车,招录特保队员加强一线安保。把好涉恐关注人员预警核查关。推进"135"快速反应作战圈建设,在"两站一广场""两街一商圈"等人员密集场所和部位采取强化1分钟防暴处突;其他部位按照1分钟防暴处突力量、3分钟接处警力量、5分钟就近处警力量的配置要求,开展四级巡防,提升治安防控实战化水平。全年区公安分局接银行、网吧、旅馆、流动人口四类处所预警99人次,抓获40人,缉捕率40.4%。区法院临控预警人员271人次,抓获154人。

【命案侦破100%】 2015年,区公安分局坚持"打防结合"的原则,重拳打击突出违法犯罪。全年完成移诉数765人,比上年增长11%,其中侵财移诉406人,增长6.3%。命案发生4起、侦破4起,五类案件发生7起、侦破7起,破案率均100%。全区未发生有重大影响的案(事)件,侵财发案和"两抢"发案呈下降态势,其中"两抢"(抢夺、抢劫)案件下降27%。全年破获经济类案件67起,抓获各类犯罪嫌疑人115人(其中上网逃犯20人)、实行刑拘51人次、取保候审98人次,制止损失和追回赃款1亿余元。经济类案件中,涉众型经济犯罪案件9起。

【黄赌毒案件查处】 2015年,区公安分局紧盯治安热点,重点关注"下一位麻将""色情卡片""微信招嫖"等违法犯罪形式,全年破获涉黄、涉赌刑事案件5起,移诉黄赌犯罪嫌疑人65人;破获环境污染食品药品犯罪案件3起,向检察部门移诉10人。其中成功侦破"3·13"销售假牛肉干案件,查获问题牛肉干340余箱,涉案金额30余万元。破获毒品刑事案件52起,其中侦破公安部、省公安厅督办案件4起,移送起诉毒品犯罪嫌疑人61人,查获吸毒人员291

人，实行强制隔离戒毒79人，缴获各类毒品7.53千克。3月6日，公安部部长助理刘跃进到清波街道视察社区禁毒工作，充分肯定上城区禁毒工作。

【四级巡防架构体系建立】 2月5日，上城区建立由社区微警务车、机动队巡逻车、110警车、警用电动车等组成的四级巡防架构体系暨防范处置梯队。春节期间，全区推出微警务车护送大额现金活动，该活动被央视原节目主持人崔永元在东方卫视《小崔说事》栏目中点赞。8月13日，区平安办联合区公安分局举行主题为“万人巡防，守护平安”的全区平安大巡防活动。巡防活动有近500名民警、特保、协辅警、民兵，以及平安志愿者参加，通过车巡、步巡、犬巡等方式，开展强盘查抓现行活动，有效提升治安防控能力。

资料 四级巡防架构体系：第一级为“1分钟防暴处突力量”，即机动防控队(PTU)；第二级为“3分钟接处警力量”，即110巡逻车；第三级为“5分钟就近处置力量”，即接警后，运用社区微警务车、警用自行车、警用电动车迅速抵达现场；第四级为“5分钟防控巡逻力量”，即传统的路面群防和便衣警员力量。

【群租样板房打造】 2015年，上城区以群租样板房建设为抓手的外来人口整治管理取得实质性进展。全年全区排摸群租房2085套，新登记流动人口4.41万人，打造样板房500余套。通过群租房改造提升、开展流动人口消防培训、定期检查灭火器等消防设施，样板房的消防、治安状况得到有效改善。中央人民广播电台、浙江人民广播电台、杭州电视台、《钱江晚报》、《杭州日报》等媒体多次报道上城区群租样板房打造工作，市公安局专门编发简报介绍上城区群租房整治情况。

【“平安365”社会服务管理平台建设】 2015年，上城区依托“平安365”社会服务管理平台，推进区域社会环境进一步和谐。全年收到154个网格及职能单位上报信息26.72万条。上报需中心处理的事件2447条，其中涉及社情民意681条、安全稳定333条、社会事务375条、行政执法200条、公共服务128条、应急管理124条、党群党建4条、其他602条。平台交办职能部门流转事件2767条，职能部门办结2658条，办结率96.1%，群众满意度95.8%。

【公安部督办毒品目标案件破获】 2014年12月26日，区公安分局禁毒大队获取1条广西籍男子在杭贩毒线索。因案情重大，该案被公安部确定为部督毒品目标案件。在省、市公安部门直接指挥下，在广西南宁市公安局支持配合下，区公安分局抽调禁毒、刑侦、特警等精干警力组成专案组，开展侦查工作。经过3个多月连续作战，于2015年4月，成功抓获以刘某某为首的贩毒团伙，刑拘涉毒犯罪嫌疑人13人，缴获冰毒2.2千克，扣押毒资15万元，并收缴一批通讯工具及管制刀具。

【特大诈骗团伙案破获】 3月6日，杭州城站站前区域某酒店内发生诈骗案。被害人被通过微信认识的网友约至酒店内饮酒，其间，对方在被害人酒中投放冰毒，趁被害人酒醉后骗取被害人汽车、人民币等38万元财物。案发后，区公安分局刑侦大队立即会同站前派出所开展侦查，于4月23日在江西省抚州金溪县将其中2名主要犯罪嫌疑人抓获，并追回奔驰汽车1辆，后又陆续抓获7名同案犯，该诈骗团伙被告破。

【职务侵占案件告破】 11月2日，区公安分局经侦大队经过缜密侦查，抓获职务侵占罪、赌博罪犯罪嫌疑人潘某某，并将其移送起诉。经查，潘某某于2008~2014年，利用自己五洋建设集团股份有限公司西安分公司经理身份的便利，将公司6092.41万元资金占为己有。2009~2012年，潘某某伙同他人在西安等地开设赌场，聚众赌博，非法牟利约200万元。

【食品药品犯罪案件查获】 3月13日，区公安分局会同市公安局治安支队及市市场监管局捣毁位于近江食品市场东四区17~18号摊位的销售伪劣食品窝点，刑事拘留2名犯罪嫌疑人，查获问题牛肉干340余箱，涉案金额30余万元。经检测，该摊位销售的牛肉干系伪劣食品。

【“黑心钉”案件破获】 2014 年下半年，区公安分局接到多起信访投诉辖区路面有“黑心钉”，过往市民的自行车、电动自行车车胎常被戳破，不仅造成经济损失，还容易酿成交通事故。区公安分局成立以分管局领导为组长的整治“黑心钉”专案组，利用科技手段严密布控。于 2015 年 3 月 24 日、26 日，将多次放置“黑心钉”的寻衅滋事犯罪嫌疑人张某某、熊某某分别抓获，并予以刑事拘留。

（缪兆丰）

【交通管理】 2015 年，上城交警大队以“三保一创”（保安全、保秩序、保畅通、创满意）为工作总目标，以构建“安畅”交通治理体系为抓手，守住路面主战场，有力维护辖区道路交通安全，其 4 项交通安全指标均比上年稳定，交通拥堵路段路口得到有效治理。将“一切从实战出发”作为排查的核心要求，形成“边排、边查、边整、边治”的工作模式。建立警务实战组、综合保障组、秩序维护组、科技应用组、情报信息组、事件处置组的“一班六组”工作体系，通过“条块结合、以块为主”的方式，推进七大类、22 个大项、41 个小项任务完成。形成十天一次工作例会、一月一次点评等制度。在将数据信息电子化的基础上，每月对信息进行梳理更新、查漏补缺，确保数据信息准确无误、鲜活有效。将各种制度以图形化形式上墙，实现流程化、规范化、直观化。将警营文化建设作为从优待警、厚爱暖心的系统工程，落实民警定期体检、走访慰问因公负伤民警、为退休民警举办欢送仪式等举措。组织民警、协勤员参与文体比赛，提升组织感召力和队伍凝聚力。全年开展各类集体活动 8 次，看望因工受伤民警、协勤员 20 余人。

【路面交通秩序管控】 2015 年，上城交警大队依托路面主战场，以 10 项重点违法管理为着力点，按照“提高现场执法震慑力”的要求，抓住重点车、重点人，全力投入路面交通秩序管控。全年查处各类交通违法行为 14.98 万起，非现场执法 37.76 万起，分别比上年增长 78.2%和 11%。围绕“不唯数据，求实效，以问题倒逼”的整治工作思路，将事故及违法多发的电动自行车作为突破口，主动出击，守住路口。全年现场处罚电动自行车违法 6.4 万起，暂扣 4361 辆，分别为上年的 148%倍和 1200%。对辖区 41 条主次干道违法停车进行专项治理，采取“落地查处、监控拍摄、违法强拖”的措施，确保治理成效。全年现场处罚静态交通违法 8173 起，非现场拍摄 19.12 万起，拖车 9202 辆，延安路、西湖大道、平海路等道路静态秩序明显好转。与区各职能部门密切配合，通过“两非”整治小分队持续保持对路面“两非”车辆严管态势。全年查扣“两非”车辆 1625 辆。

【健全交通安全防控体系】 2015 年，上城交警大队围绕“保安全、保畅通”的总要求，通过健全安全防控体系，强化交通事故安全综合治理，提升道路安全指数。全年辖区发生道路交通事故 28 起，死亡 4 人，受伤 25 人，直接财产损失 1.85 万元，分别比上年下降 33.3%、33.3%、30.6%和 19.6%。依托地方党委、政府，通过联防联治、源头管理和预警分析，共同做好辖区客货运企业、建筑工地日常监管。对辖区道路施工严格执行“占道红线、占补平衡”管理原则，优化施工项目及其周边交通组织，联动相关部门规范人员及车辆施工作业，确保不发生因施工造成的交通事故。强化路面防控，全年实施情报信息打击行动查处重点车辆 40 辆。

上城交警大队对违停车辆进行拖车处理 （上城交警大队 供稿）

【堵点综合治理】 2015年,上城交警大队将堵点、乱点综合治理作为提升通行秩序与通行效率的重要举措,积极发挥主体作用,科学推进治理工作。全年辖区6处堵点、乱点得到有效治理。积极发挥政府在综合治理交通方面的牵头抓总作用,依靠区治堵工作领导小组,解决人力、财力方面需求。按照“一点一方案”“一事一评估”原则,抓好堵点、乱点治理措施实施的前中后环节。在高银街治理中,坚持点线结合,将华光巷的交通组织优化纳入治理范围。在多次组织实地踏勘并征询市公安局意见后,取消华光巷高银街至市公安局门口两侧14个停车泊位,安装机动车与非机动车隔离设施,改善华光巷通行秩序,缓解高银街通行压力,优化调整道路两侧泊位设置,增加全路段机非隔离设施,使车辆通过清吟街的时间缩短一半,并实现通行秩序“零投诉”。 (陈 曦)

【消防管理】 2015年,杭州市公安消防支队上城区大队(简称上城消防大队)下辖湖滨、鼓楼、近江、复兴4个建制中队;在职人员164人,其中现役官兵120人、合同制消防员29人、文职外聘人员15人。全年上城消防大队接警805起,出动消防官兵8059人次、消防车1342辆次,抢救、疏散被困人员570人,抢救财产价值138.7万元,其中火警334起,过火面积1275.7平方米,直接财产损失19.92万元,火灾未造成人员伤亡。上城消防大队立足现有装备、灾害特点和辖区情况,开展执勤岗位练兵,夯实战术训练基础。从实战出发,科学制定灭火预案,并对辖区内重点单位和小区消防设施进行调查测试,提升灭大火、抢大灾能力。全年完成纪念中国人民抗日战争暨世界反法西斯战争胜利70周年、杭州国际马拉松赛、第十六届杭州西湖国际博览会等重大活动消防安保任务。

【消防联防大队成立】 8月5日,上城区建立由8个行业部门、6个街道和重点单位消防管理人员组成的区消防联防大队,在民宗、旅游、教育、建设、文化、卫计、民政、商务及6个街道建立14支消防联防中队。8月10日,上城消防大队组织联防大队及14支联防中队开展业务培训,200余名大队和中队队员参加。大队和中队统一制作牌匾、印章和工作证。联防大队每季度制订工作计划,每月部署工作要求。各联防中队围绕隐患互查、宣传培训、联合演练3项工作,开展“消防联防”实体化运作。至年末,全区联防队伍巡查单位108个,整改隐患20余处;开展消防培训18次,组织联合演练7次。上城区初步建立条块结合、协作互助、群防群治的消防工作机制。

【出租房专项整治】 2015年,区政府先后印发6个出租房整治工作意见,多次召开出租房整治工作会议,提出出租房整治重点区域和对突出违法行为实施“四个一律”的要求,推进出租房整治持续深入开展。全区公安机关排查出租房1.86万户,处罚86户,临时查封8户,拘留15人。馒头山梵天寺路54号160余户300余人的群租房、姚园寺巷37和39号150余人的群租房等潜在火灾隐患点得到有效治理。

【火灾隐患整治】 2015年,上城区消防安全事故防控综合治理体系建设成效明显。出台《上城区消防安全网格化管理工作意见》《上城区消防安全工作岗位职责规定》和《上城区消防安全主体责任和监管责任追究实施办法》,进一步明确基层消防网格化工作及

6月11日,上城消防大队组织南星水厂氯气泄漏应急处理演练

(上城消防大队 供稿)

各部门、街道消防安全工作职责。持续推进馒头山和思鑫坊两个区域火灾隐患整治，进一步细化火灾隐患整治标准，通过拆除违章建筑、整治无证餐饮、消防设施安装入户、处罚和劝导并济等举措，有效净化两个区域的消防安全环境。

【消防监督】 2015 年，上城区消防大队结合夏季消防安全检查，对老弱病残、学校师生及企业员工等重点人群，开展上门服务、指导和监督。开展易燃易爆危化品场所集中整治专项行动，保持铁腕治火的高压态势。年内检查各类单位 4782 个次，督促整改火险隐患 2642 处；办理行政处罚 223 起，责令“三停”(停产停业、停止施工、停止使用)单位 49 个，临时查封隐患点 37 处，罚款 95.94 万元。办理建筑工程审核项目 40 个，完成验收项目 29 个；完成消防设计备案 121 个、消防竣工备案 104 个；开业前检查项目 152 个，其中合格 134 个，对 18 个不合格项目提出整改要求。

【“119”消防宣传月活动】 11 月 9 日，上城区消防大队开展“119”消防宣传月活动，全方位、多层次铺开全民消防宣传工作。全区设立消防公益广告电子屏幕、户外视频 6 块，开放消防站和开展宣传活动 200 余次，发放宣传资料 2 万余份。消防民警每周至少 3 次到社区和重点消防单位查找消防隐患，指导社区和重点消防单位进行隐患整改。会同区民政局开展“九九平安行”活动，对全区养老机构进行集中排查，组织消防安全“牵手”、隐患整治“回头看”等系列活动，提升老年人群体的消防安全意识。建立中小学幼儿园兼职消防辅导员制度，联合区教育局在全区 52 所中小学、幼儿园门口设立警务室(岗)，每个学校和幼儿园配备一名由现役警官担任消防辅导员，并设立 9 项工作制度，督促学校和幼儿园落实消防工作责任制。 (周　易)

检察

【概况】 2015 年，上城区检察院进一步提升司法办案质效和服务大局能力，深入推进“四精化”检察品牌实践，为加快建设“现代化美丽上城”提供有力法治保障。全年受理提请批准逮捕案件 405 件 488 人，批准逮捕 322 件 380 人；受理移送审查起诉案件 926 件 1095 人，提起公诉 759 件 916 人。查处贪污贿赂犯罪 12 件 12 人，查处渎职犯罪 1 件 1 人、县处级干部涉案 4 人。坚持宽严相济，减少社会对立面，对轻微刑事犯罪不批捕 55 人、不起诉 85 人。妥善处置各类控告、申诉、举报 68 件。区检察院获省、市级荣誉 18 项，其中侦查监督科立集体二等功，反渎职侵权局立集体三等功，未成年人刑事检察科获省“三八”红旗集体称号。3 名干警立个人三等功，1 名干警获“全省优秀公诉人”称号，3 名干警被授予全市检察系统“办案能手”称号，2 名干警在全市业务竞赛中获佳绩。

资料：“四精化”：指执法办案精品化、队伍建设精英化、检察管理精细化、检务保障精优化。

【腐败犯罪惩治】 2015 年，区检察院贯彻中央关于反腐败斗争的决策部署，坚持有腐必反、有贪必肃、有案必查。突出查办妨害改革发展的大要案，先后查处国家和省发改系统受贿案 4 人、浙商控股集团共同贪污案 3 人。严肃查办发生在群众身边的职务犯罪，查处区绿化办原副主任邵某某贪污、受贿案，杭州市总工会下属某旅行社业务员王某某骗取、侵吞客户旅游团费的贪污、合同诈骗案。积极回应人民群众反映强烈的“为官不为”“为官乱为”问题，排查民生领域的渎职犯罪线索 8 件。

【职务犯罪预防】 2015 年，区检察院发挥专业优势，定期向区委提交刑事犯罪和职务犯罪 2 个年度分析报告。组织开展预防咨询、旁听庭审等警示教育 30 余次，为企业提供行贿犯罪档案查询 2000 余次。推进与浙江中烟工业有限责任公司等企业的反腐倡廉“检企共建”，共同加强职务犯罪预防。开展职务犯罪案件剖析调查 12 次，促进相关单位完善管理制度。根据区检察院的检察预防对策建议，省文化厅制定《浙江省文化系统项目经费管理办法》。

【坚持司法公正】 2015 年，区检察院认真履行法律监督职责，加强对立案和侦查活动的监督，着力维护司法公正，各项工作走在全市前列。其中执法一类问题专项通报的做法得到省、市检察院肯定，在全省检察系统推广。加强对刑事执行的监督，审查同意减刑案件 8 件(人)。开展社区服刑人员脱管、漏管专项检察活动，提出建议收监 2 人。做好特赦法律监督，审查同意对 1 名未成年社区矫正人员予以特赦。加强民事行政监督，拓展民事行政监督领域。积极探索公益诉讼，与上城环保分局共同制定《关于环境保护公益诉讼的若干意见》，形成监督打击行动的合力。

资料　公益诉讼：是指对损害国家和社会公共利益的违法行为，由国家法律规定的国家机关或组织向人民法院提起诉讼的制度。2015 年 7 月，最高人民检察院制定发布《检察机关提起公益诉讼试点方案》，对试点案件的范围、诉讼参加人、诉前程序、提起诉讼和诉讼请求等做出明确规定。根据该方案，检察机关将重点对生态环境和资源保护领域的案件提起行政公益诉讼。

【助推民生保障】 2015 年，区检察院将司法办案作为服务经济社会发展的基本途径，积极发挥检察职能，保障辖区居民安居乐业。着力打击危害食品药品安全、骗取社会保险基金等引发高度关注的犯罪，全年办理铝超标油条、毒豆芽、假肉毒素等生产、销售伪劣产品及假药犯罪案件 9 件 11 人，办理骗取社保基金的诈骗犯罪案件 13 件 14 人。根据该类典型案件的特点，积极查询判例、研判法理。其中，针对毒豆芽案中遇到的法律政策界限、证据标准等问题，撰写的《豆芽中添加 6-苄基腺嘌呤的行为定性》论文在《中国检察官》杂志发表，并获全省检察机关普通期刊优秀成果三等奖，为办理该类案件提供有益经验。全年区检察院打击金融、环保、知识产权领域犯罪，起诉非法经营、非法吸收公众存款、集资诈骗、合同诈骗、销售假冒注册商标的商品等案件 14 件、30 人，取得明显成效，并结合办案撰写多篇论文，向行政职能部门建言献策，其中《皇基公司非法经营案反映四方面问题亟需引起重视》一文被省、市检察部门信息简报采用。

【未成年人保护和犯罪预防】 2015 年，区检察院通过 4 个“着眼于”推进未成年人保护和犯罪预防工作。即：着眼于推进未成年人检察办案专业化，于 11 月建成全市首个单独配备心理咨询室和心理咨询师的未成年人检察工作室。着眼于降低未成年人羁押率，利用“新起点观护基地”对涉罪外地未成年人进行观护帮教，先后观护 3 名涉罪未成年人，均回归社会。着眼于推进未成年人犯罪预防，开展“学法明理进校园”“小候鸟法制夏令营”等活动。着眼于法治文化建设，区检察院创作的微电影《牵手》《青春的墨痕》均在全省政法系统和检察系统评比中获奖，并入选全省“法治教育微电影进校园”活动发送的微电影名录。法治教育漫画手册《法治星空你我同行》被《浙江法制报》刊载。全年上城区未成年人不批捕 7 人、不起诉 13 人，未成年人不捕、不诉率分别为 63.6%和 68.4%，实现最大限度少捕、慎诉、少监禁。

【“规范司法行为专项整治”活动】 2015 年，区检察院开展为期一年的“规范司法行为专项整治”活动。专项整治以规范职务犯罪侦查、保障律师会见权利、落实执行讯问全程同步录音录像制度、加强涉案财物管理、强化内外部监督、深化人民监督员制度改革为主要内容。规范批捕和起诉审查，联合区公安机关制定《审查逮捕案件双向审查工作的实施办法（试行）》，审查逮捕案件均主动听取辩护律师意见，全年批捕过程中采纳或部分采纳辩护律师意见 7 次。制定《加强执法办案内部监督的实施办法》，推进廉洁办案。

【推进“阳光检察”】 区检察院坚持队伍建设和硬件建设两手抓，推进“阳光检察”。建成集案件受理、控告申诉、举报、案件信息查询、行贿犯罪档案查询、律师接待、业务咨询、信息发布等功能于一体的“一站式”检察服务大厅。全面推进案件信息公开网建设、检察门户网站和“两微一端”等新媒体平台建设。通过组织检察开放日、人大代表定向视察、政协委员专项视察等途径，接受社会监督。

【检察官履职评议】 2015 年，区人大常委会组织对区检察院检察官履职评议。评议对象由区人大代表从区检察院侦查监督科、公诉科、未成年人刑事检察科、反贪污贿赂局、反渎职侵权局等业务部门符合条件的人选中分组随机抽取，首次评议抽取3名检察官。评议方式有走访谈话、查阅案卷、听取汇报等。被评议检察官中,1人履职评议等级为优秀,2人履职评议等级为称职。

【查办国家发改委官员职务犯罪】 2015年，区检察院查办中央国家机关职务犯罪案件4起4人,其中2名国家发改委官员分别是财政金融司信用处原处长苏某某、证券处原副调研员魏某。这是区检察院首次查办中央国家机关职务犯罪案件。办案人员面对异地侦查来回奔波、犯罪嫌疑人社会阅历丰富等困难、挑战,发扬顽强拼搏精神,成功侦破案件,并在侦查一体化、异地初查等方面积累办案经验。

【杭州皇基投资咨询有限公司非法经营案】 2013年2月至2014年7月期间，杭州皇基投资咨询有限公司（简称皇基公司）在未取得国家相关许可的情况下,对外宣称该公司系香港鸿基集团旗下分公司,介绍国内投资客户将资金投入到香港鸿基金业有限公司的交易平台上采用保证金交易模式投资伦敦金,并向客户承诺低风险高收益，借此吸纳大量客户资金,最终导致绝大多数客户亏损。皇基公司累计吸纳客户资金500余万美元,根据交易手数及佣金计算,交易额至少达到1亿余元，公司主要负责人丛某某等7人因非法经营罪被判处有期徒刑。

（陈　赟）

法　院

【概况】 2015年，上城区法院服务经济社会发展大局,深化“互联网+审判”改革,开展提升审判质效专项活动,坚持公正司法,为建设“现代化美丽上城”提供司法服务和保障。全年受理各类案件8711件,审结8204件,分别比上年上升22.4%和18.4%。二审改判发回率4.9%、二审改判发回瑕疵率3.4%,月均存案工作量1.95个月,办案质量、效率指标居全市法院第一。区法院被评为全省阳光司法优秀法院,区司法后勤服务中心被评为全国法院先进集体，区司法宣传工作获最高人民法院通报表扬。

【犯罪惩治】 2015年，区法院坚持以审判为中心，严惩故意伤害、“两抢一盗”、非法拘禁、强奸、涉毒等危害社会治安犯罪，加大对非法吸收公众存款、合同诈骗等破坏社会主义市场经济秩序犯罪打击力度,保持对贪污、贿赂、渎职等职务犯罪的高压态势,审慎审理杭州地区涉外刑事案件。全年受理刑事案件762件,审结736件,分别比上年上升29.8%和25.2%,判处罪犯875人,依法对274名罪犯从宽判处非监禁刑。推进刑事速裁工作,自6月开始,适用刑事速裁程序审理案件76件，其中42人被判处适用缓刑,当庭宣判率100%,无一人上诉。注重被告人人权保障，为148名被告人通知法律援助律师出庭辩护,出庭辩护律师人数增长37%。规范刑事案件被告人出庭受审着装，禁止在押被告人出庭受审时穿着识别服、囚服等具有监管机构标识的服装。

【民事纠纷化解】 2015年,区法院坚持“调解优先、调判结合”原则,通过密集排期开庭、注重庭前阅卷、及时跟踪长期未结案件等措施,提高办案质效,化解各类民事纠纷。全年受理民商事案件5386件,审结5040件，分别比上年上升17.3%和13.2%,民商事案件可调撤率82.5%。其中，审结人身财产侵权、婚姻家庭继承、相邻关系、物业服务、劳动争议等民事案件2314件,审结买卖、借款、金融、公司、票据等商事案件2726件，有效维护群众切身利益和市场交易秩序。

【新行政诉讼法实施】 2015年，区法院严格落实新行政诉讼立案登记制度,畅通行政案件入口路径,保障当事人诉求权利。全年受理行政案件158件,审结144件,分别比上年上升41.1%和30.9%,行政机关败诉率4.2%,和解撤诉率19.4%。受理非诉行政案件45件,下降2.2%,准予执行率95.6%。推动落实行政机关负责人出庭应诉制度，包括省公安厅副厅长在内的多名负责人出庭应诉，行政机关负责人出庭应诉率27.1%。强化司法与行政的良性互动,调研新修订的《中华人民共和国行政诉讼法》及相关司法解释对依法行政的影响,向区委报送专题报告,为行政机关200余名行政执法人员开设专题讲座，促进行政机关提高行政执法水平。

【案件执行难破解】 2015年，区法院受理执行案件2353件，执结2233件，分别比上年上升32.1%和28.9%，执行到位标的额9.9亿元。开展“转变执行作风、规范执行行为”专项活动，落实执行分权运行、执行措施穷尽、执行程序规范、执行信息公开等要求，解决消极执行、执行不力等问题。开展“打击拒不执行判决、裁定等犯罪行为”专项行动，加大打击制裁力度，实施司法拘留78人，移送公安机关追究刑事责任3人，其中1人被判刑，违法制裁率3.5%，居全市法院第二位。深化执行联动机制建设，落实与区公安部门协助查控被执行人机制，接受执行举报83件，控制被执行人44人。加大对失信被执行人的惩戒力度，运用网上“点对点”查控被执行人银行存款、车辆、房地产等，压缩被执行人转移隐匿财产逃避执行的空间。通过全国失信被执行人名单库公开曝光1763人，限制其申请贷款、招投标、资质认定、市场准入、乘飞机高铁等行为，促进案件有效执结。

【金融案件审理】 2015年，区法院加强区域金融风险防范和化解，推进银行不良资产的司法处置工作。依托金融审判组，实行金融案件专业化、集约化审判机制，通过实现担保物权特别程序、简化金融案件裁判文书等措施，加快金融债权纠纷的处置。全年审结金融借款合同、民间借贷、担保追偿等金融案件1869起，涉案标的额32.2亿元；办结银行申请实现担保物权的案件55件，结案标的额4.4亿元。

【民生利益保障】 2015年，区法院严厉打击危害食品药品安全犯罪，审结并判处生产、销售不符合安全标准的食品、销售假药等犯罪案件5件5人。完善涉及民生案件“绿色通道”，审结医疗服务合同、医疗损害责任等医疗纠纷54件；审结追索劳动报酬、工伤保险待遇等劳资纠纷169件。开展涉及民生案件专项集中执行活动，执结涉及民生案件84件，执行到位资金137万元。召开新闻发布会通报打击拒执、欠薪案件成果，现场为杭州中都百货有限公司原52名员工发放拖欠的工资84万余元。加强对弱势群体司法保护和救助力度，为956名经济困难的当事人依法缓、减、免诉讼费43.9万元。落实“零佣金、低成本”的网络司法拍卖工作，搭建网拍房产按揭贷款平台，破解竞买人一次性付款难题。在淘宝网司法拍卖平台拍卖涉讼资产289件，总成交额5.61亿元，为当事人节省佣金1495.3万元。深化“裁执分离”工作机制，妥善处置“三改一拆”及重点工程建设中发生的民事纠纷。全年审结行政机关申请强制搬迁、拆除违法建筑案件7件，依法准予执行7件。

【参与社会综合治理】 2015年，区法院依托区诉调对接中心，强化立案引导调解、诉中委托调解，畅通多元纠纷化解渠道，全年通过区诉调对接中心化解民商事纠纷1342件。全院诉前化解率23.7%，居全省法院第二位。加强对辖区街道人民调解组织的指导培训，为街道30名人民调解员授课，引导人民调解员运用司法确认制度保障当事人的权益。加大诉讼信访化解力度，坚持滚动排查、风险评估、信息预警、判后答疑等制度，运用释法析理、司法救济、视频接访、信访终结等手段，妥善处理涉诉信访。全年接待涉诉到访人员157人次，处理来信94件，完成中央和省巡视组交办案件12件。

【立案登记制度改革】 5月，区法院实行立案登记制度改革，对符合法律规定条件的，当场登记立案；对不符合法律规定条件的，一律出具不予受理裁定，并说明理由，严禁“不立不裁”。年内，依法接受当事人诉状5958件，当场登记立案5941件，当场立案率99.7%。推进诉讼服务大厅、诉讼服务网、“12368”诉讼服务热线“三位一体”的诉讼服务中心建设。完成诉讼服务大厅硬件升级，与区司法局联合设立法律援助工作站，由24名律师轮流值班，驻点为当事人免费提供立案咨询和诉讼服务引导，年内，接待咨询群众1023人次。完善“12368”司法服务热线机制，全年接听来电咨询4109次，接通率93%。

【推进“阳光司法”】 2015年，区法院完善审判流程、裁判文书和执行信息公开三大平台建设。出台《局域网、门户网站管理规定》，及时在门户网站上公布机构人员、开庭送达公告、审判执行数据等所有要求公开的信息和流程,开展庭审录播、直播,保障当事人的知情权。加大裁判文书网上公开力度,全年公开生效裁判文书1.69万份,文书上网率94.1%。推进执行信息公开,建立执行信息公开网,设立《执行惩戒》《执行信息》《执行曝光》《司法拍卖》《网上咨询》《举报指南》等栏目,实现执行各项进程全公开。加强法制宣传,在各级新闻媒体发布法制新闻455篇;组织公众开放日活动12次,有531名群众走进区法院,“零距离”感受法院文化和审判工作;出台《官方微博、微信维护管理办法》,发布官方微博533条,发布官方微信图文消息158条。在中国社科院对全省法院“阳光司法”指数测评中,区法院居杭州市第一位。

【“智慧法院”建设】 2015年,区法院坚持科技强院,出台《2015年信息化工作计划》和《关于争创全国法院信息化建设一流法院实施方案》,运用“互联网+审判”思维,推进“智慧法院”建设。年内,完成14个数字法庭和4个调解室的高清数字改造,提升庭审录音录像效果。依托远程视频系统,实现与监狱同步视频传输,在押被告的刑事、民商事案件均可实现远程开庭。推进庭审记录改革,自6月以来,以录音录像替代书记员打字笔录审理各类案件774件,有效提升庭审效率。建成具有远程指挥、证据现场采集、决策分析等多项功能的执行指挥中心,提高执行质效。建立囚车卫星定位及远程监控管理系统,实时监控掌握车辆动态,全程记录囚犯押运过程中的言行举动。试点全国唯一的诉讼电子档案OCR智能识别,对新中国成立以来的13.84万页裁判文书进行分析处理,形成计算机可识别、可检索、可分析的电子裁判文书,为大数据分析提供丰富可用的案件信息数据。试点运行网上案款退缴费系统,无缝对接审判信息系统和银行信息系统,实现“一案一人一账号”的案款智能管理。 (余淑男)

司法行政

【概况】 2015年,上城区深入推进司法行政领域社会治理创新,充分发挥司法行政在化解社会矛盾、促进社会和谐、保障改善民生方面的作用,努力创造和谐稳定的社会环境、公平正义的法治环境、优质高效的服务环境,深化“平安上城”“法治上城”建设。开展“一所一品”建设,发挥区、街道、社区三级人民调解组织网络及区调委会“金牌和事佬”调解室、行业调委会优势,做好社会稳定风险预警评估和人民调解工作。与浙江警官职业学院联合编写全省首本社区矫正集中教育教材,开通全省首家社区服刑人员网上学习平台“e学网”。全年区司法行政法律服务中心接待来电来访、法律咨询8161人次,办理法律援助案件275件;调解纠纷1628件,其中调解成功1627件,调解成功率99.9%。接收社区矫正人员1426人,解除矫正1227人,办理审前调查536人。

同年,区司法局被市司法局记集体三等功,连续第11年被评为杭州市综合治理工作先进单位。区司法局清波司法所被司法部评为全国先进司法所,区司法行政法律服务中心被评为全省四星级司法行政法律服务中心。上羊市街社区成功争创首批省级法治文化建设示范点,成为全市唯一的社区法治文化建设示范点,并被司法部、民政部评为首个全国民主法治示范社区。

【法治宣传教育】 2015年,上城区加强法治宣传教育,健全领导干部和公务员学法用法制度,不断拓宽学法用法形式,增强普及实效,全民学法、守法、用法意识和法律素质不断提高。全年举办领导干部任职前法律考试5次(拟由人大任命的4次,非人大任命的1次),领导干部法律知识讲座4场,处级以上领导干部近200人次参加听课和考试。将法治教育融入市民日常文化生活中。元旦、春节期间,各街道、社区组织播放法治教育微电影《迷途的羔羊》和普法动画短片《天眼说法》,开展元宵法治灯谜和法治小游戏等活动,增强青少年学法守法意识。3月,区依普办联合市律师协会上城联络处,在鼓楼小广场举办“女律师迎‘三八’公益法律咨询”活动,为群众提供维权公益法律咨询。现场发放《中华人民共和国妇女权益保障法》《杭州市预防和制止家庭暴力条例》等法律法规1000余份、《杭州普法》杂志及宣传折页200余套。区司法局湖滨司法所在“3·15”消费者权益日开展“携手共治、畅享消费”主题宣传活动，普法工作人员和普法志愿者现场设置消费警示牌，分发法制宣传品。5月，在区法治文化活动中心开展法律援助为民办实事——“扶残助残服务”活动，区依普办、区残联向过往群众宣讲《中华人民共和国残疾人保障法》《杭州市法律援助条例》《上城区残疾人扶助政策指南》等法律知识和相关政策。6月，区依普办利用微博、微信在全区开展“践行绿色生活，走进蓝天碧水”环保主题法治宣传教育活动。在“6·26”国际禁毒日，区依普办、区司法局、区公安分局、上海铁路局杭州公安处等单位联合在城站火车站开展纪念国际禁毒日主题宣传活动。利用LED大屏幕、辖区岗亭、宣传栏、车载显示屏进行禁毒宣传，营造良好的禁毒氛围。12月4日，区司法局、区依普办联合紫阳街道，在彩霞岭社区法治文化园举办上城区第九届法治文化节暨“爱尚法·彩霞飞扬”法治文化园国家宪法日主题宣传活动。活动以“弘扬宪法精神，推动创新、协调、绿色、开放、共享发展”为主题，通过普法教育海报、漫画，编排融法律思想、法律知识于其中的歌舞、相声、快板、小品等文娱节目，宣传法律至上、法律面前人人平等、尊重和保障人权等法治观念和法律原则。

【社区矫正人员管理】 2015年，上城区将团区委、区妇联、区总工会、区市场监管局纳入区社区矫正工作委员会成员单位，新组建上城区社区矫正及安置帮教工作委员会。规范社区矫正队伍建设，统一招募管理社区矫正志愿者，组建社区矫正志愿者大队。利用上城区社区学院资源，开通全省第一个社区矫正人员网上学习的“e学网”；与杭州华数数字电视有限公司合作，开发建设上城区司法行政学院。通过政府购买服务方式参与非执法类社区矫正工作，引进和培育“沈寅弟和事佬工作室”“陈文英工作室”等社会组织参与社区矫正工作服务。开展矫正人员居住地核对等核查专项活动，对全区社区矫正人员进行点对点管理。落实对区矫正人员监督管理措施，不定期抽查社区矫正人员的手机定位，对违规矫正人员视情节轻重，警告处罚8人，提请撤销缓刑和收监执行各1人。8月25日至9月5日，纪念抗日战争胜利70周年期间，实行活动“零报告”制度。

同年，区司法局南星司法所一例审前社会调查案卷在市司法局“双十佳”技能比武活动中获“十佳矫正案卷”奖。区社区矫正工作者在参加全市社区矫正“双十佳”技能比武活动中获团体第三名。

【安置帮教】 2015年，上城区根据国家六部委《关于组织社会力量参与社区矫正工作的意见》，发挥区人力社保、民政、教育等部门在促进就业、保障教育和基本生活救助、落实社会保险等方面的作用。开展特困“两类人员”(社区服刑人员和刑释解教人员)社会帮扶活动，望江司法所通过区民政部门给两名困难归正人员办理困难家庭生活救助证，组织辖区单位通过民生认领项目对两名困难社区服刑人员进行补助。全年救助生活困难的矫正、归正人员40人次，发放救助金5.99万元。至年末，全区有归正人员482人，其中刑释人员371人、解教人员111人；解除矫正32人，帮教率100%，安置率97.9%，归正人员中无重新犯罪情况。

【人民调解工作】 2015年，上城区不断拓展人民调解工作领域，积极探索人民调解与教育、公安、物业等部门的协作机制，全区建有警民联调、交通事故、劳资争议、物业纠纷、学生伤害、征地拆迁、婚姻家庭、消费者权益、环境保护等专业调解委员会17个。围绕“五水共治”“三改一拆”等中心工作，充分发挥区、街道、社区三级人民调解组织网络优势，开展矛盾纠纷“大排查、大调处”活动，协助政府和有关部门做好风险评估预警工作。全年全区调解民间矛盾纠纷1628件，成功化解1627件，成功率99.9%。其中，简易调解868件，书面调解476件，司法确认13件。严格执行《上城区人民调解经费管理办法》，通过“以奖代补”形式发放人民调解经费11.93万元，充分调动人民调解员化解矛盾纠纷的积极性。

【法律援助】 2015年，区司法局深化法律援助工作，通过健全法律援助制度、制定效能建设制度、搭建AB岗工作制度、出台法律援助中心承诺制度、规范心理矫正室工作职责等9项制度建设，推进区法律援助中心更好地服务民生实事。全区有法律援助工作站14个(包括新增的区法院工作站);有律师值班点58个(54个社区、区信访局、区司法行政法律服务中心、小营街道梅花碑社区陶旭东工作室和区法院看守所),值班点每个工作日有律师“坐诊”服务。湖滨街道青年路社区等6个社区设立法律援助联络点,全区初步形成“法律援助1小时服务圈”。全年接待来电来访、法律咨询8161人次,其中“12348”热线提供义务法律咨询5053人次。承办法律援助案件275件,发放援助经费32.29万元。

【清波司法所被评为全国先进司法所】 2015年,上城区加强星级规范化司法所创建工作,推进司法所“一所一品”建设,全区6个司法所各有亮点、特色,达到硬件可看、软件可学、服务满意、制度规范的要求。6个司法所均被命名为星级规范化司法所,其中三星级3个、四星级1个、五星级2个,星级规范化司法所创建率100%,规范化司法所创建工作走在全省前列。9月28日,司法部部长吴爱英视察清波司法所,并给予高度评价。10月14日,区司法行政法律服务中心获“浙江省四星级司法行政法律服务中心”称号。11月30日,清波司法所被评为全国先进司法所。

【律师进社区活动】 2015年,区司法局加强律师服务管理,深化“律师进社区(网格)”工作,推进“公益律师快线网”推广运用。编印《上城区律师队伍全面开展依法治国教育必读科目汇编》。开展统一收案统一收费专项监督检查、品牌律师事务所创建、“十大律师先锋”评选等活动。建立上城区法律顾问人才库,组建法律顾问团为工业园区企业及全区中小企业提供法律咨询。安排律师参与区领导信访接待,为区领导处理群众诉求问题提供专业的法律意见。全年社区律师值班“坐诊”3021次,街坊咨询4851人次,出具法律意见书171份,起草修改规章制度106份、合同18份,参与项目谈判23件、纠纷调解423件,举办法律知识讲座120场次。

【律师事务所监管】 2015年,区司法局加强区属34个律师事务所党建工作,先后成立西湖、泰杭、吴山律师事务所党支部和扬理、路成律师事务所联合党支部,党组织对自身发展、业务创收、廉政建设发挥促进作用。年内,完成区属所有律师事务所年度各项工作考核和律师执业情况专项督查。核查全区律师事务所2014年承办的法律案件3921件,其中刑事360件、民事3529件;查询法律文书741件,其中刑事86件、民事636件、行政裁定15件、执行裁定4件;核查市司法局指定的法律案件80件,其中9个律师事务所民事61件、刑事11件,2个法律服务所民事8件。

(陶轶鹏)

玉皇山南基金小镇

国防建设

Construction of National Defense

人民武装

【概况】 2015年，上城区人武部全面贯彻中共十八大和十八届三中、四中、五中全会精神，深入学习领会习近平主席关于国防和军队建设一系列重要论述，围绕强军目标，紧贴使命任务，坚持问题导向，狠抓工作落实，不断提升全区国防后备力量建设和军事斗争准备整体水平，区人民武装建设呈现积极向上、安全发展、稳步推进的良好势头。

区人武部建设基础稳固。部党委认真贯彻全军和南京军区政治工作会议精神，把思想建党、政治建军放在突出位置，以制度落实为保证，以推动工作为着力点，以抓好大项专题教育为牵引，组织干部职工通读《干在实处，走在前列》和《之江新语》等重要书目。开展“两走两感”(走近先烈、感悟信仰，走进传统、感受力量)活动，组织参观毛主席视察小营巷纪念馆、中共杭州小组纪念馆、钱学森故居等红色景点，到金华市浦江县诵读“江南第一家”郑氏家规家训。持续抓好社会主义核心价值观培育、政治纪律和形势任务教育，提高“高举旗帜、听党指挥”的思想自觉和政治定力。

军事斗争准备深入推进。重点抓好机关干部、专武干部和民兵骨干3支队伍战备训练，组织军事技能和武装工作业务培训。选拔民兵应急连骨干参加杭州警备区比武考核，取得较好成绩。组织民兵应急连和医疗救护排参加全市实兵拉动点验，受到杭州警备区领导好评。完成杭州市人民武装动员检验评估。加强信息化建设和运用，统筹抓好反恐维稳、抗洪抢险、重要目标防卫等演练，全区武装系统执行任务能力有新的提高。

党委作风建设不断加强。围绕整风整改总基调，开展“三严三实”专题教育，部领导带头写心得、谈体会。修订完善《人武部党委议事规则》，坚持重大问题集体研究决定，形成自觉按规则、按程序、按集体意志办事。从抓思想、抓组织、抓学习、抓作风、抓创新入手，不断增强党委班子凝聚力。落实党风廉政风险防控机制，严格执行《党委理财制度规定》《关于预防征兵领域职务违纪违法工作实施意见》《人武部公务接待规定》，区人武部行政开支明显下降。

安全管理水平得到提升。开展“条令学习月”活动，落实各项规章制度，打好正规建设与管理基础。念好安全工作“常”字经，突出抓好“人、车、枪、弹、密”和营区管理，开展枪支弹药管理专项检查、安全隐患集中排查、事故案例警示教育等活动，严格管控重点部位。加强涉密载体管理，每月组织保密工作情况分析，每季度进行保密工作督查，每次重大活动前开展安全风险评估，确保不发生失泄密问题。区人武部实现安全工作“三无”目标。

【加强党管武装工作】 区委、区政府重视国防后备建设工作，注重把方向、议大事、解难题、办实事。4月9日，区委召开武装工作暨区国动委第十五次会议，回顾总结2014年全区武装工作，部署2015年武装工作主要任务。望江、南星、紫阳3个街道党工委书记进行党管武装工作述职。区委书记、区国动委第一书记、区人武部党委第一书记缪承潮到会并讲话。

"八一"建军节前夕,区四套班子领导和6个街道主要领导走访慰问部队,并在区人武部召开现场办公会,研究解决全区国防后备力量建设中遇到的瓶颈和短板问题。全区每季度召开一次区、街道两级武装工作例会形成制度,把国防动员工作纳入年度考核内容,与各单位目标责任制考核挂钩。全区较好地形成党管武装工作的合力。

【基层武装工作考核】 12月,区人武部根据杭州警备区《关于加强基层人民武装部建设的实施意见》,制定《上城区基层武装工作考核细则》,安排5天时间由部领导带队组成考核组,对6个街道、3个企业武装工作进行年度考核。按照"突出重点、符合实际、注重实效、便于组织"的原则,将考核内容整合为党管武装、教育管理、民兵整组、征兵工作、军事训练、设施建设6个方面,采取听、看、查、问相结合的方法,逐一进行检查考核。同时,在每个基层单位抽查一个民兵连,实行现场百分制考评,当场公布考评成绩。此次考核结果被列入各基层单位年度目标考核的重要内容和评比先进的重要依据。通过考核,进一步提升全区党管武装工作水平。

【"条令学习月"活动】 2月,区人武部开展以"学法规、明职责、严纪律、正秩序"为主要内容的"条令学习月"活动。按照杭州警备区规定的学习训练内容,拟制详细活动实施方案,抓好条令法规学习、基础课目训练、作风纪律整顿等6项内容的落实。"条令学习月"活动着眼于人员作风的养成,从人武部主官自身做起,围绕"军队有军队的样子、军人有军人的样子"的要求,进一步规范日常工作秩序和一日生活制度。通过学习检查,增强干部职工的条令意识和执纪观念,为新年度工作顺利开展打下良好基础。

【民兵组织整顿】 3月5日,区政府牵头召开各街道武装部长会议,进行民兵整组和兵役登记工作部署。按照民兵整组工作步骤、程序和民兵"支援保障打仗、参与反恐维稳、参加抢险救灾"三大职能,对民兵组织进行调整优化,重点编实建强民兵应急队伍,落实装备器材,确保数量压缩、质量不减。5月,上城区民兵整组工作在自查自纠的基础上,通过杭州警备区检查验收。全区6个街道武装部"两室一库"和54个社区普通民兵连"一部一室"规范化建设全部达标。

【民兵连红旗党支部建设】 2015年,区人武部加强民兵基层党组织建设,结合民兵整组点验等工作,对街道民兵营、社区民兵连、企事业单位民兵组织现状进行摸底调查;对不同类型问题的基层党支部逐一分析,找出解决办法;组织街道武装部长和重点培育单位负责人,到温州洞头女子民兵连、台州椒江葭芷街道和星星集团,参观学习民兵组织建设工作;确定清波街道民兵营、小营巷社区民兵连、近江集团民兵连3个单位为民兵连红旗党支部建设重点培育单位,加强具体指导。红旗党支部建设主要建立"三会一课"制度、落实组织生活场所、加强党员日常管理、组织党员学习培训等工作,着眼于发挥党支部的战斗堡垒作用和党员的先锋模范作用。年内,3个单位民兵连红旗党支部建设基本达到要求。

【军警民治安联防机制常态运行】 2015年,上城区军警民治安联防机制实现常态运行。在辖区内的城站火车站、汽车南站、湖滨商圈、西湖景区等重要目标和人员密集区,由民兵与公安干警组成联合治安巡防队,执行治安巡防任务。全年在元旦、春节、清明节、劳动节、国庆节等重大节日期间,上城区出动民兵68批、700余人次,参加昼夜治安巡逻,配合政法机关打击各类违法犯罪活动。

【上城区连续35年无责任退兵】 2015年,上城区针对夏秋季征兵时间短、工作任务重、协调难度大等情况,坚持以提高兵员质量为核心,科学统筹、主动应对、综合施策、合力推进兵员征集工作。以大学生为重点征集对象,专门在中国美术学院举办"大学生入伍宣传周"活动,宣传《中华人民共和国兵役法》《中华人民共和国国防法》等法律法规,详细解释有关大学生应征服役政策,提高在校大学生依法服兵役自觉性，为高标准完成兵员征集任务打下良好思想基础。全区征集服役新兵中大学生占73.2%。区征兵办连续3年被杭州市政府、杭州警备区评为征兵工作先进单位。上城区连续35年无责任退兵。

【全民国防教育活动】 9月，区人武部结合纪念中国人民抗日战争暨世界反法西斯战争胜利70周年，举行全民国防教育宣传活动。宣传活动以“勿忘国耻，强我国防”为主题，在主要街道路口悬挂国防教育横幅，在活动现场发放宣传资料，突出国防知识、国防法规、国防精神、国防意识的宣传。建立“军人荣誉墙”和“八一光荣榜”，从全区范围内遴选出最富有代表性的军人，将主要事迹制成图文并茂的宣传图板，在辖区27所中小学中进行巡展，继而在全区54个社区中巡回展出，营造浓厚的崇尚英雄、崇尚荣誉、崇尚军人氛围。

【后勤保障管理】 2015年，区人武部强化后勤保障管理。加强空余房产租赁管理，规范空余房产招租制度。落实大宗物资集中采购规定，全年集中采购11批次。完善干部职工服装档案信息，服装适体率99%以上。建成部机关内部食堂，解决干部职工就餐难问题。加强预算经费管控，提高经费使用效益。开展资源节约活动，重点抓好节油、节水、节电等工作。

（应福阳）

人民防空

【概况】 2015年，上城区人防工作围绕现代高科技信息化条件下人防应急准备这一主线，以基层民防建设为抓手，编制修订防空袭预案，开展防空防灾疏散演练，完成“5·12”防空警报试鸣，加强人防重点工程规范化管理。结合工程普查开展执法巡查，立案查处3起人防工程违法案件。完成区人防专业队和区民防志愿者队伍整组及专业训练。有序开放3处避暑纳凉场所，接待纳凉群众2.54万人次。区人防办被市人防办（市民防局）评为全市人防（民防）工作先进单位，被市避暑纳凉工作领导小组评为2014~2015年度“让洞于民，避暑纳凉”先进单位，被市人防办评为“十二五”期间人民防空警报建设管理先进集体。

【人防工程审批】 2015年，区人防办在区行政服务中心单独设立人防办事窗口，指定专人负责窗口接件，行政审批业务统一纳入省政务服务网平台办理，并安排工作人员进行报审事项后续办理。具体项目审批实行从经办人员到科室负责人、分管领导、主要领导逐级审批制度，建立事中事后监管机制，所有人防行政审批流程规范、责任落实。审批办事人员对建设单位在项目报审过程中提出的问题和疑问做到耐心解答，确保审批项目的落实。全年区人防办受理审批事项40件，其中办结施工图设计审批10件、质量监督手续8件、人防工程竣工备案11件；完成人防工程竣工面积4.59万平方米，新增地下空间停车泊位1148个；参加人防规划设计方案会审11起。

【人防工程专项检查】 5月15日，区人防办成立人防工程专项检查领导小组，制定专项检查方案，对人防工程平时使用情况进行检查，并对全区结建人防工程进行巡查和年度检查，全年检查人防工程253个次。针对人防工程使用维护管理中存在的问题，发出整改通知单，督促工程管理单位抓紧整改。对3起人防工程违法案件予以立案查处。4月13日，省人大内务司法委员会主任委员宋光宝率调研组一行，对杭州市、区两级人防工作法律法规执行情况进行检查，区委常委、副区长管光尧代表上城区介绍人防工作依法行政情况，受到调研组肯定。

【指挥通信建设】 2015年，区人防办完成上海铁路局杭州办事处等两处重要经济目标单位人防机构建立工作。完成区人防专业队和民防志愿者队伍整组、训练及人防指挥部成员调整和方案编成。落实防空警报器建设任务，改建电声防空警报器1台，防空警报完好率、鸣响率均100%。推进基层人防（民防）规

11月9日，区人防办参加市人防跨区域指挥通信保障演练 （区人防办　供稿）

范化建设，完成年度规范化建设任务。视频会议系统和电台及移动指挥车联训达到上级要求，全年连续3个季度取得全市人防系统指挥通信业务联训满分；并在全市人防应急应战机动通信保障演练中，完成既定演练任务。

【防空防灾疏散演练】 5月12日，区人防办会同区教育局举行防空防灾疏散演练，全区30所中小学的2.3万名师生参加。同日，区人防办将杭州市清泰实验学校列为学校疏散演练的示范点，组织1300余名中小学师生进行应急疏散演练示范，并对师生进行防空防灾知识讲解。学校所在望江街道兴隆社区、莫邪塘社区工作人员参与演练活动。此次演练重点突出预案启动、防空信号鸣放、人员疏散等环节，检验中小学校组织协调和应急处置能力。

【人(民)防宣传活动】 3月1日，区人防办在吴山花鸟城开展以“关注民防，平安生活”为主题的国际民防日集中宣传活动，向市场管理员、业主、员工发放《中华人民共和国人民防空法》《公民防灾手册》等宣传资料。在区行政服务中心人防审批窗口向前来办事的群众分发民防知识资料，解答民防地下空间使用管理的有关规定。5月12日，区人防办在杭州市清泰实验学校开展防空防灾知识宣传活动，展出防空防灾宣传图板，现场发放《公民防灾手册》等资料。与杭州华数数字电视有限公司合作，在区应急疏散场所和7处地下人防工程内设置15个多功能投影仪，滚动播放人防宣传教育图片。全年辖区9所中学开展人(民)防知识普及教育，3000余名学生接受防空知识普及教育，受教育率100%。

【避暑纳凉点开放】 6月19日，区政府印发做好2015年“让洞于民，避暑纳凉”的工作意见，并投入10万元，对纳凉点环境进行整治，提升纳凉环境。区人防办对防空洞内的电路进行整修，更换已陈旧、损坏的门窗、凳子、宣传图板。配备2名安保人员和视频监控，加强动态管理，继续聘用“义务监督员”参与管理服务。7月15日，区住房和城建局党员在白马庙巷避暑纳凉点开展“五水共治”宣传活动。7月24日，区人防办联合紫阳街道太庙社区，在白马庙巷避暑

5月12日，区人防办组织学生观看防灾知识图板 （区人防办　供稿）

纳凉点开展以“休闲纳凉、健康生活”为主题的中医义诊送健康活动，现场给纳凉市民量血压、测血糖、中医把脉。纳凉期间，区人防办提供图书报刊和宣传资料5000余份。避暑纳凉点自7月1日开放至8月31日结束，白马庙巷48号、四牌楼38号、馒头山路27号3处纳凉场所接待纳凉群众2.54万人次。

（蔡雨悦）

双拥共建

【双拥工作全面深化】 2015年，上城区围绕建设“现代化美丽上城”的目标，进一步推动双拥工作向纵身发展。充分发挥清波街道双拥陈列室和双拥一条街的品牌示范效应。开展党政领导过“军事日”、走访慰问驻区部队、“双拥在基层”等活动，地方全力支持部队建设。7月2日，上城区作为杭州市全国双拥模范城（县）创建工作调研督导抽检单位，接受全国双拥工作领导小组副组长兼办公室主任、民政部副部长窦玉沛一行的检查，检查组给予充分肯定。杭州市双拥工作现场会在清波街道召开，并以清波示范点模式进行推广。江苏泰州市民政局、福建漳州市民政局以及杭州市部分城区民政局到上城区参观学习双拥工作。

【“双拥在基层”活动】 2015年，上城区以各种形式、各种载体，开展“双拥在基层”活动。区政协举办“山河独秀”暨纪念抗日战争胜利70周年书画摄影展；小营街道组织居民参观抗战老兵旧衣物，街道文化站主办“唱红歌，颂中国”纪念抗日战争胜利70周年合唱比赛；南星街道美政桥社区开展红色电影周活动；紫阳街道联合太庙社区共同举办以“永远不会忘却的记忆”为主题系列活动，街道共建部队与贫困大学生结对，采取捐资助学方式，资助贫困大学生；清波街道与省军区驻地部队组织“母子情深”结对，为社区独居、空巢老人和部队官兵搭建情感平台；近江消防中队、鼓楼消防中队指导望江、小营街道开展消防检查，为社区优抚对象、青少年普及消防安全知识，开展消防体验日活动。区人武部与区教育局合作，在省军区涌金饭店组织开展服务部队子女教育咨询活动，现场解答部队干部提出的有关子女入学问题。区人力社保局积极做好随军家属安置工作，全年有11名随军家属被机关事业单位录用，其中区教育部门录用4人。

【优待抚恤工作】 2015年，上城区认真落实各项优抚政策，开展优抚对象走访慰问，全年慰问4000余人，发放各类抚恤金1298.6万元，其中重点优抚对象定期补助金额232.1万元，在职伤残抚恤金364.3万元，义务兵家庭优待金298户、690万元，在职“三属”（未享受定期抚恤的烈士、因公牺牲军人、病故军人的遗属）补差12.2万元。实施民心工程、爱心工程、暖心工程，完成99名残疾军人及“三属”乘车证办理，为329名优抚对象办理公园卡年检。及时更新“优抚信息数据系统”，优抚对象身份信息录入率100%。

【慰问驻区部队】 春节和“八一”建军节前夕，区委书记缪承潮，区委副书记、区长陈瑾，区人大常委会主任丁晓芳，区政协主席余勇等区四套班子领导分别走访慰问浙江省军区、浙江省预备役师、杭州警备区、海军杭州干休所、南京军区海军疗养院等部队，与部队首长座谈交流，向部队官兵致以节日问候。6个街道分别走访共建部队和各类优抚对象。全年上城区慰问部队单位17个，送去慰问金68.5万元。

【退役士兵安置】 2015年，上城区接收安置退役士兵60人（秋季退役士兵54人、冬季退役士兵6人），其中复工、复学31人，选择自谋职业29人，接收安置率、自主就业率均100%。发放2014年82名冬季退役士兵一次性自主就业补助金301.61万元。上城区引导退役士兵自主创业、自主就业。协调教育、人力社保部门和承训学校，开展退役士兵职业技能教育培训。全年投入技能培训经费180余万元，95人参加职业技能培训，参训率70%。培训期间举办2014年冬季退役士兵岗位招聘会，有20余个企业推出就业岗位。

【残疾军人接收管理】 2015年，上城区对辖区内的优抚对象资料进行核实、完善、更新后，统一录入到全国优抚信息数据系统，并按比例对各类优抚对象进行入户核查，核查采取全区抽查与街道、社区核查相结合。至年末，完成全部核查工作，其中区民政局抽查的比例为35%。全年接收残疾军人18人，补发、换发残疾证14人，换发伤残警察证2人，办理伤残信息变更7人。

【烈士纪念活动】 2015年，上城区组织开展未成年人"清明祭英烈"系列活动，赞颂革命先烈的英勇事迹，传承革命先烈的英勇精神。举办以"抗战烽火，光耀千秋"为主题的纪念抗日战争胜利70周年歌咏大会暨上城区第三届群众合唱节。组织以"勿忘先烈、勿忘历史"为主题的烈士公祭活动、抗战纪念日广场活动。组织参观浙江革命烈士纪念馆、陈列馆，举行抗战知识大赛，开展抗战故事征集宣传。修缮郁达夫故居"风雨茅庐"，并恢复对外开放，郁达夫故居成为青少年爱国主义教育的重要场所。 （沈 洁）

思鑫坊

特色产业与重点园区

Characteristic Industry and Focus on Campus

现代商贸业

【概况】 2015年,上城区加强市场体系建设,加快商贸业转型升级,积极培育消费热点,市场流通规模稳步扩大。全年实现社会消费品零售额341.81亿元,比上年(指2014年,下同)增长11.6%,在主城区排名第二。电子商务快速增长,年内,在上城区注册的电子商务、网络科技、信息技术企业超过300个,自主开设的网店、天猫旗舰店超过1200个,从事第三方电商服务企业67个、跨境电子商务企业43个,初步形成以交易、服务、应用、支撑体系为核心的电商产业链。电商产业并集聚以浙江物产化工集团旗下电商网站浙江物产通为代表的大宗商品交易平台、以浙江贝付科技有限公司为代表的大型电子支付企业、以杭州熙浪信息技术有限公司等为代表的电子商务营销和咨询机构。上城区被商务部确认为全国首批品牌消费集聚区。

【夏宝龙视察华东物美望江店】 2月16日,省委书记夏宝龙到华东物美望江店视察春节市场供应、食品安全等工作。省委常委、市委书记龚正,省委常委、秘书长赵一德,区委书记缪承潮陪同视察。夏宝龙到卖场二楼各区域详细了解粮油、肉蛋、蔬菜等商品的供应销售情况。他强调,民以食为天,食以安为先,要精心组织资源,加强食品卫生监督,确保节日期间资源充足,让老百姓吃得放心、吃得安全。

【上城区新春年货节】 1月22~26日,上城区“2015新春年货节”在吴山广场举行。年货节由区商务局主办,杭州清河坊资产管理有限公司和杭州市市场营销协会共同承办。省内外近200个老字号及名特优企业参加,展出各类特色年货和优质产品1万余种,吃、穿、用各类商品一应俱全。年货节吸引消费者15万人次,促成现场成交400余万元。

【承办浙江金秋购物节】 9月19日,由省商务厅等部门主办,上城区政府与市商务委、省商业联合会共同承办的2015年浙江金秋购物节启动仪式在吴山广场举行。区委副书记、区长陈瑾,区人大常委会主任丁晓芳等参加启动仪式。购物节以“欢乐消费、品质生活”为主题,围绕购物、美食、旅游、文化、会展五大板块,推出浙江银联卡联合营销活动、中华老字号精品博览会、浙江餐饮美食博览会暨浙江厨师节、非物质文化遗产博览会、浙江山水旅游节、浙江名品展、网上金秋购物节、浙里购欢乐生活巡展等活动。全省149个大型连锁企业、品牌企业和10余万个门店同步开展“欢购万家店,乐享浙里花”“周四开心淘”、消费探秘体验等各具特色的促销活动,最大力度让利于民。

【全区商贸系统安全生产和消防工作会议】 1月14日,区商务局联合区安全监管局、上城消防大队召开2015年全区商贸业安全生产和消防工作会议,辖区内各百货商场、专业市场、超市、酒店等重点企业负责人70余人参加。会议对做好全年安全生产、消防安全工作进行部署,强调要落实安全生产责任制,有效预防安全生产事故,确保商务系统安全生产形势稳定。会上还安排消防安全知识培训。

(洪莲莲)

文化创意产业

【概况】 2015年，上城区文化创意产业呈现稳步增长的良好态势。全年实现增加值113.52亿元，比上年增长16.2%。规模以上文创企业291个，带动就业4.63万人。实现主营业务收入201.16亿元，增长17.8%。其中，主营业务收入超1亿元企业43个，主营业务收入总额156.65亿元，占全区规模以上文创企业主营业务收入的77.9%，提高4个百分点。完成一般公共预算收入6.07亿元。新建"长城178"文创园、"凤凰1138"文创园、"风铃45"创意园、劳伦斯国际设计艺术园区4个文创园区。建立文创企业和高端文创人才数据库，入库文创企业1423个，文创高端人才近300人。鼓励和支持有实力的文创企业上市，建立全区拟上市文创企业名录，入库企业28个。杭州大头儿子文化发展有限公司与郑春华工作室联合推出的中国首部家庭亲子互动儿童舞台剧《大头儿子和小头爸爸——森林冒险家》在杭州全国首演。张望工作室落户凤凰御元艺术基地。杭州市文化精品工程扶持项目名单公布，上城区《山外青山楼外楼》《鸡毛飞上天》《大染坊续》《往事》《话说钱塘江》《河坊街上琅格琅珰》《笑到最后》《话说南宋——南宋文化艺术创作系列活动》8部作品榜上有名。杭州博乐工业产品设计有限公司的飞马创新团队和杭州大头儿子文化发展有限公司的CVI卡通化品牌创新设计工作室获"杭州市第二批文化创新团队"称号。

资料 张望：中国著名摄影艺术家、中国摄影最高成就奖"金像奖"获得者、第十五届奥地利超级摄影巡回展(简称"奥赛")国际摄影评委，先后在美国纽约联合国总部、世界三大洲及国内举办过12次个人展览。

【自创品牌"橙舍"亮相国际舞台】 3月11日，"Flow——融，杭州当代手工艺设计展"在英国伦敦中国设计中心举行，上城区文创企业杭州博乐工业产品设计有限公司的自创品牌"橙舍"亮相国际舞台。此次展览以"融"为主题，展出的作品主要以木、竹、丝和瓷为原料，将东方艺术的写意与西方艺术的求实相互融合。

【杭州吴山古玩城全国珠友会】 3月13~15日，杭州吴山古玩城全国珠友会在吴山古玩城举行。开幕当日进行由古玩城创意策划的走秀表演，模特们佩戴来自各个展区提供的古玩项链、手串、戒指登台表演，吸引大批市民、游客驻足观看。来自国内外200余个优质参展商，为珠友带来各种新老材质的珠串。其间，主办方特别举办"千年至纯"天珠展和天珠真伪识别鉴赏讲座及珠串线上线下同步拍卖会等活动。

4月17日，张望工作室落户上城凤凰御元艺术基地 （区委宣传部 供稿）

【杭州国家数字出版基地上城园区挂牌】 3月26日，杭州国家数字出版基地在上城区"越界·锦绣工坊"创意园区挂牌。该基地于2010年由国家新闻出版总署批准建立，规划建设滨江数字出版园区、杭报数字出版园区等8个功能园区，以"一城多园"模式发展数字出版产业。"越界·锦绣工坊"创意园区作为杭州国家数字出版产业基地核心园区，按照"以信息技术为依托、数字化内容为核心、版权交易为重点"的产业发展思路，立足区域产业优势，致力于发展手机出版、传统出版数字化、数字动漫与网络游戏、网络教育、网络音像出版等业务板块，建设版权交易服务平台、数字出版人才培训平台、投融资服务平台、创业创新孵化平台等服务支撑平台。

3月26日，杭州国家数字出版基地上城园区挂牌 （区委宣传部 供稿）

【3部作品入选“首届重点影视创作资助项目”】 5月13日，在中央宣传部、财政部举办的“首届重点影视创作资助项目”评审中，浙江省有7部作品入选，其中上城区重点文创企业杭州佳平影业有限公司出品的电视剧《鸡毛飞上天》《山外青山楼外楼》和纪录片《话说钱塘江》榜上有名。12月12日，《鸡毛飞上天》正式开机。该剧由市委宣传部、杭州佳平影业有限公司、上城区投资控股集团有限公司等5个单位联合出品，主要反映一代浙江商人从“鸡毛换糖”起步，抓住机遇改变命运，在改革开放洪流中创业图强、奋勇崛起的故事。

【杭州第三届文玩交易会】 5月22~24日，杭州第三届文玩交易会在杭州吴山古玩城举行。文玩交易会吸引巴基斯坦、阿富汗、德国、越南、澳大利亚等国家和地区古玩商以及国内文物公司、古玩城等500余家机构参展。10余万人次参展文玩交易会，实现成交额3000万元。

【凤凰文创小镇市集活动】 5月30日，由区文创办、团区委、南星街道、杭州丰平文化创意有限公司联合主办的“来凤凰·趣小镇”——凤凰文创小镇市集活动在凤凰御元艺术基地举行。文创集市以“来凤凰·趣小镇”为主题，分为“非遗”文化区和文创市集区两大区块。其中“非遗”文化区主要安排《小热昏》《莲花落》等非物质文化遗产展演和中国杂技表演，文创产品、“非遗”手工艺品及艺术家作品义卖等活动；文创市集区主要举办创意市集和文创企业展示等。文创集市吸引中国美术学院、“江南1535”茶馆、杭州老五雕塑创作工作室、杭州国力雕塑艺术有限公司等30余个国内外企业参加。

【上城展馆获第九届市文博会“最佳展示奖”】 10月15~19日，第九届杭州市文化创意产业博览会，在白马湖国际会展中心主会场及杭州创意设计中心等4个分会场同时举行，以宋韵文化为主题设计的上城展馆，通过“南宋龙脉图”“南宋御园——五柳园”等内容营造厚重的南宋文化底蕴，获文化创意产业博览会“最佳展示奖”。金星铜集团有限公司、杭州博乐工业产品设计有限公司等重点文创企业参加文博会，展示上城区文创产业转型升级和创新成果。

【杭州国际设计周】 10月28日~11月3日，由市委宣传部、市文创办和区委、区政府主办，区委宣传部、区文创办、兆艺汇文化艺术策划有限公司、御润国际陈设艺术交流中心、麦客意识流设计有限公司等承办，杭州国际设计周在湖滨银泰in77举办。设计周以“设计改变城市”为主题，分为展览和讲座两个板块，除主会场外，设有16个主展馆，集中展示意大利、英国、日本和中国台湾等地的创意设计和文化生活产品，参观者50万人次。实现线下市集交易额20余万元。此次展会首次尝试把湖滨银泰in77变为艺术设计展览馆。国内外主流媒体对展会进行100余次报道。《钱江晚报》官方微信3次头条，点击率均突破5万人次。

【首届杭州花蜜节】 10月29~31日，首届杭州花蜜节在五柳巷历史街区举行。花蜜节由区品牌办、区风景旅游局主办,花蜜 APP(时尚饰品达人社区)与七彩小镇(杭州)控股有限公司承办。全国各地 50 名优秀饰品设计师参加。花蜜节由“最美首饰模特评选”“独立设计师展销”“明星婚纱礼服展+搭配师课堂”“特辣首饰主题秀”四大主题活动组成。其间,举行线上花蜜 APP 发布会,线上花蜜 APP 阅读量超过 24 万人次,全国近 60 家媒体采访报道花蜜节。

(张玉瑛)

金融服务业

【概况】 2015 年,上城区金融机构认真贯彻稳健货币政策,金融服务业发展势头良好,金融业对地方财政的贡献继续增长,金融服务能力不断提高,为实体经济发展提供有力支持。全年金融业实现增加值 142.62 亿元,比上年增长 16%,占全区 GDP 的 16.6%,占全市金融业增加值的 14.6%;金融及衍生产业实现一般公共预算收入 8.36 亿元,增长 23.9%,占全市一般公共预算收入的 12.6%。

【玉皇山南基金小镇快速发展】 2015 年,上城区通过搭建“股权基金产业链、基金管理人培育、融资和主经纪商业务”平台,助推小镇产业发展。通过做好空间品质提升、社会影响力提升、综合服务提升,做强小镇内涵与外延,玉皇山南基金小镇取得长足发展。基金小镇获评浙江省现代服务业集聚示范区 20 强。省委书记夏宝龙、中央财经领导小组办公室主任刘鹤等领导专题调研基金小镇,对小镇取得的成就表示肯定。全年基金小镇集聚各类金融企业 402 个,管理资产规模突破 2000 亿元,税收突破 4 亿元,呈现良好发展态势。

【8 个企业“新三板”挂牌】 2015 年,上城区大力推动企业上市工作,出台资本市场专项扶持政策,组织企业参加省、市金融办举办的上市辅导培训会,为 5 个 2014 年“新三板”挂牌企业兑现奖励 250 万元,鼓励企业走资本市场道路。全年重点培育上市企业 11 个。杭州熙浪信息技术股份有限公司、杭州慧景科技股份有限公司、杭州安正科技股份有限公司、杭州顺治科技股份有限公司、杭州大承医疗投资股份有限公司、浙江亿邦通信科技股份有限公司、杭州金通公共自行车科技股份有限公司、浙江远传信息技术股份有限公司 8 个企业先后在“新三板”挂牌。企业上市后备资源丰富,有上市意向企业 51 个、股份制公司 60 个。杭州柯林电力设备有限公司、杭州青域资产管理股份有限公司、浙江易之园林股份有限公司、浙江东南船牌日化股份有限公司、杭州联众医疗科技股份有限公司、杭州网营科技科技股份有限公司 6 个企业申请“新三板”报会在审,其中浙江东南船牌日化股份有限公司获审核通过,将在“新三板”挂牌。

【新增互联网金融企业 13 个】 2015 年,上城区开展金融人才管理改革试验区建设工作,出台《关于建设金融人才管理改革试验区的若干政策意见(试行)》,明确金融人才的分类标准、具体扶持政策及配套服务规定,为加快引进和培育一批具有国际视野的高层次金融人才提供有力保障。为鼓励互联网金融产业发展和创新,制定上城区互联网金融企业认定标准及互联网金融企业设立和变更操作流程。年内,全区批准设立互联网金融企业 13 个。

(魏建军)

高新技术产业

【概况】 2015 年,上城区着力培育以新能源、新材料、汽配机电一体化等为主的高新技术产业群。全区拥有国家级高新技术企业 59 个,占规模以上企业的 38%,比例居全省第二;拥有省级高新技术企业研发中心 21 个,市级高新技术企业研发中心 36 个,企业研发机构设置率 26.5%,位居全省前列。全年高新技术企业实现技工贸总收入 70 亿元。

【新增国家重点扶持领域高新技术企业 12 个】 9月23 日,省科技厅公布 2015 年国家重点扶持领域高新技术企业认定名单,上城区浙江新华移动传媒有限公司、杭州银雁金融配套服务有限公司、杭州博乐工业产品设计有限公司、浙江划云数据技术有限公司、杭州石溪科技有限公司、杭州维码科技有限公司、杭州汇坤控制技术有限公司、浙江微能科技有限公司、杭州泵浦节能技术有限公司、杭州东鹏智能科技有限公司、杭州泽大仪器有限公司、杭州联众医疗科技有限公司12个企业榜上有名。根据国家《高新技术企业认定管理办法》，省科技厅同时公布高新技术企业重新认定名单，上城区浙江永联民爆器材有限公司、杭州海兴电力科技股份有限公司、浙江慧达驿站网络有限公司、浙江宇天科技股份有限公司、杭州三高光电科技有限公司、杭州大光明通信系统集成有限公司、杭州衡泰软件有限公司7个企业通过重新认定。

【电子机械功能区被认定为市创新发展(示范)园区】 1月23日，市科技创新工作领导小组办公室公布认定2014年杭州市创新发展(示范)园区名单，上城区电子机械功能区列入其中。根据《杭州市创新发展(示范)园区评价指标体系》要求，创新发展(示范)园区创建工作重点评价企业研发投入资金、研发人员数量、研发机构设置率、高新技术企业数量、高新技术产业集聚度、土地产出效益、专利拥有量、新产品产值率、标准制定(修订)指数等指标。

(杨永清)

休闲旅游业

【概况】 2015年，上城区贯彻落实国务院《关于促进旅游业改革发展的若干意见》，以"文商旅"大融合战略为指导，围绕项目建设精品化、宣传促销特色化、品牌打造国际化、行业监管规范化、综合整治有序化等方面开展工作，进一步提升旅游公共服务品质，旅游业实现平稳较快发展。全年清河坊·南宋御街、湖滨、南山路三大特色街区接待游客2847.98万人次，比上年增长1.9%；实现营业收入90.86亿元，增长9.5%；实现税收4.22亿元，增长7.9%。完成旅游投资8.26亿元，超过年度目标的2.3倍。区风景旅游局参加由联合国教科文组织和市政府联合主办的"2015文化在可持续城市发展中的角色"国际会议，将南宋御街保护经验做法形成体系，作为杭州案例内容，在国际会议专题论坛上做题为"南宋文化在今天的传承与有机更新"的发言。区内11个旅行社入围全省百强旅行社。杭州乐加文化艺术品有限公司等旅游纪念品生产企业在全市旅游纪念品创意设计大赛中获金牌1枚、铜牌4枚。清河坊历史街区被市旅委评为杭州"十大最美景点"，杭州国际旅行社导游张腾腾被评为杭州"十大最美基层服务人"。

【旅游行业管理】 2015年，上城区推进全国旅游标准化示范试点，完成浙江省中国旅行社集团有限公司和杭州海外海旅游有限公司2个示范点创建。全年审核新设立旅行社2个、注销1个、迁入3个、迁出3个，完成10个旅行社旅游业务变更；审核新设立省外旅行社分公司4个，审核新设立市内旅行社服务网点2个、注销3个；完成40个旅行社旅游服务质量保证金调整和旅行社质量保证金退缴的初审及申报。为46个住宿企业申请补助934.25万元。制定上城区旅游业对地方经济贡献度调查工作方案，启动旅游业对地方经济贡献度调查。成立调查课题小组，借助省、市旅游科研院校力量开展课题合作，确定调查对象、调查方法。年内，完成调查人员培训、调查文件准备、调查表格发放和收回、调查数据录入等基础工作。推进旅游安全工作，利用媒体和官方网站，发布出游提示提醒和节假日旅游市场等情况。发放《游客乘车安全须知》1万余份。成立上城区旅游行业消防联防中队，开展消防安全培训和应急演练，以及"平安企业"创建工作。

【旅游人才培育】 2015年，上城区实施旅游人才培育工程。开展全区旅游从业人员状况调查。组织600名职业经理人、导游员、宾馆饭店管理人员培训，其中景点、景区导游员60人。组织中国国旅(浙江)国际旅行社等单位参加全市金牌导游员大赛，孙佳等9人获优秀导游员称号。组织区属星级饭店参加全市旅游饭店服务技能竞赛。开展"文明旅游企业"创建活动，提升旅游企业从业人员综合素质。

【旅游景区(点)建设】 2015年，上城区推进重点旅游景区(点)建设。区风景旅游局分季节和主题，开展旅游景区(点)活动项目征集，筛选突出上城特色和企业文化的活动项目，选送特色潜力企业项目11个，其中杭州中医药养生保健旅游文化节、清河坊·南宋御街寻觅"老底子的味道"等5个项目获市级扶持资金124万元。新创建太和堂等社会资源国际旅游访问点19处。全年旅游访问点接待市民、游客2013万人次,其中境外游客70万人次。

【旅游目的地管理】 12月23日，上城区成立区旅游目的地管理协调小组，副区长周国如任组长,15个相关部门、街道、产业园区为成员单位,牵头加强旅游目的地管理。建立联席会议、联合执法、抄告(督办)和联络员4项制度。坚持日常巡查与专项整治相结合、文明劝导服务与文明旅游宣传相结合、执法检查与规范企业经营相结合、行业自律与行风监督相结合。12月31日,在紫薇原点广场成立由区旅游服务总队和文明旅游劝导服务队、旅游信息咨询服务队、旅游质量监督服务队、旅游形象大使服务队、旅游行风监督员5支小分队组成的“1+5”文明旅游志愿者服务队,有队员55人,开展面上环境秩序巡查和文明劝导服务,重点管控扎堆拉客、拦车拉客、纠缠拉客等行为。全年开展景点等旅游环境秩序整治行动6次,出动执法人员1152人次,教育劝导“野导”4919人次,驱赶“黑车”337辆次,对23名“野导”进行治安处罚。

【旅游宣传推广活动】 2015年，上城区加大旅游品牌促销力度。通过省旅交会、昆明旅交会等渠道宣传推介区内特色旅游产品、资源,推介活动覆盖南京、长沙、武汉、泰安、徐州、蚌埠、长春、沈阳8个城市。依托省、市旅游委员会微信公众平台,专题推送品牌节庆特色街区、联盟企业等旅游资源。参与《钱江晚报》举办的“看晚报,游浙江”大型宣传活动。在《江西都市报》整版投放上城旅游信息,推介玉皇山南基金小镇周边景点和生态旅游线路。制作《上城红色旅游宣传册》,推出“小营·江南红巷”、浙江革命烈士纪念馆等红色参观点。修订社会资源国际旅游访问点宣传册,按照功能特点,把访问点分成市井生活、艺术踪迹、教学魅力和社会风尚四大类。策划制作上城旅游指南英文版,为国际友人了解上城、自助旅游提供便利。全年向近50个旅游企业和访问点发放宣传资料2.5万册。改版“品游尚城”官方微信,微信兼具政务发布、资讯介绍功能,并增加微刊、微游和微活动模块,每个模块下设5个子栏目。与市、区有关部门合作,制作完成《上城浮光掠影》《舌尖上的上城》两集微视频。

【紫薇原点“杭州愿望”活动】 4月21日,区品牌办、区风景旅游局、杭州民主建国会、杭州民建会员企业家联谊会联合推出第三届紫薇原点“杭州愿望”活动。活动以“绿色传递·抗击雾霾”为主题,内容包括心愿收集、公益资金募集、绿色传递等,当日募集公益资金2万元,募集资金用在甘肃播种“杭州林”“紫薇林”。12月31日，在紫薇原点广场开展以市民祈福、跨年狂欢派对、“摇一摇”抽奖为主要形式的跨年倒计时活动,参与活动600人。

12月31日,“1+5”文明旅游志愿者服务队在紫薇原点广场成立

(区风景旅游局 供稿)

【第三届夜休闲主题嘉年华活动】 6月17~21日,市旅委、区风景旅游局在吴山广场共同举办第三届“缤纷夜,乐无眠”夜休闲主题嘉年华活动。活动设餐饮美食、休闲时尚、西点咖啡、美酒和舞台五大区域,其中美食区人流量最大、消费额最高。除美食外,活动现场还有“真人秀”互动演出。参加夜休闲嘉年华市民、游客19.7万人次,实现销售额270万元。

【杭州国际体验日开幕】 10月29日，2015年(第八届)杭州国际体验日启动仪式在太庙广场举行。来自美国、英国、法国等32个国家的驻沪领事、文化参赞及商会代表、国际艺术家等300人参加启动仪式。国际体验日期间，安排6项主题活动，推出8条精彩体验线路，并邀请国际嘉宾走进社区，与居民一起参与社区文化活动。上城区此前举办过七届国际体验日活动，拥有该项活动的永久举办权。 (钟 诚)

10月10日，上城区旅游产业品牌联盟成立暨玉皇山南基金小镇创建国家AAAA级旅游景区启动仪式举行 (区风景旅游局 供稿)

【上城区旅游产业品牌联盟成立】 10月10日，上城区旅游产业品牌联盟成立暨玉皇山南基金小镇创建国家AAAA级旅游景区启动仪式在玉皇山南基金小镇举行。启动仪式上，对上城区内“尚茶赏乐——茶上城”暨第三届南宋斗茶会、“上山上水——诗上城”读诗会暨第一届凤凰文创小镇文化艺术节、五柳芳庭花蜜节、第六届中国民间艺人节等特色品牌集中授牌，形成旅游产业品牌联盟体，实现资源共享、优势互补，提升上城区品牌知名度和核心竞争力。活动邀请西湖琴社古琴浙派传人徐君跃等弹奏《古琴与尺八洞箫》，举办“禅礼茶师太极茶道”表演，诵读黄亚洲和莫言文学节选活动，进一步突显上城历史人文、民俗风情、文创休闲、文化艺术等亮点。上城区旅游产业品牌联盟是区产业品牌联盟的分联盟之一。该联盟首批发展一级成员单位22个、二级成员企业80个。通过联盟共同推广上城旅游产品，实现资源共享、品牌共创、市场共拓、形象共推。

(钟 诚 裘梦洁)

特色街区

【清河坊街区接待游客1510万人次】 清河坊历史文化街区坐落于吴山北麓，毗邻西湖、城隍阁等杭州著名风景区。名人、老巷、旧居、百年老店交相辉映，积淀丰富的历史人文遗产。胡庆余堂、钱塘第一井、鼓楼、于谦故居、胡雪岩故居等全国重点文物保护单位，王星记、张小泉、万隆火腿栈、方回春堂、叶种德堂、保和堂、状元馆、景阳观、羊汤饭店等杭州百年老店均集中在该街区。清河坊历史文化街区为国内首个拥有AAAA级旅游景区的商业特色街区。街区形成中药文化、餐饮文化、古建筑文化、人居文化、民俗文化、古玩字画文化六大特色，被杭州市旅游特色潜力行业发展中心评为2015年最值得推荐的杭州夜休闲商圈。2015年，街区接待国内外游客1510万人次，实现营业额19.87亿元、税收1.23亿元。

【清河坊缤纷夜游活动】 2015年，上城区充分利用清河坊·南宋御街的“御文化”特色、南宋文化底蕴、景区旅游资源和商业氛围，对既有的文化内容进行组合包装，把文艺演出和游览体验有机结合，选择具有杭州地方特色的演出奉献给游客。为让游客在白天感受杭州的历史古韵，在夜间的休闲生活中领略杭州地方特色风情，体味老杭州的人文历史内涵，上城区于6~8月，在河坊街、南宋御街步行区域推出清河坊缤纷夜游活动。夜游活动包括“老街听旧事”“坊间看世界”“御街望七夕”等，活动以主题巡游和动态表演为主要形式。动态表演的内容有御街器乐秀、御街动感秀、御街舞蹈秀、御街丝绸秀。

【第六届中国民间艺人节】 10月23日，第六届中国民间艺人节在吴山广场开幕。艺人节围绕“保护、传承、创新、发展”的主题，推出中国民间工艺精品展、

10月23日，第六届中国民间艺人节在吴山广场开幕

(清河坊历史街区管委会　供稿)

中国民间工艺产业示范展、中国旅游工艺品推介汇展、中国民间艺术高层论坛、中国民间收藏品交流展、中国民间工艺精品拍卖会六大板块活动。其中，中国民间工艺精品展为核心板块内容，展出全国各地近30个省、市、区的100名民间工艺大师的精品力作，展示的手工技艺囊括剪纸、雕刻、皮影、刺绣、唐卡、泥塑、陶瓷等40余种民间艺术门类，颇具乡土气息和地域文化特色。此次艺人节还组织国家级民间文艺大奖——山花奖(民间工艺类)评选。参评作品200余件，作品制作精细，代表中国手工艺的艺术精准。艺人节持续7天，观众50万人次。12月，艺人节被市西博办评为第十七届杭州西湖国际博览会“最具人气奖”。

【清河坊年俗活动】 2月19~23日，清河坊历史街区管委会举办清河坊年俗活动。年俗活动以“喜气洋洋闹新春，百姓安康踏春来”为主题，推出“喜气洋洋拜大年”“宴煮百家羊为鲜”“金羊叩门财神到”等板块内容。其中，“喜气洋洋拜大年”活动中，演员穿着新春衣服和扮成生肖羊巡游在清河坊历史街区，为沿街商铺和市民游客送福祈福；“宴煮百家羊为鲜”活动突显历史文化街区的餐饮文化特色和老字号特色，以及清河坊高银美食街回馈社会的心愿；农历大年初五是金羊扣门迎财神的日子，各商店一大早就金锣爆竹、牲醴毕陈，迎财神的游行队伍拿着红包沿街派发，为大家带去新一年的财运。

【第十届清河坊民间茶会】 4月16~22日，第十届清河坊民间茶会在南宋御街步行区、清河坊历史街区、吴山广场三地同时举行。茶会由上城区政府、市旅委、市商务委主办，清河坊资产管理有限公司、清河坊历史街区管委会、区商务局、区风景旅游局、吴山景区管理处承办。茶会以“逛民俗茶会、品茶果奇香、展南宋古韵、闻茶香四溢”为主题，围绕“斗茶、问茶、品茶、忆茶、猜茶、展茶”的活动内容，推出大碗茶品鉴、微博忆茶、猜茶谜游老街、清河坊茶会茶叶茶具展销等项目。茶会实现营业额150万元，比上届增长25%，清河坊、南宋御街步行区人流量48万人次，增加8000人次。

【吴山庙会暨市首届南宋文化艺术节】 10月17日，由上城区政府、市旅委、市商务委、市文广新局、西湖风景名胜区管委会主办的吴山庙会暨杭州市首届南宋文化艺术节在吴山商圈举行。活动以“逛吴山庙会·享南宋风情”为主题，推出文化展演、养生保健、商客互动和商贸活动四大活动，包括举办金秋购物节、高银街美食节等活动。活动历时半个月，吸引20万人次市民、游客参观消费。

(郑凌华)

综合经济管理

Integrated Economic Management

发展规划管理

【概况】 2015年，上城区按照“四个全面”的战略布局，围绕建设“现代化美丽上城”目标，主动适应经济发展新常态，坚持稳增长、促改革、调结构、增后劲，多措并举促进经济平稳运行，较好地完成年初确定的计划目标，全区经济发展和社会建设取得新进步。

【上城区获中国智慧城市创新奖】 4月16日，上城区在第三届中国智慧城市年会上获中国智慧城市创新奖。该创新奖由中国电子信息产业发展研究院和中国智慧城市发展促进工作联盟共同设立，每年从智慧城市建设试点单位中评选出10个获奖单位。2015年，上城区从80余个试点城市(区)中脱颖而出，获得该荣誉。上城区在智慧城市建设中做好顶层设计，出台发展规划，着力发展信息产业、智慧产业。稳步实施“一号工程”，大力推进“平安365”、智慧城管、智慧养老、“民情E点通”等平台建设，基本建成“无线上城”，民生服务能力和城市治理水平逐年提高。

【推进“1+2+3”项目建设】 2015年，上城区大力推进“1+2+3”项目(100余个总投资3000万元以上重点项目、20余个区领导联系项目、三大平台项目)建设。通过主动跑、全力盯，100余个重点项目基本完成年度目标。其中省妇保医院地块、五柳巷停车库等项目开工，省旅游展示中心、大小塔儿巷危旧房重建等项目竣工，74个“两美浙江”建设项目进入招投标阶段，总投资3.18亿元。推进重点项目“三定三保”(定领导、定人员、定任务，保开工、保进度、保竣工)克难攻坚专项行动。中维房产公交站点移位、工联二期浣纱渠调整、轿子巷地块内管线迁移等问题得到妥善解决。望江地区印铁制罐厂、华东家具市场、徐家埠等地块安置房，以及区文体中心建设项目有序推进。玉皇山南基金小镇、塘南塘北旅游公建、陶瓷品市场提升等项目加快推进。西湖电影院、中华饭店等地块完成出让。 (魏建军)

工商行政管理

【概况】 2015年，上城区登记在册的内资企业15063个(含分支机构，下同)，注册资本877.78亿元，分别比上年(指2014年，下同)增长28.1%和120.8%。其中，私营企业14443个，注册资本818.2亿元，分别增长29.3%和129.3%；国有、集体等非私营内资企业620个，注册资本59.57亿元，分别增长4.7%和46.4%。个体工商户15660户，资金数额9.52亿元，分别增长5.3%和10.1%。农民专业合作社2个，台湾居民个体工商户12户，港澳居民个体工商户3户。区市场监管局被中央精神文明建设指导委员会评为第四届全国文明单位。

【内资企业登记】 2015年，全区新增内资企业3456个，注册资本422.6亿元，分别比上年增长78.1%和168.2%。其中新增私营企业3418个，注册资本415.67亿元，分别增长78.8%和168.7%。新增个体工商户2464户，资金数额1.99亿元，分别增长19%和31%，其中包括新增台湾居民个体工商户4户。

全区注销企业429个，注册资本16.88亿元,分别增长16.6%和371%。其中:私营企业注销399个,注册资本14.42亿元,分别增长18.4%和314%;个体工商户注销1496户,下降6.6%。

全区办理“一照一码”企业2332个、“证照合一”企业97个。就近登记企业中,注册资本1001万元~5000万元企业312个,注册资本5000万元以上(不含5000万元)企业103个。

【内资企业发展特点】 2015年，上城区从内资企业数看,期末实有数和新增数均有较大幅度增长。全区登记在册的内资企业期末实有数15063个，比上年增长28.1%，增速提高11.5%。新增内资企业3456个,增长78.1%。

从企业类型看，私营企业市场主体地位明显上升,其他类型企业逐渐萎缩。全区登记在册的非私营内资企业占各类市场主体的2%，私营企业占47%，个体工商户占51%,农民专业合作社占0.07‰,分别下降0.1%、增长5.1%、下降7.9%、下降0.001%。

从企业发展规模看，存量企业规模和新增企业规模大幅增长,企业整体实力增强。

从行业发展看，内资企业排名前三位的行业分别是租赁和商务服务业,批发和零售业,科学研究、技术服务业,3个行业新增企业占新增企业总数的83.9%,下降1.94个百分点,但产业分布仍较集中。租赁和商务服务业新增企业1646个,增长105.8%,

2015年上城区各类内资企业基本情况

表10

项目		企业类型	内资企业	私营企业	个体工商户	农民专业合作社
期末数	企业数(个、户)	2014年	11 762	11 170	14 872	2
		2015年	15 063	14 443	15 660	2
		比上年增长(%)	28.1	29.3	5.3	0
	注册资本(亿元)	2014年	397.52	356.90	8.65	—
		2015年	877.78	818.20	9.52	0.38
		比上年增长(%)	120.8	129.3	10.1	—
新增数	企业数(个、户)	2014年	1940	1912	2071	—
		2015年	3456	3418	2464	0
		比上年增长(%)	78.1	78.8	19	—
	注册资本(亿元)	2014年	157.60	154.72	1.52	—
		2015年	422.60	415.67	1.99	0
		比上年增长(%)	168.1	168.7	30.9	—
注销数	企业数(个、户)	2014年	368	337	1602	—
		2015年	429	399	1496	—
		比上年增长(%)	16.6	18.4	-6.6	—
	注册资本(亿元)	2014年	3.58	3.48	—	—
		2015年	16.88	14.42	—	—
		比上年增长(%)	371.5	314.4	—	—

新增行业规模超过多年来占据首位的批发零售业，继续成为增长最快的行业。金融业，科学研究、技术服务和地质勘查业，信息传输、计算机服务和软件业，居民服务和其他服务业均有较大幅度增长，住宿和餐饮业，文化、体育和娱乐业出现不同程度下滑。全年新增金融业企业183个。

从产业结构看，第三产业企业数继续居于首位并且比重有所上升，产业结构进一步优化。全区第一、第二、第三产业企业数比重分别为0.007%、4.1%和95.9%，与上年相比，第一产业和第二产业均有所下降，第三产业比重略有上升。注册资本所占比重分别为0.001%、6.1%和93.9%，与上年相比，第一产业和第二产业均有下降，第三产业略有上升。全区三大产业新增企业数所占比重分别为0、2.3%和97.7%，与上年相比，第一产业持平，第二产业有所下降，第三产业略有上升。新增注册资本所占比重分别为0、3.2%和96.8%，与上年相比，第一产业持平，第二产业有所上升，第三产业有所下降，但波动幅度均比较小。

从企业注销情况看，内资企业和个体工商户呈现一升一降趋势。

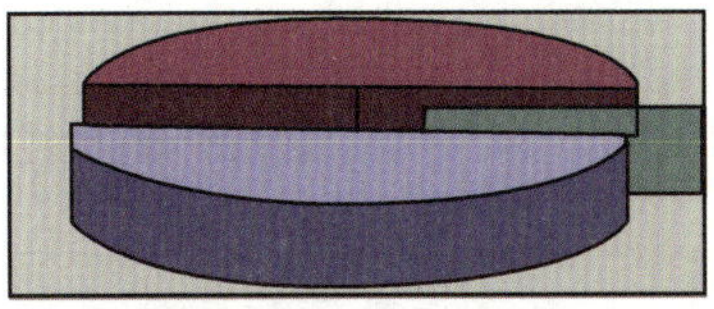

图1　2015年上城区各类市场主体组成情况

表11　2015年上城区企业分布情况

行业	企业数(个)			比上年增长(%)		
	2013年	2014年	2015年	2013年	2014年	2015年
农、林、牧、渔业	—	—	—	—	—	—
制造业	3	2	3	50	-50	50
电力、燃气及水的生产和供应业	0	0	1	—	—	↑
建筑业	35	53	74	-36.4	51.4	39.6
交通运输、仓储和邮政业	4	3	5	-33.3	-25	66.7
信息传输、计算机服务和软件业	41	53	101	2.5	29.3	90.6
批发和零售业	673	634	806	56.9	-5.8	27.1
住宿和餐饮业	76	81	74	72.7	6.6	-8.6
金融业	6	5	183	100	-16.7	3560
房地产业	48	26	40	60	-45.8	53.9
租赁和商务服务业	452	800	1646	27.7	77.0	105.8
科学研究、技术服务和地质勘查业	144	232	449	15.2	61.1	93.5
水利、环境和公共设施管理业	0	0	5	-100	—	↑
居民服务和其他服务业	22	22	38	-35.3	—	72.7
教育	1	0	11	-75	-100	↑
卫生、社会保障和社会福利业	3	10	11	-62.5	233.3	10.00
文化、体育和娱乐业	20	19	9	11.1	-5	-52.6
合　　计	1528	1940	3456	—	—	—

2015 年上城区内资企业产业结构情况

表 12

产业类型	企业数(个)	所占比重(%)	注册资本(万元)	所占比重(%)	新增企业数(个)	所占比重(%)	新增注册资本(万元)	所占比重(%)
第一产业	1	0.007	100	0.001	0	0	0	0
第二产业	623	4.1	533 898	6.1	78	2.3	136 032	3.2
第三产业	14 439	95.9	8 243 762	93.9	3378	97.7	4 089 990	96.8
合　　计	15 063	100	8 777 760	100	3456	100	4 226 022	100

2015 年上城区内资企业注销情况

表 13

年份	注销内资企业(个)		
		内资私营企业(个)	内资个体工商户(户)
2015 年	429	399	1496
2014 年	368	337	1602
比上年增长(%)	16.6	18.4	-6.6

【个体工商户稳中有升】 2015 年末，上城区有个体工商户 15660 户，比上年增长 5.3%，增幅提高 12.63 个百分点；新增个体工商户 2464 户，增长 19%，增幅提高 43.36 个百分点。个体工商户总户数和新增数稳中有升，规模进一步扩大。

【商事登记制度改革】 2015 年，上城区推进企业准入“单一窗口”建设，率先在全市推行企业“五证一章”联办工作，将工商营业执照、质监代码证、国(地)税税务证、统计证和企业公章集中在一个窗口受理、核发，提升工商注册便利化水平。6 月 17 日，上城区玉皇山南基金小镇工商事务服务室办出第一张“五证合一”执照。全年发放“五证合一”执照 706 张，办理“一照一码”企业 2332 个、“证照合一”企业 97 个，登记商务秘书企业和商务秘书企业托管企业 40 个，直接核准冠省、市名企业 3614 个，办理简易注销企业 55 个。

【服务基金小镇】 6 月，区市场监管局成立驻玉皇山南基金小镇工商事务服务室，成为全区首个进驻基金小镇的政府职能部门、全省首个服务特色小镇的工商服务室，为小镇入驻企业提供名称预先核准、登记注册、品牌培育等“家门口”服务，实现企业商事办理不出小镇。7 月 8 日，建立由省工商局、市市场监管局、区市场监管局、玉皇山南基金小镇管委会等单位参与的玉皇山南基金小镇多方会商协调机制，研究解决外资企业、股份有限公司登记注册权限和企业名称审批等问题。7 月 16 日，区市场监管局出台《关于发挥市场监管的职能作用支持玉皇山南基金小镇加快建设的实施意见》，为基金小镇量身定制 12 条扶持新政，全力助推玉皇山南基金小镇发展驶入“快车道”。年内，基金小镇入驻金融类企业 402 个、非金融类企业 98 个。基金小镇工商事务服务室完成 312 个企业名称核准和 276 个投资类企业注册，注册资金 134.8 亿元，新增投资类企业占小镇投资类企业总数的 55%。接受企业咨询 710 余次，进行业务指导 190 余次，解决疑难事项 90 余件。

【商标品牌培育】 2015 年，上城区以质量强区、品牌建设、企业信用自律为抓手，全力推进代表上城产业优势和城区形象的商标和品牌培育。全年新认定省著名商标 1 件、续评 8 件，新认定市著名商标 6 件；申报省名牌产品 5 个，市名牌产品复评 5 个。至年末，全区拥有省著名商标 38 件、市著名商标 49 件。

10 月 29 日，北京市政协副主席闫仲秋（前左一）在杭州市政协副主席、市工商联主席张必来（前右一）陪同下，考察翰林农贸市场　（区市场监管局　供稿）

【规范市场管理】 2015 年，上城区积极探索新时期市场产业提升和多样化转型的可行性，指导杭州翰林农贸市场首创 O2O 网上农产品销售模式，督促市场主办方及经营户把好进货关、销售关，加强后续的经营管理，实现事前、事中、事后的规范操作。指导杭州工联市场探索线上线下及跨境电子商务经营模式。根据《浙江省放心农贸市场评价细则（试行）》，对全区农贸市场、蔬菜批发市场、超市的各类食品抽检 1219 个批次，查处不合格食品 42 批次，处理不合格食品 82.1 千克，合格率 96%。重点指导培育望江、察院前和复兴 3 个农贸市场创建成为省级放心农贸市场。有序推进诚信示范市场、“智慧市场”和星级市场创建工作，杭州第六空间家居广场创建成为全国诚信示范市场。全区 8 个星级市场通过续评。推进企业信用建设，全区有国家级“守合同重信用”企业 4 个、AAA 级“守合同重信用”企业 20 个、AA 级“守合同重信用”企业 46 个；浙江省信用示范企业 10 个。

【市场经营秩序整治】 2015 年，区市场监管局坚持集中整治与日常监管、治标与治本、严格执法与科学管理相结合，以规范市场交易行为为重点，以专项执法行动为抓手，开展食品安全整治、“杭剑一号”和“杭剑二号”行动、机动车销售服务及成品油市场整顿、小餐饮治理等专项执法行动，突出对重点品种、重点企业、重点区域的执法检查，强化案件查办，严厉打击制售假冒伪劣商品、经销不合格商品、无照经营等违法行为。全年查处违法案件 298 起，罚没款 468.7 万元。

【消费者权益保护】 2015 年，上城区深入贯彻新颁布的《中华人民共和国消费者权益保护法》（简称消法），开展“3·15 消费者国际权益日”系列纪念活动，举办“消费大讲堂”和消法进社区、进商场活动，宣传消法和配套法规，着力解决消费维权中的热点、难点问题，指导企业自行化解消费纠纷，提高消费者自我保护意识和维权能力。全年举办消法培训 6 次，参训 1500 余人次，发放宣传资料 5000 余份。创新消费纠纷调解方式，针对群众关心的“舌尖上的安全”问题，开展“‘我执法、你参与’一起走进阳光厨房”检查和流通领域食品抽检活动。设立“百所服务百姓，共护消费环境”现场咨询服务点，向市民群众提供食品药品、保健品化妆品、家用医疗器械等大项品种消费维权咨询服务。组织辖区企业参加全市“诚信企业倡议”活动，引导企业诚实守法经营。全年区市场监管局和区消协处置各类投诉举报 14137 件，结案率 100%，为消费者挽回经济损失 270.8 万元。

（俞家铭）

质量技术监管

【概况】 2015 年，上城区市场监管局以推进“政府管理和公共服务”标准化实施为主要抓手，依法履行产品质量技术监督职能。全区全年受理组织机构代码业务 4197 项、咨询业务 1487 项，其中办理“五证一章”企业 591 个，受理工业产品生产许可证申请企业和计量器具制造许可换证企业各 1 个、计量标准核准企业 4 个、计量检定人员换证 4 人。强化特种设备安全主体责任落实，全区有电梯 4107 台，其中使用 10 年以上的电梯 1007 台，使用 15 年以上的电梯 358 台，分布在定安苑、中山苑等 15 个老住宅小区的电梯115台，老旧电梯比例为全市最高。全年出动执法人员450人次,检查电梯使用单位(小区)195个,立案查处违法案件6起,罚款28万元;责令停止使用电梯27台,发出电梯安全监察指令书24件,电梯安全隐患整改率100%,全年未发生电梯使用安全事故。

【“政府管理与公共服务”标准化建设】 2015年,上城区深化“政府管理和公共服务”标准化建设工作,与中国计量大学签订年度战略合作协议,在标准化学术研究、标准化人才培养、标准化体系建设等领域建立产学研一条龙工作体系。指导湖滨街道“政府管理与公共服务”国家级公共服务标准化项目的实施,建立完善街道公共服务标准体系。抓好社区标准化治理展示中心新馆建设,推进望江街道群租房样板观摩点、“湖滨晴雨”民情收集标准化观摩点等标准化现场示范点建设。完成地方标准制定修订工作，全年申报市级服务标准制定修订项目6项，其中立项4项。完成区级地方标准制定修订项目征求工作,收到制定修订申请项目9项,完成企业标准备案32项，有13个企业的65项标准在自我声明平台上公示。申报市级先进技术标准补助项目16项,其中国际标准1项。

【开展“质量月”特色系列活动】 9月“质量月”活动期间,区市场监管局出动执法人员340人次,对特种设备、餐饮卫生、工程质量进行执法检查。完成各级监督抽查,不合格后处理案件8起,处理消费投诉案件10起，查处电梯维修保养单位违规案件2起、环境质量违法案件1起,处罚金额4万元。举办标准计量、特种设备、养老服务、施工安全、诚信建设等内容培训10期,400余名专业人员参训。组织10余个企业参加中国标准化论坛、检验检测能力验证、居家养老技能比武等活动。举办“质量月”大型主题宣传活动4场,400余人参加活动，制作宣传展板60块,张贴宣传海报180份,发放宣传资料3400份,在各级媒体发布“质量月”活动信息32篇。

【承办第一期国家服务标准化培训班】 5月20~22日,第一期国家服务标准化培训班在上城区举行。培训由国家标准化管理委员会主办，区市场监管局承办。主办方邀请北京、深圳、杭州等地的标准化工作专家,为来自北京、上海、浙江、江西、福建、广东、甘肃、贵州等各省、直辖市的87名国家服务标准化试点单位代表讲授服务标准化试点工作基本知识和实施办法。国家标准化管理委员会、公安部科技信息化局、国家气象局等单位领导出席培训班。副区长马彦和湖滨街道党（工）委书记毛素云分别代表上城区“城市管理与公共服务”标准化示范单位和“湖滨街道政府管理与公共服务” 标准化试点单位介绍试点工作情况。参训学员实地参观上城区重点打造的标准化建设精品项目——“平安365” 社会联动管理平台和康都紫轩群租样板房两个标准化观摩示范点。

【计量器具监管】 2015年，区市场监管局加强计量器具监管,与辖区内14个农贸市场经营者签订计量管理责任书，及时更新农贸市场的基本信息台账和强检计量器具台账，建立农贸市场常态化监管工作机制，完成全区14个农贸市场1660台电子秤强制检定,周检率、检定合格率均100%。加强医疗机构计量工作监管,对湖滨街道社区卫生服务中心等13个医疗机构106台计量设备开展专项检查，检查覆盖率100%。元旦、春节期间,出动执法人员69人次,对辖区内销售、使用电子秤的商店、集贸市场、超市商场、餐饮店等开展电子秤专项计量执法检查,其中检查销售电子秤企业2个、使用电子秤超市商场和集贸市场10个、餐饮企业7个,并检查小商品、金银饰品、贵重药材等零售商店15个，共抽查电子秤350台(件)。对存在问题的4个零售商店、2个餐饮企业、1个批发市场责令限期整改。5月19日,在凤凰社区举办计量惠民服务进社区活动，惠民服务包括血压计、人体秤、眼镜、黄金珠宝等检定检测,以及医疗健康咨询、计量咨询和投诉等受理,服务居民160余人次。5月26日、9月16日,区质量协会先后在吴山广场举办科普服务活动和 “质量安全服务进社区”活动,服务内容有黄金珠宝鉴定、血压计和眼镜检测维修、计量维权小砝码发放等。

【特种设备安全监管】 8月19日,区政府出台《关于加强电梯安全工作的实施意见》,明确政府、街道、部门和电梯使用单位等主体责任，并首次将特种设备使用安全纳入区安全生产大监管重要内容及区政府年度安全目标责任制考核，街道及相关部门按要求签订目标责任书。针对电梯冲顶、坠梯和维修保养环节的漏保、漏项、漏签等问题，区市场监管局组织开展电梯“维保质量提升年”活动，召开全区电梯维修保养工作会议进行动员部署，推出信息互通制、隐患督办制和维修保养考核制三项制度，对维修保养单位实行ABC分类监管，重点查处违法行为。7月31日，区质监局召集全区43个电梯维修保养单位，对所有在用电梯进行安全隐患排查，发现6处重大安全隐患上报区政府挂牌督办。9月2日，区安委会印发《关于进一步加强全区特种设备安全监管的意见》，对特种设备安全监管提出严格要求。在“质量月”期间，区人大常委会就“特种设备安全法”等法律法规实施情况分3个阶段开展专题执法检查。在主要节庆日，区委、区政府主要领导带队检查特种设备安全使用情况。全区形成“政府统一领导、部门依法监管、街道属地管理、企业(业主)全面负责、社会监督支持”的安全监管大格局。根据部分特种设备使用单位存在的管理不到位、台账不完整等问题，区市场监管局制作《特种设备使用单位管理台账》，开展常态化监督检查，全年检查电梯使用单位195个。开展电梯风险隐患评估，邀请专家对城站火车站扶梯逆行、金泰商务大厦电梯冲顶等重大隐患进行会诊把脉，分析原因，制定整改措施，防止隐患酿成安全事故。举办9期特种设备安全管理培训班，参训640余人次，发放法律法规等安全宣传册1000余本，制作电梯安全警示牌3000块，为6个街道、52个社区免费培训电梯安全管理员。　(俞家铭)

食品药品监管

【概况】 2015年，上城区有食品生产流通企业3538个、药品批发零售企业154个。全年出动执法人员2786人次，检查食品经营个体户2912户次，抽检食品1750批次，合格率99%，不合格产品处置率100%。立案查处食品安全案件84起。出动执法人员968人次，检查批发零售企业195个次、医疗器械生产经营企业154个次、医疗机构135个次；监督抽样中药饮片61批次，不合格22批次；立案查处药品安全案件9起，罚没款34.52万元。全年食品安全总体保持稳定、良好、可控状态，全区无重大食品安全事件、群体性食物中毒事件发生。

【食品安全网格化管理】 3月31日，区政府出台《上城区食品安全基层责任网络建设实施办法》，成立街道食品安全委员会和食品安全办公室，配备街道专职人员、社区专管员和网格信息员，将食品安全纳入网格化管理的内容。建立专管员、信息员报酬补偿机制。出台《2015年度上城区食品安全工作要点》，区食安办与市场经营户签订食品安全目标管理责任书，明确食品安全责任。为150余名食品安全专管员和信息员进行岗前培训，提升监管执法能力。开展食品安全工作实务知识竞赛，并从各参赛街道选拔优秀选手参加市级复赛，营造“学业务、强能力、保安全”的氛围。

【食品安全整治】 3月1日至6月10日，区市场监管局开展以非法添加和滥用添加剂、食材购进索证索票、篡改生产日期等为重点内容的肉品和水产品安全专项整治，以及校园和周边小餐饮、小食杂店、火锅店、寿司店、网络订餐和食品仓储等专项整治。全年查处食品案件134起，罚没款197万元，公布食品安全“黑名单”1起，为5人发放食品安全举报投诉奖励。根据“三个一批”(疏导发证一批、督促整改发证一批、强制取缔一批)原则，开展无证无照餐饮整治，并建立常态化执法模式和督导机制。全年完成469个餐饮店整治，整治率91.8%。结合“三改一拆”“四边三化”等重点工作，推进馒头山、思鑫坊无证餐饮店整治。加大对辖区农贸市场、蔬菜批发市场、超市等经营食品抽检力度，抽检食品1219个批次，合格率96%；查处不合格食品42批次，处理蔬菜、豆制品、肉禽蛋等不合格食品82.1千克。

【药品医疗器械市场专项整治】 3~6月，区市场监管局围绕药品医疗器械流通环节质量安全问题，开展中药材、中药饮片专项检查，严厉打击以次充好、染色增重、硫磺熏蒸、掺杂使假等违法行为,抽检中药饮片61批次,不合格22批次;立案9起,约谈被查处单位8个,罚没款34.5万元。开展药品阴凉处陈列(指气温20℃以下存放)专项检查,完成全区132个药品零售企业药品阴凉处设计改造。结合新版药品GSP宣传贯彻,开展GSP认证和跟踪专项检查,完成19个药品批发企业、2个药品零售连锁总部、128个药品零售企业的新版GSP认证检查,完成率97%,对通过认证的企业,以"飞行"检查的方式进行GSP跟踪。开展体外诊断试剂质量检查、医疗器械"五整治"行动回头看、避孕套质量安全抽检、非法经营装饰性彩色平光隐形眼镜整治4个专项行动,及时发现和消除安全隐患。实施不良反应监测,与省、市级医院签订合同,推动基层站点的不良反应监测工作。年内,全区审核上报药品不良反应事件1046起、医疗器械不良反应事件91起。

【生产流通环节食品安全监管】 2015年,上城区有肉品生产经营企业和个体户182个(户),水产品经营户328户、集中提供仓储服务的冷库4个。3月1日至6月10日,上城区启动生产流通环节的肉品和水产品安全专项整治"百日会战",出动执法人员528人次,对肉品和水产品经营单位进行全面排查,立案查处违法案件4起,罚没款5.3万元。抽检肉品10批次、水产品30批次,合格率均100%;开展小食品店整治,全区2106个小食品店中,查实证照齐全的2063个、无证无照的43个。分类推进整治工作,对证照齐全的饰品店以规范为主,督促其完善台账制度、信息公示制度、不合格食品下柜销毁制度等,做到"七有"(经营有证照、从业有资格、管理有制度、进货有台账、服务有承诺、墙面有公示、日常有整理)。对无证无照的食品店督促其整改,符合后发证;对不符合办证条件、又不肯关停的,坚决予以取缔。加强食品仓储安全监管,检查食品经营单位1309个、生产企业10个,对265个有仓储的存量食品企业进行全面建档。推进"阳光厨房"建设,全区建有"透明厨房"的餐饮企业和学校食堂110个,其中学校食堂100%建有"透明厨房"。依托"智慧上城"系统建立"阳光餐饮智慧管控平台"和三级信息化监管机制,大中型以上餐饮企业食品安全监督量化分级管理完成率100%。

5月29日,杭州市"五可阳光餐饮"工程建设现场会在上城区召开
(区市场监管局 供稿)

【动物检验检疫及活禽交易监管】 2015年,上城区以确保不发生区域性重大动物疫情和动物源性公共卫生事件为目标,加强对《中华人民共和国动物防疫法》《浙江省动物防疫条例》《杭州市实施〈动物防疫法〉办法》《病死和死因不明动物处置办法》《病害动物和病害动物产品生物安全处理规程》《兽药管理条例》《饲料和饲料添加剂管理条例》等法律法规宣传,健全动物及动物产品索证验证和台账记录制度,确保入场经营的家禽、鲜肉100%经检疫合格且证标齐全。建立人感染H7N9禽流感源头防控长效机制,加强上市杀白禽进货来源的监管,查处活禽交易案件4起。加强狂犬病防治知识宣传,发放犬猫免疫资料7500余份,完成3836只宠物犬免疫注射;规范处置病死畜禽及病害动物产品,检查动物场所14个、动物产品1.32万吨,检出并予以无害化处理变质、病害肉类111.5千克。开展防控重大动物疫情应急演练,演练内容包括疫情发现、疫情诊断、疫情报告、疫情扑灭、应急响应终止等。

【农产品安全快速检测】 2015年，上城区建立农产品安全快速检测室，配备检测设备和专职检测人员，对检测人员进行业务培训，各农贸市场每日检测农产品不少于15个批次，检测项目不少于8种。建立检测台账，并为市民免费提供副食品、农产品安全检测，让市民放心购买蔬菜、副食品。通过“你点我检”平台检验农贸市场安全监管成果，提高市民对农贸市场的可信度。

【全市首个食品药品宣传培训中心成立】 6月19日，上城区食品药品安全宣传培训中心揭牌成立。该中心系全市首个食品药品宣传培训机构，由区食安办、区市场监管局和区社区学院合作开办，采取线上与线下“双线普及”的方式，对全区食品药品生产经营单位和餐饮单位负责人及从业人员开展培训，并依托中心开展食品安全宣传进社区、进企业、进广场等活动，在全区营造良好的食品药品安全舆论环境。

（俞家铭）

物价管理

【概况】 2015年，上城区物价局围绕“稳定物价，服务发展”的要求，深化价格改革，推进依法行政，全面提升作风效能，为打造“东方品质体验区、幸福和谐示范区”，建设“现代化美丽上城”营造良好的经济发展环境。全区物价总水平基本稳定。全年查处价格违法案件52件，实施经济制裁4.34万元，其中退还消费者1.17万元。受理价格举报投诉318件，按时办结率100%。受理政府信息公开申请6件。区物价局被评为全省价格监督检查先进集体，被省、市物价局授予物价工作优秀单位、价格举报工作先进单位、价格依法行政工作优秀单位等称号。

【市场价格监管】 2015年，区物价局加强市场价格监管，规范市场价格秩序。元旦、春节、劳动节、国庆节等重大节日期间，加强农副产品价格巡查和监测，建立常规检查制度，针对部分景区餐饮企业标价不规范问题，检查知名饭店、高档宾馆餐厅及高银街餐饮企业100余个，坚决查处各种不正当价格行为。开展价格专项检查，重点查处涉企收费、商场超市明码标价、旅游市场收费、停车收费等情况。全年开展餐饮行业专项整治、城站广场联合巡查、汽车“4S”店明码标价整治、明码标价百日宣传整治、养老机构服务收费、社会团体收费及医疗服务机构收费等专项价格检查12次。发挥“12358”价格举报电话的“窗口”作用，受理价格举报及政策咨询318件，维护群众和企业的合法利益。

【价格政策宣传】 1月16日，区物价局组织召开全区部分非公立医疗机构参加的政策宣讲会，就非公立医疗机构服务实行市场调节价的有关问题进行解读。5月，为纪念“12358”价格举报电话开通14周年及《中华人民共和国价格法》颁布实施17周年，区物价局组织开展价格行政法规专题学习、送法到基层等活动。12月，区物价局组织3个服务小组，深入全区6个街道的15个社区，向社区群众介绍升学、就医收费及水、电、物业收费规定，使社区居民足不出户就能了解价格信息。在新浪、腾讯等网站建立官方政务微博、微信，做好惠民价格信息推送工作。全年通过新媒体发布价格监测信息900余条，并积极回应网民关切的热点问题，与网民进行沟通互动。

【价格诚信单位“回头看”活动】 2015年，区物价局深入实施“诚信上城”品牌工程，指导部分重点企业开展“价格诚信单位”创建工作，先后在医疗行业及物业管理行业评选产生两批价格诚信单位。为深化以规范价格行为、维护消费者价格权益为主要内容的价格诚信建设活动，8月，区物价局在全区范围内开展价格诚信单位“回头看”工作，全区有13个价格诚信单位参加。

【330起价格鉴定案件完成】 2015年，区价格认证中心按照规定的标准、程序和方法，办理涉案、涉税、涉纪财务价格鉴定和认定。全年完成价格认定案件330起，认定涉案财物1430件，涉案标的总额1787万元。认真办理民事纠纷引起的财物毁损案件，为止纷定争、化解矛盾提供价格依据。全年做出价格认定调解意见4件、初步价格认定意见5件。经审核不予受理的价格认定案件19件，涉及物品100余种，未发生重新认定和复核裁定案件。

【清费减负】 2015年,区物价局加强收费管理,开展清费减负工作,帮助企业降低生产和经营成本,改善投资和创业环境。2~5月,区物价局对辖区内25个行政事业性收费单位开展收费情况和收支状况年度审核。数据显示,全区2014年度行政事业性收费5621.79万元,与2013年行政事业性收费6104.11万元相比下降7.9%。6月,区物价局走访玉皇山南基金小镇建设指挥部,听取入驻企业对物价部门价格服务的要求,切实兑现企业应享受的各项价格优惠政策。

【权力事项清理】 2015年,区物价局落实权力清单和责任清单制度,对部门职责和权力事项进行梳理,做好省、市、县三级行政权力事项基本目录的核对、新增、取消、转移及修改等事项,明确保留行政权力21项,进一步规范依法行政工作流程。推进行政事业性收费验审制度改革,全面停止收费许可证核发及收费许可证年度审验。利用“全国收费动态监管系统”实施行政事业性收费情况网上申报,通过实地查阅收费单位的账目、单据、有关文件等,加强对行政事业性收费行为的事中事后监管。

【第二家农副产品平价商店开业】 9月23日,继全市首家农副产品平价直销店在世纪联华江城店开设后,物美超市望江店举行“农副产品平价直销区”开张授牌仪式,成为上城区第二家农副产品平价商店。在随后为期一周的特价惠民活动期间,包括望江店在内的市区7家直销门店均推出两种以上农副产品以1元的价格销售,同类产品让利幅度15%以上。

(曹天艳)

9月23日,上城区第二家农副产品平价商店物美超市望江店开业

(区物价局 供稿)

安全生产监管

【概况】 2015年,上城区安全监管局以宣传贯彻《中华人民共和国安全生产法》为主线,坚持标本兼治、查纠结合,加强安全隐患治理和安全生产执法,完善安全生产事故防范机制,全面落实各项安全措施,全区安全生产保持平稳态势。全年发生各类安全事故56起,死亡4人,事故总量比上年下降21.1%。其中,工业企业事故1起,死亡1人;发生火灾(包括生产经营性火灾)27起,无人员死亡;道路交通事故28起,死亡3人。上城区在市政府安全生产目标责任制考核中获得优秀等次。

【安全生产“一岗双责”】 1月14日,区委、区政府印发《关于加强安全生产促进安全发展的实施意见》,明确安全生产“党政同责、一岗双责、齐抓共管”,以及安全监管部门职责和区、街道、社区三级安全生产管理责任。区政府与街道、行业管理部门,街道、行业部门与所辖企业、个体户分别签订安全生产责任书,形成纵向到底、横向到边的安全生产责任体系,全年签订各类安全责任书5807份。区安全监管局每季度向组织部门通报安全生产情况。区委常委会、区政府常务会议多次专题研究安全生产工作。在春节、元宵节、劳动节和国庆节等节日和“两会”期间,区四套班子领导带队开展安全检查。组织实施年度党政领导班子和领导干部安全生产责任制考核,进一步落实各级领导安全生产监管责任。

【安全生产专项整治】 2015年，区安全监管局不间断地开展安全生产大检查、大整治。天津港“8·12”爆炸事故发生后，立即对辖区内4个加油站、重大危险源单位南星水厂、煤气充装站，以及市第一人民医院、市第三人民医院、浙江大学医学院附属第二医院等单位进行重点检查。并会同区市场监管局、区城管局、上城消防大队等单位对辖区内30余个非法煤气瓶售卖点进行集中整治，查处非法灌装车辆11辆，没收钢瓶560余个。全年多次专项检查建设工地、拆迁工地、装修工地，主要检查在建工程施工企业相关资质、施工许可办理、作业人员持证上岗等情况，通过明察暗访、交叉检查、突击检查、回头看等方式，实现检查不漏一处，不留死角。对高层住宅小区、商场、医院、车站等人员密集场所在用的电梯，超期未检或检验不合格的电梯，媒体、群众反映问题较多的电梯，15年以上的老旧电梯连续进行专项隐患排查。对周边有学校、敬老院、出租房、群租房和其他人员密集场所的企业进行跟踪检查，发现存在隐患的，当即采取措施，彻底消除隐患。馒头山梵天寺路54号160余户300余人的群租房及姚园寺巷37、39号150余人的群租房安全隐患问题均得到有效解决。

【安全生产执法检查】 2015年，区安全监管局联合有关部门，对重点企业开展安全生产执法检查。全年出动执法人员3860人次，检查企事业单位和各类场所3520余个，发出整改指令书820余份，处罚非法生产经营和建设单位174个次，查封问题企业30个，责令停产停业整改7个，关闭取缔5个，处罚金额83.94万元，行政拘留15人。按照“四不放过”原则，区安全监管局严肃查处“1·11”杭州第六中学建筑工地管材高空坠落事故、“3·19”秋石高架高处坠落事故、“5·22”区电子机械功能区杭州赛博力学环境试验有限公司物体打击伤亡事故，并将事故查处情况向全区通报，达到“一地出事故、四方受教育”的效果。

资料 **“四不放过”：**事故原因未查清不放过，责任人员未受到严肃处理不放过，事故责任人和广大员工没有受到深刻教育不放过，针对事故制定的防范措施未落实不放过。

【安全应急体系建设】 2015年，区安全监管局加强安全生产应急管理，组织对企事业单位员工、学校学生、社区居民进行应急知识培训。督促全区106个工贸企业、29个危险化学品企业修订重特大事故应急预案。4月、5月、9月，会同上城消防大队联合属地街道，分别在兴合男装大厦、近江礼品城、近江单元农转非拆迁安置房项目工地举行突发事故应急演练。8月，组织各街道和区电子机械功能区的30余个企业开展应急救援技能竞赛活动，并选派优秀选手参加全市安全生产应急救援技能竞赛，获优秀组织奖。全年组织应急知识培训38次，参训5000余人；开展消防、特种设备、防灾减灾等应急演练150余次。

【事故隐患排查】 2015年，区安全监管局完善隐患排查治理机制，实施排查周报、月报制度及挂牌督办制度。各街道及相关部门依托“平安365”网格体系，突出重大活动期间和重点时段的隐患排查、整治。将杭州近江电影大世界、浙江零零壹数码通讯有限公司等9个单位列为挂牌督办重点单位，其中8个为区级挂牌督办、1个为市级挂牌督办。年内，挂牌督办单位全部完成隐患治理。全年组织检查企业1.12万个次，发现各类安全隐患7613条，完成整改7540条，整改率99%，其余73条整改期限延至2016年。

【高温作业监管】 7月，区安全监管局、区卫计局、区人力社保局、区总工会等部门联合印发《关于做好高温作业防暑降温工作的通知》，就高温期间安全生产工作专门提出要求。编印高温防暑和职业病防治宣传资料3000余份发放到各个企业。围绕危险化学品、加油站、建筑工地、空调安装等6个方面的检查重点，开展安全隐患排查20余次，检查企业40余个，发现各类隐患50余处，督促企业限期完成整改。各室外作业企业合理调整作息时间，采取各种防暑降温措施，确保高温期间职工身心健康。

【职业卫生监管】 2015年，区职业卫生监管工作划转到区安全监管局，区安全监管局增设科室，配备人员和设施设备，建立上下对应的职业安全健康监管机构，切实履行监管职责。开展调查摸底，对存在职业病危害的用人单位进行登记、建档，建立基础台账。开展职业病危害项目申报，30个用人单位完成职业病危害项目申报、定期检测和体检，职业病危害项目申报率83%。组织《中华人民共和国职业病防治法》宣传周、职业卫生专题培训等活动，开展职业卫生监督执法和职业病危害因素专项整治，督促企业完善职业卫生管理制度，落实职业病防治措施，企业职业卫生工作监督检查覆盖率100%。

【推行安全生产社会化服务】 2015年，区安全监管局按照“市场主导、企业自主、政府推动、社会参与”原则，在区电子机械功能区选取10个重点企业，通过向安全技术服务中介机构购买服务，为企业提供隐患排查服务和隐患治理指导。在湖滨街道选取7个商贸企业，引进第三方专业安全技术服务机构参与安全生产管理，解决“没人管、不会管、管不好”难题，提升企业安全管理水平。通过推行安全生产社会化服务，企业安全生产由被动监管变为主动加强。

【安全生产标准化推进】 2015年，区安全监管局深入推进企业三级、四级安全生产标准化达标工作。全年举办企业负责人标准化培训班5期，深入企业指导工作60余次，依照《杭州市上城区安全生产专项资金管理办法》，奖励通过评审的三级企业36个、四级企业14个，发放奖金83.2万元。至年末，全区三级达标企业48个、四级14个，辖区主要工贸企业基本完成安全标准化创建工作，全面夯实辖区安全生产工作基础。

【安全生产宣传教育】 6月3日，区安全监管局牵头开展以“加强安全法治、保障安全生产”为主题的“安全生产月”活动。活动分警示教育、宣传咨询等多个主题，集中开展大巴车驾驶员“五不两确保”宣誓、安全生产知识竞赛、寻找“最美”安全管理员等25项活动，发放宣传资料2.35万份，展出各类安全展板586块，悬挂横幅245条，开展现场安全咨询62场。各街道开展安全知识“进企业、进社区、进学校、进机关、进家庭”活动，将安全教育培训与应急演练、隐患排查、安全文化建设等安全生产基础工作有机结合，编印《致企业主的一封公开信》和《企业安全生产责任体系五落实五到位规定》等宣传资料5万余份，张贴宣传海报2000份，发布安全提示信息2800余条，安全生产宣传覆盖面进一步扩大。

资料 “五不两确保”：在驾驶过程中不超速、不超员、不疲劳驾驶、不接打手机、不关闭动态监控系统，确保乘客系好安全带、确保乘客生命安全。

6月3日，上城区在吴山广场开展“安全生产月”广场咨询活动

（区安全监管局 供稿）

【社区安全文化阵地建设】 2015年，区安全监管局以清波街道清河坊社区为试点，开展“社、巷、楼”三位一体社区安全文化阵地建设工作。通过整合社区宣传栏、沿街宣传橱窗、流动宣传车等资源，增加社区安全宣传栏、展示橱窗、楼道宣传板等方式，将安全知识送到每个楼道、每户家庭、每个居民。投入6万余元，制作安装社区楼道宣传牌800块，安装在每个小区楼道，普及安全知识。开展“网格流动服务”活动，将安全知识宣传延伸到居民家门口和过路行人，让安全知识“一传十、十传百”，提升群众的安全意识水平。

【全员培训工程】 2015年，区安全监管局加大教育培训工作力度，实施全员培训工程。整合教学资源，规范培训工作，加强考核发证管理。全年以危险化学品、烟花爆竹、建筑施工、特种设备等高危行业为重点，对企业主要负责人、安全生产管理人员、特种作业人员和外来务工人员进行安全培训，进一步提高企业主要负责人、安全管理人员、特种作业人员持证比例。分别在4月和11月，两次举办全区各街道、部门分管领导、安全管理人员、社区协管员执法业务培训，提升街道、部门领导和基层安全管理人员业务素质。全年有3.3万人参加各级各类培训，其中培训企业主要负责人3536人、安全管理人员2861人、特种作业人员380人、其他人员2.63万人。

【世界互联网大会安全保障】 10月，第二届世界互联网大会召开前，区安全监管局结合安全生产大检查和“打非治违”专项行动，对全区环境整治工程项目、在建施工工地、危险化学品企业、重大危险源等开展全面隐患排查整治，暂停受理新增易制爆危险化学品和剧毒化学品的生产经营许可申请。加强通用航空和空飘物的管理，对未经批准的热气球、无人机和航空航天模型、孔明灯等一律采取严格管控。

【监管服务水平提升】 2015年，区安全监管局建立健全各项监管服务制度，增强监管服务主动性和前瞻性。创新监管服务举措，日常审批做到“关口前移”，主动上门为企业办证、备案、审批提供咨询服务，并进行跟踪服务，切实为企业排忧解难。坚持安全生产行政许可事项限时办结。依托安全生产监督体制机制，推行职业卫生与安全生产一体化监管，避免对企业重复监管、多头监管，提高监管效能。

（吴璐莹）

审计

【概况】 2015年，上城区审计局完成审计及调查项目170个，其中政府投资结算审计项目151个。审计查处管理不规范金额2.09亿元，净核减工程款9813.74万元。编发《上城审计信息》31期，在《中国审计报》《浙江审计杂志》发表论文、信息稿件5篇。报送的10篇审计专报得到区领导批示，1篇审计专报被市政府采用。区审计局被评为全市审计部门年度考核优秀单位。

【预算执行审计】 2015年，区审计局对区财政预算执行情况、全部政府性资金、财政存量资金及政府工作部门预算执行情况进行审计，重点审计政府投资预算管理情况及政府部门“三公”经费使用情况，并把常规审计与绩效审计结合起来。审计反映年度预算编制及预算执行不够到位、指标下达不够及时、预算编制不够完整等问题，区审计局从机制制度层面提出解决问题的办法和措施，并提出审计建议4条，制定《上城区区级行政事业单位公款竞争性存放管理办法》等规章制度3个，促进财政预算管理公开化、规范化和法制化。

【经济责任审计】 2015年，区审计局对4个部门、1个街道、1个指挥部的7名主要负责人进行任期经济责任审计。查出管理不规范金额1607万元，向被审计单位提出改进管理建议10条。对2014年度经济责任审计反映的问题进行汇总，提出审计建议，并专题报告区委、区政府主要领导。注重审计成果应用，区委书记缪承潮在专题报告上做出“审计发现的问题应引起高度重视，审计局提出的对策建议很好，请相关单位认真落实整改”的批示。区有关部门召开专题会议研究整改工作，出台管理制度6个。

【政府投资审计】 区审计局加强对政府重大投资项目建设和管理情况的审计监督。全年组织对保障房建设、庭院改造、截污纳管、背街小巷改善等政府投资项目的预算管理、内部控制、成本支出、经济效益等进行跟踪审计。对审计过程中发现的问题及时通报，同时从项目计划管理、政策配套、建设工程管理、工程质量控制、财务管理等方面提出建议，规范政府投资，提高投资效益。全年完成政府投资结算审计项目151个，送审金额10.03亿元，审定金额9.05亿元，净核减金额9813.74万元，净核减率9.8%。开展交叉审计，按照市审计局统一部署，对江干区2015年城镇保障性安居工程的投资、建设等情况进行审计，针对该区保障性安居工程建设方面存在的问题，提出审计建议 5 条。

【民生项目审计】 2015 年，区审计局组织对“五水共治”、社保资金、绿化建设、政府购买服务、教育专项经费使用等情况进行专项审计调查。审计后提出可操作审计建议 23 条，推动相关制度完善和政策落实。对绿化建设审计调查中发现违规转包、管理混乱等问题，及时移送区纪委监察部门办理。

【内审指导服务】 2015 年，区审计局加强对内部审计的指导与服务。为区城管局举办有关财务及工程管理的专题辅导培训，参加培训 40 余人。采取领导分片、科室分系统、个人联系部门的方式，对全区内审机构进行具体指导监督，提高内部审计人员素质。区审计局被杭州市内部审计协会评为内审指导优胜单位，区城管局实施的《上城区市政园林管理所 2014 年度公务支出公款消费情况审计》被杭州市内部审计协会评为优秀内部审计项目。 （竺永杰）

统 计

【完成地区生产总值 861.02 亿元】 2015 年，上城区完成地区生产总值(GDP)861.02 亿元，按可比价格计算，比上年增长 9.2%。按全区 2015 年末户籍人口计算，人均 GDP 为 261876 元，增长 7%；按 2015 年平均汇率计算，人均 GDP 为 42045 美元，增长 5.5%。按产业分，第二产业实现增加值 365.56 亿元，增长 5.4%，其中工业增加值 350.09 亿元，增长 6.1%；第三产业完成增加值 495.46 亿元，增长 12.2%。第二、第三产业结构比例为 42.5:57.5。

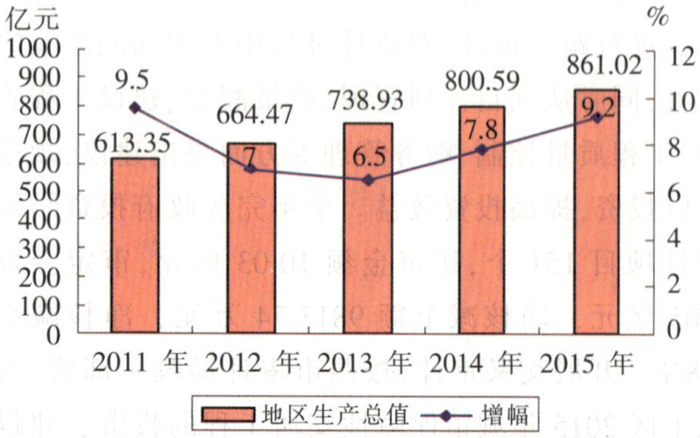

图 2 2011~2015 年上城区完成生产总值情况

全年完成财政总收入 107.15 亿元，完成地方财政收入 66.46 亿元，均增长 14.5%。在财政收入中，增值税(地方部分)4 亿元，占 6.4%，增长 14.3%；“营改增”5.77 亿元，占 9.2%，增长 39.3%；营业税 24.24 亿元，占 38.5%，增长 7%；个人所得税(地方部分)7.24 亿元，占 11.5%，增长 24.5%；企业所得税(地方部分)11.75 亿元，占 18.7%，增长 9.9%；城市维护建设税 3.32 亿元，占 5.3%，增长 9.6%；房产税 3.37 亿元，占 5.4%，下降 5.2%。

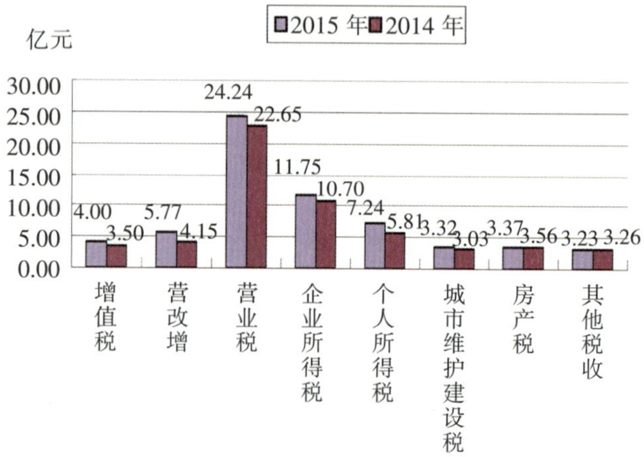

图 3 2015 年上城区地方财政收入构成情况

全年公共预算支出 30.43 亿元，增长 24.9%。其中：教育支出 6.84 亿元，增长 8.5%；科学技术支出 1.32 亿元，增长 14.6%；社会保障和就业支出 5.99 亿元，增长 33.2%；医疗卫生支出 1.63 亿元，增长 12.6%；城乡社区事务支出 4.87 亿元，增长 52.1%；一般公共服务支出 2.96 亿元，增长 33.5%；公共安全支出 2.51 亿元，增长 20.9%。

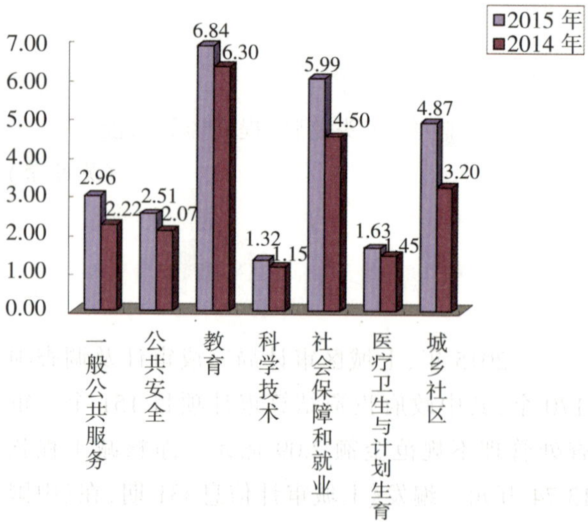

图 4 2015 年上城区地方财政主要支出情况

【完成固定资产投资 88.55 亿元】 2015 年，上城区完成固定资产投资 88.55 亿元，比上年增长 14.1%。其中：工业投资 2.55 亿元，为上年的 84.1%；房地产开发投资 65.03 亿元，增长 49.5%。全年完成商品房销售面积 17.4 万平方米，增长 45.9%。限额以上建筑安装工程完成投资 26.58 亿元，为上年的 89.5%。

【完成工业总产值 738.03 亿元】 2015 年，上城区完成工业总产值 738.03 亿元，完成工业销售产值 717.95 亿元，分别比上年增长 1.2%和 1.3%。其中，规模以上工业企业完成工业总产值 734.41 亿元，完成工业销售产值 714.33 亿元，均增长 1.4%。

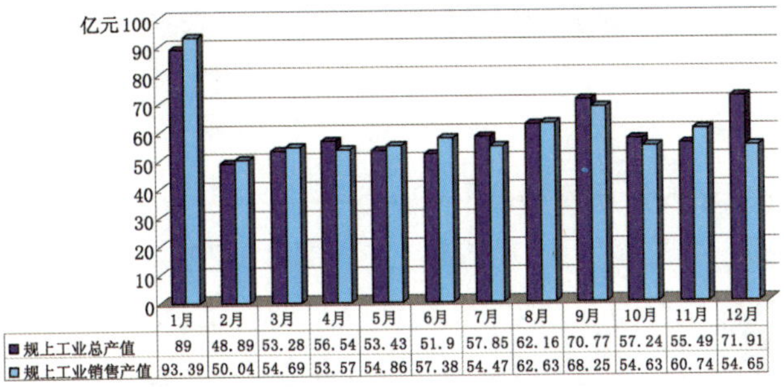

图 5　2015 年上城区规模以上工业企业生产、销售情况

全年烟草制品业实现销售产值 301.21 亿元，增长 9.2%。电力、热力供应业实现销售产值 333.19 亿元，为上年的 96.5%。区属三大重点行业受多种因素影响，增速出现放缓和回落。其中：仪器仪表制造业实现销售产值 20.51 亿元，增长 9.6%；电气机械和器材制造业实现销售产值 12.01 亿元，为上年的 97.05%；酒、饮料和精制茶制造业实现销售产值 17.45 亿元，为上年的 77%。

全年完成新产品产值 31.79 亿元，增长 6.6%。新产品产值率 4.3%，上升 0.2 个百分点。高新技术产业完成工业销售产值 46.16 亿元，增长 4%；完成利税 10.02 亿元，增长 16.9%。

全区规模以上工业企业（不含市电力局）完成产品销售收入 378.15 亿元，增长 9.4%；实现利税 266.57 亿元，增长 10%，其中利润 38.68 亿元，增长 11.1%。工业产品产销衔接良好，产销率 97.3%。

【工业综合能耗下降】 2015 年，上城区工业企业综合能源消耗 42.8 万吨标准煤，比上年下降 3%。万元产值综合能耗 0.0245 吨标准煤，下降 4.1%，万元工业增加值综合能耗降低率 8.5%。

【完成建筑业总产值 271.44 亿元】 2015 年，上城区有总承包和专业承包建筑业企业 89 个，全年完成建筑业总产值 271.44 亿元，比上年增长 9.5%；完成竣工产值 133.66 亿元，增长 10.6%。全年房屋施工面积 1688.3 万平方米，为上年的 96.5%，竣工面积 504.1 万平方米，增长 16.0%。

【国内贸易增长 11.6%】 2015 年，上城区实现社会消费品零售额 341.81 亿元，比上年增长 11.6%。其中，限额以上批发零售业零售额 187.14 亿元，增长 11.4%；限额以上住宿餐饮业零售额 23.19 亿元，下降 1.8%；限额以下批发零售业零售额 111.19 亿元，增长 14.8%；限额以下住宿餐饮业零售额 19.95 亿元，增长 7.3%。

南宋御街·清河坊、湖滨路、南山路三大特色街

2015 年上城区规模以上工业企业能源消耗情况

表 14

能源名称	计量单位	年消耗量	其中工业生产消耗量	年消耗量比上年(%)
原煤	吨	29 889.92	29 889.92	-3.5
天然气	万立方米	617.03	585.57	14.7
汽油	吨	1089.47	693.06	-12.9
柴油	吨	1534.65	1332.14	-15.1
液化石油气	吨	16.58	6.74	-38.6
热力	百万千焦	211 156.90	209 650.70	-22.5
电力	万千瓦时	129 604.20	129 106.90	-2.3

区全年接待游客2847.98万人次，增长1.9%，完成营业总收入90.86亿元，增长9.5%，实现税收4.22亿元，增长7.9%。南宋御街·清河坊被评为浙江省旅游满意度“十佳景区”，清河坊景区被评为“发现美丽·寻Ji杭州”十大最美景点，建国南路中医街被命名为“浙江省中医药文化养生旅游示范基地”。

全区有商品交易市场28个，全年交易市场实现交易额127.2亿元，增长10.8%。其中交易额1亿元以上市场8个，总交易额120亿元，1亿元以上市场交易额增长11.6%。

【信息经济强势发展】 2015年，上城区深入实施“一号工程”，信息经济强势发展、全面增长。全年互联网金融业实现增加值24.42亿元，比上年增长19.0%；信息软件产业增加值13.23亿元，增长11.8%；电子信息制造业增加值10.21亿元，增长10.8%；集成电路产业增加值6.29亿元，增长15.2%；物联网产业增加值9.17亿元，增长6.7%；智慧物流产业增加值1.23亿元，增长6.5%。

【园区企业统计业务培训】 2015年，区统计局加强工业园区企业统计业务培训，提升园区企业统计工作水平。在园区企业中普及统计工作基本常识，使企业业务部门能够看懂统计报表，并掌握统计数据汇总分析的方法；对园区企业统计人员加强专业知识培训，专门组织学习统计法、统计业务知识，对统计报表质量、报表上报的及时性和准确性提出严格要求。对新任统计人员开展“一对一”的业务指导，结合企业统计报表情况进行具体讲评，使其尽快熟悉统计业务。

【统计法制建设】 2015年，上城区加强统计法制建设。制定《2015年统计依法行政工作要点》和《2015年普法教育工作计划》，确定全年统计法制工作目标。强化统计法宣传教育，采用传统宣传和新媒体宣传相结合的方式，发放宣传折页(手册)1万余份，微信、微博300余条，横幅、视频展示200余次，积极营造“学统计法、懂统计法、守统计法”的氛围。全年统计稽查和执法检查各类统计单位67个，行政处罚统计单位3个。

【投资统计改革试点】 2015年，上城区开展投资统计制度改革试点，选择试点企业，严格落实“一项目一档案”制度。制定操作性较强的培训课件，对资产投资统计各项指标含义、填报注意事项进行详细讲解和现场答疑。明确时间节点，通过“移动e管家”、电话、QQ等联系方法，做到国家一套表系统开网前有提醒，开网期间有跟踪，截报前查遗漏。严格数据审核，实行边报边审、边审边改，对数据进行多层次、多方面细致核实，消除少报、错报、重报、漏报现象，确保上报数据的真实性、准确性和完整性。4月1日，省统计局对上城区15个试点企业投资统计数据进行检查，对试点企业数据质量表示肯定。

【统计数据质量检查】 2015年，区统计局以统计数据、台账等资料为基础，采取做“实”基础数据、做“活”统计月报、做“精”统计分析的举措，提升统计数据质量。采用“坐标法”的检查方式，对重点用能企业、重点检查内容进行实地抽查，现场纠正企业存在的问题，并帮助企业建立统计数据质量管理长效机制。开展服务业企业数据质量交叉检查，加强数据核实和检查结果分析。推进贸易定报统计工作，从数据收集、审核、录入、汇总等环节进行质量把关，确保基层上报数据真实可靠。

【统计服务能力提升】 2015年，区统计局围绕中心工作，积极探索统计服务的新路子，提高统计服务的科学性与主动性。增强速度意识，体现主动服务。强化对重点领域、重点行业、重点单位的跟踪监测、汇总分析和研判，第一时间上报主要指标数据和重要信息，提供第一手统计资料和咨询建议，方便领导及时掌握全区经济运行情况。增强质量意识，体现专业服务。坚持以数据为基础，用数字说话，对关注度高、敏感性强的热点难点问题进行科学分析，形成统计分析预测和专题报告，为区委、区政府决策提供有价值的参考。增强法制意识，体现阳光服务。严格按照《中华人民共和国统计法》《中华人民共和国行政处罚法》等法律规定开展统计执法，对接收检查的单位，采用统一标准。强化对专业人员的法律知识培训，提高法律素养。处罚案卷全部上报阳光政务系统，接受市统计部门与区纪检部门的监督。

【完成科技年报】 2015年，为全面、准确、及时地反映全区企业科技发展动态，提高科技进步监测统计数据质量，区统计局加强与区科技局合作，通过核对部门提供的资料与企业上报的情况，确保科技企业和科技项目数据真实；加强对企业统计人员培训，提高企业上报数据的准确性。利用历史数据，组织科技年报数据的对比分析，对主要指标数据进行排序，查找增长幅度异常的指标，并逐一进行查询、审核，力求科技年报准确反映全区企业科技活动情况及发展趋势。

【1%人口抽样调查】 7月21日，区统计局成立全区1%人口抽样调查工作协调小组及其办事机构，并落实办公场地、经费。聘用调查指导员和调查员25人，通过业务培训、统一考试，落实合格上岗要求。根据《2015年全国1%人口抽样调查方案》和省、市统一部署，全区抽取调查小区10个，对小区变迁、小区人口属性、家庭人口构成等情况进行调查、统计、核对。制定《上城区1%人口抽样调查工作考核办法》，发挥各街道调查机构的主动性、积极性。根据生育政策和户籍政策的调整，采取与区公安、计划生育等部门数据交叉审核的办法。利用网络搜索信息和部门人口行政记录及电信部门数据，补充和评估流动人口数据，确保数据真实可信，调查一次性成功。

（张海树）

玉皇秋色

人力资源和社会保障

Human Resources and Social Security

就业创业

【概况】 2015 年,上城区落实各项就业政策,加大就业帮扶力度。全年新增就业 3.29 万人;失业人员实现再就业 1.73 万人,其中就业困难人员再就业 3815 人。接受创业教育培训 3192 人,培训对象包括军队即将退役士兵、失业人员、创业人员、在岗农民工等。组织技能竞赛 6 次,参加赛前训练 3091 人,带动岗位练兵 1 万余人。全区享受居家就业社保补贴 6491 人,发放社保补贴 1405.44 万元;1.12 万人次灵活就业人员获社保补贴 4147.45 万元,216 人次自谋职业人员获社保补贴 69.42 万元;企业录用就业困难人员 2214 人,获用工补贴 1784.74 万元。公益性岗位安置就业 1124 人,其中市级公益性岗位安置 1113 人,市级财政补贴 2864.86 万元、区级补贴 775.6 万元;区级公益性岗位安置 11 人次,补贴 21.4 万元。区级物业公司安置 1103 人次,补贴 121.33 万元。

6 月 18 日,清波街道举办第二期创业培训进军营活动 (区人力社保局 供稿)

【加强劳动保障监察】 2015 年,区人力社保局开展农民工工资支付情况检查、整顿人力资源市场秩序工作等专项检查 5 次,监察用人单位 632 个次,涉及劳动者 2.15 万人次;行政处罚违法用人单位 9 个,罚款 5.13 万元;全年书面审查用人单位 9314 个。元旦、春节期间,集中应对建筑企业拖欠农民工工资问题,协调处理规模性欠薪事件10 起,涉及农民工 1100 余人、欠薪 2200 余万元。全年受理欠薪投诉案件 382 起,涉及务工人员 596 人,为其讨回薪资 160 余万元;处理“110 联动”案件 265 起。开展“双爱”(企业关爱员工、员工热爱企业)活动,在辖区 6 个街道召开联席会议,与用人单位面对面交流,发放宣传资料 470 余份,进一步推进和谐劳动关系建设。

【规范劳动争议仲裁】 2015 年,区劳动人事争议仲裁院受理仲裁案件 358 起,审理结案 334 起,结案率 93.3%。其中裁决结案 98 起,调解解决 236 起,调解率 70.7%。受理集体劳动争议案件 3 起。受理的案件均为用人单位侵犯劳动者的合法权益。仲裁部门裁决用人单位为劳动者补缴社会保险 450.84 万元。健全劳动争议调解仲裁机构,招聘2 名兼职仲裁员参加办案,进一步完善网上办案制度,对应立案的案件,均据实录入信息。

【企业规范用工工作培训】 6月18日,上城区组织企业规范用工工作培训,70个单位近100名企业负责人参加。培训中针对企业不与劳动者签订劳动合同、随意加班加点、欠薪欠保等10个方面问题,具体讲解有关劳动法律法规。为方便企业咨询,培训机构公布劳动争议仲裁机构的咨询电话。培训起到指导企业依法用工、维护劳动者合法权益的作用。

6月18日,区人力社保局组织企业规范用工法律培训 (区人力社保局 供稿)

【推进大学生就业创业】 2015年,上城区采用“民营出资、政府扶持、市场运作”的模式,不断扩大大学生创业园的发展规模。推进以“LOMO创意谷”为主,以凤凰公社、凤凰御园、锦绣工坊、“风铃499”创意园等民营创业园区为辅的“一园多点”创业平台建设。组织5个大学生创业企业参加第四届中国杭州大学生创业大赛,2个企业分别获市创业大赛二、三等奖。建立“上城大创QQ群”,为创业者提供信息资讯交流平台。发挥大学生创业带动就业和上城人才网平台的作用,全年全区新增大学生创业企业49个,带动大学生就业210余人。

【专项就业服务活动】 2015年,上城区组织开展“就业春风行动”“就业援助月”“333就业服务月”“民营企业招聘周”“残疾人就业服务周”“离校未就业高校毕业生就业服务月”等专项就业服务活动,实现就业困难人员再就业3500人。建立未就业毕业生信息库,对所有离校未就业高校毕业生提供系列化就业服务。全区实名登记未就业高校毕业生188人,其中应届毕业生64人。提供职业指导及就业推荐280余次,组织20余人参加技能培训、61人参加创业培训。对困难家庭高校毕业生实行“一对一”帮扶,实现就业兜底安置。帮助28名就业援助对象实现就业创业。

【行政许可审批】 2015年,区人力社保局受理企业申请实行特殊工时制审批件159件,全部做出行政许可审批。其中,申请实行综合计算工时制企业141个、不定时工时制企业53个,同一企业同时申请实行综合计算工时制和不定时工作制的35个,涉及综合计算工时制职工12854人、不定时工时制职工2287人。全年受理工伤认定申请419起,全部依法做出决定。新批准4个单位的聘请外国专家资格许可、14个聘请外国文教专家单位的年检。为30名新聘请外国文教专家办理来华工作许可审批,为50余名专家办理专家证新办、延期等事项。

【行政执法案卷查评】 2015年,区人力社保局根据市有关部门关于行政执法案卷查评工作的要求,向组织查评的部门报送行政许可案卷目录173件、行政处罚案卷目录7件、工伤案卷目录39件、行政给付案卷目录1155件、退休审批案卷目录165件。对查评中发现的问题进行原因分析,提出整改意见。开展行政执法案卷查评,旨在提高行政执法案件办理质量,提升依法行政工作能力和水平。

社会保险

【概况】 2015年,上城区以民营企业从业人员、外来务工人员为重点,扩大社会保险覆盖面。全区新增参加基本养老保险5686人、工伤保险6920人、生育保险5356人,新增社会保险开户933个。一次性支付养老金75人,办理企业退休604人、个体户退休1593人。支付生育保险金2049人。异地基金转移3489人。个体工商户参保408户，个人参保1442人。在主城区率先完成全民参保登记工作,全区调查登记录入信息数据2.4万人,入户登记完成率100%。优化办事流程,整合关联业务,养老医疗保险业务实现“一表申请、一窗受理、并联审批、一份证照”，在主城区率先推出“五证合一、一照一码”登记制度。

【社会保险权益互查互认】 12月起，主城区与萧山区、余杭区、富阳区(简称四地)实行社会保险权益互查互认。四地社会保险经办机构按照统一互查互认规则,通过互查互认信息库,由当事人提出权益互认申请,转入地社保经办机构根据转出地提供的信息,直接办理关系转入和接续手续，实现四地社保业务经办一体化,方便群众办事。

【医疗保险基金审计】 5月,上城区配合上级医保部门对全区医保业务进行内部审计，审计内容包括2014年以来医疗费用报销和医疗保险基金管理等情况,审计结果达到上级标准。通过审计,进一步健全内控制度,有效保障医保资金的合理使用。

【退休人员管理】 2015年，上城区纳入社会化管理的退休人员8.8万人。区人力社保局切实做好退休人员慰问帮扶工作，开展送温暖、大病医疗救助等活动,慰问退休人员24.23万人次,发放慰问金2.26亿元;救助因病、因丧、因残生活困难退休人员1.67万人次,发放救助金348.12万元。组织退休人员参观游览,举办趣味运动会、包粽子大赛、文艺会演等活动,丰富退休人员生活。全年参与各类活动的退休人员4.6万人次。

(肖　波)

社会救助

【概况】 2015年,上城区以贯彻落实《社会救助暂行办法》和《浙江省社会救助条例》为契机,以推进“救急难”试点工作为抓手,严格落实各项救助政策,全面提升全区社会救助工作水平。至年末,全区有持证困难家庭1609户、2136人，占常住人口总数的0.7%。其中低保1020户、1286人,残保302户、305人,市、区两级困难户287户、545人。全年发放低保金659.09万元,残保金500.3万元,困难家庭各类补贴及物价补贴382.34万元，低保金全年平均补差566.72元。

全年市、区两级救助困难家庭49635户次、75345人次,发放各类救助金2665.17万元。其中:市级临时救助332户、518人,金额188.94万元;区级临时救助26户、45人,金额29.89万元;区级慈善医疗救助96户、145人,金额49.59万元;区级社险补缴帮扶23人，金额54.15万元；区级安居工程救助37户,金额19.64万元;计划生育公益金救助58户、96人,金额50万元;第十五次“春风行动”送温暖及送清凉救助3288户次、4464人次，金额604.27万元。全区核对和认定低收入家庭3900户次,其中申请享受保障性住房家庭476户。

【综合防灾减灾能力提高】 2015年,上城区以“减少灾害风险、建设安全城市”为主题,深入开展防灾减灾系列活动,深化综合减灾示范社区创建工作,不断提升社区面对灾情和险情快速避险的应急处置能力。小营街道茅廊巷社区被国家减灾委员会、民政部命名为2015年度全国综合减灾示范社区。至年末，上城区有全国综合减灾示范社区9个、全省综合减灾示范社区1个。

【推进“救急难”工作】 2015年,上城区采取各种措施推进“救急难”工作。健全“社会救助主动发现”机制。建立主动发现月报制度,对急难对象从情况发现到问题解决进行信息追踪,确保急难对象及时发现、及时救助。健全“一门受理、协同办理”机制。依托各街道、社区综合服务中心,设置“社会救助”综合服务窗口，集中受理救助申请并明确部门职责及办理流程、时限和要求,建立解决急难问题的“绿色通道”,确保困难群众“求助有门,受助及时”。健全“救急难”协调机制。建立区级社会救助联席会议制度,强化部门间的协作配合，落实各单位职责分工，合力解决“救急难”工作面临的新问题。印发《上城区“救急难”工作实施办法》,明确“先救急、后解难”的工作思路,进一步扩大受助对象，鼓励社会力量参与急难对象的心理慰藉和疏导服务。

【最低生活保障】 5月,上城区制定关于最低生活保障民主评议办法和关于完善持证困难家庭若干管理的制度,加强经济状况核对,进一步规范低保、困难家庭管理。完善社会救助机制,废除不合理的救助政策,将符合条件的困难群众及时纳入救助范围,着力提高低保比例,确保困难群众"应保尽保"。

【流浪乞讨救助管理】 2015年,区民政局印发《上城区流浪乞讨救助管理工作年度要点》《上城区流浪乞讨救助管理工作绩效评价办法》,明确相关部门职责,对救助管理实施量化考核,并与各成员单位年终目标考核挂钩,凝聚各部门救助管理工作的合力。出台《上城区流浪乞讨救助管理工作经费保障办法》,以救助人员的数量、打击违法犯罪立案数量、清除露宿点数量和破解热难点问题的数量为依据,将经费保障予以量化。开展"夏季送清凉"活动,设立流浪乞讨人员临时避暑点22处,发放食品17箱、饮用水20箱、仁丹112份、藿香正气水156份。开展"冬季送温暖"专项救助行动,组织近50名工作人员,实行24小时值班制度;设立18个临时避寒安置点,购置5万余元御寒用品,切实保障流浪乞讨人员安全过冬。

(沈　洁)

社会福利事业

【福利彩票发行】 2015年,上城区福利彩票发行中心发行福利彩票8347万元。其中,视频游戏彩票发行额6995万元、"刮刮乐"即开型彩票发行额551万元、电脑彩票发行额800万元,电脑彩票发行额比上年增长6.4%。全年募集公益金461万元,发行费收入406万元。"中福在线"视频彩票在全省销售大厅排名第六位、全国销售大厅排名第八位。"中福在线"解放路销售厅获省级优秀电脑彩票投注站、省级优秀刮刮乐中心站等称号。

【第十五次"春风行动"】 3月,上城区开展第十五次"春风行动",累计募集社会资金590.1万元。向困难家庭发放助困、助医、助学反哺、应急等各类慈善救助金251.48万元,惠及1785人次。"春风行动"成为上城区帮扶救助困难群众的品牌工程。上城区慈善总会被评为2015年度市级成长型十佳社会组织。

【拓展慈善救助范围】 2015年,上城区创新募捐载体,做好各项捐赠工作。区慈善总会把"春风行动"募集的部分救助资金返还给各街道慈善分会,使各分会及时向辖区困难家庭提供救助。做好各类定项项目捐赠,捐赠总金额84.79万元,其中"爱在那曲"公益专项捐赠22.2万元。"爱心公益跑"基金会向建德市留守儿童捐赠1.92万元,向杭州市杨绫子学校提供校舍改造资金300万元。

(沈　洁)

人力资源管理

【概况】 2015年,上城区人才人事综合服务中心承担1200个区属企业的人才引进、人事关系接转、档案管理、户口挂靠、流动党员管理和大学毕业生就业创业服务等工作。全区政府部门阳光考录公务员35人。指导和监督教育、卫生系统下属事业单位工作人员招聘工作,全年录用事业单位人员32人(不含区卫生、教育系统)。对机关和事业单位工作人员社保缴费、公积金缴纳、假期待遇等进行规范。推动各单位建立公务员平时考核机制,并开发"日志式"公务员考核系统,公务员网上考核率80%以上。全年完成各级专业技术职称评审(申报)600余人。

【人才培养与服务】 上城区以引进、培育高端人才为重点,积极打造人才高地。对2015年申报的"1211"项目进行评审,9个项目全部通过,拟资助扶持资金1500万元。3个项目通过杭州市"115"引进外国智力项目评审,3人参加国家"千人计划"评审,全区入选杭州市全球"521"引才计划1人,入选省"千人计划"2人。引进海外留学人员100余人;引进外国专家项目3个,参与项目专家50余人次。推选省新世纪"151"人才6人,批准建立博士后科研工作站3个,并组织设站单位参加北京、成都等地高校博士后招聘会。完成43名市新世纪"131"中青年人才培养计划年度考评,做好区"128"人才提升工程后续跟进工作。

资料　区"1211"项目：上城区从2011年开始，人才引进工作重点向高新技术产业、金融及其衍生行业、文化及文化创意产业、现代服务业倾斜，计划用5年时间，引进和培养带项目、带技术的海内外高层次创新创业团队10个；力争引进和培养海内外领军型人才20名，其中符合国家"千人计划"、浙江省"千人计划"及杭州市"521"计划条件的5名左右；引进留学人员创业企业10个，海外留学人才100人。

全球"521"引才计划：杭州市从2010年开始，计划用5年时间，面向全球引进20个以上海外优秀创业创新团队，100名以上带着重大项目、带领关键技术、带动新兴学科的海外高层次创业创新人才。

市"115"引进外国智力项目：杭州市从2011年开始，计划用5年时间，引进高端外国专家100人，实施引进国外智力项目1000个，聘请各类外国专家5万人次。

省新世纪"151"人才工程：浙江省计划到2020年，每5年一轮，每轮培养100名左右能跟踪国际科技前沿、引领本学科和产业发展、进入百千万人才工程国家级人选序列的第一层次领军人才；500名左右具有较高学术技术造诣、能支撑省学科建设、产业发展和科技创新、在省内外同行中拥有较高知名度的第二层次学术技术带头人；1000名左右在各学科、产业领域发挥骨干作用，得到省内外同行认可，富有发展潜力的学术技术带头人后备人选。

市新世纪"131"中青年人才培养计划："十二五"期间，杭州市按3个层次选拔和培养1400名中青年专业技术人才，培养期为5年。第一层次选拔和培养100名能跟踪国际、国内科技前沿，引领本学科产业发展，进入省"151"人才工程第一、二层次的学术技术带头人。第二层次选拔和培养300名具有较高学术技术造诣，能支撑全市学科建设、产业发展和科技创新的后备学术技术带头人。第三层次选拔和培养1000名优秀专业技术骨干。

区"128"人才提升工程："十二五"期间，上城区按3个层次选拔和培养110名中青年专业技术人才。其中，第一层次：10名能跟踪国际、国内科技前沿，引领本学科产业发展，能进入市"131"人才工程第一、二层次的学术技术带头人；第二层次：20名能进入市"131"第三层次、具有较高学术技术造诣，能支撑全区学科建设、产业发展和科技创新的后备学术技术带头人；第三层次：80名在各自领域成绩显著，起骨干核心作用的优秀专业技术骨干。

【中高端人才政策完善】 2015年，上城区深入实施"人才新政27条"，加强政策宣传、人才摸底、人才申报指导、人才认定和服务保障等工作。开展"走企访才"和进街道、下社区、入园区"送服务、送政策、送信息"等活动，为引进高端人才打好基础。全年区人力社保局会同区委组织部、区住房和城建局、区发改经信局、区商务局等部门，认定顶尖人才、领军人才等中高端人才55人，审核有关单位为中高端人才报送购房和租房申请材料13份。

【人才公共服务网作用发挥】 2015年，区人才人事综合服务中心通过网络宣传和信息平台，发布辖区企事业单位招贤纳才公告，鼓励和吸引海内外领军型人才到上城区创业创新。组织企事业单位参加2015年浙江·杭州国际人才交流与项目合作大会，与高等院校、科研院所和中介机构达成合作意向项目20个，现场签订合作项目5个。全年接收人才人事档案1386份，其中引进硕士及以上学历人才95人、本科学历人才957人。全年组织60余个次企业参加春、秋季毕业生招聘会、九校联盟招聘会、西博会人才交流大会等人才招聘会，推出就业岗位2200余个。

【流动人员党组织建设】 2015年，区人力社保局党委下设流动人员党支部4个，有流动人员党员59人。区人才人事综合服务中心通过建立"党员活动日""网上支部园地""流动党员之家QQ群"等载体，开展流动人员党员活动。党员活动包括组织观看电教片、举办茶话会、开展党员在线交流和评议等。根据流动党员的生活规律，利用晚上和双休日等业余时间组织主题学习和组织生活。　（肖　波）

经济合作交流

Economic Cooperation and Exchange

综述

【概况】 2015年，上城区深入推进对口支援工作，积极拓展区域合作思路，以合作交流工作服务好全区中心工作大局。全年外资到位资金2.49亿美元，外资招商完成年度目标的114%；引进符合上城区产业导向的项目36个。引进内资到位资金108.09亿元，内资招商完成年度目标的127.2%；支持浙商创业创新工作保持领先水平，引进项目完成年度目标的155%。引进的项目单位有财通证券资产管理有限公司、幼发拉底孵化器、浙能燃气有限公司、杭州销冠网络科技有限公司、浙江华聚鑫成投资有限公司、浙江柏泰华盈投资管理有限公司等。

【上城区与中国铁塔股份有限公司浙江省分公司合作】 1月23日，上城区与中国铁塔股份有限公司浙江省分公司签署战略合作协议。区委书记缪承潮、中国铁塔股份有限公司浙江省分公司总经理庄国舟出席签约仪式。中国铁塔股份有限公司是由中国移动、中国联通和中国电信3个电信企业联合出资成立的通信基础设施综合服务企业。浙江省分公司是该公司在浙江省的分支机构，于2014年10月登记注册，并落户望江智慧产业园。公司主营铁塔的建设、维护和运营，兼营基站机房、电源、空调等配套设施和室内分布系统的建设、维护和运营，以及基站设备的维护。

【上城区与中国水利水电第五工程局有限公司合作】 1月30日，上城区与中国水利水电第五工程局有限公司签署战略合作协议。区委书记缪承潮，区委副书记、区长陈瑾，中国水利水电第五工程局有限公司执行董事、总经理贺鹏程等出席签约仪式。双方确定在基础设施建设、“智慧城市”建设、人力资源交流等方面开展合作。

【上城区与浙江省商业集团签署战略合作协议】 4月22日，上城区与浙江省商业集团签署战略合作协议。省商业集团是省属国有大型企业集团，拥有全资、控股、参股企业10个。自2003年起，省商业集团连续12年入围中国企业500强行列。经营范围涉及商品贸易、仓储物流、商业综合体、酒店经营、地产开发、基金投资等。

【上城区与德国包纳市签订友好城区协议】 6月1~7日，应美国思科系统公司、德国萨克森州包纳市政府、德国莱比锡德中交流合作中心邀请，区委书记缪承潮率上城区招商团一行，到德国和美国开展经贸洽谈、友好交流合作、旅游推广等活动。其间，上城区与包纳市正式签订友好城区协议。

【引进盛景百亿创新母基金】 6月24日，上城区政府会同盛景网联公司召开“2015创新望江论坛暨盛景百亿创新母基金落户上城新闻发布会”，宣布盛景—浙江创新中心、盛景百亿创新母基金落户上城区望江智慧产业园。盛景网联作为国内领先的创新服务平台，通过母基金、全球创新大奖赛连接全球顶尖创新中心，是由财政部、国家发展改革委、商务部、科技部等部委评定的国家级“现代服务业试点项目”。盛景百亿创新母基金(Fund of Funds)落户上城后将发挥资源优化配置的功能，助推上城区及杭州市打造“基金之城”。（洪莲莲）

招商引资

【概况】 2015年，上城区新设外商投资企业36个，比上年(指2014年，下同)增长33.3%；实到外资2.49亿美元，完成年度目标的114%，增加5452万美元，增长28%。累计引进认缴制企业1838个，认缴金额527.07亿元。其中新引进项目1785个，认缴金额447.08亿元，实际到位资金171.2亿元。完成到位市外500万元以上项目97个，实际到位资金108.1亿元，完成市下达年度计划的127%。引进浙商回归项目59个，实到省外资金69.81亿元，完成市下达年度计划的155%。

【浙江华聚鑫成投资有限公司落户上城】 4月23日，世界知名投资集团美国华平基金国内首个投资性平台——浙江华聚鑫成投资有限公司落户上城区。公司注册资金9900万美元，是上城区引进的合同外资金额最大的企业。引进该公司有助于改善上城区产业结构，提升产业层次。

【杭州(北京)投资环境推介会】 10月22~23日，上城区在北京召开投资环境推介会。区委书记缪承潮参加推介会并致辞，区委副书记、区长陈瑾围绕上城区五大主导产业的发展及重点打造的“123+1”平台等情况进行推介。推介会上，上城区与东方前海资产管理有限公司、北京华软金宏资产管理有限公司、和睦家医疗集团等10个企业签订投资项目9个，总投资额超过100亿元，其中金融产业项目6个，投资额70亿元。

对口帮扶

【概况】 2015年，上城区向淳安县提供城乡统筹帮扶资金2250万元，淳安建兰中学、淳安妇幼保健院、淳安威坪污水处理厂、千岛湖汽车客运北站等项目建成并投入使用。向淳安县威坪镇西山村和衢州市常山县东乡村各提供“山海协作”帮扶资金15万元，向淳安县王阜乡提供10万元帮扶资金，给淳安县威坪镇西山村增加5万元援助资金。向富阳区湖源乡提供基础设施建设资金152万元。与贵州省雷山县签订“2015年度上城区—雷山县对口帮扶合作备忘录”，拨付“双对口”帮扶资金280万元。清波街道、紫阳街道分别与雷山县丹江镇、西江镇建立小城镇建设合作关系，以“点对点”形式进行帮扶。向四川若尔盖县提供“双对口”帮扶资金345万元。给西藏那曲县拨付帮扶资金10万元，给浙江武义县俞源村拨付帮扶资金80万元。

【接待雷山县考察团】 4月10日，贵州省雷山县委书记黄清发率雷山县党政代表团到上城区考察交流并召开座谈会。区委书记缪承潮、区人大常委会主任丁晓芳、副区长周国如以及有关部门负责人参加座谈。会上签订上城区—雷山县2015年对口帮扶合作备忘录，双方商定在干部互访学习、产业发展、基础设施建设、平台搭建等方面进一步加强合作。

【到雷山县考察帮扶】 4月20~24日，区政协主席余勇带领区政协机关、区教育局有关负责人及辖区中小学校长12人，到贵州省雷山县考察义务教育实施情况，参观雷山县西江民族小学、雷山县公统完全小学、雷山县望丰小学，以及雷山第一中学、雷山民族中学，并进行座谈交流。6月27日，雷山县举行专场赈灾义演晚会，上城区向雷山县捐款50万元。11月9~12日，区卫计局到雷山县开展卫生计生工作对口帮扶，实地察看雷山县西江镇卫生院、大唐镇卫生院、雷山县人民医院、雷山县妇幼保健计划生育服务中心等单位，与雷山县卫计局负责人座谈。双方签署3年对口帮扶协议，并向该县卫计局捐款10万元。11月21~24日，副区长周国如、区政协副主席刘志安带队到雷山县开展对口帮扶，参观雷山九十九现代农业产业园区和西江千户苗寨，考察当地产业规划编制和消防安全建设情况，双方就对口帮扶工作深入交换意见。清波街道还与雷山县丹江镇对接各项帮扶事宜。

【开展跟岗学习】 3月9日至4月3日，贵州省雷山县望丰小学和达地小学两名副校长到上城区，分别在结对学校杭州市回族穆兴小学和杭州市娃哈哈小学进行为期4周的跟岗学习。结对学校制定学习交流工作计划，除安排交流学校工作外，学校各部门负责人分别与他们进行专项交流，并开放所有课堂。两名副校长全程参与学校的管理和教学活动，列席学校的行政会议、教师会议，参与校、区的教研活动。

3月9日至4月3日，贵州省雷山县望丰小学和达地小学两名副校长到上城区结对学校跟岗学习 （区商务局 供稿）

【杭州千岛湖枇杷节暨上城·淳安千岛湖生态农产品推介会】 6月1日，由市农办、淳安县政府、上城区政府、杭州市邮政公司等单位主办的“2015杭州千岛湖枇杷节暨上城·淳安千岛湖生态农产品推介会”在吴山广场举行。枇杷节以“品种、品质、品牌”为主题，通过企业展销、现场宣传，向广大市民展示千岛湖农产品的生态面貌，提升“千岛湖”品牌水果以及其他特色农产品的知名度和美誉度。

【杭州茶旅推介会】 7月31日~8月4日，雷山县在上城区水云间风物馆举行以“健康旅游、生态游、雷山情”为主题的杭州茶旅推介会。推介会突出宣传“雷山银球茶”品牌，通过以茶会友、以茶会商，提高雷公山茶和雷山民族文化旅游的知名度，扩大雷山县的影响力。推介会上，雷山县和上城区两地茶商进行茶文化探讨与交流。

【贵州雷山旅游营销杭州推介会】 12月14日，雷山县委、县政府与上城区委、区政府共同举办2015年贵州雷山旅游营销杭州推介会。会上，西江千户苗寨旅游有限公司与浙江省中国旅行社有限公司、浙江省上铁旅游有限公司、中国国旅（浙江）国际旅行社有限公司签订战略性框架协议，助推雷山县旅游业进一步发展。雷山县是国家级贫困县，生态景观优美，民族风情古朴，苗族历史文化悠久，享有“中国苗族文化中心”美誉，是旅游、休闲、体验、度假的胜地。

【《缘·藏那曲》面世】 2月6日，上城区与西藏那曲县委、县政府联合推出微电影《缘·藏那曲》。该微电影由上城区风雅颂扬文化传播集团制作，片长15分钟，主要反映在那曲县牧区经济快速发展的背景下，东部沿海城市青年与牧区青年的深厚友谊，以及援藏干部家庭与牧区百姓之间两代人的绵远情谊。 （洪莲莲）

工业

Industry

综述

【概况】 2015年，上城区工业经济呈现生产增速下降、投资增势减缓等特点。全区工业部门主动适应经济发展新常态，着力推进促改革、调结构、优服务工作，经济转型创新步伐持续向前，工业经济保持平稳发展态势。电子商务、信息软件、数字内容等产业发展较好，实现营业收入116.54亿元，比上年(指2014年，下同)增长50%。物联网、电子信息制造、集成电路等产业发展提速，实现营业收入63.13亿元，增长15%。44个“一号工程”项目(包含两个产业园区项目)稳步实施，实现信息经济增加值44.1亿元，增长11.7%。全区实现工业总产值738.03亿元，增长1.2%；实现工业销售产值717.95亿元，增长1.3%。规模以上工业企业实现利税266.57亿元，其中利润38.68亿元，分别增长10%和11.1%。

【经济运行监测加强】 2015年，上城区加强工业企业经济运行监测工作，通过定量监测、定性分析、定期报告，及时准确反映全区工业经济发展现状，针对存在问题，提出对策建议，为领导提供决策参考。全年编制《工业经济季度运行分析》监测报告4期。为提高监测质量，创建短信和QQ催报平台，方便与企业随时在线交流，并利用监测平台，及时发现企业生产经营中的问题，实现对企业的精准服务。全年走访企业261个次，帮助企业解决问题83个。

【科技产业发展加快】 2015年，上城区科技产业发展加快，企业自主创新能力增强。依托中国科学院杭州射频识别技术研发中心和杭州中瑞思创科技股份有限公司，发展射频识别芯片和标签的设计、制造、封装、测试产业。以杭州海兴电力科技股份有限公司、杭州柯林电力有限公司、杭州交联电气有限公司、浙江顺舟电力高科技有限公司等企业为龙头，发展智能电力监测控制的软件产业、系统集成应用服务业、关键传感元器件和终端设备设计制造业。先后推动浙江威星仪表有限公司和杭州海兴电力科技股份有限公司两个项目纳入杭州市工厂物联网计划，杭州熙浪科技有限公司和杭州亿恒科技有限公司两个项目纳入省信息服务专项计划，杭州海兴电力科技股份有限公司输配电网设备一体式智能检测系统、智能工厂全流程信息化智能供应运行平台建设项目分别纳入省首台套项目和省智能制造项目计划，中国机械科学研究院浙江分院有限公司企业技术中心创新能力建设项目纳入省企业创新能力建设计划，浙江物产电子商务有限公司产业通平台项目纳入省云工程云服务项目计划。

【助力企业转型升级】 2015年，上城区制定《杭州市上城区工业与信息化发展专项资金使用管理暂行办法》，重点支持产业转型升级、企业技术改造和技术创新，加快新产品开发利用，培育战略性新兴产业。对符合申报条件的企业，落实专项资金，扶持工业信息化企业发展。全年资助技术改造和技术创新项目69个，涉及企业53个，拨付专项资金2210.15万元。

【推进能源“双控”】 2015年，上城区把节能作为推进经济转型升级、建设生态文明的重要抓手，制定节能工作实施方案，将用能指标层层分解到各街道、园区和重点用能企业，加强统计监测和检查考核。抓住国家推进节能减排的战略机遇，引导和扶持节能环保产品配套、集成和产业链延伸，加快培育一批拥有自主知识产权和知名品牌、核心竞争力强、主业突出的节能环保企业。依托浙江朗威节能技术有限公司、杭州三高光电科技有限公司、浙江谷丰科技有限公司等企业，加快完善从产品制造、成品封装到产品应用的LED产业链，推进LED高效照明产品的升级换代。

（魏建军）

工业企业选介

【杭州娃哈哈集团有限公司】 2015年，杭州娃哈哈集团有限公司（简称娃哈哈集团）实现营业收入494.74亿元、利税114.64亿元、利润75.63亿元。在2015年中国民营企业500强、中国制造业企业500强、中国企业500强、浙江省百强企业排名中分别列第31位、第82位、第184位、第12位。娃哈哈集团获全国文明单位、国家技术创新示范企业、全国实施卓越绩效模式先进企业、杭州市企业社会责任建设AA级企业等称号。3月3~14日，公司总经理宗庆后带着13条建议及议案到北京参加十二届全国人大三次会议，被称为敢说真话的“麻辣”代表。

（陈小冬）

【杭州华日电冰箱股份有限公司】 2015年，杭州华日电冰箱股份有限公司（简称华日公司）采用专利智能控制、风冷无霜、节能变频、抗菌保鲜等前沿技术，推进新产品研发，华日冰箱95%以上达到国家一级能耗要求，对开门、多门及三门等中高端冰箱的比例超过70%，其中包括580升对开门冰箱、418升多门智能冰箱、316升变频无霜冰箱以及253升智能无霜冰箱等。12月，华日公司生产基地搬迁至富阳区东洲，新的生产基地拥有高科技生产设备、个性化生产管理体系和国家级测试实验室，以“机器换人”为重点，以创新发展为动力，实现生产自动化、智能化和物联网化，具备200万台套制冷器具的生产能力。华日公司获“全国质量和服务诚信优秀企业”“浙江名牌产品”“无霜冰箱创新品牌”等称号，华日BCD-580WHEE对开门冰箱、BCD-418WDEB四门全风冷冰箱、BCD-280LEQ匀冷冰箱被评为浙江省优秀工业产品。

（陈　雷）

【杭州海兴电力科技股份有限公司】 2015年，杭州海兴电力科技股份有限公司着力推进产品结构调整、技术进步和营销体系、供应链体系、管理体系建设。编制3年战略规划，为企业发展明确方向和目标。大力引进优秀人才，为未来发展提供智力支撑。积极探索新的商业模式，进一步激活企业运行机制。启动工业4.0计划，并实施样板工程，增强企业成本和质量竞争力。转变财务管理方式，努力培育企业新的经济增长点。公司获得杭州市“五一劳动奖状”，设立的浙江省企业博士后工作站、海兴电力云重点企业研究院通过省政府重点企业研究院认定，全域微功率无线电自组网技术研发及在智能电网配用电通信领域的应用项目被评为市重大科技创新项目。

（贾　靖）

【杭州奥普电器有限公司】 杭州奥普电器有限公司成立于1993年，以“做全球最好的浴霸”作为立身之本，潜心研发、精工制造，凭借优良的产品品质和完善的服务体系领先整个卫浴取暖市场，成为中国浴霸的代名词。公司是以生产卫浴电气化产品为主的上市企业，在全国拥有1000余家品牌专卖店、4000余个终端网点，旗下产品线覆盖浴霸、浴顶、通风扇等种类，成为卫浴电器的领导品牌，连续14年产品销量、市场占有率全国第一。公司拥有国际一流的检测设备和专业人员，严格按照国家标准进行检测，坚持不断创新，全面提升产品竞争力。6月，在世界品牌实验室发布的中国品牌500强榜单中，“奥普”品牌以93.72亿元的品牌价值，居行业榜单前12强。8月，“奥普”商标被国家工商行政管理总局商标评审委员会认定为驰名商标。在9月开展的全国“质量月”企业质量诚信专题活动中，公司获“全国质量诚信标杆典型企业”称号。奥普电器集团旗下集成吊顶品类奥芯系统核心电机第三代产品“奥芯Ⅲ代”“新型智能高效新风机”分别获中国家用电器研究院颁发的年度产品创新奖、年度技术创新奖。12月，公司与深圳市创想公益基金会建立公益战略合作伙伴关

系，携手创想公益基金会开启系列公益项目，为教育事业提供支持，为优秀人才提供奖励。（李　琳）

【杭州捷尔思阻燃化工有限公司】 杭州捷尔思阻燃化工有限公司成立于2001年，是国内最早专业开发、生产无卤阻燃剂和无卤阻燃材料的高新技术企业。企业下辖4个生产基地、1个独立的省级高新技术企业研究开发中心。在美国、俄罗斯、韩国建有3个海外销售分公司，在全球其他地区设有11个代理商。产品主要应用在飞机、交通运输、建筑材料、电子电器、新能源装备等行业，在国际市场上服务于多个世界500强企业与行业龙头企业，在无卤阻燃行业的市场占有率处于领先地位。公司拥有省级无卤阻燃材料研发中心和省无卤阻燃外贸服务平台、市级无卤阻燃技术研发中心和技术中心，获浙江省专利示范企业、杭州市著名商标、杭州市出口名牌等称号。先后承担完成国家创新基金、火炬计划、省重大创新计划、省新产品试制计划等项目20余个，获国家发明专利11项。公司先后获得高新技术企业重新认定、浙江省工业优秀新产品二等奖、杭州市优秀新产品和新技术一等奖、中国石油化工联合会技术发明二等奖等荣誉。（沈子澄）

【杭州璟江瑞华科技有限公司】 杭州璟江瑞华科技有限公司创建于1991年。2001年，该公司与德国M.DOHMAN公司成立中外合资企业，专业生产阳离子染料，产品销售量占全世界阳离子染料销售总量的20%。公司通过ISO 9001质量管理体系认证、ISO 14001环境管理体系认证。2015年，保俶牌阳离子染料系列再次被评为杭州市名牌产品。公司实施的“阳离子染料节能降耗改造”项目，按照节能、降耗、环保、安全生产的目标，以节约电力资源、减少废水排放为重点，通过设备、工艺提升改造，达到生产安全和环境卫生，实现电力、水资源消耗下降。公司采用“互联网+库存管理”生产模式，通过智能传感器等网络终端，将原料、半成品、产成品数据统一采集到公司数据库，由信息处理中心对数据库信息进行分析处理，实现资源的合理利用，提高工作效率，降低生产成本。公司主导产品为阳离子染料，主要用于腈纶和混纺毛料的染色和印花。全年研制新产品4项，其中阳离子蓝X-GRRL、高强度液状阳离子红紫3R，有效解决老产品不溶物多、浓度低、粉尘多等问题。新产品销往日本、韩国、北美、东南亚、南亚等国家和地区及欧盟。全年新产品销售收入2170万元，占销售总收入的16%。（孙　希）

【浙江威星智能仪表股份有限公司】 浙江威星智能仪表股份有限公司成立于2005年，是专业从事智慧燃气信息系统平台、智能燃气表终端及新一代超声波计量仪表等产品研发、生产的高新技术企业。产品涵盖IC卡智能终端、基于RF和物联网的智能计量终端、超声波计量仪表和“燃气云”信息管理平台等民用和工商业用系列，拥有业内品种规格最全的产品组合，获杭州港华燃气有限公司、华润燃气(集团)有限公司、中石油昆仑燃气有限公司和中国燃气控股有限公司等主要燃气集团的认可，市场覆盖广州、深圳、济南、苏州、佛山、常州等100余个城市，并出口至欧洲。公司研发基于大数据的燃气信息系统平台，以杭州燃气信息化建设为突破口，推动燃气行业云工程与云服务产业的发展。公司参与膜式燃气表、IC卡燃气流量计、超声波燃气

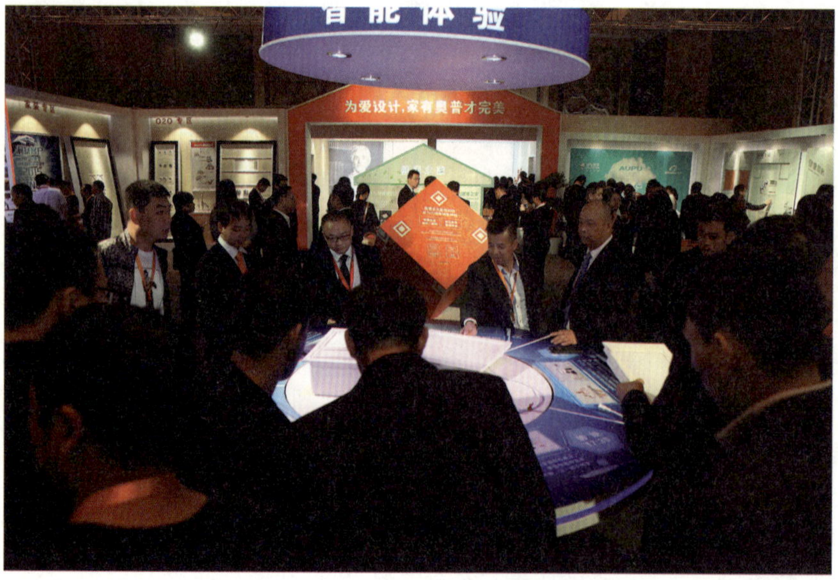

4月21日，杭州奥普电器有限公司举行新产品发布会

（杭州奥普电器有限公司　供稿）

表等国家标准及行业标准的制定。成功申报杭州市第一批工厂物联网专项——基于物联网技术的 MES 信息平台系统、上城区工业和信息化专项——面向燃气云的智能通用SOC 平台的研制，拥有 6 项发明专利、23 项实用新型专利、25 项软件著作权。公司跻身福布斯杂志 2015 年中国非上市潜力企业 100 强，获 2015 年度浙江省成长型中小企业称号。被认定为省级高新技术企业研发中心、企业技术中心、工程研究中心、专利示范企业，威星"燃气云"企业研究院被省政府认定为省级重点企业研究院，智能燃气表被评为市名牌产品。 （张　妍）

【思创医惠科技股份有限公司】 思创医惠科技股份有限公司原名为杭州中瑞思创科技股份有限公司，成立于 2003 年 11 月，2010 年 4 月在深圳创业板上市，注册资本 4.19 亿元，是专业从事电子商品防盗(EAS)、无线射频识别系统(RFID)定制化产品生产及行业应用解决方案开发与服务的高科技企业。拥有总资产 22 亿元，员工 1500 余人，在瑞典、意大利、西班牙、美国和中国香港建有子公司，产品被认定为浙江名牌，销往世界 70 余个国家和地区。公司进行省级企业研究院的建设，承担杭州市重大科技专项。全年授权专利 37 项，其中授权发明专利 3 项。2015 年，公司围绕物联网产业化的战略定位，实施重大资产重组，并购国内领先的医疗信息化解决方案提供商医惠科技有限公司，重组后更名为思创医惠科技股份有限公司。新公司拥有"智慧零售"和"智慧医疗"双主业，双主业在 RFID 技术及产品、软件开发、集成应用能力等方面协同发展，以提高在各自领域的竞争能力。 （李秀梅）

思鑫坊

财政·税务

Finance and Tax Administration

财 政

【概况】 2015年,上城区财政总收入首次突破100亿元,达107.15亿元,比上年(指2014年,下同)增长14.5%。其中,一般公共预算收入66.46亿元,增长14.5%,占财政总收入的62%。一般公共预算支出26亿元,增长37%。其中,民生保障支出21.07亿元,占一般公共预算支出的81%。区级财力逐年增强,为加快推进“现代化美丽上城”建设提供财力保障。

【组织财政收入】 2015年,区财政局加强与区国税局、上城地税分局、市直属税务分局的协调,按月编制《上城区财政收支分析月刊》,及时跟踪重点行业、重点企业的税源动态。积极组织财政收入,全年90幢楼宇实现税收48.4亿元,其中税收超1亿元楼宇17幢,增加6幢。区财政局贯彻省、市有关取消、暂停行政事业性收费和降低收费标准的各项规定,实行行政事业性收费项目目录管理,助推小微企业发展,增加财政税收。

【扶持新兴产业发展】 2015年,区财政局落实各项财政扶持政策,突出支持新兴产业项目和科研投入。全年全区申报旅游商贸、文化创意、信息化、金融服务、大学生创业等财政扶持项目65个,落实财政资助项目152个(包括上年申报项目),落实扶持资金3.85亿元,其中省、市级扶持资金2.45亿元。推进“营改增”“个转企”补贴政策落地,完成“营改增”试点期间税负增加企业申报和补助资金确认,全年确认“营改增”试点企业30个,兑付补贴资金491万元;审核通过“个转企”企业532个,兑付补贴资金438万元。发挥财政资金的杠杆作用,引导金融资本和社会资本支持信息、文创等高端产业发展,推进全区创业创新和产业转型升级。设立上城区产业投资基金,首期规模3亿元,实际到位1.2亿元。

【财政体制改革深化】 2015年,区财政局完善预决算公开制度,明确信息公开内容框架、时间步骤和主体责任,细化地方政府预算公开内容。除涉密部门外,全区部门预决算和“三公”经费预决算信息公开覆盖面100%。推进财政专项资金管理改革,出台《清理和完善区级财政专项资金管理的实施意见》,建立财政专项资金清单,并推行专项资金动态管理制度,解决部分专项资金“重分配、轻管理,重投入、轻绩效”等问题。建立政府购买服务制度,制定《上城区政府向社会力量购买服务管理办法》,公布政府购买服务管理目录,从购买内容、承接主体、预算管理、政府采购、资金支付、绩效评价、信息公开、监督管理等方面规范政府购买服务行为。规范国有资产管理,开展全区行政事业单位、区属国有企业房产清查,摸清存量房产家底,夯实长效管理基础。制定《关于进一步深化国有企业改革的意见》和相关管理办法,完善国有企业组织架构、薪酬考核办法及运营监管等工作,进一步激发国有企业活力。

【财政支出结构优化】 2015年,区财政局严格控制一般性经费和“三公”经费支出,压缩行政经费支出，重点保障教育、科技、文化、卫生、社会保障等民生事业的发展。全区“三公”经费比上年下降8.5%。其中，公务招待费下降30.6%，公务车购置及运行费下降1.8%，因公出国（境）费下降9.1%。全年用于社会事业和解决民生保障问题支出21.07亿元，占一般公共预算支出的81%。提高教师待遇和生均公用经费标准。其中，小学生均公用经费标准提高到800元/年，初中生均公用经费标准提高到1000元/年，全年教育投入6.08亿元。支持补贴居家养老、居家就业、居家医疗等居家系列惠民工程，全年居家就业补助2400万元，发放最低生活保障金1529万元，高龄补助等救济支出1483万元，投入养老经费2500万元，投入道路、公厕保洁经费8476万元。积极筹措资金，加快推进“五水共治”、棚户区改造、公共停车场等项目和湖滨、玉皇山南、望江等重点区块建设，以及馒头山、思鑫坊、劝业里等G20杭州峰会重点项目整治。

馒头山社区墙面、道路修葺整治　　（区财政局　供稿）

【财政资金使用规范】 2015年，区财政局加强财政监督力度，组织实施年度行政事业单位财务决算监督检查、社会团体财经纪律专项检查和执行“八项规定”情况专项督查。推进绩效管理改革，依托参与式预算监督模式，选取若干专项资金项目作为试点，进行绩效评价监督，实时跟踪项目资金支付情况，为实施专项资金绩效管理夯实基础。规范公款存放，制定《上城区区级行政事业单位公款竞争性存放管理暂行办法》，修订《上城区区级预算单位银行账户管理暂行办法》。通过行政事业单位银行账户年检，撤销未通过年检账户42个，并实施首期公款存放公开招标。加强地方政府债务管理，贯彻《国务院关于加强地方政府性债务管理的意见》，对全区存量债务进行自查清理，规范建设单位举债，防范和化解地方政府债务风险。全年全区置换债券19.58亿元。

（沈梦旦）

国家税务

【概况】 2015年，上城区国税局组织国税收入35.97亿元，比上年增收2.5亿元，增长7.5%。完成一般公共预算收入14.75亿元，增收1.74亿元，增长13.4%。征收税种中，增值税22.01亿元，增收3.62亿元，增长19.7%；企业所得税13.75亿元，减少1.06亿元，下降7.1%；消费税2104万元，减少670万元，下降24.2%。

【税收优惠】 2015年，区国税局严格落实各项税收优惠政策，积极涵养税源。全年审核企业免抵退税1.72亿元，其中免抵7600万元、退税9600万元。外贸企业退税8.25亿元。全区享受免征增值税的小微企业6.15万个次，其中减免收入2万元~3万元的企业21648个次，减免税款1857.22万元。2014年度企业所得税汇算清缴企业享受小微企业优惠政策1716户，减免税款667.14万元。全区2015年度预缴企业所得税减免税款1086.36万元，高新技术企业减免税款3128万元。

【税务审批改革】 2015年，区国税局根据《全国税务机关纳税服务规范2.2版》《全国税收征管规范（1.0版）》的要求，对行政审批事项进行全面清理，确定保留行政审批事项6项，取消原清单内非行政许可审批事项20项及其他非行政许可审批事项。推进“营改增”工作,至12月31日,“营改增”企业8035个,新增增值税4.97亿元,新增部分占增值税总额的23.7%,占国税收入总额的14.2%。

【税收征管质量提升】 2015年,区国税局推进网格化管理示范点建设,按照“6+1+N”模式,建立“区国税、地税局—街道网格点—社区、市场网格点”的三级网格管理机制。试点单位小营街道网格点在全市率先试运行。全区建立6个街道一级网格点,22个专业市场二级网格点,纳入网格化管理和服务的纳税人2.36万户。全面推行增值税发票系统升级版。“所得税核定征收管理模块”项目被省国税局纳入2015年度管理创新立项项目。推进国税、地税部门合作,成立国税、地税部门合作工作领导小组,建立合作工作联席会议制度。全年国税、地税部门联合设立纳税登记1248户,联合变更纳税登记信息2.55万条。

【纳税服务优化】 4月,区国税局开展第24次全国税收宣传月活动,发放税收优惠、征税提醒等内容的宣传资料1.04万份;建立微博、微信公众平台,向企业推送各类税收政策和服务信息5.96万条。开设纳税人实体学堂,举办“营改增”“免抵退”等培训辅导16场,培训纳税人及办税人员1215人次。开展网上代开发票服务,受理纳税人网上申请代开发票5687份。11月26日,开出全省首张网上申请领用邮政送达增值税专用发票。在区行政服务中心增设办税窗口,全年受理涉税事项1.02万件次,减少纳税人等候时间。

(缪方圆)

11月26日,区国税局完成全省首笔网上申请领用邮政配送增值税专用发票业务

(区国税局 供稿)

地方税务

【概况】 2015年,上城地税分局以“党员固定活动日”为抓手,深化党建、廉政建设、教育培训、财税文化建设等工作。认真落实“主体责任”“一岗双责”,抓好作风效能建设、党建阵地建设,通过塑造“中坚力量型”“带头示范型”“青春活力型”党员干部队伍,发挥基层党组织的战斗堡垒作用和党员的先锋模范作用。上城地税分局组织各项收入107.11亿元,比上年增收11.32亿元,增长11.8%。其中:税收60.66亿元,增收7.67亿元,增长14.5%;社保基金收入41.94亿元,增收3.41亿元,增长8.9%。完成区本级地方财政收入40.03亿元,增收3.68亿元,增长10.1%。

【夯实税收征管基础】 2015年,上城地税分局推进不同税种、不同规模企业的分类管理。以规范、净收为宗旨,按照“营改增”扩围工作部署,加强售付汇比对和村级留用地的专项核查,对支付境外劳务行为实施源头控管。加强宣传、沟通、跟踪,规范行政事业单位个人所得税申报工作。组建土地增值税清算小组,对地方税收实施专业化管理。坚持“抓大控中定小”的税源分类管理思路,通过开展税收辅导培训、畅通税企沟通渠道、组织“优秀办税员”评选、建立重点税源企业税收分析例会等手段,夯实重点企业征管基础。加强信息采集、分析、利用,将风险推送应对与评估工作有效衔接,努力降低企业涉税风险。对月定额超过10万元的个体户实行建账建证预警管理,全年清理管理未到位个体户437户。强化“个转企”的后续管理和服务,提升小微企业、个体户税收征管质量。

【依法征收税收】 2015年，上城地税分局以学法、懂法、守法为主线开展依法行政工作。强化执法意识，对税源管理岗、发票管理岗等岗位职责、廉政风险进行梳理，邀请法律专业人士讲解相关法律法规。规范执法标准，明确个人股权转让、违章处罚数额等业务标准，引导干部合理使用自由裁量权。优化执法程序，对土地增值税清算等重大涉税事项采取合议等举措，确保各项工作主体适格、程序到位、内容合法。按照执法督察相关要求，推进税务行政审批改革，做好审批制度的废、立、改。认真落实税收优惠政策，全年为符合条件的47个企业减免房产税，减免金额5040.8万元；有37个企业被减免土地税，减免金额220.26万元。

1月5日，上城地税分局为杭商启动税收政策直通车服务

（上城地税分局　供稿）

【纳税服务品质提升】 2015年，上城地税分局践行“同心汇聚”的服务理念和“服务企业、惠及民生”的宗旨，开展进园区、进企业、进校园系列服务活动，包括量身定制政策推送、开展专场培训辅导等活动，提升纳税服务品质。贯彻落实《全国县级税务机关纳税服务规范2.0版》，做到服务一把尺子、办税一个标准。积极推广24小时自助服务，纳税咨询从电话向QQ、微信、“税企通”等载体延伸。联合国税部门开办“纳税人学堂”，推进大厅服务向立体化、全天候服务转变。以“新常态、新税风”为税收宣传主题，联合“民情热线”走进西牌楼社区五柳巷开展税法咨询活动。建立基金小镇直通式服务队伍，为基金小镇办税提供个性化服务。推广网上报税，建立税企微信群，方便纳税人办税。由局领导带队，走访全区54个社区及全体“两代表一委员”（党代表、人大代表、政协委员），收集社会各界对财税工作的意见40余条。积极回应纳税人对财税热点问题的关切，建立对社会服务的长效机制。

【税源监控】 2015年，上城地税分局推进重点税源企业涉税风险监控平台建设，编制重点税源监控企业名单，对365户重点税源企业涉税档案进行归口管理，全部核对好有关基础资料和数据。召开3次会议，研究重点企业税源监控管理平台框架，最终确定平台框架由基础管理、税源管理、风险管理、办税服务4部分组成。对“风险管理”模块设计涵盖企业所得税、个人所得税、房产税、土地使用税、印花税5个税种24个疑点分析指标，并规范重点税源企业涉税风险监控管理平台操作文本。（章春军）

城区建设与管理

Urban Construction and Management

城区规划

【概况】 2015年,上城区规划工作注重城区品质和功能的提升、历史文脉的传承、区域的协同发展和社会各方的共建共享,充分发挥规划对城区建设的引领作用。全年完成建设项目选址意见书等71件,其中外立面装修类项目12件、行政划拨用地类项目59件。完成建设项目选址论证报告审查10件,均为行政划拨用地类项目。完成审查用地规划意见提供11件。完成建设设计方案批复11件、建设工程规划许可证23件(其中市政工程证2件)、工业用地项目类许可证1件、非工业出让用地类项目许可证26件、外立面装修类项目许可证6件。《之江路上城区段景观提升城市设计》纳入2015年"杭州市重点片区城市设计"编制项目。该城市设计委托中国联合工程公司编制。全年受理灰线检验项目9件、竣工规划核实项目21件,发放竣工规划核实确认书21件,建筑面积64.69万平方米;完成建设项目批后修改及批后备案6件;在建跟踪项目56件,面积256万平方米。违法确认项目7件。办理控规调整、选址和建设项目公示19件。受理规划信访问题139件,其中市信访局信访中心交办96件、区信访局交办43件。接受群众来访来电咨询671人次。办理市规划局转来信息公开54件。主办、协办区人大代表议案、建议意见及政协委员提案9件。

【规划审批管理】 2015年,上城规划分局以"分级审批、重心下放,管办分离、批管并举,统一标准、依法行政,权责一致、高效便民"原则开展规划审批工作。召开分局例会、内部专题讨论会等,对审批项目中的难点进行梳理讨论,并加强与相关部门的协调沟通,充分听取各方面意见。建立审批《建设项目日记综述》台账,记录每个项目办理过程中与项目审批相关的各项要素,为顺利开展审批工作打好基础。针对上城区社会公共资源缺乏等问题,在项目选址论证报告审查和建设工程设计方案审查阶段,建立街道、社区参与的审查机制。推进优化审批服务,树立窗口良好形象。区行政服务中心组织全区窗口单位开展服务评优活动,窗口工作人员陈丽白获"服务标兵"称号,驻区行政中心28号规划窗口被授予"标兵窗口"称号。以项目审批为抓手,建立与社区沟通机制,采取多种形式征集社区对规划工作的意见建议,积极探索符合上城实际的规划审批管理新模式。

【《上城区沿山空间发展概念规划》编制完成】 1月8日,上城规划分局完成《上城区沿山空间发展概念规划》编制。该规划在充分利用上城区沿山历史文化资源的前提下,力求改善居民生活环境,整合资源和空间,挖掘可持续发展的亮点和潜力。规划编制过程中,沿山区域居民、辖区企业员工和社区工作人员、外地游客、专家学者等200余人以各种方式提出意见建议。该规划被评为浙江省2014年度优秀城乡规划项目一等奖、杭州市2014年度优秀城乡规划设计二等奖和浙江省2015年度建设工程"钱江杯"(优秀勘察设计)综合工程一等奖。

【"百名规划师服务百家社区"活动】 3月,市规划局开展"百名规划师服务百家社区"活动。上城规划分局成立"双百"活动服务领导小组,定期召开会议听取情况汇报，研究解决相关问题，并组织工作人员深入社区，走访居民群众，了解基层对城市规划工作的意见、建议及需求，帮助基层解决涉及城市规划方面的实际问题。其间，举行以“社区的昨天、今天和明天”为主题的宣讲活动，通过制作社区规划蓝图、在街道社区巡回讲解，回顾社区历史，展现社区今天的风貌及明天的规划蓝图。在走访活动中，规划师积极回应居民的意见建议，将社区居民提出的增设社区配套服务用房和养老便民服务设施等合理意见纳入控制性详细规划修编计划。对老旧小区既有多层住宅加装电梯问题进行专项研究，起草《既有多层住宅增设电梯试行办法》，为老旧小区增设电梯的审批工作探索可操作路径。

【广福里北侧建筑历史遗留问题解决】 2015年，为推进解决广福里北侧建筑历史遗留问题，上城规划分局加强与广福里北侧周边居民沟通。与湖滨指挥部、清波街道及劳动路社区共同商议解决方案。在确定该历史遗留建筑具有改变为社区配套用房使用的可操作性的前提下，会同劳动路社区向居民进行耐心解释，取得大多数居民的理解和支持，为彻底解决该历史遗留问题奠定较好基础。

【服务“三改一拆”】 2015年，上城规划分局主动服务中心工作，积极参与“三改一拆”。配合区政府城区现状调研，主动提供相关规划审批的档案信息资料。出台《上城区既有违法建筑分类处置办法》，为保障“三改一拆”工作顺利进行打好基础。配合城管执法部门做好“三改一拆”中违法建筑的认定，针对老城区环境复杂的特点，从规划角度提出拆除项目的实施方案。搭建政府和群众间政情沟通的桥梁。根据上城区“无违建社区”考核验收领导小组统一安排，组织业务骨干分别参与辖区社区的巡查验收，负责检查建筑物、构筑物的规划审批情况，对全区立案查处的违法建筑是否拆除到位进行审查。

（甘雪梅）

城区建设

【概况】 2015年，上城区住房和城建局围绕建设“现代化美丽上城”目标和服务保障G20杭州峰会的工作圆心，加快对区域经济发展有重大促进作用的基础设施建设，加大规划引领和管理力度，深化“三改一拆”、“五水共治”、环境整治、民生项目建设等重点工作，圆满完成年度确定的各项目标任务。全年开工建设保障性住房25.3万平方米，竣工13.98万平方米。危旧房治理改造开工4万平方米，竣工5000平方米。建设公共停车场(库)9处，设计停车泊位2200个，其中完工4处。提升改造支小路7条，完工4条。地下空间开发项目开工12个，面积19.6万平方米，完工6个。完成旧厂区改造、旧住宅区改造、城中村改造44.5万平方米，拆除违章建筑7.5万平方米，拆后土地利用2.11万平方米。全区54个社区全部通过“无违建社区”创建验收，5个街道完成“无违建街道”创建申报。实施历史建筑保护修缮项目12处。完成10条道路污水管网建设和1000户居民家庭阳台雨水污水分流。完成北落马营景观绿地雨水收集利用试点和2个小区高层住宅二次供水改造。改扩建绿地4.23万平方米。全年发布国有土地征收令21个，完成国有土地上征收征迁住户1064户、企业37个，8个征迁项目实现征迁“清零”。启用阳光征收触摸平台，全区征迁户房屋征收由“人管”转变为“机管”。全年完成招投标勘察设计、代理比选、施工项目及材料设备招标监管项目389个，应招标项目招标率、应公开招标项目公开率均100%。将物联网技术全面应用于建筑施工安全监管，全区有8个工地安装可视化系统，接入平台率53%，监督工地视频监控在线率位居全市第一。深化工程建设领域突出问题专项治理，对招投标、质量安全监督等工作进行全面梳理，细化10个大类39个小项具体工作要求。“平安365”社会服务管理平台接收联动指令469件，办结率99.9%。受理城建问题来电、来信、来访2248件，办结反馈率、来电件沟通率均100%。受理“两会”转交的建议、提案61件，办结满意率100%。地铁4号线一期工程南星桥站码头地块启用阳光征收触摸平台，推进征收工作的公开、公正、透明。

【南星小区危改房重建项目主体结构通过验收】 11月27日，南星小区危改房重建项目完成屋面板的浇筑施工后，主体结构全部完工并通过验收，各项验收指标符合国家要求。该项目位于江城路与秋涛路交叉口,范围包括凤山路、剪刀巷等地块,涉及居民 177 户。原房屋多为瓦房,年久失修,并存在违章建筑,安全隐患较大,被列入危旧房改善范围。工程采取原拆原建的方法。安置房设计为 28 层的现代化住宅楼,建设回迁安置房 297 套,并拥有机动车停车泊位 117 个。

【上城区建设工程安全质量物联网管理平台建成】 3 月,上城区建设工程安全质量物联网管理平台建成并投入使用。该管理平台专门研发一套塔吊安全监控系统,各工地现场监控探头信号接入管理平台后,可以对受监工地的现场塔吊、主要出入口、封闭围挡沿线、材料堆场、民工宿舍等易存在安全隐患的区域进行实时监管, 对施工现场的各类违法违规行为进行抓拍,及时发现并消除可能存在的安全隐患。全区有 8 个工地安装该监控系统。

【外脚手架喷淋系统应用】 上城区“尚城 1157”(杭州卷烟厂老厂房)外立面装修及内部改造工程采用外脚手架喷淋系统,是全区实施文明施工综合治理的一项智慧成果。“尚城 1157”改造工程全面应用该项技术在全市范围内尚属首例。全市区县建设主管部门、人大调研团和在建工地施工单位陆续前往参观考察。该工程作为“治尘”和“节水”有效结合的典型范例得到肯定。

资料 外脚手架喷淋系统:是用水泵将喷淋水输送至外脚手架顶层敷设的水管中,在施工作业产生扬尘时启动智能化管控设备实施即时喷淋,形成的水幕能阻断建筑物内粉尘向外扩散,从而将施工扬尘阻断于在建单体的外脚手架立面。外脚手架喷淋系统所用的喷淋水为施工基坑开挖降水作业时所产生的基坑水和日常雨水。

【建筑业监管】 2015 年,上城区完成建筑业总产值 271.44 亿元,比上年(指 2014 年,下同)增长 9.5%,增幅居主城区首位。浙江长城建设集团有限公司获该行业房屋建筑施工总承包特级资质,成为上城区首个具有该资质的建筑企业。区行政服务中心住房和城建窗口凭借“主动服务、便民服务、创新服务”被评为年度省城乡建设系统优秀服务窗口。

【区管公房清查】 2 月,上城区开展直管公房清查工作。清查主要对非住宅、住宅、住宅改非住宅等房源的居住情况和使用人信息进行现场查访、登记备案。小营、湖滨、城南 3 个房管站清查组对所辖区域的公房,逐户上门核实房卡持有人的基本信息,了解房屋的居住使用情况,清查工作于 5 月完成,全区清查直管公房 6500 套。

3 月,上城区建设工程安全质量物联网管理平台建成

(区住房和城建局 供稿)

【房屋货币化征收】 地铁 5 号线一期工程江城路站二期项目,是杭州房屋征收货币化政策实施后第一个国有土地上房屋征收项目,涉及被征收户 155 户,其中住宅 141 户,建筑面积 14304.66 平方米。70%的住户选择货币化补偿。全年完成463 户住户货币化房屋征收。

【公共租赁住房货币补贴试点】 11 月9 日,杭州市公共租赁住房货币补贴工作启动,上城区作为试点城区率先实施公共租赁住房货币补贴政策。此次公租房货币补贴试点的受理对象为上城区范围内符合条件的中等偏下收入住房困难家庭、新就业大学毕业生及创业人员，准入条件与上城区的公租房实物配租准入一致。货币补贴的保障面积为人均建筑面积15平方米，补贴总建筑面积不超过60平方米，租金补贴标准为每月6元/平方米。试点工作启动后至年末，区住房和城建局驻区行政服务中心窗口为70户住房困难家庭办结货币补贴申请，发放货币补贴10万元。

上城区公租房货币补贴试点咨询现场　（区住房和城建局　供稿）

【群租房和屋顶违建整治】 2015年，上城区开展违章建筑七大专项整治行动，对群租房和屋顶违建进行集中整治。1~4月，全区抽调城建、公安、消防、市场监管等12个部门30人组成的专项整治小组，对康都紫轩小区实施专项治理。该小区群租房达80%，一套房子大大小小被隔成七八个房间，电线乱拉、群租噪音、高空抛物等问题严重干扰原住居民。此次整治本着打造群租房样板示范小区的要求，采用协会参与+服务包干的新模式，引进舒心港服务社等社会组织，对小区的出租房屋做整体的规划调整，对出租房建立一户一档，加强安全管理和租客信息管理。3月3日，区政府组织公安、执法、拆违等部门及望江街道有关人员100余人，对杭州电视台《今日关注》栏目曝光的望江家园东园内5处屋顶违建进行拆除。根据排查摸底，望江家园东园有屋顶违建54处。至5月末，所有违建被依法拆除。（金志伟）

城区管理

【概况】 2015年，上城区围绕创建“两美浙江”、打造“美丽杭州”示范区目标，持续强化城区管理，深入推进“三改一拆”“五水共治”等重点工作，加大城区拆迁、改造力度，大力开展热难点问题专项整治，深化贴心城管行动，全区“四化”水平保持全市领先。全年完成望北区块积水治理等防汛排涝工程10个，铺设排水管道2862米，增设雨水口300座。实施凤凰山脚路等截污纳管项目33个，日新增截污量2910立方米。完善雨污管网2.27万米，治理面积3万余平方米，在全市率先实现河道污水“零直排”。完成东河（上城段）河岸改善工程和新开河（上城段）主体清淤工程。成功申报2个节水型居民小区。完成南山路、解放路、西湖大道等6条市政道路修复和劳动路、柳营路、将军路3条道路整治，修复道路13.66万平方米、人行道3300平方米，提升加固窨井385座，清疏管渠488.7千米，市政设施完好率在主城区排名第一。出台《上城区生活垃圾“三化四分”工作实施方案》，城区生活垃圾总量实际增长1.6%。

推行城管执法“重心下移”机制，7个城管执法中队按照派驻形式下放到各街道。《杭州日报》对以湖滨街道、清波街道为代表的城市综合管理新模式进行专题报道，全区“96310”城管热线信访处置满意率上升1.6%。依托“智慧城管”系统，把城市管理网格化管理平台、数字市政综合业务管理平台、数字环卫监管平台、市政设施现场管理系统、“智慧公厕”管理系统等纳入智慧化城区管理平台，构建执法、市政、环卫、绿化“四位一体”大城管格局。以“贴心城管”工作为载体，组建志愿者队伍，出动志愿者6万余人次，开展各类志愿活动1000余次，中央电视台《中国新闻》《新闻30分》等栏目连续做专题报道。社区“和事佬”调解室、“阳光议事厅”等社会参与平台处理居民投诉150起，群众满意率100%。

【“四化”水平全市领先】 2015年,上城区进一步完善城区长效管理机制,“洁化、序化、绿化、亮化”水平保持全市领先。深化道路保洁和公厕提升改造工作,加快推进市政环卫综合养护一体化,全区环卫保洁作业市场化率87.5%,城区清洁度位列全市第一。创新打造清洁直运“互联网+”模式,上城区成为全市首个清洁直运体制创新挂牌城区。强化序化管控,以交通要道、窗口区块为重点,开展户外广告、违规设摊等十大环境秩序整治,查处各类案件4.29万起,望江门外直街脏乱差、衢江路夜市混乱、建国路跨街广告等难点热点问题得到有效破解。以绿化管养和灾害天气情况下的保绿护绿为重点,打造绿化景观精品,“五一”自然花境及国庆立体花坛参赛作品均获全市二等奖。亮化工作以东望天际线、钱江北岸线、中河高架沿线及城站、湖滨、南宋御街为重点,全年完成佑圣大厦等亮灯工程项目;消除老旧小区照明“暗区”40处,其中新增亮灯点位24处,更新照明点位16处。浙江省中医院、浦发银行大厦、城站火车站等4个上年度夜景照明工程完成竣工验收。

【城管执法重心下移】 4月3日,上城区在城管执法重心下移推进会暨湖滨地区城市综合管理现场会上推出城市管理行政执法体制改革新举措,全面推行“重心下移、力量下沉、互助执法”的城管执法机制。该机制明确各街道(管委会)是辖区城管工作第一责任人,区城管局是全区城市管理工作牵头抓总部门和全区城市管理行政执法主体。在人员管理上,按照“权随责定、人随事转、事费配套”的原则,除机动中队外,其他执法中队以派驻形式下沉到属地街道,实行双重管理。城管执法改革举措在总结湖滨地区试点的基础上推出,旨在充分发挥街道在属地城管中的主体作用,有效形成城管执法工作“整合队伍、综合管理、联合执法”的新格局。

【实施环境综合治理项目领导挂包制度】 11月12日,为推进全区环境综合治理工作,上城区对道路整治提升、市容秩序管控、环境卫生保洁三大方面130个项目实施区领导挂包制度。挂包项目由区四套班子主要领导总协调,25名区级领导分包负责,对挂包项目进行统筹协调、跟踪督办,定期或不定期听取项目进展情况汇报,协调解决突出矛盾和具体问题。年内,南落马营“四边三化”综合整治、严官巷立面整治、始版桥直街环境整治等薄弱地区的综合整治有序推进。

【垃圾减量分类】 2015年,上城区完成垃圾治理顶层设计,出台《上城区生活垃圾“三化四分”工作实施方案》,通过推进垃圾分类宣传引导、开展低价值垃圾回收、推广厨余垃圾就地处理、落实非生活垃圾另行处置等措施,实现城区生活垃圾总量增长率小于2%的目标,垃圾总量实际增长1.6%。其中垃圾分类完成居民小区全覆盖,参与垃圾分类的居民增加到14.7万户;实行垃圾分类的区直部门和企事业单位增至182个。上城区垃圾分类工作在全市排名第一。

【违法建筑专项整治】 3月,区城管局启动违法建筑专项整治行动,整治内容涉及出租房违建、存在安全隐患违建、市场和仓储违建、主要道路和河道两侧违建、已立案但尚未查处到位的违建、信访投诉违建和空中违建7个方面。专项整治行动分全面排查、整治拆除、考核总结3个阶段实施。违法建筑专项整治与城区环境整治攻坚相结合,坚持高质量整治、高效能管理,并采用高科技取证手段强化违建查处。全年拆除违法建筑7.5万平方米,成功处置中星外贸服饰城等多处老大难违法建筑。违法建筑七大专项整治行动至11月底结束。

【望江立交桥旧家具市场整治】 3月27日,区城管局联合区公安、交警、市场监管等部门,对望江立交桥下违法占道的旧家具市场开展联动整治。通过整治,占据该处的违法旧家具交易市场被彻底清除,望江立交桥下停车场恢复正常使用。区城管局同时安排保安人员进行督岗,实施长效化管理,防止旧家具市场“死灰复燃”。

【湖滨四期夜景照明工程竣工】 5月22日,区城管局完成湖滨四期延安路、平海路、东坡路、学士路围合区域的建筑外立面及顶部亮化工程。整改提升后的湖滨四期亮化工程,除照明灯具整体修复、亮度明

7月30日，市环境集团清洁直运上城分公司成立新闻沟通会召开
（区城管局 供稿）

显提升外，各个建筑节点均有颇具心思的细节设计。该工程完工后统一纳入市级亮灯集控系统，按照平日、节假日两种控制模式控制灯光效果，并实行节假日亮灯保障。

【应对台风“灿鸿”】 7月中旬，第9号台风“灿鸿”来袭。区城管局按照应急预案，成立抗台防台指挥部，充实应急保障队伍，加强应急物资储备，会同辖区各单位积极应对。台风影响杭城期间，全区处理低洼积水111处，拆除工棚12座、防护网33处、临时围护25处，加固脚手架55处、广告牌212块，加固易倒伏树木3164棵，修整树木277棵，处理倒伏树木97棵。各工地加强对深基坑、外脚手架、建筑起重机械、临时工棚等重点部位的检查。全区顺利完成抗击“灿鸿”强台风工作。

【清洁直运实时监管】 8月，区城管局与市环境集团实现车辆GPS数据、清运点坐标、清运路线、垃圾量数据等8项数据内容共享，完成清洁直运监管平台搭建，实现清洁直运实时监管。运用物联网技术、GIS技术、GPS技术等信息化手段，为一线环卫职工配备手环定位器，为道路环卫垃圾桶安装电子标签，实现全区环卫作业人员和硬件设施实时管理。

【上城区率先实现污水“零直排”】 2015年，区城管局对全区市政排水设施与污染源点进行普查，通过堆筑河道围堰，封堵违规出水口20处。对辖区内中河、东河、新开河、新塘河4条河道沿线226个排污口建立“一点一方案”，落实管理责任。在排污口、溢流井附近安装154个用上RFID物联网技术的电子标签，并安装10块能实时播报河道监测信息的电子公示牌。实施馒头山地区和滨江4号区块截污纳管项目27个。加强河道水质、漂浮物及水面以下排污情况监控。9月，辖区内5条河道污水实现“零直排”，水质全线稳定在四类，上城区成为杭州市污水“零直排”第一区。

【9名优秀环卫工人到新加坡考察】 9月25日，区城管局组织9名优秀环卫工人到新加坡进行为期6天的学习考察。选送考察的职工分别来自上城区6个基层环卫所。区城管局于9月23日举行欢送仪

9月23日，区城管局欢送优秀环卫工人到新加坡考察 （区城管局 供稿）

式，勉励城市美容师认真学习借鉴国外的先进经验，为提高本城区的管理水平服务。考察期间，他们参观达士岭住宅区，考察垃圾分类、小区保洁管理和水域卫生管理；与新加坡重建局交流城市管理工作；参观城市规划展览馆、世界先进的水处理厂——新生水厂等。

【截污纳管工程实施】 2015年，上城区投资1595万元，对中河、新开河、新塘河实施截污纳管，先后完成市级截污纳管项目33个（第一批23个、第二批10个），新增日截污量2910立方米。列入区级截污纳管项目有贴沙河、东河五柳巷等25个，总投资65万元，均按进度要求推进，其中21个项目完成初步方案设计。

【亮灯工程实施】 2015年，上城区实施亮灯工程13处。其中，建筑亮灯工程11处，为浙江大学医学院附属妇产科医院2号楼、马可波罗假日酒店、杭州市中级人民法院、华顺大厦、耀江广厦、通润银座、泰地万新大厦、金钱大厦、浙二医院、万安商社、伟星世纪大厦；绿地景观亮灯工程1处，为钱塘江北岸（一桥至三桥）绿地景观亮化；道路亮灯工程1处，共39个点位。年内，被列入计划的亮灯工程均按照进度加快推进。为加强亮灯设施建设管理，确保辖区所有建筑和公共区域的亮灯率，区城管委对全区建（构）筑物景观照明设施实行市场化养护管理。 （郁泽升）

城区绿化

【概况】 2015年，上城区新增绿化面积1.51万平方米，其中新建绿化面积1000平方米以上的绿地有甘水巷道侧、樱桃山路道侧等6处，通过老小区整治改造绿地2.73万平方米。杭州清河实验中学、华东医药杭州宝力药业有限公司、上城城建综合大楼等13个单位完成屋顶绿化1万平方米。全年1531个单位建立义务植树卡，全区参加义务植树活动11.56万人次，其中参与直接植树5.25万人次、认建认养绿地600人次、绿化养护3.32万人次。受理树木砍伐和迁移等事项审批99件、绿化问题信访81件，绿地率核查11件。

【城站广场“美化家园”工程】 2015年，上城区组织实施城站广场“美化家园”工程。针对广场绿地内部分植物老化，有局部黄土裸露，栏杆残缺，开花植物较少的实际情况，美化主要进行复绿及配套设施建设，包括新增花槽，增加景观效果等。美化工程改造绿地2800平方米，新增花槽500米，于5月29日完成。

【美政花苑改造提升】 4月15日，美政花苑完成改造提升。美政花苑位于复兴路与之江路之间，复兴南街将美政花苑分成南北两个片区。上城区绿化部门结合拆违，对辖区内住宅楼宅间、宅旁及中心组团绿地进行行道树、草坪修剪，补植花灌木、草皮，处理死树、险树，在主要道路上设置防护栏。美政花苑改造绿地2.45万平方米，其中南区块1.05万平方米、北区块1.4万平方米。

【环保主题公园复建】 11月19日，东河环保公园（“五水共治”主题公园）复建工程完工。该公园位于上城区东河西岸，北临清泰街，南至西湖大道，西侧为城头巷，占地面积7055平方米，为地下公共停车库建成后地面环

4月11日，区领导参加义务植树活动 （区住房和城建局 供稿）

保公园的复建项目。主要建设内容为恢复原有公园设施,包括景观绿化、园区道路及场地铺装、堤岸驳坎、增设休憩设施、修建展览馆等。（屠晓晨）

国土资源管理

【概况】 2015年,杭州市国土资源局上城分局(简称区国土分局)围绕建设“现代化美丽上城”目标,以“三严三实”专题教育为动力,以土地精细化管理为着力点,扎实推进征地拆迁、土地利用、年租金征缴、地质灾害防治、执法监察等工作。全年区国土分局门户网站更新政务动态67篇。运用新媒体为群众答疑解惑,发布政务微博300条、微信90期。组织“4·22”地球日、“6·25”全国土地日系列宣传活动,推进政策法规宣传进学校、进社区工作。全年受理征地拆迁、土地注销登记档案查询1392件,开具证明文件27份,均当场一次办结。

【征迁安置“清零”行动】 2015年,区国土分局开展重点建设项目征迁“清零”行动。派出业务骨干进驻动迁指挥部,加强集体土地征收监管、审核及政策指导。区政府印发《上城区征收集体所有土地住宅房屋补偿货币化安置的实施细则》。全年完成集体土地征地项目11个、集体土地拆迁项目14个,完成集体土地征迁598户、国有土地拆迁1064户。全区回迁安置“清零”项目18个。其中:集体土地回迁安置“清零”项目5个,提供安置房源720套,安置在外过渡人员1020人;国有土地回迁安置“清零”项目5个,安置拆迁户133户。

【土地集约利用】 2015年,区国土分局办结建设用地预审项目33个,项目总面积50.8公顷;完成西湖电影院地块和中华饭店地块出让,出让土地面积0.91公顷;复兴单元SC0602-08(大名空间旁)、湖滨E-01、04(工联二期)、近江单元SC04-02-B1/B2-01(常青村)、南星单元C2-02(中策橡胶厂)等6宗土地完成做地,具备出让条件,做地总面积5.91公顷,做地率105.5%。推进城镇低效用地再开发,全年再开发城镇低效用地37宗、34.1公顷,完成率160%。签订国有土地年收益合同144份,合同金额1431.8万元,完成率150%。为辖区内浙江九天控股集团有限公司、杭州清河坊资产管理有限公司等企业用地进行协调,积极破解企业用地困难。

【地质灾害防治】 2015年,区国土分局完善地质灾害三级巡查网络组织,全区地质灾害隐患点防治工作责任人、检查人、巡查人、监测人名单和联系方式在网上公布。加强群测群防,指导沿山的街道、社区防范“灿鸿”“天鹅”等超强台风带来的灾害。在台风、暴雨降临期间,区国土分局启动应急值守40次,出动巡查人员270人次,开展地质灾害隐患巡查监测。投入治理资金71.89万元,完成严官巷52~53号房屋后侧边坡挡墙崩塌、晓霞弄7号路旁边坡滑坡、万松岭路84号东侧崩塌3处地质灾害治理,实现人员“零伤亡”、财产“零损失”。

【土地执法监察】 2015年,区国土分局助推“三改一拆”“无违建城区”创建等工作,全年拆除涉及土地违建224处,拆后土地利用2.11万平方米,利用率91.7%。出动执法人员224人次,开展土地执法巡查112次,其中节假日巡查14次。实现国土资源违法举报电话无举报件、无立案查处国土资源违法案件。开

11月13日,上城区国土分局召开土地年收益交流会　（区国土分局　供稿）

展土地矿产卫片检查,保持土地监察“零违法”“零问责”。严格依法行政,完成征地房屋补偿决定10例,补偿决定申请法院强制执行1例。全年受理信访来电、来件、来访52件,办结率100%。

资料 卫片:利用卫星遥感监测等技术手段制作的叠加监测信息及有关要素后形成的专题影像图片。

【国土行政审批】 2015年,区国土分局承接市政府和市国土资源局3批、23项下放职能。在区行政服务中心增加2个行政审批办证窗口和2名事业编制人员。全年办理单套房登记9519本、大宗土地登记106本、注销登记197宗、供地审批8个、成果审核73件、权属核查16件、资产处置1件,全部按承诺时限完成办结和出件,实现“零投诉、零失误、零差错”。全区不动产统一登记工作前期准备基本完成。

(张 婧)

房地产业

【概况】 2015年,上城区房地产开发投资总量增加,房屋施工规模扩大。全区有房地产企业71个,完成房地产开发投资65.03亿元,比上年增长49.5%,占全社会固定资产投资的73.4%。全年商品房开工面积38.29万平方米,竣工面积15.06万平方米;销售面积17.4万平方米,增长45.9%;房地产业增加值45.64亿元,增长11.3%。

(张海树)

【广宇集团实现销售额35亿元】 2015年,广宇集团股份有限公司(简称广宇集团)实施“稳健发展”经营策略,围绕年初既定的“抓销售,去存量;定标准,明目标;控费用,抓效率”的经营目标,加快项目建设和资金回笼。全年广宇集团实现销售额35亿元、营业收入17.2亿元,新开工建筑面积18.1万平方米。先后获浙江省纳税信用和“守合同重信用”AAA级企业称号及浙江上市公司最佳转型奖,“广宇” 浙江省知名商号被延续。广宇集团积极承担企业社会责任,热心公益事业,全年向社会各界捐款400余万元。其中,春风行动捐款10万元,向浙江大学城市学院教育基金会、浙江大学教育基金会海洋学院捐助创业奖励基金各100万元。广宇集团各分(子)公司将广宇集团的爱心散播到各地。肇庆广宇公司捐赠端州慈善会5万元、肇庆慈善会10万元,黄山广宇公司资助歙县深渡镇5万元。

【广宇大健康事业部成立】 广宇集团转型升级,于5月1日成立大健康事业部,推动第二主业发展。建立杭州全景医学影像诊断中心。该中心拥有高端的医疗诊断设备及医学界权威专家团队,是省内第一家国内第二家独立第三方医学影像中心。引进美国护士资格认证中心项目(简称ANCC)。ANCC隶属美国卫生部门的护理协会,为全球专业的医疗组织和护士提供最高标准的认证机构。9月,ANCC副主席和首席认证官到杭州对双方合作的项目进行实地考察,双方签订合作协议。

9月24日,美国护士资格认证中心专家实地考察广宇集团

(广宇集团 供稿)

【广宇万科·公园里项目开发】 8月11日,广宇集团以7.05亿元报价竞得桃源单元R21-11地块。该地块位于沈半路与桃源街交叉口,占地面积41295平方米。11月6日,广宇集团与万科企业股份有限公司达成合作

协议，正式引进万科品牌与管理，共同开发广宇万科·公园里项目。该项目规划建筑面积14万平方米，其中地上建筑面积10万平方米，项目由13幢高楼组成。

10月30日，“书香余杭·创意客厅”项目落户鼎悦府悦街区。图为有关领导出席开街仪式　（广宇集团　供稿）

【“书香余杭·创意客厅”项目落户广宇鼎悦府悦街区】 10月30日，落户鼎悦府悦街区的“书香余杭·创意客厅”项目举行开街仪式。杭州市委宣传部副部长陆政品，余杭区委常委、宣传部部长王姝，余杭区人大常委会副主任、临平新城党工委书记李敏华等领导出席。“书香余杭·创意客厅”项目是余杭区委宣传部、余杭区文创办围绕“生态、生活、生产”融合、“创意、创业、创造”融合的要求，坚持“产城人融合发展”，以“品书香·慢生活”为主题打造的创意生活街区，体量达8800余平方米。项目主要包括创意客厅、自助图书馆、晓风书屋和创意街区四大板块，旨在营造安静、精致的生活空间，打造城区的文化体验高地。　（陈　翀）

“三改一拆”与历史街区改造

【概况】 2015年，上城区各指挥部围绕“三改一拆”与历史街区改造开展各项工作。望江地区改造建设围绕“三年初具规模，五年基本建成”的目标，扎实推进征迁安置、前期开发和工程建设。徐家埠地块建设红线范围内实现拆迁“清零”、杭州味精厂地块拆迁“清零”进入冲刺阶段；长青村、杭州西子集团地块完成拆迁，基本具备交地条件；与杭州地铁集团达成杭州牙膏厂地块联合做地意向。望江单元控规局部优化调整及规划OA系统调整获批复；采用并联审批的方法完成27个项目的前期征收办证，办证时间缩短一半。区体育中心、徐家埠地块安置房、甬江路和凯旋路一期道路工程开工建设。全年完成征迁1869户，征迁量超过以往4年的总和。搬迁企业45个。开工建设8.03万平方米，竣工13.46万平方米，安置拆迁户1850户，超额完成全年任务。吴山地区围绕清河坊历史街区改造和吴山宋韵小镇建设有序开展工作。湖滨地区实施重点建设项目20个，其中围绕G20杭州峰会整治一类道路5条、三类道路8条；实施湖滨区域和东望天际线亮灯工程；思鑫坊和劝业里两大区域整治、勾山里历史保护文物修缮、大小塔儿巷危旧房改造、万安桥停车库建设、开元中学迁建等项目竣工。完成中华饭店、西湖电影院地块出让和龙翔公交地块出让前土地收储。劝业里传统风貌协调区征迁及三元坊10号地块搬迁有序推进，完成钱学森故居、源丰祥茶号旧址、妇保地块及小塔儿巷7~16号危旧房改善项目回迁安置。玉皇山南地区加快基金小镇建设和馒头山地块整治。　（郃佳甜　洪斯斯）

【望江地区改造建设工作会议】 2月12日，望江指挥部召开2014年度工作会议，总结望江新城建设工作，部署新一年的主要任务。区人大常委会副主任、望江指挥部总指挥顾文友，紫阳街道、望江街道、望江指挥部、望海潮建设有限公司负责人等90余人参加会议。望江指挥部常务副总指挥高燕东在会上做题为“振奋精神，真抓实干，克难攻坚，努力实现望江新城发展新跨越”的报告，提出要以抓好“12345”工程为望江地区建设的新目标。顾文友要求望江指挥部与紫阳街道、望江街道紧密配合，加强协作，注重效率，以更加扎实有效的作风，妥善解决项目推进过程中的难点和热点问题，加快望江新城建设。

资料 **"12345"工程**："1"代表完成《望江单元控规局部地块调整》批复；"2"代表2个课题调研；"3"确保3个重点项目开工和3个重点项目续建；"4"代表全力推进4个区块征迁改造；"5"代表制定落实5项规范体系，加强工程建设管理和提升队伍整体素质。

【望江单元控规优化调整获批复】 5月14日，《杭州市望江单元婺江路、海潮路沿线地区控规局部调整》获批复。望江单元东至秋涛路、南至复兴立交匝道、西至贴沙河和铁路、北至清江路，总用地223.43万平方米。此次控规局部调整主要对婺江路、凯旋路(海潮路)沿线地区道路线形进行局部调整，对婺江路沿线核心区块的定位进行深化，推进望江新城的核心——婺江路公建带的打造。调整内容包括拓宽婺江路、凯旋路宽度，增加绿地面积；调整教育实施用地容积率，完善校园配套建设；降低拆迁难度，减少征迁居民1350户；完善社区配套设施，整合农贸市场资源，增加建设规模，提升保障房建设整体品质；优化地块功能，增加商业商务设施和商住混合用地，提高片区土地利用效率。

【区行政中心及科技文化馆主体工程结顶】 1月31日，区行政中心及科技文化馆主体工程结构提前结顶。区行政中心及科技文化馆位于望江地区鲲鹏路以南、望江公园以北、望江路以东，总占地面积1.34万平方米，总建筑面积10.88万平方米，地上19层，地下3层。其中行政中心建筑面积3.57万平方米，科技文化馆建筑面积7.32万平方米，总投资6.07亿元，计划于2017年年底建成。

1月31日，区行政中心及科技文化馆主体工程结构提前结顶

(望江指挥部 供稿)

【完成近江单元望江片二期农户安置】 7月，望江指挥部近江单元(SC04)B-C2-03-02地块(原杭州孔凤春化妆品地块)拆迁安置房分房，望江片居住区二期85户农户领到新居钥匙。此次分房房源为婺江家园一园，该小区采用现代化都市小区设计模式，将居住组团、公共集中绿地、小学和地铁1号线有机结合起来，小区环境优美，生活便利，获2014年度杭州市建设工程"西湖杯"结构优质奖。小区户型涵盖55平方米~130平方米8种户型，涉及居民425人。为做好分房安置工作，望江指挥部成立择房确认组、择房解答组、政策咨询组、后勤保障组等9个工作组，分头深入现场和拆迁户做过细工作。整个分房工作坚持公开、公平、公正原则，居民群众基本满意。

【望江新城消防网改造完成】 7月，随着望江新城消防管道铺设的完成，望江新城高层房屋消防网改造工程全面竣工。望江新城消防管网改造总长度17千米，涉及高层住宅69幢、商铺219间，包括更新200多个阀门。望江地区消防网改造工程是上城区十大惠民工程之一，需要在原消防管网基础上重新开挖铺设管道，并接入各个小区高层消防口。此次消防网改造旨在全面提升望江新城消防安全水平。望江指挥部积极做好居民群众和商铺的协调工作，确保消防管道顺利铺设。

【全年房屋征收"两证"办理率100%】 2015年，望南、望北区块有拆迁户1800户，占年度内全区总拆迁量的90%。望江指挥部通过上门约谈、定点约谈、多部门组团会谈等形式，加快拆迁户腾空签约速度，年内完成婺江路、望江单元 C2-06 和 07 地块、凯旋路一至四期、省发射台地块等 5 条道路 10 个地块的国有土地《房屋征收决定》申领；完成婺江路、南星单元 A-R21-03 地块的集体土地《征地房屋补偿实施方案批复》审理，全年征收“两证”办理率 100%。

【望江指挥部停车场库建设工作获表彰】 7 月，望江指挥部被杭州市治理城市交通拥堵工作领导小组评为2014 年度停车场库建设先进单位。这是望江指挥部继获杭州市经济适用房建设先进单位、安置房建设先进集体等荣誉后，又在停车场库建设方面取得的一项市级荣誉。望江指挥部以交通拥堵治理为抓手，扎实推进停车场库建设，先后建成望江公园北地下公共停车库、上城区开元中学地下停车库、新天地实验小学地下停车库、省发射台地块临时停车场等停车场库，新增停车泊位 1060 个。

【望江指挥部与浙大建筑设计研究院签署战略合作框架协议】 8 月 15 日，望江指挥部与浙江大学建筑设计研究院战略合作框架协议签署仪式在浙江大学西溪校区举行。区委常委、副区长管光尧和浙江大学党委副书记任少波出席签署仪式并分别致辞。望江指挥部常务副总指挥高燕东、杭州望海潮有限公司董事长朱波、浙大建筑设计研究院院长董丹申等出席签署仪式。双方将在城乡规划、城市设计、绿色建筑研究、建筑产业化、项目开发、人才培养等领域开展战略合作。

【重点项目集中开工】 9 月 2 日，上城区重点项目集中开工仪式在杭州中策橡胶厂地块举行。市委副书记、市长张鸿铭，市政府秘书长王宏出席开工仪式，张鸿铭宣布重点项目集中开工。此次集中开工的项目 6 个，分别为凯旋路一期（甬江路—望江路）道路工程、甬江路（凯旋路—秋涛路）道路工程、上城区体育中心项目、近江单元 B-R21-03 地块安置房项目、湖滨单元 C5/S3-12 地块社会停车库及综合配套服务用房项目、江城路东侧平安里地块危旧房重建项目，总投资 15.67 亿元。其中近江单元B-R21-03 地块安置房项目位于徐家埠路与规划 4 号路交叉口，总建筑面积 2.25 万平方米，为地下 1 层、地面 5 幢小高层住宅的项目。上城区体育中心项目位于钱江路与候潮路交叉口，总建筑面积 5.5 万平方米，建筑高度 59.6 米，配有停车位 264 个。甬江路道路工程位于望江单元内，为东西向次干道，西至凯旋路，东至秋涛路，道路全长 380 米，双向四车道。凯旋路一期道路工程为望江单元内一条主要南北向次干道，南起甬江路，北至望江路，道路全长 475.79 米。

（邰佳甜）

【清河坊历史街区停车场经营权拍卖】 7 月 15 日，清河坊历史街区 5 个停车场经营权由杭州市产权交易所进行拍卖，杭州西子停车产业有限公司以 675 万元的竞拍价获得 3 年经营权。5 个公共停车场的 231 个停车泊位的经营权完成市场化运作。8 月，杭州西子停车产业有限公司全面接手停车场，并向社会开放。经营权拍卖是清河坊历史街区鼓励社会资本参与商业街区经营管理的有益尝试。通过市场化运作，还公共资源于社会，在一定程度上缓解街区停车难问题。

【吴山地区 G20 杭州峰会建设项目启动】 12 月 19 日，吴山地区 G20 杭州峰会建设项目启动，项目涉及 8 条道路整治和南宋御街亮化。其中一类道路 2 条，分别为中河中路、中河南路；三类道路 6 条，分别为中山中路、中山南路、河坊街、高银街、华光巷、清波街。南宋御街亮化路段为中山中路核心段、河坊街、中山南路等。项目建设主要包括道路整治、绿化、美化、道路两侧亮化、店招整理、城市家具提升改造和立面景观综合整治等。（孙仲杰）

广场综合管理

【城站广场概况】 城站广场于 1999 年 12 月 28 日改建竣工并投入运行，总建筑面积 3.49 万平方米，分为地下层、地面层和高架层。地下层与地铁 1 号线城站站贯通，地下层设有出租车专用车道、自备车库，供出租车、自备车接客，乘客通过南北 6 台自动扶梯到达地面层。地面层有 25 条城站始发的公交线路，地面广场由室内一层大厅和广场中心花园、南北高架上下车道及西湖大道等组成。城站广场在清泰立交桥南侧设有客运停车场,供机场、旅游公司、宾馆和周边城市短途接送团队散客。火车售票处、候车室设在高架层,机动车可通过广场西侧两边的引桥把旅客直接送到高架层铁路候车室门口。城站广场日客流量最高时超过18万人次。

1999年12月28日,城站广场同步交于上城区政府管理。2012年9月,杭州市城站广场管委会成立,为区政府派出机构,主要负责组织协调城站广场区域的社会治安、交通运营管理、公共卫生、绿化养护、市政设施、场景场貌等工作;负责协调有关部门和单位做好城站火车站春运及节假日高峰期客运工作;负责城站广场日常管理和应急管理,以及相关物业管理;承担与铁路管理部门的协调沟通工作;承办区政府交办的其他事项。2014年9月25日,城站广场实施运行16年来的第一次综合性改造。2015年10月8日,区政府投资2000余万元启动城站广场地下层改造。年内,地下出站大厅、出租车通道、出租车上客区、南北车库等1.5万平方米的城站广场地下层基本完成改造提升。

【春运客运保障】 2015年春运期间,城站广场管委会协调铁路、公安、交警、运管、城管、市场监管和物价等部门,对广场消防安全、食品卫生、票点经营、场站安全等与客运保障相关的工作进行巡查,做好地面广场、地下层出站大厅、出租车通道、高架层进站口、环城东路等主要路段的旅客疏导、导乘服务、交通秩序维护、广场卫生保洁等工作。加强交通车辆秩序维护,开展"两非"违法运营情况查处。增设2个临时候车棚,落实杭州红星文化大厦等7个旅客临时安置点。城站广场管理人员24小时值班协调,做好应对各种突发事件的准备。春运期间,城站火车站发送列车6000余列,安全运送旅客403.2万人次。

【暑期运送旅客590万人次】 7月1日至8月31日,城站广场管委会牵头协调区公安分局站前派出所和交警、运管、市场监管、环卫等部门,与铁路杭州站、铁路杭州站派出所、铁路交警中队、杭州公交集团等单位通力合作,暑期运送旅客590万人次,城站广场区域范围内无人为事故发生,各项公共设施安全指标达到规定要求。

【国庆节城站广场安保】 9月28日至10月7日,城站广场管委会协调辖区铁路和公安、交警、城管、运管、市场监管、环卫等部门,加强对广场重点区域的管理。组织对车辆运营、消防安全、食品卫生的常态化检查。配合铁路杭州站、杭州公交集团等单位运送疏散旅客125万人次。其中10月1日,城站广场旅客出入人数15.3万人次,比国庆节前3天日平均人数增加5万人次,为城站广场预计流量的3倍。

【城站广场滞留露宿闲散人员处置】 12月9日,城站广场管委会会同城管、公安、民政等部门,成立整治行动小组,集中开展为期1个月的"盲流"(滞留露宿闲散人员)整治和救助,确保旅客安全出行和杭州窗口美丽有序。行动小组制定整治方案,定点抓好地下室出站大厅施工现场、车库、一层内部通道等场所"盲流"的劝导,将愿意接受救助的人员送到救助站救助。有30余名"盲流"被劝离,其中1人被遣送救助站。通过依法妥善处置,城站区域治安案件明显下降。

【城站广场防控】 2015年,城站广场管委会会同区公安分局站前派出所、铁路杭州站派出所加强城站广场内外防控。加大对城站广场人员密集部位的巡查力度,不断提高见警率和信息收集量。与铁路杭州站派出所、区公安分局巡特警大队、市公安局巡特警支队、杭州武警武装巡逻队等单位协同作战,共同维护城站广场的治安秩序。组建巡逻小分队,携带头盔、警棍、盾牌等装备,24小时不间断在广场上巡查;每晚22时至次日1时,由民警带领特保人员在广场开展"诊察行动",盘查可疑人员,采集相关信息。通过一系列面上防控工作,城站广场及周边有效报警比上年下降24.3%,无重大刑事案件和治安案件发生。开展预防非接触性诈骗的宣传教育,在广场大屏幕上播放"平安365"宣传教育片,分发宣传资料,在银行、自动柜员机等处安排便衣协警进行警示劝导。

【城站广场管理】 2015年,城站广场管委会采取多种措施,从严加强广场管理。联合上城旅游执法大队、城站运管所、小营街道市场监管所、城管执法中队等单位成立联合执法大队，对广场内倒卖车票、非法运营、无证接客等情况进行地毯式排查，集中开展整治。针对无证接客屡禁不止的情况，对5个旅行社集中约谈，督促其按照“三统、三定、一公开”要求规范接客。对非法营运的“黄鱼车”采取行政强制措施，除给予扣押外，依法处以1万元~5万元的罚款。加强对广场车票代订点管理，对有欺诈行为的车票代订点采取关停处理，情节严重的，与其解除房屋租赁合同。加大对路面“黄鱼车”的整治力度，在广场入口处设立硬隔离装置，防止“黄鱼车”乱停和聚集。

城站广场地下室大厅改造期间旅客临时出站通道　（城站广场管委会　供稿）

资料　“三统、三定、一公开”：统一着装、统一证照、统一接客牌；定点、定时、定人进行接客；公开投诉电话。

【城站广场地下室提升改造】　10月8日，城站广场启动第二轮提升改造工程，重点对站房内部地下室出站大厅、出租车通道、南北车库、南侧服务用房、电器系统、通风空调系统、BA系统（楼宇设备自控系统）、给排水消防系统、部分建筑结构等进行全方位更新，以及站房外围周边道路立面、城市家具、广告、店招店牌整治和绿化提升等。设立城站广场提升改造现场指挥部，组建现场施工组、质量安全组、协调保障组、纪检监察组、信访维稳组5个工作小组，分工负责，综合协调，在确保城站火车站正常运行的前提下，对城站广场地下室实施提升改造，为旅客创造更安全、便捷、舒适、明亮的车站环境，提升杭州城市入城口的整体形象。提升改造工程分为出站大厅工区、南北车库工区、出租车通道工区、出站口旅客3条临时通道工区、广场旅客打车临时候客工区5个工区。提升改造任务于年内基本完成。

【文明洁净城市窗口争创】　2015年，城站广场管委会按照上城区关于争创文明洁净城市窗口的部署，发动辖区各单位参与城市清洁大行动。广场管委会管理人员发挥带头作用，每天提早1小时上班，开展“保清洁、争先进”活动。在施工现场悬挂有关安全生产的横幅，提醒旅客注意出行安全。协调环卫部门加大站区广场保洁力度，使外地旅客进入杭城第一时间感受到杭州的清洁和文明。　（许康勇）

2015年上城区吴山广场主要活动

表15

序号	时　间	主　办　单　位	活　动　内　容
1	2015-01-09	上城区公安分局	“警民携手110，共筑‘平安365’”广场宣传活动
2	2015-01-09	杭州市委宣传部、上城区委宣传部	“学雷锋、倡文明、共建美丽杭州”志愿者服务活动日
3	2015-01-10	建德市农业局	第七届建德新安江·中国草莓节开幕式暨杭州吴山广场推介会
4	2015-01-22~26	杭州清河坊资产管理有限公司	新春年货节

续表 15

序号	时　间	主　办　单　位	活　动　内　容
5	2015-01-29	浙江东阳娱乐影视文化有限公司	街区电影《相爱穿梭千年》取景拍摄
6	2015-01-30~02-01	浙江省现代农业促进会	2015 年第一届社区农博会大型年货专场
7	2015-02-05~10	乐逛网	吴山广场网商嘉年华年货会
8	2015-03-07	杭州市文明办	"雷锋日"活动
9	2015-03-08	浙江电视台少儿频道	辣妈嘉年华
10	2015-03-10	上海金山区旅委	"金山旅游进杭州——跟着阿六嫂游枫泾"广场宣传推介活动
11	2015-03-13~14	杭州市消费者协会	"3·15"消费维权活动
12	2015-03-21	杭州市第七人民医院	世界睡眠日公益宣传活动
13	2015-03-21~22	杭州市电信公司	电信 4G 套餐推广活动
14	2015-04-15~21	乐逛网	茶会展销会
15	2015-04-17	宁夏吴忠市旅游局	"丝路回乡——黄河金岸·水韵吴忠"杭州吴山广场旅游宣传活动
16	2015-05-04~09	浙江电视台影视娱乐频道	舌尖上的嘉年华
17	2015-05-05	上城区体育局、区文广新局	运动嘉年华
18	2015-05-09	杭州长运绿云置业有限公司	六和云"发现不一样的云"广场宣传活动
19	2015-05-17	浙江省公安厅	浙江省暨杭州市社会治安防控体系"心防工程"现场公益宣传活动
20	2015-05-28	上城区科协	"法制社会和谐家、科学普及靠大家"科普活动
21	2015-05-29	杭州市卫生局、上城区卫生局	"5·29 会员活动日"宣传服务活动
22	2015-05-31	杭州市委宣传部、上城区委宣传部	第十届杭州市"公民爱心日"社会公益项目广场展示活动
23	2015-06-01~02	上城区商务局、富阳区农业办公室、淳安县农业办公室	淳安、富阳优质农产品上城展销会
24	2015-06-03	上城区安全监管局	上城区"安全生产月"宣传咨询日
25	2015-06-06	富阳区住房和城建局	富阳区城市建设及优秀房产展示会
26	2015-06-08	杭州市直属机关工作委员会	"我为党旗添光彩"杭州市机关志愿者广场为民服务活动
27	2015-06-11	杭州市人民政府督查违法建筑办公室	"三改一拆"宣传活动
28	2015-06-15	仙居县风景旅游局	仙居旅游进杭州——火红杨梅,清凉一夏旅游推介会
29	2015-06-17~21	上城区风景旅游局	"缤纷夜·乐无眠"杭州夜休闲主题推广活动
30	2015-06-25	杭州市城管委	"贴心城管"党员志愿服务活动
31	2015-06-26	上城区文广新局	上城区第五届文艺团队联合会艺术节
32	2015-06-27	杭州市公共交通集团有限公司第五汽车分公司	安全出行宣传活动
33	2015-07-15	南京大道行知文化传媒有限公司	真人秀节目《极限挑战》录制
34	2015-07-20	北京金盛信马影视文化有限公司	电影《一切都好》拍摄
35	2015-07-25	浙江省散装水泥办公室	散装水泥发展和应用工作宣传月活动
36	2015-07-30	浙江人民广播电台交通之声	中国人保"文明出行"全省巡回宣传月汇报演出(杭州站)活动

续表 15

序号	时　间	主　办　单　位	活　动　内　容
37	2015-08-01~02	杭州博沃广告有限公司	浙江车友节
38	2015-08-20	上城区住房和城建局	杭州交通治堵五个“十佳”评选活动启动仪式
39	2015-09-07	长兴县旅游委员会	2015 年长兴(杭州)旅游推介会
40	2015-09-12~13	上海奥维思市场营销服务有限公司	华为年度旗舰产品新品发布会
41	2015-09-19~28	浙江省商务厅（浙江省商贸业联合会）	金秋购物节
42	2015-10-10	浙江省保密局	“学保密，知保密，懂保密，善保密”广场宣传活动
43	2015-10-16~19	杭州市西博办	杭州市民休闲节
44	2015-10-22	上城区民政局	杭州市 2015 年公益嘉年华暨第六届社工节
45	2015-10-23~29	杭州市清河坊历史街区管委会	中国民间艺人节
46	2015-10-29	浙江影力影视文化有限公司	电视剧《最好的我们》拍摄
47	2015-11-01	杭州市市场监督管理局	杭州食品安全监管工作成果展
48	2015-11-02	上城区政协	“西湖蓝·水之韵——上城区政协助推“五水共治”大型宣传公益活动”专场演出
49	2015-11-06~10	杭州馔玉会展服务有限公司	浙江省名特优农副产品休闲购物节
50	2015-11-07	杭州黄巢广告有限公司	“93 帮帮团——KO 团长大比拼”活动
51	2015-11-14~15	杭州电视台影视频道	中国城市旅游商品展
52	2015-11-16	上城区直属机关工作委员会	“扮靓杭州迎峰会，在职党员当先锋”——上城区迎接 G20 杭州峰会主题活动启动仪式
53	2015-11-19	上城区委宣传部	吴山文化公园开园仪式
54	2015-11-22	上城区委、区政府	喜迎 G20·杭州毅行大会
55	2015-11-26	浙江证券业协会	证券期货法制宣传日广场活动
56	2015-11-27~29	杭州市焙烤食品糖制品行业协会	第三届杭州培烤食品老字号企业新产品推广宣传和展示活动
57	2015-11-30	共青团上城区委员会	上城区青年创意大街开街仪式
58	2015-12-04~08	杭州广聚会展有限公司	2015 农副产品商品展
59	2015-12-04	清波街道办事处	吴山红色家园文艺会演
60	2015-12-12	浙江电视台民生休闲频道	2015 年彩虹计划公益助学结对大会
61	2015-12-15	上城区民政局	2015 年杭州市社会救助宣传服务活动
62	2015-12-16	上城区委统战部	“迎接 G20·统一战线同心同行”活动
63	2015-12-24~26	浙江省现代农业促进会	迎接 G20 社区农博会

（张　恒）

环境保护

Environmental Protection

环境综合整治

【合格规范饮用水源保护区创建】 2015年，上城区深入开展合格规范饮用水源保护区创建工作，成立区饮用水源保护工作领导小组，制定《上城区2015年饮用水源保护工作计划》。7月6日，区长陈瑾实地考察钱塘江水域上城段水源保护工作，要求严格落实省、市对“河长制”工作要求，组织开展日常巡查，建立长效管理机制。强化饮用水源保护，对钱塘江杭州饮用水源区、贴沙河饮用水源保护区、中河饮用水水源准保护区进行不间断巡查，保障饮用水清洁、卫生、安全。上城环保分局组织开展辖区河道水质定期监测，每月编写水环境质量报表，全面掌握辖区河道水质和各个阶段河道整治情况。

【大气环境整治】 3月，上城区完成南星桥大气环境自动监测站(位于上城区教育学院附属小学顶楼)周边2千米范围内以及4个降尘监测点位（分别位于凤山公园雨水泵站、南复路施家山41号八卦田山庄、延安路19号杭四中、郭东园巷中闽大厦)周边500米范围内的大气环境专项整治。全年上城区环境空气质量优良天数249天，比上年（指2014年，下同)增加13天，优良率72.6%，上升7.9%，环境空气质量在主城区排名第二。首要污染物PM2.5平均浓度58.3微克/立方米，下降7.6%。加强辖区地铁工地、秋涛南路改造提升、望江路过江隧道等工地的检查，督促施工单位实施文明施工，降低噪声、扬尘、污水和建筑垃圾对环境的影响。会同杭州市环境监察支队，对辖区内中石化复兴路加油站、中石油近江加油站油气回收装置进行抽查和监测，并对两个加油站油气回收设施非正常运行问题进行查处。加大机动车污染防治工作力度，全年淘汰黄标车1239辆，淘汰率全市领先。

环境监督与管理

【环境质量分析】 2015年，上城环保分局每月编报全区水质监测报告，为政府决策和水环境管理提供技术支撑。每季度撰写《上城区环境质量状况分析及对策建议》，对上城区水环境和大气环境监测数据、污染排放情况等进行对比分析，查找原因，并提出应对措施，形成专题报告向区领导报送。11月13日，上城区召开环境质量专题分析会，区长陈瑾到会听取上城区2015年环境质量状况汇报。

【环境执法专项检查】 2015年，上城区以新环保法实施为契机，重点开展建设项目“三同时”专项执法检查，对环境污染违法行为“零容忍”。其中1个医院未正常使用水污染物防治设施被立案查处，罚款9800元。全年出动环境执法人员500人次，检查单位120个次，依法处理违法单位1个。对复兴路加油站、秋涛路加油站存在的安全隐患问题责令限期完成整改。通过执法检查，进一步摸清排污单位底数和环境管理薄弱环节，全面落实治理责任，全方位夯实环境保护日常管理、执法监督、司法联动、能力建设等工作基础。

资料　建设项目“三同时”：新扩改建项目中污染防治设施必须与主体工程同时设计、同时施工、同时投产运行。

【建设项目审批管理】 2015年，上城区加强建设项目审批管理，严格按照国家、省、市产业政策和环境功能区规划要求，以及国家、省行业环境准入条件进行审批。全年审批建设项目166个，其中辐射项目10个、“三同时”验收项目66个，无越线项目审批和审批失误或不当导致区域限批情形发生。建设项目环评执行率、“三同时”执行率均100%。

环保宣传与教育

【世界环境日活动】 6月4日，上城环保分局联合清波街道，举办“推进污染减量，践行绿色生活”——上城区纪念“6·5”世界环境日活动。活动包括“绿色”系列创建成果展示、“五水共治”主题教育、环保文艺节目演出等内容。

【环保宣传】 2015年，上城环保分局利用多种渠道进行线上线下环保宣传。举办环境类知识讲座；制作环保宣传折页、展板和海报在社区展出，内容涵盖新环境保护法、大气污染防治、“五水共治”等。全年开展环保宣传教育60余次。推进“生态上城”官方微博建设，官方认证微博发布工作动态、法规政策等内容710条。

【“绿色”系列创建】 2015年，上城区深入开展“绿色”系列创建工作。组织参加“绿色学校”师资培训，评选环保小卫士2人，申报省级“绿色家庭”1户、市级“绿色学校”2所，完成2所市级“绿色学校”考核验收。 （陈 曦）

“五水共治”

【概况】 2015年，上城区坚持以五大发展理念为引领，持续推进科学治水，确保全区水环境质量稳定良好。修订《上城区深化“河长制”落实河道长效管理实施方案》，强化区级、街道、社区三级“河长”的“治、管、护”职责。完善“河长”巡查制度、日常工作制度、信息化管理制度等，使河道监管和“河长”履职工作规范化、科学化、常态化。建立“河长”月报、专报制度，配置河道“警长”，并充分发挥社区及民间护水队作用。根据“防洪排涝”“清水治污”“抓节水”“保饮水”工作三年行动任务（2014~2016年），编制完成“一图两表”，即“五水共治”区域作战图、“五水共治”任务分解表和倒排计划表。全年投入治理污水资金4000万元，平均每平方千米投入230万元。疏浚管网340千米，实施住宅阳台截污1131户。区治水办编印“五水共治”“河长制”工作简报29期，被省治水办录用2篇、市治水办录用4篇。中央电视台《新闻联播》《焦点访谈》栏目及《浙江日报》《杭州日报》等媒体播出和刊登上城区“五水共治”系列报道80余篇、文章30余篇。

【防洪排涝】 2015年，上城区下达第一批防洪排涝应急项目10个，总投资1737万元，主要对南复路、太庙、宋城路、望南望北等山水量大、积水严重的区域进行治理。年内所有经过治理的项目，均能最大限度地收集雨水、山水，以及通过下泄通道进行排涝。全年全区下达5批防洪排涝整治项目，项目包括城区道路积水治理、河道和环渠清淤、排水管道铺设、路面雨水闸门修复等。完成望北区块积水治理等防汛排涝工程10个，累计铺设排水管道2862米，增设雨水口300座，提升加固窨井325座，清疏管渠488.7千米。

6月5日，上城区举行“推进污染减量，践行绿色生活”——纪念“6·5”世界环境日活动 （上城环保分局 供稿）

【城区污水治理】 2015年，区治水办为辖区6条河道量身定制“一河一策”治理方案，开展贴沙河、中河龙山湖、新开河、新塘河河道清淤。实施凤凰山脚路等33处截污纳管治理，日新增截污量2910立方米，完善雨污管网22685米，治理面积3万平方米。年内，完成莫邪塘东村、秋涛路455~477号、凤山新村、凤凰新村、凤凰山脚路5个截污纳管项目，以及近江家园四园、近江家园九园、瓯江公寓、耀江福村、华龙坊、新城坊雷霆路沿线等截污梳理项目。依托“平安365”“智慧城管”等平台，实时汇总“五水共治”信息。率先推出新型“电子河长公示牌”，向公众展示河道情况、“河长”信息、治理方案、治理时间表等内容，提高居民的关注度与参与度。加强河道水质监控，利用无线覆盖网格及RFID物联网技术在100余个排水口安装电子标签，第一时间监测污水满溢、管道堵塞等问题。对辖区5条河道135个排水口的“河长”公示牌进行排查，明确公示河段名称、方位、排水口编号、管径、责任人及监督举报电话等信息，鼓励市民争当“监督员”，随时监督排污情况。9月，上城区在全市率先实现污水“零直排”。12月，上城区通过省“清三河”达标区公示，成为主城区唯一的省“清三河”达标区。

【节约用水】 2015年，上城区采取多项举措，推进节约用水工作。完成节水器具改造。新建小区均按国家节水标准器具进行规划和建设，有效提高社区节水器具普及率。深化创建省级节水型示范小区活动，望江街道近江家园二园和小营街道东河家园申报创建省级节水型示范小区。加大节水宣传力度，收集民间节水金点子、小窍门，鼓励居民争创“最美节水家庭”。实施大型的非常规水利用项目。湖滨街道利用雨水收集桶，收集有自流雨水管的管道雨水；北京师范大学附属杭州中学安装雨水回收利用系统和中水回收利用系统。启动节水工程项目，完成北落马营公园雨水收集利用项目，区城管局实施的3个河道取水点改造工程完工。馒头山中河沿线节水及雨水收集利用项目通过竣工验收。推进高层住宅二次供水改造，并在新建小区安装节水器具。10月23日，市政协副主席何关新对上城区节水工作做出批示，肯定上城区节水工作。

实施河道清淤后的中河南段水面　　（上城环保分局　供稿）

【饮用水源保护】 2015年，上城区实施饮用水源保护工程，着力提升饮用水源地水质。开展饮用水源保护区污染源调查和治理，积极创建合格规范饮用水源。开展中河、贴沙河饮用水源保护区调整工作，争取省、市相关部门支持。制定《上城区河道水质异常应急联动机制预案》，组织开展应急预案演练。对5条内河15个监测点位进行监测，编写《上城水环境质量月报》，全年监测数据均符合或优于Ⅲ类水质标准。建立古井长效保护机制。出台《上城区水井长效养护、管理实施意见》，对全区126口水井实行专人管理。建立古井日常巡查机制，健全水井档案管理，并委托专业资质机构进行水质检测，确保居民饮用水质达标。

【新增区“五水共治”工作领导小组成员单位】 2015年，上城区新增区文明办、区信访局、区科技局、区风景旅游局、区文广新局、区卫计局为区“五水共治”工作领导小组成员单位。新增成员单位开展“生态治水”“科技治水”“文化治水”等特色、亮点工作。各街道在元宵节、植树节、世界水日等期间，组织民间护水队，采用志愿认领形式，建立“一对一”监管和长效巡查机制。联合民间治水力量，发挥社区及民间护水队的作用。紫阳街道民间护水队发挥作用明显，10月19日，副市长戚啸虎对“紫阳治水模式”做出批示，称赞紫阳街道治水工作“所成之处在于实效和长效”。区公安分局出台专门文件，就落实河道“警长”配置工作提出要求。投入资金近300万元，启动全省首个“五水共治”主题公园建设。主题公园成为上城区“五水共治”教育示范基地和杭州市中小学生第二课堂。（区治水办）

【“五水共治”技术难题征集】 6月11日，根据省科技厅通知要求，区科技局抽调人员，在全区组织开展“五水共治”技术难题和技术需求征集工作。经过梳理，组织上报新开河、新塘河河流水质监测与控制两项污水治理技术难题，以及河道排污快速处理新型技术、河道水质提升与改善、城区新老结合区域地下排水管线调查三项技术服务需求。（杨永清）

【“五水共治”实效提升】 2015年，小营街道落实和完善“河长制”，在中河、东河、贴沙河增添河道“警长”，街道、社区联合组建志愿者“民间护水队”，开展日常巡查，对居民反映较多的中河、贴沙河网鱼和捕鱼现象，联合小营执法中队、小营派出所进行集中整治。推进居民饮用水（直饮水）品质示范试点社区建设，与浙江乐享齐方环保科技有限公司合作开展“助力五水共治，提升品质生活”——建立居民饮用水（直饮水）品质示范社区项目，确定1000户试点家庭，免费安装“水秘方”净水服务系统，提升居民饮用水品质。对小营地区21口古井建立档案，举办“保护生态水源，水井就在身边”主题宣传活动，对井盖进行彩绘“加冕”。加快治水项目实施，建国南苑小区截污纳管项目完成改造，断河头小区截污纳管工程进入招投标准备，配合区城管局实施中河河岸、东河河岸设施改善和东河清淤。对斗富二桥西河下9号、斗富三桥河东侧围墙和绿化带渗水问题，采取铺设集水沟和管道的办法，防止污水直排东河。

（章 舒）

【推进合力治水】 2015年，南星街道积极营造全民护水、爱水、惜水氛围。开展“闹元宵、庆三八、治五水、护家园”系列宣传活动，弘扬护水、治水南星水文化。深化“河长制”，建立“民间河段长”“民间治污监督员”“中河出水口认领制”等制度，推进联合治水、全民共治。统筹实施太祖湾、宋城路、南复路、万松岭路南等道路积水治理及局部管网改造提升，确保排涝无盲点。推进凤山新村、凤凰新村生活小区截污纳管及凤凰山脚路雨水收集系统建设，综合实施中河河岸护栏刷漆、腐殖物清理、设施更换等改善工程，实现治污保绿。（裘梦洁）

玉皇山南基金小镇

科学技术

Science and Technology

综 述

【科技综合实力提升】 2015年,上城区积极实施科技创新发展战略,科技综合实力稳步提升。全年区级财政投入科技经费1.32亿元,比上年(指2014年,下同)增长14.6%,其中投入技术创新专项资金3266.5万元,增长6.2%。被列入省级及以上科技项目7项,获省级及以上科技项目经费983万元。全区有省级以上高新技术企业59个,其中新增12个;市级高新技术企业65个,新增9个;区级高新技术企业89个,新增22个。新认定市级以上创新型示范企业1个,新增市级以上高新技术研发中心5个、市级以上科技型中小企业32个、省级企业研究院2个,入选省高新技术百强企业1个。组织实施区级科技计划项目75项。引导企业投入科技研发经费超过5亿元。区科技创业中心引进科技型企业12个,实现技工贸总收入8.28亿元,增长8%;实现税收3322万元,增长7%。新增市级孵化科技企业孵化器(众创空间)5个,累计10个(含孵化器、众创空间)。"十二五"期末,科技进步对全区经济增长的贡献率58.5%。

科技计划与管理

【概况】 2015年,上城区列入科技发展计划项目75项,组织申报国家、省、市科技计划项目33项,获各级各类项目立项30项,其中国家火炬计划项目3项,落实科技经费1560万元。出台《关于推广应用创新券推动"大众创业、万众创新"的试行办法》,鼓励和支持中小企业提升创新能力。

【涉企科技经费使用监督检查】 1月15日,上城区启动为期一个月的2011~2013年涉企科技经费使用情况监督检查。被列入此次监督检查的企业30个,采取项目承担单位自查、主管部门实地检查和上级科技部门抽查相结合的方式进行。区科技局抽调人员成立3个检查组,会同浙经天策会计师事务所开展检查。通过查阅企业会计账簿和原始凭证,了解企业在此期间获得市级以上财政资金支持的科技项目经费使用管理、科技项目执行、法人责任落实、阳光工程建设等情况,对发现的问题及时督促科技项目承担单位按照国家、省和市科技项目经费管理的有关规定,落实整改措施,确保上级拨付的配套科技经费合理使用。此后,省、市科技部门选择6个企业进行重点抽查。

【科技项目经费管理】 5月27日,为推进科技项目阳光管理,发挥财政科技经费在促进企业创新中的作用,区科技局根据区纪委"三重一大"事项集体决策机制试点工作要求,采取完善机制、网上申报、规范评审、强化监管4项措施,加强科技项目经费管理。将省、市、区立项的各类科技项目经费和区科技企业贷款风险池基金项目等11个类别事项列入决策范围。按照项目申报条件、时间规定,依托上城科技网、市财政专项资金网等管理系统,建立科技项目网上申报"阳光通道",实施"零见面、零距离"管理,最大限度地减少中间环节。制定项目资金申请、审批流程,加强过程审核把关。建立项目评审专家库，根据项目内容随机抽取专家开展评审，并委托杭州市生产力促进中心等中介机构做好项目验收，对拟立项的项目进行全程网上公示，把科技专项资金安排到创新性高、市场前景好的项目上。按照“事前审核、事中检查、事后审计”要求，加大对科技计划项目实施的监管力度，把专项资金的审批分配、监督检查与绩效评价结合起来，保障科技经费的合理高效使用。

【科技创新券推广】 9月1日，为贯彻落实浙江省《关于推广应用创新券推进“大众创业、万众创新”的若干意见(试行)》和杭州市推广应用创新券的通知精神，上城区制定《关于推广应用创新券推动“大众创业、万众创新”的试行办法》。设立创新券专项经费150万元，鼓励辖区企业申请创新券，用于利用省、市创新载体的科技资源，开展检验检测、合作研发、委托开发、技术咨询、技术服务等研发活动和科技创新时做“有价凭证”使用。

资料 **创新券：**是财政科技经费体系改革的一大创新，是政府为鼓励和支持中小企业提升创新能力而发放的一种“有价凭证”，主要用于企业充分利用创新载体的科技资源开展研发活动和科技创新。企业利用创新券购买科技活动，收取创新券的单位到指定部门兑现。

【3个项目被列入国家火炬计划】 12月29日，科技部下达2015年度国家火炬计划项目，上城区的杭州熙浪信息技术股份有限公司承担实施的“规模企业多维数据挖掘分析管理系统”、杭州图强工程材料有限公司承担实施的“DCP型多重防腐锚杆成套技术”、杭州海兴电力科技股份有限公司承担实施的“输配电网设备一体式智能检测系统”获国家火炬计划立项。“十二五”期间，上城区被列入国家火炬计划项目23项，火炬计划项目的实施，有力地促进全区高新技术产业的发展。

【国家孵化器统计工作完成】 3月26日，根据科技部火炬中心国家级孵化器统计工作要求，上城区科技创业中心经过2个多月调查，完成2014年度区科技企业孵化器综合情况的收集、审核和上报工作。统计结果显示，至2014年末，全区拥有在孵企业81个(含园外孵化企业)，其中新入驻孵化企业17个，毕业企业8个；企业从业人员966人，当年吸纳应届大学毕业生56人。在孵企业当年实现技工贸总收入8.22亿元，比上年增长3.4%；实现税收3105万元，增长3.5%；企业申请专利136件，获得授权专利93件；新增国家重点支持高新技术企业1个。

科技创新

【概况】 2015年，上城区启动“创客天堂”行动，着力培育和发展“众创空间”。全年新培育区级示范“众创空间”7个、被认定市级“众创空间”5个。首个孵化毕业企业浙江安正科技股份有限公司在“新三板”上市。新增国家重点支持领域高新技术企业12个、省级科技型企业32个、省级高新技术企业研发中心3个。传媒梦工场新媒体孵化基地被市科委认定为市科技企业孵化器。传媒梦工场新媒体孵化器基地孵化场地面积5500平方米。至年末，上城区市级以上科技企业孵化器增至5个，孵化场地面积4.3万平方米。

资料 **科技企业孵化器：**是培育和扶植高新技术中小企业的服务机构，通过为新创办的科技型中小微企业提供办公场所、基础设施和一系列咨询服务等，降低创业者的创业风险和成本，提高创业成功率，促进更多有市场前景的科技成果实现转化。

【10个企业获国家中小企业发展专项补助】 10月21日，省财政厅下达2015年第一批、第二批中小企业发展专项中央补助资金，杭州捷尔思阻燃化工有限公司等10个企业申报的项目获国家补助资金234万元。此次获补助的项目均属技术应用先进、产品科技含量高、经济社会效益显著的科技项目。

【新增省博士后工作站设站资格单位3个】 5月5日，省人力社保厅公布全省74个具有省博士后工作站设站资格的单位名单。浙江博世华环保科技有限公司、杭州海兴电力科技股份有限公司、杭州捷尔思阻燃化工有限公司3个企业入选。省博士后工作站采取“先设站后授牌”相关程序,具有博士后工作站设站资格的单位可招收优秀博士毕业生、高校青年博士教师进站开展博士后研究工作,招收进站后,授予“浙江省博士后工作站”牌子。

【新增省级高新技术企业研发中心3个】 9月2日,省科技厅公布2015年浙江省高新技术企业研发中心名单,浙江求是科教设备有限公司的求是科教设备研究开发中心、浙江亿邦通信科技股份有限公司的智能光通信研究开发中心、浙江安正科技股份有限公司的安正科技应急通信及指挥调度系统研发中心榜上有名。上城区累计拥有省级高新技术企业研发中心21个。

【新增省级企业研究院2个】 10月28日,省科技厅公布2015年省级企业研究院建设名单,浙江省中瑞思创射频识别技术研究院、浙江省赞宇科技表面活性剂研究院名列其中。至年末,上城区拥有省级企业研究院6个。

资料　省级企业研究院: 是浙江省为落实《国家技术创新工程浙江省试点方案》,选择规模较大、研发能力较强的企业组建的企业研发机构,企业研究院在集聚整合创新要素、组织开展科技创新、支撑企业持续发展和引领行业技术进步中具有重要作用。

【新增省科技型企业32个】 12月16日,市科委组织认定2015年杭州市第二批浙江省科技型企业,杭州朗极科技有限公司、杭州富升电子科技有限公司、杭州大头儿子文化发展有限公司等32个企业列入其中。至年末,上城区省级科技型企业增至96个。

【中瑞思创公司被认定为省级创新型试点企业】 1月29日,省科技厅、省发改委、省人力社保厅、省国资委、省金融办、省质监局、省总工会与中国人民银行杭州中心支行联合认定2014年度浙江省创新型试点企业名单,杭州中瑞思创科技股份有限公司名列其中。上城区注重加强创新型试点企业培育工作,通过政策引导,鼓励企业做大做强,较好地扶持一批具有持续创新能力、自主知识产权和知名品牌的创新型试点企业。至年末,上城区拥有市级以上创新型试点企业19个。

【海兴电力科技公司入选省技术创新能力百强企业】 12月8日,省科技信息院和省科技发展战略研究院联合发布2015年度浙江省技术创新能力百强企业名单,杭州海兴电力科技股份有限公司列榜单第31位。该公司经过多年技术创新,具备工业经济份额较大、创新驱动显著和投入产出强度处于领先地位等特质,并在创新投入和创新产出两大方面7个核心指标上均达到百强企业评价设定的要求。

【新增市级创新型试点企业3个】 1月21日,市科委、市经信委、市财政局、市国资委、市质监局、市总工会联合认定杭州市创新型试点企业名单,杭州远传通信技术有限公司、浙江中源电气有限公司、浙江求是科教设备有限公司3个企业榜上有名。至年末,上城区有省级创新型试点企业4个,市级创新型试点企业15个,区级创新型试点企业23个。

【上城区获市重大科技创新专项3项】 11月10日,市科委经过形式审查、专家评审等程序,最终确定2015年市重大科技创新专项35项,上城区有杭州海兴电力科技股份有限公司实施的“HexNet全域微功率无线自组网技术研发及在智能电网配用电通信领域的应用”项目、杭州中瑞思创科技股份有限公司实施的“面向零售业的RFid智慧门店管理平台的研发与示范应用”项目、浙江博世华环保科技有限公司实施的“典型高浓度有机废水零排放、零能耗的工艺研发及工程示范”项目名列其中。

【新增市“雏鹰计划”“青蓝计划”企业7个】 11月25日,市科委公布2015年市“雏鹰计划”和“青蓝计划”企业认定名单。上城区7个企业榜上有名,其中杭州微触科技有限公司、杭州七叶信息科技有限公司、杭州思创宣道信息技术有限公司、浙江谷丰科技有限公司、杭州瑞苒科技有限公司、杭州橙舍文化创意有限公司6个企业被列入市“雏鹰计划”企业，杭州圆橙科技有限公司被列入市“青蓝计划”企业。至年末，上城区有“雏鹰计划”企业30个、“青蓝计划”企业6个。

【5个单位跻身市级“众创空间”】 12月23日，市科委印发“杭州市第二批众创空间”名单，上城区“江南茶馆1535”“幼发拉底杭州孵化中心”“123茶楼”“望江创业大道”“唯曦国际创投基地”5个单位榜上有名。上城区顺应“大众创业、万众创新”的新趋势，积极打造创新创业服务载体和平台，高标准、高水平地建设一批市场化、专业化、集成化、网络化的“众创空间”，为创新创业团队和小微创新企业成长提供自由开放的协作环境，成为引领经济发展的新引擎。

【首次认定区示范“众创空间”7个】 12月1日，为助推“大众创业、万众创新”工作，发挥“众创空间”在区域中的引领示范作用，经过公开征集、资料审核、现场考察等程序，区科技局认定“江南茶馆1535”“幼发拉底杭州孵化中心”“123茶楼”“伊创荟”“星工场”“唯曦国际创投基地”“众创天堂”7个单位为2015年上城区首批示范“众创空间”，并举行授牌仪式。

【“杭州创客天堂”开幕仪式暨创客嘉年华活动】 8月7日，上城区在凤凰山脚7号凤凰御元艺术基地举行“杭州创客天堂”开幕仪式暨创客嘉年华活动。上城区委书记缪承潮与省科技厅厅长周国辉、市科委副主任寿伟义一起启动按钮，为“杭州创客天堂”揭牌。周国辉向创业团队Wonderland代表授予“杭州创业创新天堂行动”旗帜，副区长叶榕致辞。区科技局与杭州市高科技投资有限公司签订上城创业投资引导基金合作协议书。“创客空间”代表“江南茶馆1535”创办人陈宇做表态发言。随后，领导和嘉宾观摩“V助理”“虚拟现实”“壹晨仟阳”等企业演示的拟参加上城区创新创业大赛的参赛项目，参观凤凰御元的“众创空间”孵化单元，以及公共服务空间“图书馆”，并与创客一起体验创客嘉年华活动。

科技服务与交流

【概况】 2015年，上城区利用“全国科技活动周”“世界知识产权日”“全国防震减灾日”等时机，为居民和企业举办科技创新、知识产权、防震减灾等科普讲座，解答居民有关专利申请、创新创业等方面的咨询，公众参与互动2万余人次，提供各类咨询96次。为帮助企业了解科技创新券使用办法，区科技局组织7个专场，进园区、街道解读科技创新券申报对象、支持范围、发放额度、说明流程等情况。

【组织省级高新技术企业申报和复审】 3月19日，全省2015年高新技术企业认定复审工作启动。区科技局积极组织企业预申报，提前掌握企业基本情况。通过“一对一”上门指导、跟踪服务，帮助符合条件的企业做好高新技术企业认定、复审材料的准备，确保有条件的企业参与省级高新技术企业认定和复审。年内，全区有13个高新技术企业提交预申报，7个到期高新技术企业提出参加复审。

【区科技局与浙江大学上城技术转移中心开展科技服务项目对接】 4月1日，区科技局与浙江大学上城技术转移中心就2015年科技服务项目开展对接。服务项目包括：围绕健康服务业、信息产业发展项目，为上城区企业提供技术需求（难题）科技咨询；配合“健康医疗城”建设，为上城区引进技术或项目；将浙江大学公共实验室和技术服务平台向上城区企业与人才开放；帮助邀请浙江大学有关专家，为上城区企业进行创新创业辅导。

【专利知识讲座进医院活动】 上城区域内集聚近30个区级以上医疗机构，其中省、市级医疗机构9个。根据辖区内医疗机构多、容易出专利发明的实际情况，区科技局（区知识产权办公室）会同杭州专利培训机构，于6月19日在杭州口腔医院举办专利知识讲座，重点讲解医院怎样挖掘专利发明潜力、员工如何申报发明专利、医院如何开展专利保护等知识产权保护基础知识。

【“1211人才”项目专家评审会】 8月5日，区科技局、区人力社保局联合组织有关专家，举行上城区“1211人才”项目评审会。“海绵数据科技大数据操作系统研发”“基于新型金属氮化物的薄膜发光二极管”“个性化肿瘤精准治疗系统”等8个项目申报人分别对项目的概况、研究开发内容、实施方案等进行陈述，并现场接受专家的提问。经过专家组综合评定，评出A类项目4个、B类和C类项目各2个。

【最新科技项目经费改革政策培训】 10月13日，区科技局邀请浙江省科技信息研究院院长胡芒谷和杭州英杰会计师事务所会计师李聪聪，为区属100余个企业技术负责人和财会人员做最新科技项目经费改革政策培训。重点解读国家和省、市出台的深化科技体制机制改革、加快创新驱动发展战略、推进“大众创业，万众创新”措施，以及财政科研项目资金管理的新要求，帮助企业了解科技项目预算编制、财务核算和资金使用等具体方法。

【创建国家可持续发展实验区经验交流】 10月31日，由科技部组织的创建国家可持续发展实验区培训班在杭州举行。培训班安排学员到上城区学习考察。来自全国各地科技系统的100名学员在参观玉皇山南基金小镇和杭州幼发拉底“众创空间”后，听取区科技局负责人在培训会上做题为“上城区注重加强科技与文化、科技与金融相互融合，推进可持续发展”的交流发言。

10月31日，国家可持续发展实验区培训班学员在上城区考察学习

（区科技局　供稿）

科技奖励与成果转化

【概况】 2015年，上城区进一步推进区域内企业与高校院所交流对接，挂牌成立上城区科技金融合作交流中心。全年培育科技成果12项，获省、市科技进步奖3项，列入省重大科技专项资金项目4项。根据实施科技创新战略，加快建设创新型城区的扶持政策，区科技局、区财政局分两批下达区级财政科技经费1975.52万元，经费包括用于配套和奖励两大类，其中第一批经费涉及56项扶持项目。

【上城区获省科技进步奖2项】 10月9日，省科技厅公布2015年省科学技术进步奖名单，杭州柯林电力设备有限公司申报的“电力设备故障诊断技术研究与智能监控系统开发”、杭州捷尔思阻燃化工有限公司申报的“电动汽车动力锂电池高性能环保型阻燃高分子材料”两个项目分别获省科技进步奖二等奖和三等奖。至年末，上城区企业累计获市级以上科技进步奖27项，其中省级科技进步奖17项。

【4个项目获省重大科技专项资金】 5月13日，省科技厅、省财政厅联合下达2015年省级科技型中小企业扶持和科技发展专项（第一批重大科技专项）资金，上城区由浙江宇天科技股份有限公司实施的“移动数字文化生活云服务平台研发与产业化”项目、杭州海兴电力股份有限公司实施的“配网线损在线监测及治理解决方案的研究与开发”项目、浙江博世华环保科技有限公司实施的“污染场地修复专用装备的研发及工程示范”项目、杭州华日电冰箱股份有限公司实施的“冷变换器技术运用于高效节能制冷产品中的创新”项目获专项资金513万元。

【区科创中心享受国家级孵化器税收优惠政策】 6月24日，科技部公布2014年度享受税收优惠政策的国家级科技企业孵化器名单，上城区科技创业中心名列其中。根据财政部、国家税务总局《关于科技企业孵化器税收政策的通知》精神，区科技创业中心对符合条件的孵化器自用，以及无偿或通过出租等方式提供给孵化企业使用的房产、土地，可以免征房产税和城镇土地使用税；对其向孵化企业出租场地、房屋，以及提供孵化服务的收入，可以免征营业税，企业负担进一步减轻。

【专利创造工作奖励】 7月15日，区科技局、区财政局联合下达上城区第一批专利专项资金，有17个企业、3名个人符合《上城区加强专利创造、应用和保护的管理办法》提出的条件，获总额37.05万元奖励。建立此项奖励，旨在调动上城区域内企业和个人发明创造的积极性。上城区规定，企业申请国内发明专利、实用新型专利、外观设计专利，经授权后，每件分别奖励10000元、1000元、500元；年专利申请量达到10件的，给予10000元奖励；每增加10件，追加5000元奖励。 （杨永清）

玉皇秋色

综述

【概况】 2015年,上城区有幼儿园22所,在园幼儿9429人,学龄前儿童入园率100%。有小学18所,在校学生20237人;初中11所(其中九年一贯制学校3所),在校学生8283人;中等职业学校1所,在校学生703人;特殊教育学校1所,在校学生216人。有在职教师3252人(包括幼儿园教师775人)。在职教师中,研究生学历263人,本科学历2717人,大专学历262人,大专及以上学历教师占总数的99.7%;有高级职称452人,中级职称1479人,中高级职称教师占总数的59.4%;有省特级教师24人,区特级教师23人;省、市教坛新秀424人,区级教坛新秀1025人。全年招收中小学生5992人,完成学业毕业学生5751人,九年制义务教育入学率100%。

上城区学前教育生均公用经费继续实行“全覆盖”,生均公用经费400元。义务教育阶段生均公用经费定额标准比上年(指2014年,下同)提高,小学生均公用经费定额标准800元,初中1000元。全年区财政支出教育经费6.08亿元,增长14%。

全年投入基建经费1.06亿元,校(园)舍维修经费2243万元,教育装备经费2845万元。杭州行知幼儿园新城园区、淳安千岛湖建兰中学、杭州娃哈哈双语学校、杭州天长小学东坡路校区、杭州天艺幼儿园天艺园区、杭州行知幼儿园婺江园区三期工程等项目投入使用,杭州第六中学体艺楼及教育学院教学用房完工,杭州清河实验学校改建项目局部投入使用,杭州新世纪外国语学校紫金校区、杭州杨绫子学校改造项目开工建设。全年新增校(园)舍建筑面积6.65万平方米,装修与改造校(园)舍7.8万平方米,有28所中小学达到浙江省义务教育标准化学校标准,29所幼儿园达到杭州市标准化建设达标幼儿园标准。上城区成功创建浙江省首批基本实现现代化教育区。根据省教育厅义务教育饮水质量提升工程要求,全区中小学校公共直饮水项目均实施到位并投入使用。至年末,全区校园直饮水项目投入500余万元,建成直饮水点725处。全区中小学配备手摇升降式课桌椅1.96万套。全年投入318.69万元,完成杭州天长小学东坡路校区、杭州天艺幼儿园、杭州清河实验学校食堂的维修改建和厨房设备配

9月,杭州行知幼儿园新城园区正式启用。图为校园内景 (区教育局 供稿)

备，全区有A等级食堂学校2所、B等级食堂学校36所，无C等级食堂学校。投入10万元，完成配餐企业厨房监控屏安装，实现对自办食堂和配餐单位的操作流程监控全覆盖。

【区域教育质量提升项目结题】 5月25日，上城区和北京师范大学合作开展“基于学生发展的区域教育质量提升”项目历时6年正式结题，在北京发布成果。作为该项目在国内唯一的实验点，上城区为推进教育治理现代化，提升教育质量与促进教育公平这一目标进行积极探索。《人民日报》《光明日报》《中国日报》和《人民教育》杂志等媒体相继报道上城区教育综合改革的成效与经验。6月26日，教育部召开全国义务教育改革发展现场经验交流会，区长陈瑾作为唯一的全国县、区代表在大会上做经验交流。该项目被教育部评为义务教育均衡优秀工作案例。

【中国杭州名师名校长论坛】 11月8~10日，由杭州市政府、中国基础教育质量检测协同创新中心主办，杭州市教育局、上城区政府承办的中国杭州名师名校长论坛（主论坛）在上城区举行，来自北京、上海、山东等省、市、自治区近200名教育行政干部和校长参加，共同研讨“推进教育治理现代化的理论与实践”等问题。与会代表从推进教育治理体系和治理能力现代化入手，就相关内容进行经验分享、互动交流，共谋教育治理现代化的行动与方向。其间，国际华文教育研讨会、省深化义务教育课程改革研讨会、小学数学峰会、第四届全国和美教育论坛、后现代学校心理服务的实践与探索五大分论坛同时举行。

【教育督导与评价】 2015年，上城区教育督导与评价中心以“管办助评，各归其位”的教育治理现代化改革为重心，提升上城区教育质量和影响力。5~12月，区教育局委托浙江省教育评估院开展区域义务教育阶段课业负担监测，监测对象为2015学年全区六年级、八年级学生和家长，以及四至六年级、八年级全体专任教师。此次监测采集区域范围内初中、小学学生课业负担及相关因素数据，为区教育局把握全区义务教育阶段学生课业负担状况、科学诊断存在的问题和原因提供有效依据。8月20~21日，上城区举行幼儿园第二轮三年发展规划专家论证会，全区14所公办幼儿园第二轮三年发展规划通过专家评审。10月21日，全国中小学校责任督学挂牌督导创新县（市、区）评估组到上城区进行省级评估，并实地检查杭州市服装职业高级中学、北京师范大学附属杭州中学（简称北师大附中）等8所中小学、幼儿园，充分肯定上城区责任督学挂牌督导工作取得的成绩。11月11~13日，上海市嘉定区教育督导室一行12人，到上城区考察教育综合改革工作。11月24~25日，省教育厅教研室副主任张丰在2015年浙江省中小学教育质量综合评价改革研讨会上指出，上城区是全省最早探索区域教育质量综合评价改革的县区，较早建立指标全面、标准明确、注重发展、突出个性、重视体验的《上城区中小学生综合素质评价方案》。

【首创“上城学区电子地图”客户端】 为更好地服务家长，加强教育信息公开，上城区推出教育便民服务，首创“上城学区电子地图”客户端。家长只要关注“上城教育”微信公众号，点开电子地图，便可以查询每个社区对应的公办小学，全区各公办小学的名称、地址定位等基本信息也可在线查询。第一份电子地图的数据采集时间截至2015年4月，区教育局计划定期更新相关数据。

学前教育

【概况】 2015年，上城区有幼儿园22所（39个园区）。其中，省一级园区22个，省二级园区17个；杭州市特级园区6个，市甲级园区24个，市乙级园区9个。全区等级幼儿园覆盖率、规范幼儿园覆盖率、网片组织（互助共同体）参与面均100%。有幼教教师775人，教师资格证持有率99%，学历合格率100%；教师中大专及以上学历769人，占教师总数的99.2%；其中研究生学历5人、本科学历581人。园长上岗培训率100%。幼教高级及以上职称237人，占教师总数的30.6%。有省、市级教坛新秀58人，区级教坛新秀207人。全区在园幼儿9429人，班级342

个,学前三年幼儿入园率均100%。全区有6个早教基地,各幼儿园和园区开展3岁前早教探索与研究工作,0~3岁婴幼儿家长和看护人受训率99.5%。全年全区学前教育事业支出6165万元,占教育事业经费的11.7%;安排学前教育专项经费1300万元,学前教育生均公用经费定额标准400元,覆盖全区范围内所有幼儿园。

【幼儿园特色课程建设】 2015年,上城区“区域推进幼儿园特色课程建设的理论架构与实证研究”作为市重大课题立项。各幼儿园以特色课程建设为契机,以“培育幼儿园办园特色、促进幼儿发展”为目标,带动学前教育教学综合改革,推动幼儿园更好地发展。各幼儿园经过课程论证、课程专项培训、专家指导等活动,课程形态初具规模,涌现出一批多元、个性、有内涵的特色课程,在区域学前教育可持续发展中发挥积极作用。

【“幼儿园一日活动”研究】 2015年,为贯彻“一日生活皆课程”的理念,提高幼儿在园的生活质量,上城区组织开展“幼儿园一日活动”研究。以幼儿园“三表”(作息时间表、活动安排表、课程安排表)修订、“半日活动”评优等为切入口,组织生活环节优化“从赶集到漫游”系列研讨活动,重新修订和审核“三表”,开展园、片、区级“半日活动”展评等。其间,组织全区700余名教师参加由近50名教师策划的杭州市“半日活动”现场观摩。杭州市五星幼儿园老师柴雪琴、杭州市清荷幼儿园老师叶琼岚分别获杭州市“半日活动”展评一等奖和三等奖。

【“宝宝成长我助力”保育员技能比武活动】 10月23日,上城区“宝宝成长我助力”保育员技能比武活动在区青少年活动中心举行。来自全区22所幼儿园的120余名保育员参加技能比武。比武分保育基本功(知识问答、实务操作)和风采展示两大部分。选手们踊跃抢答幼儿保健知识问题,并进行擦拭餐桌、折叠被子等实务操作,最后进行集体韵律操。比武评出最具风采奖、最佳规范操作奖、最佳团队合作奖各7个。此次技能比武进一步积累上城区保育员管理经验,有效挖掘保育员内在潜力,为加强幼儿园保育工作注入新的活力。

【上城区民园联盟成立】 11月26日,上城区民园联盟成立。该联盟由杭州市喜洋洋幼儿园、杭州市清荷幼儿园、杭州市小世界幼儿园、杭州市近江艺术幼儿园、杭州市玉皇幼儿园、杭州市崇文书院幼儿园6个单位组成,旨在促进联盟幼儿园在教育管理、师资培养、教育研究、教学改革、文化建设等方面共同提高,进一步提升民办幼儿园办园水平。此前,上城区成立行知金陶学前教育集团,将杭州市玉皇幼儿园纳入集团管理。通过与行知金陶幼儿园结对等合作模式,更新教师教育理念,提高教师专业能力,促进民办教育均衡发展。

【承办杭州市“教育国际化背景下的民办幼儿园品牌建设”会议】 12月8日,上城区承办杭州市“教育国际化背景下的民办幼儿园品牌建设”会议。会上,上城区民办幼儿园团队从打造公共教育服务体系、构建教师成长培育模式、协调幼儿园与企业关系、构筑中西合璧国际化教育体系等不同角度、不同层面,介绍幼儿园在推进品牌建设方面的“上城探索”及在实践中取得的经验。

【星星幼儿园分流幼儿安置】 8月,杭州市星星幼儿园因安全问题被停办。为解决园内155名幼儿入园问题,区教育局通过协调,将沙地路32幢一单元作为星星幼儿园新的办学场地,场地面积893平方米,由杭州市行知幼儿园接手管理。为确保新学年如期开学,区教育局抓紧做好各项准备,先后完成场地整理、设备购置、教师暑期培训等工作。10月8日,星星幼儿园分流幼儿全部进入新园区生活。

中小学教育

【概况】 2015年,上城区小学适龄人口全部入学,小学毕业生100%升入初中,全区三类残疾儿童少年义务教育阶段入学率100%,高水平普及教育基本实现。全区有小学18所,在校学生20237人;初中11

所(含九年一贯制学校3所),在校学生8283人,全年招收中小学生5992人,完成学业毕业学生5751人。上城区以课程改革为核心,聚焦学生核心素养,教育教学质量明显提升,符合条件的外来务工人员随迁子女在公办中小学入学率100%,中考成绩及省市中小学学业水平监测均处于全市前列,区域优质教育覆盖率97%。推进特殊教育新三年提升计划和融合教育,深入开展个别化教育。职业中学稳步推进选择性课程改革,在现代学徒制改革上与企业深度融合。

【“美丽学校”创建】 2月11日,市教育局公布“美丽学校”建设重点培育学校和重点建设项目,上城区有11所中小学入选。其中重点培育学校为杭州市建兰中学、北师大附中、杭州市崇文实验学校、杭州市金都天长小学。重点建设项目为杭州市清泰实验学校和杭州市饮马井巷小学的“美丽班级”项目、杭州第十中学的“美丽教师”项目、杭州市教育科学研究所附属小学和杭州市时代小学的“美丽课堂”项目、杭州新世纪外国语学校的“美丽校园”项目、上城区教育学院附属小学(简称上教院附小)的“美丽学生”项目。在1月29日召开的全区德育工作研讨会上,杭州市建兰中学党支部书记周素颖、杭州市金都天长小学校长傅颂九、杭州第十中学副校长陈积粮和上教院附小校长陆宏英分别代表重点培育学校、重点建设项目发言,介绍“美丽学校”和“美丽教师”等项目创建情况。浙江省教育科学研究院副院长王建敏从创建工作内涵、指向和路径三方面进行点评。

【小学科技、体育、艺术特长生认定】 4月8日,区教育局在区青少年活动中心首次开展小学科技、体育、艺术特长生认定工作。特长生认定遵循公平性原则(凡符合条件的学生均可自主报名参加认定)、公正性原则(严格按照特长生认定标准对每一名考生进行考核评定)、公开性原则(公开考试程序、认定标准,严格认定结果公示制度,整个认定过程公开透明)。全区报名参加科技类特长生认定的学生128人、体育类102人、艺术类367人,三类合计597人。经区小学科技、体育、艺术特长生认定工作专家委员会审核、测试,有459人被认定为特长生。其中,直接认定238人,现场测试认定221人。

【上城区首届“汉语言文化节”】 4~6月,上城区举办首届“汉语文化节”。文化节活动包括歇后语大赛、成语接龙大赛、古诗词填空大赛、汉字听写PK赛。各类比赛采用“零门槛”微信报名方式,报名参赛对象为全区小学四五年级学生,先后有450余名选手报名,其中39名学生参加所有赛事。经评定,杭州市胜利实验小学袁诗岚、姚天、赵潇楠分别获五年级组冠、亚、季军;该校郭艺凡、孙琦玮、王语然分别获四年级组冠、亚、季军。

【上城区中考取得好成绩】 上城区基于学生发展理念,开展区域教育综合改革,促进教育公平、优质发展。根据杭州市优质高中招生结果,2015年上城区中考取得10年来最好成绩。上城区优质高中录取比例55.5%,高出全市录取比例10.7个百分点。公办初中优质高中上线率44.9%,北师大附中以83.6%的上线率居全市公办初中第一位。杭州市惠兴中学、杭州第十中学优质高中录取比例50%;杭州市开元中学、杭州市清河中学、杭州市江城中学、杭州市清泰实验学校优质高中上线率均比上年提高5个百分点,均超过或达到全市公办初中平均水平。学生素质全面发展,全区特长生录取91人,其中,杭州第六中学艺术基地学校体艺特长生录取人数创下历年最好成绩。上城区通过中考进入前三所优质高中的人数占杭州市的1/3。其中,杭州市建兰中学被杭州第二中学录取86人,520分以上高分人数为全市第一;北师大附中500分以上考生103人;杭州新世纪外国语学校500分以上考生占参加考试人数的65.1%。

【上城区少年军校天长武警分校参加“中国下一代国防教育成果展”】 7月25~31日,为纪念中国人民抗日战争暨世界反法西斯战争胜利70周年,教育部关心下一代工作委员会、中国下一代教育基金会、中国兵工学会等单位在北京中国少年军校联盟基地举办首届“中国下一代国防教育成果展”。上城区少年军校总校选派天长武警分校70名小军人,代表上城区少年军校参加国防教育竞赛活动,先后参与阅兵式、分列式、百米障碍赛等拓展体能赛和野外救护、野炊等军事技能赛，同时参加国防知识竞赛、兵器设计赛、英雄故事演讲赛、火警逃生自救赛等。小军人取得小学组总成绩一等奖。

【上城区第五十四届中小学生田径运动会】 10月17~18日，上城区第五十四届中小学生田径运动会在北师大附中举行。来自上城区各中小学32支代表队的597名运动员参加小学组10个大项、中学组13个大项的比赛。比赛产生小学组团体总分前八名和初中组团体总分前六名的代表队，其中杭州市勇进实验学校、杭州市崇文实验学校、杭州市胜利实验学校和杭州市建兰中学、杭州市清泰实验学校、北师大附中分别获小学组和初中组团体总分前三名。

【上城区少先队鼓乐队风采展示暨现场考级活动】 11月7日，由区教育局、团区委、区少工委、区青少年活动中心主办的“红领巾相约中国梦，鼓乐队齐奏展风采”2015年上城区少先队鼓乐队风采展示暨现场考级活动在杭州天地实验小学举行。全区有17支鼓乐队伍参加风采展示和考级，其中有4支少先队鼓乐队通过杭州市鼓乐队考评。通过市鼓乐队考评的学校中，杭州市崇文实验学校和杭州市胜利小学通过“三星三级”考评，杭州市金都天长小学通过“一星三级”考评，杭州市回族穆兴小学通过“一星一级”考评。

【社区少先队工作成效明显】 11月22日，全国社区和校外少先队工作现场交流会在杭州召开。会议期间，来自团中央、民政部、全国少工委等单位领导，以及全国各地200余名少先队工作者观摩上城区小营街道小营巷社区、紫阳街道北落马营社区联合开展的“玩转社区少先队，伙伴快乐齐争章”活动。代表们表示，上城区社区少先队工作因地制宜，充分挖掘社区场地、人力和社会资源，形式多样，成效明显，为全国推进社区和校外少先队工作提供有益的启示。

【首届国学斗艺大赛】 12月5日，由区教育局、区文明办、市孔子研究会指导，区青少年活动中心主办，尚青书院承办的“风雅·宋”国学斗艺大赛之“国学小博士”争霸赛开赛。大赛打破传统国学的比赛方式，以“斗”为比赛形式，让“斗”这个中国传统文化元素与现代文明相碰撞，为比赛增加吸引力和观赏度。大赛吸引上城区12所小学100余名学生参与，经选拔推荐和分类比赛，60余名“国学小能手”参加最后角逐。杭州新世纪外国语学校获团体第一名，杭州市回族穆兴小学和杭州市胜利实验学校分别获团体第二、三名。

中等职业教育

【概况】 杭州市服装职业高级中学(简称服装职高)是上城区唯一一所中等职业学校，为全国服装协作组理事和浙江省服装教研大组理事长学校、浙江省服装教育集团副理事长单位。有班级21个，学生703人。学校开设服装设计与工艺、服装设计与表演、服装制作与营销3个专业，其中“服装设计与工艺”专业为主干专业被省教育厅认定为首批省级示范专业，2015年度被评为省级骨干专业。选择性课程改革稳步推进，由原来的高一试点推行到高一、高二两个年级，参与课改的学生占学生总数的37.1%，其中高一年级参与课改学生占高一学生总数的64.9%。

【毕业作品展示】 5月13日，服装职高2015届毕业设计作品展示会在杭州西溪天堂举行。展示会以“寻·行”为主题，向社会各界进行服装设计作品动态展示。服装职高精选的220余款作品，均为服装设计与工艺专业应届毕业生自行设计、自行制作的成衣，并由表演专业学生展出。

社会教育

【概况】 2015年，上城区以“立足变革发展，满足居民不断增长的终身学习需求”为主线，以节点活动和“e学网”为办学载体，围绕“文化引领特色创建、职教社教联动发展、项目带动市场运维”的思路，推进社区教育各项工作的深入开展。全年全区居民受教育人数23.63万人次。其中，青少年参加校外素质教育培训 6.02 万人次、外来务工人员受培训 4.38 万人次、下岗失业人员参加培训 1.19 万人次、老年人受培训 11.38万人次、残疾人受培训 6600 人次。评选出上城区终身学习品牌 10 个、终身学习之星 10 名、"优秀社区教育志愿者"18 名。

【第十二届市民终身教育节】 10 月 16 日，以"学习圆梦想，幸福享人生"为主题的"2015 上城区全民终身学习活动周暨上城区第十二届终身教育节" 在杭州东坡大剧院开幕。区委常委、宣传部部长金承涛出席开幕式并致辞。省社区教育指导中心主任程晓建、市社区教育指导中心副主任刘利俊等领导和上城区学习之星、终身学习品牌、优秀社区教育志愿者代表，以及市民朋友 1000 余人参加开幕式。

【创意馆儿童培训】 上城区社区学院创意馆以小班化教学、个性化发展为特色，关注幼儿的活动过程，让幼儿在参与中体验、在体验中创造。全年创意馆面向全区 3~6 岁幼儿开设创意美术、幼小衔接、幼儿舞蹈、幼儿英语、少儿围棋、少儿跆拳道、少儿拉丁、乐高建构、器乐班培训项目 9 个，有 495 人参加培训。

【"快乐少年，七彩追梦"青少年校外教育项目获评全国示范项目】 2015 年，由团区委牵头的"快乐少年，七彩追梦"青少年校外教育品牌开启第三季和第四季活动。该活动整合"送教进社区"等资源，精心设计"红、橙、金、绿、青、蓝、紫"七大板块活动项目。第三季活动在寒假启动，接待青少年 1.35 万人，组织活动 366 项，参加活动 2.09 万人次。第四季活动在暑假启动，接待青少年 1.27 万人，组织活动 685 项，参加活动 2.76 万人次。2 月，"快乐少年，七彩追梦"青少年校外教育项目被评为全国青少年校外教育示范项目。

【社工素质提升工程启动】 3 月 28 日，小营街道启动社区社会工作者素质提升工程。提升工程面向 180 名社工学员，开设视频制作、音乐欣赏、茶艺课程等实用性课程。10 月，区民政局依托上城区社区学院，开办上城区社区工作领军人才培训班，为社工精英班开设 14 门课程，有 32 名优秀社区干部接受多层次、多角度的培养教育，包括对社区代言人的培养。社工素质提升工程旨在打造一支具有战略眼光、开拓精神、创新能力和社会责任感的优秀社区工作者队伍。

【职业技能培训】 2015 年，上城区开办成人双证制培训班 9 个，参加培训 402 人。其中，参训学员通过国家职业资格技能考核合格的有计算机高级 79 人、计算机中级 58 人，绿化工初级 46 人，茶艺师初级 133 人，茶艺师中级 6 人，插花员高级 80 人。组织参加杭州市网上创业培训班 8 期、14 个班，参训 500 余人。组织参加杭州市社会工作人才继续培训 2 个班，300 余人参加。为杭州花中城餐饮连锁企业人员开办计算机培训班 2 个，300 余人参加。组织开展月嫂培训 35 期，参训 935 人。区科普大学科普培训班开设中医养生、网络畅游、食品安全、家庭救护、旅游攻略等课程，组织培训 50 次，参训 800 余人。科普大讲堂组织专题讲座 10 次，听众 1000 余人。面向杭州第二中学、杭州第九中学开展职业技能培训，从项目研讨到教师联络、教具准备、物品选购、课程设计、海报宣

10 月 16 日，上城区全民终身学习活动周开幕

（区教育局　供稿）

传、排班分批、组织培训等方面进行量身定制。培训项目有家庭救护、西式烘焙、陶艺、花艺、布艺、茶艺、木工、计算机8项，累计培训高中学生1040人。与区红十字会合作，培训初级救护员54人。

【学历教育培训】 2015年，上城区组织开展街道、学院和学员家庭3种途径的扫盲教学工作。区社区学院设立教学点18个，参加培训263人，有135人以“入户教学”方式接受培训。全年398人完成培训课程。为503人和102人分别发放扫盲奖励金和信息更改奖励金。2名社会工作专业专升本学员和52名科学教育专业专升本学员完成本科教学计划规定的全部课程，获杭州师范大学本科毕业证书。

【数字化教育推进】 2015年，区教育局对上城区数字化学习中心“e学网”实施全面升级，与区直各部门、单位合作推进数字化教育。与区文广新局共同开发南宋大讲坛系列课程，此项目入选2015年“杭州市南宋文化节体验项目”。与区市场监管局合作，在“e学网”设立《食药安知庐》栏目。编印《电子学习手册》，并发放到市民手中。开设网络课程600余门，形成依托上城区数字化学习中心开发实体课程的新思路。至年末，“e学网”年度家庭学习账户达1.94万个，总登录学习人数134.69万人次，实现可学习课程1053门。推出《行走》电子杂志，制作《小营篇》，引领上城区社区文化风尚，提升市民文化素养，让上城市民享受足不出户的优质教育。

【移动学习平台打造】 1月1日，上城区打造移动学习平台“微学通”(微信号：杭州上城社教)，采用O2O混合学习理念，整合、优化上城社区学院网络教学资源及区域各类开放教育资源，搭建“e+M+微”的混合学习平台，使其成为市民“口袋里的学习圈”。年内，完成平台一、二期开发，实现在线报名交费、在线学习咨询、班级圈交流、参与知识竞答等功能。9月7日，区社区学院与区文明办联合举办“品茗上城文化，挑战赢取大奖”上城民俗知识竞答活动，有5856人次参与。与上城区社区教育委员会办公室联合开展上城区首届微课大赛评选，有1.66万人次参与投票，其中最受欢迎微课得票7051票。

特殊教育

【概况】 2015年，上城区特殊教育体系由1个中心、1所学校、4个基地组成。1个中心即上城区特殊教育资源中心，负责全区特殊教育业务指导。1所学校即杭州市杨绫子学校，学校有19个班级、208名智力障碍学生，教职工66人。学校开展“教育·康复·就业”系列化的智力障碍教育模式研究，形成“十五年制智障教育模式”。4个基地即上城区自闭症康复训练研究中心、特殊教育康复训练基地、随班就读师资培训基地和上城区青少年生活教育基地。上城区较为完整地形成学生学习、教师发展、资源服务、督导评价、资讯拓展五大项工作相互支持、相互补充的特殊教育管理格局，为全区有特殊教育需求的孩子提供学习、生活保障，推进特殊教育工作不断深化。

【“爱绽放，梦飞扬”30周年校庆】 1月8日，杭州市杨绫子学校举行“爱绽放，梦飞扬”——建校30周年学生自我展示会。活动邀请退休老师、家长和区内兄弟学校、全国各地兄弟学校，以及社会团体志愿者代表等600人参加。学校师生载歌载舞，用自己最靓丽的表现庆祝学校的生日。在展示会上，学校发布校歌《自由飞翔》，并举行“最美杨绫学子”“感动杨绫家长”“最受学生喜爱教师”颁奖典礼。

【浙江—台湾特殊教育学校校长论坛】 1月8日，杭州市杨绫子学校与杭州师范大学教育学院共同举办“浙江—台湾特殊教育学校校长论坛”。来自台湾和上海、广东、广西、黑龙江、新疆、福建、江西、浙江等10余个省、市特殊教育学校的骨干教师250余人参加论坛。区教育局副局长朱惠强等出席。论坛围绕“特殊教育优质均衡发展”主题，组织大会发言和分组讨论。大陆有关省、市学校与台湾地区的特殊教育学校各有7名校长以学校管理发展与医教结合为切入点向大会做学术报告。

【“来自星星的话语”杭州市第一届自闭症学生公益画展】 4月2日，“来自星星的话语”杭州市第一届自闭症学生公益画展在浙江赛丽美术馆举行。此次

4月2~9日，杭州市第一届自闭症学生公益画展举行　（区教育局　供稿）

画展由市残联、市卫计委、市教育局联合主办，浙江赛丽美术馆、市残疾人康复职业培训中心、杭州市杨绫子学校承办。画展展出杭州市特殊学校及部分康复机构学生作品300余幅，旨在通过画展，让更多的人来关注自闭症，关爱患有自闭症的儿童，给予这些“来自星星的孩子”更广阔的成长空间。

【上城区第三届新申报随班就读学生认定安置会议】11月24日，区教育局召开上城区第三届新申报随班就读学生认定安置会议。浙江师范大学特殊教育系主任曹漱芹、博士陈冠杏，浙江省儿童保健院医生竺智伟、周雪娟，杭州市杨绫子学校校长俞林亚，以及各申报学校学生家长、行政领导、班主任和上城区特殊教育资源中心教师团队代表参加会议。专家团队对随班就读申报对象进行认定，并为他们提出安置方案和服务内容。

【杨绫子学校特奥运动员参加十省(区)特奥联谊活动】12月12日，杭州市杨绫子学校8名特奥运动员代表浙江省参加2015年十省(区)特奥联谊活动。运动员们奋勇拼搏，在特奥田径、篮球、足球3个大项的比赛中获金牌8块、银牌3块、铜牌8块。

【“智慧树”残疾人服务社开张】12月25日，全省首个智力障碍青少年职业训练工作坊——“智慧树”残疾人服务社在上城区水亭址3-1号开张。“智慧树”残疾人服务社是杭州市杨绫子学校为智力障碍青少年进行职业训练和提供就业的场所，它以服务智力障碍人士职业康复为目标，通过非营利性公益的形式，为智力障碍青少年提供实践机会，开展智力障碍青少年工作技能培训，帮助智力障碍青少年踏上工作岗位。《杭州日报》《钱江晚报》《都市快报》等媒体相继报道“智慧树”服务社开张情况。

教育国际化

【概况】2015年，区教育局印发《关于落实新一轮“百校结对”行动计划的通知》，在全区中小学实施新一轮“百校结对”行动计划。根据区教育局整体规划，启动并完成《杭州市上城区推进教育国际化行动计划(2015~2017)》《“十三五”上城教育国际化工作思路》的制定。按照“建设与国际水准高品质中心城区相匹配的教育现代化区”的总要求，推进教育国际化发展规划与制度建设、教育国际交流与合作机制建

10月25~31日，德国交流访问团访问杭州第十中学。图为访问团与杭州第十中学老师合影　（区教育局　供稿）

设、学校国际理解课程建设和教育国际化师资队伍建设,扩大上城区教育系统的国际交流与合作,全面提升上城区教育国际化水平。

全年区教育局因公出国(境)教师120人,其中30人为14~21天的研修与培训团组。区教育局实际因公出国(境)团组4个、40人,主要到澳大利亚、德国、芬兰等国家和地区交流基础教育,探讨课程改革,开展教师培训。参加上级跨地区组团14个、19人。各中小学有16个师生交流团组取得市外办、市台办的任务批件,组织61名老师、366名学生到美国、英国、加拿大、澳大利亚开展交流活动。全年接待来自英国、德国、美国等国家和地区教育考察团28批次、492人。

【千校结好特色学校与国际化示范学校创建】 2015年,上城区30所中小学有国(境)外结对学校43所,其中新增国(境)外结对学校16所。杭州市建兰中学、杭州新世纪外国语学校、杭州市崇文实验学校、杭州市时代小学申报并创建杭州市教育国际化示范学校。杭州市崇文实验学校获浙江省第二批"千校结好"特色学校称号。

【到芬兰考察基础教育改革】 10月4~24日,上城区教育系统18名骨干教师到芬兰进行为期21天的基础教育改革考察。其间,上城区老师在坦佩雷大学访问学习,并参观该大学的附属中学和小学;走访波尔沃职业学校、芬兰凯瓦昆普中学和小学,拜访赫尔辛基大区万塔国际学校和芬兰曼纳海姆儿童福利联盟。此次考察活动在《人民教育》杂志、《浙江日报》、《小学数学教师》杂志、《钱江晚报》、《杭州日报》和上城教育微信平台上均做详细介绍。

【国际理解教育特色品牌项目申报】 2015年,区教育局积极培育杭州市国际理解教育特色品牌项目,研制开发中小学国际理解教育区域大课程体系及校本教材,探索不同学段、不同学科统整的路径,通过现代教育技术、设施等资源的国际共享,将国际化教育内化于教育教学过程,促进教育国际化内涵发展,推进国际理解教育课程建设。杭州市建兰中学"学校活动课程化,助推国际理解教育"、杭州市开元中学"基于国际视野的开元小创客学生社团"、杭州新世纪外国语学校"中国心·世界眼"、杭州市崇文实验学校"崇文'新班级教育'国际理解课程的研究与实践"、杭州市胜利小学"以活动课程为依托打造胜利特色的国际理解教育课程"、杭州市天长小学"打造天长特色的国际理解教育课程"、杭州市天地实验小学"杭州市国际理解教育特色品牌建设"等项目申报国际理解教育特色品牌项目。

【杭州娃哈哈外籍人员子女学校成立】 7月24日,杭州娃哈哈外籍人员子女学校获浙江省教育厅办学许可,成为杭州市继杭州汉基外籍人员子女学校、杭州世外外籍人员子女学校、杭州国际学校、杭州日本人学校之后的第5所国际学校。区教育局在推进国际学校建设的同时,探索国际化教育体系的构建,尝试在玉皇山南基金小镇开办国际化民办幼儿园。至年末,全区聘有外籍教师25人,中小学接受外国学生225人,幼儿园接受外国幼儿213人,5所国际学校均取得聘请外国专家的资格认可证书。

教育研究

【市教科所到上城区调研】 3月24日,杭州市教育科学研究所所长俞晓东一行16人到上城区调研教育科研工作。区教育局领导及相关部门负责人参加调研。调研会上,区教育局局长项海刚介绍上城区打造高品质教育、加快推进教育现代化的基本做法,以及"十三五"期间推进教育国际化和"智慧教育"发展的设想。区教育学院就上城区开展教科研情况做专题汇报。会后,调研组分4组实地考察上城区部分初中、小学、幼儿园,并召开骨干教师座谈会,开展问卷调查,听取教师对教育改革发展的意见建议。

【上城区教育科研重大课题立项】 6月12日,通过自愿申报、专家推荐、大众评委及专家评审、答辩等程序,经市教育科学规划领导小组批准,上城区教育局局长项海刚主持的“区域推进幼儿园特色课程建设的理论架构与实证研究”、杭州市天长小学校长楼朝晖主持的“基于‘核心素养’的学生成长生态系统构建及实践研究”、杭州市时代小学校长高军玉主持的“基于意义学习的小学项目课程的构建与实施”、杭州市崇文实验学校校长虞大明主持的“基于结构性变革的‘崇文课程’再探索”4 项课题被列为杭州市 2015 年教育科研重大课题。全市有 15 项课题被列为重大课题，市教育科学规划领导小组对重大课题的研究进行全程管理，课题研究周期为 3 年，到 2018 年 6 月结束。

【上城区教科研取得新成果】 12 月 15 日，在杭州市第十二届教科研工作会议上，市教育局对上城区获省、市教育科研荣誉的单位和个人进行表彰、区教育局获浙江省(2013~2014)重视教科研先进单位荣誉，杭州市胜利实验学校获浙江省(2013~2014)重视教科研先进集体荣誉，杭州市天长小学庞科军和杭州市饮马井巷小学蒋敏获浙江省(2013~2014)重视教科研先进个人荣誉，杭州市胜利实验学校、杭州新世纪外国语学校、杭州市时代小学获杭州市第九届教育科研先进集体荣誉，杭州市喜洋洋幼儿园刘方珺等 3 人获杭州市第九届教育科研先进个人荣誉，区教育学院单瑛凡等 3 人获杭州市第二届教育科研标兵荣誉，杭州市杨绫子学校等 4 个单位分别获杭州市第三批示范、合格教科室荣誉。10 月，《上城教育研究》在山西太原举行的第二十六届全国教育内部报刊协作交流会上获全国教育内部报刊优秀奖。

【新世纪外国语学校研究成果获奖】 12 月 24 日，杭州新世纪外国语学校“全人课程：基于核心素养提升的学校课程架构与实施”课题获 2014 年度浙江省教育科学研究优秀成果一等奖、杭州市第三十届优秀教育科研优秀成果一等奖课题。该课题包含六大领域，每个领域包含必修与选修两大模块，必修课程指向夯实学科基础，选修课程指向学生个性化学习需求。实施“全人课程”有利于激发学生学习兴趣，提升教师课程素养，深化学校课程改革。

【承办市新课程初中英语学科优质课展评活动】 4 月 1~2 日，杭州市新课程初中英语学科优质课展评活动在北师大附中举行，来自杭州 13 个区、县(市)和杭州经济技术开发区的 400 名英语教师观摩此次活动。活动由市普通教育研究室主办，区教育学院承办，北师大附中协办。上城区开元中学老师徐震获一等奖，北师大附中老师王海燕获二等奖。

【参加全市中小学音乐教师基本功比赛】 5 月 20 日，杭州市第八届中小学音乐教师基本功比赛在杭州市胜利实验学校举行。杭州各区、县(市)和直属高中选拔推荐的 31 名中小学音乐教师参加比赛，比赛项目为声乐、钢琴、自弹自唱与合唱指挥、第二乐器或舞蹈等 5 项专业基本功。上城区推选娃哈哈小学柯梦凌、胜利实验学校楼晨、清泰实验学校叶欣 3 名老师参加比赛。柯梦凌、楼晨获小学组五项综合一等奖(第一名和第二名)，叶欣获中学组五项综合二等奖。7 月，柯梦凌、楼晨均获浙江省中小学音乐教师基本功比赛五项综合一等奖。11 月，柯梦凌获全国中小学音乐教师基本功展演六项综合二等奖。

【承办杭州市九年级英语阅读教学研讨活动】 9 月 23 日，杭州市各城区近 700 名九年级英语教师汇聚在北师大附中二楼报告厅，参加杭州市九年级英语阅读教学研讨活动。该活动由北师大附中承办。上城区九年级英语学科研究员周惠主持研讨活动，北师大附中老师王海燕和开元中学老师徐震分别开设英语阅读展示课。

【上城区与萧山区河庄初中互助联谊活动】 5 月 6~7 日，上城—萧山区大江东河庄街道学校互助联谊活动初中英语、数学专场在河庄初中举行。杭州市建兰中学英语老师王超、数学老师黄剑分别开设英语和数学阅读展示课，英语教研员陈瑶和数学教研员任敏龙分别做题为“初中英语新教材听说课教学策略”“以探究为核心的初中数学自主学习课堂教学研究”的讲座。

【上城区深化义务教育课程改革专题研讨会】 4月21日，上城区深化义务教育课程改革专题研讨会在杭州市教育科学研究所附属小学举行。全区各中小学校长、分管教学副校长参加会议。省教育厅教研室副主任滕春友到会并做题为“坚守与突破”的辅导报告，对《浙江省教育厅关于深化义务教育课程改革的指导意见》进行详细解读。区教育局党委书记、局长项海刚在会上做总结讲话。

【承办省深化义务教育课程改革研讨会】 10月28~29日，浙江省深化义务教育课程改革研讨会在杭州市建兰中学举行。此次研讨会由上城区教育学院和杭州市建兰中学承办。省教育厅副厅长韩平和教研室主任缪水娟、副主任柯孔标、张丰、滕春友，市教育局初等教育处处长蒋锋，区教育局局长项海刚等出席会议。全省各区、县(市)教育局领导、教研员、校长、骨干教师1000余人参加会议。会议分“小学拓展性课程开发与实施”“小学课程整合实施”“初中学校课程规划与教学改革”3个专题展开研讨。代表们现场学习和观摩杭州市建兰中学、杭州市天地实验小学和杭州市胜利实验学校课程改革阶段性成果。全省各地18所义务教育课改先进学校分别做主题发言，和与会代表分享各具特色的课改实践经验和体会。研讨会邀请上海市教委教研室主任徐淀芳做“提升学校课程领导力的实践”的主题报告。韩平做大会总结报告。

【承办市小班化教育研讨会】 11月18日，杭州市小班化教育研讨会在杭州市金都天长小学举行。来自各个区、县小班化实验学校的校长、教研组组长和骨干教师230余人参加会议。此次研讨会由杭州市普通教育研究室主办，上城区教育学院和杭州市金都天长小学承办，杭州市江城中学协办。浙江大学教授盛群力、杭州市普通教育研究室课程部副主任李燕等出席研讨会。研讨会主题为“基于选择与整合的小班课堂”。金都天长小学校长傅颂九做专题发言，江城中学和金都天长小学共开设公开课14节，杨华英等5名教师对公开课进行点评。

【承担省农村中小学小班化教育骨干教师培训班授课任务】 10月13~15日，上城区教育学院学生发展研究中心承担浙江省农村中小学小班化教育骨干教师培训班授课任务。该研究中心主任缪华良在培训班上做题为“不一样的小班，不一样的发展”的讲座，杭州市胜利实验学校和杭州市崇文实验学校分别承担小学科学、语文骨干教师的培训。

【承担省“百人千场”送教下乡专场活动】 上城区教育学院承担浙江省“百人千场”送教下乡活动。5月17~18日，初中科学温州专场活动在文成县实验二中举行。文成县教育局党委委员、副局长徐峰致欢迎词。北师大附中老师罗学平开设展示课，上城区教育局科学教研员徐珺进行点评并举行专题讲座。初中数学温州专场在文成县实验中学举行，杭州开元中学老师陈刊开设“平行四边形判定的动态复习”展示课，上城区教育局数学教研员任敏龙进行点评并举行专题讲座。10月15~16日，丽水专场活动在庆元县举行。上城区童骏君、王允、胡艳、牟雪梅4名老师分别开设“我的相貌密码”“找规律”“等腰三角形再探索”“运动和力”示范课。浙江省名师苏林冲，上城区特级教师邵虹、周芸佳，上城区教育局初中科学教研员徐珺分别进行点评，并分别做题为“促进科学概念发展的探究活动设计”“关注数学能力培养的材料与策略”“数学课堂教什么”“用教学故事呈现精彩课堂”的讲座。

师资管理

【校长教师交流】 2015年，上城区在全面推进义务教育学校教师校长交流的基础上，根据幼儿园园长和教师的交流需求，将交流工作延伸至全区公办幼儿园，成为全市第一个全面开展中小幼教师交流的城区。全区有76人参加校长和教师交流，其中义务教育学校60人、幼儿园16人。义务教育学校中，骨干教师交流31人，占符合交流条件骨干教师的17%；普通教师交流10人，校级干部交流19人。依托名师工作坊平台，鼓励名校和优质学校骨干教师交流到薄弱学校，发挥其引领带头作用。全年新增名师工作坊项目7个，立项项目涵盖中小幼各个学段。

【荣誉班主任和星级班主任评选】 为优化全区班主任队伍结构，推进班主任专业化发展，努力建立一支思想素质好、业务水平高、责任心强、有奉献精神的优秀班主任队伍，区教育局制定《杭州市上城区中小学星级班主任评定办法(试行)》，并启动首届荣誉班主任和星级班主任评选工作。9月，经各单位推荐、材料审查、专家评审、上城教育信息港公示、区教育局研究决定，赵建华等3人被评为首届上城区荣誉班主任，姜霞等8人为三星级班主任，洪慧仙等58人被评为二星级班主任，袁洁等151人被评为一星级班主任。

【参加三级教坛新秀评比】 2015年，区教育局组织推荐全区教师参加省、市、区级教坛新秀评比活动。通过个人申报、民主推荐、组织评议、网上公示等程序，杭州市胜利实验学校陈滔、杭州新世纪外国语学校滕梅芳、上教院附小张麟3名教师被评为省教坛新秀；杭州市建兰中学潘辉等25名教师被评为市教坛新秀；服装职高胡叶等112名老师被评为区教坛新秀，上城区教师资源优势进一步扩大。 (余琴珠)

思鑫坊

文化

Culture

综述

【概况】 2015 年，上城区进一步推进区域基本公共文化服务标准化、均等化建设，深入实施以“七送”为主要内容的“文化惠民工程”，打造一系列有影响力的群众文化活动品牌。先后举办“欢度新春”休闲文化系列活动和“我送你秀”——社区文化行系列活动，组织庆祝“三八”妇女节、“五一”劳动节、中国共产党成立94 周年、抗日战争胜利 70 周年，以及“‘五水共治’进行时”、“善孝为先”等主题思想明确、具有一定规模、群众参与广泛的大型文艺演出。举办以“打造书香社区，共建美丽家园”为主题的读书节、首届中国南宋文化节暨第九届杭州西湖读书节、第五届上城区文艺团队联合会艺术节、首届“社区之歌”原创歌曲作品比赛、第十五届上城区歌手大赛暨第二十三届杭州“三江”歌手上城区选拔赛等活动。上城区获杭州市“三江”歌手大赛优秀组织奖、优秀辅导奖；原创歌曲《河坊街上·琅格琅珰》入围杭州市精品文化工程扶持项目。成立上城区现代公共文化服务体系建设工作领导小组，制定《上城区公共文化服务体系建设工作方案》和《上城区公共文化服务体系建设标准分解表》，编辑制作《上城区公共文化史料汇编》。

资料 **“七送”**：指公共文化服务、“百团百场”公益演出、送戏送电影进社区(工地)、公共文化体育项目免费培训、向文体团队赠送器材、发放文体惠民消费券、开展国民体质免费监测 7 项内容。

7 月 24~28 日，上城区举办“助推‘五水共治’，建设美丽家园”群众书画摄影图片展

（区文广新局　供稿）

群众文化活动

【“五水共治”书画摄影图片展】 7 月 24~28 日，为宣传展示上城区“五水共治”工作成果和人水和谐理念，推动绿色低碳环保的生态文明建设，上城区在唐云艺术馆举办主题为“助推‘五水共治’，建设美丽家园”的群众书画摄影图片展。书画摄影图片展由区文广新局和区“五水共治”工作领导小组办公室联合主办，展出优秀作品 80 余件，作品以展现上城秀水风光和风土人情为主。参观图片展的书画摄影爱好者 6000 人次。

【协办“爱心拉拉勾，文化志愿者在行动”活动】 4月19日，由省文化馆和浙江电视台少儿频道联合主办的“爱心拉拉勾，文化志愿者在行动”公益活动在浙江省盲人学校举行。上城区文化馆作为此次志愿者活动的协办单位，积极配合，精心准备，献上小提琴独奏《春之歌》和女声独唱《爱在天地间》，用音乐表达对盲人儿童的关爱和祝福，获得在场观众好评。

【举办文体免费培训班】 2015年，为推进群众性文化体育活动深入开展，不断满足社区居民和外来务工人员多层次、多样化、多方面文体需求，区文广新局推出包括组织文体免费培训在内的一系列文化体育惠民活动。全年为外来务工人员、残疾人群体、社区低保户、辖区企事业职工举办各类文体免费培训班247期，授课4360课时、受益群众3.51万人次。发放电影券5200张，惠及全区1000余名环卫工人；发放书券8000张、游泳券1.2万张。举办“百团百场”公益演出、送戏送电影136场。为特色文体团队定制表演服装250套，价值140余万元。观看文体团队表演群众12万余人次。

【举办“抗战烽火，光耀千秋”歌咏大会】 8月28日，上城区在红星剧院举办纪念中国人民抗日战争暨世界反法西斯战争胜利70周年歌咏大会。歌咏大会以“抗战烽火，光耀千秋”为主题，以合唱、诗朗诵、舞蹈等为主要表演形式，由“序曲·国耻国殇”“怒吼·保卫黄河”“大刀向鬼子们的头上砍去”“延安颂”“尾声·共筑中国梦”5个篇章组成。区委书记缪承潮出席歌咏大会并致辞。区直机关和街道的12支合唱团600余人参加演出，观众1000余人。 （张雪梅）

历史文物保护

【概况】 2015年，上城区范围内有各级文物保护单位（点）92处（含景区管理52处），其中全国重点文物保护单位12处、省级文物保护单位13处、市级文物保护单位52处、市文物保护点15处。各级文物保护单位存有大量承载人类文明印迹、彰显城市特色的建筑遗存。为更好地保护历史建筑，上城区连续实施历史建筑保护工程。全年列入杭州市历史建筑保护修缮项目26处，年内完成（包括部分完成）中山中路337号建筑（陈琪旧居）等7处历史建筑保护修缮。

【中山中路入选首批中国历史文化街区】 4月21日，住房城乡建设部、国家文物局公布首批中国历史文化街区名单，中山中路历史文化街区名列榜单，成为杭州市唯一一个入选的街区。中山中路历史文化街区位于上城区，规划范围以中山中路为中心，北起解放路官巷口，南至清河坊鼓楼，东至缸儿巷、光复路、柳翠井巷一线，西至羊血弄、比胜庙巷、后市街、祠堂巷一线，全长约1500米，东西进深约100米，面积23.6万平方米。中山中路前身是南宋都城临安城格局中南北走向的主轴线——南宋御街。自南宋始，一直是杭城最重要的城市商业中心。中山中路历史文化街区积淀了丰富城市历史文化，是杭州最具代表性的重要街区之一。

【卜合提亚尔及二从者墓晋级为市级文物保护点】 9月28日，卜合提亚尔及二从者墓晋级为市级文物保护点。该墓园位于清波街道清波街与南山路交叉口三角地，面积200余平方米，为阿拉伯建筑风格，墓园中3座古墓均采用塔式石墓盖，每座4层，高0.6米，石墓盖顶石上镌刻有菱形帔巾图案。昭示着中国与中西亚诸国友好交往历史源远流长，是杭州历史文化遗产中的重要一笔。

【市委党校图书馆旧址晋级为市级文物保护点】 9月28日，杭州市第三批历史建筑市委党校图书馆旧址晋级为杭州市文物保护点，并更名为浙江省红十字会杭州救济中心旧址。该文物保护点位于紫阳街道十五奎巷99号内，系混凝土结构的三层公共建筑。建造于20世纪40年代，建造风格反映以装饰为特征的现代式传统复兴的建筑思潮。

【郁达夫故居维修工程完工】 郁达夫故居位于大学路场官弄63号，建造于1936年，是中国现代著名诗人和作家、新文化运动先驱和爱国主义者、革命烈士郁达夫在杭州的居住地，由郁达夫设计，1986年被杭

9月1日，郁达夫故居“风雨茅庐”正式对外开放　（区委党史研究室　供稿）

州市政府公布为第一批市级文物保护单位。故居建筑为砖木结构，分正屋和后院两部分。故居由于空置时间较长，存在不同程度的屋面漏水、外墙剥落、吊顶破损等问题。根据省、市有关部门对郁达夫故居进行布展和开放的要求，对故居进行全面维修。维修工程于6月27日开工，8月5日竣工。维修包括屋面翻修、檐沟更换、内外墙维修、门窗更换、油漆刷新等。9月1日，郁达夫故居“风雨茅庐”正式对外开放。

【西湖大道238号历史建筑修缮完成】 1月，西湖大道238号历史建筑完成修缮。该建筑位于西湖大道以北、定安路以西，建于20世纪20年代，主体为单层三开间砖木结构建筑，面积163平方米。整个建筑体现中西合璧的建筑风格。2007年3月，西湖大道238号建筑被列入杭州市第三批历史建筑保护名单。2013年4月，上城区延安南路指挥部启动整体保护修缮工程。经过前期准备，于2014年8月进场施工。施工单位对体现历史建筑特色的门窗、挂落、壁炉、地砖等采取严格的保护措施，并修复院内假山等景点，较好地恢复历史建筑原有风貌。

【九芝斋旧址修缮竣工】 7月，九芝斋旧址修缮工程竣工。九芝斋旧址位于中山中路228号、230号，是杭州市第一批历史建筑，有近百年历史。该旧址外墙墙面为灰白色，墙头的雕刻带着欧式建筑的风格。承担修缮任务的杭州银嘉房地产开发有限公司，将九芝斋旧址的建筑立面进行清理修复，拆除一层附加的商业门面。沿街立面保护采取“两层墙”的方式，在建筑原有外墙后方新建一座墙体，新墙与旧墙之间用钢构件连接。

【中山中路337号历史建筑修缮通过验收】 7月17日，区危改办组织实施的中山中路337号历史建筑维修改善项目完工并通过验收。该建筑建于20世纪20年代，为一幢三开间两层、两坡青瓦屋顶的砖木结构建筑。院落内保留着原有的青石板台阶和印花水

表16　2015年上城区历史建筑保护修缮完成情况

序号	历史建筑名称	建筑面积（平方米）	实施单位	修缮情况
1	十五奎巷31号民居建筑	623	上城区危改办	竣工
2	建国南路147号	831	上城区危改办	部分完工
3	中山中路337号建筑(陈琪旧居)	630	上城区危改办	竣工
4	方谷园胡宅	2490	杭州市历史建筑保护管理中心	部分完工
5	九芝斋旧址	936	杭州银嘉房地产开发有限公司	竣工
6	西湖大道238号	163	上城区延安南路指挥部	竣工
7	学士路3号	714	杭州市第一人民医院	屋面维修完工

泥地面。根据档案资料记载,原房主陈琪(诸暨人)曾任国民党第100军军长。修缮前该建筑屋面多处渗漏,屋架、楼梯、格栅、门窗等木结构和构件存在不同程度的腐烂和蛀蚀。2014年12月,该建筑维修改善工程启动,历时半年多完成修缮。 (陈梦娇)

非物质文化遗产保护和利用

【概况】 2015年，上城区建立较为完整的世界级、国家级和省、市、区五级“非遗”名录保护和传承体系,全区有五级“非遗”保护名录99项,其中联合国教科文组织“人类口头与非物质文化遗产”代表作名录1项,国家级“非遗”名录6项,省级“非遗”名录17项,市级“非遗”名录27项,区级“非遗”名录48项。区文广新局联合省、市新闻媒体和区青少年活动中心及社区举办“薪火传承——我是小小‘非遗’人”暑假“非遗”体验活动40余期,培训中小学生2000余人。举办“全国文化遗产日‘非遗’展”系列活动8场。推进“‘非遗’保护进校园、进社区”试点工作。上城区第五批非物质文化遗产代表性项目名录涵盖民间文学、传统体育、传统美术、传统技艺、传统医药、民俗六大类。编撰《上城区非遗精粹普及版》《上城区非遗地图》。加快“美丽上城”展示中心建设。开展“非遗”传承影像资料收集。加强“非遗”保护工作交流,全年组织各级“非遗”传承人参加国家和省、市举办的“非遗”展示活动8次。

【“振兴祥”中式服装进驻杭州大厦国艺专馆】 1月,根据杭州市实施“浙江名品进名店”工程的要求,杭州利民中式服装厂采用“振兴祥中式服装制作技艺”生产的“振兴祥”旗袍等系列中式服装进驻杭州大厦C座四楼“印象·国艺专馆”。“振兴祥中式服装制作技艺”为国家级“非遗”项目,吸收和传承中华民族数千年服饰文化的精髓,一般以丝绸为面料,产品有旗袍、长衫、马褂、中式套装、丝棉袄等。作为责任保护单位的杭州利民中式服装厂,曾为陈云及夫人于若木、邓小平夫人卓琳、陈香梅等党和国家领导人及各界名人定做过中式服装。2008年北京奥运会上,由“振兴祥中式服装制作技艺”制作的颁奖礼服,被誉为“会行走的中国瓷器”。

【“非遗”系列活动展】 6月12日,为迎接全国第10个“全国文化遗产日”,区文广新局与辖区内6个街道联合举办上城区“非遗”系列活动。活动为期一个月,以“看菜单、记时间、享盛宴”为主题,通过看、听、品、买、动等方式,让辖区居民全方位体验“非遗”文化。

【人大代表视察“非遗”保护工作】 6月23日,紫阳地区人大代表视察上城区“非遗”保护和利用工作。经过实地察看和听取汇报,视察组对区文广新局“非遗”有效保护和合理利用工作予以肯定,建议加大对“非遗”保护利用的宣传力度,深入开展“非遗”保护进校园、进社区活动;增加资金投入,打造好“非遗”保护硬件平台;继续挖掘历史文化遗存,注重创新发展,把上城区“非遗”保护工作做大、做强、做好。

【第二批浙江省传统戏剧之乡授牌仪式在上城区举行】 11月12日，第二批浙江省传统戏剧之乡授牌仪式暨浙江好腔调“开唱了”传统戏剧传承人群专场活动在红星剧院举行。此次活动由省文化厅、省戏剧

11月12日,第二批浙江省传统戏剧之乡授牌仪式暨浙江好腔调“开唱了”传统戏剧传承人群专场活动在红星剧院举行 (区文广新局 供稿)

发展促进会主办,省非物质文化遗产保护中心、省昆剧院、省非物质文化遗产保护协会、市文广新局承办,区文广新局执行承办。活动由授牌仪式和戏剧专场演出组成,省、市有关部门领导和区主要领导等出席,区委书记缪承潮在授牌仪式上致辞。 (张雪梅)

【"非遗"技艺杭州牙雕获3项金奖】 5月1日,中国工艺美术"百花奖"(国内工艺美术行业的最高奖)评选结果在福建省莆田市揭晓。上城区非物质文化遗产保护项目杭州牙雕传承人叶声华和叶萌父子,创作的牙雕作品《晨起梳妆》和《好事成双》获2项金奖。5月17日,第十一届中国(深圳)国际文化产业博览交易会"中国工艺美术文化创意奖"结果揭晓,叶萌创作的作品《相思侍女》获金奖。深圳文博会是由文化部、商务部、国家新闻出版广电总局、中国国际贸易促进委员会、广东省政府、深圳市政府联合主办,是中国唯一一个国家级综合性文博会。

【"诗与铜——朱炳仁艺术展"】 6月9日,"诗与铜——朱炳仁艺术展"开幕式在北京大学图书馆举行。展览展出由中国工艺美术大师、国家级非物质文化遗产代表性传承人、熔铜艺术家朱炳仁制作的众多铜艺作品,并发布朱炳仁的第二本个人诗集《乡语》。展览中的"金碗空了——2015人类缺什么"由2015只金碗组成,用艺术的语言引导参观者思考得失,成为该展览的一大亮点。 (李安坤)

文化市场管理

【概况】 2015年,上城区文广新局采取日常巡查和集中整治相结合,加强文化市场管理。联合上城消防大队、区公安分局禁毒大队等部门,开展消防安全专项检查、游艺娱乐场所集中整治、"两会"期间文化市场执法保障、"扫黄打非"集中行动、校园周边文化市场环境整治、印刷企业贯彻落实"五项制度"检查等行动。消防安全专项检查期间,出动检查人员1362人次,检查各类经营场所2872个次,消除公众聚集场所火灾隐患5个。完成"国家卫生城市复评"省级检查和全国文明城市复评迎检工作。全区文化市场呈现平稳有序、繁荣发展的态势,未发生重大安全责任事故。1月,上城区文化市场行政执法大队被国家新闻出版广电总局评为全国广播电视设施安全保护工作先进集体。全年受理各类举报8件,结案满意率100%。受理行政许可、备案案件126件。依法查处各类行政处罚案件24件,罚款1.23万元,没收违法物品1518件,查处结案率100%。撰写各类信息168篇,其中省文化市场信息刊物录用42篇。加强政策法规培训,全年组织培训7次,参加培训单位327个次、人员658人次。投入资金2万余元,编印文化市场消防安全制度合订本600本,分发给各经营场所。

【省文化厅领导检查文化经营场所消防安全工作】 6月11日,浙江省文化厅副厅长蔡晓春一行到区文广新局调研,并检查文化经营场所夏季消防安全工作。通过实地察看、听取汇报,蔡晓春对上城区文化经营场所夏季消防安全工作表示肯定,同时要求上城区继续落实好政府的监管责任和企事业单位的主体责任,把消防安全工作纳入平安城区建设中,依托文化市场行业协会的专业化管理,进一步做好消防安全工作。

【中高考期间文化市场监管】 5月,为给中高考学生营造良好的考试环境,区文化市场行政执法大队在全区范围内开展文化市场专项整治行动。加强对网吧、歌舞娱乐场所管理,严厉查处违规接纳未成年人行为。对位于中心城区的歌舞娱乐场所进行播放音量控制,确保不影响考生的考试和休息。加强校园周边文化市场监管,净化校园周边环境,助推"平安文化"建设。 (张雪梅)

档案工作

【概况】 2015年,上城区档案部门贯彻落实中共中央办公厅、国务院办公厅《关于加强和改进新形势下档案工作的意见》和省、市"两办"实施意见,切实履行“为党管档、为国守史、为民服务”的职责。全年组织档案业务培训17次，参训238人。开展档案目标管理认定及创建省级示范数字档案室和省级规范化数字档案室工作，区国土分局通过省级目标管理认定，区法院成功创建省级规范化数字档案室。开展档案年检和档案信息化建设工作，做好档案保管利用。全年区档案馆接收档案1650件，接待档案查询1557人次。参与郁达夫故居“风雨茅庐”对外开放的筹备工作，为故居收集、提供郁达夫个人史料8件、90页。

【档案业务培训】 5月25日，区档案局委托省档案培训中心在赞成宾馆举办档案工作培训班，全区各单位分管领导和档案员169人参加。培训班邀请省档案局业务指导处负责人讲解档案最新标准规范和综合档案室规范化建设工作。9月8日，组织有关单位11名档案员参加省“五水共治”档案业务培训班，学习“五水共治”项目档案、文书档案和照片档案的收集、整理，并观摩治水项目优秀档案的制作。9月20日，组织业务骨干深入各街道，为社区档案员解读《社区档案管理规范》，并结合社区档案工作开展情况，传授条目录入、影像页扫描，以及文书和照片档案的收集整理、登记备份、全宗卷的编写等基础实务。区档案局(档案馆)定期组织业务交流培训，由业务骨干分专题讲解档案管理基本知识。

【档案接收保管】 2015年，区档案馆接收档案1650件（含杭州商宇房地产开发有限公司移交的北落马营地块拆迁项目档案908件），接收现行文件1058件。完成25个单位自1952年至2014年进馆的案卷检查，检查条目8.49万条、影像页41.87万页。对馆藏档案进行数字化扫描，完成原区劳动局、区计经局及区民政局等单位归档档案74.6GB。为保护档案安全和完整，用移动硬盘备份近3年来全区各单位重要档案数据2.54T，并送往大连市档案馆做异地备份保管。按照档案馆库房防火、防潮、防尘、防鼠、防盗、防光、防虫、防水的“八防”要求，加强档案安全管理。坚持每天记录分析库房的温度和湿度，做好馆藏文书档案的杀虫消毒。

【“国际档案日”活动】 6月9日是第三个“国际档案日”，区档案局以“档案——与你相伴”为主题，举行“国际档案日”宣传活动，活动包括家庭建档成果展示、组织方言培训等内容。上城区在创建家庭建档示范户基础上，开展家庭建档进社区、进机关、进家庭、送工具、送手册、送服务的“三进三送”活动，不断提高家庭建档覆盖率，其做法在全市家庭建档现场会上进行介绍。活动当日，区档案局展出家庭建档系列成果，以及入选“记得乡愁”——浙江省民间档案文献收藏精品展览的《伍氏家谱》和民国债券。

【杭州方言传承】 4月24日，区档案局在东平巷社区举行方言培训班开班活动。培训班安排授课12次，内容以情景对话、杭话音韵、方言说3个板块为主，结合日常用语教学，穿插杭州民俗、历史典故、街巷文化介绍，并组织参观湖滨民俗文化科普馆，在互动体验中实现杭城本土文化的传播。为更好地传承方言文化，8月19日，区档案局在“睦邻驿站”举办方言大讲堂，来自杭州市胜利小学、杭州市崇文实验学

8月19日，区档案局在“睦邻驿站”举办方言大讲堂，邀请浙江大学教授方龙龙讲解方言文化（区档案局 供稿）

校、杭州市清泰实验学校的50余名小学生，聆听浙江大学教授方龙龙带来的《我说杭州话》讲座。方龙龙以生动的例子剖析杭州官话和白话的区别，并在介绍中穿插许多杭城民俗文化。9月12日，方龙龙在东平巷社区红色港湾举办的方言大讲堂上，根据自己的研究成果，介绍方言的本土性、特殊性、地域性、进变性和集群性5个特性，并对杭州话的“特殊”形态和读法进行总结。

【省级巾帼文明岗创建】 11月2日，省、市巾帼文明岗创建考核小组到区档案馆，对上城区“档案利用服务窗口”创建省级巾帼文明岗工作进行检查考核。考核组在听取工作汇报、查阅台账、实地考察后，对上城区档案馆创建工作给予充分肯定。考核组在意见反馈中表示，上城区“档案利用服务窗口”创建工作有标准、有要求，工作到位，成绩明显，具备创建条件。11日19日，下城区直机关党工委副书记邵春芳带领20人的考察团，到区档案馆学习交流省级巾帼文明岗创建工作。

【档案年检】 12月，区档案局开展区属各单位档案年检工作。参加年检的机关企事业单位66个、社区54个。为加强社区档案规范化建设，区档案局第一次把社区档案工作列入年检范围。在各单位自检的基础上，区档案局对10个机关企事业单位、15个社区进行年检抽查，被抽查单位档案管理工作均达到合格要求。

（蔡道慧）

玉皇秋色

卫 生
Public Health

综 述

【卫生事业发展】 2015年，上城区有医疗卫生机构179个，其中医院21个、社区卫生服务中心（站）39个、门诊部45个、诊所（含卫生所、医务室）62个。医疗机构床位12967张，其中医院床位12563张。卫生技术人员18531人，其中执业医师6735人、执业助理医师87人、注册护士8611人。6个社区卫生服务中心中有全国示范中心1个、省级示范中心4个。全年社区卫生服务机构门诊294.84万人次，比上年（指2014年，下同）增长2.1%。门（急）诊平均每次费用132.1元。全年突发公共卫生事件处置率100%。区卫计局围绕“打造健康医疗城”目标，优化医疗卫生资源配置，建立健全布局合理、结构优化、功能齐全、分工协作的医疗卫生服务体系，助推健康服务业发展。加强医疗质量管理，扶持社会力量办医，实施“阳光用药”和“阳光采购”工程。加快以全科医生为核心的人才培养，推进中医中药进社区工作。逐步构建“基层首诊、双向转诊、急慢分治、上下联动”的分级诊疗体系，与浙江大学医学院附属第一医院（简称浙一医院）、浙江大学医学院附属第二医院（简称浙二医院）、杭州市第一人民医院（简称市一医院）等省、市医院协作，提升优质医疗资源利用和慢性病防治管理水平。创新公共卫生社会管理，推进医疗废弃物远程实时在线监控、专职医生进学校、打击非法行医、社区专职精神疾病防治等工作。探索医养护一体化签约服务。加大卫生系统党风廉政建设工作力度，完善医院药事管委会制度，举办“廉洁从医大讲堂”，开展医药回扣自查自纠专项治理。

表17

2015年上城区卫生机构、人员情况

指标名称	计量单位	年末实有数	备注
卫生机构	个	179	
医院	个	21	
门诊部	个	45	
诊所	个	62	
社区卫生服务中心（站）	个	39	
疾病预防控制中心	个	2	含杭州铁路疾控中心
卫生监督所	个	2	含浙江省卫生监督局
卫生技术人员	人	18 531	
执业医师	人	6735	
执业助理医师	人	87	
注册护士	人	8611	

医政管理

【概况】 2015年,上城区完善开放办医格局,积极扶持社会力量办医,加快形成健康服务产业集群。推进基本药物“零差率”销售,新版基本药物目录正式启用,以满足群众就医需求。强化部门、街道、社区联动,完善体检设施和流程,完成干部保健、征兵体检、残疾人体检等工作。结合“三严三实”专题教育活动,深化医德医风建设,提高医疗服务水平,构建和谐医患关系。

【扶持社会力量办医】 2015年,上城区根据《国务院关于促进健康服务业发展的若干意见》和《浙江省人民政府关于促进民营医疗机构加快发展的意见》,修订《杭州市上城区区域医疗机构设置规划(2015~2019)》,以公平性、可行性、有序错位、中西医并重等为原则,鼓励支持社会力量办医,给非公立医疗机构留有合理空间。区卫计局从源头入手,把医疗机构审批的全流程纳入区行政审批监察系统,提高审批效率和监管效能。全年新增注册医疗机构14个,其中依托社会力量开办的医疗机构占86%。

【医疗质量和医疗安全提升】 2015年,区卫计局对各街道社区卫生服务中心和民营医院开展两次医疗质量控制检查,发现问题及时整改。4月,按照《医疗机构管理条例》《医疗机构基本标准》相关规定,开展2014~2015年度医疗机构校验。经审核,通过校验152个,暂缓校验2个,因改建、扩建、迁建等原因报停7个,校验情况在《上城报》公示,并报市卫计委备案。加强第一类精神药品、麻醉药品管理,严格“麻醉药品、第一类精神药品购用印鉴卡”的初审,1个医疗机构申办新卡,4个医疗机构换领新卡。实行辖区医疗机构医疗争议月报制度,全年处理医疗纠纷信访161件,行政调解医疗纠纷3例,其中调解成功1例,委托市医学会进行医疗事故技术鉴定7例。10月,印发《上城区卫生计生系统进一步改善医疗服务行动实施方案》,行动为期3年,旨在不断提高医疗服务水平,构建和谐医患关系。

【分级诊疗体系构建】 2015年,上城区实现邵逸夫医院、浙二医院等省级医院及所有市属医疗机构的转诊预约,全年预约转诊2280人次。对预约转诊平台功能进行升级改造,拓展可预约单位及开通检查预约功能,逐步构建“基层首诊、双向转诊、急慢分治、上下联动”的分级诊疗体系,与省市医院形成两类医联体。与市一医院签订紧密合作医联体协议书,主要开展医学影像会诊、心电图会诊和慢性病联合诊疗等工作;与市妇幼保健院、市中医院、市儿童医院、市西溪医院、市肿瘤医院等组成双向转诊合作医联体,依托市级双向转诊平台,在医联体内优先开展门诊、住院、检查等转诊业务。

8月19日,小营街道社区卫生服务中心与省中医院签订分级诊疗合作协议
(区卫计局 供稿)

【医疗服务能力提升】 上城区通过组织培训、竞赛等形式,提升社区医生医疗服务能力。组织59名签约医生参加全市医养护签约全科医生技能提高班,推荐各社区卫生服务中心慢性病管理首席医生参加糖尿病英才计划强化班、心血管疾病社区管理技能提高班。区卫计局、区总工会、团区委联合举办基层卫生综合技能竞赛,竞赛包括理论考试和技能操作两部分。8月15日,有149名全科医生和139名社区护士参加理论知识竞赛,竞赛涵盖临床一线的所有医护人

员。8 月 26 日，各社区卫生服务中心选派由 3 名医生和 3 名护士组成的竞赛团队参加全区技能操作竞赛，并推荐经区级竞赛选拔出的优秀选手参加全市竞赛，上城区获团体二等奖，南星街道社区卫生服务中心陈丹丹、清波街道社区卫生服务中心卢平英分别获护士组一等奖、三等奖，紫阳街道社区卫生服务中心徐佳获医生组二等奖。

疾病防治与卫生应急

【概况】 2015 年，上城区报告甲类传染病 1 种（霍乱）1 例。报告乙类传染病 9 种（艾滋病、肝炎、麻疹、细菌性痢疾、肺结核、伤寒及副伤寒、猩红热、淋病、梅毒）758 例，报告发病率 224.08 人/10 万人，比上年报告发病数下降 0.3%，报告发病率下降 0.4%。与上年相比，增加病种为霍乱，减少病种为出血热、登革热、百日咳、疟疾和人感染 H7N9 禽流感。报告丙类传染病 5 种（流行性感冒、流行性腮腺炎、风疹、其他感染性腹泻、手足口病），报告发病总数 1226 例，报告发病率 362.43 人/10 万人。全年无死亡病例报告。全年接收预警信息 109 起，其中时间序列 73 起、时空探测 15 起、单病例预警 21 起；预警信息总数上升 14.7%；总预警病种 9 种，预警起数排名前三位的病种依次为：其他感染性腹泻病、流行性感冒和麻疹。

全区有预防接种门诊 6 个，完成“九苗”（卡介苗、乙肝、脊灰疫苗、百白破、麻疹、麻腮风、甲肝、流脑、乙脑）接种 86981 剂次。常住儿童、流动儿童“五苗”（卡介苗、乙肝、脊灰疫苗、百白破、麻疹）全程接种率分别为 98.1%和 98.0%。推进冷链自动测温监测系统建设。举办上城区第一届免疫规划学术交流会议。

【结核病防治】 2015 年，上城区发现疑似肺结核病人 244 例，应转诊 244 例，转诊率 100%，其中主动转诊到位 70 例，转诊到位率 28.7%；追踪到位病人 157 例，追踪到位率 95.8%；总到位率 93.9%。全年管理肺结核病人 152 例，其中涂阳肺结核病人 45 例；管理结核性胸膜炎 23 例。开展结核病防治系列宣传活动，受益对象 3000 人次。

【性病、艾滋病防治】 2015 年，上城区医疗卫生机构报告法定性病 5 种（梅毒、淋病、生殖道沙眼衣原体感染、尖锐湿疣、生殖器疱疹）5552 例，比上年增长 11.3%。辖区医疗卫生机构报告艾滋病病人和感染者 334 例；随访管理 HIV 感染者（病人）168 例，其中免费抗病毒治疗 152 例。接待自愿咨询与受检人员 746 人，发现 HIV 感染者 32 例。HIV 抗体检测 418 名外来婚嫁女、3000 名外来务工人员及区看守所 571 名看押对象。美沙酮服药点日均服药人数稳定在 100~120 例。艾滋病检测网络覆盖 6 个街道社区卫生服务中心，为上城区艾滋病防治工作提供实验室支持和检测服务。

【地方病防治】 2015 年，上城区未发生疟疾病例，辖区医疗机构报告疟疾病例 23 例，处置率 100%。与浙一医院续签浙江省抗疟药物放置试点项目协议。选择 300 户居民进行碘盐监测，样本中合格碘盐覆盖率 93.7%。采集辖区孕妇家庭食盐样品 100 份，其中合格碘盐 93 份，合格碘盐食用率 93%。选择 5 所小学进行甲状腺触诊和尿碘检测，采集尿液标本 209 份，尿碘中位数 130.2 微克/升，甲状腺触诊 209 人，未发现甲状腺肿大学生。对辖区内 100 名孕妇开展尿碘监测，采集尿液样本 100 份，尿碘中位数 177.6 微克/升。

【慢性非传染性疾病防治】 2015 年，上城区医疗卫生机构慢性病监测信息化工作稳步推进。浙一医院、浙二医院和市一医院信息化工作逐步完善，报卡质量进一步提高。全年全区肿瘤报告发病率 519.49 人/10 万人，急性冠心病事件报告发病率 60.83 人/10 万人，脑卒中报告发病率 329.4 人/10 万人，糖尿病报告发病率 256.1 人/10 万人。粗出生率 6.43‰，粗死亡率 7.34‰，自然增长率-0.91‰。全区发现并建档的高血压患者 40332 人。高血压发现率 11.7%；高血压患者规范管理人数 29426 人，规范管理率 73.4%；糖尿病发现率 3%，糖尿病患者规范管理人数 7522 人，规范管理率 71.9%。区财政拨付 25 万元用于慢性病社区诊断项目。项目涉及 5 个街道、10 个社区，调查对象为上城区常住居民，样本量 3500 人，调查方式包括问卷调查、身体测量和实验室检测三部分。在小营街道小营巷社区和湖滨街道青年路社区开展社区慢性病患者自我管理试点。

【健康危害因素监测】 2015年，上城区报告职业病2例(噪声聋)，报告农药中毒病例1例(氧乐果中毒，非生产性自服)。报告开展有毒有害作业工人健康监护的企业21个，体检945人，未检出疑似职业病人，检出禁忌症5人。完成84人次的放射工作人员个人剂量计换发。开展消毒质量监测，抽查医疗卫生机构4个，采集样品52件，其中合格45件，合格率86.5%；抽查托幼机构10个，采集样品84件，合格率100%。完成5处公共场所集中空调通风系统卫生监测。开展集中式供水卫生监测，检测管网末梢水样本120件，合格率97.5%。居民水箱自来水检测样品40件，合格率97.5%。

【食物中毒事件管理及食品风险监测】 2015年，上城区网络报告食源性疾病事件2起。全区食品风险监测样品213份，其中化学污染物和有害因素监测110份、食品微生物及其致病因子监测103份，区卫计局初步掌握辖区食品污染物及有害因素的污染水平。开展省级食源性疾病监测试点，收集上报患者信息402份，采集样本377例，检测出阳性样本16份，阳性率4.2%。

【区疾控中心实验室通过扩项评审】 2015年，上城区疾病预防控制中心新开展检测项目包括生活饮用水中有机物、消毒副产品，消毒剂指标中四氯化碳、三氯甲烷、亚氯酸盐、氯酸盐等，有参数12项。省、市质监局对区疾控中心的扩项检测项目进行评审，认定该中心水质检测能力达到常规检测指标40项的要求。

【检验能力提升】 2015年，上城区投入170万元，购买高效液相色谱仪、顶空气相色谱进样器等设备，提升食品和饮用水检测能力。年内，增加检测方法14项，增加检测项目17项。食品检验能力由原先的131项增加到148项，其中食品检测由61项增至67项，饮用水检测由34项增至39项。食品检测能力覆盖食品、食品添加剂、食品包装材料、餐饮具、食品中农药残留、饮用水及食物中毒等方面。

【人感染H7N9禽流感防控】 2015年，上城区未出现人感染H7N9禽流感确诊病例，接到辖区医疗卫生机构报告人感染H7N9禽流感确诊病例24例。区疾病预防控制中心积极应对人感染H7N9禽流感疫情，全力做好防控工作。严格落实病例隔离措施，为街道和城管系统环卫人员、行政执法人员提供个人防护设备1020份，向社区和有关单位发放大众健康宣传册7570份，指导有关单位开展重点场所消毒工作。

卫生监督

【概况】 2015年，上城区围绕“构建现代卫生计生监督新格局”目标，以维护人民群众健康权益为主线，开展各项卫生和计划生育监督工作。全年核发许可证265户，注销许可证78户，受理医师执业注册及变更736人次、护士执业注册及变更425人次、医师多点执业备案147人次、医师自由执业778人次、母婴保健技术人员资格认定101人次，母婴保健技术机构办理7件，放射诊疗建设项目职业病防护设施评价4户，放射诊疗建设项目职业病防护设施竣工验收9家。完成量化分级评定公共场所单位803个，其中A级13个、B级127个、C级663个。全年承办行政处罚案件56起，其中一般程序35起，当场处罚21起，罚款7.45万元，未发生行政复议或行政诉讼情况。进一步完善投诉举报处置机制，规范投诉举报处理程序，全年受理投诉举报43件，其中公共场所投诉18件、医疗机构投诉25件，查办并结案43件，及时查处率、查处满意率均100%。

【生活饮用水卫生监管】 2015年，区卫计局加强生活饮用水卫生监督管理。组织对辖区内14个提供二次供水单位、对5个不同现制现售水点进行监督检测，现场监测余氯44件，合格率100%；采集二次供水水样88件，检验合格率100%。检查辖区内43所学校饮用水台账，采样检测12所学校直饮水水样36件，检测合格31件，合格率86.1%。

【公共场所控烟】 2月28日，区卫计局会同区爱卫办在梅地亚宾馆举行《杭州市公共场所控制吸烟条例》实施5周年活动暨第三轮“百家无烟单位”创建启动仪式。启动仪式上播放上城区自编自导自演的首部控烟宣传微电影《"烟"缘》。5月31日,该部影片在餐饮连锁店外婆家湖滨店及麦迪逊电影院大厅放映。此前,区卫计局会同区卫生监督所多次开展控烟执法行动,对辖区内商场超市、餐馆饭店、文化娱乐场所、社会窗口单位等公共场所控烟情况进行抽查,对辖区内省、市机关和事业单位控烟情况进行普查,累计检查单位和公共场所140个次,依法对13个单位实施行政处罚,其中处罚机关事业单位6个。上城区控烟工作进入常态化管理。

【校园卫生安全健康行动】 9月,上城区开展校园卫生安全健康行动,对辖区13所学校(7所小学、6所中学)教学环境进行监测,监测项目包括教室照明、教室采光、黑板照度、教室微小气候、噪声等,其中对2所学校黑板照度过低问题责令要求整改。采样检测41所学校的直饮水。开展传染病与常见病防控工作检查,检查幼托机构34个、小学24所、中学16所、高校4所。组织辖区学校参加创建杭州市健康促进学校评审,完成41所学校(小学24所、中学16所、高校1所)以及1所特殊学校(杭州市杨绫子学校)的健康行动用户名录入。专项检查10所学校的病媒生物预防控制工作,总体情况良好。

【公共场所卫生监督监测】 2015年,区卫计局加大公共场所卫生监督力度。全年出动卫生监督员1540人次,检查公共浴室、旅游风景区住宿场所、游泳场所、防空洞避暑纳凉点等公共场所和经营单位1993个次。为迎接国家卫生城市复评,发动卫生监督所全体职工及全区51名协管员,对辖区内700个"三小"单位(小旅馆、小美容美发厅、小浴室)进行地毯式排查。开展游泳场所、住宿场所二维码信息公示试点,首批55个单位完成公示,公众通过手机扫描二维码即可查询相关单位的卫生许可信息、卫生管理员信息及监督监测信息。对5家婴儿浴室用品、17家宾馆酒店公共用品、18个游泳场所水质、5个住宿场所集中空调、3家防空洞空气环境,以及33家公共场所空气环境进行检测。全年举办公共场所卫生知识培训班4期,约谈饮用水供应商、酒店负责人、提供未经沸腾直饮水学校主要负责人3次,完成区"两会"和中高考期间医疗卫生保障任务3次。

【医疗市场监管】 2015年,区卫计局加大医疗机构监督检查力度,全年出动卫生监督员240人次,检查各类医疗机构104个,受理群众投诉举报9起,处理7起,群众满意率100%,行政处罚医疗卫生机构9个,罚款2.3万元。对设有妇产科、不孕症诊疗科的8个综合医院、专科医院(含民营医院)及人类辅助生殖技术服务机构进行人类辅助生殖技术服务专项检查。对浙一医院、浙二医院和南星街道社区卫生服务中心等6个医疗机构进行精神卫生专项监督检查。根据《医疗广告管理办法》,对医疗机构的医疗广告及辖区内10个主流媒体的户外广告进行监测,收集医疗机构医疗广告审查证明20件,发现违规发布医疗广告等违法行为3起,其中2起移送上级查处,1起被责令整改。

【打击非法行医行动】 2015年,上城区保持非法行医"及时打""回头打"的高压态势。制定《打击非法行医有奖举报办法》,发放宣传海报1600份,坚持每季度对原无证行医地址"回头看",通过群众投诉举报捣毁非法医疗美容、非法牙科诊所窝点2处,收缴牙椅1台、美容器械1批。查处非法胎儿性别鉴定案例1例,移送司法机关处理。全年辖区内未发生非法行医致人死、残事件。

【职业病健康防护和放射卫生监督】 2015年,上城区对35个放射诊疗机构的放射防护工作进行检查,其中检查省、市级放射诊疗机构不少于2次,重点检查"放射诊疗许可证"和"放射工作人员证"持有情况、放射诊疗建设项目职业病危害评价情况、设备状态检测情况、放射工作人员个人剂量监测及职业健康监护情况等。完成辖区内放射诊疗机构的摸底调查。组织辖区放射工作人员法律法规初训、复训,为新上岗员工办理放射工作证,完成年度放射诊疗许可证校验。开展职业健康服务机构治理专项检查,落实劳动者体检机构报告书质量监测和职业病防治情况分析等工作,坚持每季度抽查体检机

9月18日，上城区参加全市首次区县联动登革热疫情应急处置演练

（区卫计局　供稿）

构报告书不少于5份，并及时填写“体检报告书抽查记录表”。

【传染病防治及消毒产品管理】 3~6月，上城区对辖区零售超市、联华超市销售的湿纸巾、纸尿裤等消毒隔离产品开展专项检查，采样检验不同品牌的10个批次116件样品，合格率100%。开展学校传染病专项监督检查，检查42所中小学传染病防治情况。做好抗击和预防中东呼吸综合征工作，制定应急预案，发放宣传资料，普及相关知识，引导群众养成良好的个人卫生习惯。完成省卫生监督局下达的辖区传染病分级管理试点工作，对参与试点的9个省、市、区级医院及民营医院进行分级管理检查。组织对辖区内医疗机构发热门诊、肠道门诊、临床用血等依法执业情况专项检查。全年检查传染病疫情报告、疫情控制检查医疗机构90个，医疗废弃物处置监督检查医疗机构90个，其中重点传染病防控检查（中东呼吸综合症、肠道门诊、发热门诊）医疗机构5个、病原微生物实验室生物安全检查机构8个、涉及设产科的医疗机构和疾控中心预防接种监督检查单位15个。组织对辖区所有医疗机构的消毒隔离情况专项检查，监督覆盖率100%。组织医院消毒监测采样专项检查，消毒产品采样检测指标数116件，合格率100%。开展医疗废弃物收集信息化管理试点，以及国家卫计委部署的医疗机构传染病防治分类监督综合评价试点，上城区涉及三级医院6个，民营医院、私人诊所、疾病预防控制机构各1个。组织参与省卫生监督局《传染病防治分类监管工作手册》编写，区卫生监督所监督一科副科长戴宏海为主要编撰人。

卫生科研

【概况】 2015年，上城区医学会作为项目合作单位承担“中国成人血脂异常及心脑血管疾病危险因素综合防治管理试点：基于对杭州的实证研究·以上城区为例”项目。区医学会根据各个社区人口及医务人员配备情况，将项目中血脂异常健康管理目标人数4422人分配至各全科医生团队，6个街道社区卫生服务中心全部作为实施机构参与该项目，项目覆盖全区37个社区。组织开展“中医护理耳穴压埋治疗高血压病糖尿病”的专题推广宣传等活动。全年区属医疗卫生机构发表论文59篇，其中一级期刊3篇、二级期刊19篇、三级期刊37篇。向市卫计委申报科技立项3项，结题1项。上城区疾病预防控制中心胡锦峰入选杭州市“131”中青年人才培养计划第3层次培养人选。

【上城区“12345”血脂综合管理模式建立】 2014年，国家卫生计生委在杭州、北京等3个城市组织中国成人血脂异常健康管理服务试点，由小营街道社区卫生服务中心探索建立的“12345”血脂综合管理模式在2015年5月的全国专家组现场督导中获肯定和好评。“12345”综合管理模式整合该中心的优质医疗资源，充分把握“互联网+”的发展趋势，达到医患携手预防疾病、不断提升健康管理水平的目的。该模式为一个全过程管理闭环：从筛查、诊断、建档、干预、效果评估、再干预、再评估，为血脂异常人群提供科学有效的管理路径和全程服务；两大诊疗平台：利用智慧医疗手段，线上线下结合，通过健康小屋自测门诊和血脂异常联合门诊两大特色平台，为血脂异常人群提供快速检测、在线评估、定时随访、专家会诊、预约转诊等服务；三种干预方式：以小营中心为引领，全区6家社区医院均选拔1名血脂异常防治管理首席医师，负责对血脂异常人群实施生活方式干预、药物干预、建立血脂专项健康档案的管理手段；四个分层等级：将血脂异常人群分为低危、中危、高危、极高危4个等级，每个等级确立相应的随访频度，每年从1次到12次不等；五大健教法宝：在传统开设健康讲座、印发宣传手册基础上，增加营养指导、小营血脂微信平台、患者自我管理小组等举措。全年为7615名血脂异常者建立血脂档案，并纳入定期随访，通过联合门诊上转人次突破1000人次。

【继续教育与培训】 2015年，上城区各社区卫生服务中心全科医师参加新模式培训4人，培训率100%。社区护士参加岗位培训15人，培训率93.7%。培训基层复合型公共卫生骨干5人。组织B超、检验、放射、心电图医技岗位医师到省级医院进修13人。打造居家医疗优秀责任医师团队，举办“危急重症情况的识别及规范化处理”“基层常见急症的诊断和处理”等内容的培训班4期，参加培训85人次。

【上城区与浙二医院第二轮战略合作】 2015年，上城区与浙二医院启动第二轮战略合作，合作采取进修和专题培训两种形式，以进一步提高基层医务人员技术水平。上城区选派16名检验、放射、B超、心电图岗位医技人员到浙二医院进修，组织63名医技人员参加浙二医院举办的心脑血管疾病诊疗业务专题培训。

妇幼卫生

【概况】 2015年，上城区辖区产科医院活产数29298人，户籍产妇3033人，户籍活产数3078人，无孕产妇死亡。实施婚前保健5724人，体检率92.9%；妇女病普查92203人，普查率82.2%，妇女常见病患病率53.6%。孕产妇系统管理率97.2%。全年产前筛查孕妇2751人，筛查率90.7%；发现畸形儿33例，其中28周以上8例，出生缺陷率2.6‰。为全区18883名0~6岁儿童提供保健服务，3岁以下儿童系统管理率94.6%，7岁以下儿童健康管理率99.2%。新生儿疾病筛查(包括听力筛查)3063人，筛查率99.5%。全年完成8662名集居儿童健康体检营养评价与汇总；完成辖区入园儿童体检3282人，儿童入园体检率100%。对辖区35个托幼机构进行消毒质量监测，监测率100%，合格率97%。区(县)级水平高危筛查率99.8%，“出生医学证明”发证率96.6%。

【妇幼保健服务】 2015年，上城区严格落实孕产妇和0~6岁儿童保健免费服务，“婚检—婚登—优生优育咨询”一站式服务更加完善。实施“艾滋病、梅毒、乙肝母婴阻断” 项目，加强阳性病例的母婴跟踪随访、保健服务和病毒阻断治疗，全区儿童经母婴传播感染艾滋病感染率小于5%，先天梅毒婴儿发生率小于30人/10万人。加强高危孕产妇管理，完善产科医院高危孕产妇信息报告制度，畅通高危孕产妇救治渠道，上城区连续15年保持孕产妇“零死亡”。做好孕产妇营养性疾病监测和管理，减少孕期并发症。实施国家妇幼卫生监测项目“孕产妇死亡、儿童死亡、出生缺陷监测”和省监测项目“围产儿死亡监测”，开展“不宜妊娠育龄妇女监测”，加强跟踪随访。贯彻落实《杭州市高危儿营养性疾病管理方案》，加强婴幼儿营养改善情况监测，让患儿得到更好诊治。开展儿童意外伤害监测，有效降低儿童意外伤害死亡率；对0~3岁儿童疑似残疾和先天缺陷进行监测，让残疾儿童及早接受康复治疗和康复训练。

精神心理卫生

【重性精神疾病随访管理】 2015年，上城区按照《重性精神疾病管理治疗工作规范》的要求，加强重性精神病患者管理。全年全区在册精神病人1828人，其中六大类重性精神疾病病人1718人，检出率5.2‰。重性精神疾病规范管理患者1636人，规范管理率95%。加强辖区精神疾病患者的诊断复核及免费服药患者的疗效评估，先后评估免费服药患者126人。

【精神心理健康教育】 2015年，区卫计局在世界睡眠日、国际预防自杀日、世界精神卫生日等精神卫生宣传日期间，利用黑板报、宣传画板等形式进行精神卫生工作宣传,累计发放宣传资料5000份。10月18日,小营街道残联会同市、区亲友协会在“小营·江南红巷”梦剧场,举办庆祝“仁爱之花”歌唱分团成立演唱会,组织文艺表演、精神卫生知识宣传等活动。区精神卫生工作领导小组办公室(简称区精卫办)每季度举办一次重性精神疾病患者家属亲友会,讲解家属护理中的主要问题。

【精神疾病“五专”管理】 2015年,上城区积极探索社区精神疾病管理长效机制问题,建立以专职精神病防治(简称精防)医生团队为核心、以区精神卫生服务中心为依托的“五专”精神疾病管理模式,通过建立专门机构、打造专职精防医生团队、聘请专家定期培训、实行专网信息管理、制定专门考核制度,着力提高重性精神疾病管理水平,推进全区精神卫生工作深入开展。

【精神疾病防治康复工作网络完善】 2015年,区精卫办按照“应治尽治、应管尽管、应收尽收”的原则,加强严重精神障碍患者诊治和管理。组织开展辖区严重精神障碍患者摸底工作,对疑似患者及时进行复核确诊。8月,根据区综治办、区民政局、区卫计局、区公安分局、区残联联合印发的《关于在全区组织开展严重精神障碍患者专项排查活动的通知》精神,组织街道、社区工作人员进行全面排查。12月,根据《关于联合开展重性精神障碍患者联合走访活动的通知》,社区医生会同社区民警对辖区危险度评估在3级及以上和管理级别较高的精神障碍患者进行走访。对精神疾病突发患者及时进行应急处置,全年应急处置45人次。

爱国卫生

【概况】 2015年,区爱卫办围绕“提升健康品质,创造美好生活”目标,贯彻“政府组织、地方负责、部门协调、群众参与、科学治理、社会监督、分类指导”的爱国卫生工作方针,以全国“灭蚊、灭蝇”先进城区复验为契机,推进除“四害”(老鼠、苍蝇、蚊子、蟑螂)新型技防设施建设试点,开展卫生先进单位创建活动。以解决人民群众最关心、最直接、最现实的健康问题为重点,贯彻落实《浙江省爱国卫生促进条例》,开展环境卫生整治提升和健康促进行动。深化公共场所控烟工作,全区创建省级无烟单位7个。

【爱国卫生月活动】 4月17日,区爱卫办联合区卫计局、区红十字会、湖滨街道办事处和区中医药行业协会,在湖滨街道东平巷社区健身休闲中心举办以“全民参与爱国卫生,共享共建健康上城”为主题的大型爱国卫生月广场义诊宣传活动。活动现场设置咨询台、宣传展板,向群众宣传爱国卫生法规和科学除“四害”知识。接待就诊咨询居民500余人次,向居民发放灭鼠灭蟑知识宣传单、“全民共享共建健康上城”倡议书、公民健康知识须知等宣传资料3400余份,发放灭鼠灭蟑药物100余份。

【春秋季灭鼠活动】 上城区在3月春季灭鼠和10月秋季灭鼠活动期间,累计张贴灭鼠通知7000余张,投入灭鼠专业人员230人次,投放鼠药3303千克,使用粘鼠板1000余块,清理鼠迹500余处。针对城站火车站周边老鼠活动频繁的问题,区爱卫办联合城站火车站开展灭鼠灭蟑专项行动。城站广场管委会印发《2015年杭州市城站广场国家卫生城市复评迎检工作方案》,结合春季灭鼠活动,开展地下车库和绿化带灭鼠、灭蟑、灭蚊工作,连续4天出动60余人次,消杀面积2万余平方米,除“四害”工作取得明显效果。

【除“四害”工作】 2015年,上城区动员辖区各单位、各病媒生物防制(PCO)公司全力做好除“四害”工作。督促农贸市场加快提升改造,推进辖区生态垃圾房建设,开展建筑工地文明施工宣传。根据病媒生物季节消长规律,以及鼠、蝇、蚊、蟑螂等病媒生物危害情况和密度监测数据,完善公共环境、单位除“四害”市场化运作机制和监管机制,开展以安装“防蚊闸、防蚊贴、灭鼠屋”为重点的技防设施建设。选择39个社区进行除“四害”技防设施建设试点。全年投入除“四害”技防设施建设经费4万余元,新增安装捕蝇笼125只。7月1日至10月8日,全区组织开展主题为

“清洁城区、除害防病、共享健康”的除“四害”百日大行动。活动期间,对有需要的居民家庭和“八小”行业企业(小餐饮店、小副食店、小食品加工作坊、小洗浴场所、小美容美发厅、小歌舞厅、小旅馆、小网吧)进行上门消杀“四害”服务,累计服务家庭500余户,提供蟑螂粉剂9740克、灭蟑胶饵100克、粘鼠板268张,居民满意度100%。

【国家卫生城市复评上城区获好评】 2015年是国家卫生城市复评(简称国卫复评)年。上城区积极部署,成立国卫复评迎检指挥部和迎检办公室。5月,上城区通过省级明查,此后经过市迎检办组织的模拟暗访和督察,于9月中旬迎接国家暗访,10月中旬再次接受省级暗访,均获好评。国卫复评期间,区爱卫办编发《上城区国卫复评迎检工作简报》26期,《上城报》刊登国卫复评有关信息34篇,延安路、西湖大道等主要路段设置大型国卫复评宣传墙体20余处,上城快讯短信平台群发宣传短信6000余条,发放国卫复评和各类健康知识宣传海报、资料等10余万份。

中医中药

【概况】 2015年,区卫计局着力巩固全国社区中医药先进单位创建成果。在6个社区卫生服务中心和33个社区卫生服务站设置中医科,其中5个社区卫生服务中心配备一个名中医馆、一个特色中医专科、一个名中医。加强各社区卫生服务中心的中医药特色建设,推广和使用中医适宜技术。结合居家医疗服务,开展面向社区居民的中医药科普知识宣传,发挥中医“治未病”的优势,构建网络健全、配置合理、功能完善、保障有力、运行科学、监管规范的具有中医药特色的社区卫生服务体系。发展民营中医机构,在建设清河坊“名中医中药一条街”的基础上,打造“五柳巷·中医药文化传承与创新产业园”,解决群众“看名中医难”问题。

【中医药适宜技术推广】 2015年,上城区加快发展中医药事业,加大对中医药工作扶持力度,努力为居民提供“简、便、廉、验”的中医药服务。以南星街道社区卫生服务中心为中医药适宜技术培训基地,对社区医疗卫生人员进行中医药适宜技术培训,组织“西学中”、中医基本知识及技术操作考核,参加中医药知识学习1157人次,有54名社区医生取得杭州市中医药适宜技术推广项目合格证。全区实施中医药适宜技术34项,各社区卫生服务中心开展中医药适宜技术13项以上,实现基层中医药服务能力提升工程中“社区卫生服务中心使用6项以上中医药适宜技术”的要求。

【开展中医特色服务】 2015年,上城区各社区卫生服务中心有注册中医执业医师148人,占执业医师总数的47.3%。全年接受中医门诊治疗患者95.37万人次。区卫计局制定《基层医疗机构中药饮片使用管理》等意见,规范中医药健康管理服务。开展中医体质辨识理论和应用方法培训,65岁以上老年人中医体质辨识率在40%以上。

【中医特色街区打造】 2015年,上城区进一步推进河坊街中医药医疗保健产业发展,深化省级中医药健康服务基地示范点建设,积极打造全国闻名的中医中药名品街。完善社区卫生服务中心名中医馆建设,鼓励胡庆余堂、方回春堂等中医龙头企业向教育、科研、贸易和文化全产业链模式迈进,并逐步实施“走出去”战略,向市外、境外输出中医药医疗保健服务。组织开展形式多样的中医药文化活动,宣传中医药“治未病”知识,弘扬大医精诚的核心价值观。按照《杭州市上城区区域医疗机构设置规划(2015~2019)》,大力扶持“百年老店”发展。至年末,全区有民营中医门诊部30个、中医诊所13个。“五柳巷·建国南路中医一条街”引进三慎泰、傅同春、天禄堂、俞同春4个百年老字号国医馆及4个中医诊所入驻。

【制作拍摄中医文化宣传片】 2015年,区卫计局联合杭州电视台完成中医药专题片《满城杏林春意暖》的拍摄制作。专题片分历史篇、产业篇、服务篇三部分,以翔实的资料介绍上城区中医药传承发展历史、

11月，水澄桥社区开展主题为"'艾'与被爱，连着红绸带，让爱没有距离"艾滋病日健康宣传教育活动　　（区卫计局　供稿）

中医药事业发展情况、中医药工作特色亮点，并为市民群众推介区内重点中医医疗机构。

健康城区建设

【概况】 2015年，上城区结合国家卫生城市复评，通过以点带面，全面推进社区、学校、医院、景点、宾馆、餐馆、市场等11类健康场所建设。全年新申报杭州市健康单位3个、杭州市无烟单位9个、WHO(世界卫生组织)健康单位2个。杭州市口腔医院和杭州市肿瘤医院2个单位申报浙江省健康促进医院。

【健康教育宣传】 3月，在《杭州市公共场所控制吸烟条例》颁布实施5周年之际，区爱卫办联合区卫生监督所拍摄微电影《"烟"缘》。微电影以女大学生应聘餐厅服务员为线索，讲述因控烟而收获爱情的故事，寓意深入浅出。上城区重视控烟工作，强化监管，创新宣教手段，先后举办上城区公共场所控烟知识竞赛，与杭州移动公司联合开展十万公益短信促控烟活动，会同浙江外婆家餐饮有限公司开展"微博传健康，控烟享美食"微博有奖转发和微信控烟宣传活动。全年查处违反条例规定的公共场所经营单位324个次，罚款11万余元；发送控烟公益短信10万条。强化艾滋病防治宣传教育，区爱卫办联合区疾控中心拍摄艾滋病防治微电影《凝固·爱》，对特定人群的艾滋病防治给予关注。

【健康教育和健康促进工作】 2015年，上城区推进健康教育与健康促进手段多样化。杭州市口腔医院作为口腔卫生健康教育基地被列入杭州市第一批健康教育基地。通过"上城疾控"微信公众号等新媒体，向社区居民推送健康教育知识。开展全民健康生活方式行动，推进全区健康环境创建。

【"合理用药、科学就医"系列宣传活动】 7~8月，根据省、市卫计委要求，上城区开展"合理用药、科学就医"系列宣传活动。活动以辖区6个社区卫生服务中心为单位，举办讲座、义诊、知识竞赛等多种形式的宣传活动，并结合微信进行线上宣传推广。活动将通俗易懂的健康知识普及与居民的就医行动有机结合，提高居民群众的自我保护意识。活动期间，全区发放小药箱125个、健康生活六件套300余套，制作发放宣传折页500余份。

【参加全市市民健康知识大赛】 8月20日，杭州市举办第四届市民健康知识大赛。区健康办组织动员各街道社区、机关单位、企事业单位干部职工积极参加。经过网络答题、初赛、复赛，上城区以复赛第二名的成绩进入决赛。决赛采用竞赛形式，分必答题、抢答题、风险题3种题型，上城区悉心准备，选派优秀选手参加决赛，获杭州市市民健康知识大赛三等奖和优秀组织奖。

居民保健

【概况】 2015年，上城区深化居家医疗服务，推进医养护一体化签约服务，通过签约制、责任制的模式，为社区居民提供健康服务，引导居民有序就医，逐步构建"基层首诊、双向转诊、急慢分治、上下联

糖尿病患者自我管理小组成员相互学习太极拳,培养健康运动的习惯

(区卫计局　供稿)

动”的分级诊疗体系。全年有8.4万名签约居民享受健康管理、双向转诊、家庭病床等医养护一体化服务,签约对象就诊52万余人次。全区建立家庭病床249张,医生上门服务4.59万人次。上城区获全市医养护一体化签约服务专项考核优异等次,考核评估指标中的签约服务优惠政策居民知晓率、签约居民首诊制满意度、优先在社区医院就诊意愿等指标均位于全市前列。在市政府对区政府的年度目标考核中,上城区综合排名第一。年内,上城区提前完成2016年医养护一体化签约工作,累计签约9万余人。

【医养护一体化服务软件开发】 2015年,上城区以紫阳街道社区卫生服务中心为试点,研发并启用手机APP软件,为医养护一体化签约人员提供快捷服务。全科医生在手机上便可完成医养护签约、上门随访预约、医患沟通交流等工作;居民通过APP即可获得签约、预约诊疗、辅助检查结果查询、计划免疫查询提醒、家庭病床预约、家床巡诊信息推送、在线交流等服务,提高医生的随访质量和工作效率,提升医患之间的和谐度。

【慢性病自我管理】 2015年,为加强医患合作、患者互助,上城区根据《杭州市疾控中心关于开展杭州市慢性病患者自我管理试点工作的通知》要求,以小营巷社区和青年路社区为试点,开展社区慢性病患者自我管理工作。每个试点社区组建1个高血压患者自我管理小组或糖尿病患者自我管理小组,按要求规范开展“健康教育、互助共管”等自我管理小组活动。10月9日,区卫计局举办上城区慢性病患者自我管理小组培训班,培训班邀请浙江省疾病预防控制中心医生张洁进行授课。

(仲　玥)

玉皇山南基金小镇

体 育

Sports

综 述

【概况】 2015年，上城区组织各类体育赛事活动，深入开展全民健身日系列活动。先后举办家庭趣味运动会、楼宇运动会、职工篮球比赛、太极拳剑邀请赛、中小学游泳比赛、第五十四届中小学生田径运动会等赛事。组织参加杭州市休闲体育嘉年华、杭州市中小学生阳光体育比赛等活动。承办杭州市第九届健美健身锦标赛。上城区被命名为浙江省老年体育特色项目之乡(可乐球)。启动上城区体育中心建设，新体育中心建设棋类馆、球类馆、体操馆、健身馆、武术馆、游泳馆(水球馆)、室内足球场、体质监测中心等功能区11个。

【区政协考察学校体育场地开放工作】 8月27日，区政协主席余勇带领区政协主席会议成员就学校体育场地设施向社会开放情况进行考察，副区长马彦陪同考察。考察中，余勇要求区体育部门发挥统筹协调作用，加强学校与社区沟通，落实居民签订承诺书工作，完善资金分配办法，提高经费使用效率，切实解决市民卡数据传输和设施功能提升等问题，进一步提高学校体育场地设施开放质量和管理水平。

3月29日，上城区举办第二届智力运动会　　(区文广新局　供稿)

【上城区体育中心开工建设】 9月2日，上城区体育中心开工建设。体育中心位于南星单元D-13地块，靠近钱江新城综合配套大楼和北师大附中，总建筑面积5.57万平方米，其中地上建筑面积3.3万平方米，地下建筑面积2.27万平方米。建筑层高14层，设置11个功能区，其中水球馆、篮球馆、轮滑馆按国家一级场馆标准建设，未来能承担国家级赛事。区体育中心总投资3.41亿元，计划于2019年建成。

群众体育

【上城区第二届智力运动会落幕】 3月29日，上城区第二届智力运动会经过两天比赛，在杭州第二中学东河校区落幕。来自区直属部门、辖区企事业单位、社会团体的100余名运动员参加比赛。智力运动会由上城区全民健身领导小组主办，区体育局、区体育总会承办，区社会体育指导中心协办，本着“弘扬国粹，承载文化”的主旨，以期通过比赛，促进上城区棋牌类智力运动项目的发展和竞技水平的提高，进一步推动全民健身计划的实施。

11月22日，2015年杭州毅行大会（上城分会场）在吴山广场举行启动仪式
（区文广新局 供稿）

【上城区国民体质监测合格率提升】 上城区重视国民体质监测，将此作为国民身体素质的一项根本指标。监测数据显示，“十二五”期间，全区国民体质合格率逐年提升。2010年，上城区各街道居民及机关干部976人参加国民体质监测，合格率88%；2013年，对20~69周岁各类人群1545人进行体质测试，监测包括498名3~6周岁幼儿，合格率89%；2015年，除监测各街道社区居民外，还对1500名辖区企事业单位员工进行监测，合格率90%。

【上城区获市第八届老运会太极拳（剑）赛团体冠军】 4月9日，由市体育局主办的浙江省首届生态运动会暨杭州市第八届老年人运动会太极拳（剑）赛在江干区体育中心落幕。上城区老年人太极拳（剑）队在全市14支区、县（市）代表队（含杭州经济技术开发区代表队）角逐中取得优异成绩，获杭州市第八届老运会太极拳（剑）赛团体冠军。

【上城区第三届职工篮球赛落幕】 4月25日，由区体育局、区总工会主办的上城区第三届职工篮球比赛在杭州第四中学吴山校区闭幕。经过6天比赛，上城消防大队篮球队在15支代表队中脱颖而出，夺得冠军；杭州第四中学和紫阳街道代表队凭借过硬实力，取得第二名、第三名的成绩。

【上城区代表队参与省全民健身“种文化”活动】 6月29日，2015年浙江省全民健身浙北片区“种文化”活动在湖州南浔区获港渔庄举行。全省各创建体育强镇（乡）和先进街道（社区）单位、省级各类体育俱乐部、省级体育总会（体育社团）等39支代表队374名选手参加比赛。上城区体育总会代表队发挥团队协作精神，获得此次活动三等奖。

【举办二级社会体育指导员技术等级培训班】 8月26日，区社会体育指导员协会在杭州市教育科学研究所附属小学，举办第二期二级社会体育指导员技术等级培训班，来自区属各中小学的140名体育老师参加培训。经过体育核心素养质量分析与策略、社会体育指导员规范和要求、足球和排球裁判新规则、中小学生运动康复恢复等内容的培训，参训体育老师全部通过考核，并晋级为二级社会体育指导员。

【400余名爱心人士参加公益跑】 10月24日，2015年城市FUN跑暨关爱少数民族留守儿童公益跑（上城站）在望江公园开跑。此次活动主题为“领跑杭州，步步为爱”，每名跑友跑完全程，便可累积8000米级的公益善款，善款将用于少数民族留守儿童。上城区400余名跑步爱好者组成公益队伍，在之江路上“乐跑”8000米，演绎一场博爱互助的公益活动。

【上城区长跑协会参加杭州毅行大会】 11月22日，2015年杭州毅行大会（上城站）在吴山广场启幕，上城区长跑协会100余名老年人穿着统一服装，精神抖擞，与上城辖区内居民、学生、机关干部、健身爱好者“毅”起出发，快乐“毅”行。毅行队伍途径四宜路、清波路、南山路、玉皇山路、南复路、南宋官窑博物馆直至江洋畈生态公园，行程6000米。参加毅行活动的老人平均年龄70岁，年龄最大的为82岁。

竞技体育

【上城区校园足球活动获六大类奖项】 7月6日，2014~2015年度杭州市"市长杯"青少年校园足球活动表彰大会在杭州学军中学召开。上城区有7个集体、6名个人受到表彰，所获奖项涵盖六大类评奖项目，奖项数量、质量为历年之最。获奖集体和个人将在增进学生身心健康、培养足球后备人才、开展青少年校园足球活动等方面将发挥骨干示范作用。

【承办市第九届"乐健正星"杯健美健身锦标赛】 4月11日，由市体育总会主办，区体育局、区体育总会、市健美协会承办，区健美协会协办的杭州市第九届"乐健正星"杯健美健身锦标赛在胜利剧院落幕。此次赛事设男子健美60公斤、65公斤、70公斤、75公斤、80公斤、80公斤以上级，男子50岁以上元老组、男子全场冠军、女子健体、男子健体及健身比基尼11个级别的比赛。来自全市各健身俱乐部、大专院校及有关单位40支代表队206名运动员参加比赛，李亚强获全场冠军，冯庆济、金玮琪、张晓玲、张娟分别夺得元老组、男子健体、女子健体和健身比基尼第一名。

【上城代表队参加省健美健身锦标赛】 5月9日，由省体育总会、省健美(操)协会主办的浙江省健美健身锦标赛在嘉兴市落幕。此次大赛设健美、健体、健身、形体、健身比基尼等项目。全省11个地级市体育总会、行业体育协会、大专院校及有关单位派出18支代表队162名运动员参加比赛。上城区代表队团结一致，顽强拼搏，取得优异成绩，其中徐清、江再美分别夺得男子75公斤级和男子80公斤级冠军，汤道远夺得男子85公斤级亚军。

(张雪梅)

玉皇秋色

社区与社会组织管理

【上城区申报成为社区治理和服务创新实验区】 12月28日，上城区申报成为全国第三批社区治理和服务创新实验区。上城区不断创新社区治理工作，深化社区服务机制改革，将改革创新与完善基层社会治理体系结合起来，先后设立“333+X”社区大服务体系、“三社一校”社会工作人才培养模式、“四评一结合”和谐社区工作评价体系等具有上城特色的社区建设新模式，为新形势下深入推进城市社区治理与服务创新提供经验。

资料：“333+X”社区大服务体系：是指确立政府、社区、社会3个参与主体，通过社区公共服务工作站、社区居委会、社区其他各类组织搭建3类服务平台，提供公共性服务、公益性服务、商业性服务3种服务方式，衍生出X项(可不断拓展的)服务项目，所构成的与居民生活密切相关的全方位服务网络体系。

“三社一校”：是指以社区为平台、以社会组织为载体、以社会工作专业人才为支撑、以高校资源为助力的社会工作模式。

“四评一结合”和谐社区工作评价体系：是指通过居民满意度调查、居民自治建设成效评定、社区社会组织参与社区治理评估、公共服务绩效考核，结合民情民意的采集与反馈测查，对社区工作进行综合评价的考核体系。

【社区服务机制改革深化】 9月8日，上城区出台深化社区治理和服务创新实施方案，开展街道、社区、部门服务机制改革。强化街道的终端服务功能，将适合由街道承担的公共服务事项收回管理，将原有的公共服务从居委会中剥离出来；强化社区居民的自治功能，将涉及居民公共事务的相应经费与资源下放，交由居民依照协商程序予以安排；明确职能部门的指导监管责任，做好下放服务事项的指导评价；对执法类事项依据责任主体唯一的原则依法行政。10月，清波街道取消传统科室，成立“五部一中心”，设置“4+4+7”社区工作岗位，初步形成“扁平化”管理新模式。

资料 “五部一中心”：指党政工作部、城市管理部、民生事业部、综合治理部、经济服务部和街道行政服务中心。

“4+4+7”：指的是社区专职工作者岗位的设置，其中社区党委配置4人、社区居委会配置4人、社区公共服务工作站配置7人。

【《2015年度和谐(满意)社区评价办法》出台】 2015年，上城区以推进社区“扁平化”管理和服务为导向，以居民满意度为标准，在“四评一结合”评价体系的基础上，出台《2015年度上城区和谐(满意)社区评价办法》。该办法简化社区工作的评价内容和流程，完善居民满意度的测评内容和方法，增加社区社会工作室建设和开展社工专业服务方面的考核，并将居民自治建设成效评定、民情民意采集与反馈测查、公共服务工作绩效考核等交由街道组织实施。通过优化社区工作评价方式，明确街道在和谐社区建设中的主导地位，推动街道工作重心转移到统筹协调本地区公共服务、公共管理和公共安全等基层治理工作上来。

【专职社工规范化管理】 2月15日，上城区制定专职社区工作者管理实施办法，对全区890余名专职社区工作者进行规范化管理，保障专职社区工作者合法权益。10月10日，出台《上城区专职社区工作者级差绩效薪酬改革方案》，建立量效结合、奖惩挂钩的薪酬考核分配机制，激发专职社工服务居民的积极性、能动性和创造力。级差绩效薪酬改革方案在清波街道、湖滨街道先行试点。全区有54人通过2015年社会工作师(中级)考试，35人通过助理社会工作师(初级)考试。全区社会工作者持证率48.1%。

【社会工作协会换届】 6月19日，上城区第四届社会工作协会在小营街道红巷生活广场举行换届大会暨第一次理事会议。大会选举产生协会新一届会长、副会长、秘书长、副秘书长，以及常务理事等人选，审议通过《上城区社会工作协会章程》。新当选的协会会长赵越在会上做表态发言。协会秘书长管艳娟布置协会工作任务。上城区社区建设指导委员会办公室主任、区民政局局长金水根要求协会以“三社联动”为推手，以人才培养为核心，以行业自律为己任，进一步做好指导、协调、服务工作。上城区亲民社会工作服务中心负责人陈攀介绍该机构在小营街道红巷生活广场和紫阳街道彩霞岭社区开展专业社会工作服务的做法。

【首届社区工作领军人才培训计划启动】 10月13日，区民政局启动首届社区工作领军人才培养计划。该计划以科学规划、整体设计、因材施教、“道”“术”结合的教学方式，联合区社区学院分别从形象礼仪、语言艺术、公关危机处理、社区工作实务、社会工作督导等方面，对入选培养计划的32名优秀社区干部进行4个月轮训。此前，上城区组织开展全体社区党委书记和居委会主任培训，深入学习《关于强化党建统领巩固政权基础创新基层社会治理的意见》《关于深化社区治理和服务创新的实施方案》等文件，帮助社区干部快速适应社区改革新形势，提升社区服务和管理能力，并选派社区干部参加省、市举办的各类培训。

【政社需求对接平台搭建】 5月21日，由区民政局和上城区社会组织服务中心牵头，在小营街道红巷生活广场举办首场政府部门与社区社会组织需求对接会，围绕“人、资源、资金、项目”4个要素，将社会组织能够承接的业务服务范围与政府部门的服务购买需求进行有效对接，建立起良好的政社互动关系。年内，上城区编制完成75个社会组织的承接项目和承接范围表，以及14个政府部门的服务需求表。通过政社需求对接，为社区社会组织的可持续、融入式发展提供动力支持，为基层社区治理创新注入新的活力。

10月22日，上城区承办“杭州2015公益嘉年华暨第六届社工节”活动(彩绘公益中国梦活动)

(区民政局 供稿)

【承办公益嘉年华暨第六届社工节】 10月22日，上城区承办的杭州2015公益嘉年华暨第六届社工节开幕。活动以“公益大舞台、资本相亲会、社工新风采”为主题，吸引全市近100个社会公益组织、基金会及企业参展。活动涵盖环保、文化与教育、医疗卫生心理、扶老助残、专业社工服务、综合服务等多个公益领域，展示筹资、项目、人才、技术、培训等各种公益资源和创新成果，为参会的民间公益组织与政府、基金会、企业及公众之间架设起最为便捷的信息交流沟通桥梁。

【"互联网+社区公益"服务平台推出】 10月22日，上城区在全市率先推出"互联网+社区公益"的社联网运作平台，整合社区、社工、社会组织、社会企业、社区基金会5种资源，做好"最后一公里"民生服务。依托社联网服务平台，居民和社工可以运用手机APP发起求助，也可以发起招募志愿者响应公益活动，还可以对有争议事务发起投票决策，在快速响应居民多元化民生需求的同时，实现社区公益服务的公开透明和动态监管。

【规范社会组织公益创投】 8月，上城区首次引入第三方社会组织评估机构，对全区2014年资助的39个公益创投项目，从项目实施、人员管理和经费使用等方面进行监测和评估；对上城区入围杭州市2015年公益创投的18个项目进行监督管理，确保专款专用。为使公益创投项目更好地落地，上城区将区、街道2015年用于公益创投的400万元专项资金划拨至上城社会组织发展基金会，由基金会统一规划、使用和管理，并通过社区公益服务跨界合作和资源对接平台，最大限度地吸收辖区单位、企业、爱心人士等社会公益资本。全年基金会资助第一期公益项目60个，资助资金180.83万元。

【社会组织登记管理】 2015年，上城区有登记注册的社会组织406个（社会团体112个、民办非企业294个）；有社区社会组织1021个（登记注册34个、备案987个），登记注册的社会组织、社区社会组织分别比上年（指2014年，下同）增长6%、13.6%。全区每1万人拥有社会组织33个，超过全省平均值。在2015年社会组织规范化考核中，获AAA级以上称号的社会组织34个、被评为示范型社会组织和成长型社会组织5个，全年完成社会组织案卷整理归档92份。全区初步形成发展有序、门类齐全、层次丰富、覆盖广泛、作用突出的社会组织体系。 （沈　洁）

民政专项事务管理

【婚姻登记】 2015年，上城区办理内地居民结婚登记3781对，比上年下降7.2%；办理内地居民离婚登记1038对，下降3.6%；补办婚姻登记证件1355本；出具无婚姻登记记录证明8944份，婚姻登记合格率100%，接待婚姻问题来电来访咨询1.85万人次。

【婚姻家庭辅导】 7月，区民政局与拱墅区有情人婚姻家庭指导中心签订《上城区婚姻家庭辅导工作协议》。该中心以政府购买服务的形式承接上城区婚姻家庭辅导工作，无偿为当事人提供包括婚前辅导、婚姻家庭与心理咨询、法律咨询、离婚劝导和调解等婚姻家庭辅导服务。全年为婚姻当事人提供婚姻家庭辅导服务101件，其中离婚调解及劝导98件，婚姻家庭咨询、心理咨询、法律咨询3件。经过劝导，有66对夫妻选择和好或暂缓离婚，劝导成功率67.3%；辅导对象对婚姻家庭辅导员的服务满意度100%，全区非理性离婚的比例有所降低。

【殡葬管理】 2015年，上城区建立死亡人员月报制度。全年死亡1942人，其中清波街道159人、湖滨街道240人、小营街道465人、望江街道454人、紫阳街道420人、南星街道204人。为居民提供惠民殡葬政策咨询，积极倡导免费生态殡葬，全区遗体火化率保持100%。加强清明节期间祭扫管理，清明祭扫活动文明有序。

【第二次地名普查】 2015年，上城区全面启动第二次地名普查工作。年内，完成全部原有数据的校对与修改，对数据库原有地名进行复核，并着手开展针对地名数据的外业工作。完成新增地名的清理整顿，对新增地名按照街道归属与类别归属进行录入，并完善补充缺失的部分属性数据。全年审核命名住宅区2处（好学府、钱江候潮府），命名天桥3处（佑圣观天桥、秋涛路天桥、甬江路天桥），审批编排门号104户、822处，制作发放浙江省门牌证1531份（包括使用证），安装各类标牌4500块。

【行政区域界线联合检查】 2015年，上城区根据《杭州市民政局关于做好第三轮县级行政区域界线联合检查工作的通知》要求，开展第三轮行政区域界线联合检查。年内,完成2015年度由上城区牵头的上江线界线及配合滨江区的上滨线界线联合检查。

10月24日,民政部党组成员、社会组织管理局局长詹成付(左)和杭州市副市长戚哮虎(右)为中国社区建设展示中心新馆揭幕　　(紫阳街道　供稿)

中国社区建设展示中心

【概况】　中国社区建设展示中心(简称展示中心)是民政部批准建立,集史料陈列、文物展示、理论研究、文献收藏、社区实务于一体的专题类博物馆。展示中心位于上城区清河坊历史街区金钗袋巷79号,紧邻胡雪岩故居,由清朝光绪年间兵部侍郎朱智的故居改建而成,占地面积约5000平方米,建筑面积约3000平方米,于2009年12月21日建成开馆。2012年,成立由部、省、市、区等相关领导组成的中国社区建设展示中心管理委员会,为全额拨款的正处级事业单位。2013年5月,民政部批复同意在展示中心建立中国社区建设培训基地,以期建设成为中国社区工作者政策理论研究和实践能力培养的摇篮。2015年5月,民政部复函在中国社区建设培训基地成立全国城乡社区专家委员会秘书处,以推进理论研究、实践探索、学术交流和培训教学等各项任务的有效落实。10月24日,展示中心在原有居民委员会发展厅、社区建设发展厅、社区建设史料藏馆、全国社区社会组织成果展示厅4个展馆基础上,建成并开放“左邻右舍”社区治理创新园、公益创客空间　“三社生态园”2个新馆。至年末,6个展馆收藏来自全国31个省、自治区、直辖市的社区建设史料1.5万件,通过现代化手段全方位展示国内各城市社区在社区治理、体制创新、服务完善、居民参与等方面的先进经验。展示中心被誉为“小社区、大社会;小基石,大政治;小平台,大服务;小展示,大文化”。2015年被市委组织部、市委党校授予“杭州市红绿蓝三色现场教学基地”。

10月24日,上羊市街社区举办邻居节“喫夜饭”活动

(区民政局　供稿)

【中国社区建设展示中心新馆开馆】10月24日,上城区举行中国社区建设展示中心新馆开馆仪式暨新中国第一个居民委员会成立66周年庆祝活动。民政部党组成员、民间组织管理局局长詹成付,杭州市副市长戚哮虎,区委书记缪承潮等领导参加庆祝活动。上城区围绕实现新中国第一个居民委员会“传承历史”与“争创现实”两个第一和社区建设“全省示范、全国领先”的目标,投入近1000万

元，扩面1000余平方米，对展示中心进行第三次升级改造，对原有的社会组织展示馆和上羊市街社区办事大厅进行功能调整和布局优化，最终建成“左邻右舍”社区治理创新园和公益创客空间“三社生态园”。其中“左邻右舍”社区治理创新园以“家”为设计理念，具体划分为邻里服务、邻里舞台、邻里天地、邻里学苑和邻里食堂5个区块，为社区提供一站式公共服务，同时为来自全国各地参观者展示杭州社区建设的创新成果。公益创客空间“三社生态园”是上城区社会组织的综合服务平台，首次引入公益创业的理念和社会化运作的方式，设置社会组织服务中心、社会组织培育中心、社会工作发展中心和社会组织服务形态展示四大区块，是集社会组织培育孵化、公益创投、绩效评估、创新研究和基金会支持等功能于一体的社会组织培育发展生态园。活动当日，展示中心举行“左邻右舍”社区治理创新园启动仪式、新中国第一个居民委员会社区治理方案论证会、公益服务项目线上对接、第六届社工节活动之“奔跑吧，社工”开跑活动、上羊市街社区邻居节之“喫(杭州话“吃”的意思)夜饭，看戏文”活动。

【接待服务水平提升】 2015年，展示中心对全馆的参观路径进行全新设计，形成多套接待方案，进一步提升接待服务水平。全年展示中心接待中外参观团队345批、5.09万人次，组织座谈交流60场。展示中心接待民政部副部长宫蒲光，民政部社会工作司司长王金华，省委常委、市委书记龚正，市委常委、宣传部部长翁卫军，副市长戚哮虎等领导，中央国家机关工委领导，以及民政部全国城乡社区建设专家和省委党校2015年领导干部进修班、民政部及地方社区治理培训班、香港处级公务员考察团、台湾考察团、美国西华盛顿大学游学团等团队。

【史料展陈功能增强】 2015年，展示中心对收藏的史料内容，按照年代、类别进行整理，完成《中国城市街道和居民委员会档案史料选编》第12~14册汇编，收入史料235篇、91万余字。制作完成2014年全国社区治理和服务创新实验区典型经验视频展示电子文档，进一步提高社区建设典型经验展示的广泛性、即时性、推广性。拓宽宣传途径，利用展示中心门户网站，发布传播社区建设先进经验，全年更新门户网站信息1466条，上传视频10部。其中各地动态信息1368条，理论研究43条，经验交流21条。各地动态信息涉及32个省级行政区（除香港、澳门）。展示中心成为全国各地社区建设先进经验的唯一传播场所。

【举办全国社区人才培训班28期】 2015年，中国社区建设培训基地围绕创建“最具特色的全国社区建设人才培养基地”的目标，面向全国城乡基层干部和社区工作者开展专项、委托和异地培训。培训基地超前谋划、精心组织、精选师资、优选看点，较好地完成各项培训任务。全年举办以培养中西部地区社区治理人才和全国城乡社区人才为主要对象的培训班28期，其中受民政部基层政权和社区建设司委托举办的培训班11期，地方委托举办的17期，培训班组织专题授课131次，互动交流31次，参训学员3392人，学员覆盖全国30个省、市、自治区。学员中街道以上民政干部1877人，占学员总数的55.3%；社区工作者1419人，占41.8%；社会组织从业人员96人，占2.8%。发放培训工作征求表3115份，收回3115份，培训满意率100%，非常满意率97%。

【承办全国城乡社区建设专家委员会第二次全体会议】 11月26日，全国城乡社区建设专家委员会第二次全体会议暨理论研讨会在辽宁省沈阳市召开。此次会议由民政部指导，全国城乡社区建设专家委员会主办，展示中心等单位承办。大会针对“基层服务型政府建设”及“城乡社区治理创新”两大议题，为全国城乡社区建设探求新思路、寻找新举措。民政部副部长顾朝曦出席会议并讲话，会议由民政部基层政权和社区建设司司长徐立主持。

【展示中心管委会第四次会议】 7月15日，中国社区建设展示中心管理委员会第四次会议在杭州建国饭店召开。民政部基层政权和社区建设司司长蒋昆生出席会议并讲话。浙江省民政厅厅长、展示中心

7月15日,中国社区建设展示中心管理委员会召开第四次会议

（中国社区建设展示中心　供稿）

媒体交流群平台），加强民族文化宣传。在南星街道“七彩美政民族园”举行民族文化展示等活动;在回族穆兴小学民族理解教育陈列室，依托少数民族艺术团开展“葫芦丝”等民族乐器公益培训；利用微信群、QQ群等新媒体,开展知识竞赛活动,宣传民族宗教法规政策。10月16日,区民宗局联合搜狐焦点网举办少数民族“爱心跑”活动。“爱心跑”由来自建德的少数民族留守儿童领跑,嘉凯城·杭州中凯城市之光项目为留守儿童捐助爱心款1.96万元。

管委会主任尚清,民政部基层政权和社区建设司副司长、管委会副主任刘勇,杭州市民政局局长、管委会副主任徐小林,上城区区长陈瑾,副区长宣寅参加会议。会议由省民政厅副厅长、管委会副主任梁星心主持,会议听取管委会办公室主任马丽华做题为“站在高位谋发展,齐心协力谱新篇”的工作汇报,审议《中国社区建设展示中心2016~2020发展规划》《中国社区建设培训基地2016~2020发展规划》。与会成员就展示中心近期重点工作、新中国第一个居民委员会发展规划、展示中心负责人安排等问题进行研究讨论。（赵　林）

民族和宗教工作

【概况】 2015年，上城区民族宗教工作围绕贯彻落实中共十八大和习近平总书记在中央统战工作会议、中央民族工作会议、新疆工作座谈会上的重要讲话精神,紧扣中心、服务大局,着力维护民族关系和谐稳定，努力提升民族宗教工作水平。全区有蒙古族、回族、藏族、苗族等少数民族36个,常住少数民族人口2666人。有正式登记的宗教活动场所9处。

【民族文化传播】 2015年,区民宗局依托“一园、一室、一团、一平台”(南星街道七彩美政民族园、回族穆兴小学民族理解教育陈列室、少数民族艺术团、新

【民族宗教公益活动】 2015年，区民宗局协调清波街道与全国敬老模范点杭州净慈寺联手开展“宗教场所慈善进社区”活动,为社区行动不便或独居空巢的高龄老人提供多样化服务。4月23日,凤凰清真寺向环卫工人送上爱心拉面300余碗，白云庵连续多年为敬老院送米、送油。在尼泊尔地震发生后,上城区宗教人士筹集善款2.5万元,用于为灾民购买生活用品。

【民族村校结对】 2015年，上城区深化湖滨街道岳王路社区、清波街道定安路社区、小营街道梅花碑社区、南星街道美政桥社区、杭州市回族穆兴小学与桐庐县莪山畲族乡新丰村、建德市大同镇高桥村、建德市大慈岩镇双泉村、淳安县千岛湖镇富泽村、建德畲族学校淡竹小学开展结对活动，根据结对的任务安排,区民宗局组织帮扶单位上门进行具体工作对接,探讨合作项目和帮扶形式,为民族村发展出谋划策。年内，上城区向武义县俞源乡阳畈村小学等村校送去帮扶发展资金16万元;穆兴小学将流动少年宫开进山区,为结对学校淡竹小学进行文艺表演。

【市道教协会入驻大资福庙】 8月,经区民宗局与玉皇山南指挥部等部门协商，大资福庙主殿及西厢房正式移交给市道教协会管理使用，同时筹备设立宗教活动场所——杭州市道教协会大资福庙，作为上

城区道教正行正信的展示窗口，通过举办讲座、交流活动，进一步挖掘、发扬道教文化。据资料记载，大资福庙当年为纪念岳飞手下大将张宪而建。张宪和岳飞、岳云一起被害后，民间传说张宪、岳云二将经常显灵，佑护百姓，于是，杭城百姓便自发出资修建纪念庙堂，称为“资福庙”。（吕火良）

人口和计划生育管理

【概况】 2015年，上城区计划生育工作主要指标执行情况良好。全年出生人口2431人，计划内出生2374人，计划外出生57人，计划生育率97.66%，户籍人口出生性别比110.96(女=100，下同)，统计误差率控制在2%以内，办理再生育审批713对，无行政复议和行政诉讼案件发生。全区6个街道配备计划生育工作人员28人，54个社区均设立计划生育工作委员会，各社区配备专职计生委员1人，其中2000人以上社区增配计生委员助理1人。推行“网格化”社区服务管理，落实现居住地管理责任，有效缓解人户分离带来的管理“盲区”问题。完善公安、民政、劳动、医疗等部门间相关信息共享制度，并落实部门职责。全年参加国家免费孕前优生健康检查夫妻2283对，孕检率98.4%。育龄妇女避孕药具、节育技术、随访服务等计划生育生殖健康服务的落实率均100%。新婚、孕期、产后随访率均98%以上。全年鉴定病残儿3例。

【计划生育政策推进】 2015年，区卫计局全面落实计划生育特殊困难家庭（独生子女死亡或三级以上伤残家庭）帮扶政策。全年为计划生育特殊困难家庭发放特扶金643.47万元，惠及828人；公益金补助83户、61.7万元。为失独家庭发放生活护理补助金，提供保险、家政、医疗等服务，全年发放补助金77万余元。为2813名上城户籍并持有失业证或签订灵活（居家）就业协议的人员发放独生子女父母奖励费14.07万元。为上城户籍0~14周岁独生子女购买“独生子女家庭平安保险”，惠及2.31万人，保额32.44万元。对待业育龄妇女与流入育龄妇女实行4项手术补贴，全年补助、奖励29人；申报困难流动人员分娩补助2例，补助7310元。

【计划生育行政执法】 2015年，区卫计局实行计划生育“一票否决”制，全年无违反计划生育行政侵权行为、无行政诉讼案件及恶性事件发生。建立健全区、街道两级审批制度，简化行政审批程序和流程，方便市民群众。确保社会抚养费征收工作规范、公正，全年下达社会抚养费征收决定书34份，征收社会抚养费407万元。

【性别比综合治理】 2015年，上城区户籍出生人口男婴1619人，女婴1459人，户籍人口出生性别比110.96；流动出生人口男婴3480人，女婴3224人，性别比107.94。全年出生人口性别比108.88。区卫计局坚持把出生人口性别比综合治理作为促进人口长期均衡发展的一项重要任务，联合区公安分局、区市场监管局、区妇联及各街道开展“两非”（非法鉴定胎儿性别和非法终止妊娠）整治专项行动，依法严肃查处“两非”案件1例，并首判实刑。

【失独家庭社会关怀】 2015年，上城区推进特殊家庭关爱工作，加大对失独家庭在健康管理、生活照料、精神关怀、疾病保险等方面的投入。先后投入33万元，为110户失独家庭提供居家养老服务；投入12.4万元，为129名失独人员提供每月两次的居家医疗健康管理规范化服务；投入8万元，扶持4个具有专职工作人员、具备专业知识的“计生帮扶类”社会公益组织；投入2.4万元，为188名60周岁以上的失独老人提供20元额外老年人意外保险。依托“麦田圈”、“爱新家园”、“益+1”暖心服务社、“心智关爱服务社”、“在水一方居家养老照料中心”、“红情携手服务站”、“心满空巢”空巢老人关爱服务中心等专业化社会组织，建立社区公共服务与社会组织相结合的集公益活动、情感交流、日常照料于一体的服务平台。其中清波街道“麦田圈”公益服务组织，招募志愿者并设立热线电话，专门对失独家庭和独生子女伤残家庭提供服务，其做法作为全省扶持计划生育特殊困难家庭典型案例，被国家卫计委推广。

【计划生育基层群众自治】 2月11日，区计划生育协会召开第七次会员代表大会，产生新一届理事会。各级计划生育协会相应完成换届。推进计划生育基层群众自治示范点创建。根据全面实施"两孩"政策出现的新情况，修订完善计划生育民规民约。把计划生育协会工作融入"网格化管理、组团式服务、片组户联系"的基层服务管理体系。全区有计划生育网格154个、354个组、1652个片，街道社区因地制宜，开展特色网格服务。

【推出生育关怀公益组织扶助项目】 5月5日，上城区推出生育关怀社会公益组织扶助项目。该项目是全省首个造福于计划生育家庭的创新项目，扶助对象为困难的计划生育家庭，扶助方式采用公益创投、部分外包及志愿者加盟3种模式，首次投入22万元作为生育关怀基金。6月25日，采用公开演讲、现场评审打分的办法，邀请高校和基层代表10余人，从23个项目中评选出11个项目进行资金补助。11月5日，上城区召开计生协会生育关怀系列项目评估培训会。至年末，生育关怀社会公益组织提供服务1256次，惠及1万余人，扶助对象满意度95%以上。

【青春健康教育活动】 2015年，上城区开展青春健康讲座167次，惠及目标人群3.74万人、在校学生3.31万人、外来流动人员4027人。组织青春健康教育师资培训4次，参加培训144人。上城区作为杭州主城区首个试点承接联合国/国家计划生育协会青春健康家长培训项目，通过公开招标引入社会公益组织承接该项目。第一轮家长培训分6个课次，向从江城中学招募的100名学生家长，讲授国家计划生育协会编印的《沟通之道》教材。11月27日，紫阳街道300平方米市级青春健康教育基地提升为省级青春健康示范基地，并向国家计划生育协会申报国家级基地。

【计划生育办证制度创新】 2015年，上城区创新计划生育办证制度。坚持便民高效原则，开展电话预约、网上预约，全面推广承诺制和代办制，改"一孩办证"为"实行一孩生育登记备案"。按照权力"瘦身"、责任"强身"的原则，梳理权力清单项目，确认权力10项，其他权限下放，实行网上审批，简化"两孩"审批流程，提高审批效率。

(仲 玥)

居民生活

【概况】 2015年，根据市区居民家庭抽样调查显示，上城区居民人均可支配收入48316元，比上年增加3684元，增长8.3%。市区居民人均消费性支出33818元，增长8.5%。其中食品支出9171元，恩格尔系数27.1%。全区城镇最低生活保障户数710户(月均)，人数969人(月均)，保障金支出728.39万元，增长16.8%；月人均566.72元，增长18.1%；全区养老机构18个，床位1695张。其中社会办养老机构14个，养老床位1237张。居家养老服务照料中心54个，其中街道级6个，社区居家养老服务照料中心床位数518张。社区居家养老服务站53个，星光老年之家67个，老年食堂17个。

(沈 洁 张海树)

2月10日，"麦田圈"组织举行迎春节包饺子活动 (区卫计局 供稿)

老龄工作

【概况】 2015年，上城区户籍总人口327924人，其中，60岁及以上老年人

95234人，占户籍总人口的29.0%；65岁及以上66409人，占20.3%；70岁及以上46918人，占14.3%；80岁及以上22865人，占24.0%；90岁及以上3686人，100岁及以上29人，最大年龄104岁。推进居家养老服务规范化建设。印发《关于明确居家养老服务相关事宜的通知》，制定《上城区养老服务体系建设扶持资金补助和使用管理办法》。全年为老年人办理、申领老年卡5353张。其中60~69周岁老年卡2280张，70周岁以上3073张。发放80周岁以上高龄老年人保健补贴1249.41万元。为2.3万名上城区户籍60周岁以上低保、失独、“三无”、重点优抚对象及80周岁以上高龄老年人购买意外伤害保险。全区有居家养老服务照料中心54个，其中8个为市级四星级、33个为区级三星级。依托唯康为老服务发展中心、在水一方养老服务集团和杭州长乐老年公寓3个省养老护理人员培训基地，开展家庭养老护理知识技能培训，参加培训1200人。全年接待老年人来电来访咨询1263人次，受理涉老法律援助案件9起，满意率100%。

【完善“智慧养老”服务】 2015年，上城区以老年人需求为导向，完善“智慧养老”服务信息平台功能，提升居家养老服务水平，为居家老年人提供多元化养老服务。全年为70周岁以上空巢独居(含孤寡)老年人、80周岁以上全体老年人发放无线式呼叫器17689台，为政府购买服务对象发放固定呼叫器2989台。全区有6.1%的老年人享受居家养老政府购买服务，累计服务5.35万人次。通过呼叫器为2962人次老年人提供家电和水电设施保修服务，为90周岁以上空巢独居老年人提供每月2次的家庭医生签约服务。

【养老机构社会化运行】 2015年，上城区通过政府引导、社会运作的模式，吸引各类社会组织提供养老服务。全年由社会力量全额投资的缘外缘颐养中心、彩虹鱼康养园和好地方颐养中心3个养老机构新增养老床位500余张。中金集团拟在紫阳地块建设4660平方米的养老场所。杭州长乐老年公寓、上城区红巷长青颐养园、上城区唯康老人养生文化公寓3个养老机构完成登记工作。针对养老机构存在消防审批难的问题，协调上城消防大队等单位，按照养老机构成立时间、建筑面积大小等情况，分别提出消防要求。年内，唯康清波关爱公社和长乐老年公寓分别获市级十佳公共服务窗口和十佳为老服务特色项目称号。青年路社区老年电大教学点等6个教学场所被评为区级老年电大先进教学点。全年区老年电大春季招生9300人，秋季招生10700人，入学率11.8%。

【“敬老月”系列活动】 10日，上城区开展以“传承中华美德，弘扬敬老文化”为主题的“敬老月”系列活动。先后安排健康咨询、书画创作、征文比赛等13项活动。包括选送16个戏曲舞蹈作品、54幅书画摄影类作品、18篇老年人征文作品参加杭州市老年文化艺术节系列活动。组织500余名老年人参加“美丽上城、欢度重阳”登山活动，展示上城老年人积极健康的精神面貌。区领导走访慰问33名百岁老年人，为他们送上慰问品。

新工社区居家养老服务照料中心为失能失智老人提供专业服务

（区民政局　供稿）

【老龄工作“三项创建”活动】 2015年，上城区深入开展老年友好城区、老年宜居社区和“敬老文明号”“三项创建”工作。全区有6个单位参加第二届“敬老文明号”创建。区政府印发《杭州市上城区创建“老年友好城市”实施方案》和《杭州市上城区“老年友好城市”创建任务分解表》，区老龄委围绕创建省级老年友好城区目标，组织24个业务部门做好整改工作。上城区对照创建指标自评，经省老龄办审核，于10月取得“老年友好城市”创建资格，正式进入创建阶段。全区60%以上社区进入宜居社区行列，居民过上“出行无障碍、居住尽舒适、晚年享安康”的生活。

（沈　洁）

【居家医疗服务助力“智慧养老”】 2015年，上城区推进《居家医疗服务管理规范》的实施，通过签约制、责任制的模式，为社区居民提供健康服务。全年为90岁以上独居空巢老人908人、困难残疾人466人、失独家庭130人提供居家医疗服务。各社区卫生服务中心对困难群体实行基本医疗服务“零自负”，为1590人减免医疗费用15.23万元。

流动人口管理

【流动人口协管员绩效考核】 2015年，上城区进一步落实流动人口服务管理责任，健全协管员绩效考核制度，充分发挥协管员作用。全年协管员采集流动人口计划生育信息卡30627张，奖励经费6.13万元；采集流动人口计划外怀孕通报、补救55例，奖励1.1万元。

【完成全国流动人口动态监测抽样调查】 2015年，全国流动人口动态监测抽样调查涉及上城区清波、紫阳、小营、望江4个街道。上城区积极配合，圆满完成200份调查问卷的动态监测。小营街道通过打造新市民之家，创建成为上城区第4个杭州市流动人口计划生育服务管理示范窗口。

【流动人口社会融合示范社区打造】 湖滨街道涌金门社区为杭州市第一批流动人口社会融合试点，该街道积极探索新型流动人口社会融入模式，引入“萤火虫”青少年服务中心等社会组织，参与打造“舒心驿站”和流动家庭“健康圆梦”希望项目。3月，省卫计委副主任徐润龙一行到涌金门社区调研，充分肯定该社区工作。

【基本公共服务向流动人口延伸】 2015年，上城区加强流动人口计划生育基本公共服务，对外来已婚育龄妇女全面落实与户籍人口同等的计划生育政策，使流动人口享受到均等化的免费婚前检查和传染病防控、适龄儿童疫苗接种、早孕建卡、孕产妇和儿童保健、健康教育等服务。深化区域协作，紫阳街道与淳安县文昌镇开展“一对一”流动人口计划生育“牵手服务”活动，实现户籍地和现居住地之间的无缝对接。为流动育龄妇女开展“查孕、查环、查病”和患病跟踪随访等生殖健康服务。全年为300余名淳安籍流动人口提供免费B超检查、避孕节育知识普及、生殖健康追踪随访等服务。

（仲　玥）

志愿服务

【概况】 2015年，上城区完善志愿者招募注册、培训管理、供需对接、服务记录等制度，全面推进志愿服务工作。全区有注册志愿者67380人，志愿服务以年轻人为主力军。全年为馒头山、思鑫坊等G20杭州峰会重点环境整治项目提供志愿服务，以及地铁引导、环保集市、暑期活动等志愿服务，包括青少年关爱帮扶、助残助老、科普等常态化社区志愿服务，服务总时数8.5万小时。

【“环保快闪”行动】 4月19日，团区委结合推进社区、企事业单位垃圾分类工作，联合辖区爱心企业、环保志愿者队伍，在湖滨三公园开展以“垃圾不落地，西湖更美丽”为主题的“环保快闪”行动。现场进行两个小时的垃圾分类宣传，吸引1000余名市民与游客参与垃圾分类及换水活动。

【青少年暑期校外活动】 7月，团区委以流动少年宫、社区青少年俱乐部、公益夏令营为载体，整合社区学院、区青少年活动中心及社会组织等资源，开展平安自护、素质拓展、环境保护等主题活动30余场，惠及青少年1200余人次。

【地铁文明引导志愿服务】 12月，团区委联合区文明办、各街道开展地铁文明引导志愿服务工作，以街道包干、责任到人的形式，将上城区5个地铁站点分配至各街道，统筹安排志愿者及机关党员义工进行文明引导，将“先下后上乘地铁，文明一米迎嘉宾”活动打造成展示“美丽杭州”的新名片。（李佳杰）

12月4日，杭州地铁工作人员在上城区地铁文明劝导志愿服务启动仪式上为志愿者进行岗前培训 （团区委　供稿）

思鑫坊

街道
Streets

湖滨街道

【概况】 湖滨街道位于西子湖畔,地理位置优越,区域经济繁荣,历史文化深厚,共建资源丰富,被誉为杭城最美、最具有特色的“城市会客厅”,展示着杭城的形象和品位。街道辖区北起庆春路,南至西湖大道,西邻西湖,东至中河,辖区面积1.6平方千米。街道辖涌金门、青年路、东平巷、岳王路、吴山路、东坡路6个社区。区域内省市行政事业单位、大型商场、医院、星级酒店、商务楼宇聚集,其中集高端商业、人文景观、风景旅游于一身的湖滨国际名品街,勾勒出湖滨高端化、国际化、品质化的发展路线图,成为杭州引领时尚、体验经典的标志性空间。辖区居民12778户,户籍人口32635人。企业4378个,行政事业单位269个,个体户2610户。

2015年,湖滨街道引进企业228个,实现地方财政收入8.82亿元,比上年(指2014年,下同)增长12%;实际到位市外资金26.77亿元,完成年度目标的223%;浙商回归到位资金17.37亿元,完成年度目标的248%。引进外资企业6个,到位资金4003万美元,完成年度目标的133%。实现社会消费品零售额80.42亿元,增长16.5%。

湖滨街道开展“三严三实”专题教育,全面提振干部精气神。推进行政管理与公共服务标准化试点,加强湖滨商圈综合管理,辖区保持繁荣稳定,各项经济发展指标提前完成。亚洲最大苹果旗舰店、LV品牌旗舰店相继落户湖滨商圈,商圈品牌集聚效应进一步放大。城管执法力量重心下移,成效明显,湖滨商圈综合管理走出“1+1>2”的新路子。“三改一拆”、“五水共治”、湖滨地块建设、危旧房改善、无违建创建等重点工作有序推进,思鑫坊、吴山夜市等整治项目如期完成。维护稳定行动有力。民生实事项目进一步惠及辖区居民,“湖滨利星孝亲园”“邻里旮旯秀”“四点半课堂”等项目受到居民肯定。

4月24日,中宣部网络舆情局领导到“湖滨晴雨”工作室调研

(湖滨街道　供稿)

湖滨街道获首届全国“传统文化进社区”微视频大赛组织奖、优秀作品入围奖,被评为杭州市社会管理综合治理工作“示范街道”、维护社会稳定工作先进单位、流动人口社会融合

活动项目示范社区。“湖滨晴雨”工作室被中宣部网络舆情局认定为舆情信息直报点，并得到省长李强等领导批示肯定。街道社会管理和公共服务标准化国家试点通过中期验收。举办“湖滨购物节”、开办“学习银行”等做法受到社会关注。

【“湖滨晴雨”工作室成为中宣部舆情信息直报点】 湖滨街道于2009年建立全国首个社区舆情工作平台——“湖滨晴雨”工作室。工作室吸纳20余名年轻的民情观察员，包括“两代表一委员”，为社区居民反映心声、参与协商社区事务提供平台，使居民群众真正成为城市建设管理的参与者、监督者、受益者。至年末，“湖滨晴雨”工作室收到社会舆情信息8539条，推动解决民生热点难点问题1500余个。4月24日，中宣部网络舆情局领导到“湖滨晴雨”工作室调研。7月3日，中宣部发函认定“湖滨晴雨”工作室为中宣部舆情信息直报点。

【标准化国家试点项目通过中期验收】 湖滨街道标准化试点项目自2014年立项以来，按照国家有关部门的统一规划，积极构建基层管理和公共服务标准化新体系，着力推进社会管理优质化和公共服务规范化，相继明确工作岗位103个、工作任务和流程286项，制定并实施工作规范91个，初步形成“行为规范、运转协调、公正透明、廉洁高效”的基层行政管理体制。10月13日，试点项目通过浙江省标准化协会组织的中期验收。

【杭州市首个校外少先队组织成立】 7月8日，杭州市首个校外少先队组织——中国少年先锋队湖滨街道工作委员会揭牌成立。湖滨街道少工委在“湖滨晴雨”工作室设立青少年议事厅，作为湖滨地区青少年参政议政的平台。辖区青少年通过该平台对社会热点、身边新闻和政府决策等，发表自己的看法。议事厅以每周议、每月评、每季总结的方式，培养青少年关注时事政治的兴趣，锻炼听说读写的能力。

【杭州市湖滨中介服务业发展中心挂牌成立】 10月14日，杭州市湖滨中介服务业发展中心（西湖国贸中心红色驿站商圈企业服务中心）挂牌成立。该发展中心在全市范围内率先建立“政府引导+民营资本+专业运营”的管理模式，入驻国内外著名中介服务企业30个。湖滨街道依托发展中心平台，创新打造“前台+后台”的招商综合服务模式，以楼群为单位，设置楼宇综合服务小组，为入驻企业提供“经济服务+社会服务”的全方位、全能型服务，发挥发展中心集群规模效应和示范引领作用，为上城中介服务业发展增添新的孵化器。

【羊血弄小区成为浙江省节水型居民小区】 2月4日，省住房和城乡建设厅公布浙江省节水型居民小区名单，东平巷社区羊血弄小区名列其中。东平巷社区重视节约用水工作，制定节水工作计划，开展“节水达人”评选、“五水共治”专题文艺宣传等活动，营造全民爱水、惜水、护水、节水的良好氛围。在羊血弄小区红色港湾设立雨水收集桶，节水成效显著。羊血弄小区是上城区此次仅有的2个成功创建省节水型居民小区之一。

【周杰人当选杭州汉语方言发音人】 7月6日，东平巷社区居民周杰人参加2015年浙江省汉语方言数据库发音人招募，以地道标准的杭州话当选浙江省

10月14日，杭州市湖滨中介服务业发展中心成立　　（湖滨街道　供稿）

汉语方言数据库老年男性(55~65岁组别)发音人,成为杭州4名汉语方言发音人之一。6月,省语言文字工作委员会办公室、省教育厅启动浙江省汉语方言数据库建设项目,通过对发音人进行纸笔记录、录音、摄像等方式,全面调查采集全省汉语方言原始数据,并进行科学整理、开发和展示。

【"点亮微心愿"活动】 2015年,湖滨街道深化"点亮微心愿"活动。通过"常青藤圆梦园"平台,邀请辖区80%以上的共建单位加入"微义工"志愿服务活动。成立"寻梦小分队",通过走访、座谈、梦想热线、心愿卡片、网络互动等方式,收集辖区居民、离退休干部、"困难小候鸟"的微心愿,组织动员机关、社区、辖区企业和在职党员认领,并组织捐助的闲置物品义卖。举办"点亮微心愿"活动以来,湖滨街道收集"微心愿"1000余个,至年末,微心愿全部"点亮",筹集的15万元资金全部用于帮扶困难群体。

【湖滨商圈城市综合管理成效明显】 4月3日,上城区召开城管执法重心下移暨湖滨地区城市综合管理现场会,总结推广湖滨商圈的试点经验,全面启动城市管理执法重心下移工作。湖滨商圈通过建立"一委一办一中心"工作机构,探索"联合执法、跨界互动、街道牵头、多方协同"的工作机制,采用"守点、巡线、控面"的方式,集中解决辖区流浪乞讨、无证餐饮等管理中遇到的突出问题,商圈见管率、问题解决率、各界满意率明显提升。

【建立"网格党支部"】 2015年,上城区以湖滨街道为试点,以社会管理网格化划分的18个网格为基础单元建立党支部,选聘一批善于组织群众、乐于创新创优、勇于解决矛盾、敢于直面困难的优秀党员担任网格党支部书记,架构"街道党工委—社区党委—网格党支部"的新型三级区域党组织体系,真正实现党组织全覆盖。街道党工委在与网格党支部书记面对面座谈时,要求网格党支部围绕"把群众组织起来、团结起来、凝聚起来"的宗旨,开展接地气的工作,确保月月有活动、人人有归属。湖滨街道自"网格党支部"成立以来,各社区"网格党支部"以各种方式为民办实事,涌金门社区"网格党支部"为困难居民筹集1.1万元善款,青年路社区"网格党支部"在社区试点智能充电站项目,受到居民好评。

【"圈子"文化打造】 2015年,湖滨街道在开发推广"民情E点通"APP的同时,推出"圈子"文化,用当下最流行的网络学习方式,丰富和充实湖滨居民的业余生活。"圈子"设立"网格党建""养生运动""美食吃货""爱心互助"等主题,并向所有加入圈子的成员开放,动态发布活动内容。推出"圈子"文化使居民原本被动式参与活动变为自助式下单,不仅可以提升活动的知晓率和参与率,而且活动结束后还可上传活动图片,进行线上评价打分、积分兑换等,积分可以在签约企业内兑换优惠券和享受各类服务。湖滨街道还在崔家巷4号建立"湖滨·家园"文化阵地,通过现代化手段,展示南宋小巷典故、非物质文化遗产、手工创意作品等。

【推出"学习银行"】 6月30日,湖滨街道推出"学习银行"品牌和党员先锋学习圈、居民点单学习圈、企业众创学习圈"一行三圈"学习共同体,旨在加强居民主动学习的意识,培养居民主动学习的习惯。第一批学习基地有30个,分为"悦学点""讲学堂""活学园""畅学屋"和"快学吧"五类。通过与网络公司合作打造网上平台,记录学习情况,并存进"学习银行"里形成学习积分,积分可兑换小礼品和优惠券。

【征集公益创投项目37个】 1月,湖滨街道围绕"扶老、助残、救孤、济困"工作在全市范围内征集公益创投项目37个,创投项目涉及公共服务、社区服务、其他公益服务三大类别。街道邀请专家对申报项目进行评审。此次是湖滨街道第三次面向全市征集社会组织公益创投项目。自2013年以来,湖滨街道有57个公益项目"中标",获项目扶持资金100万元,服务群众超过10万人次。其中,"湖滨晴雨"公益创投项目获得省福利彩票中心20万元资金扶持。

【劝业里地块房屋征收基本完成】 9月22日,湖滨劝业里传统风貌协调区危旧房重建项目启动房屋征收工作。劝业里地块住房情况复杂，存在共有产权人多的问题，给征收工作带来一定难度。湖滨街道和社区干部多次反复上门和居民沟通对接，了解住户的实际困难和意愿诉求，逐一核对产权证、土地证等资料。至年末，有63户住户签订征收补偿协议，签约率94.0%。

【“五个一”走访活动】 春节前夕，湖滨街道领导班子与挂包科室干部、社工一起，为辖区内生活困难党员、残疾人家庭、享受低保家庭带去一声问候、一份致居民感谢信、一份街道年度宣传册、一份意见征求表，并向居民征求一条以上意见。此次“五个一”走访活动，走访居民1400余人，收集意见建议300余条。为104户低保、残保家庭及市、区两级困难家庭发放慰问金30余万元，惠及134人。

【社区居务监督】 湖滨街道社区居务监督工作谋划早、工作实，通过建立“四个一”的工作机制，充分发挥社区居务监督委员会的作用。“四个一”工作机制即建立一个制度——《上城区湖滨街道社区居务监督委员会工作制度》，确保社区居务监督委员会正常工作；梳理一个清单——《上城区湖滨街道社区居务监督委员会工作清单》，先后梳理出六大类20项工作，明确社区居务监督委员会的工作内容；开展一次培训，街道纪工委举办一次由全体居务监督委员会成员和社区党委书记参加的业务培训，为居务监督委员会成员认真履职打好基础；每月召开一次社区居务监督委员会和街道纪工委工作例会，交流居务监督工作中碰到的问题，研究具体解决办法。

【湖滨街道妇联获评杭州市服务型基层妇女工作先进集体】 2015年，湖滨街道妇联从“党政所急、妇女所需、妇联所能”出发，加强基层妇联组织建设和工作指导，组建杭州首个商圈妇女组织——湖滨商圈妇女联合会，建立湖滨商圈“妇女之家”、湖滨商圈“姐妹心灵驿站”等平台。开展妇联系统“走基层、访妇情、办实事”活动，实施“人大代表结亲困难妇女”“四点半课堂”等项目。3月6日，湖滨街道妇联被市妇联评为杭州市服务型基层妇女工作先进集体。3月8日，湖滨商圈妇联主席、杭州利星名品百货广场有限公司董事长陈敏因其公司经营业绩突出和在妇女工作中的示范引领，被省妇联授予浙江省“三八红旗手”称号，陈敏是上城区此次唯一一名获省级荣誉称号的先进个人。

【国内首个婚尚产业综合体打造】 6月15日，涌金广场转型成为“爱巢·囍悦城”婚尚产业综合体，并对外试营业。综合体总面积2.6万平方米。一楼为一站式结婚采购商城，提供大到婚纱珠宝，小到家居用品的所有结婚物品。二楼是5000平方米的大型综合室内实景影棚，集结各种风格的婚纱照场景。三楼引进餐饮咖啡馆等配套服务。综合体总投资3000余万元，是国内首座婚尚产业综合体和以爱为主题的互动体验馆。

【湖滨国际邻居节开幕】 10月30日，从湖滨街道青年路社区发源的第十二届湖滨邻居节开幕。此届邻居节邀请100余名国际友人参加。街道在湖滨路步行街上设置16个传统手工艺体验点，开展西湖龙井茶艺、川剧变脸艺术等20项体验活动，并把广场舞请到现场，让国际邻居体验感受湖滨居民和睦温馨的邻里感情。

【湖滨街道社区居民满意度位列全区第一】 2015年，湖滨街道率先启动“1+X”基层治理与服务体系，创新优化便民利民功能；以“三社联动”推动社区治理创新，积极培育社会组织，加强居民自治氛围营造；做深做实为老服务工作，启动“银龄互助·时间银行”服务项目，实现居家养老服务照料中心全覆盖。街道在公共服务、民生保障、居民自治和社区工作者走访服务等方面获居民好评。11月，上城区组织社区居民满意度调查，湖滨街道位列全区第一。

【苹果西湖旗舰店销售额创出新高】 2015年，苹果西湖旗舰店开业第一个月实现销售额3196万元、税收687万元，成为湖滨商圈零售门店中月销售额最高的零售店。湖滨街道积极搭建街道与企业的沟通桥梁，借助打造电子商务实验区之机引进电子商务

7月22日，湖滨街道在苹果西湖旗舰店举办青少年夏令营　（湖滨街道　供稿）

企业，为苹果西湖旗舰店创造良好的投资环境。旗舰店推出优化服务举措，225台联网设备为顾客提供一流的体验，200余名员工用8种语言为消费者提供产品介绍和售后服务。

【上城区首个防骗工作室成立】　12月10日，上城区在湖滨街道涌金门社区设立首个“不要和陌生人说话”的防骗工作室。防骗工作室由居民骨干担任带头人，社区民警担任指导，由最有防骗经验的银行、电信公司等单位员工担任志愿者，组建防电话诈骗、防网络诈骗、防购物诈骗、防丢物拾物诈骗4支自治小分队，收集社区老人上当受骗的真实案例，通过固定场所影像宣传、场景模拟表演、上门进户宣传等方式，向居民群众传授防诈骗技巧和理财知识，增强群众防诈骗能力。

【“蓝领驿站”成立】　6月30日，湖滨街道成立“蓝领驿站”，为全区最早推广“蓝领驿站”的地区之一。该驿站通过“湖滨晴雨·民情通”在线收集心愿，实时发动在职党员认领；在湖滨·利星百通岗、利星名品二楼、涌金门社区设立实体驿站，建立路面、单位、社区三级实体服务体系，方便职工寻求帮助；整合部门、街道、辖区单位的优势资源，组建“蓝领驿站”法律服务、金融服务、管理服务、文化服务和健康服务五大服务团队，不定期到实体驿站为辖区职工群众提供“一对一自选”“一对一定制”“一对一服务”的个性化服务。

【湛青学习工作室成立】　湖滨街道通过打造能人工作室带动辖区老干部工作。4月，以青年路社区为试点，在三元里6号成立湛青学习工作室，并邀请郝龙清、路泽民等离退休老干部加入服务团队，进一步整合街道“五老”讲师团、关工委等资源，为辖区青少年开展爱国主义教育活动。将湛青、郝龙清等“五老”的“历史故事”梳理成册，转化为能传承的历史积淀。利用中山中路孝亲文化特色街打造的契机，建立社区的文化资源宝库。

【“1+X”基层管理与服务体系完善】　2015年，湖滨街道优化街道机构设置，做好非常设机构清理，促使街道服务与管理运行向“扁平化”转变。完善“1+X”社会管理和公共服务体系。“1”即街道社会管理和公共服务中心，“X”即根据实际需求，在社区或商圈内设立若干个站、点、室，并增加若干科室业务指导中心，

4月23日，湛青学习工作室揭牌成立　（湖滨街道　供稿）

成为科室工作延伸到社区和商圈角落的桥梁。着力培养“一专多能”社工，在社区统一接待窗口办理及答复各类事务。街道领导与38名新社工进行集体谈话，要求社工提高学习意识、服务意识、担当意识，更好地为居民服务。

【“狮子型”团队建设】 2015年，湖滨街道以“三严三实”专题教育为动力，加强自身建设，积极打造“狮子型”团队。根据省市建设“两美浙江”动员大会精神，提早启动扮靓湖滨商圈工作。坚持全域整治、全面提升、全员参与，开展“组织走在前，党员当先锋”党建主题活动。以“迎峰会先锋行动”为载体，组建环境整治攻坚队、群众发动宣讲团、克难攻坚议事台、平安和谐守望岗、作风效能督查组等团队，快节奏推进区域环境美化提升。相继排摸出问题462个，年内，完成278个，完成率60.2%。

【社区公约制定】 2015年，湖滨街道6个社区均完成社区公约制定。在公约制定过程中，社区发送宣传推介短信1.35万条，微博微信专题报道18次，有75人次参与线上沟通交流，汇集各个层面不同群体意见建议115条。自社区公约发布实施以来，居民自治意识明显增强，社区文明氛围日渐浓厚，邻里关系更加和谐。

【社工绩效考核系统上线试运行】 湖滨街道是上城区第一个率先启动社工绩差工资改革的街道。经过工作内容梳理、量化评比指标统计等程序，对不同社区、不同岗位的主线工作、辅线工作、网格工作，设置不同分值和差异难度系数，并推出“智谷人力绩效考核系统”。10月，该系统上线试运行，对6个社区89名社工正式实施绩差工资制度，推进形成困难工作“抢”着做、辅助工作“争”着做、主线工作“比”着做、网格工作“帮”着做的局面。

【推出“银龄互助”养老模式】 湖滨街道是上城区老龄化最严重的街道之一，为预防高龄老人在家出现意外，街道推出“银龄互助”养老模式。街道以各社区老年协会及银龄互助分会为依托，组织健康低龄老年人为有服务需求的高龄老年人提供邻里守望、生活照料、精神关爱、维权调解等服务。按照“性格相近、爱好相似、住址相邻”的原则，通过自愿选择的方式，6个社区有60对老人结对。结对以来，基本实现定期探访，少量“每日探访”、少部分“隔天探访”、大部分“每周探访”，并将“银龄互助”与“时间银行”的概念融合起来，根据不同服务内容、服务时间，制定详细考核规定和积分细则，服务者达到一定的服务时间，就可用兑换券在中山中路孝亲文化特色街上37个为老服务示范点进行消费。 （王维诗）

清波街道

【概况】 清波街道东起中河高架桥，南倚吴山风景区，西临西湖，北接西湖大道，辖区面积2.2平方千米，总人口3.42万人，下辖清河坊、定安路、劳动路、清波门、柳翠井巷5个社区。清波地区历史悠久，曾是南宋皇城所在，历史上南宋至清的临安府、杭州府署，元朝的江浙中书省，明清的浙江布政司署均设在境内。辖区驻有浙江省军区领导机关、上城区政府、中国美术学院、浙江省商业集团、浙江省机电集团等单位。拥有行政事业单位及社会团体217个，大中型商务楼9幢，医院2个，中小学和幼儿园8所，金融机构15个，工业企业3个，房地产开发公司18个。辖区内有柳浪闻莺公园、吴山天风、杭州碑林、于谦故居、胡庆余堂中药博物馆、潘天寿纪念馆、浙江省革命烈士纪念馆、凤凰寺、南山路文化艺术特色街区、清河坊历史街区、南宋御街等景区、博物馆（纪念馆）和特色街区。

2015年，清波街道坚持“幸福人文、和谐美丽”清波的发展定位，围绕落实“四个全面”战略部署和建设“现代化美丽上城”目标，主动作为，克难攻坚，实现各项工作的全面突破。积极推动基层党组织建设，推行社区“大党委制”工作模式，深化落实“书记抓党建”责任清单，选派班子成员担任社区党委“第一书记”。创新“吴山红色家园”特色品牌，打造“活力红坊、幸福红驿、智慧红网”三大阵地，创建首批社区文化家园15个。构建以基层党组织为核心，社会资源、社会组织及社工队伍“三社联动”的社区治理新格局。深化“南宋御街法治示范街区”打造，完成省五星级司法所复评。全力做好环境整治工作，拆除违章建筑500余处，总面积6500余平方米；拆除沿街违法广告牌1000余块。大力培育发展“吴山商圈”和总部经济,积极推进“吴山宋韵小镇”规划建设,主动开展敲门招商,全年引进企业212个,其中高端金融类企业85个;引进内资56.21亿元,完成年度计划的374%;完成税收11.63亿元,比上年增长7.7%;一般公共预算收入7.26亿元,增长17.8%。实现社会消费品零售额60.7亿元,增长18.6%。先后获全国和谐社区建设示范街道、全国社区服务型党组织建设示范街道、全国优秀司法所、全国社区侨务服务示范单位、全国民主法治街道、杭州市无违建乡镇(街道)、杭州市维护社会稳定工作先进集体、杭州市社会管理综合治理工作考核优胜单位等荣誉。司法部部长吴爱英专程调研清波街道司法工作。公安部党委委员、部长助理、国家禁毒办公室常务副主任刘跃进到街道调研指导社区戒毒(康复)工作。杭州市双拥工作现场会在清波街道举行。

【清波街道社区服务活动中心成立】 1月1日,清波街道社区服务活动中心成立并投入使用。活动中心设在光复路24号,面积近500平方米,拥有康复室、健身室、图书室、视听室、全科室等功能室,并引进该街道老年大学电脑班、居家养老日间照料中心等服务项目。该活动中心由AAAAA级资质专业社会组织——上城区唯康清波关爱公社负责日常管理,公社有助老服务员35人。活动中心主要面向辖区居民提供助老、助残、家务等服务。全年接待居民约6000人次,提供助老服务1.5万小时,开展各种文化活动20场。

【清波街道获评全国社区服务型党组织建设示范街道】 1月4日,清波街道被中国社会工作协会社区工作委员会评为全国社区服务型党组织建设示范街道。清波街道通过整合“网格流动服务”“转角遇到爱”楼道爱心椅和社会组织公益创投三大服务项目,创新党员发展“五色进程集卡”、在职党员“三制度三载体三模式”和干部社区挂职锻炼三大制度,持续推进“居民满意度”和“网格责任社工满意度”双测评工作,全力推进服务型基层党组织建设,党建工作走在全区前列。

【“金管家”为老服务项目被评为社区治理“十佳金点子”】 清波街道劳动路社区针对独居老人记忆力差、容易忘带钥匙等问题,专门推出社区“金管家”服务项目。选聘居民骨干、党员志愿者组成社区“金管家”,由社区管理,与独居、空巢老人签订钥匙保管协议,开展“一对一”私人服务。年内,“金管家”服务内容拓展到定期上门了解情况、询问需求、代缴水电燃气费用、代收快递、代管宠物等,有10余名老人享受到相关服务。1月27日,该项目在上城区社区治理“金点子”案例现场展示会上被评为“十佳金点子”。

【唯康清波关爱公社入选杭州市敬老文明号“双十佳”】 10月20日,清波街道所属社会组织上城区唯康清波关爱公社入选杭州市敬老文明号“双十佳”,获“十佳公共服务窗口”称号。该公社成立于2011年,以“服务社会、造福老人”为办社宗旨,通过托管街道居家养老服务照料中心、创新设立“家门口的电影院”、实施“幸福生活从‘脚’开始”等项目,为500余名老人提供日常服务。

【基层社区治理改革启动】 7月30日,清波街道召开社区治理和服务创新动员大会,启动基层行政管理体制扁平化改革。此次改革按照社区党组织领导社区一切事务、居委会承担居民自治、居务监督委员会发挥监督功能以及公共服务工作站承担公共服务和政务代办的原则,重点突出基层自治水平的提升。改革后的社区分设社区党委、社区居委会,分别发挥领导决策层、议事层及监督层的作用。成立两个社区公共服务站,承接政府公共服务事务。

【环境秩序专项整治】 1月,清波街道对后市街、清波街、南山路等道路秩序问题开展集中整治。成立“两街一路”长效管理工作小组,由街道城管科、清波环卫所、区行政执法中队及有关社区派员组成,按照“各尽其责、通力合作”的原则,集中整治无证摊贩、占道经营、违章停车、盲流乞讨等问题,加强道路秩序维护和督查。全年劝导沿街商户占道经营124户次、电动车无序摆放762辆次、盲流98人次,查处违章停车57辆次、无证摊贩109人次,“两街一路”道路秩序及环境卫生明显改善。3月,开展小区公共部位环境专项整治,重点解决清河坊、定安路社区违法私装地锁、地下室违建住人等问题,拆除占道车位锁72把、地下室违建5处。8月,联合区市场监管局、区住房和城建局、区公安分局、上城消防大队,开展非法营运旅馆整治,关停4个无证非法经营旅馆,对存在消防安全隐患的旅馆提出限期整改要求。9月,开展地下车库整治行动,重点排查消防应急、电气线路等设施完好情况及有无私建隔断、违法居住、改变房屋使用功能等问题,责令2处地下车库彻底整改。11月,完成辖区32处“三合一”经营场所整治,实施搬迁43人,清理存在安全隐患物品5吨,更换灭火器等消防设施50余套。

【街道党员代表会议】 1月17日,清波街道召开党员代表会议,区委常委、宣传部部长金承涛出席。会议审议街道党工委、纪工委工作通报和党政班子成员述职报告,以及2014年党员代表提案办理情况和为民办实事项目,并围绕“严格党内政治生活,强化代表履职,深化服务型党组织建设”主题开展讨论。会上有7件党员代表提案被立案,12个项目被列入2015年为民办实事项目。清波街道作为市委组织部开展的党员代表会议常任制试点单位,率先在全市建立街道党员代表会议制度。

【仁和智本集团被评为浙江金融投资明星企业】 1月26日,清波街道辖区企业仁和智本资产管理集团在第八届浙江金融投资论坛暨学会年会上被评为2014浙江金融投资明星企业,集团董事长高政获2014浙江金融投资十大领军人物称号。该集团创建于北京,后落户杭州上城区,是一个专业股权基金管理公司,旗下拥有地产金融、国际能源投资、优势产业投资和另类投资四大类业务板块及独立财富管理机构“仁智财富”。集团累计资产管理规模超过100亿元。

【浙江建融投资发展有限公司落户清波街道】 2月25日,浙江建融投资发展有限公司落户清波街道。该公司由省商业集团全额出资组建,起步于棚户区改造政策性融资业务,重点开展服务全省新型城市化建设的投融资业务,以及发展股权投资、产业基金、并购基金、对冲基金等金融投资业务,着力打造全省颇具影响力的国有资本运营平台。企业注册资本30亿元,首期到位资金7.5亿元,计划3年内融资规模突破1000亿元。年末取得银行授信202亿元。

【名家书画联展】 1月8~15日,清波街道文化活动中心举办“金柏林、王富珍迎春书画联展”,展出包括行草、行书长卷作品等书法精品及《牡丹图》等国画佳作在内的书画作品70余幅。展出当日,王富珍现场提笔作画,并与书画家和书画爱好者交流切磋山水国画艺术。联展为书画爱好者提供“零距离”体验书画艺术精髓的机会,吸引不少人驻足观赏。

【“诗词歌赋迎新春”吟诵活动】 2月11日,清波街道清河坊社区在鼓楼举办“诗词歌赋迎新春”吟诵活动。该活动是中宣部宣教局在全国11个省市100个社区开展的“诗词歌赋迎新春”吟诵活动之一,清河坊社区为杭州市第一站。吟诵活动有诗词朗诵、越剧、古琴表演、书法创作等,浙江图书馆文澜朗诵团先后朗诵《七律·献血赞》《76秒》《盛世抒怀》等诗词作品。其中《76秒》讲述“最美司机”吴斌用生命中的最后76秒,完美诠释一名司机的责任与担当,用生命树立坚守岗位、舍己为人的榜样。吟诵活动表演的大部分节目均为社区居民自编自演,有的还是诗词歌赋爱好者自己的作品。

【首届清波文化节】 9月20日,首届清波文化节开幕式暨西湖国学馆乙未金秋茶会在杭州孔庙举行。文化节分为文化体验、文化传承、文化擂台、文化公益等六大板块,推出艺术文化讲坛、越剧大赛、墙门故事会、民族美食节、商圈购物节等12个涉及学、玩、吃、购各类文化活动,以及“非遗”保护与传承论坛、清波企业家高峰论坛等3个高端专题论坛。文化节系列活动持续到12月,为不同文化爱好和层次的人士打造一场全新的文化嘉年华。

【文化品牌志愿服务体系打造】 2月6日,清波街道“幸福艺家”文化品牌志愿服务体系启动运作,与上

2月6日，清波街道举行“幸福艺家”文化品牌志愿服务体系创建启动仪式
（清波街道　供稿）

城区乐智青少年发展服务中心联合推出清波街道家长学校“幸福·家——优家优长”、最美清波国际文化志愿者服务队、清波公益爱心助学帮扶基金、世纪文化志愿者艺术团、清波市民音乐厅、文化志愿者艺术培训基地等公益文化项目。新项目与原有的文化项目相结合，形成“三社”(社会组织、社会工作者、社区)融合的文化服务体系，通过引导社会组织主动承接、社会工作者积极参与，满足群众越来越多样化、个性化的文化服务需求。

【“三位一体”社区安全文化建设】 2015年，清波街道针对老旧小区存在的电线线路老化、房屋耐火等级低等安全隐患问题，创新社区安全文化建设模式。在清河坊社区开展社区安全文化建设试点，打造祠堂巷安全宣传示范小区，以宣传橱窗、宣传展板作为载体，详细介绍包括消防安全、食品交通安全、家居安全急救等安全常识，形成覆盖“楼道—路口—沿街”全景式的环形宣传带，从思想上预防各类安全事故与人身伤害。推出一系列动态宣传活动，将集“影、音、人”功能于一体的流动宣传车开进小区和单位，为居民和员工讲解安全法律法规。构建社区、学校、家庭三结合的安全宣传教育网络，举办校园道路交通安全讲座、火灾疏散逃生演练、安全漫画比赛等活动，强化中小学生安全防范意识。

【清波市民音乐厅和世纪文化志愿者艺术团挂牌】 3月20日，清波街道“幸福艺家”文化品牌志愿服务体系中两大项目——清波市民音乐厅和世纪文化志愿者艺术团挂牌运行。世纪文化志愿者艺术团由杭州爱乐乐团副团长林尚专担任团长，有多名浙江音乐界专家加盟，与清波市民音乐厅开展互动，利用街道社区公共文化场馆，通过文艺演出等形式，让高雅艺术融合进群众文化活动。清波市民音乐厅为有艺术特长的个人搭建才艺展示舞台，丰富辖区居民文化生活。

【准物业信息化管理系统建成】 3月，清波街道建成准物业信息化管理系统。该系统拥有系统权限管理、维修养护管理、收费结算管理、跟踪评估管理、统计报表分析等10个功能模块，将申报、受理、审查、批复、核准、验收、考核等工作环节集成到系统内，该系统对数据自动进行加工处理，简化、优化工作流程，明确责任分工，实现管理信息透明、流程规范、过程公开。信

3月20日，清波市民音乐厅和世纪文化志愿者艺术团成立（清波街道　供稿）

息化系统覆盖辖区205幢住宅楼的6429户居民。

【引进联合国计划开发署环保项目】 3月5日，“青清家园8·8共建活动”——清波街道社区废弃物综合治理及绿化种植试点项目在清波街道文化活动中心举行启动仪式。该项目由浙江省绿色科技文化促进会引进，属于联合国计划开发署全球环境基金投资项目。项目采用厨余垃圾等“零成本”资源，通过组织居民家庭学习并实践垃圾分类回收、废弃物综合治理和厨余垃圾制成堆肥，将生态技术植入社区，使家庭厨余垃圾变废为宝，让居民吃上用堆肥种的绿色蔬菜。

【联合国专家调研清波街道垃圾分类工作】 4月7日，联合国开发计划署城镇化及应对气候变化专家Samantha Anderson、战略合作关系项目官员王亚琳到清波街道调研垃圾分类工作，听取关于垃圾分类情况的介绍，实地考察新民村二维码智能垃圾分类试点工作。调研专家就垃圾分类工作中碰到的问题，与街道、社区工作人员进行交流，充分肯定该街道垃圾分类工作宣传到位、普及全面、多方联动、手段创新。团市委青工部副部长黄蔚娜等陪同调研。

【杭州首个失独老人公益性生态葬项目推出】 3月25日，清波街道联合杭州钱江陵园实施“博爱”社会公益项目，在钱江陵园“博爱苑”，为8名已故孤寡老人举行树葬仪式。“博爱苑”是杭州首个为失独老人设立的公益性生态葬项目，首期规划用地100平方米，可安葬150余名逝者，墓型以树葬、壁葬、纪念碑等生态节地葬为主。该项目由清波街道牵线，钱江陵园与失独老人签订身后安葬事宜的全权委托处理协议后，根据需要为老人提供免费派车、专人陪同选墓，包括为已故失独老人家庭购墓等服务，以及减免祭祀、陵园管理等费用。

【公安部和联合国禁毒署调研社区戒毒(康复)工作】 3月26日，公安部党委委员、部长助理、国家禁毒办公室常务副主任刘跃进一行到清波街道，调研社区戒毒(康复)工作。刘跃进听取街道采取“五位一体”管理模式和“四心工作法”开展戒毒(康复)工作的介绍，参观街道禁毒宣教活动室，了解社区戒毒(康复)上墙制度和禁毒社工工作，并翻阅禁毒工作台账，对该街道禁毒工作和社区戒毒(康复)管理工作充分肯定。10月20日，7名联合国禁毒署官员和国际禁毒专家到清波街道考察社区戒毒工作，详细询问禁毒社工禁毒管理工作，参观社区禁毒办公室、宣教活动室，观看禁毒宣传片，双方就社区戒毒(康复)工作进行交流。

【推出“大城管”模式】 清波街道根据辖区面积小、人口少、风景佳的特点，按照景区化管理标准，推出“大城管”模式，将辖区划分为东片区、西片区、吴山商圈三大责任区域，联合街道城管科、区行政执法五中队、清河坊历史街区管委会、清波派出所、交警吴山中队、清波市场监管所、清波环卫所等单位，建立部门间联系协作机制和例会、考核制度，实行联合执法、综合治理。4月1日，启动专项整治“清零”行动，对辖区内无证餐饮、户外非法广告、盲流摊贩、新增违建等六大类问题开展集中整治。整治做到前端有队伍、部门有合力、区块有责任、整治有联动。“清零”行动持续到6月，辖区初步实现无出店经营、无盲流摊贩、无无证餐饮、无新增违建的“四无”目标。

【央视报道清波街道军地“母子结对”活动】 5月10日，中央电视台新闻频道《新闻直播间》栏目专题报道清波街道开展军地“母子结对”活动。该街道在创建“双拥共建圈”活动中，打造军民“孝爱”母子情深结对工程，积极为辖区独居、空巢老人和部队官兵搭建情感交流平台，开展“兵妈妈”与“兵儿子”结对，坚持20余年成功结对180对，并组建“兵妈妈服务队”服务部队官兵，增进辖区军民鱼水深情。

【第四届全民健身运动会暨第二届职工运动会】 5月16日，清波街道举办第四届全民健身运动会暨第二届职工运动会，来自辖区各机关、社区、企业、学校的28支代表队1000余名选手在广播操、田径、拔河等10个项目中同场竞技，分享运动快乐，竞赛项目和参赛人数为历年之最。市公安局、浙江百诚集团股份有限公司、杭州联合银行吴山支行、省军区警卫连、清波街道办事处、杭州银西百货有限公司6支代表队分别获团体第一名至第六名。

【“清波话坊”成立】 5月29日,清波街道成立综合性民主协商互动平台“清波话坊”。“清波话坊”聘请20名民情观察员负责收集民情、服务惠民、解疑释惑等,并建立“1+5”民情工作室,与民情观察员对接。街道民情工作室由1名专职工作人员负责信息收集、分析、报送及问题协调等工作,在5个社区各建1个“民情观察站”,由社区骨干任站长,收集和反映各类社情民意,并开展政策宣传、解答等活动。相关科室、社区对民情信息的办理情况及时向民情观察员反馈。民情观察员把收集到的民生热点问题向“清波话坊”工作室反映,提请街道和社区定期进行研究。“清波话坊”还在民生实事项目确定前,将相关内容先交民情观察员进行评议,通过他们充分吸纳群众意见。

【古井保护】 5月21日,清波街道在辖区市级文物保护单位郭婆井举办“传承古井文化,共护历史古井”主题活动,邀请区环保部门现场检查水质,社区居民代表体验井水使用,并举行“民间井长”聘书发放仪式,5名热衷古井保护的居民从街道领导手中接过聘书,成为第一批护井“大使”。街道建立“民间井长”制度,旨在调动民间力量充实古井保护工作,以此为突破口,推进“五水共治”。5名“民间井长”认真履职,对辖区16口水井定期巡查,监督周边居民、单位按规定使用水井,并配合区城管局进行水井消毒、清淤、水质检测及设施保养、维护。

【同济·上城智慧论坛暨自主创新示范区研讨会】 5月23日,清波街道举办2015年同济·上城智慧论坛暨自主创新示范区研讨会,江苏、浙江、上海等省市高等院校、科研机构、企业精英人士及政府部门代表近200人参加。世界华人建筑师金奖获得者张应鹏和浙江大学特聘教授李临春分别以“设计创造价值”和“互联点亮梦想,大众梦想创业”为题发表演讲,交流创新时代和互联网条件下,创业创新的经验和思路。会上成立上城区TOGER创投联谊会,联谊会由浙江大学、同济大学等高校毕业的中青年博士及上城区知联会有关人士组成,致力于推进“产学研”和“产供销”一体化,推动区域经济自主创新发展。

【首届品牌消费企业家高峰论坛】 10月28日,清波街道举办首届品牌消费企业家高峰论坛,邀请全市40个老字号企业和全国20余个投资机构代表近150人,围绕“消费升级下的老字号传承机遇”主题展开讨论。嘉宾们在论坛上发表“百年品牌的资本化机遇”“老字号的品牌创新路径”“互联网情境下的老字号传承机遇”等主题演讲。其间,组织圆桌讨论会,探讨百年品牌的价值挖掘、老字号企业的投资难点和障碍破解等问题。

10月28日,清波街道举办首届品牌消费企业家高峰论坛　（清波街道　供稿）

【全市双拥共建工作现场会在清波街道召开】 7月21日,杭州市双拥共建工作现场会在清波街道召开。会议布置双拥工作任务。会议期间,组织与会代表参观清波街道双拥共建示范点,观看双拥工作纪录片,听取该街道建立“一网二线三组四联”机制开展双拥共建工作的情况介绍。杭州市民政局副局长、双拥办副主任蒋银泉等出席会议,全市各区、县(市)双拥办副主任等40余人参加会议。

【全市首个盲人电影院建成】 6月，清波街道在光复路24号街道社区服务活动中心建成全市首个盲人电影院。盲人电影院按照专业影院标准建设，建筑面积30平方米，拥有24个座位、150寸纳米级屏幕，供视障人士观看已出版发行的无障碍电影。影院还配备专业解说员，定期免费举办观影活动，让视障人士能看上更多影片。

7月24日，清波地区抗战老兵宣讲团成立 （清波街道 供稿）

【"非遗" 文化传播活动】 7月9日，清波街道利用"一新坊'非遗'体验馆"等"非遗"文化资源，面向青少年开展"小小'非遗'传承人"文化传播活动。该活动由"非遗"艺术课堂、"非遗"艺术巡展、"非遗"文化随行三大板块组成，内容包括"非遗"传承人走进社区，教授蜡染、传统餖版水印、扎染等7项"非遗"技艺，培养青少年对"非遗"文化的兴趣。举办"非遗"艺术讲座2次，组织"非遗"艺术在社区巡回展览，开展"非遗"传统故事收集，让"非遗"文化得到活态传承。"非遗"文化传播活动惠及青少年200余人。

【"非遗"保护与传承论坛】 10月13日，清波街道举办吴山宋韵小镇非物质文化遗产保护和传承论坛，7名省、市"非遗"专家和传承人就"非遗"传承与创新、"非遗"保护与开发等问题展开深入交流。其间12个"非遗"项目的传承人向市民游客展示杭州传统手工艺精华。清波地区拥有70余个国家级及省、市级非物质文化遗产项目，是全市"非遗"项目最密集的区域。

【清波地区抗战老兵宣讲团成立】 7月24日，清波地区抗战老兵宣讲团成立，宣讲团有6名宣讲员，平均年龄近90岁。在抗日战争胜利70周年到来之际，老兵们深入辖区企业、学校和部队，开展抗战历史和革命传统宣传教育，重温民族记忆，传承抗战精神。清波街道还组织人员收集辖区内每一名抗战老兵的故事，汇编成册，作为对青少年进行爱国主义教育的重要教材。 （蒋成杰）

小营街道

【概况】 小营街道东临贴沙河，西濒中河，南接望江路，北至庆春路，总面积2.7平方千米，下辖小营巷、金钱巷、西牌楼、紫金、马市街、大学路、葵巷、老浙大、长明寺巷、茅廊巷、梅花碑、姚园寺巷12个社区。常住人口8.63万人。辖区内有行政事业单位234个，医院9所，中学5所、小学5所、幼儿园4所，证券(期货)公司13个、银行20家、保险公司15个，工业企业68个，三产服务企业2389个，房地产开发公司47个。街道立足辖区内"两纵"(中河路、建国路)、"两横"(庆春路、解放路)、"两圈"(城站圈、五柳巷)的企业、楼宇资源，围绕"总部经济看小营"的目标，促进辖区经济的集聚规划和科学发展。全年实现财政收入28.61亿元，比上年增长13.2%，其中一般公共预算收入13.9亿元；完成招商项目161个，认缴注册资金31亿元，增长53.3%；到位资金8.8亿元，增长126%。

小营街道是毛主席视察过的街道，也是中共杭州小组的诞生地。辖区内有中共杭州小组纪念馆，太平天国听王府，王文韶大宰相府，求是书院，龚自珍纪念馆、郁达夫故居"风雨茅庐"、钱学森故居等名人故(旧)居，汪宅、梅石园等文化遗存，还是戴望舒笔下"雨巷"所在地。小营街道集爱国卫生、双拥共建和城市社区体育三大品牌于一身。

小营街道挖掘历史资源,发挥现实优势,创新深化“红色小营”“健康小营”“最美小营”三大核心品牌。打造“小营·江南红巷”红色旅游AAA级景区,由毛主席视察小营巷纪念馆、中共杭州小组纪念馆、钱学森故居及红巷生活广场组成的“三馆一广场”,统筹形成惠企为民综合服务的新平台。10月9日,“小营·江南红巷”被确定为杭州市“红绿蓝”三色现场教学基地之“红色”现场教学基地。“小营·江南红巷”创新社会化党建的机制模式,积淀“敢为天下先,甘做孺子牛”的“红巷精神”,是杭州的革命圣地,浙江的革命摇篮。红巷生活广场成为杭州市乃至浙江省社区建设的创新示范样板区,获“三社联动”品牌展示基地、杭州市年轻干部成长教育基地、杭州市大学生社会工作教育实践基地等称号。“最美小营人”品牌影响力持续扩大,“最美现象”在辖区内由风景成为风尚。街道创新发挥社会力量机制,动员社会各层面建言献策,参与社会管理,逐步形成辖区各企事业单位、社会组织、广大居民群众共治共管、共建共享的全新格局。

【深化“最美小营人”系列品牌】 2015年,小营街道创新深化“最美”品牌,开展第四届“最美小营人”系列评选活动,从阵地建设、平台搭建、活动推广3个方面提升“最美”影响力。持续打造最美工作室一条街,形成“四室一厅一堂一长廊”的全新格局,让历届“最美小营人”和党组织、党员、居民志愿者拥有家门口、网格内、实体化的践行“最美”服务平台。持续提升“最美现象”影响力度,围绕弘扬社会主义核心价值观,宣传全国“最美家庭”提名奖获得者朱强荣家庭、鲁立清家庭,“浙江好人”高水娟、顾忠根,小营巷社区六代卫生委员等一批“最美”典范。“最美现象”研究会邀请专家和居民群众共同研究、探讨“最美现象”,为进一步固化“最美精神”提供理论支持。“最美小营人”评选活动作为创新案例获中宣部肯定,成功入选由中宣部发行的《2014年全国宣传思想文化工作案例选编》。10月12日,央视《新闻联播》栏目以“典型宣传接地气,践行核心价值观”为题,报道“最美小营人”朱强荣的先进事迹,以及小营街道“最美小营人”系列评选活动,树立百姓身边的教育实践榜样。报道肯定“最美”典型的评选做法和成效,让核心价值观宣传践行鲜活接地气。小营街道自2012年以来,先后评选出四届“最美小营人”30余组,“最美”现象在辖区内从盆景成为风景,从风景成为风尚。

【朱强荣等获“浙江好人”称号】 1月,浙江省文明办发起“发现最美浙江人——浙江好人榜”评选活动,经群众推荐、基层遴选、网络投票和评委会综合审议,小营街道“最美一条街”朱强荣工作室负责人朱强荣、“开心厨娘”高水娟、“凉茶摊大伯”顾忠根、小营巷社区六代卫生委员等4组小营“最美人物”被评为“浙江好人”。

【“红巷梦工场”区域化党建机制完善】 2015年,小营街道坚持“党建促民生”“党建促发展”的主线,整合辖区单位党组织、社会组织、“两代表一委员”、在职党员等区域化党建资源,推出敲门寻梦、邀约追梦、携手圆梦“三梦”机制,三层次递进式为居民群众圆梦。全年举办由72个辖区单位党组织共同参与的280余场党建服务民生活动,吸引50余个社会组织项目入驻红巷生活广场,提供演出、义诊等服务,惠及10万人次,居民满意度97.9%,搭建起辖区党组织、企事业单位和居民群众之间相互服务交流的桥梁。

【党建为企服务B2B平台推出】 小营街道区域化大党建平台“红巷梦工场”在“请进来”基础上,主动“走出去”,建立党建B2B服务平台,深入省卫生监督局、杭州联合银行、浙江大学医学院附属第一医院等102个重点企事业单位,收集资源信息114条、需求信息75条。发挥新媒体互动优势开展“智慧党建”工作,结合街道大数据平台建设,将信息输入到“西湖先锋”、“民情E点通”、微信微博公众号等智慧化终端平台,实现资源共享,精准服务,充分激发两新组织活力,惠及街道范围内居民、企业。

【“红巷义集”党建服务模式创新】 小营街道党工委开展奉献季、互动季、跃动季、参与季的四季主题活动,创建“红巷义集”党建服务模式。在“民情E点通”APP上建立“红巷义集圈”,辖区单位和各级党组织按照梦工场“四季菜单”,通过每月集中开展义集、义演获得物资或“志愿时”,定期帮助困难家庭和高龄老人,并对各类平台上的微心愿进行兜底,实现辖区各类服务资源最大程度的整合。

资料 **志愿时**:规范管理志愿者的一种用志愿服务兑换场地使用的方法。

【城区版蓝领驿站“红巷微 e 站”建立】 小营街道进一步强化小营“微”美党建特色,持续丰富拓宽“微”服务覆盖面,创新推出城区版蓝领驿站——“红巷微 e 站”服务平台,打造“e2510”工作模式。“e”即“红巷微e 站”,“2”指 O2O 模式,“5”指楼宇午间、街坊互动、网创服务、景点体验和市场休闲五大“微 e 站”品牌,“10”即十“微”服务项目(微心愿、微行动、微展示、微健康、微阅读、微办公、微市场、微活力、微交友、微发布)。全年 1 个总站及 15 个分站运行情况良好,覆盖企业 1383 个,开展各类活动 90 余场,1.68 万人次受益。

【“协商 365”民主促民生机制推出】 小营街道创新推出“协商 365”模式,主要包括“三个定向”“六个步骤”“五个作用”三部分内容,围绕聚民情、聚民智和聚民心的“三民聚力”举措,通过推动基层民主协商实现“协商在基层、协商促民生”目标,促进基层社区共建的参与主体多元化发展。通过定向进驻、定向联系和定向调研三个“定向”,明确协商工作落脚点、联系点和推进点,将协商工作触角延伸到百姓身边。围绕建立小组、事前沟通、找准选题、多元参与、充分协商和形成提案六大步骤,抓住居民普遍关心、党委政府亟待解决的重点问题,通过多方协商和科学决策,为政府工作提供提案建议。充分发挥参谋、监督、沟通、收集和化解五大基础性功能,围绕“依法治国”理念,将政协工作与依法治街紧密结合,积极构建经济繁荣发展、社会稳定和谐的“最美小营”。

【在职党员义工服务】 小营街道不断提升在职党员进社区服务实效,深化在职党员进网格“三晒”(晒特长、晒资源、晒项目)、“三帮”(帮生活、帮精神、帮需求)、“三助”(自助、求助、互助)的“三三圆梦”机制,通过“先锋价值日”“微美在邻里”“在职党员最美行动”等载体助推在职党员服务反馈、行为表率和价值引领三方面的作用发挥,规范落实“党员固定日”活动内容。全年 4500 余人次在职党员参与进社区活动,完成居民心愿 1226 个。

【小营巷社区团支部被授予全国五四红旗团支部称号】 5 月 4 日,小营巷社区团支部被团中央授予 2014 年度全国五四红旗团支部称号。小营巷社区团支部以“小营·江南红巷”国家 AAA 级旅游景区为依托,推动“红色小营”品牌引领社区团建;推进网格化管理模式,创新“四办”运行方式,即自主办、轮流办、协商办、借力办,激发团员青年的活力,提升网格活力指数;以搭建资源共享的三界联动平台,借助公益社会组织,激活辖区单位团组织,以“钱学森科技节”“戴望舒诗歌节”等品牌活动为载体,服务青年团员和社区居民。

【茅廊巷社区被评为全国人口计划生育基层群众自治示范社区】 茅廊巷社区以“网格化管理、组团式服务、片组户联系”为工作机制,以走访服务“四个一”为工作体系,制定并完善《人口和计划生育群众自治章程》《计划生育自治公约》等制度,开设“温馨港湾”计生服务室,以“五进五维权”为载体,扎实开展人口计生基层群众自治示范活动。4 月,该社区被中国计划生育协会评为全国人口和计划生育基层群众自治示范社区。

【小营街道总工会被授予全国示范街道工会称号】 小营街道总工会以服务职工为宗旨,加强基层工会建设,帮助基层工会解决遇到的困难和问题。开展“最美娘家”等系列评选活动。创立“最美现象进网格,引领示范促服务”新机制,使基层工会服务更加贴心、管理更加精细、作用更加明显。先后获浙江省“三级联创”先进单位、浙江省“工会组建工作”先进集体、“党建带工建”示范乡镇街道等荣誉。1 月,小营街道总工会被中华全国总工会授予 2014 年度全国百家示范乡镇(街道)工会称号。

【外来务工人员“网上直接入会”微信平台推出】 4 月 21 日,小营街道总工会第三届“最美娘家”“最美娘家人”“最美劳动者”表彰暨外来务工人员“网上直接入会”微信发布会在红楼大饭店举行。大会对评选产生的“十佳最美娘家”“十佳最美娘家人”“十佳最美劳动者”及“最美服务项目”进行颁奖。会上,在全市率先推出面向无单位的外来务工人员或个体经营者开发的“网上直接入会”微信平台,为小营地区外来务工人员提供入会方便,较好地解决其“入会难”问题。

【地铁江城路站房屋征收】 3月,小营街道成立地铁5号线江城路站小营地区房屋征收工作指挥部,全力做好地铁5号线江城路站和平海路站征收红线范围内非住宅14户(单位12户、居民2户)和住宅141户(单位4户、居民137户)房屋征收工作。街道创新“培育搬迁‘领头羊’”模式,形成征迁户跟风效应,用“超前服务”来实现“征收加速”,推出“先签约,先腾空,先挑房”的透明阳光分配方案,最大限度调动被征收户签约、腾房的积极性,激励住户早签约、早腾空。自8月底启动网上签约至12月底,征收范围内的141户居民有88户签约腾房。街道继续做好部分征收户思想疏导和程序执行工作,打消一部分观望居民的疑虑和侥幸心理,加快签约工作进程。

【“无违建街道”创建成果巩固】 小营街道为进一步巩固无违创建成果,提出“新违建零容忍,老违建负增长”的防违控违目标。对新违建动真格、不手软,启动即查即拆程序,坚决予以拆除;对老违建开展摸底排查,弄清底数,先易后难,分类分层次进行处置。街道坚持化解机制,从长效管理机制上防止新的零星违建发生,坚持发现一起,拆除一起,对新违建第一时间查处,第一时间拆除。全年拆除各类违法建筑36处、1605平方米。

4月21日,第三届“最美娘家”表彰暨外来务工人员“网上直接入会”微信发布会召开

(小营街道 供稿)

【第二届红巷梦工场“资本相亲会”】 5月26日,第二届红巷梦工场“资本相亲会”在红楼大酒店举行,社区党委书记,“两代表一委员”,辖区单位、两新组织、工会组织、重点企业负责人等100人参加活动。现场认领包括老人休闲服务场所改造、楼道爱心转角椅安装等在内的民生公益实事项目和微心愿60余个,募集公益资金20余万元。

【红巷文化家园打造】 为践行社会主义核心价值观、传承“红巷”精神、发扬“最美”风尚,小营街道深挖社区精神文化资源,提出“互联网+文化”的传播模式,依托公园、文体活动中心两大阵地,设置展示舞台、交流广场、文化长廊、科学讲堂、健身小道5个阵地,围绕“家”“e”“美”“阅”“乐”“养”“益”“节”“墙”“馆”10项文化实体内容,打造一批具有社区特色的红巷文化家园,引领共同价值取向,提升社区居民的家园归属感和满意度。

【建国南路中医一条街建成】 1月,小营街道建成建国南路中医一条街。通过引进浙江豪懿投资有限公司,整体规划中医中药一条街建设,打造“中药材—中药饮片—医疗机构—健康管理”健康产业链。引进俞同春、三慎泰等4个名医馆,设立鲍严钟、连建伟等10个名中医工作室,提升“家门口的名中医”概念,并逐步开通名医馆与浙江省中医院、浙江大学医学院附属第一医院、浙江大学医学院附属第二医院等三甲医院的“双向转诊”渠道,解决辖区居民看病难、看病贵和中医学传承难问题。“彩虹鱼”医养护一体化项目落地,实现产业推动与民生服务的融合。推出中医药论坛、科普宣传、养生保健、大众门诊等 8 个不同的功能板块，形成中医药文化全方位体验式旅游产业链。实施街区环境整治提升，设立中华老中医铜像、中医历史墙绘，在绿化带中精心栽培中药材，使五柳巷更具中医药文化气息。

【“小营好声音”歌手大赛】 11 月 20 日，红巷梦工场、小营街道团工委和文化站在红巷梦剧场联合举办首届“小营好声音”歌手大赛决赛。邀请省声乐专业委员会副主任刘全来、省流行音乐协会理事王厚琦、市音乐家协会副主席宋可夫等担任评审。现场采取打分报分的流程，根据选手的歌曲内容、演唱技巧、对歌曲的诠释度、舞台效果等指标进行严格打分。来自浙江东方集团股份有限公司、瑞丰格林酒店等 11 个“两新”组织和辖区单位以及 7 个社区的 20 名选手包揽首届好声音的金、银、铜、优秀奖四大奖项。浙江东方集团股份有限公司、中铁二十四局集团浙江工程有限公司、杭州特美刻日用品有限公司、小营巷社区等 8 个单位获大赛最佳组织奖。

【深化健康服务业集聚区建设】 小营街道围绕“产业资本+高端人才+创新项目”的要素，整合资源打造健康服务业集聚区。集聚区集聚高端专科特色医院、第三方检测(服务)机构、高端康复护理、中医中药和养生四大主导产业。通过引进“智慧医疗”“智慧系统”等相关企业参与健康服务业集聚区建设，搭建健康服务业资金、项目和人才对接的平台，推进以医引企、以企引企等工作。

【大学路区域交通综合治理】 1 月，小营街道启动大学路区域交通综合治理工程，街道就工程实施背景、主要治理内容、治理后收费标准等问题进行入户宣传，发放宣传资料 1.5 万份，张贴横幅 100 张；召开居民和辖区单位专题协调会、恳谈会 30 余场。结合辖区实际，把交通综合治理工作纳入街道“准物业”范畴，制定应急处置管理方案，对管理团队实施绩效考核。各居民楼幢之间由各社区包干，组建志愿者团队负责高峰时段居民停车的引导。成立现场管理指挥组，下设治安、交通等 5 支管理队伍，与城管、交警和治安等部门形成联动，实现封闭管理前期的平稳过渡。经过综合治理，大学路区域内交通秩序明显改善。5 月，整个区域正式放闸，6 月对外收费，7 月实施封闭管理。年内，大学路区域发放居民包月卡 1953 张、亲情卡 2226 张、免费出入卡 4214 张。

【无证餐饮整治】 6 月，结合迎接国家卫生城市复评，小营街道依法开展无证无照餐饮整治工作。对辖区 90 余个无证无照餐饮店，转变原先的整治方法，坚持以人为本，变执法为讲法，指导社区合理进行餐饮店布点，督促餐饮店完善油烟排气设施，最大限度地降低油烟扰民程度。

【城市“牛皮癣”清理】 1 月，小营街道开展城市“牛皮癣”清理行动。通过发动楼道小组长参与，电话通知制“癣”者上门治“癣”等方式，对破损宣传板、违法小广告、墙面油漆广告等进行集中拆除、清理和粉刷。设计制作并安装 1000 余块广告张贴栏，安置在每个小区单元门口，引导发布者合理张贴。设立“牛皮癣”举报机制，聘请监督员开展日常巡查，形成社区主抓、楼道常管、居民共护的常态机制和集中排查、定期清理、机动清扫的工作机制。清理行动投入经费 18 万元，出动 350 余人次，在 107 个小区近 1600 个单元清理“牛皮癣”5000 余处。

11 月 20 日，小营街道举办首届“小营好声音”歌手大赛

（小营街道　供稿）

【"四个加法"构建养老服务新格局】 小营街道围绕"幸福养老"目标,积极探索构建养老服务新格局。以"公办+民营"推动机构养老社会化,在红巷生活广场引入现代化综合性养老机构。以"社区+社会组织"推动居家养老精细化,分片引入专业养老组织,采用服务质量"双监督"机制,将满意度从85%提升至98%。以"政府+市场"推动社区养老专业化,投入100万元建设日间照料中心,中心拥有日托床位51张,日均服务1000人次。以"互联网+落地服务"推动智慧养老多元化,完善"智慧社区,邻里互助"社区服务新模式,社区日均受理服务25次,全年服务老人2229人次。

【民生服务五"乐"品牌打造】 2015年,小营街道通过私人、企业和社会组织与政府的多元合作,推出"乐居、乐惠、乐胃、乐养、乐微"五"乐"品牌,实现"花小钱、办大事"。采用"公建民营"模式,引入现代化综合性养老机构,突出"管家式"服务特色。年内,引入"乐居"面积2200平方米,拥有床位72张,入住老人50人。街道为1000余名老人购买均等化养老服务。通过划拨财政资金、吸引社会捐助和党员干部结对等形式,设立街道"爱心银行",将收入"夹心层"和因病致贫等困难家庭纳入临时救助范围,让每户困难家庭实现"乐惠"。通过差异化的运营模式新建和改建社区食堂4个,为70周岁以上老人提供就餐补助,依托市场化运营提高企业参与为老人"乐胃"的积极性。构建医养护一体化的服务体系,引入专业医护机构提供在线养老服务项目,研发居家养老服务软件系统,开发"乐养"床位90张,一期养老机构面积3000平方米。整合街道投资建设的红巷生活广场和"你呼我应"APP平台,为老人提供微心愿、微公益、微亲子等"乐微"服务。

【老年食堂建设】 2015年,小营街道拓宽工作思路,多措并举建设老年食堂,为老年居民提供便捷、实惠、服务到家的用餐服务。针对老年食堂投入大、效益低的现状,依托辖区单位食堂资源进行共建;利用优质居家养老机构房产、设备,与餐饮企业合作开办。立足长效运作和社会效益最大化,将建设资金从一次性投入转变为三段式投放。通过政府搭建平台,引导和鼓励社会力量、志愿者进入老年服务领域,提升老年食堂运营的参与度和透明度;通过老年套餐优惠价、社会人员市场价的差异化运营,实现社会公益和企业盈利的双赢;在"智慧养老"平台便民服务中嵌入老年食堂订餐、反馈等服务,利用微信等新媒体手段加强推广,实现平台无缝对接,最终实现用餐服务区域全覆盖。老年食堂覆盖9个社区,固定就餐老年人1000人,累计送餐6700余人次。

资料　三段式投放: 在前端提升用餐供应总量,新甄选2处优质房产用做老年食堂;在后端提升补助标准,按人数给食堂和老年人补助(根据实际用餐人数给予食堂每人2元补助,对70周岁以上用餐老人给予每餐2元补助);在终端建立1支覆盖全辖区的送餐队伍,为老人提供送餐服务。

【"彩色梦想·多彩人生"残疾人服务项目推出】 2015年,小营街道引进具有公益机构的管理理念和管理特色的社会组织,以艺术作为媒介和载体,推出"彩色梦想·多彩人生"残疾人服务项目,为辖区1700名残疾人提供特色专业服务,帮助残疾人实现自己的梦想,拉近与社会的距离。

【"心灵花园"徐霞工作室成立】 5月20日,红巷生活广场首个残疾人心理咨询室——"心灵花园"徐霞工作室成立。工作室每周二下午开放,除面向辖区残障人士、残疾人家属、残疾人工作者外,其他社会人员也可享受心理健康教育、心理疏导等服务,工作室开设音乐心理治疗和手语心理教学等特色服务,旨在提升残疾人的幸福指数。

【妇联组织活动】 小营街道采取以1个社区妇女之家+多个专业市场或社会组织的"1+X"运作模式,推进服务型基层妇联组织建设。通过多个企业妇女组织和社会组织共同参与、共同服务、共同开展活动,达到商家、社会组织与居民的三方共赢,不断提升服务品质。其中,由佑圣观路茶叶市场和小豆丁早教中心共同参与的服务型妇联组织"茗香助爱家园"工作室作为首推项目,运行效果明显。

(章　舒)

集体”称号。

望江街道

【概况】 望江街道东临钱塘江，南至望江路，西接贴沙河，北傍清江路。区域面积4.1平方千米，总人口11.46万人。辖大通桥、始版桥、兴隆、莫邪塘、清泰门、婺江、耀华、近江东园、近江西园、在水一方、徐家埠11个社区。辖区内有行政事业单位35个，医院5个，中小学和幼儿园13所，金融机构25个，工业企业31个，服务业企业1065个，房地产开发公司10个。有商务楼宇13幢，总建筑面积87.99万平方米。街道秉持楼宇经济、总部经济、特色经济“三位一体”发展思路，打造以思科公司（中国）总部为核心的望江智慧产业园，促进辖区经济全面转型升级。全年税收收入5.55亿元、地方财政收入3.83亿元，分别比上年增长14.7%和12.6%。通过“以商引商、合作招商、产业招商”等多元化招商手段，构建线上、线下无缝对接的招商网络，引进企业513个，引进内资74.67亿元、外资3530万美元。推进“民情E点通”APP建设项目，把“民情E点通”打造成为党员干部联系群众、服务群众的绿色通道，其做法在浙江电视台《党建好声音》栏目做专题介绍。举办上城区首届“网上邻居节”，推出限时秒杀、积分换购等活动，8800余人次受惠。依托望江智慧产业园区，坚持产城融合发展方向和“园中城”“城中园”一体化发展战略，积极构筑集“创新投资平台、创新科技平台、创新孵化平台、创新服务平台、创新文化平台”于一体的创业生态体系，促进高智人才、高端产业在望江集聚。结合望江新城开发建设，将城区建设与产业规划有机融合，打造集旅游、观光、娱乐、休闲、商业于一体的之江路生态街区。协同推进招商、教育、医疗等各项工作，实现园区工作与生活高度集成、园区发展与城区建设互融共促。加快推进始版桥直街消防安全和拆违整治、“两路两侧”环境整治、近江食品市场综合整治等重点项目，打造整洁优美、和谐有序、文明大气的城区环境。望江司法所获杭州市“2004~2014年度社区矫正工作先进集体”称号。

【首创“民生实事项目认领”机制】 2015年，望江街道在全市首创“民生实事项目认领”机制，通过创新“政府搭台、项目相亲、资本联姻”的模式，在两届民生实事项目“资本相亲会”上推出民生实事项目125个，募集社会资金358万元。为确保项目运作透明、顺利推进，街道整合辖区社会组织资源，探索“专业+草根”社会组织参与民生实事项目模式，邀请11名居民代表组成公益使者，参与项目立项、资金管理、工程招标、现场监理等工作。1月23日，该机制入选由中央编译局和北京大学联合创办的“中国社会治理创新奖”前20强，是全国唯一一个入围的街道级创新项目。

【推进招商引资】 2015年，望江街道引进一批行业龙头企业和具有示范效应的企业。与咸亨无人机项目签署战略协议，浙江浙能燃气有限公司、杭州益润宏瑞投资合伙企业以及多个知名互联网家装企业落户望江街道。全年引进注册资金3000万以上的市外内资企业29个。浙江安正科技股份有限公司和杭州顺治科技股份有限公司先后在“新三板”上市。

【杭州市首条青年创业大街开街】 12月3日，杭州市首条青年创业大街在望江新城开街。大街沿婺江路北起钱江路、南至之江路段，总长600余米，拥有

12月3日，望江街道举行杭州青年创业大街开街暨杭州O2O联盟启动大会
（望江街道 供稿）

众创面积5500余平方米,集空间、资本、人才于一体,旨在引进和打造青年创新创业孵化集群。街区先后入驻"幼发拉底(杭州)孵化中心""伊创荟""数动空间""星工厂"四大孵化平台,其中"幼发拉底(杭州)孵化中心"是美国硅谷幼发拉底落户到亚洲的第一个分中心,也是中国总部所在地。年内,四大孵化平台孵化成功,注册于该大街的创业企业50余个。街区首个O2O产业联盟启动,计划通过联盟沙龙、创意集市活动,集中展示O2O创业项目,帮助创业者抱团发展。

【创业创新平台搭建】 2015年,望江街道先后打造3200平方米全市唯一的"幼发拉底(杭州)孵化中心"、全市首个面向女性的创业创新孵化平台"伊创荟"和定位为"互联网+"的创业服务平台"数动空间",以及面向文创垂直领域的创业平台"星工厂"。全区评选首批7个示范"众创空间"中,"幼发拉底(杭州)孵化中心""伊创荟""星工厂"均名列其中,"星工厂"还被评为杭州市十佳公益创业基地。

【"异乡人梦想跑道"打造】 7月17日,为使外来务工人员尽快融入城市生活,夯实"新杭州人文化家园"等文化阵地,望江街道以"职工之家"建设为载体,以望江文体活动中心为核心,以望江红港睦邻驿站、"新杭州人"家园和11个社区的职工组织为纽带,以街道总工会、行业协会、公益慈善组织为网络,打造集职工文化、体育、培训、帮扶等功能于一体的"异乡人梦想跑道"。全年组织开展写对联、健步走、游园会、乒乓球赛等5场大型文体活动,参加人数700余人次。通过举办法律知识讲座、职工技能大赛,引入"异乡姐妹心灵港湾"心理疏导工程,注重对职工的人文关怀,突出做好外来职工群体的心理调查和思想建设。借助"职工智慧E点通"线上平台,免费为职工发布学习、培训、技能等各类实时信息,同时开辟《咨询解答》《职工欢乐吧》等栏目,适应职工群众的多元化、多层次需求,提供更多高水平的精神性、发展性服务。

【"民情E点通"服务平台效能升级】 2015年,为深化"智慧城区"建设,上城区政府探索打造"智慧云社区·民情E点通"服务平台,在全区搭建辖区利益诉求问题快速响应和解决"绿色通道"。全年注册用户3.17万人次,上报各类案卷2.96万件,结案率95%,实现居民群众各种诉求"随时表达、快速反应、及时解决、有效跟踪"。8月15日,望江街道依托该平台功能,成立新型舆论工作阵地——"掌上舆情工作室",动态捕捉引导社情舆论,"民情E点通"APP效能再次升级。

【首届"网上邻居节"开幕】 11月19日,上城区第十三届邻居节暨首届"网上邻居节"在新开河畔开幕。此次"网上邻居节"创新运用"互联网+"思维,依托"智慧云社区·民情E点通"网上服务平台,组建"邻里朋友圈",居民轻点手指便可报名加入感兴趣的圈子,和邻里朋友分享兴趣爱好,还可参与邻里活动,并做到线上与线下同步开展。邻居节筹集资金30万元,收到睦邻建议100余条,评选出四大类"天使"44人。上城区创办"网上邻居节",旨在提供展现邻里价值观的新平台,在虚拟社区中展示新邻里情,并整合全辖区内商户资源及其他社会资源,把"民情E点通"打造成永不落幕的邻居节。

11月,望江街道开展"先锋天使"评选活动　　（望江街道　供稿）

资料　四大类"天使": 爱心天使、公益天使、社工天使、先锋天使。

【国有土地上房屋征收】 10月10日，望江单元凯旋路三期(望江路—东宝路)道路工程国有土地上房屋征收工作启动，涉及住户298户，项目启动当日签约110户，日签约率37%，大部分住户选择调整产权安置。该项目是上城区最大的"阳光征收"项目。征收部门按照国有土地上房屋征收规定，将政策依据、补偿标准、安置情况等录入"阳光征收"信息系统，全面实现网上签约、网上公开、网上监管。对于征收过程中碰到的问题，做到"小问题不过夜、大问题不隔天、疑难问题不过周"，及时召开望江指挥部、区住房和城建局(区征收办)等部门参加的联席会议，研究制定对策，形成解决方案。同时，通过短信平台，将征收方案重点、优惠政策亮点、签约数字节点等信息发送给被征迁人。加强征收工作宣传，营造良好征收氛围。征收期间，发放报纸3万余份，发送短信2万余条次，播放广播800余次。

【垃圾分类智能回收系统安装】 12月22日，近江西园社区装上垃圾分类智能回收系统设备。该设备专"吃"玻璃、金属、塑料等可回收垃圾，还能收集废旧电池。其可回收垃圾智能平台有积分消费和监管两大功能，市民在投放电子废弃物时，可以获得相应的环保积分，凭积分可以在签约商店兑换物品。社区管理者还可以通过监控平台对居民投放次数、投放物品、投放日期、积分排名、积分消费记录、参与人数等进行查看管理，通过大数据、云计算等技术了解居民垃圾分类情况。

【莫邪塘社区天然气管道改造完成】 莫邪塘西村由于地理情况复杂、管位规划受到限制等原因没有开通管道煤气，给居民生活带来很大不便。年初，望江街道与区城管局、市燃气集团联系协调，以实施截污纳管为契机，对该区域进行管道煤气铺设。在街道、社区共同配合下，至3月底，市燃气集团完成对莫邪塘西村所有住户居民管道煤气主管铺设，400余户居民用上管道天然气。

【违章建筑整治】 3月2日，望江街道在对望江家园东园小区内违章建筑摸排的基础上，制订实施拆违工作计划书、责任分工方案和进度表。成立由街道办事处主任抓总、领导班子成员挂包的违法建筑处置领导小组，组建由"包案领导+拆违组成员+科室负责人+社区工作者"组成的10支动员工作组，以入户走访、电话约谈、单位联系等方式，引导违建户自主拆除违章建筑。联合区公安、执法、拆违等部门，对望江东园5幢、23幢、33幢等5处违建进行拆除。以楼栋为单位，采取领导包干、全员参与、多部门联动推进的措施，确保按计划全部拆除排查出的违章建筑。以婺江社区为宣传主平台，采用板报展示、政策宣讲、走社入户等方式加大宣传力度，并做好违建拆除善后工作，把对居民的影响降至最低。至4月15日，望江街道先后拆除小区内违章建筑76处、面积1996.04平方米。12月，开展贴沙河沿线及始版桥直街违章建筑专项整治。整治以"零容忍"态度对违建营业场所一律关停，对群租群居房进行全面清退。年内，始版桥直街拆除违章建筑7处、房屋33间、面积513.29平方米。违章建筑租户向贴沙河乱排偷排污水情况大为减少。

【特种设备检查】 2015年，望江街道加强对锅炉、电梯、压力容器等特种设备的安全检查。出动检查人员75人次，组织检查8次，检查特种设备使用单位174个，检查特种设备683台次，排查一般隐患237处、严重隐患32处，其中161处隐患完成整改；对未完成整改的隐患，下发整改通知书，责令限期整改。年内，街道千台特种设备登记率94%以上，定检率96%以上。全年无特种设备伤害人身事故发生。

【望江街道消防工作站成立】 3月，望江街道把始版桥73号改建成为集消防宣传展示、安全隐患排查、火灾防范预警、应急疏散指挥等功能于一体的消防工作站。街道以此为依托开展始版桥直街综合整治，对312户消防安全隐患严重的出租房提出限期整改要求，为沿街店面统一安装安全消防软管转盘，做好消防重点单位基本情况和巡查资料的录入。

【区域性市场联合工会成立】 6月12日，杭州置地国际男装基地联合工会成立。该工会是上城区第一个区域性市场联合工会。置地国际男装基地位于清江路158号清泰立交桥东侧，拥有2.5万平方米的服饰批发、零售商场,属于中高档市场,旗下入驻商户170户,拥有职工1700余人。联合工会成立后,依托望江街道总工会“异乡人梦想跑道”平台,在打造商城“职工之家”、推进商城文化阵地建设、维护职工合法权益、为商户提供更多发展性服务等方面积极开展工作。

【助力外来务工人员维权】 2015年,望江街道通过把好“三关”(宣传教育、专项检查、督促整改)和建立“三制”(预警预判、薪资保障、应急救助制度)助力外来务工人员维权工作。实行欠薪清查情况周报制,及时掌握辖区农民工欠薪情况。督促用人单位完善职工名册、考勤表、工资发放表3本账单,足额缴纳外来务工人员工资保证金。建立临时性、应急性救助机制,为因病、因急致困的外来务工人员发放生活补助。依托街道律师职工团、工会法律监督小组和劳动监察中队3支力量,组建“流动服务站”,协助街道做好辖区企业用工规范和农民工权益保障工作。

【“开卷有益,读出经典”职工知识竞赛】 6月9日,为引导市民多读书、读好书,努力构建“书香上城”,上城区社区学院和望江街道分院联合在望江街道睦邻驿站举办“世界读书日”系列节点活动之“开卷有益,读出经典”知识竞赛决赛,近60人参加。此前活动主办方组织竞赛初赛,竞赛内容涉及国学、历史、文学、旅游、音乐等门类,涵盖科学、人文、地理、体育、生活常识等基础知识。有近350人通过线上线下参加此次活动。

【无油烟老年食堂开放】 11月1日,望江街道引进拥有透明可视中央厨房和配送中心的爱心公益企业“百穗堂”,在婺江社区打造老年爱心食堂,日均用餐人数180余人。老年食堂充分考虑老年人的饮食习惯,采用荤腥菜肴少量配送、其他菜肴以蒸煮为主的餐饮方式。以社区互助自治会小组为依托,对老年食堂食品安全、服务质量等情况进行监管。发动党员志愿者参与菜肴配送、上门送餐等服务,为60周岁以上老年人及享受低保人员提供6元一荤两素、10元两荤两素的爱心餐。

【“1+衣”冬衣募捐爱心活动】 11月24日,由中国狮子联合会、《浙江之声新锐988》栏目,以及浙江省爱心事业基金会共同主办的“1+衣”冬衣募捐爱心活动在望江街道启动。活动到12月底结束,旨在通过“一件衣、一片情”,为贫困儿童送上温暖,唤起社会各界对贫困儿童的关注和关爱。活动所得的1.2万件爱心衣物通过中国狮子联合会全部送给省内贫困环卫工人子女、残疾儿童和孤儿。 (周廷波)

南星街道

【概况】 南星街道东北连万松岭、凤山桥,过飞云江路,与紫阳街道毗邻,东南沿钱塘江中心线与滨江区相望,西北沿玉皇山、凤凰山,与西湖区交界。区域面积4.31平方千米。辖美政桥、海月桥、馒头山、玉皇山、紫花埠、复兴街、水澄桥、白塔岭8个社区。常住人口4.81万人,其中户籍人口36239人、流动人口11876人。辖区内有闸口白塔、梵天寺经幢、施家山吴汉月墓、慈云岭石窟造像、老虎洞窑址、天龙寺、千佛洞、南宋皇城遗址8处国家级保护文物,有于子三墓、宋京郊坛下官窑址和中河南端古桥、古泉群等省、市级保护文物。全年引进金融、文创等现代服务业企业256个,注册资金43亿元,实际到位资金21.5亿元。其中,引进市外内资12.4亿元,完成全年目标的124%;引进外资2016万美元,完成全年目标的101%。引进浙商回归资金8.42亿元,完成全年目标的120%。2015年,南星街道获全国法治社区建设示范街道、杭州市社会管理综合治理工作考核优胜单位等荣誉。

【南星街道获全国法治社区建设示范街道称号】 南星街道围绕“深入学习宣传宪法,大力弘扬法治精神”的总要求,积极推进街道法治化进程。建立和完善以居民代表大会为决策机构、社区居委会为执行机构的管理模式,规范基层民主管理;实施“两报告”和“三公开”,推进社区治理阳光化运作;搭建“我们圆桌会”“巡回调解室”等协商平台,助力基层民主自治,实现社区自我管理、自我教育、自我服务、自我监督。12月,南星街道获中国社会工作协会社区工作委员会授予的全国法治社区建设示范街道称号,海月桥社区获全国法治社区建设示范社区称号。

资料 **“两报告”：**向社区居民代表大会和社区议事监督委员会报告工作。

“三公开”：居务公开、制度公开、财务公开。

【美政桥社区获浙江省民族团结进步模范集体称号】 1月7日，在全省召开的第五次民族团结进步表彰大会暨少数民族文化工作会议上，南星街道美政桥社区获浙江省民族团结进步模范集体称号，为全市唯一获此荣誉的社区。美政桥社区坚持“共同团结奋斗，共同繁荣发展”的民族工作主题，在全市率先建立面积超过1600平方米的七彩美政民族园，作为少数民族互动交流的园地；组建民族工作组及6支特色民族志愿队，优化对少数民族的服务，增进汉族与少数民族的友谊；每年举办富有特色的“民族乐”、“车轮食堂”、“民族帮”、少数民族智囊团“民族说”等活动10余场，实现辖区内满族、回族、壮族、苗族等14个民族的和谐共融。

【小区环境专项整治】 1月，南星街道联合行政执法、公安、消防、物业部门，对民安苑等小区地下车库擅自分割停车位、乱堆杂物、无序停车等问题进行集中整治。拆除私自安装门窗20余扇，清理堆积物20余车，对长期占位的10余辆“僵尸车”进行移位。同时开展“牛皮癣”专项整治。街道组织8个小组对辖区各居民小区楼道、宣传栏、电线杆、墙面等处张贴、涂写的“牛皮癣”进行清除，累计清理“牛皮癣”200余处，并通过加强巡查、安装电子眼、设立举报电话等举措，防止“牛皮癣”整治后再回潮。7月，开展餐饮行业安全专项整治，对辖区内138个餐饮住宿企业进行全面排查，重点检查餐饮企业天然气、液化石油气安全使用情况，以及住宿企业消防安全制度落实情况，发现安全隐患37处，督促相关企业限期完成整改。

【拍摄《微爱二维码》公益微电影】 1月，南星街道以“给生命同等的爱”为主题的公益微电影《微爱二维码》正式开机。微电影以为老服务为主线，讲述社区老人外出时突然发病晕倒，由于缺少识别其有效身份的办法，路人不敢贸然施救，引发社会普遍关注。街道由此创新订制个性化私人“微爱二维码胸章”，使独居、空巢、残疾老人外出遇到紧急情况时，路人只要扫一扫“微爱二维码胸章”就能识别老人个人信息，得到及时施救。南星街道组织拍摄该部微电影，旨在呼吁社会共同关爱老人。

【开展“百日治霾”行动】 1月15日，南星街道开展“百日治霾”大气污染专项防治行动。利用电子屏幕、宣传栏等载体，宣传“百日治霾”行动，呼吁居民自觉参与，少开车。建立每周巡查机制，加强对车辆维修店烤漆房、餐饮店油烟废气排放等重点污染源的检查。围绕建设“无燃煤区”，取缔馒头山、白塔岭、玉皇山社区的茶水炉、热水炉、煤饼炉等燃煤设备，同时做好“回头”巡查，防止死灰复燃。加大对建筑工地和道路扬尘的监管力度，提升复兴路、之江路、凤凰山脚路等重点道路及4个降尘点位道路的路面保洁水平，增加晒水频次，减少路面扬尘。

【全区首个“凤凰文创产业联盟”成立】 2月，南星街道成立“凤凰文创产业联盟”。该联盟由凤凰公社、凤凰御园、“凤凰1138”、LOMO创意园、“风铃499”、劳伦斯6个创意园组成，旨在通过联盟平台，实现联盟企业资源共享、优势互补、信息互通，发挥聚力、聚智、聚财、聚心作用带动产业集聚发展。

【“三重一大”事项规范运作】 南星街道创新“三步曲”新机制，规范运作“三重一大”事项。首先，街道纪工委把好监督关，提前收集“三重一大”事项相关依据及明细情况，并进行廉政风险防控评估。其次，班子成员事中参与把关，每名班子成员对涉及事项均发表意见看法，街道主要领导最后表态。第三，规范会议纪要报备工作，会议纪要需经每名班子成员签字确认，做到讨论事项可查证和可追溯。实施“三步曲”机制既强化班子成员的责任意识，又有效推进“三重一大”事项的落实。

【“星星守护妇女之家”成为市“妇女之家”示范点】 南星街道“星星守护妇女之家”位于八卦田区块，主要为辖区“新杭州人”蓝领、白领妇女提供法律维权、心理疏导、家庭教育、健康养生、帮扶救助、创业扶持等一站式服务。成立以来先后组织开展太极拳、佳木斯舞及编织教学，西式面点培训，歌手大赛，举办“健康生活行”“温馨关爱”等主题活动，累计受益人群超过2000人次。年内，“星星守护妇女之家”被评为杭州市“妇女之家”示范点。

【服务民生高速通道打造】 南星街道引入“互联网+”新模式，努力打造服务民生高速通道。该模式借助“互联网+传统媒体+新媒体”技术融合优势，以杭州电视台明珠频道《明珠新闻》和《阿六头说新闻》两个栏目首个民情采集点落户南星街道为契机，畅通民意诉求、帮扶救助、交友征婚等求助渠道，通过明珠频道官微、阿六头个人微信和南星街道官微三大平台10万名粉丝团聚智聚力效应，为居民提供“大数据”化智力支持，实现网上网下“民情通”，高效快速解决各类民生问题。

【《预应力中空锚杆》成为国家级行业标准】 5月1日，由国家级火炬计划高新企业杭州图强工程材料有限公司主编的《预应力中空锚杆TB3356-2014》成为全国铁路行业标准正式实施。该标准的实施应用，有助于简化铁路建设项目施工程序，提高施工效率和安全性，减少地质灾害对铁路及公路等基础设施的破坏。

【社区矫正工作】 南星街道坚持“教育为先，教育为本”理念，充分运用各种资源，形成常态化谈话教育、引导式集中教育、科学化心理疏导等一套较为完善的社区矫正人员工作方式。全年与社区矫正人员谈话教育510余次，组织矫正人员观看《感动中国》《处世之道》等教育片20余次，开展“普法大篷车”“成长俱乐部”“职场学堂”“心理百科”等模块学习50余次，使41名矫正人员融入、回归社会，矫正成功率100%，再犯罪率为零。4月，南星街道被市委、市政府授予2004~2014年度社区矫正工作先进集体称号。

【首届非公募基金会发展(杭州)论坛】 4月11日，以“基金会——中国企业家未来公益的优选路径”为主题的首届非公募基金会发展(杭州)论坛在南星街道举行。论坛吸引浙江敦和慈善基金会、浙江省锦麟公益基金会、南都公益基金会等15个公益基金组织代表及近100名商业人士参加。论坛就树立公益组织公信力、推进民间公益发展等议题开展讨论。此前，南星街道引进博信公益发展服务中心等公益组织，实施“阳光屋”居民心理健康关爱计划、“爱在新城”外来务工人员及“新杭州人”相亲服务等公益项目11个，受益人群超过1万人。

【山南青年财富论坛】 5月4日，首届山南青年财富论坛在南星街道举行。论坛以玉皇山南基金小镇为会址，本着“开放包容、互学互鉴、存异共赢”的精神，为入驻基金小镇企业及青年创业者提供交流互动平台，为基金小镇发展提供智力支撑。论坛邀请财通证券投资银行等金融机构专家和投资精英，进行时尚、活跃的教育培训，为基金小镇青年创业者宣讲金融、投资专业知识，引发青年企业家的“头脑风暴”。

【“百亿产业转型升级基金”启动】 5月，国内首个民间投资智库型“百亿产业转型升级基金”在玉皇山南基金小镇启动。升级基金投资规模100亿元、募集20亿元，首期投资规模20亿元、募集5亿元，投资方向为上市公司并购重组、定增及境外上市公司私有化。该投融资平台由民间非营利性组织浙江大学求是精英投融资理事会运营，依托由金融投资领域企业、学术机构、浙江大学求是精英班组成的智能团队，以产业、资本和智慧的有机结合推动企业转型升级。

【首届文创集市启动】 5月30日，上城区首届文创集市在凤凰文创小镇启动。文创集市以“来凤凰，趣小镇”为主题，分“非遗”文化区和文创市集区两大区块进行展示。其中“非遗”文化区主要举办《小热昏》《莲花落》等非物质文化遗产展演，中国杂技表演，文创产品、“非遗”手工艺品及艺术家作品义卖等活动；文创市集区主要举办创意市集和文创企业展示。集市吸引中国美术学院、“江南1535”茶馆、杭州老五雕塑工作室、杭州国力雕塑艺术有限公司等30余个国内外知名企业参加。

【推出社区服务智慧化模式】 2015年，南星街道推出社区服务智慧化模式。该智慧服务模式以美政桥社区和水澄桥社区为试点，依托潮LINK信息化技术实现线下商户与居民服务需求之间的无缝信息对接，借助微信“摇一摇”为居民提供上门理发、预约家政服务等衣食住行方面服务，并实现每天七大类50

6月12日，上城区楼宇运动会暨南星街道儿时趣味运动会举行

（南星街道 供稿）

多种蔬菜网上下单、线下免费上门配送服务。

【企业和谐劳动关系构建】 南星街道多措并举，构建和谐企业劳动关系。以组建工会组织为主要抓手，让员工找到“娘家”。先后组建非公企业工会75个，覆盖辖区企业235个，吸纳工会会员5362人，规模企业和外资企业工会组建率均100%。推动企业建立和完善平等协商制度、劳动集体合同制度、厂务公开民主管理制度，从源头上实现劳资双方互利双赢。辖区内36个企业以集体协商方式完成劳动合同新签、续签，90%以上企业实行企务公开。建立街道、社区、企业三级劳动争议调解组织和街道法律援助站，为员工提供工资纠纷调解和法律援助等服务。开展歌唱比赛、智力运动会、趣味楼宇运动会、“乐活南星”摄影大赛、“乐活南星”诗歌征文大赛等文体活动10余场，让3000多人次享受文化生活，有效促进职工与企业的有效融合。结合开展人力资源市场秩序清理整顿，街道对企业用工情况实行信息化监督和管理，切实保障劳动者合法权益。

【首届趣味楼宇运动会】 6月12日，南星街道在复兴商圈太和广场举行首届趣味楼宇运动会。运动项目包括踩气球、滚铁环、踩高跷、花式跳绳等10个项目，吸引毛戈平形象设计艺术学校、浙江贝付科技有限公司等20余个企业500余人参与。运动会是上城区打造居民“10分钟体育健身圈”活动的组成部分，旨在带动各单位开展体育运动，推进辖区内企业、员工之间的互动、交流。

【“清风南星”党风廉政知识竞赛】 6月18日，南星街道举办“清风南星”党风廉政知识竞赛。竞赛以习近平总书记关于党风廉政建设和反腐败论述及“三严三实”重要论述，中央、省委、市委加强作风建设的规定，《中国共产党章程》《中国共产党党内监督条例》《中国共产党纪律处分条例》《中国共产党领导干部廉洁从政若干准则》为主要内容设置竞赛题库。街道机关单位、社区及辖区企业组成8支代表队，参加必答题、情景题、抢答题、风险题等环节的对答、抢答，竞赛融知识性、教育性、实用性、趣味性于一体。街道组织200余名党员干部观看竞赛，在寓教于乐中接受党风廉政建设和反腐败教育。

【“红歌快闪”活动】 7月1日，南星街道举办“红歌快闪”活动向党的生日献礼，活动在玉皇山南基金小镇的金牛餐厅和复兴商圈的太和广场同时举行。街

7月1日，南星街道举办“红歌快闪”活动向党的生日献礼 （南星街道 供稿）

道组织辖区内老党员、机关党员、社区党员、两新组织党员合唱《我的中国心》《红旗飘飘》《相亲相爱》等红歌，表达自己对党的热爱与忠诚，吸引现场200余名市民群众、创业青年驻足观看。“红歌快闪”活动被《中国网》、《浙江日报》、《杭州日报》、《今日早报》、杭州电视台等媒体相继报道。

【全区首个消防安全宣教实践中心成立】 7月，上城区首个消防安全宣教实践中心成立。中心设在馒头山社区消防工作站，占地面积50余平方米，主要承担全区消防安全教育培训的职能，中心通过消防图片展览、实物展示、消防演练等方式，增强居民和企业员工火灾防范意识和抵御火灾能力。7月，中心在中小学暑假期间，开展“安全第一，珍惜生命”“我是小小消防员”等消防安全教育活动，向青少年介绍消防安全知识。

【馒头山出租房消防安全整治】 南星街道采取多项措施，全力推进馒头山出租房消防安全整治。依托设在馒头山社区的消防安全宣教实践中心，开展消防逃生自救演练、消防知识培训教育。组建义务消防队开展不定期上门宣传，借助电子屏、宣传橱窗、宣传海报等载体，营造消防安全氛围。深化“3+X”管理机制，将所有出租房纳入网格化管理，并与1200余户居民签订安全责任书。通过实施3个出租房消防安全样板化工程，推进出租房规范化管理。加大消防隐患整改力度，在人员集聚公共区域统一安装20余个灭火器集中取用点，对出租房内外各种管线进行整理，并全部清退梵天寺54号等存在重大安全隐患的出租户。

【全市首个民间巡回调解室成立】 8月，南星街道成立全市首个民间巡回调解室。巡回调解室由杭州市金牌和事佬沈寅弟等11名专业调解员和8名社区综治委员及辖区热心公益、熟悉法律的居民志愿者组成，并在区民政局正式备案。调解员不定期“组团”进社区、进楼道开展实地巡回走访，对发现的邻里纠纷、遗产纠纷、社区治理等方面问题，就地成立临时调解室进行调节，将大量矛盾纠纷化解在“家门口”。

【环境卫生百日整治大行动】 7月底至11月初，南星街道启动为期100天的“两路两侧”“四边三化”百日整治大行动。百日整治以浙赣铁路、辖区公路、高架沿线及馒头山区域为重点区域。按照“美化一批、清除一批、整治一批”的原则全面推进，先后完成陶瓷品市场等铁路沿线仓库外立面及太祖湾拆迁地块旧房立面美化，复兴路、凤凰山脚路、浙赣铁路沿线等辖区内10余条道路及中河沿线环境卫生清理，馒头山区域违法建筑、危旧房、群租房、无证餐饮、占道经营等问题整治，有效提升“两路两侧”“四边”区域绿化、洁化、美化、序化水平。

【“指尖化”平安校园打造】 南星街道实施“指尖化”治理模式，借助现代通信技术，整合辖区学校、公安、交警、城管、工商、环卫、民政等部门资源，共同组建“平安校园”微信群，由问题发现方实时发布涉及校园安全信息，其他责任部门实现“零时差”信息接收，各职能部门开展无缝化联合协作，以最少环节、最快速度让事件得到有效处置。通过“平安校园”微信群，建立工作互动“秒通道”，实现“指尖上的校园治理”，成功处理校园外无证摆摊、寻找遗失书包失主等多起事件。

【社区工作者案例获市一等奖】 10月29日，南星街道复兴街社区茹城诚撰写的社区工作者案例《寻得社会存在感，建立正常生活状态》经过两轮遴选后，从全市2748个案例中脱颖而出，成为15个进入决赛案例之一。该案例在10月开展的杭州市社会工作者优秀案例评审会上以总分87.34分获一等奖。上城区有7个社区工作者案例入围决赛。

【品牌企业参加第四届杭商论坛】 11月16日，以“大众创业、万众创新”为主题，旨在弘扬“品质创业、和谐创新”杭商精神的商业论坛在杭州开幕。南星街道辖区上市企业思美传媒股份有限公司作为“品质杭商”企业代表参加论坛分享创业经验。金融类企业赛伯乐投资公司在论坛上以“我们与硅谷真正的创新差异在哪”为题和与会专家、企业家进行交流。

【参与地铁4号线工地路面塌陷事件抢险救援】 11月28日晚8时左右，杭州地铁4号线正在施工的水澄桥地铁站附近路面发生塌陷，事件未造成人员伤亡。南星街道组织人员在第一时间赶到现场做好管控和周边群众民生保障工作。会同有关部门组织67户139名居民紧急疏散撤离。对受停气停水影响的2207户住户，做好上门解释和登记工作。配合市地铁集团连夜开展路面抢修、周边房屋测量和事件信息发布等工作。

【思美传媒公司被评为杭州市企业社会责任建设A级企业】 12月，在杭州市社会责任建设先进企业评选中，上城区上市公司思美传媒股份有限公司被市委、市政府授予2015年度杭州市企业社会责任建设A级企业称号。思美传媒公司把履行社会责任列入企业长期发展战略，先后设立百万华侨公益基金、农村公益基金，开展"联乡结村""爱在那曲"等公益活动，自觉地履行应尽的社会责任，累计出资超过150万元。

【馒头山综合整治项目启动】 馒头山的绝大部分区域属于南宋皇城遗址重点保护区范围，近50年来未进行大范围改造，不少居民仍住在危旧房里，生活十分不便。11月，馒头山启动综合整治，涉及违建拆除、危房改造、出租房整治、道路综合整治、"拼厨接卫"、截污纳管、强弱电"上改下"、燃气管道铺设等工程。至年末，该区域违建拆除245处、1.23万平方米；清退出租户513户；截污纳管完成工程量85%；完成5条支小路路面修缮；关停无证餐饮店6个，完成规范发证9个；凤山路铁路边立面整治基本完成，馒头山高架沿线、凤山路沿线、梵天寺路、铁路货场东西区块等10个标段整治项目进场施工；中河高架馒头山及铁路货场景观绿化及亮灯工程完成施工图设计；15处37户危旧房动工改造，其中凤凰新村10幢危旧房完成2楼浇筑；凤凰山脚路段完成燃气管道主管铺设，笤帚湾路、宋城路完成燃气管道铺设方案设计。

（胡杭东　裘梦洁）

紫阳街道

【概况】 紫阳街道位于上城区南部，地处南宋皇城遗址，东临钱塘江，南连万松岭、飞云江路，西连紫阳山，北靠望江路。下辖上羊市街、彩霞岭、十五奎巷、太庙、候潮门、北落马营、新工、海潮、木场巷、凤凰、春江、甬江12个社区，辖区面积3.49平方千米，常住户数26277户，总人口71520人。辖区内有行政事业单位32个、金融机构26个、工业企业17个、三产服务业企业1220个。

2015年，紫阳街道引进企业278个，其中现代服务业企业103个、科技类企业44个、文创类企业23个、贸易类企业38个、金融类企业66个、房地产企业4个。引进企业认缴注册资金81.6亿元。引进市外资金8.30亿元。浙商创业创新实到资金4.04亿元。国家数字出版基地正式落户锦绣工坊，阿里系湖畔山南有限公司、浙江省体育彩票中心、财通证券资产管理有限公司、盛景网联百亿母基金会等知名度高、经济实力强、发展前景好的企业落户紫阳街道。全年实现税收收入7.45亿元，比上年增长72.9%；地方财政收入4.07亿元，增长63.9%，完成年度目标的146%，7个企业为全区地方财政收入增加大户。新引进优质企业税收贡献明显。其中，财通证券资产管理有限公司税收6333万元，地方财政收入4081万元；浙江财通资本投资有限公司税收62万元，地方财政收入35万元；浙江省体育彩票管理中心税收1.2亿元，地方财政收入4801万元。

紫阳街道深化"五水共治"工作，进一步落实"河长制"职责，完成新开河、中河、新塘河、贴沙河清淤4.05万立方米，贴沙河河岸安装隔离护栏2630米；启动北落马营永昌坝公共绿地雨水收集项目，完成太庙山水、严官巷52号、晓霞弄7号、万松岭南84号积水治理项目。开展望江门外直街和凤凰南苑小区集中整治，并实行长效管理机制。实施"贴心城管"行动，数字城管及时解决率100%。街巷保洁率98.99%，列全区第一。参与垃圾"三化四分"小区42个，占小区总数的11%。推进"邻里食安办"建设，深化食品安全民间监督机制。全年"邻里服务中心"为老旧小区居民提供保绿保序等服务2.11万次，受益人群2万余人次。

【拆除违法建筑4.22万平方米】 紫阳街道以"无违建街道"创建为抓手，采取驻点拆违形式统筹推进拆、改、用各项工作。全年拆除违法建筑4.22万平方米，拆除量占全区的63.4%，超额完成全年目标任务。新工新村、木材新村、统一码头、嘉景苑、江枫苑、中山南路等重点违建区域全部依法处置到位。“四边三化”“两路两侧”专项整治行动同步开展。结合望南地块征迁,加快南落马营铁路沿线和新开河沿线整治,清理场地3200平方米、垃圾260吨。

【实施阳光征迁】 紫阳街道把地块“清零”列为中心工作,紧盯地块“清零”目标不放松,切实担负起征迁主体责任。组织征迁一线的23名党员成立征迁党支部,充分发挥党组织战斗堡垒作用。坚持阳光征迁,在全区第一个实行网上签约,所有的征收信息全部放到网上,所有的房屋征收协议均自动生成。成立由2名被征迁人和1名社区工作人员组成的征迁民间监督员队伍,对征迁全过程进行监督。通过建立阳光征收机制,征迁工作取得明显成效。全年望南动迁地块签约、腾空1540户,其中南星单元D-04地块、行知幼儿园地块、地铁4号线南星桥站等地块顺利“清零”,万向汽配城等5个企业签约、腾空,地铁5号线候潮路站拆迁完成率93.9%。

【社区治理创新】 紫阳街道推进社区治理和服务创新,积极探索居民自治机制,充分发挥居民自身作用。10月24日,全新打造的“左邻右舍”社区治理创新园开园。创新园总面积2969.31平方米,为居民提供学习、培训、活动、服务的场所。海潮社区、木场巷社区等社区推行“集约式”办公,春江社区等社区推出居委会、业委会、物业管理处、警务室“四位一体”的社区治理模式。北落马营社区成立“小区睦邻自治会”,作为老小区居民自治管理模式在全街道推广。推进社会组织培育,全街道有社会组织178个,彩霞公益小镇建设日趋完善。创新干部选拔方式,上半年19名社工参与社区领导班子副职岗位的竞聘,邀请各社区的居民代表参加打分,实行“开门”选干部。

【推进社会救助】 紫阳街道推进政府购买居家养老服务工作,全年政府购买居家养老服务累计服务老人7708人次,总服务时间5.17万小时,支出居家养老服务费用130万元。为高龄老人发放津贴224.3万元。完成候潮社区、甬江社区、木场巷社区3个日间照料中心及9个老年食堂建设提升,上羊市街社区老年食堂实行市场化运营。完善社会救助体系,为471户困难家庭(包括低保、残保家庭)发放救助金589.4万元。完成全市首个失智老人日间照料中心、甬江社区居民活动中心建设等十大为民办实事工程。其中被誉为“爱心港湾”的失智老人日间照料中心设有按摩室、影音室兼手工间、书画室、棋牌室、健身房等功能区块,专门为社区55周岁以上的老年痴呆症患者提供各方面服务。

【小区综合治理】 紫阳街道开展“零发案小区”和“控案先进小区”创建活动,各类案件明显下降。实行重大矛盾主动介入调处制度以及疑难案件联合调处制度,全年接受并处理各类信访793件,反馈率、办结率均100%,满意率97%。妥善处置平安里、紫源公寓等小区房屋拆迁、危房改造引发的群体性事件,确保市、区“两会”及首都“9·3”阅兵等重要时间节点期间的稳定。深入开展“严打整治”“打黑除恶”斗争,加强辖区治安重点整治。开展“清剿火患”专项整治和出租房消防隐患专项整治,加强危险化学品隐患排查和治理,坚决打击非法液化气经营活动。结合群租房和违建出租房整治,在康都紫轩小区推出20套群租房样板房。样板房有专

5月17日,紫阳街道地铁4号线统一码头征收地块启动征收户房屋信息核对工作 (紫阳街道 供稿)

人负责，专门配备网络监控摄像头、灭火器、防火面罩、烟感报警器等消防设备，房东可以通过手机APP查看出租房周边情况，确保实现火灾发生前和发生后第一时间报警的双重保障。

【推进助残工作】 紫阳街道多措并举，推进助残工作。以公益创投形式引进残疾人艺术中心、恩慈日间照料服务中心等5个社会组织，为残疾人提供就业培训、康复服务、日间照料等个性化服务。投入100万元，将新工社区原办公楼改建为“爱心港湾”综合服务楼，内设残疾人康复指导中心，举办康复知识讲座，开展助视、助行、助听等康复训练，为残疾人提供人性化康复服务。依托就业中心、职教中心、拜师学艺亲情服务网等机构和平台，组织残疾人职业技能和实用技术培训。全年参加就业培训残疾人100余人次。优先让残疾人享受“安居工程”、廉租房等优惠政策，对困难残疾人做到“应保尽保”。街道为260户困难残疾人家庭送去慰问金32.76万元，为178名重度残疾人安排居家安养上门服务。

【加强就业培训】 紫阳街道用活灵活就业、居家就业、小额担保贷款等政策，确保就业困难人员充分就业。全年审核、办理灵活就业2255人次，居家就业1267人次，企业用工补助142人次，自谋职业61人次，发放各类社保补贴1267.6万元；审核发放小额贴息贷款21笔，涉及金额270万元。与杭州市盛邦人才培训中心合作，开展中西面点、中式烹饪等技能培训10次，培训失业人员340余人，其中失业大学毕业生28人。打造“姐妹手工坊”等公益性艺术培训基地，帮助困难妇女创业就业。用好杭州市就业网资源，开发用工岗位4546个，登记求职1057人。组织职业介绍活动440次，网上成功配对60人。举办紫阳辖区人力资源交流暨创业项目展示会，50个用人单位及20个创业项目进场招聘及展示，推出用工岗位1000余个，达成就业意向120余人。困难人员稳定就业率76%。

【优化为企业服务】 紫阳街道加大企业走访力度，编印《紫阳街道为企服务手册》500余份，开展上门送政策、入企做推介活动。派出2名工作人员常驻望江智慧产业园现场对接园区招商。根据企业需要，举办税务知识专题讲座，为辖区规模以上企业财会人员讲解税务知识和有关政策，参加人员100余人。建立“紫气东来”招商服务微平台，以全景图的形式展示街道的人文景观和园区特色，并定期更新招商动态。打造“锦绣红工坊”蓝领驿站总站，为辖区企事业单位蓝领员工提供全方位服务。组织技能大赛、趣味运动会、职工大讲堂等活动30余次，服务职工发展。

【组织文体活动】 紫阳街道根据群众文化需求以及南宋文化底蕴深厚的区位优势，组织各类文体活动33次，参加人数5000余人次。举办文体活动积极分子培训20余期，参加人员1000余人。推出全民阅读暨首届“紫阳书香节”、首届南宋文化节、第八届国际体验日暨首届南宋酒文化节，进一步打造南宋文化品牌。开展科普日宣传、科普讲师团进社区、科普实验体验活动，突出科普文化特色。投入100万元，在彩霞岭社区新建科普体验馆；对社区全民健身苑(点)和科普画廊进行全面更新。

【发挥街道人大政协作用】 紫阳街道建立人大代表“网上接待站”，居民足不出户便可在网上向人大代表反映情况。健全“周末有约”工作机制，人大代表与居民约会除当场能答复的事项外，其他事项详细填写登记表，由人大街道工委整理梳理和交办。推进政协委员进网格活动，组织政协委员在“五水共治”“三改一拆”等重点工作中发挥民主监督作用。

【首届“社会组织公益助残服务月”启动】 4月，紫阳街道整合杭州市杨绫子学校七彩社团、上城区海芰残疾人艺术团、上城区爱馨互助会、七彩阳光残疾人服务中心、上羊市街残疾人民间艺术制作中心、“智慧树”服务社等社会组织，启动以“有爱不孤单，公益七彩行”为主题的社会组织公益助残服务月活动，设有“益·起来”——公益助残创意集市、公益助残项目快闪宣传展示、残疾人勇敢爱相亲、残健同行舞台SHOW等七大主题活动，为辖区残疾人提供就业辅导、婚姻介绍、心理疏导等服务，活动持续到5月底。

（高宝月）

上城区老战士名录

表 18　上城区老战士名录

编号	原工作单位	姓名	原职务	性别	出生年月	籍贯	党派	入党时间	参加工作时间
1	区人大常委会	吕建恩	区人大常委会主任	男	1929 年 11 月	山东海阳	中共党员	1947 年 3 月	1947 年 3 月
2	区人大常委会	孙存智	区人大常委会副主任	男	1929 年 1 月	江苏灌南	中共党员	1946 年 1 月	1944 年 10 月
3	区人大常委会	刘占勤	区人大常委会副主任	男	1926 年 8 月	山东海阳	中共党员	1946 年 9 月	1943 年 1 月
4	区卫生局	尹理帮	区卫生局局长、巡视员	男	1925 年 2 月	山东栖霞	中共党员	1946 年 9 月	1945 年 8 月
5	区人事局	姜　敏	区人事局副科长	女	1923 年 7 月	山东牟平	中共党员	1938 年 10 月	1938 年 10 月
6	区房管局	张杜高	区房管所所长	男	1921 年 11 月	浙江杭州	中共党员	1949 年 4 月	1949 年 4 月
7	区人大常委会	王传曾	区人大常委会办公室副科级调研员	男	1929 年 10 月	江苏太兴	中共党员	1949 年 7 月	1946 年 10 月
8	区纪委	曲鸿秀	区纪委副书记兼机关党委书记	男	1930 年 7 月	山东荣城	中共党员	1948 年 1 月	1947 年 7 月
9	清波街道	胡忠林	清波街道办事处党委书记	男	1921 年 12 月	浙江开化	中共党员	—	1943 年 8 月
10	区委办	丛蕴滋	区信访办办事员	女	1927 年 5 月	山东文登	中共党员	1953 年 12 月	1948 年 9 月
11	湖滨街道	于东圻	湖滨街道办事处科员	男	1928 年 1 月	山东荣城	中共党员	1946 年 5 月	1945 年 6 月
12	清波街道	朱劲直	解放军北京军区空军工程部助理员	男	1928 年 11 月	江苏常熟	中共党员	2005 年	1949 年 7 月
13	清波街道	苗永聚	浙江真空设备厂党委副书记	男	1928 年 7 月	山东临朐	中共党员	1946 年 1 月	1944 年 7 月
14	小营街道	金望行	青海省第十七劳改支队干部	男	1927 年 1 月	浙江杭州	中共党员	1983 年 12 月	1948 年 10 月
15	区城管办	李梅芳	区环卫所调研员	男	1933 年 2 月	山东安丘	中共党员	1950 年 1 月	1948 年 12 月
16	区教育局	牟　琴	杭六中教师	女	1928 年 7 月	山东陵县	民盟盟员	1981 年 3 月	1949 年 5 月

续表 18

编号	原工作单位	姓名	原职务	性别	出生年月	籍贯	党派	入党时间	参加工作时间
17	望江街道	吴德忠	望江街道办事处副主任	男	1932 年 11 月	山东齐河	中共党员	1958 年 12 月	1948 年 9 月
18	区检察院	梁模新	区检察院副检察长	男	1935 年 1 月	浙江新昌	中共党员	1957 年 12 月	1949 年 5 月
19	区检察院	常福庆	区检察院检察员	男	1923 年 11 月	江苏六合	中共党员	1949 年 10 月	1948 年 2 月
20	区司法局	柏震宇	区司法局副局长	男	1934 年 1 月	江苏六安	中共党员	1953 年 9 月	1949 年 2 月
21	区公安分局	奕继贤	区公安分局副局级巡视员	男	1931 年 9 月	山东	中共党员	1950 年 10 月	1947 年 8 月
22	区房管局	黄成功	区房管所副所长	男	1924 年 12 月	山东临沂	中共党员	1945 年 1 月	1943 年 6 月
23	区房管局	彭　健	区房管所副科长	男	1925 年 11 月	浙江临海	中共党员	1947 年 3 月	1944 年 5 月
24	区风景旅游局	孟咏春	区糖业烟酒公司经营部干部	男	1932 年 7 月	浙江绍兴	—	—	1949 年 7 月
25	区文化局	刘筱青	区文化馆调研员	男	1930 年 3 月	山东滨江	中共党员	1948 年 9 月	1945 年 2 月
26	区文化局	刘於仁	前进电影院机务组长	男	1933 年 9 月	湖南湘阴	—	—	1949 年 9 月
27	区卫生局	王照荣	区卫生局干部	男	1928 年 6 月	江苏兴化	中共党员	1947 年 6 月	1945 年 3 月
28	区卫生局	蒋嘉鹏	区卫生局调研员	男	1930 年 5 月	浙江乐清	中共党员	1949 年 7 月	1948 年 8 月
29	区卫生局	任宗芳	区防疫站副站长	女	1929 年 12	江苏睢宁	中共党员	1946 年 2 月	1945 年 5 月
30	区卫生局	徐　俊	区中医院党支部书记	男	1926 年 5 月	江苏如东	中共党员	1947 年 1 月	1943 年 3 月
31	清波街道	陈觉民	浙江宁波市总工会女工生活部部长	女	1922 年 10 月	江苏泰兴	中共党员	1943 年 1 月	1940 年 12 月
32	清波街道	陈文涛	清波街道办事处主任科员	男	1934 年 9 月	浙江杭州	—	—	1949 年 6 月
33	清波街道	齐光照	浙江丽水师范专科学校党委副书记	男	1929 年 3 月	山东昌邑	中共党员	1947 年 2 月	1945 年 1 月
34	区教育局	姚加尔	马市街小学教师	女	1934 年 7 月	浙江杭州	—	—	1949 年 7 月
35	区教育局	傅肖云	定安路小学教师	女	1928 年 11 月	浙江萧山	—	—	1949 年 6 月
36	区教育局	朱曼倩	长生路小学教师	女	1929 年 12 月	浙江杭州	中共党员	—	1949 年 6 月
37	区教育局	盛淑远	长生路小学教师	女	1930 年 4 月	浙江杭州	—	—	1949 年 7 月
38	区教育局	詹轲媛	紫阳小学教师	女	1929 年 12 月	江苏	—	—	1949 年 6 月
39	区教育局	陈忠勋	抚宁巷小学教师	男	1930 年 6 月	浙江玉环	—	—	1949 年 7 月
40	区教育局	王　敏	清河中学副校长	男	1927 年 12 月	山东新泰	中共党员	1944 年 5 月	1944 年 5 月
41	区教育局	诸慎言	杭六中教师	男	1931 年 12 月	浙江余姚	中共党员	1956 年 5 月	1949 年 7 月
42	区教育局	李玉璞	江城中学教师	男	1928 年 10 月	山东莱阳	中共党员	1950 年 2 月	1945 年 9 月

续表 18

编号	原工作单位	姓名	原职务	性别	出生年月	籍贯	党派	入党时间	参加工作时间
43	区教育局	冯安琪	江城中学校医	女	1922 年 9 月	浙江长兴	中共党员	1949 年 7 月	1949 年 5 月
44	湖滨街道	王宝仁	浙江嵊州市棉麻纺织印染总厂副厂长	男	1928 年 2 月	山东历城	中共党员	1947 年 8 月	1946 年 11 月
45	湖滨街道	宗景盛	浙江泰顺县物资局干部	男	1929 年 4 月	山东泰安	中共党员	1950 年 1 月	1948 年 11 月
46	紫阳街道	李心亭	山西灵石县仁义乡卫生院医师	男	1931 年 8 月	山东烟台	中共党员	1948 年 10 月	1946 年 12 月
47	南星街道	杨　树	闸口街道办事处职员	女	1930 年 3 月	浙江台州	—	—	1949 年 9 月
48	南星街道	李玉来	黑龙江省五常市林业局职工	男	1929 年 12 月	山东郓城	中共党员	1949 年 12 月	1949 年 2 月

说明:48 名老战士中,胡忠林、丛蕴滋、朱劲直、金望行 4 名老战士已故

(周云华)

上城区道德模范

汪　坚　2014 年 10 月 20 日早高峰，汪坚路过钱江四桥,发现一男子准备跳桥轻生。紧急关头,他果断下车,一把将轻生男子抱到桥面,仅几秒钟时间,危险顺利解除。但手臂因为用力过猛而擦伤,他说:“当时就只想着救人，对于性命攸关的事，受点小伤不值一提。”他一刹那的出手,挽救的是一个家庭。此前,汪坚还未工作时曾救起过一个意外落水的孩子。2008 年还徒手救下一名爬上 20 层高楼想要跳楼自杀的男子。他曾说过“生命是第一位的,只要碰到这种情况,我就会去救。但我希望每个人都能爱惜自己。”

许美群　1997 年参加工作，开始在南星街道社区卫生服务中心工作。2005 年她被派往上城区最偏远的玉皇山社区卫生服务站担任全科医生。在社区工作的 10 余年时间里，有 1500 余名辖区居民主动要求与许美群签订“全科医生服务协议书”,她成为杭州主城区签约最多的全科医生之一，先后获得上城区劳动模范、浙江省优秀责任医师、“最美杭州人”、“我最信赖的全科医生”等荣誉。2015 年 11 月 9 日,许美群作为来自基层的社区全科医生代表，在杭州受到中共中央政治局委员、国务院副总理刘延东的接见。刘延东肯定她尽心为居民服务、积极推广分级诊疗工作取得的成绩。

刘同礼　1987 年到杭州打工，是上城区基层环卫站成立以来接纳的第一批外来务工人员。他把杭州当作第二故乡,28 年如一日，一心一意做好环卫工作,把青春献给了环卫事业。不管是日常清扫保洁,还是节日庆典保洁,包括为辖区养老院、困难居民打扫卫生,参加防汛抗台、抗冰雪严寒等突击任务,他总是冲在最前面。勤劳踏实的工作作风、无私奉献的精神受到大家肯定,先后获“杭州市十佳美容师”“全国优秀环卫工人”“全国劳动模范”等称号。

楼春莲　十几年来，在上城区城管执法局工作的楼春莲悉心照顾体弱多病的父母，在父亲病重住院的 11 个月时间里,她夜以继日陪伴左右,为老人喂药喂饭、洗衣擦身,用自己的孝心和爱陪伴父亲走完最后一程。她不仅是父母的好女儿，更是群众的“好女儿”,始终牢记为民服务的宗旨,即使在父亲病重住院期间,始终坚守工作岗位。她脚踏实地、甘于奉献、肯于吃苦，用女性执法者独有的热情和精湛的业务技能,赢得“执法玫瑰”的赞誉。

俞淡珍　从自己一个人做棉鞋到创办社区公益组织彩虹制作社,11 年时间里,俞淡珍带领一群社区的退休阿姨，用自己的双手缝制 2000 余双爱心棉鞋,全部送给敬老院的孤寡老人、社区里的残疾人及贫困地区的孩子等困难弱势群体。每年做棉鞋仅材料费

就要花1000余元，为了让更多的人感受温暖，俞淡珍一直坚持这一善举。她患有类风湿性关节炎，手掌摊开时部分手指不能伸直，却毫不在乎，她常说："看着一双双自己亲手做的棉鞋送到需要的人手里，有一种说不出的开心。"

鲁立清　生于"杂技之乡"河北吴桥，有吹糖人、剪纸、拉大片等多项手工技艺，是个"新杭州人"。1995年获由联合国教科文组织和中国民间文艺家协会共同授予的"民间工艺美术家"称号。其妻王玉枝也是一名民间艺术家，精通剪纸技艺，还会民间绝活"面塑"。夫妻俩利用清河坊历史街区平台，自己贴钱向市民、游客展示各类传统手工绝活，还到学校教孩子们剪纸、竹编等手工艺。这对民间艺术家用自己的智慧和奉献开辟对民间艺术的公益创新之路，先后获省、市"最美家庭"和"全国最美家庭"提名奖等荣誉。

楼九斤　2015年"最美家庭"获得者。家住霞晖北村5幢，该幢楼85%的住户是独居空巢老人，而且老人年龄偏大，楼九斤便主动当起这幢楼的"看护"。她把楼里的每一位老人都当做自己的父母，坚持每天上门询问身体情况，帮忙洗衣做饭，搀扶老人下楼晒太阳，老人生病时她还蹬辆三轮车送老人到医院。她用自己的实际行动践行着孝老爱亲的美德，在平凡的生活中演绎着点点滴滴的亲情，多年来无怨无悔的付出，被邻居称为楼道里的"九斤女儿"。

傅水炎　76岁的大伯，虽然年逾古稀，仍积极参加城区护河队，每天早中晚都要去贴沙河边察看，一旦发现有人在河里洗衣、洗菜或钓鱼，就立即上前劝阻。2015年4月24日，傅水炎不顾自己年事已高，奋勇跳入冰冷的贴沙河中救起一名落水的小伙子。每当说起救人事件，他总是说"应该的，毕竟是一条命，谁遇到都会这样做。"在他的言传身教下，他们家中的晚辈也都个个乐于助人。多年来，傅水炎身体力行树立优良家风，让善行义举得以传承。

何阿奎　一名老党员志愿者，20世纪80年代退休后，他为人民服务的热心并没有消退，利用在工厂维修机器设备的技术，自己钻研摸索学会维修缝纫机、电视机、电扇等家用电器，从此便踏上免费为邻里居民开展志愿服务之路。已经86岁高龄的他，在每个月第一个星期六的学雷锋活动日，总会在雷锋广场默默地为居民修理家用电器和拉链，无论刮风下雨、严寒酷暑，从未停歇。在社区内也随处可以看到他忙碌的身影，他是居民代表、小组长、楼道长，又是一名社区志愿者带头人，他以自己的模范行动，引领社区党员开展一系列为民服务活动，架起社区党委与居民之间沟通的桥梁。　（沈伟霞）

于再秒　邻里称他为"大秒"师傅，2015年"最美家庭"获得者。3年多来，"大秒"师傅在每个月15日和25日坚持为吴山路社区的居民免费提供理发服务。2014年起，他将自己的爱心服务项目扩展到每周末为省中医院的病人理发。他还印发理发联系卡，只要一通电话，便立刻上门为行动困难的病人服务。除了帮人免费理发，"大秒"师傅最大的兴趣就是为大龄单身青年牵线搭桥。2013年7月，于再秒和社区几名热心人一起成立"于再秒喜缘工作室"，先后有近300名青年在工作室报名登记，4对青年成功结婚，6对青年确定恋爱关系。对于"大秒"师傅的公益事业，家人乐见其成，并全力支持。　（朱俊丽）

文创人物

朱明虬　1964年生，复旦EMBA管理学硕士学位。1993年进入广告行业，创立"思美广告"，2000年组建思美传媒股份有限公司，现任思美传媒股份有限公司董事长。朱明虬秉承"敢为人先"的拼搏信念和"细节成就经典"的做事原则，将1个本土广告公司发展成为国际化标准与本土化实践相结合的业界典范。2010年朱明虬被聘为浙商研究会副会长、浙江省民营经济研究会副会长；2012年获"中国经济建设奉献人物""中国营销传播领军人物大奖""浙江省浙商研究会贡献奖"等荣誉；2013年被评为"中国文化创意产业领军人物""十大杰出新锐人物""十大新锐杭商"。

陆镜清　浙江杭州人，中国艺术品市场领军人物。现任浙江省艺术品经营行业协会会长，西泠印社拍卖有限公司总经理，浙江省美术藏品征集鉴定评估专家库成员,西泠印社社员,享受国务院特殊津贴。先后被市政府评为首届杭州市文化创意产业十大风云人物和“杭州生活品质主题点评”年度人物,是中国艺术品行业首位被中共中央组织部、中共中央宣传部、人力资源和社会保障部共同评选出的全国宣传文化系统“四个一批”经营管理人才。

毛戈平 文化部一级形象设计师,国际彩妆大师,中国著名化妆艺术家、企业家,MGPIN 彩妆品牌、毛戈平形象设计艺术学校创始人。毛戈平被誉为创造了中国化妆“美丽神话”的“魔术化妆师”。毛戈平投身化妆事业 20 余年来,其化妆艺术蜚声海内外。他先后在《杨乃武与小白菜》《上海一家人》《武则天》《火烧阿房宫》《日月凌空》《武则天秘史》《风华绝代》等 40 余部电影、电视剧和 20 余场舞台剧中担任化妆造型设计,曾三次获“中国影视化装金像奖”。

夏　阳 浙江宇天科技股份有限公司董事长、总裁,杭州市工商联常委、上城区政协委员、国学与企业文化研究会常务理事、青年人才培养工程导师和青年就业创业俱乐部主席。获职务发明 10 项,主持研发的项目多次获包括“国家创新基金”在内的国家、省(市)的立项。2005 年在上城区创办宇天科技公司,该公司是国家认证的双软企业及高新技术企业。2011 年, 公司以文化与技术结合的经营优势成为杭州市文化创意协会会员单位。

周立钢 杭州博乐工业产品设计有限公司创始人、总经理,毕业于浙江大学计算机学院工业设计专业,企业管理在职研究生,曾到美国辛辛那提大学 DAAP 设计学院访问学习,获“中国设计业十大杰出青年”“杭州市工业设计十大精英”称号,是浙江省首批高级工业设计师(高级工程师)。先后担任全国工业设计产业创新联盟副秘书长、中国机械工程学会工业设计分会常务副秘书长、浙江省工业设计协会副会长、杭州市工业设计协会副会长。2014 年,周立钢入选 “文化部文化产业创业创意人才库”“杭州市上城区 128 人才”人选,带领飞马创新团队入选“杭州市十大产业文化创新团队”。 (张玉瑛)

国家级非物质文化遗产代表性传承人

朱炳仁 1944 年 11 月生于浙江绍兴, 于 2000 年 8 月开办金星铜集团有限公司。他是铜雕泰斗、中华老字号“朱府铜艺”第四代传人、国家级非物质文化遗产“铜雕技艺”唯一传承人、中国工艺美术大师、全国“五一”劳动奖章获得者、北京故宫博物院文创顾问、西泠印社社员、中国文物学会文物修复专业委员会理事、中国文物学会大运河专业委员会名誉会长、熔铜艺术创始人、庚彩工艺发明者,被誉为“中国铜雕王”“中国当代铜建筑之父”,并是国际铜业协会委任的终身顾问中唯一的中国人。 (张玉瑛)

冯根生 1934 年出生于一个医药世家, 浙江宁波人。痴迷中药国粹,一生致力于中药的现代化和国际化。其祖父冯云生、父亲冯芝芳是胡庆余堂的资深药工,他在 14 岁时成为胡庆余堂“末代学徒”,开启他的中药事业,是国家级非物质文化遗产项目胡庆余堂中药文化代表性传承人。他还是中国(杭州)青春宝集团有限公司原董事长,正大青春宝药业有限公司总裁,副董事长,是全国首批执业药师,高级经济师,全国“五一”劳动奖章获得者,全国劳动模范, 全国医药系统劳动模范和浙江省劳动模范,是首届全国优秀企业家和中共十三大代表,并获中国经营大师、中国企业技术经济大师、全国优秀经营管理人才、全国医药行业优秀企业家、浙江省突出贡献企业经营者等荣誉。

包文其 1951 年 9 月出生,汉族,浙江东阳人,毕业于浙江大学管理工程学系,大专学历。杭州利民中式服装厂厂长兼技术负责人,杭州市劳动模范,从事丝绸和中式服装制作 40 余年。2012 年 12 月,被文化部认定为第四批国家级非物质文化遗产 “振兴祥中式服装制作技艺”代表性传承人。他积极做好“振兴祥中式服装制作技艺”培育工作,使振兴祥技艺得到全面传承。
(张雪梅)

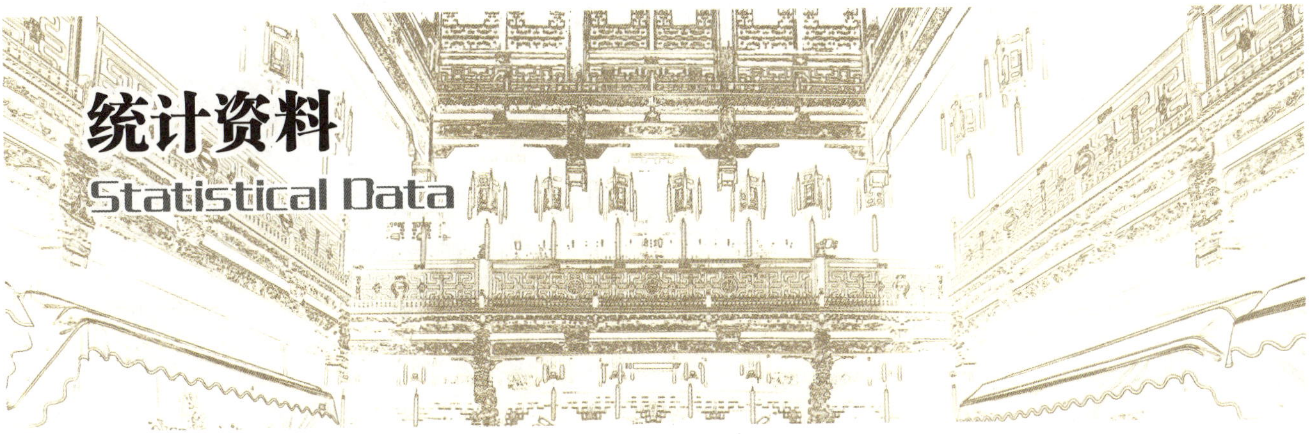

统计表

2015 年上城区国民经济主要指标

表 19

指 标 名 称	计 量 单 位	实 绩	比上年增长(%)
地区生产总值	亿元	861.02	9.2
规模以上工业企业增加值	亿元	349.73	6.0
社会消费品零售总额	亿元	341.81	11.6
地方财政收入	亿元	64.48	11.1
固定资产投资	亿元	88.58	14.1
外贸出口总额	亿美元	11.72	-21.7

2011~2015 年上城区生产总值及发展指数

表 20

年 份	2011 年	2012 年	2013 年	2014 年	2015 年
生产总值(亿元)	613.35	664.48	738.93	807.62	861.02
发展指数	109.5	107.0	106.5	107.8	109.2

2015 年上城区规模以上工业企业主要经济指标

表 21

指 标 名 称	计量单位	数 量
规模以上工业企业数	个	50
规模以上工业企业平均人数	人	15 045
规模以上工业企业总产值	亿元	734.41
规模以上工业企业销售产值	亿元	714.33
规模以上工业产品销售收入(主营)	亿元	378.15
规模以上工业企业利润总额	亿元	38.68
规模以上工业企业利税总额	亿元	266.57

2015年上城区工业企业主要产品产量

表22

产品名称	计量单位	生产量	为上年(%)
乳制品	吨	702	961.6
软饮料	吨	578 313	74.7
碳酸饮料类(汽水)	吨	51 572	132.0
包装饮用水类	吨	237 447	67.7
果汁和蔬菜汁饮料类	吨	59 529	72.6
卷烟	万支	6 023 285	105.3
服装	万件	64	82.5
天然毛皮服装	万件	1.83	81.3
合成橡胶	吨	279	82.3
塑料制品	吨	10 771	83.3
交流电动机	千瓦	54 060	118.0
变压器	千伏安	408 716	135.6
家用电冰箱	台	634 767	88.0
光电子器件	万只(片、套)	1344	83.6
工业自动调节仪表与控制系统	台(套)	44 830	53.0
电工仪器仪表	万台	871.76	106.7
眼镜成镜	副	59 037	96.7
自来水生产量	万立方米	48 638	100.8

2015年上城区外商直接投资情况

表23

指标	计量单位	实绩	比上年增长(%)
项目个数	个	36	33.33
总投资额	万美元	38 736	52.31
合同外资	万美元	40 587	84.66
实际利用外资	万美元	24 902	28.03

2015年上城区环境保护情况

表24

指标名称	全年
空气质量达标(API<100)天数(天)	249
集中式饮用水源地水质达标率(%)	100

2015 年上城区固定资产投资

表 25

固定资产投资项目	单位	投资额	为上年(%)
固定资产投资完成额	万元	885 811	114.1
房地产开发投资	万元	650 328	149.5
工业投资	万元	25 518	84.1

2015 年上城区社会保障情况

表 26

单位：万人

城镇居民社会养老保险参保人数	基本养老保险参保职工人数	基本医疗保险参保人数	工伤保险参保人数	生育保险参保人数	失业保险参保人数
0.18	12.56	12.56	13.83	12.12	12.56

2015 年上城区主要经济指标占杭州市的比重

表 27

指标名称	计量单位	实绩	占杭州市比重(%)
地区生产总值	亿元	861.02	8.6
规模以上工业企业增加值	亿元	349.732	12.0
社会消费品零售额	亿元	341.81	7.3
地方财政收入	亿元	64.48	5.2
固定资产投资	亿元	88.58	1.6
外贸出口额	亿美元	11.72	1.8

（区统计局、区商务局、上城环保分局、区人力社保局）

附 录
Appendix

先进名录

【2014 年度上城区流动人口服务管理工作先进个人】

流动人口服务管理工作突出贡献个人

孔蓓蕾

流动人口服务管理工作先进个人

郑　宁　梁　亮　倪海峰　戚敏杰　陈勇凌

流动人口计划生育工作先进个人

专管员优秀个人

马文娟　李云仙　祝露琦　朱玉英　吴佳佳
范春英　葛莉娜　李　晖　廖吉华　乐　琰
李　炯　丁国琴

协管员优秀个人

姜　琴　徐友清　杨衍舟　黄旭红　丁淑莲
徐锡秋　杜玉林　田　刚　钱永宁　史兰新
虞文琴

流动人口协管员先进个人

协管员优秀个人

裘灵蓉　胡东芳　汪　湛　汪海平　朱雅芳
俞佳媚　秦萍萍　朱春晓　陈莉莉　李佳慰

协管员先进个人

来国美　胡　月　何占刚　来　兰　虞　磊
张　瑛　齐明龙　钱慧敏　王　飞　余宏杰
朱裕利　张雯意　胡珏英　朱梦佳　方绿绿

协管员信息采集能手

邱雄高　葛丽君　邹航俊　胡国强　黄冠冠

【2013~2014 年度上城区文明单位】

浙江省气象局、杭州城投投资有限公司、杭州市物业维修资金管理中心、杭州市金都天长小学、杭州市胜利东河幼儿园、杭州太和堂健康管理有限公司、浙江威龙葡萄酒销售有限公司、浙江鲁业建设有限公司、浙江省防雷中心、浙江省气象研究所

【2014 年度上城区记三等功公务员】

刘大公　陈建楚　许延龙　卢晓琴　赵建伟
孙南萍　祝　民　戴宏海　葛伟明　楼春莲
喻　涛　来建华　赵凌燕　黄春燕　何　平
蔡　琪　周定国　贾元元　魏　静　全红军
彭　强　许勇强　陶　晓　焦　梅　朱　峻
喻铮琴　顾振毅　李淑艳　许帮群　钱　蕾
傅义强　计胜荣　陆铌婷　周红霞　寿李礼
陈军军　何铁斌　封传忠　韩跃军　李　伟
汤　安　胡春华　虞晓琪　金　露　王杭生
朱小英　袁静峰　朱叶龙　陶建平　朱炯明
顾　亮　贾晓东　杜美洁　沈益涛　包　钧
谢青萍　戴　轶　王根青　楼更生　林战涛
桂来军　谢　刚　郭丹凤　金建荣　赵卫春
丁须豪　陆　宏　李俊杰　韩卓琦

【2014 年度综合考评优秀单位】

优胜单位

区司法局、区法制办、区文广新局(区体育局)、区人力社保局、区委组织部、小营街道

先进单位

区委宣传部、区行政审批服务办、区卫计局、区委老干部局、区编委办、区统计局、区市场监管局、清波街道、南星街道

创新奖

区公安分局

【2014 年度非综合考评优秀单位】

优胜单位

区政府办公室、区政协机关、上城消防大队

先进单位

区人大机关、区委办公室、区检察院、区国税局、上城地税分局

【2014 年度夏秋季征兵工作先进单位和先进个人】

先进基层单位

小营街道、清波街道

先进社区

吴山路社区、清河坊社区、马市街社区、长明寺巷社区、茅廊巷社区、始版桥社区、在水一方社区、馒头山社区、复兴街社区、彩霞岭社区、新工社区

先进个人

严国庆　汪　峰　张　乐　曹　阳　张亚辉
陈　维　潘　蕾　任　翔　朱娜婴　宣小燕
倪受南　俞　凯　祝梅君　周慧霞　吴　丹
骆永鹰　王　敏　吕月芬　金国强　蒋慧英
许帮群　孔丽萍　张丽珍

【上城区第四批“无违建社区”】

婺江社区、玉皇山社区、白塔岭社区、海月桥社区

先进集体

2015 年度国家级和部级先进集体

表 28

获奖单位	先进荣誉称号	颁奖单位	颁奖时间
上城区	第三届“中国社会创新奖”优胜奖	中央编译局比较政治与经济研究中心、中央党校世界政党比较研究中心、北京大学中国政府创新研究中心	2015 年 1 月
上城区	2014 年度中国社区治理十大创新成果奖	民政部	2015 年 4 月
上城区	2014 年度社区发展奖	中国社区发展协会	2015 年 5 月
上城区	全国教育信息化创新应用典范区域特别实践奖	中国教育报刊社、中国教育技术协会	2015 年 5 月
上城区	全国第三批“社区治理和服务创新实验区”	民政部	2015 年 7 月
区青少年活动中心	第十八届全国青少年五好小公民“少年向上，真善美伴我行”主题教育活动先进集体	教育部关心下一代工作委员会、教育部关工委全国青少年“五好小公民”主题教育活动组委会	2015 年 7 月
区青少年活动中心	“第一届中国下一代国防教育成果展”体能竞赛团体二等奖	教育部中国关心下一代工作委员会	2015 年 7 月
区青少年活动中心	“第一届中国下一代国防教育成果展”技能竞赛团体一等奖	教育部中国关心下一代工作委员会	2015 年 7 月
区青少年活动中心	“第一届中国下一代国防教育成果展”校园国防主题教育团体优胜奖	教育部中国关心下一代工作委员会	2015 年 7 月
区青少年活动中心	“第一届中国下一代国防教育成果展”校园国防文化展团体优秀奖	教育部中国关心下一代工作委员会	2015 年 7 月
区青少年活动中心	“第一届中国下一代国防教育成果展”小学组总成绩一等奖	教育部中国关心下一代工作委员会	2015 年 7 月

续表 28

获奖单位	先进荣誉称号	颁奖单位	颁奖时间
杭州市上城区教育学院附属小学	全国青少年校园足球特色学校	教育部	2015 年 7 月
杭州市上城区教育学院附属小学	共青团中央第十二届“星星火炬”全国少年儿童英语风采浙江展示活动浙江选拔赛优秀先进单位	中国少年先锋队事业发展中心、国家广电总局中华文化交流与合作促进会	2015 年 12 月
杭州市金都天长小学	2014~2015 年度公益同行奖	中国狮子联会	2015 年 8 月
区司法局清波司法所	全国先进司法所	司法部	2015 年 11 月
中山中路历史街区	入选第一批中国历史文化街区	住房和城乡建设部、国家文物局	2015 年 4 月
杭州索菲特西湖大酒店	第三届中国饭店金星奖	中国旅游饭店业协会	2015 年 10 月
杭州马可波罗假日酒店	第三届中国饭店金星奖	中国旅游饭店业协会	2015 年 10 月
区市场监管局	全国文明单位	中央精神文明建设指导委员会	2015 年 2 月
湖滨街道	首届全国“传统文化进社区”微视频大赛组织奖	国家开放大学	2015 年 12 月
湖滨街道	首届全国“传统文化进社区”微视频大赛优秀作品入围奖	国家开放大学	2015 年 12 月
清波街道	全国法制社区建设示范街道	中国社会工作联合会、社区工作委员会	2015 年 8 月
小营街道总工会	2014 年度全国百家示范乡镇(街道)工会	中华全国总工会	2015 年 1 月
小营街道小营巷社区	全国五四红旗团委(团支部)	中国共产主义青年团中央委员会	2015 年 4 月
小营街道茅廊巷社区	全国计划生育群众自治示范村	全国计划生育协会	2015 年 4 月
望江街道	第三届中国社会创新奖入围奖	中央编译局比较政治与经济研究中心、中央党校世界政党比较研究中心、北京大学中国政府创新研究中心	2015 年 1 月
南星街道	全国法治社区建设示范街道	中国社会工作联合会、社区工作委员会	2015 年 8 月
南星街道水澄桥社区	全国和谐示范社区	民政部	2015 年 1 月
紫阳街道	全国法治社区建设示范街道	中国社会工作联合会、社区工作委员会	2015 年 8 月
紫阳街道上羊市街社区	全国民主法治示范社区	司法部、民政部	2015 年 3 月
杭州交联电气工程有限公司工会委员会	全国模范职工之家	中华全国总工会	2015 年 12 月
区法院	微电影《重生》获全国法制动漫微电影大赛二等奖	司法部	2015 年 3 月
区法院	2015 年度在司法理论宣传工作中作出突出贡献的人民法院	最高人民法院政治部	2015 年 9 月
杭州娃哈哈集团有限公司	国家技术创新示范企业	工业和信息化部	2015 年 3 月

续表 28

获奖单位	先进荣誉称号	颁奖单位	颁奖时间
杭州娃哈哈集团有限公司	智能制造试点示范(食品饮料生产智能工厂)	工业和信息化部	2015 年 6 月
杭州娃哈哈集团有限公司	全国文明单位	中央精神文明建设指导委员会	2015 年 2 月
杭州娃哈哈集团有限公司	第二十一届国家级企业管理现代化创新成果二等奖(大型民营企业竞争与激励机制双驱动的人力资源开发管理)	全国企业管理现代化创新成果审定委员会	2015 年 1 月
杭州娃哈哈集团有限公司	2014 年轻工企业管理现代化创新成果一等奖(大型民营企业竞争与激励机制双驱动的人力资源开发管理)	中国轻工业联合会	2015 年 1 月
杭州娃哈哈集团有限公司	中国轻工业联合会科学技术进步奖二等奖(高位高速码垛机)、优秀奖(高速机器人码垛工作站)	中国轻工业联合会	2015 年 2 月
杭州娃哈哈集团有限公司	2014 年轻工品牌竞争力优势产品	中国轻工业联合会	2015 年 3 月
杭州娃哈哈集团有限公司	2014 年轻工品牌培育管理体系先进企业	中国轻工业联合会	2015 年 3 月
杭州娃哈哈集团有限公司	2014 年度中国轻工业百强企业	中国轻工业联合会	2015 年 6 月
杭州娃哈哈集团有限公司	2014 年度突出贡献奖	中国扶贫基金会	2015 年 3 月
杭州娃哈哈集团有限公司	2015 年度技术进步一等奖(高位高速码垛机)、二等奖(娃哈哈阿米诺牛奶等产品开发及关键乳化稳定体系的研究)	中国乳制品工业协会	2015 年 8 月
杭州娃哈哈集团有限公司	中国乳业优秀企业奖	中国乳制品工业协会	2015 年 8 月
杭州娃哈哈集团有限公司	2014~2015 年度全国企业文化优秀案例	中国企业联合会、中国企业家协会	2015 年 7 月
杭州娃哈哈集团有限公司	2015 年中国制造业企业 500 强第 82 位	中国企业联合会、中国企业家协会	2015 年 8 月
杭州娃哈哈集团有限公司	2015 年中国企业 500 强第 165 位	中国企业联合会、中国企业家协会	2015 年 8 月
杭州娃哈哈集团有限公司	CBMEAWARDS 中国孕婴童产业奖服务社会奖和卓越二十年奖	孕婴童展童装展	2015 年 7 月
杭州娃哈哈集团有限公司	产品创新奖(柠檬酸奶和娃哈哈爱迪生奶粉)	中国(北京)国际妇女儿童产业博览会	2015 年 7 月
杭州娃哈哈集团有限公司	消费者信赖品牌	中国(北京)国际妇女儿童产业博览会	2015 年 7 月
杭州娃哈哈集团有限公司	优秀产品奖(爽歪歪)	中国(北京)国际妇女儿童产业博览会	2015 年 7 月
杭州娃哈哈集团有限公司	2015 年中国民营企业 500 强第 31 位	中华全国工商业联合会	2015 年 8 月
杭州娃哈哈集团有限公司	2015 年度中国罐头工业创新大奖(7 项)	中国罐头工业协会	2015 年 9 月
杭州娃哈哈集团有限公司	2015 年度最具世界影响力的中国品牌	新华网	2015 年 11 月
杭州娃哈哈集团有限公司	2015 年中国饮料工业 20 强	中国饮料工业协会	2015 年 11 月
杭州娃哈哈集团有限公司	2015 年全国实施卓越绩效模式先进企业	中国质量协会	2015 年 12 月
杭州娃哈哈集团有限公司	2015 年消费者最喜爱的食品品牌	中国食品工业协会	2015 年 12 月

续表 28

获奖单位	先进荣誉称号	颁奖单位	颁奖时间
杭州娃哈哈集团有限公司	首届中国校园品牌影响力峰会最受大学生喜欢的钙奶(AD 钙奶)	中国校园品牌影响力峰会	2015 年 12 月
杭州娃哈哈集团有限公司	2015 年中国年度最佳雇主杭州最佳雇主10 强	北京大学企业社会责任与雇主品牌传播研究中心、智联招聘	2015 年 12 月
杭州华日电冰箱股份有限公司	全国质量和服务诚信优秀企业	中国质量检验协会	2015 年 3 月
杭州华日电冰箱股份有限公司	Huari 华日 2014~2015 年度无霜冰箱创新品牌	中国家电行业高峰论坛组委会	2015 年 5 月
杭州华日电冰箱股份有限公司崛起 QC 小组、飞跃 QC小组	2015 年全国轻工业优秀质量管理小组	中国轻工业联合会质量分会	2015 年 7 月
杭州华日电冰箱股份有限公司	优质服务先进单位	中国消费者报社	2015 年 10 月
华日 BCD-286WKEB	2014~2015 年度冰箱行业健康之星、匀冷保鲜之星	中国家电行业高峰论坛组委会	2015 年 5 月
杭州华日电冰箱股份有限公司	全国质量诚信标杆典型企业	中国质量检验协会	2015 年 9 月

表 29

2015 年度省级和省属部门级先进集体

获奖单位	先进荣誉称号	颁奖单位	颁奖时间
上城区委	浙江省党政系统 2013~2014 年度优秀调研成果奖二等奖	中共浙江省委、浙江省人民政府	2015 年 8 月
上城区	平安市、县(市、区)和社会管理综合治理优秀市、平安创建工作先进单位	中共浙江省委、浙江省人民政府	2015 年 3 月
上城区	2015 年“清三河”达标县(区)	浙江省治水办	2015 年 12 月
上城区	浙江省基本实现教育现代化县(市、区)	浙江省人民政府教育督导室、浙江省教育厅	2015 年 5 月
区委办	浙江省党委信息工作先进单位	中共浙江省委办公厅	2015 年 1 月
区人大常委会办公室	2014 年度浙江省人大信息工作先进集体	浙江省人大常委会办公厅、浙江省人大常委会研究室	2015 年 1 月
区政府办	全省政务信息工作先进单位	浙江省人民政府办公厅	2015 年 3 月
区政府办	工业强县(市、区)综合评价先进单位	浙江省人民政府办公厅	2015 年 7 月
区教育局	2014 学年全省教育宣传工作先进集体	浙江省教育厅新闻办、浙江教育报刊总社	2015 年 4 月
区教育局	2014 年浙江省中小学生“微写作”活动组织奖	浙江教学月刊社	2015 年 3 月

续表 29

获奖单位	先进荣誉称号	颁奖单位	颁奖时间
区教育局	2014 年“迎六一，相约中国梦”书画比赛获活动组织奖	浙江教学月刊社	2015 年 6 月
区教育学院	浙江省“十二五”师干训先进集体（县区级）	浙江省中小学教师培训中心、浙江省教育行政干部培训中心	2015 年 12 月
杭州市胜利实验学校	浙江省 2013~2014 年度教科研先进集体	浙江省教育科学研究院	2015 年 12 月
杭州市金都天长小学	浙江省健康促进学校	浙江省爱国卫生运动委员会	2015 年 6 月
杭州市娃哈哈小学	2015 年度浙江省教育学会活动课程分会先进单位	浙江省教育学会	2015 年 12 月
杭州市饮马井巷小学	浙江省中小学示范性图书馆	浙江省教育技术中心	2015 年 1 月
杭州天地实验小学	浙江省无烟单位	浙江省爱国卫生运动委员会	2015 年 7 月
杭州市五星幼儿园	省级餐饮服务食品安全示范学校食堂	浙江省食品药品监督管理局、浙江省教育厅	2015 年 3 月
杭州市天长小学	浙江省“五一”劳动奖状	浙江省总工会	2015 年 4 月
杭州市天长小学	2015 年省健美操锦标赛体育道德风尚奖	浙江省体育总会、浙江省健美操协会	2015 年 5 月
杭州市崇文实验学校	浙江省第二批“千校结好”特色学校	浙江省教育国际交流协会	2015 年 12 月
区侨联	全省侨联系统先进组织	浙江省侨联	2015 年 3 月
区知联会	浙江省优秀知联会	中共浙江省委统战部	2015 年 2 月
上城区司法行政法律服务中心	浙江省四星级司法行政法律服务中心	浙江省司法厅	2015 年 10 月
区财政局	浙江省国有资产管理工作优秀单位	浙江省财政厅	2015 年 3 月
区财政局	浙江省财政预算执行工作质量优秀单位	浙江省财政厅	2015 年 11 月
区文广新局	2015 年浙江省全民健身浙北片区“种文化”活动三等奖	中共浙江省委宣传部、浙江省体育局、浙江省总工会	2015 年 6 月
区文化馆	2015 年浙江省第九届排舞大赛银兰花奖	浙江省文化厅	2015 年 11 月
近江艺术幼儿园	2015 年浙江省第九届排舞大赛系统行业组兰花奖	浙江省文化厅	2015 年 11 月
区疾病预防控制中心	浙江省无烟单位	浙江省爱国卫生运动委员会	2015 年 7 月
南星街道社区卫生服务中心	浙江省无烟单位	浙江省爱国卫生运动委员会	2015 年 7 月
紫阳街道社区卫生服务中心	浙江省无烟单位	浙江省爱国卫生运动委员会	2015 年 7 月
清波街道社区卫生服务中心	浙江省无烟单位	浙江省爱国卫生运动委员会	2015 年 7 月
小营街道社区卫生服务中心	浙江省卫生监督协管示范点	浙江省卫生和计划生育委员会	2015 年 10 月
清波街道社区卫生服务中心	浙江省卫生监督协管示范点	浙江省卫生和计划生育委员会	2015 年 10 月
紫阳街道社区卫生服务中心老年康复病房	浙江省巾帼文明岗	浙江省巾帼建功和双学双比活动协调小组办公室	2015 年 2 月

续表 29

获奖单位	先进荣誉称号	颁奖单位	颁奖时间
南星街道社区卫生服务中心康复站	第二批“省级残疾人社区康复示范站”	浙江省卫生和计划生育委员会、浙江省民政厅、浙江省残疾人联合会	2015年1月
南星街道社区卫生服务中心玉皇山社区卫生服务站	浙江省五一巾帼标兵岗	浙江省总工会	2015年1月
区公安分局	命案全破县(市、区)公安局	浙江省公安厅	2015年5月
区公安分局侦破“2·26”特大网络盗开发票案专案组	集体二等功	浙江省公安厅	2015年5月
湖滨街道青年路社区	浙江省民主法治村(社区)	浙江省司法厅、浙江省民政厅、浙江省普法办	2015年2月
湖滨街道东平巷社区	节水型居民小区	浙江省住房和城乡建设厅	2015年2月
清波街道	全省政法系统先进单位	中共浙江省委政法委、浙江省司法厅	2015年1月
清波街道	全省禁毒社会工作优秀案例二等奖	浙江省禁毒办、浙江省禁毒协会	2015年10月
清波街道清河坊社区	浙江省民主法治村(社区)	浙江省司法厅、浙江省民政厅、浙江省普法办	2015年3月
小营街道	浙江省思想政治工作优秀单位	中共浙江省委宣传部、省委组织部、省委新经济与新社会组织工委、省思想政治工作研究会等	2015年1月
南星街道白塔岭社区	浙江省民主法治村(社区)	浙江省司法厅、浙江省民政厅、浙江省普法办	2015年2月
紫阳街道上羊市街社区	首批浙江省法制文化示范点	浙江省普法办	2015年2月
紫阳街道北落马营社区	浙江省文明单位	浙江省精神文明建设委员会	2015年1月
区总工会	浙江省“安康杯”竞赛优秀组织单位	浙江省总工会	2015年8月
南华期货股份有限公司	浙江省“安康杯”竞赛优胜单位	浙江省总工会	2015年8月
杭州国美建筑设计研究院有限公司	浙江省工会示范“职工书屋”	浙江省总工会	2015年12月
杭州利星名品百货广场有限公司	浙江省工会示范“职工书屋”	浙江省总工会	2015年12月
上城区企业社会责任建设暨发展和谐劳动关系工作领导小组	浙江省创建和谐劳动关系暨双爱活动先进组织	浙江省构建和谐劳动关系工作领导小组	2015年8月
杭州海兴电力科技股份有限公司	浙江省创建和谐劳动关系暨双爱先进企业	浙江省构建和谐劳动关系工作领导小组	2015年8月
区科协	浙江省科协工作先进区县市	浙江省科协	2015年12月
区科协	2015年全国科普日活动优秀组织单位	浙江省科协	2015年12月
区关工委	浙江省关心下一代工作先进集体	浙江省关心下一代工作委员会	2015年12月
区法院	全省法院标准化羁押场所	浙江省高级人民法院	2015年1月
区法院	全省政法系统先进集体	中共浙江省委政法委、浙江省人力资源和社会保障厅	2015年2月

续表 29

获奖单位	先进荣誉称号	颁奖单位	颁奖时间
玉皇山南基金小镇	入选浙江省第一批省级特色小镇创建名单	浙江省人民政府、浙江省特色小镇规划建设工作联席会议办公室	2015 年 6 月
杭州市山南国际设计创意产业园	省级现代服务业集聚示范区综合评价前 20 强	浙江省发展和改革委员会	2015 年 12 月
杭州娃哈哈集团有限公司	2014 年度浙江机械工业科学技术奖三等奖(机器人码垛包装工作站)	浙江省机械工业联合会	2015 年 12 月
杭州娃哈哈集团有限公司	2014 年度浙江省企业文化建设优秀案例	浙江省企业联合会、浙江省企业家协会	2015 年 1 月
杭州娃哈哈集团有限公司	2014 企业信息化创新项目优秀奖(供应链计划平台项目)	浙江省企业信息化促进会	2015 年 1 月
杭州娃哈哈集团有限公司	浙江省企业文化示范基地	浙江省企业联合会、浙江省企业家协会	2015 年 1 月
杭州娃哈哈集团有限公司	2015 年度企业管理现代化创新成果一等奖、三等奖	浙江省企业联合会、浙江省企业家协会	2015 年 8 月
杭州娃哈哈集团有限公司	2015 年浙江省百强企业第 12 位	浙江省企业联合会、浙江省企业家协会、浙江省工业经济联合会	2015 年 9 月
杭州娃哈哈集团有限公司	2015 年浙江省制造业百强企业第 7 位	浙江省企业联合会、浙江省企业家协会、浙江省工业经济联合会	2015 年 9 月
杭州娃哈哈集团有限公司	非常 Future 商标延续确认为浙江省著名商标	浙江省工商行政管理局	2015 年 1 月
杭州娃哈哈集团有限公司	浙江省工商企业信用 AAA 级守合同重信用单位	浙江省工商行政管理局	2015 年 9 月
杭州娃哈哈集团有限公司	2014 年度第一批浙江制造精品(机器人码垛包装工作站)	浙江省经济和信息化委员会、浙江省发展和改革委员会、浙江省财政厅	2015 年 3 月
杭州娃哈哈集团有限公司	“机器换人”先进适用装备(高位高速码垛机)	浙江省经济和信息化委员会办公室	2015 年 5 月
杭州娃哈哈集团有限公司	2015 年浙江省优秀工业产品	浙江省优秀工业产品评选委员会	2015 年 9 月
杭州娃哈哈集团有限公司	2015 年浙江企业信息化优秀项目(基于流程驱动的企业管理变革)	浙江省企业信息化促进会	2015 年 12 月
杭州娃哈哈集团有限公司	助残之星	浙江省残疾人联合会、浙江省残疾人福利基金会	2015 年 12 月
杭州娃哈哈集团有限公司	浙江省科学技术成果(高速节能型精密塑料挤吹装备开发及产业化)	浙江省科技厅	2015 年 12 月
杭州华日电冰箱股份有限公司	2015 年浙江省优秀工业产品(华日四门全风冷冰箱、匀冷冰箱)	浙江省优秀工业产品评选委员会	2015 年 9 月
杭州华日电冰箱股份有限公司	浙江名牌产品(华日电冰箱)	浙江省质量技术监督局	2015 年 12 月
广宇集团股份有限公司	浙江省知名商号	浙江省工商行政管理局	2015 年 1 月
广宇集团股份有限公司	2015 年浙江上市公司最佳转型奖	浙商资本联谊会、浙商杂志社	2015 年 12 月
浙江省电力实业总公司	浙江省文明单位	浙江省精神文明建设委员会	2015 年 1 月
上城地税分局办税服务大厅	省级青年文明号	共青团浙江省委	2015 年 1 月
上城消防大队	代表杭州市消防支队参加浙江省消防总队业务比武获团体第四名	浙江省消防总队	2015 年 12 月

表 30

2015 年度市级先进集体

获奖单位	先进荣誉称号	颁奖单位	颁奖时间
上城区	社会主义新农村建设(城乡区域统筹发展)工作协作贡献单位	中共杭州市委、杭州市人民政府	2015 年 2 月
上城区	全市招商引资目标责任制考核完成任务奖	中共杭州市委、杭州市人民政府	2015 年 3 月
上城区	社会管理综合治理维护稳定工作目标管理责任制考核优秀达标地区	中共杭州市委、杭州市人民政府	2015 年 2 月
上城区	2014 年度维稳考核排名第一	中共杭州市委、杭州市人民政府	2015 年 4 月
上城区	杭州市“五水共治”工作先进区、县(市)	中共杭州市委办公厅、杭州市人民政府办公厅	2015 年 2 月
上城区	杭州市“三改一拆”行动优秀单位	中共杭州市委办公厅、杭州市人民政府办公厅	2015 年 2 月
上城区	现代服务业先进单位	中共杭州市委办公厅	2015 年 3 月
上城区	投资及重点项目建设先进单位	中共杭州市委办公厅	2015 年 3 月
区新闻报道中心	2014 年杭州市“五水共治”工作先进集体	杭州市人民政府	2015 年 2 月
区委政法委	杭州市 2014 年度社会管理综合治理工作考核优胜单位	中共杭州市委、杭州市人民政府	2015 年 2 月
区委政法委	杭州市 2014 年度维护社会稳定工作先进单位	中共杭州市委、杭州市人民政府	2015 年 2 月
区人大常委会办公室	2014 年度杭州市人大信息工作先进集体	杭州市人大常委会	2015 年 1 月
区教育局	杭州市 2014 年度社会管理综合治理工作考核优胜单位	中共杭州市委、杭州市人民政府	2015 年 2 月
区人力社保局	杭州市 2014 年度社会管理综合治理工作考核优胜单位	中共杭州市委、杭州市人民政府	2015 年 2 月
区侨联	杭州市侨联系统先进组织	杭州市侨联	2015 年 3 月
望江街道	杭州市 2014 年度社会管理综合治理工作“示范乡镇(街道)”	中共杭州市委、杭州市人民政府	2015 年 2 月
望江街道	2004~2014 年度社区矫正工作先进集体	中共杭州市委办公厅、杭州市人民政府办公厅	2015 年 2 月
望江街道清泰门社区	第三次经济普查先进集体	杭州市人民政府	2015 年 3 月
南星街道	杭州市 2014 年度社会管理综合治理工作考核优胜单位	中共杭州市委、杭州市人民政府	2015 年 2 月
南星街道	2004~2014 年度社区矫正工作先进集体	中共杭州市委办公厅、杭州市人民政府办公厅	2015 年 2 月
紫阳街道	2014 年度全市政务信息工作先进单位	杭州市人民政府办公厅	2015 年 4 月
紫阳街道	2014 年度征兵工作先进基层单位	杭州市人民政府	2015 年 12 月
紫阳街道	杭州市 2015 年度平安综治维稳“示范乡镇(街道)”	中共杭州市委、杭州市人民政府	2015 年 12 月
湖滨指挥部	2014 年度投资及重点项目建设先进集体	杭州市人民政府	2015 年 3 月
杭州娃哈哈集团有限公司	娃哈哈春风助学冠名单位	中共杭州市委、杭州市人民政府	2015 年 1 月

先进个人

2015年度国家级和部级先进个人

表31

获奖单位	获奖人姓名	先进荣誉称号	颁奖单位	颁奖时间
区安全监管局	许建生	全国安全生产监管监察先进个人	国家安全监管总局、国家煤矿安监局	2015年1月
区文化馆	全晓丹	2014年度“文化志愿服务推进年”系列活动优秀文化志愿者	文化部	2015年6月
区公安分局禁毒大队	宦　军	全国禁毒工作先进个人	国家禁毒委员会	2015年6月
湖滨街道东坡路社区	娄李嘉	第二届全国模范小巷总理	中国社会工作联合会、社区工作委员会	2015年12月
湖滨街道青年路社区	马海萍	2015年全国社区戒毒康复优秀教案评比活动二等奖	国家禁毒委员会办公室、中国禁毒基金会	2015年12月
小营街道	鲁立清家庭	全国“最美家庭”提名奖	全国妇联宣传部、全国妇联“婚姻与家庭”杂志社	2015年5月
小营街道小营巷社区	陈惠琴	第二届全国模范小巷总理	中国社会工作联合会、社区工作委员会	2015年12月
清波市容环境卫生管理所	刘同礼	全国劳动模范	中共中央办公厅、国务院办公厅	2015年4月
区关心下一代工作委员会	邵美英	中国关心下一代工作先进个人	中国关心下一代工作委员会	2015年10月
杭州娃哈哈集团有限公司	宗庆后	第二十一届国家级二等企业管理现代化创新成果奖	全国企业管理现代化创新成果审定委员会	2015年1月
杭州娃哈哈集团有限公司	宗庆后	杰出企业家奖	新华网	2015年1月
杭州娃哈哈集团有限公司	宗庆后	2014年轻工企业管理现代化创新成果一等奖	中国轻工业联合会	2015年1月
杭州娃哈哈集团有限公司	宗庆后	2015CBMEAWARDS中国孕婴童产业奖卓越二十年奖、服务社会奖	孕婴童展童装展	2015年7月
杭州娃哈哈集团有限公司	宗庆后	中国乳业杰出企业家	中国乳制品工业协会	2015年8月
杭州娃哈哈集团有限公司	宗庆后	中国罐头工业终身成就奖	中国罐头工业协会	2015年9月
杭州娃哈哈集团有限公司	宗庆后	2015年度科技创新奖突出贡献奖	中国食品科学技术学会	2015年10月
杭州娃哈哈集团有限公司	宗庆后	中央音乐学院特别贡献奖	中央音乐学院	2015年11月
杭州华日电冰箱股份有限公司	郭立根 陈自庭 邱地彪 严勇军 谭永丽	优质服务先进个人	中国消费者报社	2015年10月
上城消防大队	徐如喜	每期一星	全国名优期刊《政治指导员》	2015年4月

2014年度省级和省属部门级先进个人

表32

获奖单位	获奖人姓名	先进荣誉称号	颁奖单位	颁奖时间
区委办	沈　琪	浙江省党委信息工作先进个人	中共浙江省委办公厅	2015年1月
区政府办	赵　鹏	浙江省"无违建县(市、区)"创建工作先进个人	浙江省人民政府	2015年5月
区文化馆	陈建荣	2014年浙江省农村文化礼堂成果展示活动摄影类金奖	浙江省文化厅	2015年1月
区文化馆	张海宁 肖　静	浙江省第十三届音乐新作大赛创作银兰花奖	浙江省文化厅	2015年7月
区文化馆	李惠莲	浙江省第十三届音乐新作大赛表演银兰花奖	浙江省文化厅	2015年7月
区文化馆	王厚琦	浙江省第十三届音乐新作大赛辅导银兰花奖	浙江省文化厅	2015年7月
区文化馆	许柳雅	浙江排舞十年推广优秀指导老师	浙江省文化厅	2015年11月
区社会体育指导中心	李家琴	浙江省第六次全国体育场地普查先进个人	浙江省第六次全国体育场地普查工作办公室	2015年1月
区卫计局	叶向升	2015年全省爱国卫生领导干部综合素养提升研修班优秀学员	浙江省爱国卫生运动委员会办公室	2015年10月
小营街道社区卫生服务中心	周晔宁	全球基金结核病防治项目先进个人	浙江省全球基金结核病防治项目办公室	2015年3月
南星街道社区卫生服务中心	彭爱萍	全科医生骨干师资培训优秀学员	浙江省全科医学教育培训中心	2015年7月
紫阳街道社区卫生服务中心	姜红莲	第二届浙江省科普大赛三等奖	浙江省医学会	2015年9月
南星街道社区卫生服务中心	许美群	浙江省卫生计生系统第三届十大"最美天使"评选"最美天使"提名奖	浙江省卫生和计划生育委员会	2015年11月
区公安分局紫阳派出所	陈　江	2013~2014年度全省政法系统先进个人	中共浙江省委政法委、浙江省人力资源和社会保障厅	2015年1月
区公安分局刑侦大队	程　俊	个人二等功	浙江省公安厅	2015年9月
湖滨街道	王战奎	浙江省乡镇(街道)劳动人事争议优秀调解员	浙江省构建和谐劳动关系工作领导小组	2015年9月
湖滨街道东平巷社区	朱小琴	浙江千名好支书	中共浙江省委党的群众路线教育实践活动领导小组	2015年3月
清波街道清波门社区	张　园	浙江省优秀食品安全协管员	浙江省食品安全委员会办公室	2015年7月
小营街道	鲁立清家庭	2015年第二季度浙江"最美家庭"	浙江省文明办、浙江省妇联	2015年6月
区法院	潘水俊	个人二等功	浙江省高级人民法院	2015年1月
区法院	虞旭东	全省法院优秀司法警察	浙江省高级人民法院	2015年2月
区法院	周　智	全省法院民事审判工作先进个人	浙江省高级人民法院	2015年12月

续表 32

获 奖 单 位	获奖人姓名	先 进 荣 誉 称 号	颁 奖 单 位	颁奖时间
上城地税分局	祝 霆	2014 年度浙江省"纳税服务之星"	浙江省地方税务局	2015 年 3 月
上城消防大队	李 康	优秀共产党员	浙江省消防总队	2015 年 8 月
上城消防大队	耿 方	浙江省消防总队二级四会政治教员考核通过并获团体第一名	浙江省消防总队	2015 年 6 月
上城消防大队	张 阳	个人三等功	浙江省公安厅	2015 年 3 月
上城消防大队	李 康	代表杭州支队参加浙江省乒乓球邀请赛获团体第三名	浙江省公安厅	2015 年 10 月
杭州思美传媒有限公司	朱明虬	第五届浙江省优秀中国特色社会主义事业建设者	中共浙江省委、浙江省人民政府	2015 年 12 月

2015 年度市级先进个人

表 33

获 奖 单 位	获奖人姓名	先 进 荣 誉 称 号	颁 奖 单 位	颁奖时间
中共上城区委	缪承潮	2014 年度杭州市党政系统优秀调研成果三等奖	中共杭州市委办公厅、杭州市人民政府办公厅	2015 年 11 月
中共上城区委	陈 瑾	2014 年度杭州市党政系统优秀调研成果二等奖	中共杭州市委办公厅、杭州市人民政府办公厅	2015 年 11 月
区委办	郑 倩	杭州市党委信息工作先进个人	中共杭州市委办公厅	2015 年 1 月
区委办	方欢欢	杭州市党委信息工作先进个人	中共杭州市委办公厅	2015 年 1 月
区委政法委	钱旭立	杭州市 2014 年度维护社会稳定工作先进个人	中共杭州市委、杭州市人民政府	2015 年 2 月
区人大常委会办公室	侍 杰	2014 年度杭州市人大信息工作先进个人	杭州市人大常委会	2015 年 1 月
清波街道	鲁 坚	杭州市综治维稳工作先进个人	中共杭州市委、杭州市人民政府	2015 年 12 月
小营街道	陆建华	2014 年度维护稳定工作先进个人	中共杭州市委、杭州市人民政府	2015 年 1 月
紫阳街道	许晓燕	杭州市综治维稳工作先进个人	中共杭州市委、杭州市人民政府	2015 年 12 月

文件辑录

关于开展“三严三实”专题教育的实施方案

为贯彻落实全面从严治党要求，巩固和拓展党的群众路线教育实践活动成果，持续深入推进党的思想政治建设和作风建设，根据中央和省、市委统一部署，区委决定2015年在全区区管以上干部(含区管以上非领导干部)中开展“三严三实”专题教育。现提出如下实施方案。

一、目标要求

深入学习贯彻党的十八大、十八届三中、四中全会和习近平总书记系列重要讲话精神，紧紧围绕“四个全面”战略布局和省、市、区委决策部署，以践行“三严三实”为主题，聚焦对党忠诚、个人干净、敢于担当，对照“7个有之”“9种表现”“十大突出问题”和各级整改落实督查组和巡视组反馈意见，着力解决理想信念、依法用权和守规执纪等方面存在的问题，教育引导全区各级领导干部坚定理想信念、提振精气神、锤炼好作风、展现新作为，争当“信念坚定、为民服务、勤政务实、敢于担当、清正廉洁”好干部，努力使专题教育与深化“四风”整治、巩固和拓展教育实践活动成果深度融合，与遵党章守纪律讲规矩、营造良好政治生态深度融合，与真抓实干、落实区委区政府中心工作深度融合，为建设“现代化美丽上城”提供坚强保障。

二、方法步骤

“三严三实”专题教育是党的群众路线教育实践活动的延展深化，是加强党的思想政治建设和作风建设的重要举措，要融入领导干部经常性学习教育，不分批次、不划阶段、不设环节，不是一次活动。从今年5月开始，在全区区管以上干部中同步开展。区委常委会带头开展“三严三实”专题教育，区人大常委会党组、区政府党组、区政协党组结合各自实际开展。

1.高水平宣讲好“三严三实”专题党课。5月中旬，结合全区专题教育动员部署，区委书记带头讲党课。6月上旬，区直各党(工)委、党组书记要紧扣“三严三实”要求，联系本单位实际，联系党员、干部思想、工作、生活和作风实际，深入剖析问题产生的根源，带头讲一次党课。6月底前，其他区管以上党员干部也要在分管联系的单位、挂包结对社区、其他联系服务单位或适当范围讲一次党课。

2.高质量组织好“三严三实”专题研讨。结合各级理论中心组学习和基层党组织“三会一课”，深入学习习近平总书记系列重要讲话精神，学习党章和党的纪律规定，重点研读《习近平谈治国理政》《习近平关于党风廉政建设和反腐败斗争论述摘编》《之江新语》《干在实处、走在前列》等原著；用好《优秀领导干部先进事迹选编》《领导干部违纪违法典型案例警示录》《点赞千名好支书》《四风百相》等正反教材，从焦裕禄、杨善洲、沈浩等先进典型的事迹中，找到差距、见贤思齐，从周永康、薄熙来、徐才厚、令计划、苏荣等违法违纪案件中，汲取教训、自警自省。专题学习研讨要与深化“上城精神”和“红巷精神”、“三转一争”活动、“上门看、当面谈、马上干”基层走学、“草根民师讲堂”、“‘三严三实’优秀干部座谈会”，以及《上城报》“三严三实”研讨专栏等紧密结合，切实发挥领导干部带学促学的作用。在个人自学基础上，重点分3个专题开展学习研讨。

专题一(6~7月)：开展“如何当好思想领路人”学习研讨。以严以修身，加强党性修养，坚定理想信念，把牢思想和行动的“总开关”为主要内容，重点学习研讨如何坚定马克思主义信仰和中国特色社会主义信念，增强道路自信、理论自信、制度自信；如何站稳党和人民立场，牢固树立正确的世界观、人生观、价值观和公私观、是非观、义利观，忠于党、忠于国家、忠于人民；如何保持高尚道德情操和健康生活情趣，自觉远离低级趣味，树立良好家风，坚决抵制歪风邪气，坚守共产党人精神家园。

专题二(8~9月)：开展“如何当好政治明白人”学习研讨。以严以律己，严守党的政治纪律和政治规矩，自觉做政治上的“明白人”为主要内容，重点学习研讨如何自觉遵守党章，自觉维护党的权威，做到在思想上政治上行动上与党中央保持高度一致；维护党的团结，做老实人、说老实话、干老实事，不搞团团伙伙，不搞任何形式的派别活动；遵循组织程序，不超越权限办事，不搞先斩后奏；服从组织决定，不跟组织讨价还价，不欺骗组织、对抗组织；管好亲属和身边工作人员，不让他们擅权干政，不让他们利用特殊身份谋取非法利益。

专题三(10~11月)：开展“如何当好创业带头人”学习研讨。以严以用权，真抓实干，实实在在谋事创业做人，树立忠诚、干净、担当的新形象为主要内容，重点学习研讨如何带头坚持用权为民，自觉遵守宪法法律和党的纪律，按规则、按制度、按法律行使权力，敬法畏纪，为政清廉，任何时候都不搞特权，不以权谋私；如何带头坚持民主集中制，自觉接受监督，不搞大权独揽、独断专行；如何秉承“历史第一”、争创“现实第一”，带头坚持从实际出发谋划事业、推进工作，敢于担责、“为官有为”，努力创造经得起实践、人民、历史检验的实绩。

3.高强度抓好整改落实和立规执纪。坚持把正风肃纪、边学边改、严格整改、立规执纪贯穿专题教育始终。持续深入推进教育实践活动整改落实。巩固拓展群众路线教育实践活动以来的整改成果，抓好区委、区政府制定出台的有关制度和规定的严格执行，狠抓各级整改落实督查组和巡视组反馈意见的整改落实。持续深入推进“不担当、不作为”问题专项整治。落实全区深化作风建设会议部署，进一步梳理“不严不实”的问题，从严推进“不担当、不作为”问题专项整治，完善领导干部监督考核办法，进一步疏通不称职、不适宜、不作为干部“下”的渠道。持续深入推进“三张报表三张清单一张网”。建立健全党建责任、经济责任和平安责任三张报表和权力清单、责任清单、财政专项资金管理清单及网上政务服务体系，推进机构、职能、权限、程序、责任的法定化，进一步转变领导干部和机关干部的作风，确保履职到位、提高效率、提升服务。持续深入推进领导干部实绩记录研判制度。全面实施领导干部实绩考核研判，通过推行“任务书、责任表、路线图、进程线、绩效单”和“月评、常析、年判”等办法，层层分解任务、厘清责任、落实项目，实现捆绑工作到岗位、传导压力到个人。持续深入推进执纪追责。坚持主题教育与强化监督并重，把违反中央八项规定和违反政治纪律、组织纪律、财经纪律、工作纪律、生活纪律等行为列入纪律审查重点，严肃执纪追责；加强领导干部日常监督管理，深化“公述民评”面对面问政活动，加大作风效能明察暗访情况通报力度，推动“五水共治”、“三改一拆”、征迁“清零”等全区重点工作的督查落实。

4.高标准召开专题民主生活会和组织生活会。以践行“三严三实”为主题，充分借鉴教育实践活动的经验做法，年底前后，召开区管以上党员干部年度民主生活会和组织生活会。查摆问题要准。每名区管以上党员干部都要对照党章等党内规章制度、党的纪律、国家法律、党的优良传统和工作惯例，对照正反两方面典型，联系个人思想、工作、生活和作风实际，联系个人成长进步经历，联系教育实践活动中个人整改措施落实情况，深入查摆“不严不实”问题，把问题查准、查实。谈心交心要诚。党(工)委、党组主要负责同志与班子每名成员之间、班子成员相互之间、班子成员与分管单位(科室)负责同志之间都要开展谈心，交换意见要直截了当，既主动说自己的问题，也点出对方的问题，把问题谈深、谈透。审核把关要严。街道党工委书记和区直单位党(工)委、党组书记的对照检查材料送区委组织部汇总审阅后，分别送区委主要领导和区委、区政府分管领导审核；其他区管党员领导干部的对照检查材料由本单位党(工)委、党组书记审核。相互批评要真。主要负责同志要带头查摆问题，带头开展批评和自我批评，要动真格、有辣味，既要进行深刻的自我批评，又要进行诚恳的相互批评。整改措施要实。主要负责同志要带头把“不严不实”问题梳理清楚，列出问题整改清单，一项一项抓好落实。

三、组织领导

我区“三严三实”专题教育在区委常委会领导下进行，由区委组织部牵头，区纪委、区委办公室、区政府办公室、区委宣传部等为责任单位，相关单位为配合单位，共同参与组织实施。区纪委主要抓好整改落实情况的监督和立规执纪有关工作。区委办公室主要抓好区委常委会专题教育有关工作的安排和联络服务。区政府办主要抓好政府部门专题教育有关工作落实。区委宣传部主要抓好区委常委会专题学习研讨和舆论宣传工作。区委组织部要每季度分析研判全区专题教育开展情况,扎实推进下一步工作。区直各党(工)委、党组要按照区委的部署,结合实际谋划开展专题教育。

1.要强化责任。各单位党(工)委、党组全面负责本单位的专题教育,结合实际作出部署。党(工)委、党组主要负责同志要承担起第一责任人的责任。区委将把抓好专题教育作为履行党建主体责任的重要任务,纳入党建工作述职评议考核的重要内容。

2.要统筹推进。把开展“三严三实”专题教育与抓好重点工作结合起来,与推进“现代化美丽上城”建设结合起来,与解决群众实际问题结合起来,做到专题教育与日常工作有机融合、相互促进。

3.要从严督导。以从严从实作风开展专题教育,坚决防止和杜绝形式主义,对搞形式主义、走过场的严肃问责。结合党的群众路线教育实践活动整改落实工作和巩固拓展教育实践活动成果专项检查,采取多种形式,确保中央和省、市、区委部署落地见效。

4.要营造氛围。充分运用《上城报》、上城网,以及微博、微信等新媒体平台,广泛深入宣传中央和省、市、区委要求,及时反映专题教育成效和领导干部专题学习研讨成果,有效发挥舆论宣传的助推、引导、监督作用,营造良好的舆论氛围。要开辟专栏,大力宣传“三严三实”好干部典型,形成“比学赶超”氛围。要积极探索在全面从严治党中加强党的思想政治建设的有效办法和措施。

中共杭州市上城区委办公室

2015年5月20日

上城区人民政府职能转变和机构改革方案

根据党的十八大和《中共中央、国务院关于地方政府职能转变和机构改革的意见》精神,以及市委十一届六次全会和《市委办公厅、市政府办公厅关于印发〈杭州市区、县(市)政府职能转变和机构改革实施意见〉的通知》精神,杭州市上城区政府职能转变和机构改革的总体要求是:高举中国特色社会主义伟大旗帜,以邓小平理论、“三个代表”重要思想、科学发展观为指导,深入贯彻习近平总书记系列重要讲话精神,与省、市政府职能转变和机构改革相衔接,全面深化政府职能转变和机构改革,建立科学有效的政府治理体系,最大程度激发市场、社会的创造活力,为建设“现代化美丽上城”提供体制机制保障。

一、加快政府职能转变

健全和完善区政府功能,围绕使市场在资源配置中起决定性作用和更好发挥政府作用,处理好政府与市场、政府与社会、政府层级间的关系,推动政府职能向创造良好发展环境、提供优质公共服务和维护社会公平正义转变,切实提高政府管理的科学化水平。

(一)推进简政放权

1.推行政府权力清单制度。按照建设公开透明、廉洁高效和法治政府的要求,全面推行权力清单制度,清理部门职责,依据法律法规,编制部门权力清单和权力运行流程图,明确责任主体,规范行政裁量权,并按规定予以公布,接受社会监督。加强部门职权动态管理,建立健全各项配套制度。编制部门责任清单,按照同一件事情由一个部门负责的原则,理顺部门职责关系,对确需多个部门负责的事项,明确牵头部门,分清主办和协办关系,建立健全协调配合机制,最大程度减少部门职责交叉和分散问题,加快构建权界清晰、分工合理、权责一致、运转高效的政府职责体系。

2.深化行政审批制度改革。进一步减少政府对微观事务的直接管理。全面清理自行设定的资质资格许可和认定、评比达标表彰、考核评估等事项,清理以“红头文件”形式设定的不符合法律法规的审批事项。凡市场机制能有效调节的经济活动,一律取消审批。对上级政府下放的行政审批事项,做好承接工作;对上级政府转给市场和社会的管理职能,不得截留。对保留的行政审批事项,创新行政审批方式,优化审批流程,提高审批效率。

建立审批放权事项绩效评估和新增审批事项准

入制度，对确需设立的行政审批事项，严格按照《中华人民共和国行政许可法》和国务院规定的程序设定，防止行政审批事项边减边增、明减暗增。加快中介服务机构改革，推进并规范中介服务市场化运作，提升服务效能。实行市场准入负面清单制度，清单以外的经济领域，各类市场主体皆可依法平等进入，政府不再审批，切实落实市场主体投资自主权。

3.深化政府预算管理。实施全面规范、公开透明的预算制度。推进财政专项资金改革，逐步取消竞争性领域专项资金，减少政府对资源的直接配置。强化绩效评价管理，提高财政资金使用绩效。健全政府非税收入管理制度，清理规范行政事业性收费和政府性基金项目，严格征收管理，完善收费公示制度，将政府全部收支纳入预算管理。

(二)改善政府管理

1.转变管理方式。转变政府管理理念，改进工作方式，加强事中事后监管，避免管理缺位，防止“一放就乱”。推动政府把更多的精力转到制定和实施发展战略、规划、政策、标准等工作上。严格执行国家法律法规、发展规划和产业政策的规定，加强对投资活动中土地使用、能源消耗、污染排放等的管理，纠正以违反法律法规的优惠政策进行招商的行为，避免重复投资和无序竞争。加强公共安全、互联网管理和流动人口管理服务，增强预防处置突发公共事件和社会管理综合治理能力。以市场信用建设为重点，全面推进社会信用体系建设，完善信用信息征集、存储、共享与应用等环节的制度，建立信用信息平台，推进部门信息共享。

2.明确监管责任。加强对市场主体和市场行为的监管，依法平等对待各种所有制经济，规范市场秩序，着力营造公平、诚信、法治的市场竞争环境。市场监管原则上实行属地管理，由区政府负责。其中工商、质监管理体制由市以下垂直管理调整为市、区政府分级管理。突出强化基层市场监管机构和能力建设，推进食品药品监管工作关口前移、重心下移，强化街道与市场监管机构的合力，深化食品药品监督管理横向到边、纵向到底的工作体系。改革工商登记制度，降低市场准入门槛，减少前置审批，大力推进工商注册制度便利化。建立市场主体信用信息公示制度，强化信用监管。

3.培育发展社会组织。更好地发挥社会组织在社会事务管理中的积极作用，重点培育和优先发展行业协会商会类、科技类、公益慈善类、社区服务类社会组织，重点培育和优先发展的社会组织成立可直接向民政部门依法申请登记。逐步将政府履行的辅助性、技术性和服务性事项委托或移交行业协会等社会组织承担，推进政府职能向社会组织转移。进一步落实协会商会类社会组织与行政机关脱钩，探索一业多会形式。建立健全社会组织监管和自律制度，推动社会组织完善内部治理结构，以诚信、信誉、章程等实施自律管理。创新社会治理体系，鼓励和支持社会各方面参与，形成政府治理和社会自我调节、居民自治良性互动的社会管理新格局。

(三)强化公共服务

加快教育、医疗卫生、公共文化体育、就业和社会保障等领域体制改革，推进基本公共服务均等化。创新公共服务机制，鼓励和公平对待社会力量提供公共服务，重点促进社会资本和民间力量进入医疗卫生、教育和文化体育领域，加快发展民办医疗、教育和文化体育事业。积极稳妥推进政府向社会力量购买服务，制定政府购买服务目录，建立健全政府购买服务的标准、招投标和监督评估等制度，凡属事务性管理服务，原则上都应引入竞争机制。健全政务服务体系，深入推进电子政务系统建设，以网格化管理、社会化服务为方向，整合各类基层服务管理资源，着力打造更为综合、高效的政务服务平台。

(四)坚持依法行政

加快法治政府建设，完善依法行政各项制度，构建决策科学、执行坚决、监督有力的权力运行体系，提高政府公信力和执行力。健全科学民主依法决策机制，建立决策后评估和纠错制度。深化政务公开，推进政府和部门财政预决算、“三公”经费、重大建设项目批准和实施、社会公益事业等领域的信息公开。建立健全各项监督制度，拓宽群众监督渠道，让人民群众监督权力。加强对部门和街道的监督检查，强化行政问责和绩效管理，严格责任追究，做到令行禁止。

二、深化政府机构改革

区政府机构改革与省、市政府机构改革相衔接，适应经济社会发展需要，突出重点领域，强化监管责任,进一步精简和规范机构设置,稳步推进大部门制改革,加快形成精干高效兼具地域特色的政府组织结构。

(一)推进机构和职责整合

1.组建区卫生和计划生育局。将区卫生局除用人单位职业卫生监督检查等相关职责以外的职责、区人口和计划生育局的计划生育管理和服务职责,整合划入区卫生和计划生育局。将区卫生局的用人单位职业卫生监督检查等相关职责划入区安全生产监督管理局(区安全生产委员会办公室)。将区人口和计划生育局的研究拟订人口发展战略、规划及人口政策等职责划入区发展改革和经济信息化局。不再保留区卫生局、区人口和计划生育局。

2.组建区市场监督管理局。承接市下放的工商行政管理、质量技术监督的职责,将区食品药品监督管理局、区食品安全委员会办公室的职责和区商务局的家畜屠宰监督管理等相关职责整合划入区市场监督管理局。区市场监督管理局挂区工商行政管理局、区质量技术监督局、区食品药品监督管理局、区食品安全委员会办公室牌子。

3.不再保留区政府办公室挂的区政府研究室牌子。

经过上述调整,杭州市上城区政府设置工作部门19个。

(二)规范机构设置

从严规范和管理合署办公机构、挂牌机构。合署办公的机构,人、财、物必须实行统一管理,只设1个党委(党组)和1名正职领导,不得明合暗分。挂牌机构不得设为实体机构,不得另行确定机构规格、领导职数,不得以挂牌机构名义配备主要领导。严格控制议事协调机构设置,不单设办事机构,不专门核定人员编制,具体工作由有关职能部门承担。不设置部门管理机构。综合设置部门内设机构,避免分工过细、力量分散。

三、统筹推进相关改革

结合区政府职能转变和机构改革工作,统筹考虑、总体谋划、协调推进各领域改革。

(一)推进事业单位分类改革

结合政府机构改革工作,逐步将事业单位承担的行政职能划归行政机构,或将事业单位转为行政机构;涉及机构编制调整的,不突破政府机构限额和行政编制总额。不得擅自将行政职能转由事业单位承担,推动事业单位与主管部门理顺关系和去行政化。不再新设承担行政职能或从事生产经营活动的事业单位。撤并整合职责相近、设置重复分散、规模过小的事业单位。健全和完善事业单位法人治理结构,推进各类事业单位统一登记管理。继续深化事业单位人事制度、收入分配、社会保险、财政投入等配套改革,并做好与教育、科技、文化、卫生等行业体制改革的衔接。

(二)深化街道行政体制改革

进一步理顺各职能部门和街道的关系,严格控制部门在街道设立派驻机构,已经设置的派驻机构,纳入街道管理服务体系。规范对街道的工作考核和绩效评估。理顺街道与社区等自治组织的关系,完善工作机制,充分发挥基层自治组织在社会管理服务等方面的积极作用。严格按照有关规定综合设置街道党政工作机构,统筹各类资源,合力推进基层各项工作开展。强化街道社会管理和公共服务职能,创新公共服务提供方式。推进社区转变服务方式,整合综合服务信息,搭建社区公共服务、便民服务、治理服务平台。

(三)推进行政执法体制改革

按照省、市行政执法体制改革要求,推进跨部门、跨行业综合执法,着力解决权责交叉、多头执法问题,推动执法力量下沉,建立权责统一、权威高效的行政执法体制。积极推进市场监管、城管执法、安全生产、劳动和社会保障等重点领域深化执法体制改革,清理整顿和整合执法机构和执法队伍,提高执法能力和服务水平。

四、严格控制机构编制

按照财政供养人员只减不增的要求,加强机构编制管理,精简人员编制,降低行政成本,把更多财力用于改善民生。

(一)强化总量控制

行政编制的调整使用,必须控制在省下达的总额以内。认真落实事业编制总量控制要求,事业编制控制在省确定的事业编制数额以内。严格控制参照公务员法管理事业单位和经费自理事业单位的机构编制,参照公务员法管理事业单位编制以2013年底统计数为基数实行总量控制；严格控制经费自理事业编制转为财政补助事业编制，确需调整的，报上级机构编制部门审核。年度用编计划和公务员招考方案须报上级机构编制部门审核。减少领导职数，部门领导职数核定按照上级相关要求，一般配备1名正职领导干部、1~2名副职领导干部，工作任务特别重的综合部门可增设1名副职领导干部；非领导职数严格按规定配备。除本单位行政正职为非党员或由上一级负责人兼任外，党委（党组）书记一般由本单位党员行政正职担任。强化实名制管理，确保机关事业单位实体机构设置与按规定审批的机构相一致、实有人数与批准的编制和领导职数相对应。加大对机构改革和政策性安置造成的超编、超职数配备人员的分流和消化力度，制定消化方案。未按计划完成分流和消化任务的单位，不得新招或从外地选调机关事业单位人员。彻底核查现有机构和人员编制情况，清理规范机关事业单位编外用人。

（二）创新机构编制管理

加大机构编制管理创新力度，向改革要编制，向管理要编制，向信息技术要编制，不断提高机构编制资源效用。按照严格控制总量、盘活存量、优化结构、增减平衡的要求，盘活现有编制资源。按一定比例精简党政群机关（政法部门暂不列入）编制和事业编制。其中，精简的事业编制95名，上收省集中管理。精简的行政编制和除上收省集中管理以外的事业编制由区级掌握使用，主要用于加强事关中心工作、全局工作和重大民生保障等方面的人员力量。精简后的超编人员，通过优化调整干部配置、自然减员和鼓励符合条件人员提前退休等方式内部消化。严格控制新设机构，确需设置的，在机构限额内按照“撤一建一”的原则从严掌握。加强在总量内跨部门、跨层级调剂使用编制。结合简政放权、重心下移，积极推进编制和人员向基层一线倾斜。进一步完善机构编制实名制管理制度，全面实施机构编制预报审核制度，改革人员出入编管理方式，强化机构编制部门与组织、财政、人力社保等部门的协调配合机制。

（三）严肃机构编制纪律

任何组织、单位和个人都必须严格遵守机构编制各项法律法规和政策。严禁擅自设置机构或变相增设机构；严禁超编进人，确保财政供养人员只减不增；严禁混编混岗，清理在编不在岗人员，坚决杜绝“吃空饷”现象的发生；不得超职数配备和超机构规格提拔领导干部。将机构编制政策规定执行情况纳入区委、区政府督查工作、领导干部任职审计范围和目标考核内容。健全机构编制监督检查机制，加大对机构编制违法违纪行为的查处力度，对执行机构编制政策规定不力的单位，严格追究领导班子和领导干部责任，切实维护机构编制管理的严肃性和权威性。

五、认真组织实施

区政府职能转变和机构改革工作，在区委、区政府领导下，由区机构编制委员会负责，具体工作由区编委办承担。区政府各部门要按照区委、区政府统一部署，采取切实有效措施，加强领导，精心组织。纪检（监察）、组织、财政、人力社保、审计、法制等部门要密切配合，共同推进有关工作。制定政府职能转变具体实施方案，提出3~5年内总体安排和工作规划，明确任务分工、时间节点等，对体制调整、取消和下放权力、职能整合等制定细化方案和严密程序，逐项落实。

区政府职能转变和机构改革任务完成情况列入部门年度工作考核，并及时组织督查、评估。加强对改革涉及的人员编制、经费划转等工作的衔接，确保各项工作正常运转。加强思想政治工作，严肃工作纪律，确保政令畅通；重视研究改革中出现的新情况，正确引导舆论，扩大社会参与，增强改革动力；严禁突击提拔干部、突击进人，严防国有资产流失，确保改革顺利进行。

中共杭州市上城区委办公室
杭州市上城区人民政府办公室
2015年7月3日

上城区消防安全主体责任和监管责任追究实施办法

第一条 为进一步推动落实消防安全责任制，认真贯彻“党政同责、一岗双责、齐抓共管”和“管行业必须管安全、管业务必须管安全、管生产经营必须管安全”的要求，切实明确政府、部门、企业的安全生产责任，有效预防和减少火灾事故的发生，切实保障人民群众生命财产安全，根据《中华人民共和国消防法》《国务院关于特大安全生产事故行政责任追究的规定》《国务院生产安全事故报告和调查处理条例》等有关法律法规和文件要求，特制定本办法。

第二条 消防安全主体责任是指机关、团体、企业、事业单位、个体工商户、出租房主等社会单位和个人应履行的确保消防安全的职责和义务。消防安全监管责任是指行业主管部门、街道，以及负有消防安全监管职责的个人应承担的消防安全监督管理职责。

第三条 社会单位应落实教育培训的职责，每年组织员工进行一次消防安全教育培训，公众聚集场所每半年进行一次培训。新上岗和进入新岗位的员工要进行岗前消防培训，员工普遍达到“三懂三会”要求。

第四条 社会单位应落实防火检查、防火巡查的职责，单位每月进行一次全面防火检查，并规范填写检查记录。主要检查内容包括：

(一)火灾隐患的整改情况以及防范措施的落实情况；

(二)安全疏散通道、疏散指示标志、应急照明和安全出口情况；

(三)消防车通道、消防水源情况；

(四)灭火器材配置及有效情况；

(五)用火、用电有无违章情况；

(六)重点工种人员以及其他员工消防知识的掌握情况；

(七)消防安全重点部位的管理情况；

(八)易燃易爆危险物品和场所防火防爆措施的落实情况以及其他重要物资的防火安全情况；

(九)消防(控制室)值班情况和设施运行、记录情况；

(十)防火巡查情况；

(十一)消防安全标志的设置情况和完好、有效情况；

(十二)其他需要检查的内容。

单位建立每日防火巡查制度，宾馆、饭店、商场、集贸市场和公共娱乐场所等公众聚集场所在营业期间每二小时进行一次防火巡查，医院、养老院、寄宿制的学校、托儿所、幼儿园要加强夜间防火巡查，相关制度、记录等存档备查。

第五条 社会单位应落实火灾隐患整改职责，单位防火检查、巡查发现的火灾隐患，检查巡查人员立即督促整改，当场整改不了的，要报告消防安全管理人，制定整改计划，明确整改措施、整改时限，限期消除，并采取防范措施，确保整改期间的安全。

第六条 社会单位不能按照上述要求落实主体责任的，属地政府或有关部门应当及时从严处理，强化主体责任落实。

第七条 社会单位和相关个人发生火灾的，根据情节轻重，依法追究单位主要负责人（实际控制人）和直接责任人的法律责任；构成犯罪的，依法追究主体责任人的刑事责任。

第八条 区消防安全委员会应落实函告制度，由区消防安全委员会办公室具体落实。函告的对象为街道、负有消防安全监管职责的部门。函告的形式包括建议函和督办函。

第九条 有下列情况之一的，依照本办法向区政府及行业主管部门送达建议函。

(一)根据阶段性火灾数据分析研判，区域、行业发生火灾频率较高的；

(二)根据日常消防监督检查数据分析研判，区域、行业消防安全隐患突出的；

(三)重大节假日、重点活动和重要会议等需要部署消防安全保卫工作的；

(四) 区消防安全委员会认为有必要的其他情形。

第十条 发出建议函后，区消防安全委员会要加强跟踪问效，相关政府或部门未采取措施加强对本区域、行业消防工作监管的，要适时形成专题报告，提请区政府对相关区域、行业实施专项消防安全整治或挂牌督办。

第十一条 有下列情形之一的，依照本办法向街道、行业主管部门送达督办函。

(一)上级消防工作部署或重要会议、重要文件明确规定需要贯彻落实的事项未落实的；

(二)上级重要批示，涉及某地、某部门需要查办落实的；

(三)对重大火灾隐患督改不力，或到期后逾期未整改的；

(四)发生人员伤亡、经济损失较大或社会影响较大的火灾事故，未采取有效措施加强火灾防控的；

(五)督查过程中发现火灾隐患、消防安全违法行为未立即整改或处理的；

(六)某一区域、行业连续发生火灾，未采取有效措施遏制的；

(七)区消防安全委员会认为有必要的其他情形。

第十二条 有关单位应当自接到督办函之日起10个工作日内向区消防安全委员会办公室反馈办理结果。对有特殊要求，需特事特办的，要及时反馈办理结果；情况特殊需要延长督办时间的，要及时向区消防安全委员会说明原因和办理进展情况。

第十三条 区消防安全委员会应组织实施约谈制度。约谈小组由区消防安全委员会主任担任组长，抽调区监察局、区公安分局、区安监局等相关单位人员组成。被约谈对象为各街道、各行业主管部门消防工作主要负责人或分管负责人。

第十四条 有下列情形之一的，依照本办法约谈各街道、行业主管部门主要负责人。

(一)辖区或行业发生较大以上火灾事故的；

(二)辖区或行业发生2次以上(含2次)有人员伤亡或较大社会影响的一般火灾事故的；

(三)突破了区政府消防安全工作年度考核指标的；

(四)区消防安全委员会认为有必要的其他情形。

第十五条 约谈一般以召开谈话会的形式进行，约谈后，被约谈人要将约谈要求落实情况在10个工作日内，以书面形式报告市消防安全委员会办公室。

第十六条 对未及时落实约谈中提出的整改要求，未履行在约谈中作出的承诺再次发生火灾事故的，将由纪检监察部门对相关责任单位和被约谈人启动问责程序，依法依规给予相应处理。

第十七条 被约谈人应准时参加约谈，不得委托他人。被约谈人无故不接受约谈的，由区消防安全委员会予以通报批评，并列入年度消防工作考核。

第十八条 由区政府负责组织落实督查制度，区政府办公室具体落实。抽调督查科、区监察局、区安全监管局、区公安分局等相关单位人员组成督查组，对各街道、各部门消防工作开展情况进行督查。

第十九条 督查组每半年开展督查不少于1次，具体时间视情而定。

第二十条 督查内容主要包括以下几方面。

(一)是否落实消防安全责任制，建立健全政府属地管理、行业部门依法监管、社会单位自主负责的责任体系。

(二)是否按要求建立"五位一体"的基层消防管理组织体系，开展常态化消防安全网格化排查。

(三)是否开展常态化消防宣传教育培训。

(四)是否落实上级有关要求，全力抓好火灾隐患整治工作。

(五)是否实施区域性、行业性火灾隐患政府挂牌督办，采取有效措施，按时推进重大火灾隐患整改工作。

(六)是否建立部门联合执法机制，严肃查处消防违法违章行为。

第二十一条 督查结果在全区范围内通报。对工作成绩突出、成效显著的单位，可以适当方式对其通报表扬；对敷衍塞责、弄虚作假、落实不力的单位，予以通报批评并督促整改；情节严重的，给予纪律处分。

第二十二条 由区政府组织落实责任追究。

第二十三条 出现下列情形之一的，应当对相关责任人员进行事后追责。

(一)各街道及行业主管部门不依法履行职责，

在公共消防基础设施建设、重大火灾隐患整改、消防力量发展等方面工作不力,涉及失职渎职的,要依法依纪追究有关人员的责任。

(二)各街道及行业主管部门未依照有关规定履行消防安全工作职责,导致消防安全责任不落实,发生较大以上火灾事故的;其中生产经营场所发生火灾事故的,由区安全生产委员会牵头负责事故责任调查;非生产经营场所发生火灾事故的,由区消防安全委员会牵头负责事故责任调查。

(三)上述第二项情形以外的火灾事故,由各街道负责查明主体责任和监管责任落实情况,并在一个月内上报处理结果。

杭州市上城区人民政府办公室

2015年6月15日

上城区餐桌安全治理行动三年计划(2015~2017年)

为切实加强餐桌安全治理,保障人民群众"舌尖上的安全",根据《杭州市人民政府办公厅关于印发杭州市餐桌安全治理行动三年计划(2015~2017年)的通知》精神,结合我区实际,特制定本计划。

一、目标要求

按照"最严谨的标准、最严格的监管、最严厉的处罚、最严肃的问责"要求,坚持服务民生、问题导向、标本兼治、社会共治原则,以实施"六大提升工程"为载体,进一步强化食品安全日常监管、智慧监管。通过三年左右时间,进一步完善从田头到餐桌的食品安全全程管控体系,有效遏制食品安全违法犯罪行为,有效解决食品安全重点风险隐患和突出问题,食品安全工作体制机制更加完善,食品生产经营企业诚信体系更加健全,公众食品安全意识明显增强,食品安全社会共治格局初步形成,餐桌安全得到有效保障,公众满意度明显提高。

二、主要任务

(一)实施"阳光餐饮"工程。大力推进五可(后厨操作可视、企业管理可量、食材来源可溯、诚信承诺可查、群众感受可评)"阳光餐饮"工程建设,打造"阳光餐饮"工程,提升餐饮单位量化等级,进一步规范餐饮业经营行为,落实餐饮食品安全企业主体责任,实现餐饮安全监管水平有明显提升,居民满意度有较大提高。(责任单位:区市场监管局、区城管局、区公安分局、上城环保分局、各街道。责任单位中排序第一位的单位为牵头单位,其余单位为配合单位,下同)

(二)实施"三小一市场"整治提升工程。根据"疏堵结合、标本兼治、统筹监管"原则,按照"属地化管理、一体化监管、社会化监督"要求和"提升一批、规范一批、淘汰一批"思路,以食品生产加工小作坊、小餐饮、食品小摊贩、农贸市场等"三小一市场"为整治重点,实行分类整治,探索综合监管,加强准入管理,强化执法查处。全面动态掌握"三小一市场"基本情况,严厉打击添加非食用物质、滥用食品添加剂、无证无照生产经营等违法行为,切实解决质量安全突出问题,强化生产经营者主体责任意识,加强社会参与,督促提高生产经营管理水平和质量安全管控能力。(责任单位:区市场监管局、区城管局、上城环保分局,各街道)

(三)实施进口食品市场整治规范工程。以乳制品、食用油、肉类、酒类等为重点品种,以冷库、批发市场等进口食品储存、经营场所为重点部位,开展联合执法检查,深挖案源线索,依法严厉打击走私、逃避监管、假冒进口食品等违法犯罪行为。严格实施进口食品境外出口商、代理商及国内收货人备案制度,防止不符合国家安全标准的食品及未经检验检疫的食品流入国内市场。(责任单位:区市场监管局,各街道)

(四)实施农产品(含种植业产品、畜禽产品和初级水产品,下同)质量安全提质工程。严格农业投入品管理,规范其生产、经营和使用,严厉打击私屠滥宰等违法违规行为。加大农产品质量安全监测力度,加强农产品流通环节的监管,尤其是对农贸市场和商超内农产品的监管。(责任单位:区市场监管局,各街道)

(五)实施食用林产品质量安全整治提升工程。实施食用林产品质量安全约谈和通报等制度,逐步构建食用林产品质量安全治理体系。开展流通环节

食用林产品质量整规行动，加大对食用林产品安全监测力度，严厉打击违法违规行为。(责任单位:区市场监管局,各街道)

(六)实施集中消毒餐饮具和食品相关产品质量安全提升工程。打击未取得卫生监督合格证的餐饮具集中消毒生产经营行为，强化餐饮服务单位使用消毒餐饮具监督检查并依法查处违法违规行为。落实食品相关产品生产许可证管理制度，督促企业保持生产许可获证条件,打击无证无照、使用回收塑料原料、违规使用增塑剂等有毒有害物质的违法行为,清理质量低劣、包装标识不规范等产品,督促企业全面落实质量安全主体责任，提高食品相关产品生产环节的质量安全水平。(责任单位:区卫生和计生局、区市场监管局,各街道)

三、实施步骤

(一)部署动员、制定方案阶段(2015 年 6 月)。各有关部门、各街道根据本计划和实施方案,结合本地食品产业状况、食品安全突出风险隐患、老百姓关心的热点难点问题,组织动员部署,将餐桌安全治理列入本部门 2015 年至 2017 年重点工作，细化工作方案,层层分解责任,抓好贯彻落实。

(二)全面整治、整顿提升阶段(2015 年 7 月~2017 年 10 月)。各有关部门、各街道按照本计划和实施方案,大力推进“六大提升工程”,组织开展调查摸底,按照“最严格监管”和“最严厉查处”的要求,重点破解食品安全重点难点问题，整治消除突出安全隐患,建立健全食品安全长效监管机制,构建地方政府负总责、监管部门各负其责、生产经营者为第一责任人的食品安全责任体系,全面完成各项目标任务,不断提升上城食品安全总体水平。

(三)总结验收、巩固成果阶段(2017 年 11~12 月)。开展餐桌安全治理行动实施情况验收,总结、提炼各有关部门、各街道的经验和做法,巩固深化食品安全长效监管机制，对工作成效突出的部门和街道进行表扬。

四、保障措施

(一)深化认识,加强组织领导。各有关部门、各街道要进一步提高认识，以餐桌安全治理行动为总抓手,强化组织领导,明确职责分工,加大工作力度。各牵头单位要会同配合单位加强联动配合，抓好目标任务的落实。各级食安委、食安办和相关部门要切实发挥职能作用，加强对行动的统筹谋划和组织协调,强化食品安全属地管理责任,建立健全食品安全基层责任网络,共同抓好食品安全工作。

(二)加大投入,完善保障机制。区财政部门要根据食品安全监管工作的实际需求和餐桌安全治理行动的任务要求,加大食品安全监管经费保障力度,将餐桌安全治理行动经费纳入当地年度财政预算,加大检测检验能力建设、智慧监管、基层责任网络建设、监督抽检等方面的投入力度,确保监管部门有足够力量、足够资源履行职责。加强食品安全监管人员特别是基层食安办工作人员、专管员、信息员和基层站所监管执法人员的业务培训。健全专管员、信息员报酬保障机制。

(三)强化考核,加大督查力度。各有关部门、各街道要将餐桌安全治理行动纳入目标责任制考核重要内容，科学制定目标任务并对工作指标进行逐项分解，加大监督检查力度。区食安办要加强综合协调,对行动开展情况进行年度评估和终期评估,确保计划实施到位。

(四)注重宣传,加强社会共治。各有关部门、各街道要加强与媒体的协调沟通，充分利用各类媒体和平台,及时报道相关举措、工作进展和成效,主动向媒体公布违法案件,营造良好的整治工作氛围,扩大整治的社会影响力。各有关部门、各街道要加大食品安全信息公开力度,健全“黑名单”制度,探索信用奖惩、典型示范等工作机制,曝光典型案例,震慑违法犯罪分子。充分发挥各方力量,创新媒体和公众参与监督的载体,不断壮大食品安全群众监督组织,激发社会各界参与监督,加强社会共治。

本计划自 2015 年 7 月 15 日起施行，由区市场监管局负责牵头组织实施。

杭州市上城区人民政府办公室

2015 年 7 月 23 日

关于加强电梯安全工作的实施意见

为加强电梯安全管理、保障人民群众生命安全，根据《杭州市人民政府办公厅关于加强电梯安全工作的实施意见》，经区政府同意，现就加强我区电梯安全工作提出如下实施意见。

一、总体目标

以落实电梯安全责任为核心，坚持“安全第一、预防为主、综合治理”的方针，着力构建政府统一领导、部门依法监督、街道属地管理、企业(业主)全面负责、社会监督支持的电梯安全多元共管格局，形成监管机制完善、安全措施到位、应急救援及时、矛盾纠纷有效化解的电梯安全保障体系，不断提升我区电梯质量和安全水平，最大程度防止和减少电梯事故和故障的发生。

二、明确各方职责

(一)明确电梯使用安全责任主体

电梯使用管理者（指具有电梯管理权利和义务的单位或个人)为电梯安全使用的责任主体，对电梯安全使用负第一责任。电梯使用管理者按照“谁所有谁负责、谁共有谁负责、谁主管谁负责”的原则确定。电梯由所有权人自行管理的，该电梯所有权人为电梯使用管理者(如所有权人一个以上的，应通过书面协议确定电梯使用管理者)；电梯所有权人委托物业服务企业管理电梯的，应在电梯管理委托合同中明确由物业服务企业承担电梯使用管理者安全主体责任；电梯所有权人出租、出借或者以其他方式转移物业使用权的，应约定电梯使用管理者。尚未移交的新安装电梯，项目建设单位为电梯使用管理者。经济适用房、拆迁安置房、农转居公寓房(农民联建房)和廉租房、公共租赁房等居民住宅(小区)电梯，由所在街道会同住建、民政、市场监管(质监)、安监等部门，协调落实电梯使用管理者。未落实使用管理者的电梯，不得投入使用。

物业服务企业承接住宅小区物业管理业务的，应在物业服务合同中明确由物业服务企业履行电梯使用管理者的义务，承担相应责任；住宅小区未实施自行管理又未委托物业服务企业管理电梯的，由所在街道协调住宅小区明确电梯使用管理者。

(二)明确电梯制造企业安全责任

电梯制造企业对电梯设计制造环节的质量安全以及电梯安全运行涉及的质量问题负责，并对其制造的电梯安全运行情况进行跟踪调查；产品随机资料中应明确电梯维保的注意事项，指导电梯维保企业对电梯进行正确的维保；产品出厂说明书中应明确电梯或重要部件的正常使用年限，当电梯运行接近正常使用年限时，电梯使用管理者有权向原电梯制造企业咨询，电梯制造企业应当就电梯更新、改造、报废提出建议。如电梯使用管理者不采纳电梯制造企业的意见和建议，可免除电梯制造企业相应的安全责任。

(三）明确电梯安装改造维修和维保企业安全责任

电梯安装改造维修和维保企业负责相应环节的施工质量、现场安全及作业人员安全教育培训。电梯使用管理者委托电梯维保企业实施维保的，应在签订的合同中明确由电梯维保企业承担电梯维保质量和运行安全责任。电梯维保企业在承接电梯维保业务时，应当对电梯的安全性、可靠性和日常维保所需的人员、技术、装备和备品备件供应等进行确认，确保维保电梯在日常维保合同约定的有效期内安全运行。

(四)明确电梯检验检测机构安全责任

电梯检验检测机构承担电梯法定安全检验、技术鉴定及风险评估工作，对其检验检测结果和鉴定结论负责。在法定检验过程中，应对电梯安装、改造、维修和维保不当造成的隐患进行检查并及时通报，督促电梯使用管理者和电梯维保企业严格执行安全技术规范。

(五)明确政府职责

各街道及(园区)管委会负责对本辖区电梯实行“网格化”管理，组织开展电梯安全隐患日常排查治理，协调处置涉及电梯安全问题的投诉和纠纷，协调落实电梯运行、维保、维修、改造、更新等经费，积极协助职能部门实施电梯安全监管，督促电梯维保企业、电梯使用管理者落实安全责任。

(六)明确部门监管职责

市场监管(质监)部门负责依法实施对电梯制造企业、电梯安装改造维修和维保企业、电梯使用管理者、电梯检验检测机构的安全监察及相关作业人员的考核,查处有关违法违规行为,组织电梯事故调查处理工作,宣传电梯安全知识,负责制定物业管理合同、电梯维保合同等示范文本,依法吊销被撤销许可的电梯企业的营业执照或者责令其办理企业变更登记,依法查处电梯违法销售经营行为。住建部门负责强化物业服务企业和物业管理项目主任(经理)的检查考核，监督指导物业服务企业按照法律法规的要求做好住宅小区电梯安全管理工作；对符合物业专项维修资金使用条件的电梯，审核拨付大修改造更新费用,负责对电梯机房、井道、底坑等土建工程的质量监督，配合相关部门做好电梯的选型和配置把关工作。招投标行政监督部门负责电梯招投标活动的监督管理,严守电梯质量安全底线,逐步将电梯企业质量安全诚信信息纳入电梯招投标评审内容。公安、消防部门负责电梯突发事件的应急救援,对消防电梯和普通电梯实施消防安全监管，维护电梯事故现场的秩序和安全,依法查处破坏电梯设施、危害公共安全等违法行为。安全监管部门负责实施电梯安全综合监督管理,参与电梯安全事故调查和处理。价格主管部门负责对涉及电梯等设备的行政事业性检验收费进行管理，对委托检验和维保等实行市场调节价管理的收费项目,重点加强明码标价、价格行为规范等方面的监管,依法查处价格违法行为。财政部门负责指导和协调老旧电梯隐患治理资金的补助工作。宣传教育部门负责普及电梯安全常识,倡导公众文明安全乘梯。各行业主管部门负责本行业、本系统电梯使用安全的监督管理和综合协调。

三、强化电梯安全措施

(一)加大住宅小区老旧电梯改造力度

加大对经济适用房、拆迁安置房、农转居公寓等住宅小区老旧电梯隐患治理力度。区和各街道要结合实际,建立切实可行的住宅小区老旧电梯大修、改造或更新经费筹措机制;住建部门要根据《杭州市物业管理条例》的规定,落实申请使用物业专项维修资金的简易程序;市场监管(质监)部门要积极协助相关单位搞好在用电梯风险评估，指导住宅小区老旧电梯大修、改造或更新;电梯使用管理者应当建立电梯大修、改造或更新制度,及时更换存在安全隐患的电梯零部件。

(二)加强电梯使用管理和维保

要严格执行《中华人民共和国特种设备安全法》《特种设备安全监察条例》《电梯使用管理与维护保养规则》《杭州市电梯安全监察办法》和《杭州市物业管理条例》等有关法律法规和安全技术规范,加强电梯的使用管理和维护保养。电梯使用管理者要切实履行电梯安全使用第一责任人的职责，电梯维保企业要严格按照技术规范，制定科学的维保计划和电梯应急救援预案,规范开展维保工作。受委托的物业服务企业要依据电梯管理委托合同，将电梯使用管理作为物业管理重点,确保托管电梯安全运行。

(三)加强电梯质量安全监管

电梯安装改造维修企业要严格按照相关法律法规、安全技术规范和标准规定进行施工,确保电梯质量安全和施工安全。对电梯机房、井道、底坑,以及相关建筑设计不符合规范要求的，建设主管部门要依法责令改正,拒不改正的,不予竣工验收备案。要逐步建立电梯制造企业对其产品设计制造、安装调试、维修及维保等各环节质量安全负责的制度。

(四)加强电梯安全隐患排查治理

电梯检验检测机构要严格执行相关安全技术规范,依法开展电梯检验检测工作,确保电梯质量;对检验检测中发现的严重事故隐患和重大问题,要及时向电梯使用管理者和维保企业通报,并向市场监管部门报告。电梯使用管理者的行业管理部门、所在街道要督促相应的电梯使用管理者开展隐患排查治理。

(五)建立健全电梯质量追溯和责任追究机制

以电梯产品选型、采购招投标和电梯设计制造、安装改造维修、维保、销售、使用、报废及相关土建工程设计施工等环节为重点，构建电梯质量安全全程监管链。电梯制造企业和维保企业要健全和落实电梯质量安全追溯机制,建立质量档案,做到“一梯一档”。住建和市场监管(质监)部门要健全和落实电梯安全责任追究机制，对发生电梯事故或影响大的电梯突发事件,要查明原因,依法追究相关环节企业的法律责任;涉及监管缺失的,要严肃追究相关部门及人员的责任。

(六)加大电梯安全宣传教育力度

宣传教育和市场监管(质监)部门要借助各类新闻媒体,利用"安全生产月""质量月""特种设备安全进学校、进社区、进企业"等活动载体,大力倡导公众文明安全乘梯行为,广泛普及电梯安全常识和技能。同时,将电梯安全常识列为小学生安全教育内容。

四、推动电梯安全管理创新

(一)建立矛盾纠纷化解机制

牢固树立安全理念。电梯存在安全隐患时,市场监管(质监)部门、各街道以及社区居委会要支持配合、合力保障,安全化解矛盾。市场监管(质监)部门要在公开信息、充分协调的基础上依法履职,坚决关停隐患电梯;各街道要积极支持和配合市场监管(质监)部门依法履职,督促电梯使用管理者落实电梯安全责任,消除电梯安全隐患,同时各街道要做好维稳工作,并根据实际情况制定应急方案。

(二)落实电梯安全管理信息化

我区的"平安365"社会服务管理平台,集110社会联动、网格服务联动为一体,有信息上报、任务登记、任务处理、任务查询、评价管理、满意度评价等功能。在电梯安全管理中要充分发挥"平安365"社会服务管理平台的作用,调动网格管理员在电梯安全管理工作方面的积极性,确保在电梯安全管理工作中隐患发现及时、信息交流畅通、宣传教育到位。

(三)稳步推进电梯物联网建设

以政府为主导、企业为主体、市场为导向,有序推进电梯物联网建设,并纳入"智慧城市"建设内容。新建住宅小区电梯要配置电梯物联网装置,市场监管(质监)部门要依法加强把关,完善电梯物联网应急指挥三级平台,不断探索电梯物联网市场化运行机制,并在试点的基础上逐步推广。

(四)引导社会组织参与电梯安全监管工作

探索社会组织参与电梯安全监管工作,可由其承担相关市场监管职能及政府部门委托的具体事务。充分发挥特种设备行业协会作用,围绕电梯维保专业人才培养、维保指导价制定、维保合同范本统一、服务诚信机制建设等,加强电梯行业自律。鼓励行业协会牵头,推动建立以电梯使用管理者和电梯维保企业为参保主体,生产企业、检验机构参与,政府适当补贴的电梯安全责任保险制度,形成电梯安全风险救助机制。市场监管(质监)部门应向社会公布监督举报投诉方式,鼓励社会公众、新闻媒体广泛参与电梯安全监督。

五、加强组织领导

(一)建立协调机制

建立上城区电梯(特种设备)安全工作协调机制,由区市场监管局(质监)牵头,区发改经信局(区物价局)、区教育局、区科技局、区民政局、区财政局、区住房和城建局、区人力社保局、区商务局、区风景旅游局、区卫计局、区安全监管局、区公安分局等部门参加。各街道也应建立相应的电梯安全工作协调机制。

(二)强化责任落实

要落实属地管理责任。区政府将电梯等特种设备安全工作情况纳入对各街道安全生产目标管理责任制考核,各部门按照"管行业必须管安全、管业务必须管安全、管生产经营必须管安全"的要求,进一步落实电梯安全监管责任。

(三)加强各项保障

落实电梯安全监察经费保障,加大电梯安全监察、检验检测和应急救援的资金投入力度,强化电梯安全技术支撑能力和人才队伍建设,做好电梯从业人员的职业技能培训、技能鉴定和专业技术人员职称评聘工作。落实电梯科技项目相关扶持政策,为提升电梯安全性能提供科技支撑。

本实施意见自2015年10月17日施行,由区市场监管局(质监)负责牵头组织实施。

杭州市上城区人民政府办公室

2015年9月17日

上城区中小学校体育场地设施向社会开放工作实施细则

第一章 总 则

第一条 根据《杭州市人民政府办公厅关于转发市体育局等部门推进杭州市中小学校体育场地设施向社会开放实施办法的通知》,结合本区情况制定本细则。

第二条 推进杭州市中小学校体育场地设施向社会开放责任主体为上城区人民政府,区体育局、区教育局、区财政局和各街道办事处根据各自职能承担具体管理责任。

第三条 推进杭州市中小学校体育场地设施向社会开放实施单位为社区与辖区内公办中小学校。

第二章 开放原则

第四条 公办中小学校(含辖区市属高中)列为开放对象,民办学校、特殊学校暂不在本次开放范围之内。开放学校名单在上城网进行公布与更新。

第五条 学校向社会开放的体育场地设施主要是指学校田径场、篮球场、足球场、排球场、羽毛球场、网球场等室外场地。

第六条 学校体育场地开放时间工作日每天早、晚相加不少于3小时,双休日、节假日、寒暑假每天不少于6小时。特殊情况暂停开放需提前三天向社会公示原因和期限。有学生晚自修和寄宿制的学校工作日期间可不向社会开放,双休日、节假日、寒暑假每天不少于6小时。

第三章 组织管理

第七条 区体育局承担上城区全民健身领导小组办公室职责,负责组织实施本项工作,落实工作会议联系与组织定期检查工作。

区体育局要积极搭建社会力量协作平台,鼓励社会资源参与管理。开展校方管理员、校方安全员、社区管理员、现场管理员、社会体育指导员的业务培训工作。

建立社会体育指导员和教练员人才库,适时组织人员开放期间运动项目推广、培训和现场指导工作。

第八条 区教育局承担中小学校体育场地设施向社会开放工作中的开放学校的统筹协调,落实学校场地维修、设施配置与更新、公众责任保险、增加安保任务等经费。

第九条 各街道办事处督促检查辖区社区按要求实施中小学校体育场地设施向社会开放工作,落实管理员(校方管理员、校方安全员、社区管理员、现场管理员)经费补助事项。

第十条 社区与本辖区开放学校签订体育场地设施资源共享协议,落实学校体育场地对外开放社区管理员,为每个开放学校(校区)安排现场管理员,并将名单报送辖区开放学校。

第十一条 开放学校与所在社区签订体育场地设施资源共享协议,并向社会公示开放内容。学校协助安装市民卡刷卡机,配置电脑和上网连线及维护工作。落实学校体育场地对外开放校方管理员、校方安全员,并将名单报送所属社区。

第四章 进校健身

第十二条 成人市民卡需到所在社区(或开放学校所在社区)进行登记个人信息,次日可凭卡进校健身,一人一校。选择学校范围:全区开放学校名单公布范围任选一所。

学生持学生市民卡可在全市开放学校刷卡健身。

第十三条 工作在上城区的市民,由所在单位出面或持单位介绍信,本人随带市民卡到开放学校所在社区集中办理登记。

第十四条 无市民卡人员凭身份证(军官证)等有效证件到社区预登记,并持杭州通·通用卡于十日内前往市民卡指定服务网点办理开通校园健身功能。杭州通·通用卡仅限于无市民卡人员使用。

第十五条 居民进、出校都需要在学校校门处的刷卡机上刷卡。

第十六条 若居民有意更换健身学校,需先注销原登记信息后到相关社区重新办理登记。

第十七条 居民按公示牌中“健身须知”内容和要求进校健身,遵守学校的规章制度,维护学校师生的教学秩序,服从工作人员管理。健身人员有下列行为之一的,社区可拒绝登记,学校可拒绝其本人进校健身:

1.有重大传染病史、精神病史等对他人造成影响的;

2.有严重暴力犯罪前科、暴力倾向等对他人安全有隐患的;

3.二次及以上违反学校公示牌中“健身须知”条款的;

4.持他人市民卡(杭州通·通用卡)进校的。

第五章 健身服务

第十八条 校方管理员职责

1.联系学校与所在社区签订场地对外开放协议;

2.负责学校场地对外开放设施维修、更新;

3.提前向社会公示因教学、考试、施工等特殊情况暂停开放通知。

第十九条 校方安全员职责

1.掌握识别系统的使用,维护健身人员凭市民卡(杭州通卡)进出校园秩序;

2.如遇突发紧急情况及时报告学校,并拨打救助电话;

3.配合街道、社区做好其他相关学校开放的工作。

第二十条 社区管理员职责

1.联系开放学校签订场地对外开放协议,安排现场管理人员并进行指导;

2.负责居民进出学校健身人员信息登记办理和相关电子台账工作;

3.协调处理开放期间社区与校方、健身者临时事项。

第二十一条 现场管理员职责

1.根据各中小学校对外开放时间按公示牌中《健身须知》条款进行现场管理;

2.认真检查开放场地设施、器材,需要修缮和维修的设施器材及时与校方管理员联系;

3.第一时间处理意外伤害事故和突发事件,及时报告所属社区管理员,并拨打救助电话。

第六章 保障措施

第二十二条 上城区学校体育场地设施向社会开放工作协调小组组织群众通过现场查看、居民反映、专项检查等不同形式定期对本地区开放工作进行监督检查。

第二十三条 上城区学校体育场地设施向社会开放工作协调小组每年召开专题会议,研究学校体育场地对外开放中的难点问题,通报全区中小学校体育场地向社会开放的实施情况。

第二十四条 如遇意外伤害事故和突发事件由所在街道牵头协调处理。

第二十五条 区财政局安排政府补助经费用于学校体育场地开放管理员开支,每年每校(校区)5万元,经费拨付至各街道(社区),具体由街道负责分配。经费支出比例参考:安全管理员岗位经费不低于6000元/年,现场管理员岗位经费不低于34000元/年,其它社区管理员、校方管理员等岗位经费根据工作量大小给予适当补助。

第七章 附 则

第二十六条 本细则具体应用问题由区体育局负责协调与解释。

第二十七条 本办法自2015年4月6日起施行。

区体育局、区教育局、区财政局

2015年2月6日

关于建设金融人才管理改革试验区的若干政策意见(试行)

为进一步促进玉皇山南基金小镇发展，积极探索金融人才管理改革试验区建设，加快引进和培育一批具有国际视野的高层次金融人才，为上城区打造成为省市钱塘江金融港湾区域中心提供强大的智力支撑，根据《关于杭州市高层次人才、创新创业人才及团队引进培养工作的若干意见》等文件精神，特制定如下若干政策意见。

一、金融人才认定

1.本意见所指的金融人才，其所在机构(企业)原则上须满足《关于打造玉皇山南基金小镇的若干政策意见》第二条申请条件，从事私募金融行业，经认定具有较大行业影响力、较高学术地位和较强引领带动作用的国内外金融顶尖人才(A类)、国内金融领军人才(B类)、区域金融领军人才(C类)、区域金融紧缺人才(D类)和金融高级人才(E类)(具体分类目录附后)。

2.成立由区委人才办、区金融办、区财政局、区商务局、区科技局、区人力社保局、玉皇山南基金小镇管委会等部门，以及行业专家组成的区金融人才分类认定协调小组，制定相应的金融人才管理办法，根据金融市场及试验区实际发展需要，定期修订完善金融人才分类目录。协调小组通过每年一次的联席会议形式对人才进行分类认定及复核，并纳入金融人才库管理。如遇特殊事项需要商定，可由区委人才办召集组织临时联席会议。

3. 对于发展急需而现行金融人才分类目录难以认定的金融人才，可经协调小组联席会议商议确定。

4.金融人才认定时，必须无国家金融监管部门规定的不良记录。

二、扶持政策

1.团队项目资助。针对由认定金融人才组成的团队，根据个人投资收益所产生的地方贡献和团队中各类人才构成，分别按A类和B类最高100%、C类最高90%、D类最高80%、E类最高60%给予团队项目资助。

2.个人奖励。对A类、B类人才，根据年薪所产生地方贡献的100%给予奖励，年薪标准上限为300万元；对C类人才，根据年薪所产生地方贡献的90%给予奖励，年薪标准上限为150万元；对D类人才，根据年薪所产生地方贡献的80%给予奖励，年薪标准上限为100万元；对E类人才，根据年薪所产生地方贡献的60%给予奖励，年薪标准上限为30万元。

3.安家补助。对于在杭购买自用商品住房的，给予一定的购房补贴。A类、B类人才给予购房总金额最高不超过20%的购房补贴；C类人才给予购房总金额最高不超过15%的购房补贴；D类人才给予购房总金额最高不超过10%的购房补贴。在上城区范围内购房的，给予再上浮购房总金额5%的购房补贴。每人限购一套，购房总金额上限为2000万元。对于外地引进在杭租住的，给予一定的租金补贴。A类、B类人才给予租金100%的补贴，最高每年不超过10万元；C类、D类人才给予租金80%的补贴，最高每年不超过5万元；对于E类人才给予租金50%的补贴，最高每年不超过2万元。

4.中介奖励。对引进金融人才的中介组织实施奖励，A类奖励10万元、B类奖励5万元、C类奖励2万元、D类奖励1万元。

三、配套服务

1.居留和出入境。协助持外国护照入境的引进人才(含配偶和未成年子女)办理入境、居留、工作等所需的相应证件、手续。

2.落户。协助有意愿留在杭州的引进人才(含配偶和未成年子女)办理落户所需的相应证件、手续。

3.社会保险。协助引进人才(含配偶和未成年子女)参加本市各项社会保险，并享受相应权利，包括基本养老、基本医疗、工伤保险等。用人单位在引进人才办理各项社会保险的基础上，可为引进人才购买商业补充保险。其无业配偶、子女符合本市有关规定的，可参加本市城镇居民医疗保险并享受相应待遇。

4.医疗服务。将邵逸夫医院杭州玉皇山南基金小镇国际医疗中心等技术、设备一流的医疗单位作为健康定点单位,为引进人才(含配偶和未成年子女)提供优质医疗和健康保健服务。

5.子女入学。引进人才子女在基础教育阶段,可按本人意愿,选择公办学校、民办学校(国际学校)就读。A类、B类人才的子女入学优先服务;C类、D类人才的子女入学由区级教育部门协调解决。

6.车辆上牌补贴。对在我市小客车总量调控政策实施后未办理过浙A牌照小客车登记的A、B、C、D类人才,通过竞拍方式取得小客车上牌指标的,给予车辆上牌补贴,最高不超过3万元。

7.能力提升。支持引进的金融人才参与国际交流与合作、跟踪行业领域最新前沿动态,促进金融人才成长。鼓励各类金融人才参加国际注册金融分析师(CFA)、国际风险管理师(FRM)、国际会计师(ACCA、CGA)、注册会计师(CPA)等国际公认的专业资格认证,相关考试费用最高补助1万元。

8.选拔评优。支持高层次金融人才参选国家"千人计划"、省"千人计划"、市"521计划"、区"1211计划"等重大人才工程,并根据国家、省、市、区相应政策进行配套。对为地方经济社会发展做出突出贡献的杰出金融人才进行表彰奖励。

四、附则

1.以上使用的地方贡献,指区级财政综合效益。各类金融人才的资助、奖励、补助资金总额以金融人才及所在企业对区地方贡献为限。其中对人才中介的奖励资金由用人机构(企业)在团队项目资助中承担。

2. 金融人才认定工作由区金融人才分类认定协调小组负责,经区委区政府同意后,由区财政局负责政策兑现。

3.扶持对象对申请材料的真实性负责。对弄虚作假、骗取扶持资金的单位和个人,将追缴收回已拨付的扶持资金,并按照有关规定进行处理。

4.国家、省、市针对金融人才的专项配套政策,可一并享受。

5.本意见如与国家、省、市最新法律、法规及政策不一致时,以国家、省、市最新法律、法规及政策为准。

6.本意见自发文之日起试行,试行一年。

中共杭州市上城区委
杭州市上城区人民政府
2015年11月20日

上城区小微企业三年成长计划(2015~2017)实施办法

小微企业是大众创业、万众创新的重要载体,是我区经济发展的主力军,也是社会就业的主体。小微企业的健康发展,对经济发展、社会稳定、民生改善具有重要战略意义。为进一步优化小微企业发展环境,大力促进小微企业持续健康发展,更好地推动上城区经济转型升级和质量效益提升,根据国务院《关于扶持小型微型企业健康发展的意见》、省政府办公厅《关于印发浙江省"小微企业三年成长计划"(2015~2017年)的通知》和市政府办公厅《杭州市小微企业三年成长计划(2015~2017)实施意见》的要求,结合我区实际,制定本实施办法。

一、指导思想

认真贯彻党的十八大、十八届三中、四中全会精神,以转型升级和提高质量效益主题,以促进小微企业提升壮大、增强发展后劲和核心竞争力为目标,着力推动大众创业、万众创新,着力强化创新驱动、改革撬动、产业联动、质量推动、品牌带动、外向拉动,着力搭建小微企业服务平台,着力破解制约小微企业发展的瓶颈和难题,充分释放和激发小微企业在深化改革、搞活经济、保障民生、扩大就业等方面的重要作用,打造上城区民营经济升级版和发展新引擎,为加快建设"现代化美丽上城"作出新贡献。

二、目标任务及职责分工

总体目标:按照小微企业发展"有保有压,有鼓有限,有增有减"的总体要求,大力保障民生民计,全力扶持新兴行业,坚决淘汰落后产能,着力推动小微企业由“低、散、弱”向“高、精、优”迈进，使全区小微企业整体发展环境持续改善，科技创新活力与核心竞争力持续增强，产业结构优化升级，品牌意识和品牌创建能力明显提高，发展质量效益全面提升，经济社会贡献更加突出。

到2017年，力争用3年时间，全面推进小微企业三年成长计划，形成全区小微企业创业、培育、成长、升级的梯次发展格局，使一批小微企业成长为大中型企业，成为推进我区经济社会持续、稳定、健康发展的重要力量。具体目标任务是：

（一）新增七大重点产业小微企业1798家。坚持产城融合、产业融合，大力提升服务功能，着力打造大湖滨商圈、玉皇山南基金小镇、望江智慧产业园、科技工业基地“123+1”具有国际水准的产业发展大平台，积极引进和培育一批新兴行业。至2017年，全区新增信息、环保、健康、旅游、时尚、金融、高端装备制造七大产业小微企业1798家。（牵头单位：区市场监管局）

（二）整治淘汰落后产能、不达标企业和违法企业（作坊）183家。深入实施“五水共治”“三改一拆”等经济转型升级组合拳，运用市场、行政、法律等综合手段整治淘汰不符合国家和省、市、区产业政策的落后产能、安全生产、环境保护、节能降耗不达标以及其他违法生产的企业（作坊）。到2017年，全区整治淘汰183家以上。（牵头单位：区发改经信局）

（三）引导和支持128户个体工商户转型升级为企业。持续推动“个转企”，重点引导、支持和培育个体工商户转型升级为企业，鼓励支持个人独资、合伙企业升级为公司。落实长效服务机制，开展扶持政策落实情况“回头看”，进一步巩固转企成果。（牵头单位：区市场监管局）

（四）培育121家小微企业成长为“规上”、“限上”企业，“限下”批发零售、住宿餐饮业升“限上”企业237家。大力扶持“小升规”，着重培育和扶持小微企业成长为“规上”、“限上”企业。到2017年，全区新增“规上”和“限上”企业121家，其中小微企业“规下”工业升“规上”6家、服务业升“规上”115家，（牵头单位：区发改经信局、区商务局）

（五）组织300家小微企业开展现代技术、现代金融“双对接”活动。深入实施“双对接”工程，要以产业集群为核心，加强科技、金融、人才等发展要素的支持，到2017年，全区组织300家小微企业开展现代技术、现代金融“双对接”活动。（牵头单位：区市场监管局）

（六）新增50家以上的科技型小微企业。加快实现由传统产业向高技术含量产业转变，以适应社会发展需求。建立引导科技型创业健康发展的指导目录制度，按照“试点一批、示范一批、带动一批”的要求，实施创新型小微企业梯度培育计划。到2017年，全区新增50家以上的科技型小微企业。（牵头单位：区科技局）

（七）推动24家以上小微企业到浙江股权交易中心挂牌，其中实现融资规模超3亿元。引导小微企业制度创新，创新产权机制和治理结构，鼓励符合条件的优质小微企业股权融资，着力推动“规改股、股上市”，支持小微企业到新三板、沪深交易所、港交所等境内外资本市场挂牌上市，推动小微企业到浙江股权交易中心挂牌融资，形成一批行业龙头企业，产业引领及并购整合能力显著增强。（牵头单位：区发改经信局）

（八）重点打造1件具有影响力的小微企业著名商标。开展示范品牌指导站创建，建立品牌梯级培育库，鼓励小微企业申报著名商标，形成一批拥有自主知识产权和核心技术的省级著名商标品牌。至2017年，重点打造1件具有影响力的小微企业著名商标。全面加强企业信用管理，指导扶持一批公信力强的小微企业，逐步形成充满活力、公平竞争、辐射力强的信用体系。（牵头单位：区市场监管局）

（九）组织小微企业专场培训12场。重视小微企业经营管理人才队伍、研发设计队伍和高级技工队伍建设，每年组织小微企业专场培训，重点培育一批“大众创业、万众创新”的优秀代表。至2017年，累计组织专场培训12场。（牵头单位：区市场监管局）

三、主要举措

（一）注重把握小微企业产业发展方向。深入推进“五水共治”“三改一拆”决策部署，按照“改造提升一批、整合入园一批、合理转移一批、关停淘汰一批”原则，全面整治淘汰不符合国家和省、市、区产业政策的落后产能以及安全生产、环境保护、节能降耗不达标以及其他违法生产的企业（作坊）。重点发展信息、环保、健康、旅游、时尚、金融、高端装备制造等新兴产业，大力引导小微企业进入服务业、社会事业、基础产业和基础设施等民生民计领域。各部门、街道要对照中央和省、市、区有关发展小微企业的政策导向，摸清小微企业发展现状，分门别类明确扶持重点。

(二)建立健全激发创业创新的准入机制。深入推进企业登记“五证合一”“全程电子化登记”等商事制度改革举措，加快实现“一照一码”，切实降低企业注册场所要求，结合实际放宽新注册企业场所登记条件限制，推动“一址多照”集群注册等住所登记改革，为创业创新提供便利的工商登记服务。继续简化企业登记和注销流程。全面贯彻国务院取消和调整行政审批事项的决定，按照“法无授权不可为，法定职责必须为”的原则，继续以“四张清单一张网”为突破口，全面取消非行政许可审批，实施“先照后证”。严格禁止进入高污染、高耗能、高排放行业。

(三)持续推进小微企业主体升级。持续深化“个转企、小升规、规改股、股上市”工作，推动小微企业提档升级。以“转得来，稳得住，做得大”为目标，建立“个转企”工作常态化、规范化和长效化机制。围绕提升公司制比率、税务登记率、统计目录率、企业存活率、上规升级率，进一步提升转企质量。依托浙江股权交易中心平台，加大小微企业股改培育力度，重点推进七大产业企业股改。建立健全小微企业发展跟踪联络机制、成长辅导机制和走访服务制度，引导实施“品牌战略”“电商换市”“质量强企”等发展战略。针对七大重点产业和“个转企”的小微企业，重点加强法律法规、建账建证、知识产权、经营管理、职业技能等专题培训。

(四)着力推动小微企业资源要素融合。对准小微企业经营中的融资、技术、人才等难点加力出招，让众多小微企业健康成长。建立政策性融资担保体系，为小微企业提供贷款融资担保、投保联动、商业性担保公司再担保等综合金融服务。实施和完善金融机构小微企业贷款风险补偿制度，鼓励金融机构增加小微企业信贷投放。鼓励互联网金融健康发展，提升互联网金融行业发展水平，为小微企业提供更多的规范服务。充分利用各种投融资平台，推动产业整合特别是上市公司开展以小微企业为对象的并购重组。支持小微企业抓住机遇，通过主板、新三板、四板场外市场挂牌、相互参股、嫁接外资和参与国企改革等形式融资。建设专项小微企业股改、挂牌和上市储备资源库，推动小微企业借助以浙江股权交易中心为核心的区域资本市场实现快速成长，培育一批以“小微券商”为代表的中介服务机构，开展多层次的股改、挂牌和上市融资培训服务。支持小微企业以商标权、专利权、股权等无形资产质押贷款，拓宽融资渠道。要适应小微企业发展的资金需求，遵循产业资金运作的市场法则，积极研究扶持小微企业发展的专项资金专业化运作机制。重点支持发展速度快、市场潜力大、科技含量高、经济效益好的小微企业做大做强。按照2015年全国“两会”中提升“众创空间”的精神，鼓励小微企业投身“互联网+”行动计划，积极推动互联网、云计算、大数据、物联网等与现代制造业结合。深入推进民企对接现代技术、现代金融“双对接”活动，帮助小微企业对接利用省内外高端创新资源，加快跨越式发展。

(五)优化小微企业公共服务。坚持政府投入和社会资本相结合，推进小微企业创业创新基地、科技孵化园区、楼宇产业园、创业示范街等建设，形成一批有效满足小微企业发展需求的创业创新服务平台。加大政府购买服务力度，重点为小微企业免费提供管理指导、市场开拓、标准咨询、检验检测认证、法律顾问等综合性服务。帮助小微企业规范管理、维护权益、盘活资产、整合资源等。对于企业在走访过程中提出的需求、反映的意见或是遇到的难题，应及时列出清单研究个性化解决方案。对能够解决的，要限时破解；对一时难以解决的，要讲明情况，并及时向上级反映。

(六)加快推进小微企业信用体系建设。完善企业信息基础数据库，依托浙江省政务服务网平台、浙江企业信用信息公示系统和杭州“个转企”转型发展信息共享平台，形成覆盖小微企业、投资人、负责人信息的统一信用信息网络。建立完善联合信用约束惩戒机制，建立统一的经营异常企业名录库、严重违法企业名单库和小微企业发展的信息互联互通机制，在行政许可、政府采购、工程招投标、国有土地出让、评先评优等工作中，对失信企业依法予以限制或禁入，实行联合信用约束惩戒。完善信息查询制度，实现企业信息共享。通过信息公开和共享，利用大数据、云计算等现代信息技术，推动政府部门和银行、证券、保险等专业机构提供更有效的服务，并对小微企业进行跟踪调查与监测分析。切实加强小微企业信用监管，进一步完善商事制度改革后的“严管”措施，认真落实“谁许可、谁监管、谁负责”的要求，建立健全各负其责的监管体制机制。

四、政策扶持

（一）切实落实小微企业减税降费政策。认真落实国务院减税降费政策，减轻小微企业税费负担。从2015年1月1日至2017年12月31日，对年应纳税所得额低于30万元(含30万元)的符合条件的小型微利企业，其所得减按50%计入应纳税所得额，按20%的税率缴纳企业所得税。税务部门和各街道要加大小微企业各项税收优惠政策宣传力度，进一步简化享受税收优惠的程序和手续。对于因各种原因未及时享受优惠政策的小微企业，要及时采取跟踪服务，切实提高税收优惠政策覆盖面，实现应享尽享。允许小微企业的民间借贷利息按有关税收政策规定在企业所得税前扣除。进一步清理整顿和规范各种不合规的涉企收费，积极落实各项减负政策，继续对小微企业免征管理类、登记类、证照类等行政事业性收费。

（二）加大小微企业科技创新扶持力度。积极鼓励大学生、科技人员和回国留学人员创办小微企业。支持科技人员领办创办科技型小微企业，市内高校、科研院所科技人员征得单位同意后在职创业的，其收入在照章纳税后归个人所有；支持职务成果转化工作，应用职务发明成果转化所得收益，除合同另有约定外，高校和科研院可按60%~95%的比例划归参与研发的科技人员及其团队拥有。鼓励海外高层次人才团队回国创业，对入选领军型创新创业团队的按所在企业实际为团队投入研发经费的30%给予补助，最高不超过300万元。对获得金融机构贷款的领军型创业团队，按照实际贷款额不超过银行基准利率的25%~50%给予贴息补助，最高不超过200万元。具体贴息标准参照《杭州市科技型初创企业培育工程(2015~2017)实施意见》。鼓励民间资本投资科技型创业，有限合伙制创业投资企业对外投资分回的利息、股息、红利，作为投资者个人所得，按“利息、股息、红利所得”项目，适用20%税率缴纳个人所得税。进一步支持小微企业创业创新发展，提高企业信息化应用水平和创新发展能力，把“专精特新”之路作为促进小微企业成长的重要途径，把集聚发展作为促进小微企业成长的着力点，推动小微企业加快转变发展方式，提高小微企业发展的质量和效益。

（三）抓好小微企业扶持政策宣传和落地。依托企业信用信息公示系统，建立小型微型企业名录，集中公开各类扶持政策及企业享受扶持政策的信息，加强政策宣传和解读。加强小微企业科技、税收、金融、专项资金扶持政策的统筹衔接，建立促进小微企业健康发展政策问题交办机制。加大小微企业税收优惠政策宣传和服务力度，分层分类细化操作，进一步简化程序和手续；要跟踪服务，切实提高税收优惠政策覆盖面，实现应享尽享。建立政府、中介机构、小微企业三方共同参与的评价机制，开展政策评估督查，提高政策实施效率。

五、组织保障

（一）加强组织领导。杭州市上城区“小微企业三年成长计划”推进领导小组牵头负责全区小微企业发展各项工作的统筹规划和组织协调。相关部门积极配合、各负其责，统一组织、协调和督查全区小微企业政策措施出台和落地工作，创造推动小微企业持续健康发展的一流环境。确保全区小微企业三年成长计划的人员和经费落实到位。各街道和各有关部门要进一步解放思想、转变观念、提高认识，结合实际，制定实施细则，切实解决小微企业发展中存在的问题；严格执行收费公示制度，加强社会和舆论监督，完善涉企收费维权机制。积极宣传发展小微企业的方针政策，大力倡导尊重创业、尊重劳动的风尚，营造公平公正的市场环境，促进小微企业健康发展。

（二）加强工作考核。区级各部门，各街道要建立分级负责、逐级扶持的培育机制，明确目标任务，制定工作计划，细化工作措施，加强企业联络，保持政策和信息的传递通畅。建立全区小微企业三年成长计划目标责任考核体系。把三年成长目标任务分解到街道和区有关部门，纳入年度工作目标责任制考核体系。对小微企业成长计划完成情况实行定期通报和公示制度,对执行政策不力、落实政策不到位、年度计划未完成的街道和部门进行通报批评。

（三)营造良好环境。总结推广小微企业成长范例和典型模式,示范带动更多的企业提升发展。推出小微企业宣传服务专栏，区级报刊等媒体要加大对小微企业的宣传力度。充分发挥论坛、微博、微信等网络平台的作用,加强对优质企业的宣传;组织开展优质企业名优新特产品、知名商标的宣传活动,营造发展小微企业的良好社会氛围。开展“小微企业税收优惠政策宣传周”活动。建立和完善小微企业运行监测分析制度,建立三年成长计划企业信息库,综合使用大数据手段，对入库企业运行状况进行动态监测统计,及时掌握企业运行态势,了解企业诉求,帮助企业解决困难,定期发布小微企业景气指数、品牌发展、风险预警等情况。

杭州市上城区人民政府办公室

2015年12月24日

玉皇秋色

索 引

Index

·说 明·

一、索引类目设主题索引、表、图和资料 4 个分目。

二、主题索引采用分析索引方法，中文条目第按第一字汉语拼音(同音字按声调)顺序排列；第一字相同，按第二字音序排列。依次类推。数字开头的条目按数字 0~9 顺序排列。

本卷年鉴的“特载”“大事记”“统计资料”“附录”均未做主题索引。

三、类目、分目用黑体字标示。标引词后的阿拉伯数字表示内容所在页码。数字后的拉丁字母 a、b 分别表示从左到右第一、二栏。

四、表、图、资料按序号排列。

主题索引

0~9

1%人口抽样调查　163b
“1+X”基层管理与服务体系完善　254b
“1+衣”冬衣募捐爱心活动　270b
10 个企业获国家中小企业发展专项补助　201b
“119”消防宣传月活动　126a
“1211 人才”项目专家评审会　204a
“123+2”平台建设　29
2015 杭州美术节　69b
2015 年大事记　40a
《2015 年度和谐(满意)社区评价办法》出台　239b
2015 年区级主要机构及负责人名单　58a
330 起价格鉴定案件完成　155b
3 部作品入选“首届重点影视创作资助项目”　141a
3 个项目被列入国家火炬计划　201a
4 个项目获省重大科技专项资金　204b
400 余名爱心人士参加公益跑　237b
5 个单位跻身市级“众创空间”　203a
8 个企业“新三板”挂牌　142a
9 名优秀环卫工人到新加坡考察　185b

A

爱国卫生　232a
概况　232a
爱国卫生月活动　232b
爱国主义教育活动　74a
爱心公益活动　105a
爱心助残活动　115a
“爱绽放，梦飞扬”30 周年校庆　212b
安全生产标准化推进　158a
安全生产监管　156b
概况　156b

安全生产宣传教育 158b
安全生产“一岗双责” 156b
安全生产执法检查 157a
安全生产专项整治 157a
安全应急体系建设 157b
安正科技公司在“新三板”挂牌 33a
安置帮教 131b
案件执行难破解 129a

B

“百名规划师服务百家社区”活动 180b
“百亿产业转型升级基金”启动 271b
帮扶工作 101a
“宝宝成长我助力”保育员技能比武活动 208a
毕业作品展示 210b
避暑纳凉点开放 136b
标准化国家试点项目通过中期验收 251a
殡葬管理 241b
“博爱送温暖”活动 117a
卜合提亚尔及二从者墓晋级为市级文物保护点 219b
“不担当、不作为、不落实”行为整治 98a

C

财经工作监督 82b
财通证券资产管理公司获两项大奖 33b
财政 176a
概况 176a
财政·税务 176
财政体制改革深化 176b
财政支出结构优化 176a
财政资金使用规范 177a
“彩色梦想·多彩人生”残疾人服务项目推出 266b
“彩霞飞扬·爱尚法”法治文化阵地建设 121a
参加全市市民健康知识大赛 234b
参加全市中小学音乐教师基本功比赛 215b
参加三级教坛新秀评比 217b
参加浙江(江西)旅游交易会 30a
参与地铁4号线工地路面塌陷事件抢险救援 274b
参与社会综合治理 129b
参政议政 101b
残疾车非法营运整治成果巩固 115a
残疾军人接收管理 138a
残疾人就业 115a
残疾人文体生活 115b
残疾人信访办理 115b
残疾人艺术团文化下基层活动 116a
查办国家发改委官员职务犯罪案件 128a
拆除违法建筑4.22万平方米 275b
产业发展平台打造 50b
产业结构调整加快 50a
承办第一期国家服务标准化培训班 152a
承办公益嘉年华暨第六届社工节 240b
承办杭州市第八届学术年会上城分会 113b
承办杭州市“教育国际化背景下的民办幼儿园品牌建设”会议 208b
承办杭州市九年级英语阅读教学研讨活动 215b
承办全国城乡社区建设专家委员会第二次全体会议 243b
承办省深化义务教育课程改革研讨会 216a
承办市第九届“乐健正星”杯健美健身锦标赛 238a
承办市青年讲解员大赛 109a
承办市小班化教育研讨会 216a
承办市新课程初中英语学科优质课展评活动 215b
承办浙江金秋购物节 139b
承担省“百人千场”送教下乡专场活动 216b
承担省农村中小学小班化教育骨干教师培训班授课任务 216b
城管执法重心下移 184a
城区版蓝领驿站“红巷微e站”建立 263a
城区管理 183a
概况 183a
城区规划 180a
概况 180a
城区建设 181a
概况 181a
城区建设与管理 180

城区绿化 186b
概况 186b
城区品质形象提高 28a
城区污水治理 198a
城市“牛皮癣”清理 265b
城站广场“美化家园”工程 186b
城站广场地下室提升改造 193a
城站广场防控 192b
城站广场概况 191b
城站广场管理 192b
城站广场滞留露宿闲散人员处置 192b
出租房专项整治 125b
除“四害”工作 232b
“雏鹰奋飞”结对助学活动 74b
传染病防治及消毒产品管理 230a
创建国家可持续发展实验区经验交流 204a
创建市级学会科技服务站 113a
创新型城区建设 27b
创新型中小微企业与国际资本对话论坛 35b
创业创新平台搭建 268a
创意馆儿童培训 211a
春秋季灭鼠活动 232b
春运客运保障 192a

D

打击非法行医行动 229b
大气环境整治 196a
大事记 40
大学路区域交通综合治理 265a
党风廉政建设 98a
党风廉政建设责任制检查考核 98b
党建为企服务 B2B 平台推出 262b
党史编研 79a
概况 79a
党史宣传教育 79b
党外代表人士读书会 71a
党外人士座谈会 70b
“党员先锋 365”义工服务活动 76b
档案工作 222b
概况 222b
档案接收保管 223a
档案年检 224b
档案业务培训 223a
到芬兰考察基础教育改革 214a
到雷山县考察帮扶 170b
地方病防治 227b
地方税务 178b
概况 178b
地方志编纂 92a
地理位置与面积 48b
地情概貌 48a
地铁江城路站房屋征收 264a
地铁文明引导志愿服务 249a
地质灾害防治 187b
第二次地名普查 241b
第二家农副产品平价商店开业 156a
第二届红巷梦工场“资本相亲会” 264b
第二届西湖国际少儿文化创意周 30b
第二批浙江省传统戏剧之乡授牌仪式在上城区举行 221b
第六届中国民间艺人节 145b
第三届夜休闲主题嘉年华活动 144b
第十二届市民终身教育节 211a
第十届清河坊民间茶会 146b
第十五次“春风行动 167a
第四届全民健身运动会暨第二届职工运动会 259b
“点亮微心愿”活动 252a
电子机械功能区 35b
概况 35b
电子机械功能区被认定为市创新发展(示范)园区 143a
电子政务 90a
电子政务项目管理机制规范 90a
调查研究 100b
动物检验检疫及活禽交易监管 154b
堵点综合治理 125a

对口帮扶　170a
概况　170a
对外宣传　69a
多元孵化载体设立　27a
“多证合一”营业执照颁发　89a

F

发挥街道人大政协作用　277b
发展规划管理　147a
概况　147a
法律监督　83a
法律援助　131b
法院　128a
概况　128a
法治　118
综述　118a
概况　118a
法治上城建设　52b
法治文化建设　120b
法治宣传教育　130b
法治宣传“进家庭”活动　120b
反腐倡廉宣传教育　99a
反恐防暴　122b
犯罪惩治　128b
防洪排涝　197b
防空防灾疏散演练　136a
房地产业　188a
概况　188a
房屋货币化征收　182b
非公有制经济人士参政议政　104a
非物质文化遗产保护和利用　221a
概况　221a
“非遗”保护与传承论坛　261a
“非遗”技艺杭州牙雕获3项金奖　222a
“非遗”文化传播活动　261a
“非遗”系列活动展　221b
分级诊疗体系构建　226b
凤凰文创小镇市集活动　141a
扶持社会力量办医　226a
扶持新兴产业发展　176a
服务保障G20杭州峰会　53b
服务会员优化　104b
服务基金小镇　150a
服务科技工作者　113b
服务民生高速通道打造　271a
服务企业专项活动　36b
服务“三改一拆”　181a
服务社会　101b
服务市民　102b
服务型基层妇联组织建设　111b
福利彩票发行　167a
腐败犯罪惩治　126b
妇联组织活动　266b
妇女参与环境美化工程　110a
“妇女之家”建设　111b
妇幼保健服务　231b
妇幼卫生　231a
概况　231a
附录　286

G

改革开放深化　51b
干部初始提名机制建立　65a
干部监督管理　65b
干部教育培训　65b
高层次人才集聚试验区建设　68a
高端金融人才引进　33b
高温作业监管　157b
高新技术产业　142b
概况　142b
个体工商户稳中有升　150a
工会帮扶救助　106b
工商行政管理　147b
概况　147b
工业　172
综述　172a

概况 172a
工业企业选介 173a
工业综合能耗下降 161b
公安部督办毒品目标案件破获 123b
公安部和联合国禁毒署调研社区戒毒(康复)工作 259a
公共安全 121b
概况 121b
公共场所控烟 228b
公共场所卫生监督监测 229a
公共服务体系建设 55a
公共复合空间打造 27a
公共租赁住房货币补贴试点 182b
公民道德建设 57a
龚正考察大湖滨商圈 29a
共青团上城区委员会 107b
概况 107b
构建“五个一”工作机制 53a
构建新型经济生态 52a
古井保护 260a
关爱“新杭州人” 107b
关注民生热点难点问题 103a
《光辉岁月——上城老战士的激情人生》出版 72b
广场综合管理 191b
广泛征求意见 25a
广福里北侧建筑历史遗留问题解决 181a
广宇大健康事业部成立 188b
广宇集团实现销售额35亿元 188b
广宇万科·公园里项目开发 188b
规范劳动争议仲裁 164b
规范内部监督管理 99b
规范权力运行 97a
规范社会组织公益创投 241a
规范市场管理 151a
“规范司法行为专项整治”活动 127b
规划审批管理 180a
贵州雷山旅游营销杭州推介会 171b
国防建设 133
“国际档案日”活动 223b
国际理解教育特色品牌项目申报 214a
国际医疗中心揭牌 33a
国家孵化器统计工作完成 201a
国家级非物质文化遗产代表性传承人 282b
国家级生态市创建 56b
国家税务 177b
概况 177b
国家卫生城市复评上城区获好评 233a
国内贸易增长11.6% 161b
国内首个婚尚产业综合体打造 253b
国庆节城站广场安保 192b
国土行政审批 188a
国土资源管理 187a
概况 187a
国有土地上房屋征收 269a

H

海兴电力科技公司入选省技术创新能力百强企业 202b
夯实共治共享基础 53b
夯实税收征管基础 178b
杭州(北京)投资环境推介会 170a
杭州奥普电器有限公司 173b
杭州茶旅推介会 171a
“杭州创客天堂”开幕仪式暨创客嘉年华活动 203a
杭州第二届灯光秀开幕 30b
杭州第三届文玩交易会 141a
杭州方言传承 223b
杭州国际设计周 141b
杭州国际体验日开幕 145a
杭州国家数字出版基地上城园区挂牌 140b
杭州海兴电力科技股份有限公司 173b
杭州华日电冰箱股份有限公司 173a
杭州皇基投资咨询有限公司非法经营案 128a
杭州捷尔思阻燃化工有限公司 174a
杭州璟江瑞华科技有限公司 174a
杭州千岛湖枇杷节暨上城·淳安千岛湖生态农产品推介会 171a

杭州市湖滨中介服务业发展中心挂牌成立　251b
《杭州市上城区志》整理编纂　92a
杭州市首个校外少先队组织成立　251a
杭州市首条青年创业大街开街　267b
杭州市委常委会议专题研究上城区工作　23b
杭州首个失独老人公益性生态葬项目推出　259a
杭州娃哈哈集团有限公司　173a
杭州娃哈哈外籍人员子女学校成立　214b
杭州吴山古玩城全国珠友会　140b
合格规范饮用水源保护区创建　196a
“合理用药、科学就医”系列宣传活动　234b
和谐劳动关系深化　106b
“黑心钉”案件破获　124a
弘扬“最美”精神　107b
“红歌快闪”活动　273b
“红色史料”征编　79a
红十字青少年教育工作　116b
红十字志愿服务活动　117b
“红巷梦工场”区域化党建机制完善　262b
红巷文化家园打造　264b
“红巷义集”党建服务模式创新　262b
后勤保障管　135a
湖滨 LV 旗舰店开业　29b
湖滨国际邻居节开幕　253b
湖滨街道　250a
概况　250a
湖滨街道妇联获评杭州市服务型基层妇女工作先进集体　253a
湖滨街道社区居民满意度位列全区第一　253b
“湖滨美食·舌尖艺术”活动　30b
湖滨民俗文化科普馆开馆　112b
“湖滨晴雨”工作室成为中宣部舆情信息直报点　251a
湖滨商圈　29a
概况　29a
湖滨商圈城市综合管理成效明显　252a
湖滨四期夜景照明工程竣工　184b
互联网管理　69a
“互联网+社区公益”服务平台推出　241a
环保规划编制　56a
“环保快闪”行动　248b
环保宣传　197a
环保宣传与教育　197a
环保主题公园复建　186b
环境保护　196
环境监督与管理　196b
环境卫生百日整治大行动　274a
环境执法专项检查　196b
环境质量分析　196b
环境秩序专项整治　256b
环境综合整治　196a
宦军获“全国禁毒先进个人”称号　122a
黄赌毒案件查处　122b
婚姻登记　241a
婚姻家庭辅导　241b
火灾隐患整治　125b

J

机构编制管理　75a
概况　75a
机构编制实名制管理　76a
机关党建工作　76b
概况　76b
机关群团组织工作　78a
机关文体活动　77b
机关作风效能督查问责　98a
基本公共服务向流动人口延伸　248b
基层创新实践　55b
基层党建工作保障　67a
基层党组织带头人队伍建设　66b
基层党组织规范化建设　77a
基层党组织建设　53b
基层社区治理改革启动　256b
基层统战工作培训会　71a
基层武装工作考核　134a
基层走访调研活动　111a

基金小镇接待参观单位 300 余批 33a
基金小镇空间拓展 32a
基金小镇首个金融企业党支部成立 33a
基金小镇私募基金产业链形成 32a
基金小镇项目建设 32a
基金小镇行政服务中心建设 32b
疾病防治与卫生应急 227a
概况 227a
集聚区“五型”党组织建设 67b
集中审批事项及政务服务 89a
概况 89a
计划生育办证制度创新 246b
计划生育基层群众自治 246a
计划生育行政执法 245b
计划生育政策推进 245a
计量器具监管 152b
纪检干部素质提升 99b
纪检监察 97
纪检监察组织建设 99a
纪念抗日战争胜利 70 周年 26a
概况 26a
纪念抗日战争胜利 70 周年文艺活动 26a
继续教育与培训 231a
加大生态文明建设考核力度 56b
加强党管武装工作 133b
加强监督问责 25b
加强就业培训 277a
加强劳动保障监察 164b
加强理论学习 68b
加强思想文化建设 53a
加强团结合作 93b
家风家训收集整理 72b
价格诚信单位“回头看”活动 155b
价格政策宣传 155b
“假日学校”创办 74b
坚持司法公正 126b
监管服务水平提升 159a
检察 126a
概况 126a
检察官履职评议 127b
检验能力提升 228a
《见证——上城区抗日战争遗址特辑》编纂完成 26b
建国南路中医一条街建成 264b
建立“网格党支部” 252a
建设项目审批管理 197a
建议办理工作深化 84b
建筑业监管 182b
健康城区建设 234a
概况 234a
健康教育和健康促进工作 234b
健康教育宣传 234a
健康危害因素监测 228a
健全交通安全防控体系 124b
健全三层级民主协商机制 66b
健全政社互动机制 27a
“谏言十三五·我的梦”主题座谈会 108a
交通管理 124a
教育 206
综述 206a
概况 206a
教育督导与评价 207a
教育国际化 213b
概况 213b
教育实践活动 103b
教育研究 214b
接待服务水平提升 243a
接待雷山县考察团 170b
街道 250
街道党员代表会议 257a
街道特色品牌打造 84b
节约用水 198a
结核病防治 227a
截污纳管工程实施 186a
“巾帼建新功”活动 110b
“金管家”为老服务项目被评为社区治理“十佳金点子” 256b

金融案件审理　129a
金融服务业　142a
概况　142a
经济合作交流　169
综述　169a
概况　169a
经济建设　50a
概况　50a
经济社会发展“十三五”规划建议制定　63b
经济社会发展保障　118a
经济运行监测加强　172a
经济责任审计　159b
精神疾病“五专”管理　232a
精神疾病防治康复工作网络完善　232a
精神文明建设　57a
概况　57a
精神心理健康教育　231b
精神心理卫生　231b
竞技体育　238a
“敬老月”系列活动　247b
九三学社上城区基层委员会　103a
概况　103a
九芝斋旧址修缮竣工　220b
就业创业　164a
概况　164a
居家医疗服务助力“智慧养老”　248a
居民保健　234b
概况　234b
居民生活　246b
概况　246b
举办“抗战烽火，荣耀千秋”歌咏大会　219a
举办二级社会体育指导员技术等级培训班　237b
举办全国社区人才培训班28期　243b
举办文体免费培训班　219a
军警民治安联防机制常态运行　134b

K

“开卷有益，读出经典”职工知识竞赛　270a
开展“百日治霾”行动　271b
开展“暖冬行动”　108a
开展“质量月”特色系列活动　152a
开展跟岗学习　171a
开展引智引资　91a
开展中医特色服务　233b
康复救治工作　114b
科技产业发展加快　172a
科技创新　201b
概况　201b
科技创新券推广　201a
科技服务与交流　203b
概况　203b
科技计划与管理　200a
概况　200a
科技奖励与成果转化　204b
概况　204b
科技项目经费管理　200b
科技综合实力提升　200a
科普信息化工作　112b
科普主题宣传活动　113a
科学技术　200
综述　200a
课题调研　103b
控编减编工作　75b
“快乐少年，七彩追梦”青少年校外教育项目获评全国示范项目　211a

L

垃圾分类智能回收系统安装　269a
垃圾减量分类　184b
“来自星星的话语”杭州市第一届自闭症学生公益画展　212b
“蓝领驿站”成立　254a
老干部工作　72a
概况　72a
老干部“红色”主题系列活动　73a
老干部建言献策　73a

老龄工作　246b
概况　246b
老龄工作“三项创建”活动　248a
老年食堂建设　266a
离退休干部党支部管理创新　72b
离退休老干部服务　73b
历史文物保护　219a
概况　219a
历史沿革　48a
立案登记制度改革　129b
联合国专家调研清波街道垃圾分类工作　259a
“链式”党建工作责任体系建立　66a
两大阵地作用发挥　79b
两个市级院士专家工作站通过认定　114a
亮灯工程实施　186a
烈士纪念活动　138b
邻里价值观实践活动　70a
领导班子建设　65a
领导调研(选录)　21a
流动人口管理　248a
流动人口社会融合示范社区打造　248a
流动人口协管员绩效考核　248a
流动人员党组织建设　168b
流浪乞讨救助管理　167a
“六五”普法任务全面完成　120b
“六五”普法宣传教育　107a
路面交通秩序管控　124b
旅游景区(点)建设　143b
旅游目的地管理　144a
旅游人才培育　143b
旅游行业管理　143b
旅游宣传推广活动　144a
履职能力提升　94a
履职平台拓展　84a
律师进社区活动　132a
律师事务所监管　132b
“绿色”系列创建　197a
落实“两个责任”　98a

M

馒头山出租房消防安全整治　274a
馒头山地区综合整治项目启动　275a
慢性病自我管理　235b
慢性非传染性疾病防治　227b
茅廊巷社区被评为全国人口计划生育基层群众自治示范社区　263b
“美丽学校”创建　209a
美政花苑改造提升　186b
美政桥社区成为全国科普示范社区　113a
美政桥社区获浙江省民族团结进步模范集体称号　271a
民兵连红旗党支部建设　134b
民兵组织整顿　134a
民革上城总支　100a
概况　100a
民建上城区基层委员会　101b
概况　101b
民进上城区基层委员会　102a
概况　102a
民盟上城区基层委员会　101a
概况　101a
“民情 E 点通”服务平台效能升级　268b
“民情 E 点通”手机 APP 平台打造　66a
民情恳谈会　78b
民生保障水平提高　55a
民生保障优化　28b
民生服务五“乐”品牌打造　266a
民生利益保障　129a
民生实事监督　82b
民生项目审计　160a
民事纠纷化解　128b
民政专项事务管理　241a
民主党派民主监督会　70b
民主党派与工商联　100
民主党派综述　100a

概况　100a
民族村校结对　244b
“民族风情、宗教文化”摄影展　72a
民族和宗教工作　244a
概况　244a
民族文化传播　244a
民族宗教公益活动　244b
名家书画联展　257b
命案侦破100%　122b
莫邪塘社区天然气管道改造完成　269a

N

内审指导服务　160a
内资企业登记　147b
内资企业发展特点　148a
纳税服务品质升级　179a
纳税服务优化　178a
“男女平等”基本国策宣传　109b
南宋御街法治示范街区入围市“六五”普法十大亮点项目　121a
南星街道　270b
概况　270b
南星街道获全国法治社区建设示范街道称号　270b
南星小区危改房重建项目主体结构通过验收　181b
“逆水行舟”关爱帮教工作　75a
年轻干部培养　65a
农产品安全快速检测　155a
农工党上城区基层委员会　102b
概况　102b
女性素质提升工程　109b
“女性心理关爱”工程　110a

P

拍摄《微爱二维码》公益微电影　271a
品牌企业参加第四届杭商论坛　274b
“平安365”社会服务管理平台建设　123a
平安区创建满意度提升　119a
苹果西湖旗舰店销售额创出新高　253b

Q

企业规范用工工作培训　165a
企业和谐劳动关系构建　273a
气候　49a
千校结好特色学校与国际化示范学校创建　214a
强化治安管控　119a
侨界民生改善　91a
侨界人士获多项荣誉　91b
侨务　91a
概况　91a
青春健康教育活动　246a
青年创意大街开街　108b
青少年暑期校外活动　248b
清波地区抗战老兵宣讲团成立　261a
清波话坊成立　260a
“清波话坊”成立　260a
清波街道　255b
概况　255b
清波街道获评全国社区服务型党组织建设示范街道　256a
清波街道社区服务活动中心成立　256a
清波市民音乐厅和世纪文化志愿者艺术团挂牌　258b
清波司法所被评为全国先进司法所　132a
清费减负　156a
“清风南星”党风廉政知识竞赛　273b
清河坊缤纷夜游活动　145b
清河坊街区接待游客1510万人次　145a
清河坊历史街区停车场经营权拍卖　191b
清河坊年俗活动　146a
清洁直运实施监管　185a
庆祝“六一”国际儿童节活动　112a
区长办公会议　87a
区电子政务设备升级改造　90a
区管公房清查　182b
区疾控中心实验室通过扩项评审　228a
区科创中心享受国家级孵化器税收优惠政策　205a
区科技局与浙江大学上城技术转移中心开展科技服务项目对接　203b

区人大常委会会议　80a
区人大常委会履职和自身建设　82a
区人大常委会自身建设　83b
区委常委会会议　63b
区委、区政府领导班子成员履行“一岗双责”情况专题报告会　98b
区委全委会　63a
区委人大工作会议　82a
区行政服务中心玉皇山南基金小镇分中心筹建　89a
区行政中心及科技文化馆主体工程结顶　190a
区域教育质量提升项目结题　207a
区域性市场联合工会成立　269b
区政府常务会议　86a
区政府重要会议　86a
区政协考察学校体育场地开放工作　236a
区政协四届二十次常委会议　95b
区政协四届十八次常委会议　95a
区政协四届十九次常委会议　95a
区政协四届十六次常委会议　94b
区政协四届十七次常委会议　95a
区政协四届四次会议　94b
“圈子”文化打造　252b
全国科普日暨上城区第二十九届科普宣传周活动　113b
全民国防教育活动　135a
全民科学素质提升工作　113a
全年房屋征收“两证”办理率100%　190b
全球对冲基金西湖峰会　31b
全区商贸系统安全生产和消防工作会议　139b
全区首个“凤凰文创产业联盟”成立　271b
全区首个消防安全宣教实践中心成立　274a
全区统一战线信息工作会议　71a
全市首个盲人电影院建成　261a
全市首个民间巡回调解室成立　274a
全市首个食品药品宣传培训中心成立　155a
全市双拥共建工作现场会在清波街道召开　260b
全员培训工程　159a
权力清单编制　75a
权力事项清理　156a
劝业里地块房屋征收基本完成　252b
群众体育　236b
群众团体　106
群众文化活动　218b
群众文化活动　57b
群众性精神文明创建活动　57b
群租房和屋顶违建整治　183a
群租样板房打造　123a

R

人(民)防宣传活动　136a
人才队伍平台建设　68a
人才公共服务网作用发挥　168b
人才培养与服务　167b
人大代表工作和活动　83b
人大代表活动　83b
人大代表视察“非遗”保护工作　221b
人大街道工委工作　84b
人大街道工委工作加强　84b
人大重要会议与活动　80a
人防工程审批　135b
人防工程专项检查　135b
人感染H7N9禽流感防控　228b
人口　49b
人口和计划生育管理　245a
概况　245a
人力资源管理　167b
概况　167b
人力资源和社会保障　164
人民调解工作　131b
人民防空　135a
概况　135a
人民武装　133a
概况　133a
人事任免　82a
人物　278
仁和智本集团被评为浙江金融投资明星企业　257a

认真查摆问题　25a
荣誉班主任与星级班主任评选　217a

S

“三改一拆”与历史街区改造　189a
概况　189a
“三社联动”服务机制　26b
概况　26b
“三位一体”社区安全文化建设　258a
“三严三实”专题党课　24b
“三严三实”专题教育　24b
概况　24b
“三重一大”事项规范运作　271b
山南青年财富论坛　271b
商标品牌培育　150b
商事登记制度改革　150a
上城代表队参加省健美健身锦标赛　238b
上城旅港同乡会成立　71b
《上城年鉴(2015)》出版　92b
上城区“12345”血脂综合管理模式建立　230b
上城区“十二五”时期发展成就　27a
概况　27a
上城区残疾人“阳光艺术”中心启用　115b
上城区残疾人联合会　114a
概况　114a
上城区长跑协会参加杭州毅行大会　237b
上城区代表队参与省全民健身“种文化”活动　237a
上城区道德模范　280a
上城区第二届智力运动会落幕　236b
上城区第三届新申报随班就读学生认定安置会议　213a
上城区第三届职工篮球赛落幕　237a
上城区第十四届人民代表大会第四次会议　80a
上城区第五十四届中小学生田径运动会　210a
上城区法学会成立　120a
上城区妇女联合会　109a
概况　109a
上城区工商业联合会　103b
概况　103b
上城区国民体质监测合格率提升　237a
上城区红十字会　116b
概况　116b
上城区获杭州市青少年科技创新大赛优秀组织奖　112b
上城区获省科技进步奖2项　204b
上城区获市第八届老运会太极拳(剑)赛团体冠军　237a
上城区获市重大科技创新专项3项　202b
上城区获中国智慧城市创新奖　147a
上城区建设工程安全质量物联网管理平台建成　182a
上城区教科研取得新成果　215a
上城区教育科研重大课题立项　214b
上城区科学技术协会　112a
概况　112a
上城区老战士名录　278
上城区连续35年无责任退兵　134b
上城区旅游产业品牌联盟成立　145a
上城区率先实现污水“零直排”　185b
上城区民园联盟成立　208b
上城区人民代表大会及其常务委员会　80
上城区人民政府　86
上城区少年军校天长武警分校参加“中国下一代国防教育成果展”　209b
上城区少先队鼓乐队风采展示暨现场考级活动　210a
上城区申报成为社区治理和服务创新实验区　239a
上城区深化义务教育课程改革专题研讨会　216a
上城区首个防骗工作室成立　254a
上城区首届“汉语言文化节”　209b
上城区体育中心开工建设　236b
上城区校园足球活动获六大类奖项　238a
上城区新春年货节　139a
上城区新生代企业家联谊会成立　104b
《上城区沿山空间发展概念规划》编制完成　180b
上城区与德国包纳市签订友好城区协议　169b
上城区与高雄市开展教育交流合作　91b
上城区与萧山区河庄初中互助联谊活动　215b
上城区与浙二医院第二轮战略合作　231a
上城区与浙江省商业集团签署战略合作协议　169b

上城区与中国水利水电第五工程局有限公司合作 169a
上城区与中国铁塔股份有限公司浙江省分公司合作 169a
上城区中考取得好成绩 209b
上城区总工会 106a
概况 106a
上城展馆获第九届市文博会“最佳展示奖” 141b
“尚小创”文创市集开市 30b
少年海事学校落户上城 108b
少数民族 49b
社工绩效考核系统上线试运行 255a
社工素质提升工程启动 211a
社会·生活 239
社会保险 165b
概况 165b
社会保险权益互查互认 166a
社会服务 100b
社会福利事业 167a
社会工作协会换届 240a
社会管理创新 55b
社会建设 54b
概况 54b
社会教育 210b
概况 210b
社会救助 166a
概况 166a
社会治安维护 122a
社会主义核心价值观宣传教育 57a
社会综合治理 55b
社会组织党建工作推进 67a
社会组织登记管理 241a
社区安全文化阵地建设 158b
社区服务机制改革深化 239a
社区工作者案例获市一等奖 274b
社区公约制定 255a
社区和校外少先队工作现场交流会 109a
社区矫正工作 271a
社区矫正人员管理 131a
社区居务监督 253a
社区科普大学专题科普班开班 112b
社区少先队工作成效明显 210a
社区与社会组织管理 239a
社区治理创新 276a
涉企科技经费使用监督检查 200b
深化基层社会治理 119a
深化纪检监察体制改革 99a
深化健康服务业集聚区建设 265a
深化“最美小营人”系列品牌 262a
审计 159a
概况 159a
生产基地建设 36b
生产流通环节食品安全监管 154a
生活饮用水卫生监管 228b
生态环境监督 83a
生态文明建设 56a
概况 56a
省级巾帼文明岗创建 224a
省旅游展示中心基本建成 38a
省委第六巡视组巡视上城区工作 54a
省文化厅领导检查文化经营场所消防安全工作 222b
失独家庭社会关怀 245b
师资管理 216b
“诗词歌赋迎新春”吟诵活动 257a
“诗与铜——朱炳仁艺术展”举行 222a
“狮子型”团队建设 255a
“十三五”妇女儿童发展规划编制启动 109a
实施环境综合治理项目领导挂包制度 184a
实施阳光征迁 276a
食品安全网格化管理 153b
食品安全整治 153b
食品药品犯罪案件查获 123b
食品药品监管 153a
概况 153a
食物中毒事件管理及食品风险监测 228a

史料展陈功能增强　243a
世界互联网大会安全保障　159a
世界环境日活动　197a
市场价格监管　155a
市场经营秩序整治　151a
市道教协会入驻大资福庙　244b
市教科所到上城区调研　214b
市委党校图书馆旧址晋级为市级文物保护点　219b
事故隐患排查　157b
事业单位登记管理　76a
事业机构设置调整　76a
首创“民生实事项目认领”机制　267b
首创“上城学区电子地图”客户端　207b
首次产权交易拍卖　89b
首次认定区示范“众创空间”7个　203a
首个城市文化公园建成　69b
首届非公募基金会发展(杭州)论坛　271a
首届国学斗艺大赛　210a
首届杭州花蜜节　141b
首届品牌消费企业家高峰论坛　260b
首届清波文化节　257b
首届趣味楼宇运动会　273a
首届“社会组织公益助残服务月”启动　277b
首届社区工作领军人才培训计划启动　240b
首届“网上邻居节”开幕　268b
首届文创集市启动　271b
“书香余杭·创意客厅”项目落户广宇鼎悦府悦街区　189a
暑期青少年公益科普系列活动　113b
暑期运送旅客590万人次　192a
数字化教育推进　212a
“双向服务”工作　91a
双拥工作全面深化　137a
双拥共建　137a
“双拥在基层”活动　137a
税收优惠　177b
税收征管质量提升　178a
税务审批改革　177b
税源监控　179b
司法体制改革　119b
司法行政　130a
概况　130a
思创医惠科技股份有限公司　175a
思科公司杭州客户体验中心入驻望江智慧产业园　35b
思美传媒公司被评为杭州市企业社会责任建设A级企业　275a
思美传媒公司获阿里巴巴“最佳供应商”奖　34a
“四个加法”构建养老服务新格局　266a
“四化”水平全市领先　184a
四级巡防架构体系建立　123a
宋韵小镇规划建设　37b
宋韵小镇“旅游+文创+新经济”型特色产业推出　37b

T

台湾事务　91b
概况　91b
台属联谊与服务　91b
特大诈骗团伙案破获　123b
特色产业与重点园区　139
特色街区　145a
特殊教育　212b
概况　212b
特载　1
特种设备安全监管　152b
特种设备检查　269b
提案建议　102a
体育　236
综述　236a
概况　236a
体制机制完善　27b
“条令学习月”活动　134a
同济·上城智慧论坛暨自主创新示范区研讨会　260b
统计　160a
统计表　283

统计法制建设 162a
统计服务能力提升 162b
统计数据质量检查 162b
统计资料 283
“统一战线同心同行”活动 71b
统战工作 70a
概况 70a
投资统计改革试点 162b
“投资项目审批、公共资源交易操作实务”培训 89b
土地集约利用 187a
土地执法监察 187b
推出“大城管”模式 259b
推出居民健康促进计划 108b
推出廉政卡通人物 99a
推出女性创业创意服务项目 110b
推出社区服务智慧化模式 271b
推出生育关怀公益组织扶助项目 246a
推出“学习银行” 252b
推出“银龄互助”养老模式 255a
推进“1+2+3”项目建设 147a
推进大学生就业创业 165a
推进合力治水 199b
推进家庭教育工作 111a
推进教育国际化 32b
推进“救急难”工作 166b
推进能源“双控” 172b
推进全面纪律审查 97a
推进社会救助 276b
推进“四边三化”专项行动 56b
推进“阳光检察” 127b
推进“阳光司法” 129b
推进招商引资 267b
推进重点领域改革 52b
推进助残工作 277a
推行安全生产社会化服务 158a
推行“红芯”党员智能管理系统 66b
退休人员管理 166a
退役士兵安置 137b
托(安)养服务质量提升 114b
拓展慈善救助范围 167b

W

外脚手架喷淋系统应用 182a
外来务工人员“网上直接入会”微信平台推出 263b
完成地区生产总值 861.02 亿元 160a
完成工业总产值 738.03 亿元 161a
完成固定资产投资 88.55 亿元 161a
完成建筑业总产值 271.44 亿元 161b
完成近江单元望江片二期农户安置 190b
完成科技年报 163a
完成全国流动人口动态监测抽样调查 248a
完善制度机制 25b
完善“智慧养老”服务 247a
望江单元控规优化调整获批复 190a
望江地区改造建设工作会议 189b
望江街道 267a
概况 267a
望江街道消防工作站成立 269b
望江立交桥旧家具市场整治 184b
望江新城消防网改造完成 190b
望江指挥部停车场库建设工作获表彰 191a
望江指挥部与浙大建筑设计研究院签署战略合作框架协议 191a
望江智慧产业园 34a
概况 34a
为民服务活动 102a
违法建筑专项整治 184b
违章建筑整治 269a
唯康清波关爱公社入选杭州市敬老文明号“双十佳” 256b
维护妇女儿童合法权益 111a
维护社会和谐稳定 118b
卫生 225
综述 225a
卫生监督 228b
概况 228b

卫生科研　230b
概况　230b
卫生事业发展　225a
未成年人保护和犯罪预防　127a
未成年人管理　74a
概况　74a
未成年人思想道德建设　58a
慰问驻区部队　137b
文创人物　281b
文化　218
综述　218a
概况　218a
文化创意产业　140a
概况　140a
文化活动　54b
文化建设　54a
概况　54a
文化品牌志愿服务体系打造　257b
文化设施　54a
文化市场管理　222a
概况　222a
文件辑录　298
文明洁净城市窗口争创　193b
问题线索渠道拓宽　97a
无偿献血66.77万毫升　117a
“无违建街道”创建成果巩固　264a
无油烟老年食堂开放　270a
无证餐饮整治　265b
吴山地区G20杭州峰会建设项目启动　191b
吴山庙会暨市首届南宋文化艺术节　146b
吴山宋韵小镇　37a
概况　37a
“五个一”走访活动　253a
五柳芳庭爱情主题文旅商业街区开街　38b
五柳巷历史文化街区改造　38b
五柳巷文创产业集聚区打造　38b
“五水共治”　197a
概况　197a
“五水共治”技术难题征集　199a
“五水共治”实效提升　199a
“五水共治”书画摄影图片展　218b
物价管理　155a
概况　155a

X

西湖大道238号历史建筑修缮完成　220a
西湖电影院和中华饭店地块出让　30a
西湖苹果旗舰店开业　29b
夏宝龙视察华东物美望江店　139a
先进个人　295
先进集体　287
先进名录　286a
现代产业体系构建　27b
现代商贸业　139a
概况　139a
献计献策　102b
消防管理　125a
消防监督　126a
消防联防大队成立　125a
消费者权益保护　151a
小区环境专项整治　271a
小区综合治理　276b
小学科技、体育、艺术特长生认定　209a
“小营好声音”歌手大赛　265a
小营街道　261b
概况　261b
小营街道总工会被授予全国示范街道工会称号　263b
小营巷社区团支部被授予全国五四红旗团支部称号　263b
小镇企业获2015年中国创投机构50强　34a
校长教师交流　216b
“校地合作回头看”交流会　108a
校园卫生安全健康行动　229a
协办“爱心拉拉勾，文化志愿者在行动”活动　219a
“协商365”民主促民生机制推出　263a

协同创新示范基地打造　112a
“心灵花园”徐霞工作室成立　266b
新世纪外国语学校研究成果获奖　215a
新行政诉讼法实施　128b
新增残疾人专用停车位5处　116b
新增国家重点扶持领域高新技术企业12个　142b
新增互联网金融业企业13个　142b
新增省博士后工作站设站资格单位3个　201b
新增省级高新技术企业研发中心3个　201b
新增省级企业研究院2个　202a
新增省科技型企业32个　202a
新增市“雏鹰计划”“青蓝计划”企业7个　202b
新增市级创新型试点企业3个　202b
新增“五水共治”工作领导小组成员单位　198b
“信访法治建设年”宣传活动　78b
信访工作　78a
概况　78a
信访事项听证会　78b
信息经济强势发展　162a
“星星守护妇女之家”成为市“妇女之家”示范点　271b
星星幼儿园分流幼儿安置　208b
行政区划　49a
行政区域界线联合检查　241b
行政许可审批　165a
行政执法案卷查评　165b
行政执法体制改革　75b
性别比综合治理　245b
性病、艾滋病防治　227b
休闲旅游业　143a
概况　143a
宣传工作　68b
概况　68b
“学法践行·健康成长”主题教育活动　74a
学历教育培训　212a
学前教育　207b
概况　207b
学习贯彻习近平总书记系列重要讲话精神　52a
学习贯彻中央统战工作会议精神　70b
“寻找最美家庭”系列活动　110b

Y

严格立规执纪　26a
央视报道清波街道军地“母子结对”活动　259b
羊血弄小区成为浙江省节水型居民小区　251b
杨绫子学校特奥运动员参加十省(区)特奥联谊活动　213a
养老机构社会化运行　247a
药品医疗器械市场专项整治　153b
医疗保险基金审计　166a
医疗服务能力提升　226b
医疗市场监管　229b
医疗质量和医疗安全提升　226a
医养护一体化服务软件开发　235a
医政管理　226
概况　226a
依法征收税收　179a
依法治区　120a
概况　120a
移动学习平台打造　212a
“异乡人梦想跑道”打造　268a
引进联合国计划开发署环保项目　259a
引进盛景百亿创新母基金　169b
饮用水源保护　198b
“隐形的翅膀”残疾人爱心义卖站成立　116a
应对台风“灿鸿”　185a
优待抚恤工作　137b
优化为企业服务　277a
“有眼市集”活动　30a
幼儿园特色课程建设　208a
“幼儿园一日活动”研究　208a
幼发拉底(中国)总部入驻望江智慧产业园　35b
玉皇山南基金小镇　31a
概况　31a
玉皇山南基金小镇快速发展　142a

郁达夫故居维修工程完工　219b
预算决算监督　82b
预算执行审计　159b
《预应力中空锚杆》成为国家级行业标准　271a
园区产业布局　34b
园区产业集聚　34b
园区品牌宣传　35a
园区企业统计业务培训　162a
园区资源整合　35a
《缘·藏那曲》面世　171b
“云中之城”智慧城市体验中心打造　35a

Z

在职党员义工服务　263a
展示中心管委会第四次会议　243b
湛青学习工作室成立　254b
招商引资　170a
概况　170a
浙江华聚鑫成投资有限公司落户上城　170a
浙江建融投资发展有限公司落户清波街道　257a
浙江—台湾特殊教育学校校长论坛　212b
浙江威星智能仪表股份有限公司　174b
浙江政务服务网上城平台建成　90b
“振兴祥”中式服装进驻杭州大厦国艺专馆　221a
征集公益创投项目 37 个　252b
征迁安置“清零”行动　187a
政策环境保障　32b
“政府管理与公共服务”标准化建设　152a
政府投资审计　159b
政府网站普查　90a
政社需求对接平台搭建　240b
政协上城区委员会　93
综述　93a
概况　93a
政协提案与办理　94b
政协委员暑期读书会　95b
政协重要会议及委员活动　94b
政治建设　52a
概况　52a
支部活动　100b
执纪监督　97a
“职工之家”争星晋级活动　107a
职务犯罪预防　126b
职务侵占案件告破　123b
职业病健康防护和放射卫生监督　229b
职业技能培训　211b
职业卫生监管　157b
指挥通信建设　135b
“指尖化”平安校园打造　274b
志愿服务　248b
概况　248b
志愿助残活动　115b
制作拍摄中医文化宣传片　233b
质量技术监管　151b
概况　151b
致公党上城总支　102b
概况　102b
“智慧法院”建设　130a
“智慧上城”规划方案设计　90b
“智慧树”残疾人服务社开张　213b
中等职业教育　210b
概况　210b
中高端人才政策完善　168b
中高考期间文化市场监管　222b
中共上城区委员会　63
综述　63a
中国版协年鉴工委领导考察上城区地方志工作　92a
中国杭州名师名校长论坛　207a
中国社区建设展示中心　242a
概况　242a
中国社区建设展示中心新馆开馆　242b
中瑞思创公司被认定为省级创新型试点企业　202a
中山中路 337 号历史建筑修缮通过验收　220b
中山中路入选首批中国历史文化街区　219b
中小学教育　208b

概况 208b
中央八项规定精神落实情况专项督查 97b
中医特色街区打造 233b
中医药适宜技术推广 233a
中医中药 233a
概况 233a
重大主题宣传 68b
重点课题调研 93a
重点项目集中开工 191a
重点项目建设推进 51a
重性精神疾病随访管理 231b
周杰人当选杭州汉语方言发音人 251b
朱强荣等获"浙江好人"称号 262b
助力企业转型升级 172b
助力社会治理工作 111b
助力外来务工人员维权 270a
助推民生保障 127a
专记 21
专利创造工作奖励 205b
专利知识讲座进医院活动 203b
专题调研 101a
专题研讨 24b
专项就业服务活动 165a
专职社工规范化管理 240a
准物业信息化管理系统建成 258b
紫薇原点"杭州愿望"活动 144b
紫阳街道 275a
概况 275a
自创品牌"橙舍"亮相国际舞台 140b
综合防灾减灾能力提高 166b
综合经济管理 147
综合考评完善 77a
总述 48
组织财政收入 176a
组织工作 64a
概况 64a
组织省级高新技术企业申报和复审 203b
组织文体活动 277b
最低生活保障 167a
"最美上城·最青春"首届环保公益集市活动 108b
"最美"推进机制建立 70a
最新科技项目经费改革政策培训 204a
作风效能建设 97b

表

表 1 2015 年湖滨银泰 in77 主要活动 31
表 2 2015 年上城区行政区划情况 49
表 3 2015 年中共上城区委重要文件题录 63
表 4 2015 年上城区人大常委会重要文件题录 85
表 5 2015 年上城区十项实事工程及落实情况 87
表 6 2015 年上城区人民政府重要文件题录 88
表 7 2015 年上城区政协收到的重点建议 96
表 8 2015 年上城区政协重要文件题录 96
表 9 2015 年上城区公安分局和派出所基本信 121
表 10 2015 年上城区各类内资企业基本情况 148
表 11 2015 年上城区企业分布情况 149
表 12 2015 年上城区内资企业产业结构情况 150
表 13 2015 年上城区内资企业注销情况 150
表 14 2015 年上城区规模工业企业能源消耗情况 161
表 15 2015 年上城区吴山广场主要活动 193
表 16 2015 年上城区历史建筑保护修缮完成情况 220
表 17 2015 年上城区卫生机构、人员情况 225
表 18 上城区老战士名录 278
表 19 2015 年上城区国民经济主要指标 283
表 20 2011~2015 年上城区生产总值及发展指数 283
表 21 2015 年上城区规模以上工业企业主要经济指标 283
表 22 2015 年上城区工业企业主要产品产量 284
表 23 2015 年上城区外商直接投资情况 284
表 24 2015 年上城区环境保护情况 284
表 25 2015 年上城区固定资产投资 285
表 26 2015 年上城区社会保障情况 285

表 27　2015 年上城区主要经济指标占杭州市的比重　285
表 28　2015 年度国家级和部级先进集体　287
表 29　2015 年度省级和省属部门级先进集体　290
表 30　2015 年度市级先进集体　294
表 31　2015 年度国家级和部级先进个人　295
表 32　2015 年度省级和省属部门级先进个人　296
表 33　2015 年度市级先进个人　297

图

图 1　2015 年上城区各类市场主体组成情况　149
图 2　2011~2015 年上城区完成生产总值情况　160
图 3　2015 年上城区地方财政收入构成情况　160
图 4　2015 年上城区地方财政主要支出情况　160
图 5　2015 年上城区规模以上工业企业生产、销售情况　161

资料

三会一课　25a
“四单一网”　25b
“五证合一、一照一码”　25b
“上改六条”　28a
“四边三化”　28b
特色小镇　31b
“三化三美”　34b
“四问”　53a
“五老四团一组一员”　74a
“两项预报”制度　76a
“三承诺、六行动、五大员”　77a
“清三河”　83a
“五有”　107a
半日学校半日机构　114b
“三色预警”制度　118b
“663”区委重大决策运行机制　119b
“17654”民主民生互动平台　119b
四级巡防架构体系　123a
“四精化”　126b
公益诉讼　127a
张望　140b
“四不放过”　157a
“五不两确保”　158b
区“1211”项目　168a
全球“521”引才计划　168a
市“115”引进外国智力项目　168a
省新世纪“151”人才工程　168a
市新世纪“131”中青年人才培养计划　168a
区“128”人才提升工程　168a
外脚手架喷淋系统　182b
卫片　188a
“12345”工程　190a
“三统、三定、一公开”　193a
建设项目“三同时”　196b
创新券　201a
科技企业孵化器　201b
省级企业研究院　202a
“七送”　218b
“333+X”社区大服务体系　239a
“三社一校”　239a
“四评一结合”和谐社区工作评价体系　239a
“五部一中心”　239b
“4+4+7”　239b
志愿时　263a
三段式投放　266b
四大类“天使”　268b
“两报告”　271a
“三公开”　271a